KB130550

정신건강 전문가를 위한 실무 전략

범죄 피해자 상담

Laurence Miller 저 | **김태경** 역

학지사

Counseling Crime Victims: Practical Strategies for Mental Health Professionals
by Laurence Miller PhD

〈헌정사〉

목소리 없는 사람들에게 목소리를,

이름 없는 사람들에게 이름을,

그리고 희망 없는 사람들에게 희망을 주는 이들에게 바칩니다.

우리는 당신이 한 일을 기억하고 있습니다.

역자 서문

"아들을 찾아 헤매던 그 풀숲, 찌는 듯한 더위, 불쾌한 냄새들…… 모든 게 끝나지 않는 영화 같네요. 나는 아직도 그 영화 속에서 아들의 시신을 찾아 풀숲을 헤매고 있어요. 자식 잃은 슬픔은 아무도 몰라요. 뼛속까지 아프고 그리운 감정을 어떻게 타인이 알 수 있겠어요. 그나마 아들을 위해 해 줄 수 있는 게 그놈이 제대로 죗값을 치르는 거라고 생각하고 죽기 살기로 재판에 매달렸는데…… 재판이 끝나고 나서야 범인이 감옥에 오래 있다고 해서 죽은 아들이 살아 돌아오지 않는다는 것을 새삼 깨달았어요. 다 끝났다고 생각하니 해결해야 할 무엇인가가 없어졌다는 허탈감 때문에 더 힘들어요."

–살인사건으로 아들을 잃은 유가족의 진술 중–

부끄럽지만, 지난 10여 년간 성폭력 피해자를 위한 심리지원 업무를 해 오면서 나 자신도 모르게 다른 유형의 범죄 피해자는 성폭력 피해자보다 상대적으로 덜 고통스러울 것이라고 생각했던 것 같다. 하지만 서울스마일센터(강력범죄 피해자 심리지원 전문기관)에서 처음으로 피해자를 만나던 그날, 내가 그동안 얼마나 어리석은 생각을 했는지 한순간에 깨달았다. 이 사건의 직접 피해자는 살인사건으로 사망한 8개월 된 아기였으며, 유일한 목격자는 사망한 아기의 세 살배기 형이었고, 공황상태에 빠진 아이들의 부모는 서로를 향해 분노의 칼날을 치켜세운 채 한 치의 물러섬도 없이 팽팽하게 대치하고 있었다.

그렇게 스마일센터에서 범죄 피해자들과 함께한 시간이 만 3년. 피해자 지원 업무도 어려웠지만, 나 자신과 직원들의 대리외상과 싸우는 일도 결코 녹록지 않았다. 유형을 막론하고, 범죄 사건의 피해자가 된다는 것은 너무도 힘겹고 고통스러운 일이었으며 사건의 유형, 심각도, 피해자의 사건 전 적응상태, 성격유형, 사건 후 제공받은 사회적 서비스의 양과 질, 형사사법 관계자와의 접촉 경험, 사회적 지지망의 질적 측면 등 매우 많은 요인이 이들의 외상 후 스트레스와 그것의 회복에 영향력을 행사했다. 그렇기 때문에 심리치료자는 개별 피해자의 특성에 맞는 개입전략을 수립해야만 했고, 경과에 따라 수시로 치료전략을 조정해야 했으며, 늘 피해자에게 맞는 치료기법을 찾아내기 위해 책이나 자료들과 씨름하면서 동료들과 토론해야 했다. 피해자 맞춤 서비스를 제공하기 위해 인접 영역의 전문가들과 적극적으로 협력해야 하는 것은 두말할 필요도 없었다.

하지만 안타깝게도 국내에서 성폭력을 제외한 나머지 강력범죄 피해로 인한 심리적 외상의 심리치료나 상담 경험이 풍부한 전문가를 찾기란 결코 쉽지 않은 일이었다. 당연히 관련 자료들도 매우 빈약해서 대부분 외국 자료에 의존해야만 했다. 이 책은 그러한 어려움 속에서 발견한 아주 귀한 보물이었다. 실무과정에서 부딪히게 되는 크고 작은 문제들에 대한 해답이 이 책에 담겨 있어서 큰 도움이 되었다. 그래서 저자인 Miller 박사의 바람대로 이 책을 읽고 또 읽게 되었고, 이제 좀 더 많은 범죄 피해자 관련 실무자와 함께 나누기 위해 번역서를 출간하기에 이르렀다.

사실, 이 책을 번역하는 데에는 많은 어려움이 있었다. Miller 박사는 피해자의 심리나 치료기법을 설명하기 위해 종종 아주 독특한 표현들을 재치 있게 사용하곤 했는데, 이것이 범죄 피해 외상 상담 경험이 없거나 부족한 사람에게는 이해되기 어려워 보이는 경우가 많았다. 심지어 역자도 여러 차례 반복해서 읽어야만 이해되는 부분이 적지 않았다. 그래서 번역하는 내내 의미의 전달과 글 속에 녹아 있는 Miller 박사의 재치와 유머를 살리는 것 사이에서 고민하곤 했지만, 가능한 원서에 충실하게 번역하는 것을 선택했다. 결과적으로는 투박한 문장으로 인해 '번역서'의 냄새가 물씬 풍기게 되었지만 그 덕에 원저자가 얼마나 심혈을 기울여 글을 쓰고 사례를 선별했는지 알게 되리라 확신한다.

마지막으로, 이 책의 출간을 흔쾌히 수락해 주신 학지사의 김진환 사장님과 편집에 힘써 준 편집부 이상경 님께 감사드린다. 수정을 도와준 백석대학교 보건복지대학원 조희경 선생님 부부와 이상미 선생님, 서울스마일센터 윤성우 선생님, 아산병원 서민재 선생님, 늘 든든한 지원군이신 가톨릭대학교 심리학과 이영호 교수님과 가천의과대학교 길병원 정신건강의학과 고승희 과장님, 그리고 서울스마일센터 가족들에게도 심심한 감사의 마음을 전한다.

2015년 5월

역자 김태경

추천사

범죄, 특히 폭력범죄 피해자들은 각별한 어려움에 봉착한다. 그들은 생각지도 못했던 세계로 내동댕이쳐진다. 그들이 그동안 믿어 의심치 않았던 성선설이 위협받는다. 정의와 형사사법체계에 대한 그들의 가정이 시험에 들며, 자신의 내적 세계를 유지하기 위해 설정해 놓았던 질서들을 거절하게 될 수 있다.

피해자가 운 좋게 신체적 부상에서 회복되더라도, 정신적인 충격이 생각보다 훨씬 더 깊음을 알게 된다. 자신이 정상으로 완전히 돌아왔는지 의구심을 품기 시작하면 회복은 더욱 어려워질 수 있다.

정서적 외상의 여파로 고생하는 피해자들을 지원하겠다고 나선 도우미들은 효과적인 지원을 위해 완전히 새로운 언어와 문화를 배워야 함을 알게 된다.

Miller 박사가 저술한 이 책은 범죄 피해 상황의 인식, 특히 정서적 및 심리적 차원에서의 상황 인식을 가능하게 하는 언어와 문화에 대한 실질적인 입문서다. 이 책은 정신건강 전문가들을 감안해 집필되었으며, 다양한 피해자를 위해 일하는 현장 전문가들에게 귀중한 참고서가 될 것이다. Miller의 책은 합리적이고 기능적인 '폭'을 제시함과 동시에 지식의 '깊이'를 제공하기 때문에 피해자의 반응을 감안한 특수하고 특정한 개입이 가능하게 해 준다.

실무 경험이 있는 사람들이라면 이 책을 통해 모든 유형의 피해자들에게 공통되게 적용할 수 있는 새로운 통찰력을 발견하게 될 것이며, 그러한 과정에서 Miller 박사의 작업이 지닌 기능적 속성을 곧 알게 될 것이다.

2008년 1월

Will Marling MDiv, DMin, CCR

국립범죄피해지원기구 임시대표

저자 서문

내 몸만 망친 것이 아니에요. 그는 내 영혼을 빼앗았어요.

—강간 피해자, 1997

교통사고나 심각한 질병 혹은 자연재해보다 범죄 피해로 인한 심리적 외상은 신체적 및 심리적 상처 이상의 영향력을 행사한다. 이런 사건은 이전부터 우리가 인간 세계에 대해 가지고 있었던 믿음을 송두리째 뽑아 버린다. 최근 들어서 신문의 머리글을 장식하고 있는 국제 테러리즘에 가려 있기는 하나, 자국민에 의한 폭력 피해라고 해서 덜 고통스러운 것은 결코 아니다.

정신건강 전문가들이 사회적 서비스 제공자, 피해자 옹호자, 재판 관련 연락 담당자, 전문가 증인 그리고 임상적 치료자로서 형사사법체계에 관여하는 일이 증가하고 있음에도 불구하고, 이처럼 소모적이고 복잡하며 폭넓은 영역에 대처하기 위한 교육의 질은 여전히 향상되지 못한 상태다. 지금까지 학생과 임상 전문가들은 지나치게 포괄적인 범죄학이나 외상 관련 교과서에 의존해 왔으며, 한두 개의 하위 영역에서 협소하게 피해자 지원 교육을 받아 왔다.

『범죄 피해자 상담: 정신건강 전문가를 위한 실무 전략(*Counseling Crime Victioms: Practical Strategies for Mental Health Professionals*)』은 범죄 피해자들을 돕기 위한 특유의 접근 방법들을 제시하고 있다. 이 책은 범죄학, 피해자학, 외상심리학, 법학 그리고 심리치료 영역의 통찰과 교훈들을 검토한 후 범죄 피해자 지원 실무에 맞게 통합하였기 때문에 학생, 수련생, 형사법 영역에 종사하는 정신건강 실무자들을 위한 통합된 개입 모델을 제시해 줄 것이다. 이 책에서 저자는 정신건강 전문가들이 피해자들과의 작업에 창의적이고 엄격한 선험 연구 결과를 바로 적용할 수 있도록 돕기 위해 다양한 권고 사항을 제시하였다. 여기에는 피해자와 그들의 가족에게 범죄 사건 발생 시 생존을 위한 비법 및 경찰, 임상가, 변호사, 판사, 그리고 사회적 서비스 제공 기관들에 대응하는 방법을 직접적으로 충고해 주는 것이 포함된다.

두껍지만 이용하기 쉽게 편집한 이 책은 학문적 검토와 실무적인 임상적 지혜 및 저자의 개인적인 경험적 측면을 함께 담고 있다. 저자가 범죄 피해자를 대상으로 하는 작업은 두 영역으로 구분될 수 있다. 그중 하나는 신경심리학과 외상적 뇌손상 영역이며 다른 하나는 만성 통증과 외상 후 스트레스 장애 같은 외상적 장애 증후군과 관련된 영역이다. 이런 환자들은 대부분 교통사고나 작업장 사고와 관련 있지만, 범죄폭력의 과정에서 손상을 입은 환자들도 적지는 않다. 신체적 및 심리학적으로 외상을 당한 환자들과의 작업은 저자로 하여금 형사사법 종사자와 응급 서비스 대응자들의 외상적 스트레스 증후군에 관심을 갖도록 자극했고, 어느 순간 저자는 경찰관, 소방관, 그리고 응급의료진을 위한 팜비치 주의 중대사건 스트레스 관리팀Critical Incident Stress Management Team의 임상분과 임원이 되어 있는 자신을 발견하였다. 이것이 저자를 웨스트 팜비치 경찰청 및 그 밖의 지역 사법기관들과 긴밀하게 협력하도록 만들었다.

이 무렵 저자는 수사심리학 분야에서 산재보상과 신체적 상해를 포함한 민사소송 사례들을 집중적으로 다루고 있었다. 그러나 형사사법 기관과 밀접해질수록 점점 더 용의자의 증언 능력 평가와 정신질환 여부 평가 및 피해자의 스트레스 증상과 심리학적 장애 평가라는 관점에서 범죄 사건들을 더 많이 보게 되었다. 평가와 더불어, 많은 범죄 피해 사례들이 치료를 위해 저자에게 의뢰되었다. 이 과정에서 저자는 임상심리학과 형사사법 기관의 관점에서 범죄와 범죄 피해자의 수사심리학적 측면을 경험할 전문가적 기회를 가지게 되었다.

이 책의 제목에 있는 상담이라는 용어는 아무렇게나 대충 선택한 것이 아니며 이 책 전체에서 사용되고 있다. 이 용어는 치료라는 용어와 의미가 중복된다. 상담은 범죄 피해자를 위해 행해지는 심리학적, 법적, 사회 서비스적, 철학적 및 영적 측면의 도움 과정과 요소들을 총망라한다. 즉, 상담은 일주일 단위로 행해지는 임상적 치료 회기에만 한정되지 않는다. 상담이 가지고 있는 특별히 중요한 차원은 바로 예방적 성질이다. 저자가 늘 강조해 온 바와 같이 가장 좋은 위기 개입은 예방이며, 범죄 피해자를 돕기 위한 최상의 방법은 그런 일이 발생하지 않도록 막는 것이다. 따라서 이 책은 예방의학과 같은 맥락에서 예방적 정신건강을 강조하고 있다. 여러분이 이 책에서 배우게 될 대부분의 전략은 피해자가 되지 않도록 자신(그리고 여러분)을 지키기 위해 여러분의 환자(그리고 여러분 자신)가 사용할 수 있는 것들이다. 이미 발생한 범죄 사건의 경우라면, 이 책에 수록된 전략들이 범죄의 해로운 영향력을 완화시키는 데에 도움이 될 수 있다.

그러나 나쁜 일은 선한 사람, 악한 사람, 혹은 그 사이에 있는 사람들을 가리지 않고 찾아오며, 상담은 피해자를 위한 범죄 후 개입의 일부로 진행되는 것이 일반적이다. 거듭 말하지만, 상담의 범위는 폭이 넓어서 문자 그대로 외상적 범죄 피해 후 수분 이내에 이루어지는 위기 개입에서부터 단기간의 심리적 안정화, 이후의 치료, 장기적인 임상적 추적 조사와 민사 혹은 형사 사법 과정에 대한 안내 등을 총망라한다. 그러므로 환자를 상담한다는 것은 환자가 추가 지원을 위한 부가적인 서비스를 찾을 수 있도록 당신이 할 수 있는 가장 포괄적이고 가장 깊이 있는 방법으로 피해자를 직접적으로 돕는 것을 말한다.

이 책에서 피해자라는 용어는 순전히 범죄 행위를 당한 누군가를 지칭하기 위해 서술적으로 사용되었다. 피해자 의식과 같이 피해자라는 용어가 때로는 경멸적으로 사용되는 경우가 있기도 하지만, 이 책에서는 어떠한 가치 판단적 요소도 담고 있지 않다. 또한 저자는 임상적 치료 환경 내에 있는 범죄 피해자들을 환자라고 기술하였는데, 이 역시 저자가 그와 같이 훈련받았기 때문에 그 용어가 가장 편안해서 사용한 것일 뿐이다. 어떤 임상가들은 의뢰인이라는 용어를 좀 더 편안하게 느끼며, 이 책을 읽다 보면 그러한 용어가 좀 더 자연스럽다고 느낄 만한 사례들을 만나게 될 것이다. 흥미롭게도 환자라는 용어는 라틴어로 '도움을 청하는 사람'이라는 의미를 가지고 있는 반면, 의뢰인이라는 용어는 '의존하는 사람'이라는 의미를 담고 있다. 심리치료자들은 환자와의 상호작용 시 자신이 사용하는 단어와 그것의 의미가 행사하는 영향력에 대해 잘 알고 있다. 그러므로 우리는 우리가 도움을 주고자 하는 사람들과 명료하고 지지적으로 의사소통하고 있다고 확신할 수 있어야만 한다.

이 책에서 선택한 사례들은 실제 사례 중 일부를 개인 정보를 바꾸어 제시한 것이거나 여러 사례를 합성한 것이다. 여러분은 그중 대부분이 지나칠 정도로 소름끼치고 섬뜩하지는 않다는 점에 주목할 것이다. 이는 여러분이 이미 외래로 방문하는 임상적 정신건강 실무 과정에서 파국적이지 않은 수준의 외상적 상해 사건들을 많이 경험해 왔기 때문이며, 모든 사람의 고통은 적어도 그들 자신에게 만큼은 진짜라는 원리와 같은 맥락에서 이런 범죄 피해자들과 함께 생산적으로 작업하기 위해서는 임상적 기술과 공감 기술들이 반드시 필요하기 때문이다. 물론 병원이나 그 밖의 입원 환경에서 일하는 임상가에게는 좀 더 심각한 상해를 당한 환자들과의 작업 기술이 중요할 수 있다. 이 책에서 제시한 원리들은 모든 수준의 폭력 피해자들에게 고루 적용될 수 있다.

각각의 장이 나름의 특징을 가지고 있기는 하지만, 각 장의 순서는 의도적으로 배치하였다. 1부는 범죄의 유형, 피해자 양상, 그리고 범죄피해 외상에 대한 공통적인 그리고 특유한 심리적 반응에 대한 튼실한 임상적 및 경험적 배경을 제공하고 있다. 저자는 여러분이 임상 실제에서 만남직한 것들이기 때문에, 그리고 효과적인 치료를 위한 첫 단계는 항상 적합한 진단과 사례 개념화이기 때문에 다양한 증상과 증후군을 설명하기 위해 상당한 공을 들였다.

2부에서는 범죄의 발생이나 악화를 막는 것에서부터 범죄 현장에서의 즉각적인 법 집행기관 개입, 응급 정신건강 개입, 단기 증상 관리, 그리고 지속적인 심리치료에 이르는 개입의 각 단계를 설명하였다. 이것은 아동을 포함한 사망 사건 유가족뿐만 아니라 직접적인 피해자와 함께 일하기 위한 전략들을 포함한다.

3부에서는 여러분이 업무 중에 직면하게 될 '특수한 피해자들'—성폭력, 가정폭력, 직장 및 학교폭력, 그리고 새롭고도 낯선 테러리즘 피해자—의 특유한 요구를 충족하기 위해 앞 장에서 배운 교훈들을 적용하게 된다. 그중 한 장에서는 이런 유의 강렬하고 요구적인 임상적 작업을 수행해야 하는 우리 같은 정신건강 전문가를 위한 치료와 상담이라는 주제를 다루었다. 이를 위해 도움이 되는 전략들에는 소진 극복하기, 임상적 예리함 유지하기, 치료 비용에 대처하기 등이 있다. 당신이 범죄 피해자와 일하는 한 당신은 어느 시점에서든 민사 혹은 형사 사법 체계에 들어가게 될 수밖에 없다. 따라서 마지막 장에서는 당신과 당신의 환자를 위해 수사적 평가, 법정증언, 그리고 변호사, 피해자 권리 옹호집단 및 사회적 서비스 기관과 함께 일하기 위한 실무적 지침들을 기술하였다.

저자는 『범죄 피해자 상담: 정신건강 전문가를 위한 실무 전략』이 한 번 쓱 보고는 책장에 꽂아만 놓는 종류의 책이 아니기를 바란다. 저자는 이 책이 페이지의 모서리가 잔뜩 접히고, 접착식 메모지로 뒤덮여 있으며, 밑줄이 그어져 있고, 노란색 형광펜으로 색칠되어 있으며, 휘갈겨 쓴 실무 지침들로 가득 차기를, 그리고 정신건강 임상가들의 일상적인 실무에 거듭 자문을 제공해 주는 참고도서가 되기를 고대한다. 이 책은 변호사, 판사, 사법 관계자, 사회적 서비스 제공자, 그리고 그 밖에 범죄 피해자와 다양한 환경에서 일하는 전문가들에게 유용하게 쓰일 것이다. 이 책은 임상심리학, 수사심리학, 범죄학 그리고 응용범죄학 분야의 교육과정에서 교재로도 사용될 수 있다.

마지막으로, 여러분이 이 책에 제시된 바와 같은 치료적 지침들을 이행하는지 여부는 여러분이 저자에게 말하지 않는 한 여러분만이 알 것이다. 그러므로 저자는 여러분의 조언, 질문, 비판, 혹은 개정판을 위한 권고 사항을 듣고자 한다. 이를 위해서라면 언제든 저자와 접촉해 주기를 바란다. 여러분은 이미 좋은 임상가이기 때문에 저자가 여러분에게 심리치료 방법을 가르칠 필요는 없다. 여러분이 여러분의 손에 이 두꺼운 책을 잡고 있다는 사실은 여러분이 여러분의 전문가적 기술을 향상시키고 연마하는 것에 전념하고 있음을 증명한다. 이 책이 하고자 하는 것은 여러분이 그러한 기술들을 신체, 마음 그리고 정신에 폭력 피해를 입은 피해자의 특수한 요구에 맞게 확장시키고 응용해서 여러분이 그들의 정신을 인간 공동체로 되돌아가도록 안내할 수 있도록 돕는 것이다. 읽기 시작하라, 실전에 적용하라, 그리고 여러분이 성취한 것을 내게 말해 달라.

Laurence Miller, PhD

2007년 10월

차 례

Counseling Crime Victims

PART 1

범죄 피해

패턴, 반응 그리고 임상적 증후군

범죄와 범죄 피해자

임상적 및 사회적 맥락

다양한 외상trauma 중에서도 우리에게 특히 더 큰 충격을 주는 외상이 있다. 이런 외상은 세상에 대한 우리의 안전감과 안정감을 파괴하며, 우리의 존재감조차 발 아래로 획 잡아끌어 내려 버린다. 질병, 산업재해, 자연재해 등과 같은 외상과 달리, 폭력은 세상이 영원히 안전한 곳일 것이라는 우리의 생각을 고의적이고 악의적인 방법으로 훔쳐가 다시는 그러한 생각을 할 수 없게 만든다. 폭력의 갑작스러움, 임의성 그리고 불공정성이 피해자를 압도함으로써 피해자를 무기력하고 절망스럽게 만든다. 사건 사고로 인한 상해나 손실의 충격을 견뎌 내는 것도 어렵지만, 우리와 같은 인간의 손에 의해 고의적으로 자행된 범죄는 '인간이 악한 존재라서 누군가 자신을 악의적으로 약탈했다'고 생각하게 만듦으로써 더욱 깊은 상처를 남긴다. 폭행, 강간, 강도, 심지어 사소하지만 갑작스럽게 발생한 시비나 위협조차도 우리가 오랫동안 가슴 속에 간직해 온, 그래서 일상의 삶을 견뎌 낼 수 있게 해 준 '심리적 안전판'을 흠집 내고 찌그러트리며 때로는 완전히 부숴 버리기도 한다. 강력 범죄는 우리의 마음, 몸 그리고 영혼을 산산조각 나게 한다.

범죄 피해자의 약 40~70%가 사건 후에 외상 후 스트레스장애(posttraumatic stress disorder: PTSD)와 그 밖의 진단 기준에 부합하기에 충분한 정도의 정신적 고통을 경험하며(2, 3, 4장 참조), 많은 사람이 그런 식의 극단적인 스트레스 요인에 복합적으로 노출되는 것을 감내해야만 한다(Breslau & Davis, 1992; Breslau, Davis, Andreski, & Peterson, 1991; Breslau et al., 1998; Davis & Breslau, 1994; Norris, 1992; Resnick, Acierno, & Kilpatrick, 1997; Resnick, Kilpatrick, Dansky, Saundres, & Best, 1993; Scarpa et al., 2002). 강간을 제외하면 남성들도 여성과 비슷한 처지이지만, 남성들은 수치심이나 조롱당할지도 모른다는 걱정 혹은 자신의 말을 사람들이 믿어 주지 않을지 모른다는 두려움으로 인해 여성에 비해 폭력피해의 보고를 더 꺼리는 것으로 보인다(Saunders, Kilpatrick, Resnick, & Tidwell, 1989).

폭력 범죄와 범죄 피해 외상의 유형

누구에게나 폭력 사건이 발생할 수 있지만, 외상을 다루는 상담자들이 자주 만나게 되는 범죄 사건의 유형은 다음과 같다.

폭행 사건

매년 2,500만 명의 미국인이 여러 유형의 범죄 피해에 노출된다(Herman, 2002). 미국의 법무부는 강간, 강도 및 폭행 사건을 당한 사람이 220만 명이며 해마다 이들 중 70만 명가량이 병원치료를 받는 것으로 추산하고 있다. 이들을 위한 의료적 처치 비용, 정신건강 관련 비용, 그리고 생산성 감소로 인해 국가가 부담해야 하는 비용은 연간 61억 달러를 넘는 것으로 추산된다. 테러리즘이 만연한 시대(14장)이지만, 미국에서는 국내에서 발생하는 폭력 범죄가 최우선적인 사회적 및 정책적 쟁점이 되고 있다. 나쁜 사람들은 더욱 뻔뻔하게 행동하는 반면, 우리는 범죄에 의해서만이 아니라 우리를 보호해 줄 것으로 기대했던 형사사법체계에 의해 2차 피해를 입는다고 느낌으로써 더욱 무기력하게 움츠러들게 된다(Bidinotto, 1996; Kirwin, 1997).

"꼼짝 마, 이년아." 이 말은 Janet이 구타당해 땅에 쓰러지기 전에 처음이자 마지막으로 들은 말이다. 불과 몇 초 전, 그녀는 어둑해지는 쇼핑몰 주차장에 들어서서 자신의 차를 향해 걸어가고 있었다. 그녀는 짐 때문에 끙끙대느라 모자가 달린 초록색 운동복 상의를 입은 키 큰 사람을 너무 늦게 발견했다. 범인이 그녀를 바닥으로 밀었고 쳐다보면 총으로 죽이겠다고 협박했다. 그녀의 물건을 강탈하고서도 범인은 성이 차지 않았는지 분에 못 이겨 바닥에 넘어져 있는 그녀의 뺨을 발로 밟아 수초 동안 깔아뭉개면서 죽으라고 반복해서 말했다. 그러다가 무언가에 놀라기라도 했는지 범인이 갑자기 쏜살같이 도주했다. 쇼핑몰 보안요원과 지구대 경찰이 곧 도착했지만, 범인은 영영 검거되지 않았다.

"내 인생은 완전히 몰락했어요." Janet이 상담사에게 말했다. 사건이 있은 지 수개월이 지났지만 그녀는 여전히 쇼핑몰에 갈 수 없었고 가해자를 떠오르게 하는 짙은 초록색 옷을 쳐다볼 수 없었다. 상해 자체는 경미한 수준이었지만, 그녀는 한 번씩 찾아오는 극심한 안면 통증으로 고통스러워했다. 신경통의 원인을 찾기 위해 신경학적 검사를 받았지만 검사 결과는 모두 정상이었다. Janet은 또한 야생동물에게 쫓기고 공격당하는 악몽 때문에 잠을 거의 잘 수 없었다. 가끔 밤중에 "꼼짝 마, 이년아!"라는 말이 머릿속에서 반복적으로 소용돌이 쳤는데, 그녀는 이것을 '순환식 테이프 장치 같은' 것으로 묘사했다. 그녀는 빈번하게 두통을 겪었고 수면 중에 식은땀을 흘렸으며 체중이 13킬로그램 이상 감소했다. 의사가 신경 안정제를 처방하면서 그녀에게 "도움이 좀 될 거예요."라고 말했다.

폭행 사건이 우리가 안전하다고 생각하면서 생활하는 집이나 직장과 같은 곳에서 발생하는 경우에는 심리적 파괴력이 더욱더 심각할 수 있다.

가족과 친구들이 그렇게 거친 학교에서 체육교사 일을 시작하는 것을 말렸지만, Mark는 늘 자신이 중재자와 평화 수호자로서의 역할을 훌륭하게 해낼 자신이 있었다. 게다가 왕년에 고등학교와 대학에서 축구 선수와 레슬링 선수를 했던 사람으로서, 그는 권위를 보여 주고 싶을 때 위풍당당함을 꽤 잘 드러낼 수 있었다. 그래서 그는 적어도 싸움하던 아이 중 한 명이 자신의 정강이를 잡아당겨 찌를 때까지는 몸 풀기 위한 농구경기 중에 발생한 싸움을 말리는 것이 그리 큰일이 아니라고 생각했다. 상처가 생명을 위협할 수도 있다는 응급실 의사의 말을 듣고서도 그는 '그게 정말로 생명이 위험한 정도였나?'라고 생각했다. Mark는 "죽어 가고 있다고 생각한 적은 없었어요. 그냥 몇 주만 잘 견디면 일터로 돌아갈 것이라고 생각하고 있었죠."라고 말했다.

그리고 젊고 건강하고 열정이 넘쳤던 그는 신체적 상해에서는 금세 회복했다. 그러나 요양을 했음에도 불구하고 주목할 만한 문제들이 시작되었다. 그가 그토록 좋아했던 구기 종목 스포츠 경기를 TV를 통해 보는 것이 이제는 그의 마음을 혼란스럽고 '신경이 거슬리게' 만들었다. 고등학교에 복직한 첫 날, 그는 자신이 더 이상 농구경기장에 들어갈 수 없게 되었음을 깨닫고 망연자실했다. "그때 한 번도 타 본 적이 없는 우주항공 모함에 강제로 타게 된 것 같은 느낌이었어요. 너무 어지러워서 되돌아 나와야만 했지요." 당혹스럽고 놀란 그는 학교를 떠나기 위해 한 학기짜리 교육과정을 신청하였고, 마지막으로 저자와 연락이 닿을 시점까지도 여전히 교단으로 돌아가지 않은 상태였다.

범죄 피해자 지원 실무에서 마주치는 현실 중 하나는 누가 피해자이고 누가 가해자인지가 깔끔하게 잘 정리되지 않는다는 것이다. 어떤 피해자들은 잘못이 전혀 없음에도 불구하고 범죄의 표적이 되지만, 위험한 시간에 위험한 장소에 빈번하게 가는 것과 같은 의심스러운 생활양식을 가지고 있는 사람도 있다.

"이 봐요, 난 천사가 아니에요." Manny가 시인했다. "나는 가능한 한 많은 사람과 파티하는 것을 좋아합니다. 나랑 내 친구가 그 바에서 좀 거칠게 행동했을지는 모르지만 그런 데는 즐기려고 가는 거 아닌가요, 그렇죠? 완전 갑작스럽게 경비원이 열을 내더니 우리한테 나가라고 했어요. 이 봐요, 나는 술집에서 술과 여자들을 위해 이미 많은 돈을 썼기 때문에 나갈 수 없었다고요. 좋아, 내 태도가 불량한 면이 있었고 내가 쓰는 단어도 풍부하지는 못했지만, 확실한 건 내가 먼저 싸움을 건 게 아니라는 겁니다. 내가 아는 그다음 일은 내가 문밖으로 내쫓겨서 땅바닥에 내동댕이쳐졌다는 거예요, 알아요? 그런 다음 네다섯 놈이 내게 덤비더니 나를 발로 차고 때렸어요. 어느 시점에선가 나는 내 머리가 부서지는 소리를 들을 수 있었고 이러다 내가 죽겠구나 하는 생각을 했어요. 그리고 나는 인도에 쓰러졌는데 이런 상황을 바에서부터 지켜보고 있던 내 친구가 나를 데리고 그 자리를 떴어요. 그리고 우리는 다른 곳으로 갔는데 그 이후의 일을 기억하기에는 기억력이 그리 좋지 않아요."

"나흘 뒤에 몸이 피로하고 자꾸 깜빡깜빡하면서 건망증이 생겨서 의사에게 갔더니 그 의사가 뇌진탕 같다면서 쉬어야 한다고 말했어요. 일이 그렇게 된 거라고요. 어지럼증은 일주일 정도 지난 뒤에 사라졌지만, 이제는 밤에 남자들과 외출하는 것이 더 이상 즐겁지 않아요. 바나 클럽에 앉아 있을 때면 마치 그곳에 앉아 있기 싫은 것처럼 지루해지거나 안절부절못해져서 다른 자리로 옮기곤 하지만 역시 그곳에서도 나오고 싶어져요. 나는 그런 일들이 고역이 되었고 친구들도 내가 더 이상 어디에서도 제대로 즐기지 못한다고 말해요."

"그리고 기묘한 건 바에 앉은 지 얼마 뒤부터 내 주변에 있는 남자들이 다 나를 공격할 것이라는 낌새를 느꼈다는 거예요. 하지만 거기엔 아무도 없었어요! 그때 내가 진짜로 미쳐 가고 있다고 생각했어요. 그런 뒤 2주 정도 지나서 비몽사몽간에 버스에서 꾸벅꾸벅 졸거나 침대에서 TV 볼 때 머리가 깨지는 느낌을 받았어요. 야구방망이로 맞은 듯 머리에서 번쩍하는 느낌을 받았지만 거기에는 아무것도 없었어요. 나는 뇌진탕이라고 말했던 의사한테 다시 찾아갔고, 그는 누군가에게 저를 보여야겠다고 말했어요. 그래서 내가 지금 여기에 있는 거예요."

다양한 정신의학적 진단 증후군들이 폭력 범죄 피해 후에 나타난다. 우울, 불안, PTSD 그리고 물질남용은 강도, 강간, 절도 등의 피해자에게 공통되게 경험되는 심리적 장애들이며(2, 3, 4장)(Falsetti & Resnick, 1995; Frank & Stewart, 1984; Hough, 1985), 공황장애도 몇몇 외상적 스트레스 사건 후에 자주 발병한다고 보고되고 있다(Uhde et al., 1985). 추적 연구에서, 범죄 피해 후 PTSD 진단을 받았던 사례의 약 50%가량이 3개월 후에도 만성적인 경과를 유지하는 것으로 나타났다(Rothbaum, Foa, Riggs, Murdock, & Walsh, 1992). 임상가들은 이러한 외상의 영향이 꽤 장기간 지속되어서 수년, 수십 년 혹은 평생 동안 지속될 수도 있다고 말한다.

범죄 행위가 폭력이나 살인 사건의 피해 당사자에게는 직접적인 영향을 미치지 않을 수도 있다. 그러나 가족이 살해되었을 때 남은 가족은 사건 당시 그 장소에 없었던 경우조차도 사랑했던 사람이 어떻게 죽었는지를 떠올리며, 그 이미지들이 침입적으로 떠오름으로써 괴로워한다(Falsetti & Resnick, 1995; Schlosser, 1997). 피해자의 가족이나 친구들은 범죄 피해를 입을 만한 '취약성'이 자기들에게 전염될까 봐 걱정이라도 하듯 거리를 두고 싶어 하면서, 사건이 피해자의 실수에 의한 것이라고 책임을 전가하거나 비난한다(2, 10장).

납치와 고문

아마도 한 인간이 다른 사람에게 당할 수 있는 가장 극단적인 폭력의 형태는 납치와 고문일 것이다. 납치와 고문은 전형적으로 군대나 테러 같은 정치적 맥락, 강도미수, 가학적 성 범죄, 부부싸움, 혹은 보복 같은 범죄의 일부로 발생한다. 납치된 사람에 대한 처우는 자애로운 것부터 극악무도한 것까지 다양할 수 있으며 때때로 한 사건에서 이 두 극단이 모두 나타날 수 있다. 납치 기간은 수분에서 수년까지 다양하나 민간에서 발생하는 유괴나 인질 사건의 경우 대부분 수 시간에서 수일 내에 해결된다(Frederick, 1994; Mollica, 2004; Rosenberg, 1997; Miller, 2001c, 2005c, 2007h).

중년의 사업가인 Stefan은 사무실이 있는 빌딩의 지하 주차장에서 목돈을 챙겨 달아난 못된 갱 단원으로 그를 오인한 범인에 의해 납치되었다. 그는 봉고차 뒷좌석에 내동댕이쳐졌는데, 무의식적으로 인적이 드문 길가로 뛰어내려 인근 병원에 실려 가기 전까지 수일 동안 외딴 모텔에 감금되어 폭행과 고문을 당했다. 그는 꿈결처럼 자신이 맞았던 몇몇 이미지만 떠오를 뿐 그때 겪은 고초에 대해 전혀 기억나지 않는다고 주장하였다. 더욱이 그의 단기기억과 집중력은 전반적으로 심각하게 손상되어 있었다.

이 사례에서 감별진단의 딜레마 중 하나는 Stefan의 인지적 손상 중 어느 정도가 구타로 인한 두부 외상에 기인한 것인지, 그리고 어느 정도가 PTSD에서 나타나는 극도의 심리적 마비에 기인한 것인지를 구분해 내는 것이다(2장). 다행히도, Stefan은 피의자를 볼 수 있는 기회를 얻음으로써 외상을 자신의 삶에 통합하는 데에 큰 도움을 얻었다(16장). 그러나 그는 항상 과민한 상태로 경계심을 유지하고 있으며 아직까지도 혼자서 외출하지 못하고 있다, 지하 주차장은 말할 것도 없이.

신체 폭력의 동반 유무와 별개로, 유괴가 심각한 외상 후 스트레스 반응을 유발할 수 있다는 것은 놀랄 만한 일이 아니다. 그러나 많은 피랍자가 자신의 시련을 진술하면서 그로 인한 외상이 전혀 없다고 진술하며 심지어 몇몇 피랍자는 이런 경험 후에 이전보다 더 노련해지고 기품이 있어지기도 한다. 다음과 같은 몇몇 요인이 피랍 후의 회복 정도와 연관되는 것으로 보인다(Frederick, 1994; McMains & Mullins, 1996; Miller, 1998h, 2002c, in press-c; 14장을 보시오).

- 40세 이상의 연령
- 내면의 힘에 대한 신념
- 사랑했던 사람에 대한 반영적 사고
- 공권력에 대한 높은 신뢰
- 납치 상황이 순조롭게 잘 마무리될 것이라는 희망의 지속
- 자신의 추리력을 사용해서 탈출이나 석방 계획 수립 및 구체화
- 신체적 혹은 정신적 운동
- 안전하고 적절한 장소에서의 적절한 분노 표현
- 주의를 집중하고 과제 지향적으로 되는 능력

심리적 준비는 외상 사건에 대한 개인의 통제감을 향상시킬 수 있다(Hoge, Austin, & Pollack, 2007). 고문 피해자의 정신병리에 대한 연구에서, 정치적 활동

을 했던 사람들은 그렇지 않은 경우보다 더 좋은 회복력을 보였다. 연구자들은 이 사람들이 자신의 대의명분에 대한 공약, 극기 능력, 그리고 고문 기술에 대한 사전 지식 덕에 심리적으로 비교적 보호될 수 있었다고 보고한다(Basoglu et al., 1997). 응급 업무에 대한 사전 훈련이 외상 후의 회복을 증진시키는 것으로 나타났다는 보고도 있다(Alvarez & Hunt, 2005; Hagh-Shenas, Goodarzi, Dehbozorgi, & Farashbandi, 2005; Miller, 1989b, 2005d, 2006m, 20007m; Regehr & Bober, 2004).

지역사회에서 발생하는 범죄

『정신장애의 진단 및 통계 편람(Diagnostic and Statistical Manual of Mental Disorders: DSM-IV-TR)』(American Psychiatric Association: APA, 2000)은 외상 후 스트레스 반응이 타인에게 발생한 끔찍한 사건을 목격하거나 심지어 물리적인 영향을 직접적으로 받지 않은 사람에게도 발현할 수 있음을 인정한다. 여기에는 폭력 범죄의 목격이나 폭행 협박이 포함된다. 사실 우범 지대나 도심의 사회경제적 수준이 낮은 사람들이 모여 사는 곳에 거주하는 사람들은 꽤나 정기적으로 외상적 스트레스 사건에 노출될 수 있다.

Breslau와 Davis(1992), Breslau 등(1991)은 디트로이트 도심에 거주하는 천 명 이상의 성인을 연구한 결과, 이들 중 다수가 전형적인 PTSD 증상을 보였다. 선행 사건에는 갑작스러운 상해, 심각한 사고, 신체 폭행, 그리고 강간 등과 같이 전형적인 외상적 사건이 포함되었다. 그러나 중요한 것은 신체적 상해를 동반하지 않은 위협적인 생활 사건, 가까운 친척이나 친구의 죽음 혹은 상해 소식을 전해 듣기, 폭력이나 사고 중에 가까스로 상해를 면함, 혹은 화재로 집이 망가지는 것과 같은 사건들의 외상적 영향이 결코 가볍지 않았다는 점이었다. 젊은이의 절반가량이 (실제적이 아닌) 잠재적으로 외상적일 수 있는 사건을 경험하였다고 보고하였고, 이들 중 1/4이 PTSD 진단 기준을 충족할 정도의 증상을 경험하였다.

PTSD를 진단받은 젊은 성인 중 다수는 1년 이상 증상이 지속되었다. 이렇듯 만성적인 PTSD로 고통받는 사람들은 빨리 회복하는 사람에 비해 대인관계의 회피와 함께 외상적 사건을 상징하는 자극에 과잉 반응하였다(2장). 이들은 또한 훨씬 더 높은 수준의 불안, 우울, 집중력 부족 및 의학적 불편감을 보고하였다. 여성이 남성보다 PTSD에 더욱 취약한 것으로 나타났고, 교육 수준이 낮을수록, 좀 더 외향적일수록, 충동적이거나 품행 문제의 과거력이 있을수록, 그리고 가족 내 정신 병력과 물질남용력이 존재할수록 외상적 스트레스 사건을 더 많이 경험하였다. 이러한 결과는 우리의 상식과 크게 다르지 않다. 앞서 살펴본 바와 같이 충동적이고 일찌감치 위험 추구 경향을 드러내며 산만한 사람들, 그리고 갈등 유발 환경에 자주 찾아가는 사람들은 외상적 사건을 경험할 가능성이 훨씬 더 높다. 많은 경우 외상적 사건으로 유발된 스트레스 증후군만큼이나 해당 사건을 유발한 충동성과 부적응적 생활양식도 자주 관찰할 수 있다. 유사한 관계가 충동적인 반사회성 및 공격적 행동과 외상적 뇌손상 간에서도 주목받아 왔다(Miller, 1987, 1988, 1993e, 1994c, 1998d, 2001d, in press-d).

보다 최근에는 Breslau 등(1998)이 PTSD와 외상적 사건의 경험 정도를 평가하기 위해 디트로이트 지역에 사는 18~45세 성인 2천 명을 조사했다. 그 결과 거의 90%가 평생 동안 하나 이상의 외상적 사건에 노출된 것으로 나타났다. 가장 높은 빈도를 차지한 외상 사건은 갑작스럽고 예기치 않은 친척이나 친구의 죽음이었다. 남성, 백인이 아닌 소수 인종, 그리고 경제적으로 가난한 사람들이 범죄적 폭력에 더 많이 노출되었고, 다른 종류의 외상과 비교해 폭행이 PTSD의 가장 높은 위험 요인이었다. 높은 PTSD 발병률을 기록한 또 다른 유형의 외상은 사랑하는 이의 갑작스럽고 예기치 않은 죽음이었다. 10%에 약간 못 미치는 수의 남성들이 PTSD를 유발하는 외상적 사건에 노출되었으며, 여성에서는 이 비율이 2배 높게 나타났다. 대부분의 경우, PTSD 증상이 6개월 이상 지속되었고 일반적으로 지속 기간은 여성일수록 더 길었다.

보다 최근의 연구에서는 젊은 사람들이 폭력에 노출될 위험이 높아서 폭력 피해를 보고한 청년들이 80%를 넘었고 폭력을 목격했다고 보고한 사람은 90%가 넘는 것으로 나타났다(Scarpa, 2001; Scarpa et al., 2002; 13장을 보시오). 게다가 피해자가 좀 더 공격적인 성향을 많이 가진 경우에는 소위 폭력의 악순환이라고 불리는 현상이 유발될 수 있음이 확인되었다. 자신의 피해를 공격성으로 바꾸는 대부분의 사람은 다시 피해자가 되는 경우가 많았고, 회피적이고 정서 초점화된 대응양식을 보였으며, 친구 및 가족에게서의 지지 수준을 낮게 지각하는 경향을 특징적으로 드러내었다(Garbarino, 1997; Scarpa & Haden, 2006).

실제 범죄 대 범죄에 대한 공포

이제 좀 더 나쁜 소식이다. 범죄에 대한 공포는 당신의 건강을 위협하는 위험 요소다. 더욱이 사회과학자들은 매체, 특히 지역 방송을 통해 범죄 사건과 재앙 이야기들이 과도하게 보도됨으로써 주민들이 현실에 대한 왜곡된 시각을 가지게 되며, 이것이 비열한 세계 증후군mean world syndrome[1)]으로 알려진 매체에 기인한 외상을 유발한다고 주장한다(Budiansky et al., 1996). 일반인들이 직접적으로 범죄를 경험하는 경우가 드물기 때문에, 범죄와 형사사법체계에 대한 우리의 신념은 범죄 사건이 과도하게 자세히 그려진 TV나 신문에 근거해서 형성되고 민감도가 높아진다. 결국 매스미디어는 실재하지 않거나 아주 사소해서 의미가 없는 위협에조차 대중을 과민하게 만듦과 동시에 역설적이게도 범죄 피해로 인해 초래된 결과에 대한 사람들의 감각을 무디게 만든다(Miller, 1995a; Miller & Dion, 2000; Miller, Agresti, & D'Eusanio, 1999).

하버드 대학교 정치학 교수인 Robert Putnam은 1950년대부터 이루어진 TV의 보급이 1960년경 미국 '시민의 일탈'을 초래했다고 주장한 바 있다. TV 시청은 비관주의와 무관심을 양산할 수 있다. 비열한 세계 증후군은 우리로 하여금 우리의 이웃을 경계하게 만들고 사회와 인간의 일반적인 속성에 대해 냉소하게 만든다(Budiansky et al., 1996). 중요한 것은 TV가 범죄 발생률을 과장함으로써 개인이나 집단의 정신건강을 파괴한다면 그러한 보도를 맡은 기자에게 책임을 물을 수 있을 것인가 하는 점이다. 이에 대해서는 지속적인 관심이 필요하다.

범죄 피해의 위험 요인

일반적으로 여성은 성폭행의 피해자가 될 가능성이 더 높고 가해자는 종종 남

역자 주

1) TV가 사회에 미치는 영향에 대한 연구의 대가인 George Gerbner에 의해 제안된 이론임. 이 이론에서는 폭력과 관련된 방송 프로그램과 뉴스의 노출이 사람들로 하여금 뉴스나 영상물에 나오는 것처럼 세상이 실제보다 안전하지 않고 비열하다고 믿게 만든다고 봄.

편, 내연남, 남자친구 혹은 친척과 같이 아는 사람들일 가능성이 높은 반면(10장), 남성은 낯선 사람에 의한 신체 폭행 피해를 입을 가능성이 더 높다. 성폭행의 위험성은 연령 증가에 따라 감소하며 신체 폭행의 위험은 연령 증가에 따라 증가하나, 남성의 폭행 피해 가능성은 연령이 증가할수록 감소한다. 범죄 피해의 과거력은 앞으로도 그 개인이 범죄의 희생양이 될 위험이 있음을 의미하며, 아마도 이는 대부분의 피해자가 자신을 위험에 빠뜨리는 사회인구학적 요인들로부터 쉽게 도망갈 수 없기 때문일 것이다. 여성의 PTSD 발병률은 신체 폭행과 성폭행 사건 모두에서 비슷하게 보고되는 반면 남성의 PTSD 발병률은 신체 폭행에서는 낮게 보고되지만 성폭행에서는 매우 높게 보고되는데, 이는 성폭행이 남성에게는 신체 폭행보다 더 드물지만 더욱 굴욕적으로 경험되기 때문일 수 있다 (Kilpatrick & Acieron, 2003).

범죄 피해자의 심리

Russell과 Beigel(1990)은 핵심 자기라는 개념을 이용하여 범죄 피해의 영향력을 몇 개의 층으로 설명한 바 있다.

- 비록 특별한 의미를 지닌 가보를 절도당하는 것이 매우 큰 정서적 충격을 유발할 수 있기는 하나, 절도와 같은 재산 범죄는 일반적으로 피해자의 가장 바깥에 위치한 자기 층(즉, 재산)에만 손상을 입힌다.
- 피해자의 신체적 자기를 위협하는 특수강도는 더 깊은 심리 층을 공략한다.
- 공갈폭행은 더욱 깊이 침투해서 피해자의 신체 및 심리 층을 손상시킨다.
- 강간은 자기의 가장 핵심적인 층까지 침략한다. 성적 접촉을 해야만 안전하고 친밀한 관계가 유지된다는 왜곡된 사고를 하게 만들거나 피해자의 기본적인 신념, 가치, 정서, 그리고 세상에 대한 안전감에 악영향을 미친다.

범죄에 대한 사회적 반응 역시 피해자가 보호받는다고 느끼는 정도나 권리 박탈감에 영향력을 행사한다(Russell & Beigel, 1990). 예를 들어, 아이가 학교에서 돌아와 부모에게 교사가 자신을 야비하게 대한 뒤 구석진 곳에 앉혔다고 말할 때, 일반적인 부모의 반응은 "선생님한테 벌받을 만한 짓을 했구나?"라고 묻는 것이다. 이런 경험을 통해 많은 사람은 나쁜 일이 발생하면 그 일이 생길 만한 이유가 있다고 생각하게 된다. 또한 어떤 일에 대해 비난을 받으면 심지어 자신에게는 잘못이 없다는 것을 논리적으로 알고 있는 경우조차도 종종 그처럼 끔찍한 일이 이유 없이 발생했을 리 없다는 믿음을 가지게 된다. 그리고 자신이 사건 발생에 기여한 바가 없다고 믿는 한 앞으로도 그와 같은 일이 자신의 처신과 무관하게 언제 어느 때건 발생할 수 있으며 그것을 막을 방법이 없는 것이 되기 때문에, 오히려 실존적으로 더 안심되는 입장—즉, 자신에게 무언가 잘못이 있다고 생각하는 쪽—을 선택할 수 있다(Miller, 1994b, 1996a, 1998e, 1998h, 1999d, 1999i, 2001d).

사회는 종종 범죄 피해자를 마치 전염병 환자처럼 간주하곤 한다. 무한 성공과 원하는 것을 얻기 위한 맹렬한 경쟁을 강조하는 현대의 미국 문화에서, 피해자들은 종종 패배자와 동일시되곤 한다. 우리 중 대다수는 범죄 피해가 특정한 사람에게서만 일어나는 것이라고 믿고 싶어 한다. 피해자가 그런 일을 당할 만한 행동을 해서 그런 일이 발생한 것이 아니라면 나도 그와 같은 나쁜 운명에 처할 가능성이 있는 것인데, 누가 그것을 믿고 싶어 하겠는가? 우리는 피해자의 나쁜 운이 자신에게 옮겨 붙을 것만 같은 두려움 때문에 그들과 엮이는 것을 꺼리게 된다. 이러한 믿음과 반응들이 범죄 피해자가 경험하는 수치심과 모욕감을 가중시킨다(Miller, 1996a, 1998e, 1998h, 2007).

범죄 피해: 치료 강령

치료자나 상담자로서 우리는 이런 식의 자연스러운 자기보호적 편견에 면역되어서는 안 된다. 우리가 할 수 있는 일은 상담, 치료, 그리고 그 밖의 서비스 제공을 위해 현장에서 직면하게 될 범죄 피해 증후군의 다양성에 대한 포괄적인 이해를 축적하는 것이며, 이를 위해 우리의 지식, 훈련, 유관 기관에 대한 정보 그리고 일반 상식을 사용하는 것이다. 서문에서 언급한 바와 같이, 상담은 현실적인 도움을 제공하는 것에서부터 정신역동적인 치료에 이르는 광범위한 서비스를 총망라한다. 효과적인 치료의 원리는 보편성이다. 이 책은 여러분이 범죄 피해자들에게 그것을 적용할 수 있도록 하는 지침서가 될 것이다.

CHAPTER 02

범죄 피해에 대한 심리적 반응

외상 후 증상과 증후군

도움을 청하러 우리를 찾아오는 범죄 피해자들은 백지 상태로 오지 않는다. 외상 사건은 피해자에게 같은 색깔을 입히지 않는다. 각각의 환자는 이미 기질, 인지 양식, 성격, 가족 배경, 과거 경험 그리고 사회적 지위를 지닌 특유하고 복잡한 캔버스이며, 범죄의 날카로운 붓놀림에 의해 생긴 상처들이 이 캔버스 위에 후드득 쏟아져 내린다. 상담자와 치료자가 앞에 있는 내담자의 독특한 욕구와 만나기 위해서는 이러한 차이를 이해하는 것이 중요하다. 이 장과 다음 장에서는 범죄 피해 후에 출현하는 주요 증상과 증후군에 대해 살펴보도록 하겠다.

증후군으로서의 외상 후 스트레스 장애

증후군은 임상 용어로, 특정 조건하에서 환자들이 흔히 드러내는 일련의 증세(임상가에 의해 객관적으로 관찰될 수 있는 것)와 증상(환자에 의해 주관적으로 경험되는 것)으로 정의된다. 수많은 임상적 증후군이 범죄 피해 후에 관찰될 수 있기는 하나, 가장 공통되게 진단되는 증후군은 외상 후 스트레스 장애 혹은 PTSD다. PTSD는 일상에서 흔히 경험할 수 있는 범주를 벗어날 정도로 강력한 외상적 스트레스에 노출되는 중 혹은 노출된 후에 나타나는 일련의 정서적 및 행동적 혼란으로 정의된다. 그 양상과 심각도에 개인차가 있기는 하나, 범죄 피해자들이 공통되게 발달시키는 특유의 증세와 증상군이 존재한다(APA, 2000; Helzer, Robins, & McEnvoi, 1987; Meek, 1990; Merskey, 1992; Miller, 1994b, 1998h; Modlin, 1983, 1990; Taylor, 2006; Weiner, 1992).

불안 범죄 피해자는 지속적인 부유불안이나 신경과민 상태를 보고한다. 이들은 끔찍한 일이 이미 발생했다는 사실에 근거해서 끔찍한 일이 또 발생할 것이라는 격렬한 두려움을 끊임없이 경험한다. 피해자는 강도 높은 과잉경계 상태를 유지함으로써 곧 닥칠 듯한 위협이나 위험의 사소한 단서를 놓치지 않기 위해 환경을 감시한다. 공황발작이 간헐적으로 혹은 빈번하게 발생하기도 한다.

생리적 각성 피해자의 자율신경계는 항상 빨간불이 켜진 상태를 유지한다. 피해자는 근육의 긴장감이나 뭉친 듯한 불편감, 호흡 곤란, 어지럼증, 두통, 위장과 장의 불편감, 빈뇨, 생리불순과 같은 형태의 신체적 긴장감 증가를 경험한다. PTSD 환자의 절반가량이 전형적인 신경증적 반응, 예를 들어, 예상치 않게 문이 닫히는 소리, 전화벨 소리, 커다란 재채기 소리, 혹은 단지 누군가 자신의 이름을 부르는 소리를 듣는 것만으로도 놀라서 문자 그대로 자리에서 튀어 올라 다음 몇 분 동안 공포와 불안으로 떠는 등의 반응을 보이기도 한다.

성마름 자주 시비를 걸고 참을성이 저하되며 유머감각을 잃고 사소한 문제에도 갑작스럽고 과도하게 화를 내는 일이 많아진다. 이러한 태도 때문에 친구들은 괴로워지고 동료들은 이들을 멀리하며 가족들도 이들과 소원해지고 불화가 생긴다. 주변 사람들의 공통된 불만 중 하나는 아이들이 내는 소음이나 가족의 번거로운 질문에 대한 피해자들의 증가된 민감성이다.

회피와 부인 범죄 피해자는 사건에 대한 기억이 흐려지게 만들기 위해 노력한다. 이를 위해 범죄에 대한 생각을 피하며 뉴스, 라디오 프로그램, 사건을 떠올리게 할 수 있는 TV 쇼 등을 멀리한다. "나는 단지 그것에 대해 말하기를 원치 않는 것일 뿐이에요."라는 대답이 이들의 표준적인 반응이며, 때로 사건의 주요 기억을 잊었다고 주장하기도 한다. 이 중 일부는 외상을 회상시키는 자극에 대한 의도적이고 의식적인 노력의 결과이며, 나머지는 위협적인 자극이 유입되는 것을 막기 위한 방편으로 동원된 무의식적인 정신적 둔마다. 이러한 부인의 정서적 색채는 무관심해지기부터 손톱을 깨물 정도의 불안까지 다양하다. 앞서 언급한 바 있듯이, 이러한 회피는 범죄의 실마리를 풀기 위해 피해자의 기억에 접속하고자 애쓰는 수사관들을 좌절시킨다(5장을 보시오).

침투 외상 사건을 마음에서 몰아내려는 각고의 노력에도 불구하고, 사건 장면은 침투적 사고나 악몽의 형태로 갑작스럽고 불시에 나름의 방식으로 의식에 밀려 들어온다. 극단적인 경우, 환자는 정신적으로 사건 당시로 순간 이동하여 당시의 감각과 정서를 선명하게 담은 플래시백flashback이나 재경험을 겪으며, 그 강렬함 때문에 때로 현실과의 접촉을 상실하기도 한다. 좀 더 일반적으로는 침입적으로 사건 기억이 떠오르는 침투적 사고를 경험한다. 환자들은 이것을 끈질긴 심리적 악령으로 묘사하면서 "내가 그 사건을 잊을 수 있도록 가만히 내버려 두지를 않아요."라고 불평한다.

반복적인 악몽 심지어 잠깐의 수면조차도 허락되지 않는다. 때로 피해자의 악몽은 범죄 사건의 생생한 재생이다. 좀 더 일반적으로는 외상적 사건이 품고 있는 일반적인 주제가 메아리쳐 꿈으로 재현된다. 예를 들어, 성폭력 피해자는 포악한 개들에게 공격당하거나 진흙탕에서 익사하는 내용의 꿈을 꾼다. 꿈속에서는 사건 자체의 정서적 강렬함은 유지되지만 사건이 다른 것으로 부분적으로 위장된다. 꿈 재료의 상징적 재구성은 Freud 학파의 정신역동 이론의 주요 축 중 하나다(Horowitz, 1986; Miller, 1991b).

해리 외상 사건 중, 그리고 사건 직후 얼마 동안 환자는 이인감(자기가 실제가 아닌 것 같은 느낌)이나 비현실감(외부 세상이 실제가 아닌 것 같은 느낌)을 경험할 수 있다. 환자들은 "이건 꿈이야." 혹은 "다른 사람에게 일어난 일이야."와 같은 말로 이 상태를 표현한다. 시간 개념과 기억의 극단적인 왜곡이 나타날 수도 있다. 해리는 원래의 외상 사건이나 사건 후에 경험하는 극히 고통스러운 침투적 회고로부터 개인을 살아남게 해 주는 심리적 방어기제로 생각될 수 있다.

집중력과 기억의 손상 범죄 피해자는 자주 '멍한' '어지러운' 혹은 '얼빠진' 상태가 된다고 불평한다. 누군가의 이름을 떠올리는 데에 어려움을 겪고 물건을 엉뚱한 곳에 놓으며 대화의 흐름을 놓치거나 일이나 독서, 가족과의 활동 등에 더 이상 집중할 수 없게 된다. 이러한 자신에 대해 피해자는 뇌 손상을 입었거나 '정신 줄을 놓았다'며 걱정할 수도 있다.

성적 억제 PTSD 환자의 90% 이상이 성적 활동과 관심의 감소를 보고하며, 이것이 이미 스트레스를 받고 있던 결혼 관계를 더욱 압박하는 요인이 되기도 한다. 경우에 따라 발기 불능이나 불감증이 발생하는데, 특히 외상적 사건이 성폭력일 경우에 더욱 그렇다. 이것이 삶의 활동에 대한 즐거움의 전반적인 감소로 이어질 수 있으며, 임상적 우울증으로 발전될 수도 있다(3장을 보시오).

철수와 고립 범죄 피해자는 친구, 이웃 그리고 가족을 피하며 혼자 있기만을 원한다. 청구서 처리하기, 수다 떨기, 뉴스거리와 같은 일상의 사소하고 잡다한 것에 대한 관심이 줄어들며 사소하게 챙겨야 할 것들에 대해 지겨움을 느끼고 짜증을 낸다. 이러한 태도가 주변 사람들의 거절과 비난을 유발하고 그것이 다시 이들의 회피 증상을 악화시키는 잔인한 순환이 반복된다.

충동성과 불안정성 드물기는 하지만 간혹 범죄 피해자는 갑자기 여행을 떠나고, 여러 곳을 이사 다니며 직장을 갑자기 그만두고 오랫동안 집을 비우며, 성격에 맞지 않게 폭음에 열중하거나 흥청망청 게임을 하거나 로맨틱한 밀회를 즐기며, 과도하게 소비가 늘고, 신체적 혹은 법적 위험을 무릅쓰는 행동을 하는 수가 있다. 이는 마치 외상적 사건이 피해자로 하여금 현명한 판단과 상식을 버리고 '까짓 인생 될 대로 되라'는 식의 태도를 가지도록 선동한 것과 같다. 물론 모든 종류의 무책임한 행동이 외상의 탓이라고 볼 수는 없지만, 이런 행동이 그 사람의 이전 성격과 명백히 다르고 외상적 사건 이후에 발생한 것임이 확실할 때는 이러한 관련성을 고려해 볼 수 있다. 이러한 극단적인 행동의 또 다른 극단에는 충격으로 인한 침묵 상태를 보이는 많은 생존자가 존재한다.

급성스트레스장애

DSM-IV(APA, 1994)에서는 차후에 PTSD로 발전할 위험성이 있는 사람들을 분류하기 위해 급성스트레스장애Acute Stress Disorder: ASD라는 진단 범주를 소개하고 있다. ASD는 외상 사건 후 4주 이내에 발생하는 스트레스 반응으로 정의된다. ASD는 PTSD보다 해리 증상에 좀 더 초점을 둔다. 하지만 ASD에도 재경험, 회피 그리고 과각성 증상이 포함된다. 예비적 성질의 전향적 연구들은 외상적 사건 후 ASD 진단 기준을 충족했던 사람의 60~80%가 2년 후에 PTSD 진단 기준을 충족했다고 보고하였다.

ASD 진단이 마련된 때부터 이 진단명은 줄곧 논쟁거리가 되어 왔다. 즉, 외상 직후 나타나는 심리적 고통 증상으로 개념화된 PTSD와 개념적으로나 경험적으로 중복된다는 비판을 받아 왔다(Koch, Douglas, Nichols, & O'Neill, 2006). 그러나 어떤 환자들은 사건 직후에 외상적 반응을 보이므로, ASD 진단을 내리는 것은 피해자에게 조기 치료가 이루어질 수 있도록 돕는다는 점에서 중요할 수 있다. 최초 개입자와 처음으로 접촉하는 순간부터 최적의 임상적 개입이 시작되기 때문에 조기 치료는 범죄 피해자에게 특히 중요하다(5장).

부분적이고 비전형적인 PTSD 증후군

PTSD 진단 기준을 충족하기에는 증상의 수가 적을 때, 임상가들은 이 장애의 하위 증후군 혹은 부분 형태라고 말한다(Stein, Walker, Hazen, & Forde, 1997). 즉,

어떤 환자는 외상적 악몽만을 보고하는가 하면 또 다른 환자는 둔마나 회피 증상 혹은 재경험 증상 없이 과각성만을 보고한다. 증상의 수가 심리적 장애의 심각도와는 상관이 없음을 주목할 필요가 있다. 심지어 범죄 피해자 중에는 PTSD 진단을 받지 않았음에도 주체할 수 없는 불안이나 수면 부족과 같은 심리적 장애를 드러내며 그로 인해 직장 일과 가정생활을 저해하기에 충분한 정도의 이차적인 인지적 및 정서적 손상이 유발되는 경우가 있다(3장).

DSM-IV 진단 공식에 깔끔하게 맞아떨어지지 않는 심리 반응을 설명하기 위해 Alarcon(1999)은 독특한 경우를 포괄할 수 있는 PTSD 유형학을 제안하였다. 다시 말하지만, 임상가는 이런 환자들에게 맞는 DSM-IV 진단을 간과하지 않도록 주의해야만 한다(Miller, 2002e; 3, 4장을 보시오).

PTSD 우울형은 정신운동 지연, 사회적 철수, 일상의 사건들을 다루는 데에 있어서의 무능력, 흥미의 저하, 낮은 자존감, 자기비판, 죄책감 그리고 자살 경향성을 보인다. 감별진단은 주요 우울장애와 우울기분을 동반한 적응장애다(3장).

해리형은 플래시백, 환시, 이인감, 비현실감, 해리성 둔주와 같은 기억상실 행동, 그리고 다중인격장애와 비슷한 증상들을 특징으로 한다. 감별진단에는 해리성 정체성 장애, 경계선 성격장애 그리고 측두엽 간질이 있다. 앞서 강조한 바 있듯이 경우에 따라 외상 사건 도중에 해리 증상이 발생하기도 하며, 이는 나중에 피해자가 PTSD를 더욱 심각하게 겪을 가능성을 시사한다.

신체형의 일차적 증상은 의학적 원인이 없고 부위도 분명하지 않은 만성적인 통증이나 그 밖의 신체 증상이다. 감별진단에는 미확인된 신체적 손상이나 질병 및 신체형장애가 포함된다(4장).

정신증 유사형에서는 환자가 의식의 왜곡, 공상, 빤히 응시하기, 집중 불가, 동기와 의지의 손상, 편집증, 행동적 퇴행 등을 보인다. 감별진단에는 정신분열증, 분열성이나 분열형 및 편집형 인격장애, 혹은 뇌손상이 포함된다(3장).

기질성 유사형에서는 손상된 주의, 집중, 학습, 기억, 그리고 사고, 언어 및 행동의 혼돈과 느림이 수반되며, 경우에 따라 치매와 유사한 임상적 특징을 보이기도 한다. 감별진단에는 외상성 뇌손상 후의 뇌진탕 후 증후군, 심각한 우울증, 혹은 나이 든 환자에게서 자연적으로 발생한 치매가 포함된다(Miller, 1990, 1991a, 1993e; Parker, 2001; Wolfe & Charney, 1991).

신경증 유사형은 불안, 공포적 회피, 초조, 과민성, 강박주의적 성향 및 공황발작 등의 특징을 보인다. 감별진단에는 불안장애와 몇몇 성격장애가 포함된다(3장).

아동 특유의 PTSD 증상

외상적 범죄 사건 후 아동이 보이는 PTSD 증상은 성인의 것과 다를 수 있다(James, 1989; Johnson, 1989; Miller, 1999d, 1999e; Quinn, 1995). 여기에는 다음과 같은 증상들이 포함된다.

반복적 놀이 아동들은 인형, 장난감 병정, 장난감 총 등을 가지고 하는 놀이를 통해 사건을 반복적으로 재현한다. 이것은 성인의 인지적 사고 침투 및 재경험과 동일한 의미를 지니는 행동적 표현 양상이다. 청소년의 경우 폭력이나 보복 관련 주제를 담은 음악, 비디오, 비디오 게임 등에 강박적으로 몰두하기도 한다.

자기비난 아동은 자신이 범죄 사건을 유발하는 데 기여했다고 확신하는 정도가 어른보다 훨씬 더 강하다. 아동은 성장 과정에서 자연스럽게 권위적인 어른에게 꾸짖음이나 비난을 받곤 하며, 범죄 사건이 자신의 나쁜 행동에 대한 또 다른 처벌이라고 생각한다. 또한 자신이 피해를 당한 가족들을 좀 더 많이 도와주었어야만 했다는 생각을 하며 자기비난에 빠진다.

단축된 미래 아동들은 자신이 '결코 성장하지 않을 것이다'는 믿음을 가지며, 학교에 가고 어른들의 충고에 따르거나 새로운 친구를 만드는 등과 같은 미래를 위한 준비 시간이 거의 없다는 믿음을 드러낸다.

퇴행 아동의 발달이 멈추거나 인지적, 심리사회적 그리고 정서적으로 퇴행할 수 있다. 어린 아동은 수년 전에 이미 거쳐 갔던 발달 단계로 되돌아간다. 좀 더 나이 든 아동은 침대를 적시고 아기 놀이를 하며 나이가 들어 더 이상 먹지 않던 음식들을 다시 먹거나 더 어린아이들과 노는 것을 선호하는 등의 양상을 보일 수 있다. 이미 습득했던 학습 기술의 상실, 보다 유치한 형태로 글씨 쓰기, 아기 목소리 내기 등의 형태로 인지적 퇴행이 나타나며, 심각한 경우 완벽한 함구증을 보이기도 한다.

비전형적인 인지적 어려움 학교 공부에 영향을 줄 수 있는 집중력과 기억력 저하에 더해, 사건 당시의 기억 전체를 잃는 심인성 기억상실증 사례가 심각한 외상적 스트레스 사건 후에 나타날 수 있다. 극단적인 경우 외상적 사건 발생 중의 모든 기억, 심지어 사건 이전의 모든 아동기 기억을 회복할 수 없게 될 수도 있다. 이는 일종의 심리학적 자기보호 기제인데, 이것이 뇌손상, 정신증 혹은 꾀병으로 잘못 진단될 수 있다.

신체화 어른에 비해(4장을 보시오) 아동은 자신의 신체로 소통하려는 경향이 있으며, 그렇기 때문에 모든 것이 괜찮다고 말하면서도 자신의 고통을 신체적으로 표현하는 경향을 보인다. 본래 신체 기관은 스트레스에 의해 두통, 심박 증가, 어지럼증, 복통, 그리고 천식 같은 호흡 문제들을 자주 드러낼 수 있다. 증가된 생리적 각성 이외에 상징적 표현도 관찰되는데 가족이나 친구의 폭행 혹은 살해 장면을 목격한 아동에게서 나타나는 (의학적으로는 설명이 불가능한) 맹목 현상이나 폭력 범죄를 경험 혹은 목격했던 기억을 닦아 내고 싶어서 나타나는 반복적인 구토 등이 그 예가 될 수 있다.

노인 특유의 PTSD 증상

70~90대 환자들은 제2차 세계대전, 한국전쟁, 아이젠하워 시대, 그리고 역경을 금욕적으로 인내해야 한다고 교육받았던 초기 냉전 시대를 거쳐 온 세대들이다. 이들 중 많은 사람은 젊은 시절에 일반 외상 혹은 군 외상 사건에서 생존한 사람들이다. 이들은 가족 부양을 위한 일상의 투쟁에 정신이 팔려 지내다가, 자

유 시간이 좀 더 많아지는 상대적 정적기인 은퇴기가 되기까지는 자신의 고통스러운 기억을 과거로 밀어 놓은 채 살 수 있었다. 그러나 폭력 피해와 같은 새로운 사건이 발생함으로써 그동안 기억 밖에 묶여 휴면 상태에 있던 정신적 파편들이 급부상하게 되며 이것이 과거 사건들과 융합하여 정신병리적인 증상을 양산해 낸다(Solomon, Mikulincer, & Waysman, 1991).

젊은 시절에 전쟁이나 학살 같은 시대적 사건을 경험했던 사람들이 노인기에 과거 외상에 대한 재각성을 경험한다는 연구들이 존재한다. 제2차 세계대전의 중심에 있었던 사람들이 경험했던 전쟁 외상(Bonwick & Morris, 1996; Lipton & Schaffer, 1986; Nichols & Czirr, 1986), 인질(Potts, 1994), 대학살(Robinson, Rappaport-Bar-Server, & Rappaport, 1994) 등과 관련한 연구가 이에 포함된다. 수십 년 묵은 사건의 갑작스러운 기억 침투, 악몽, 불면, 그리고 현재의 스트레스 요인에 대한 반응으로 나타나는 과잉 경계의 재출현이 이런 사례들의 공통된 특징이다. 노화 관련 스트레스, 신체적 건강의 감퇴, 은퇴, 그리고 사랑하는 사람의 죽음과 같은 것들이 뒤늦은 PTSD 증상 발병의 예언 요인으로 확인되고 있다(Bonwick & Morris, 1996).

저자의 연구 결과, 현재의 범죄 피해가 노인의 뒤늦은 PTSD 발병에 잠재적인 역할을 행사하는 것으로 나타났다(Miller, 1999f). 피험자들이 겪었던 외상에는 유럽과 태평양 지역에서 일어났던 제2차 세계대전의 외상부터 나치수용소 대학살 생존자, (그런 문제가 알려지기까지 오랜 시간이 걸릴 뿐 아니라 아직까지 충분히 논의되지 못하고 있는) 아동기 친족 성학대, 아동기나 성인기 초기에 경험한 범죄 피해까지 다양한 것이 포함되었다.

연구에 포함된 환자들은 은퇴해서 신체적 상해가 경미하거나 전혀 없는 노상강도, 핸드백 날치기, 혹은 차량 탈취와 같은 사건의 피해자가 되기 전까지는 상당히 만족스러운 삶을 살고 있었다. 이들은 모두 "나는 수십 년간 과거의 외상 사건에 대해 생각해 본 적이 없다."고 반응하였다. 동료 참전자들과 함께 바비큐 파티를 하며 기념일을 추억할 때처럼 사건 발생 후 수십 년 동안 언제라도 의지에 따라 회상이 가능하였기 때문에, 이들은 외상 사건의 기억을 억압했다고 말하지 않았다. 그보다 이 노인들 대부분은 현재 발생한 범죄 피해로 인해 사건 기억이 전면적으로 의식화되기 전까지는 "나쁜 기억을 뒤로 제쳐 놓았다."거나 최소한 사건의 정서적 요소들이 건드려지지 않도록 눌러 놓는 등의 관리를 했다고 말했다(Miller, 1999f).

Harry는 제2차 세계대전의 끝자락에서 벌어졌던 벌지(Bulge) 대전투 때 회전 포탑에서 튀어나온 뜨거운 쇠 조각으로 몸 오른쪽과 얼굴에 화상을 입었다. 그는 의사조차도 가늠할 수 없을 정도의 심각한 통증을 느끼며 차가운 눈 위에 앉아 있었던 그때 가장 고통스러웠던 것은 생존 가망성이 점점 없어져 갔던 것이라고 회상했다. 그러던 어느 순간 그는 몇 미터가량 떨어진 곳에 널브러져 있는 동료 한 명을 보았다. "처음에는 그가 자는 중이거나 부상당해서 거기 누워 있는 줄 알았어요. 하지만 그가 죽었음을 깨달았고 '젠장 나도 저렇게 되겠지?' 하는 생각을 했어요." Harry는 결국 본토에 있는 야전병원으로 이송되었고 명예 제대하였다.

치료 후 Harry는 GI Bill[2)]을 통해 금융학 학사학위를 취득하였다. 금융계에 취직하고자 노력하였지만 그에게 사무직에서 일할 기회는 주어지지 않았다. 결국 그는 도움을 얻기 위해 수년 동안 경영하다가 두 아들에게 물려 준 필라델피아의 전당포 두 곳을 찾아갔다. 전당포 한 곳은 우범 지역에 위치해 있어서 몇 차례 노상강도를 만나 권총을 겨누어야 했는데 기적적으로 신체적 상해는 없었다. 그와 그의 아내는 결국 치안이 양호한 플로리다로 돌아갔다. Harry는 얼마 지나지 않아 아침 일찍 일어나 2인용 카드 놀이나 하는 일상이 지겨워지기 시작했다. 그는 대학 졸업 후에도 항상 법에 매료되어 있었으므로, 아이들을 돕고 자신의 가족이 사법 체계에 영향력을 행사함으로써 상당한 만족감도 얻을 수 있는 지방 소년 법정 자원봉사자인 소송후견인이 되었다.

그러던 어느 날 Harry가 증언하기로 예정되어 있던 법정에서 난투극이 벌어

역자 주

2) 제대군인원호법(GI Bill)은 제2차 세계대전이 끝난 뒤 돌아온 퇴역 군인들을 사회에 통합시키고 미국의 노동인구를 증가시키기 위해 퇴역 군인들에게 교육, 주택, 보험, 의료 및 직업 훈련의 기회를 제공하는 법률과 프로그램을 통칭함.

졌다. 한 젊은이가 법정 밖으로 뛰쳐나가려는 Harry를 거칠게 옆으로 밀쳤다. Harry는 한쪽 무릎이 꺾였다. "그리고 나는 무언가 잘못되고 있음을 알았어요. 왜냐하면 날카롭게 부러지는 소리를 들었거든요." 정형외과 의사가 무릎 관절 수술을 권유했고 수술을 통해 증세는 호전되었지만, Harry는 과거의 전쟁 경험과 전당포를 찾아갔을 때 일어났던 총격전의 일부를 플래시백으로 재경험하기 시작했다. "미칠 것 같은 건 필라델피아에서 등에 권총이 겨눠지는 경험도 했던 내가 35년이 지난 지금 웨스트 팜비치에 있는 병원 침대에 누워서 노상강도를 무서워하고 있다는 점이에요."

치료 과정에서 Harry는 정신적 외상의 파편들이 축적되어 자신으로 하여금 사소한 법원 사건에 과장되게 반응하게 만드는 취약성과 무력감을 유발하였음을 이해할 수 있었다. "나는 그 사건이 내 정신의 둑을 터트려 과거의 모든 외상 파편들이 역류해서 의식에 들어왔다고 생각해요." Harry가 통찰력 있게 말했다.

외상 반응의 진화

위기 상담자라면 ADS와 PTSD 양상이 진단용 증상 일람표보다 훨씬 더 많으며, 외상으로 인한 스트레스 반응이 사건 중에 바로 시작될 수도 있음을 알고 있다. 하지만 이와 반대로 할리우드 영화에서는 대부분의 사람이 위기 상황에서 강렬한 공포나 쇼크에 압도되거나 마비되지 않는 것으로 묘사한다. 즉, 난국에서 많은 이가 상당히 적응적으로 행동한다(Aldwin, 1994; Miller, 1998h, 2002d, 2003d, in press-b; Miller, Pirtle, & Bartlett, 1997; Weiner, 1992). 폭행 사건 피해자들은 자신의 도주로를 계산한다. 불타는 비행기나 물에 잠기고 있는 자동차의 승객들은 자신의 안전벨트를 풀고 창문을 기어 나온다. 사무실 근로자는 출구를 찾아 폭파된 빌딩의 수직 공간을 내려오며, 심지어 그 과정에서 다른 사람을 돕기도 한다. 영화에서는 등장인물 전체가 생존 지향적으로 자동화된 듯 묘사된다. 주변에서 일어나는 일들에 정신적으로 거리를 두는 것과 같은 적응적인 이인화나 해리 현상이 (앞에서 본 바와 같이) 나타날 수 있다. 이것은 종종 '꿈속에 있는 것 같은' 혹은 '슬로우 모션으로 일이 발생하는 것 같은' 등의 표현으로 나중에 회고되곤 한다. 현실에서는 이 같은 영화스러운 엉뚱한 공황 상태는 극히 드물며, 재난관리 전문가들은 종종 응급 상황 중에 사람들이 무기력하게 안주하고 싶은 욕구에서 깨어나는 것이 얼마나 어려운지를 지적하곤 한다(Miller, 1998h, in press-b; Miller et al., 1997). 이러한 양상은 많은 범죄 피해자에게서도 동일하게 관찰된다.

지속적인 치료를 요하는 정도의 신체적 외상이 없는 경우, 외상적 사건이 범죄 피해자의 일상에 통합됨으로써 주 증상들이 수주에서 수개월에 걸쳐 감소되는 것이 일반적이다. 그 과정에서 자신의 취약성에 대한 현실적인 인식이 생기기 시작하며, 기본적인 안전감과 신뢰감이 회복된다. 그러나 경우에 따라서 정신적 걸림돌이 범죄 피해자 자신 및 세상에 대한 안전감 형성을 가로막는다(Everstine & Everstine, 1993; Kushner, Riggs, Foa, & Miller, 1993; Matsakis, 1994; McCann & Pearlman, 1990; Miller, 1994b, 1998h).

이러한 걸림돌 중 하나는 죄책감과 낙인이다. 많은 범죄 피해자는 자신이 어떤 식으로든 사건을 막을 수 있었을 것이라고 믿는다. 특히 성폭력 피해자들의 경우 이런 생각이 강하게 들 수 있으며 사건 당시 입고 있던 옷과 행동 혹은 생활양식에 대한 의혹이 제기되는 경우 더욱 그럴 수 있다(Doka, 2002; Spungen, 1998). 또 다른 이들은 자신의 판단력 부족이 사건을 유발하였다고 생각하거나 사건을 자신이 과거에 행한 나쁜 짓에 대한 우주적 처벌로 해석한다. 많은 생존자가 운명의 저주라고 느끼는데, 특히 사건이 처음 발생한 것이 아닐 경우 더욱 그렇다. 어떤 이들은 신체와 영혼의 고결함이 파괴되었다고 느낀다. 이들은 자신이 파편화되어 흩트려지는 느낌을 경험하며 극히 사소한 일에도 성마르고 고립되는 양상을 드러낸다. 이들은 누군가 자신과 접촉하려 할 때나 자신의 사적인 공간을 침입하려고 할 때 순간 움츠러들며, 야간이나 군중 속에 섞여 도주로를 만들 수 없는 상태에 놓일 때 겁에 질리게 된다.

폭력 범죄와 그 후유증은 존재감의 파괴로 경험된다. 범죄 피해는 우리 중 대다수가 정상적이고 적응적인 부인을 통해 어느 정도 회피하고 있는 자신의 취약성 및 죽음에 대한 공포와 극명하게 직면하도록 만든다(Horowitz et al., 1997; Kushner et al., 1993). 피해자의 존재론적 파괴는 사건이 가족 구성원, 친구, 동료,

이웃, 의사, 혹은 성직자와 같이 아는 사람, 그래서 믿고 있던 사람에 의해 자행될 때 더 고통스럽게 경험될 수 있다.

외상화된 상태로 산다는 것은 멈추기 어려우며, 그 상태에서 벗어나기란 결코 쉽지 않다. 많은 범죄 피해자는 사건으로 인해 경험한 인지적 무력감을 삶의 다른 측면으로 일반화한다. 이들은 자신의 행동을 통제하는 것이나 타인의 극히 사소한 행동을 통제하는 것조차 어려워한다. 심지어 윗사람, 의사, 부모, 배우자와 같은 권위적인 인물의 정상적이고 사회적으로 적합한 영향력 행사나 권위 행동조차도 횡포나 앙갚음의 동기에 의한 것으로 돌리기도 한다. 어떤 경우는 노골적인 피해망상과 투사적 적개심이 발달해서 "어쩜 당신들 모두 내게 그렇게 심하게 할 수 있죠?"라는 식으로 말하기도 한다.

심지어 상황이 정리되어 피해자가 평정심을 어느 정도 회복한 뒤에도 일상의 소소한 업무나 가정 내 복귀로 인한 스트레스가 PTSD 반응을 촉발시키기도 한다. 또한 사건 후 수년 혹은 수십 년 후 경험하는 질병이나 노화 과정에 의해 적응력이 고갈되기 시작할 무렵에 뒤늦게 PTSD 반응이 갑자기 나타날 수도 있다(Miller, 1999f; 앞을 보시오).

통상 외상이 심각하고 외상 반응이 장기간 지속될수록 문제는 더 많아진다. 이것이 범죄 피해자를 포함한 외상 환자가 조속하고 효과적인 치료를 받아야 하는 이유다(Litz, 2004; Litz, Gray, Bryant, & Adler, 2002; Miller, 1998h). 물론 치료는 어느 시점에서든 가능하다. 사건 후 시간이 경과한 뒤 혹은 외상 증상이 나타나기 시작하는 시기에도 적절한 치료는 여전히 중요하다. 치료적 측면에서 절대적으로 희망이 없다고 단정할 수밖에 없는 경우는 없다.

PTSD의 신경심리학

Peter Rabbit이 숲속에서 축제와 점심식사를 위해 자신이 좋아하는 맛있는 천수국 풀밭으로 가는 길을 따라 행복하게 깡충깡충 내려가고 있다. (모든 토끼가 그러해야만 하듯) 항상 주변을 경계해야 하지만, 그는 수국 덤불 아래와 단풍나무를 지나는 이 잘 닦인 익숙한 길을 지금까지 사고 없이 수없이 오고 갔다. 그러나 오늘은 여우 한 마리가 갑자기 단풍나무 뒤에서 튀어나와서 Peter의 뒷다리를 움켜잡았다. 악전고투가 이어졌고 Peter는 고통에 차서 휘청거리며 이제 끝장났다고 생각했지만, 그 순간 죽음의 손아귀에서 도망쳐서 덤불 아래의 이웃집으로 튀어 들어갔고 거기서 몇 시간 동안 숨어 있다가 자기 집으로 절뚝거리며 돌아갔다.

이후 몇 개월 동안 다른 토끼들은 Peter가 천수국 숲 인근을 지나가지 못하는 것을 보았다. 사실 그는 다른 수국 숲에도 가지 않았으며, 그렇다고 해서 집과 가까운 곳에 가꾸어진 풀밭이 있어서 그곳에서 아주 맛있는 식사를 할 수 있는 처지도 아니었기 때문에 다른 토끼들의 풀을 빌어먹어야만 했다. 좀 더 당혹스러운 것은 그가 몸이 떨리고 흔들려서 어떤 유형의 수국이나 단풍나무 근처에도 갈 수 없다는 것이었다. "이제 그만 좀 걱정해."라고 다른 토끼들이 그에게 말했다. "매복해 있는 여우가 산업재해야. 우리 토끼들 모두가 그런 여우를 만날 수 있기 때문에 우리 모두는 좀 더 조심해야 해. 우리가 할 수 있는 건 그게 전부야. 너의 인생 전부를 지나간 일에 걸어서야 쓰겠니?" 주변의 권위 있는 토끼들이 그에게 인간 사냥꾼들이 최근에 여우 사냥을 위해 급파되었고 이제 그곳에는 더 이상 두려워할 게 없다고 말해 주었다. 하지만 Peter는 "말은 쉽죠."라고 반박했다. "당신들 중에 뒷다리를 물어뜯겨 본 토끼는 없어요. 게다가 당신들은 여우가 이 숲에만 산다고 생각하나요? 매는 또 어떡해요. 만일 인간 사냥꾼의 다음 표적이 우리가 된다면요? 어떤 것도 안전하지 않다고요!"

Peter는 토끼학교에서 대자연이 Peter나 그의 친구들이 "한번 혼이 나야 조심하게 된다."고 하는 것과 같이 소위 단일 공포 회피 학습이라고 부르는 것에 신경계를 절묘하게 민감하도록 DNA를 프로그램화하였다는 것을 배운 적이 없다. 토끼나 다른 창조물이 진화론적으로 생존 가치가 있는 행동을 할 수 있도록 스스로 결정할 수는 없기 때문에, 대자연은 특정 사건에 의해 죽음의 덤불로부터 도망쳤던 동물이 사건과 관련된 특정한 자극—덤풀, 나무, 천수국과 같은 사건 현장이나 사건과 연합된 자극—을 회피하도록 만든다. 그와 같이 행동함으로써 Peter는 최소한 미래의 잠재적 위험 상황을 피할 수 있게 되며, 그

> 렇게 자라 성인이 되어 부인을 만나 선천적으로 잘 놀라는 성질이 유전적으로 프로그램된 특질을 지닌 자손을 퍼트릴 것이고, 언젠가는 자신의 손자 토끼가 할아버지 토끼와 뛰어노는 것을 허용하게 될 것이다. 게다가 누군가는 천수국이 굉장하다고 말할 수 있지 않을까?

인간은 토끼가 아니지만 쥐부터 고릴라까지 모두 포유류이기 때문에 우리도 토끼와 유사한 변연계를 가지고 있다. 지난 몇 십 년간 외상 후 스트레스 반응과 PTSD 증상 그리고 다른 외상적 증후군을 설명해 주는 뇌 기제를 밝히기 위한 이론적 모델이 제안되어 왔고(Miller, 1990, 1993d, 2007, in press-a), 이를 통해 뇌과학이 발전하였다(Dowden & Keltner, 2007; Lyons et al., 1993; McFarlane, 1997; McNally, 2007; Weiner, 1992; Weiss, 2007). 효과적으로 외상 후 증상을 상담하거나 치료하는 데 도움이 될 만한 신경생리학적 개념은 아직 완전히 파악되지 못한 상태지만, 적어도 많은 환자가 자신이 경험하고 있는 증상의 이름과 이유를 아는 것, 그래서 자신이 다른 사람보다 못났거나 미친 것이 아니라는 것을 알게 됨으로써 확신감을 얻을 수 있게 되었다. 당신이 설명해 주고자 하는 모든 뇌 물질을 이해하지는 못하더라도, 그들은 그러한 설명만으로도 종종 편안해진다.

PTSD에 대한 Kolb(1987)의 이론은 Freud(1920)가 최초로 설명한 개념, 즉 대뇌피질 자극장벽이 개인이 과도한 자극에 의해 압도되지 않도록 보호하는 역할을 한다는 것에 주목함으로써 시작되었다. Kolb의 가설에 따르면 심각한 정신적 외상은 이 자극장벽을 넘어 신경생리학적 변화를 유발해서 시냅스의 변화를 초래한다. 만일 이러한 작용이 여러 시간에 걸쳐 강도 높게 반복되면, 스트레스 반응성 글루코코르티코이드 수용체인 해마에서 스트레스 전도 신경계의 죽음을 유발함으로써 변별 지각과 학습의 중재 과정이 손상된다(Sapolsky, Krey, & McEwen, 1984).

Parker(1990)는 감각 및 정서와 관련된 뇌 경로를 통해 입력되는 다중 스트레스 신호들이 고전적인 스트레스 호르몬인 코르티솔과 같은 글루코코르티코이드 호르몬의 부신 분비를 유발한다고 지적한다. 높은 코르티솔 수준은 스트레스 반응의 조절에 중요한 피드백을 제공할 뿐 아니라 기억에 중요한 역할을 행사하는 해마의 신경계 기능을 감소시킨다. 뇌의 스트레스-기억 체계에서 발생한 진동은

PTSD에서 관찰되는 침투와 회피의 주기를 설명해 준다.

PTSD 환자에게서 관찰되는 해마의 용적량 감소는 글루코코르티코사이드가 해마 신경계를 손상시킬 수 있음을 보여 준 동물 연구 결과와 일치하며(Sapolsky, 1996; Sapolsky, Uno, Rebert, & Finch, 1990), 심리적 외상이 뇌에 직접적인 독성 효과를 행사할 있음을 시사해 주기도 한다(Bremmer, 1999; Bremmer et al., 1993, 1995; van der Kolk, 1994; Weiss, 2007). 그러나 PTSD 환자의 뇌에 나타나는 구조적 변화가 외상 사건에 노출되기 이전부터 있던 개인차이며 이것이 외상 사건에 대한 개인의 정신적 취약성을 설명해 주는 지표라는 주장도 있다(Paris, 2000; Yehuda, 1998, 1999, 2002).

Kolb(1987)는 또 다른 변연계 구조인 편도체가 스트레스 효과를 중재하는 해마 체계와 상호작용한다는 것을 확인했다. 편도체는 환경적 자극에 대한 정서 평가를 수행하여 '좋다-나쁘다'라고 빠르게 분류하는 기능을 한다. 편도체에 스트레스가 과잉되는 것은 그 사람을 일촉즉발의 과민 상태에 놓이게 하며, 수많은 내적 및 외적 자극에 의해 고도의 각성 상태가 지속된다. 반복되는 강한 정서적 각성은 환자를 더욱 민감하게 만듦과 동시에 학습 관련 과정의 지장을 유발하며 과잉경계와 플래시백 같은 PTSD 증상의 악화를 초래한다(Frewen & Lanius, 2006; Nutt & Malizia, 2004).

변연계의 과도한 민감성 증가 및 피질자극 장벽에 의한 적응적 정보 처리 능력의 감소와 함께, 피질하 및 뇌간 구조물들이 피질의 통제로부터 벗어나서 외상 사건과 관계된 지각적, 인지적, 정서적 및 신체적 증상들을 반복적으로 재활성화한다. 이렇듯 비정상적으로 재활성화된 기억 회로들은 낮 시간대의 침투적 사고와 이미지, 그리고 밤 시간대의 악몽으로 투사된다.

피질 신경계의 변화는 지각적 변별 능력의 손상, 감소된 충동 통제, 그리고 정서적 둔마의 원인이 된다. 과도한 활성화 혹은 피질하 체계에의 과도한 방출은 조건화된 놀람 반응, 성마름, 과잉 경계, 침투적 사고, 반복적이고 공포스러운 악몽, 그리고 심박 증가나 공황발작, 근골격계 통증, 두통, 위장장애와 같은 심리신체적 증상들을 유발한다. 신체 증상을 통해 재경험되는 외상 사건은 환자의 신체상과 자기 개념을 분열시키며, 둔감함과 사회적 철수, 알코올과 약물 남용 같은 회피 행동, 그리고 우울, 생존자 특유의 죄책감, 수치심, 자살 경향성을 포함하는 정서적 혼란을 유발한다.

Deitz(1992)의 신경심리학적 이론은 Kolb(1987)의 공식을 확장시켜 뇌의 외상적 정보 처리의 이중 경로를 개념화하였다. 첫 번째 경로는 지각적 평가와 정서적 톤을 뇌의 인지적 및 언어적 영역에 연결시키는데, 이 영역은 개인으로 하여금 놀람이나 고통스러움과 상관없이 경험을 상식적으로 평가할 수 있도록 해 준다. 두 번째 경로는 독립된 변연계 경로다. 이 경로는 의식적인 평가 체계를 거치지 않고 직접적으로 시상하부, 해마 및 편도체에 있는 정서-기억 복합 체제로 이어진다.

생존이라는 목적을 위해 편도에서 처리되는 긍정/부정 그리고 좋음/나쁨의 판단은 투쟁-도주 혹은 접근-회피 반응이 일어날 시간을 벌기 위해 가능한 한 빨리 내려져야 한다. 사실 언어 및 추상적 사고와 관련된 의식적인 느낌과 의미 부여 과정인 신피질 과정에 정서적 톤을 부여하기 위해서는 계통발생학적으로 새로운 두 번째 경로가 필요해진다. 이 두 체계가 동시적으로 작동함으로써 심각한 외상 사건 피해자의 사례와 같이, 외상에 대한 인지적-언어적 기억은 억제되는 반면 사건 관련 자극에 대한 정서적 반응은 집요하게 지속된다. 한편 범죄로 인한 외상의 신경생리학적 및 행동학적 반응은 가해자와 피해자 간의 관계에 의해 영향받는 것으로 알려져 있다(Yehuda, 2002).

Charney, Deutsch, Krystal, Southwick과 Davis(1993)는 변연계의 민감화를 주장하는 PTSD의 심리생리학적 모델을 정교화하였다. 이들의 이론에 따르면, 외상적 스트레스와 연합된 두려움은 편도체 신경세포들의 민감성에 변화를 유발한다. 이것이 다시 공포와 불안의 신체적 및 자율적 표현을 포함한 변연계와 뇌간 구조의 다양한 기능에 영향력을 행사한다. 예를 들어, 뇌간에 있는 청반의 역치 감소는 뇌 전체의 여러 위치에서 노르에피네프린의 방출을 증가시킨다. 그리고 미소코르티컬 도파미너직 신경세포들이 증가됨으로써 이들의 활동 강도가 더욱 고조된다(van der Kolk, 2003; Weiss, 2007).

스트레스에 의한 흥분성 아미노산, 노르아드레날린성, 그리고 오피오이드(아편) 수용체에 의해 부분적으로 중재되는 장기 기억 강화 작용의 손상은 PTSD에서 관찰되는 학습과 기억 결함의 원인이 된다. 소거가 능동적인 학습 과정—Pavlov로 돌아가게 하는 개념(Pavlov, 1927; McNally, 2007도 보시오)—에 포함되므로 이러한 학습의 결함은 PTSD 환자의 정상적 소거 기능을 손상시킬 수 있으며, 이는 사건과 관련한 정서적 기억이 소거되지 못한 채 오래 유지되는 결과를 초래한다. 이것이 PTSD 환자들이 경험하는 비정상적으로 강렬한 침투적 기억과 학습 및 기억의 결함이라는 역설적 상황을 부분적으로나마 설명해 줄 수 있다.

편도체의 청반 활동은 기억 인출을 향상시킨다. 증가된 노르아드레날린성 활동으로 인한 기억 향상 효과는 편도 복합체에 있는 베타-아드레너직 수용체에 의해 중재된다. 이러한 급성 신경생물학적 반응이 Peter Rabbit과 같은 외상 경험 환자들로 하여금 "나는 그 일을 잊을 수 없어요."라고 외치도록 만드는 이상 기억 항진을 유발한다.

토끼와 PTSD 환자 모두에서 외상 사건과 관련된 장면, 소리, 냄새 등의 감각이 외상 기억의 회상 및 플래시백을 유발한다(Yehuda, 2002). 이런 과정을 중재하는 뇌 영역은 편도체, 청반, 해마 그리고 감각피질이다. 여러 연구 결과가 감각과 인지의 연합 및 소거에 중요한 역할을 행사하는 편도체가 외상 사건 기억의 활성화에 관여한다는 것을 보여 주고 있다. 편도체의 N-메틸-D-아스파르테이트(NMDA) 수용체가 이 과정에 관여하는 것으로 추정되는데, 이는 편도체로 이어지는 NMDA 수용체의 길항 작용과 편도체의 NMDA 영역이 공포 조건화 반응의 발달과 두려움에 의해 축적된 놀람 반응의 소거를 막기 때문이다.

다시 말해, 편도체는 외상 사건과 연합된 중립적 자극에 두려움이나 불안 감정을 덧붙이는 기능을 한다. 각각의 감각 기억이 저장되어 있는 편도체와 감각 피질의 기능적 교환은 외상 기억을 유발하는 감각 정보의 입력에 결정적인 역할을 한다. 더욱이 편도체의 활성화는 외상 기억과 연합된 행동 양상과 고도의 상관관계를 가지고 있다. 그러므로 고통스러운 외상 사건과 연합된 외상 기억의 계속적인 부활(소생)은 외상으로 인한 만성적인 고통의 유발자이자 강화 요인이 된다.

이런 신경생리학적 이론들의 공통점은 외상적 스트레스에 대한 반응을 중재하고 PTSD 증상을 유발하는 뇌의 지각, 정서, 기억, 사고 및 상징 언어를 포괄하는 기제들을 개념화하였다는 것이다. 이론만이 아니라, 전향적인 현장 치료 연구들은 심리적 외상 후에 베타수용체 차단제와 같은 각성 감소제의 초기 투여가 이후의 PTSD 증상을 유의하게 줄여 주었다고 보고한다. 그러나 중요한 것은 이완 훈련(6장)과 같은 행동치료 기법을 초기에 적용하는 것도 약물과 유사한 수준의 외상 감소 효과를 줄 수 있다는 것이다(Charney et al., 1993; McNally, 2007).

연구들은 또한 기분 안정제인 선택적 세로토닌 재흡수 억제제가 스트레스로 인해 유발된 해마의 손상을 회복시키며 기억 기능을 개선시킨다는 것을 보여 주고 있다(Bremmer, 2006; Javitt, 2004). 그러나 무엇보다 흥미로운 것은 심리치료만으로도 외상적 기억과 연합된 신경생리학적 변화를 회복시키고 새로운 시냅스의 성장을 향상시켜서 증상을 호전시키고 인지적 및 정서적 기능의 개선을 이끌어 낼 수 있다는 증거 역시 존재한다는 점이다(Centonze, Siracusano, Calabresi, & Bernardi, 2005; Cozolino, 2002; Etkin, Pittenger, Polan, & Kandel, 2005; Farrow et al., 2005). 이는 외상화된 범죄 피해자에 대한 즉각적(5장과 6장) 및 장기적(7장) 치료 모두에서 상담자와 치료자가 얼마나 중요한 역할을 할 수 있는지를 잘 보여 준다.

이해가 되지 않아 헤매기만 했던 생리학 시간에 대해 새삼 호기심을 가지게 된 독자들은 이러한 신경심리학적 모델들이 PTSD의 인지-행동적 개념화에도 호환이 가능하다는 것에 주목할 필요가 있다(Ehlers & Clark, 2000; McNally, 2007; Talyor, 2006). 인지-행동적 모델에서는 개인이 이미 발생한 혹은 임박해 있는 위협에 색깔을 입히는 방법으로 해당 사건 혹은 사건의 결과를 인지적으로 처리함으로써 PTSD가 유발된다고 본다. Peter Rabbit과 달리, 외상적 사건의 영향에서 자연적으로 회복한 대부분의 인간은 그 사건을 특정 시간과 특정 환경에 국한된 것으로 간주하기 때문에 그것이 그들의 일상생활로 넘쳐흐르는 일은 거의 없다. 그러나 불쌍한 Peter나 지속적인 PTSD로 고통스러워하는 그의 친구들은 외상적 사건을 자신의 삶을 부정적으로 뒤바꿔 버린 잊을 수 없는 사건으로 지각하는 경향이 있다: "나는 영원히 두려워할 거야. 내 삶은 이전으로 돌아갈 수 없을 거야." 만성적인 PTSD를 경험하는 피해자들 역시 외상적 사건으로 인해 생긴 자신의 두려움을 일상생활 사건에 과잉 일반화하며, 일상적인 상황을 점차 잠재적인 위험을 담고 있는 것으로 지각하는 경향을 보인다: "왜 이곳에 구멍이 난 거지? 인생은 산 너머 산이야." 그들은 또한 사건을 개인화하는 경향을 보이며, 결과적으로 다시 상해를 입을 가능성을 과대평가한다: "나는 점 찍힌 토끼예요. 내가 무얼 하든 또 내가 어딜 가든 상관없이, 내가 있는 한 여우가 그곳에 있을 거예요."

그러므로 범죄 피해로 인한 외상의 치료에서 중요한 것은 환자가 이런 식의 그

릇된 인지적 순환을 깨고 현실에 근거한 안전감과 자기효용감을 획득하도록 돕는 것이다. 앞서 지적한 바 있듯이 마음을 바꿈으로써 뇌도 바꿀 수 있지만, 실무적 관점에서 볼 때는 행동이 그보다 우선한다. 이론들이 확실한 지침과 합리적 근거를 제공해 주기는 하지만 우리의 치유 노력을 효과적으로 만들기 위해서는 그것을 행동에 옮기는 실질적인 노력이 수반되어야만 한다.

PTSD 위험 요인

범죄 피해자나 그 밖의 외상 피해자들과 함께 일하는 임상가들은 종종 공통점이 없는 환자들이 유사한 외상을 경험한 사람들에게서나 관찰되는 양상을 드러낸다는 인상을 받는다. 이것이 바로 저자가 범죄 피해에 대한 반응의 개별성과 특이성을 기술하기 위해 많은 지면을 할애하는 이유다. 일반인을 위해 개발된 접근이 이런 환자들을 대상으로 하는 의료적 혹은 심리학적 임상 실무에서는 적절하지 않다. 연구자들과 임상가들이 외상 사건의 생존자로 하여금 외상 증상을 발달시키도록 만드는 요인들을 찾아내기 위해 노력해 왔다면, 다른 영역의 사람들은 그보다 훨씬 의미 있는 진척을 일궈 냈다(Kilpatrick & Resnick, 1993; Norris, 1992; Paris, 2000).

PTSD의 다양한 위험 요인들이 문헌들에 언급된 바 있는데(Basoglu et al., 2005; Brewin, Andrews, & Valentine, 2000; Carlier, Lamberts, & Gersons, 1997; Green & Berlin, 1987; Hoge, Austin, & Pollack, 2007; Kessler et al., 1999; King, King, Fairbank, Keane, & Adams, 1998; Marmar et al., 1994; Orr et al., 1990), 그것들은 외상 전, 외상 중 그리고 외상 후 요인으로 구분될 수 있다.

외상 전의 취약 요인은 사건 이전부터 존재한다. 예를 들어, 낮은 학력, 낮은 지능, 학습장애에 수반되는 걷기나 말하기의 지연 같은 신경학적 발달 지연, 정신장애의 과거력, 성별(여성) 등이 있다.

외상 중의 취약 요인은 사건 당시에 존재하던 것들로 종종 용량-반응 효과라고 부르는 순수한 스트레스의 양, 그리고 공포나 해리와 같이 외상에 대해 즉각적으로 드러내는 반응이 포함된다.

외상 후의 취약 요인은 사건 이후에 발생한다. 여기에는 지각된 사회적 지지 수준, 부수적인 생활 사건들, 그리고 증인으로 법정에 출석해야만 할 때 직면하게 되는 가해자의 보복에 대한 두려움 같은 지속적인 안전 위협 요소들이 포함된다(16장을 보시오).

Wohlfarth, Winkel과 van den Brink(2002)는 범죄 피해자의 PTSD 발병률을 유의미하게 예측해 주는 네 가지 위험 요소를 지적한 바 있는데, 여기에는 ① 사건이 폭력을 포함함, ② 가해자가 아는 사람임, ③ 범죄의 결과가 예상했던 것보다 더 나쁨, ④ 사건과 관련해서 자신을 비난하는 것이 포함된다. 외상적 사건 당시의 해리나 불안 같은 요인 역시 PTSD와 강한 상관이 있지만, 이 네 가지 기본 항목에 해당되는 경우 피해자의 PTSD 증상은 이후에도 호전되지 않는다.

유전적 및 생물학적 요인이 외상에 대한 개인의 민감도에 강력한 영향력을 행사하는 것으로 알려져 왔으며, 이런 요인들은 종종 충동성, 형편없는 판단력, 그리고 결과에 대한 숙고 능력의 부족을 초래함으로써 부정적인 생활 사건에 노출될 가능성을 증가시킨다(Kendler & Eaves, 1986; Kendler, Neale, Kessler, Heath, & Eaves, 1993; Lyons et al., 1993; Paris, 2000; Thapar & McGuffin, 1996). 외상에 대한 패배 반응은 코르티솔 관련 기억 손상과 회피, 기억 상실증, 그리고 해리와 같은 증상들과 연합되는 반면, 방어 반응은 과각성, 과잉 경계, 그리고 플래시백과 연합되는 증가된 에피네프린과 노르에피네프린 반응과 연합된다(Elzinga & Bremmer, 2002).

근본적인 PTSD 취약성을 설명해 주는 성격 특질은 신경증으로 불린다(Costa & McCrae, 1988; Eysenk, 1990; McCrae & Costa, 1990). 신경증이라는 용어는 강한 정서를 유발하는 부정적인 사건에 대해 반응하는 경향성을 설명하며, 성인기까지 안정적으로 유지되는 특질이다. 신경증적인 사람은 스트레스에 보다 더 민감한데, 이들이 스트레스에 더 빠르고 더 강하게 반응하며 다른 사람들보다 이전의 상태로 돌아가는 속도는 더 느리기 때문이다. 반대로, 신경증적인 특질이 더 낮은 사람들은 스트레스 사건을 쉽게 떨쳐 버릴 수 있는 방법을 잘 찾아낸다. 앞서 논의한 바 있듯이, 이러한 개인차는 편도체의 활성화 수준과 관련이 있다(LeDoux, 1996).

PTSD와 관계된 또 다른 생리-유전학적 요인은 충동성이다. 이 특질은 스트레스 사건에의 노출을 중재한다(Kendler & Eaves, 1986; Kendler et al., 1993). 이런 사람들은 더 빠르게 행동하고 스스로를 더 큰 위험에 놓이게 하기 때문에 조심성 있는 사람들에 비해 잠재적으로 외상적 경험에 노출될 가능성이 높다.

그렇다면 어떤 종류의 사람들이 외상 사건 노출 후에 PTSD에 걸리기 쉬운 것일까? 그런 사람은 신경증적인 성향과 충동성, 그리고 역경을 경험할 가능성을 모두 가진 사람인 것 같다. 사실 이 장의 종반부에 언급한 바와 같이 특정 지역의 주민들은 부정적인 생활 사건을 전국 평균치보다 더 자주 경험하는 것으로 보인다. 이러한 점은 범죄 피해자들을 위한 치료가 다양한 형태로 제공될 필요성을 시사한다(Paris, 2000). 이에 대해서는 다음 장에서 자세히 살펴보도록 하겠다.

PTSD 보호 요인

범죄 피해자가 외상 후 증후군을 발달시킬 가능성을 높이는 위험 요인에 더해 보호 요인, 즉 사람들을 회복력 있게 만들고 외상의 스트레스 효과에 저항하게 만들어 주는 특질을 고려하는 것은 매우 중요하다(Bowman, 1997, 1999; Hoge et al., 2007; Miller, 1998b, 2007m). 상담이나 치료 유형과 무관하게, 상담 및 심리치료 시 치유와 회복에 도움이 되는 이러한 긍정적인 개인적 자원을 탐색해야만 한다.

스트레스와 외상으로부터의 회복과 관련된 요인

아동기 및 성인기의 부정적인 생활 사건에 대한 개인의 탄력성과 관련된 특성은 다음을 포함한다(Bifulco, Brown, & Harris, 1987; Brewin et al., 2000; Garmezy, 1993; Garmezy, Masten, & Tellegen, 1984; Luthar, 1991; Rubenstein, Heeren, Houseman, Rubin, & Stechler, 1989; Rutter, 1985, 1987; Rutter, Tizard, Yule, Graham, & Whitmore, 1976; Werner, 1989; Werner & Smith, 1982; Zimrin, 1986):

- 양호한 인지적 기술과 지능, 특히 언어성 지능, 그리고 좋은 언어적 의사소통 기술들

- 자기절제력, 내적 통제소, 양호한 문제해결 기술들, 그리고 계획력과 결과를 예측해 내는 능력
- 달래기 쉬운 기질, 과도하게 정서적으로 반응하는 양식을 지니지 않음, 좋은 사회적 능력, 그리고 타인에게 긍정적으로 반응하고 타인으로부터 긍정적인 반응을 얻음
- 따듯함, 최소한 한 명 이상의 보호자나 친구와의 밀접한 관계, 또 다른 유형의 가족과 지역사회 및 지지 체계, 그리고 큰 집단이나 지역사회의 일부라는 사회적 응집력

사실 이러한 요인들은 외상 사건의 취약 요인인 충동적인 특질, 신경증, 그리고 형편없는 사회적 연결망과 지지의 반대편에 정확히 위치한다. 어떤 사람들에게는 위에 기술한 탄력성의 긍정적 요소가 자연스럽게 작동하지만(Miller, 1998b), 탄력성을 촉진하기 위한 적절한 훈련, 독려 그리고 모델링이 필요한 사람도 있다.

Kobasa(1979a, 1979b; Kobasa, Maddi, & Kahn, 1982)는 강인함이라는 개념을 소개한 바 있는데, 이는 세 가지 차원의 안정적인 성격 자원으로 정의된다.

- **헌신**은 외상적 사건을 의미 있고 중요한 것, 경험의 가치가 있는 것으로 바꾸는 능력을 말한다.
- **통제**는 주변에서 일어나는 사건들에 영향력을 행사할 수 있고 무기력해하지 않으며, 자신의 운명과 타인의 반응에 자신이 영향력을 행사하는 사람이라고 믿는 것을 말한다.
- **도전**은 삶의 충만함이 고난이나 도전 경험을 통해 얻은 성장과 지혜의 산물이라는 믿음을 말한다. 이것은 현실적인 확신감으로, 저항하는 자들은 모두 내게로 데려오라는 식의 무모한 태도와는 다르다.

이와 유사하게, Antonovsky(1979, 1987, 1990)는 응집감(sense of coherence: SOC)이라고 불리는 스트레스/건강 중재 성격 구조를 제안한 바 있는데, 이는 다음과 같은 세 가지 형태의 성향 혹은 신념으로 표현된다.

- 이해 가능함은 개인의 내적 및 외적 환경에서 발생되는 사건들이 구조화, 예측 그리고 설명 가능함을 말한다. 이러한 것들이 상식을 구축해 줌으로써 개인을 덜 압도당하게 해 준다.
- 관리 가능함은 개인이 부정적인 사건에 의해 발생한 문제에 직면하는 데 필요한 자원을 소유하고 있다고 생각하는 것을 말한다. 이런 사람은 무기력하게 난파되지 않고 현실적인 통제감을 느낀다.
- 의미성은 개인이 주어진 역경을 투자 혹은 도전의 가치가 있는 것으로 개념화하여 생각하는 것을 말한다. 역경과 씨름하고 결과를 통해 그것을 재조명하는 것은 지적 및 정서적 만족을 준다.

응집감이 높을수록 그 개인은 특정 스트레스 사건의 성질을 명료화하고 특정 상황에서 적합한 자원을 선택하며 필요시 주변의 피드백을 통해 자신의 행동을 적응적으로 수정할 수 있는 열린 사람이 된다.

정신적 강인함의 정신생리학

보다 최근의 연구들은 스트레스 탄력성이 스트레스에 대한 개인의 미묘한 심리생리적 반응의 차이에 달려 있음을 시사한다. Dienstbier(1989, 1991)는 정신적, 정서적 및 신체적 스트레스 사건에 대한 반응 차이를 언급하기 위해 강인함이라는 단어를 사용해 왔다(Miller, 1989b, 1990, 1998b). 두 가지 주요 생리 시스템이 강인함의 기초가 된다.

첫 번째 시스템은 뇌의 해마에서 자율신경계의 교감신경계, 그리고 그곳에서 부신수질로 투사되는 경로다. 교감신경계 혹은 SNS는 도전 상황을 다루기 위해 몸과 마음을 준비시키는 심장 두근거림 및 투쟁-도주 반응을 담당한다. 이런 반응의 일부로 부신이 자신의 주요 호르몬인 아드레날린을 방출한다.

강인함의 기초가 되는 두 번째 시스템 역시 해마에서 시작되지만 코르티솔 방출을 위해 부신피질을 자극하는 뇌하수체를 통해 활성화된다. 이와 함께 SNS-부신 및 뇌하수체-부신피질 경로는 스트레스가 큰 도전에 대한 반응을 유발한다.

개인의 생리적 탄력성 혹은 강인함이 두 체계의 반응을 변화시킨다. 탄력성 있게 강인한 개체 내에서는 이 두 시스템의 활동이 낮은 수준에서 정상적으로 조절된다. 강인한 개체는 일상에서 비교적 이완되어 있는데, 이는 이 두 시스템이 비활동 상태에 있음을 반영한다. 그러나 스트레스가 큰 도전이나 위협 상황에 직면할 때 SNS-부신 시스템이 빠르고 효과적으로 활성화되는 반면 뇌하수체-부신피질 시스템은 상대적으로 안정적인 상태를 유지한다. 응급 상황이 지속됨에 따라 부신 반응은 급격히 정상으로 돌아오는 반면, 코르티솔 수준은 낮게 유지된다. 원활하고 효과적인 신체적 각성은 뇌에서 중요한 결과를 초래하는 심리생리적 강인함을 결정한다. 이러한 억제 반응은 기분과 동기에 영향력을 행사하는 중요 뇌 신경전달물질인 카테콜아민의 소모를 막아 준다.

하지만 강인하지 않은 경우는 다르다. 탄력성이 부족한 개인의 생리적 활동은 일상의 하찮은 일들에 대해서조차 과도하며 오랫동안 유지되는 경향이 있다. 그 결과 더욱 강한 각성, 덜 효과적인 대처, 그리고 더 빠른 카테콜아민 소모가 초래되는데, 이것이 무력감과 우울을 유발할 수 있다. 큰일이든 사소한 일이든, 탄력적이지 못한 개인은 고난에 대해 과잉 반응하고 각성 수준이 높아짐으로써 스스로를 압도당하게 만들며, 자기 자신으로 하여금 다양한 대응을 할 수 없도록 만들고 앞으로 잘 대응할 수 있을 것이라는 자기확신감을 점진적으로 파괴한다.

이것이 심리생리적 강인함이 심리학적으로 중요할 수밖에 없는 이유다. 인간은 Petter Rabbit이 할 수 없는 것을 할 수 있는 존재다. 우리는 우리 자신의 사고, 느낌 그리고 행위를 반성할 수 있고, 우리를 존재하도록 하는 중요한 사람들에 대한 자신의 반응을 개념화함으로써 미래의 도전에 어떻게 반응할 것인지를 예측할 수 있다. Dienstbier(1989, 1991)는 강인함이 도전에 대처하는 개인의 능력에 대한 내적인 심리적 평가와 상호작용한다고 지적한 바 있다. 이것은 효과적인 역경 대처 능력자 혹은 무기력한 반응자로서의 자기 이미지—즉, 이후의 스트레스에 대한 심리생리적 반응에 영향력을 행사할 수 있는지 여부에 대한 자기평가—에 공헌한다.

결 론

이것이 바로 이 책에서 기술한 다양한 치료 기법의 심리생리학적 근거다. 점진적인 연습과 리허설을 통해 자신의 지각, 느낌, 사고, 그리고 반응 통제를 학습시킴으로써 탄력성 있는 강인함을 개발 및 증진시킬 수 있으며, 이것이 궁극적으로는 범죄 피해자들이 범죄의 결과와 형사사법 시스템, 그리고 앞으로의 삶에 효과적으로 대처할 수 있도록 만들 수 있다. 원한다면 생리학적 교훈은 잊어도 된다. 하지만 선천적으로 타고난 탄력성에 개인차가 있을 수밖에 없음에도 불구하고 당신이 호전과 절망, 체념의 기로에서 헤매는 범죄 피해 생존자의 대응 기술을 강화하는 데에 도움을 줄 수 있다는 것만큼은 기억하기 바란다.

범죄 피해와 관련된 심리장애

신체적 상해 사건을 다루는 변호사들(16장을 보시오)은 의뢰인을 '얇은 달걀 껍질' 상태로 표현한다. 신체적 혹은 심리적 상해는 그 개인에게 특유하고 개인적인 역사가 되며, 법은 '우리는 피해자를 피해자로 본다'고 말한다. 법 영역에서 통하는 진실은 임상심리학과 심리치료에서도 똑같이 통한다. 2장에서 보았듯이 범죄 피해자의 반응에 영향력을 행사하는 다양한 위험 요인과 보호 요인이 존재한다. 임상적 및 연구적 관심이 대부분 PTSD에 집중되고 있기는 하지만, PTSD뿐 아니라 다양한 심리적 반응이 범죄 피해의 흔적으로 발생할 수 있으며 이것이 피해자가 사건 이전부터 가지고 있던 성격 특성이나 심리적 특질 및 증후군들과 결합한다(Falsetti, Resnick, Dansky, Lydiard, & Kilpetrick, 1995; Kilpatrick & Acierno, 2003). 따라서 범죄 피해자들에 대한 적절한 치료를 위해서는 피해자들이 가지고 있는 개인차에 대한 지식과 민감성이 필요하다. 사실 이러한 특성을 이해하는 것만으로도 ① 피해자가 호소하는 증상들이 순전히 범죄 피해로 인한 PTSD 증상이라고 판단하고 사건 전부터 있어 왔을 수 있는 정신병리나 성격 문제를 간과하거나, ② 반대로 모든 것을 사건 전부터 있었던 문제에 귀인함으로써 범죄 피해의 영향력을 무시하거나 경시하는 것과 같은 심각한 함정에 빠지는 것을 피할 수 있다.

불안장애

누구나 그러하듯, 우리의 정상적인 감정 상태는 유달리 행복하거나 슬프거나 화나거나 사랑스럽거나 초조하거나 침착하기보다는 고단한 삶 속에서도 그다지 나쁘지 않고 더 나은 내일에 대한 기대를 가지는 정도의 일시적인 안녕감이라고 부를 만한 정도로 볼 수 있다. 이것은 마치 우리가 끼니 사이에 느끼는 허기짐이나 포만감과 같이 꾸준하고 익숙한 것들이다. 사실 우리는 자신이 무엇을 먹고 마시는지, 또는 자신의 정서가 어떤 상태인지에 대해 거의 주의를 기울이지 않고 살아간다. 건강한 사람들은 대부분 일상생활에서 경험하는 다양한 상황으로 인해 일시적으로 더 행복하기도 하고 더 슬프거나 더 화나기도 하고 평소보다 좀 더 차분해지는 등의 기분 상태를 경험한다. 하지만 어떤 사람들은 이보다 좀 더 큰 폭의 감정 변화를 경험해서 좀 더 많이 들뜨거나 좀 더 음울해지는 기질을 가지기도 한다. 특질이나 증후군처럼 이러한 기분 문제들이 건강한 일상 기능을 방해하거나 타인과의 비합리적인 갈등을 유발할 정도로 극단적일 때 우리는 그것을 장애라고 부른다.

불안장애는 고조된 걱정, 공포 그리고 각성으로 특정되며 몇 개의 하위 유형으로 분류된다.

일반화된 불안장애

일반화된 불안장애는 특정 사건이나 환경과 연합되지 않은, 그래서 부유불안이라고 부르는 광범위한 불안을 포함한다. 이 환자들은 항상 불안해한다. 불안의 수준이 상황에 따라 증감하기는 하나, 주변 사람들에게 이들은 결코 이완되거나 평안해질 수 없는 사람으로 지각되곤 한다. 이러한 일반화된 초조와 뒤숭숭함이 범죄 피해 이후에 증가되는 것은 어쩌면 당연하다. 이런 환자들이 일반화된 불안장애가 발병하기 이전의 상태로 돌아가는 것은 결코 불가능하다. 따라서 임상가는 범죄로 인해 유발된 심리적 외상의 회복이 '불안의 완벽한 제거'일 수 없음을 인정해야 한다. 치료 목표를 관리 가능한 정도의 불안 수준으로 되돌아가도록 하는 것으로 정하는 것이 보다 현실적이다. 최상의 경우, 범죄 피해로 인한 외상성 불안의 치료가 기왕에 있어 온 일반화된 불안에 대한 숙달감 향상의 촉매제가 될 수 있다. 즉, 환자가 범죄 피해 후유증 치료 중에 획득한 전략과 통찰들을 사건 이전부터 가지고 있었던 일반화된 불안장애와 광범위한 삶의 쟁점들에 대응시키고 활용하는 법을 배우는 것이 가능하다.

항상 겁이 많던 Sharon은 엄청나게 노력해서 은행직원 채용 시험에 응시하였고, 시험에 합격하여 사건이 발생하던 날까지 그곳에서 일주일 동안 일했다. 그녀가 직접 협박을 당한 것은 아니었으나(창구 문을 내리던 두 직원이 직접 피해자이며 그중 한 명이 얼굴에 총상을 입었음), Sharon은 이 사건으로 인해 몹시 불안해져서 다른 직원들이 모두 업무에 복귀한 지 한참이 지난 뒤에도 은행으로 돌아갈 수 없었다. 몇 주 후, 그녀의 치료자는 약물 처방을 위해 정신과 의사에게 그녀를 의뢰하였고, 그녀는 점차 직업 기능이 충분히 가능할 정도로 불안을 견딜 수 있게 되었다.

공황장애

일반화된 불안장애 환자의 일부는 신체에 대한 극도의 각성 증가와 두려움을 동반하는 공황장애로 고통받는다. 공황장애는 단일 증후군으로 존재할 수도 있어서 갑작스럽게 발작이 시작되어 모두를 당혹시킨다. 공황발작 중에 환자는 폭주하는 듯한 느낌, 심장의 쿵쾅거림, 땀 분비 증가, 빠르고 얕은 호흡, 무감각함, 안면과 신체의 말단 부위에 느껴지는 따끔따끔함, 그리고 현기증이나 졸도할 것 같은 느낌과 같은 전형적인 모든 공포 증상을 경험한다. 많은 환자가 공황발작 중에 기절하거나 죽을 것 같은 공포감을 경험한다(물론 공황발작 중에 기절하거나 사망하는 경우는 거의 드물지만). 발작은 특정 사건에 대한 반응으로 시작되기도 하지만 난데없이 발생하기도 한다. 공황발작은 자신이 홀로 남겨졌다거나 버려

질 것이라는 생각 혹은 지지 대상의 상실로 인해 유발된 우울 상황에서도 자주 발생한다(다음을 보시오). 흥미롭게도 공황발작을 경험한 많은 범죄 피해자가 사건 이전에도 공황발작을 경험했으나 사라졌다고 보고하였으며, 사건 이후에 다시 나타난 공황발작 중의 공포와 끔찍함이 과거의 그것과 매우 유사하다고 보고한다. 이런 경우 공황발작의 빈도와 강도가 범죄 피해 후 증가할 것으로 예상할 수 있으며, 임상가는 과거 공황발작 치료에 효과적이었던 처치가 무엇이었는지를 밝혀내고 그 전략들을 적극적으로 활용하도록 노력해야만 한다.

Rafi는 고등학교와 대학 시절에 몇 번의 불안발작 에피소드를 경험한 적이 있지만, 컴퓨터 분야에서 바라는 정도의 성취를 이루어 내고 결혼을 해서 가정을 꾸리게 된 이후로는 그 증상이 사라졌다. 그러던 어느 날 밤 그는 귀가 중 지하철에서 강도 피해를 당했다. "그 뒤로 나는 하루에 두세 번 정도 다시 발작하기 시작했어요. 나는 발작이 그저 신체적인 반응일 뿐이라는 것을 머리로 알고 있어요. 하지만 발작은 나를 식겁하게 만들고 집 밖으로 나가는 것을 두렵게 해요." 각성 수준 낮추기와 인지 재구조화(6장) 작업을 병행함으로써 Rafi와 그의 치료자는 공황발작을 완전히 없앨 수는 없었지만 그 빈도와 강도를 Rafi가 조절할 수 있는 수준으로 감소시킬 수 있게 되었다.

공포증

불안과 공황 증상이 특정 장소나 상황과 연합되어 있는 경우 특정 사람이나 장소 혹은 물건에 대한 비합리적인 극도의 공포증을 발달시킬 수 있다. 일반적으로 환자는 자신의 공포가 비합리적임을 인식하고 있음에도 불구하고 자신이 그것을 통제할 힘이 없다고 느끼며 공황을 유발할 가능성이 있는 상황을 회피하므로 망상과는 차이가 있음을 주목할 필요가 있다(다음을 보시오). 증상이 특정한 외상적 스트레스에 노출된 이후에 시작된 것인 경우에도 그것을 '비합리적'인 것으로 보아야 할지 의문인 경우가 있기는 하다. "한번 혼이 나면 조심하게 된다."는 속담을 기억하라. 그럼에도 불구하고 피해자들은 이런 혼란스러운 공포로부터 스스로를 구원할 능력이 자신에게 없다고 느낌으로써 의기소침해지고 통제감을 잃는다. 공포증은 흔히 사건과 관련된 사람, 장소 혹은 물건으로 일반화될 수 있고, 꽤나 특정적일 수도 있다. 사실 범죄 피해자가 사건과 관련이 있는 사람이나 장소에 대한 공포증을 발전시키는 것은 흔한 현상이다.

예를 들어, 피해자들은 특정한 거리나 가게 혹은 건물 등을 피하며 가해자와 비슷한 사람 근처에 있는 것에 대한 공포를 발달시키기도 한다. 사실 많은 피해자가 가해자와 같은 인종의 사람이 다가올 때 "내가 인종주의자가 되어 버렸어." 라고 한탄한다. 선입견과는 별개로 이것은 인종주의 그 자체라기보다는(Peter Rabbit의 경우와 같이) Pavlov의 공포 조건형성과 같은 현상이며 종종 치료를 통해 성공적으로 호전될 수 있다.

"이것이 내가 인정하기 싫어하는 바로 그 지점이에요." Rafi가 말했다. "나를 지하철에서 밀어 넘어뜨린 그놈은 흑인이었고, 이제 나는 주변에 흑인이 있으면 항상 신경이 예민해져요. 심지어 내가 여러 해 동안 함께 일해 온 친구들에게조차 그렇다니까요. 나는 원래 백인이 항상 파키스탄 사람들과 싸움을 벌이곤 했던 런던의 이스트엔드 지역 출신이에요. 그래서 절대 나는 그런 사람이 되지 않겠다고 맹세했는데, 사건 이후로 이런 인종차별주의적인 느낌을 가지게 된 내 자신이 너무 싫어요. 물론 내가 흑인 자체를 싫어하는 것은 아니에요. 단지 그들 주변에 있고 싶지 않아요. 한번은 카페테리아에서 줄을 서서 기다리고 있는데, 키 큰 흑인 친구인 Frankie가 내 뒤에 있는 거예요. 그 순간 나는 공포스러워졌어요. 줄을 계속 서 있을 수는 있었지만 내 생각에 몇몇 사람이 그런 내 마음을 눈치챈 것 같았어요. 그 사람들이 나를 재미있다는 듯이 쳐다봤거든요. 이제 나는 어떻게 하면 될까요?"

Rafi의 치료자는 Rafi의 조건화된 불안 반응을 제거하여 불안감을 느끼지 않으면서 흑인과 함께 있을 수 있도록 도와주는 체계적 둔감화 기법(6장)을 사용하였다. 또한 치료자는 그의 혐오감이 단지 증상일 뿐이며 그것을 극복할 수 있다는 확신감을 주기 위해 그의 논리적인 마음에게 혼잣말(6장)을 사용하도록 독려하였다. Rafi는 농담 삼아 자신의 논리적인 마음을 "내게 남겨진 두 개의 합리적 뇌 세포"라고 말했다. 치료자는 또한 치료 회기 중의 체계적 둔감화에 더해 현실에서의 둔감화(6장)를 위해 개방된 복도와 같이 상대적으로 안전한 공간에서 잘 알고 있는 흑인 동료와 유쾌한 대화를 해 보도록 권유했다.

외상후 스트레스 장애는 불안장애의 한 형태인데 2장에서 구체적으로 설명한 바 있으므로 이 장에서는 생략하도록 하겠다.

기분장애

일반적으로 기분장애는 기분의 극단적인 변화가 일방향(우울)인지 아니면 양방향(우울과 고양 혹은 분노)인지에 따라서 단극성과 양극성으로 분류된다.

주요우울장애

주요우울장애는 수일, 수주 혹은 수개월간 지속되는 우울 삽화를 특징으로 한다. 심각한 경우에는 환자가 거의 움직임을 보이지 않기도 한다. 흔히 환자들은 낙담, 혼란감, 무력감, 무망감 등을 느낀다. 수면과 식욕 문제가 나타나는데, 반대로 어떤 사람들은 과수면(거의 하루 종일 잠을 잠)이나 탐식(폭식)을 보이기도 한다. 치매에 걸린 것 같은 인상을 줄 정도로 집중력과 기억에 문제가 생긴다. 일, 여가, 가족과 함께하는 활동에 대한 동기나 열정이 사라진다. 불안, 공황, 초조 혹은 분노를 포함한 정서가 종종 수반된다. 이 장애는 통상 인생 전반에 걸쳐 반복적으로 발생하는데, 다행히 대부분의 경우 치료에 잘 반응하는 편이다.

다른 정신장애들과 마찬가지로 우울증도 범죄 피해에 의해 악화되는 것 같다. 우울증에서 특징적으로 나타나는 인지적 요소인 무력감과 무망감이 범죄 사건을 소화 흡수해서 '우울한 인지적 주제'로 재탄생된다. 긍정적인 측면에서 볼 때, 이것이 때로 우울증 환자의 음울한 인지 양식을 구체화함으로써 치료에 들어오는 단초가 될 수 있다.

April은 고등학교 때 그녀가 '먹구름'이라고 부르곤 했던 친구와 싸웠다. 이후 모든 상황이 정상화되었지만 시간이 지날수록 친구들과 어울리고자 하는 그녀의 동기는 감소하였고 체중이 저하되기 시작하였으며 수면도 '얕고 파도가 일렁이는 듯한 상태'가 되어 갔고, 일상생활은 '더 이상 무엇도 중요하지 않은' 차가운 회색 주물 동상이 되어 버렸다. 때로 그녀는 "내가 없어진다고 해도 세상 누구도 나를 그리워하지 않을 거야."라는 말을 해서 부모를 두렵게 하였다. 결국 그녀의 부모는 그녀를 정신과 의사에게 데려갔으며 항우울제가 처방되었다. 투약 후에도 여전히 기분이 가라앉은 상태였기는 하지만 약의 도움으로 더 이상 학교생활이나 사회적 관계를 엉망진창으로 만들어 버림으로써 자신을 무능하게 만드는 정도의 심각한 우울증으로 고통받지 않아도 되었다. 그녀는 고등학교를 졸업했고 다른 도시에 있는 대학에 입학하였다.

그러던 어느 날 밤, 기숙사 방에 막 들어섰을 때 자신이 들어온 문으로 어떤 사람이 황급히 뛰어나가는 것을 보고 소스라치게 놀랐다. 자세히 주변을 살펴보니 누군가 방을 뒤진 흔적이 있었다. 이 상황에 대해 그녀는 "나는 그 순간 무너져 내렸어요."라고 말하였으며 곧바로 학업을 중단하였다. 학교경찰이 나중에 몇몇 기숙사 방에서 도둑질했던 절도범을 잡았지만, April은 여전히 정상적인 일상으로 돌아갈 수 없었다. 학교 상담사는 절도 사건과 범인에 의해 그녀의 '사적인 공간이 파괴됨'으로써 그녀가 외상화되었다고 말했다. 하지만 정작 그녀는 이 일은 그저 지나간 과거의 일일 뿐이라고 받아들이고 있었다. 학교 상담사가 이해하지 못했던 중요한 지점이 있었는데, April은 이에 대해 다음과 같이 말했다. "이건 그저 내게 늘 있어 온 우울 증상일 뿐이에요. 도둑이 들었던 그 시기에 갑자기 심해진 것일 뿐이에요. 나는 잘 낫지 않는 우울증에 걸렸고, 그게 이번처럼 이렇게 다시 돌아올 수 있다는 사실이 나를 더욱 우울하게 만들어요."

기분부전장애

기분부전장애는 보다 안정적이고 지속적이지만 덜 심각한 기분장애다. 이 장애를 가진 사람들은 일상적인 활동에서 기운 없이 축 처지며, 집이나 직장에서의 업무 수행을 충분히 수행할 능력은 있지만 삶에서 좀처럼 즐거움이나 흥미를 경험하지는 못한다. 이들은 부상당한 모습으로 걸어가며, 생기 없고, 즐거움이 결여된 존재다. 이 장애를 지닌 사람들은 우울 그 자체는 부정하지만 행복이 무엇인지 알 수 없다는 말은 한다. 간혹 심각한 우울증은 회복되었지만 소위 행복하거나 정상적인 기분 상태를 경험하지 못하고 기분이 가라앉아 단조로워진 상태로 살아간다. 그러므로 사건 이전부터 기분부전 상태에 있었던 범죄 피해자를 사건 이후에 실존주의적인 심리치료(7장)에서와 같이 삶의 축복에 감사하도록 만들기 위해 노력하는 것은 부질없다. 오히려 일상의 과업에 대한 숙달감을 발달시키는 것에 실질적인 초점을 두는 것이 외상적 사건에도 불구하고 일상의 기능 수준을 유지할 수 있다는 자기효능감을 느끼도록 해 줌으로써 환자에게 희망을 줄 수 있다.

> "나는 내가 항상 유리잔에 물이 반 남았을 때 잔이 반이나 비었다고 생각하는 부정적인 사람이었던 걸로 기억해요." Franz는 말했다. "그런 빌어먹을 놈들이 나를 내동댕이치고 차를 훔쳐 갔을 때, 나는 '굉장해. 내 엉망진창인 삶에 또 다른 엉망진창인 일이 생겼어.'라고 생각했어요. 근로자 지원 프로그램 상담사는 내가 '외상 후 흔들림' 혹은 '무뎌짐'과 비슷한 어떤 상태라고 설명해 주었어요. 하지만 그때 나는 평소와 다름없이 가라앉은 기분 상태였고 부정적이고 비관적인 성격 특성을 드러내고 있었을 뿐이었어요. 상담사는 내게 약물치료를 위해 정신과 의사를 만나길 원하는지 물었고, 나는 '그렇게 권유하는 취지가 무엇인가요?'라고 되물었어요. 내 생각에 그녀가 내게 이런 재미있는 모습을 보여 주는 동안 내가 가만히 앉아만 있었기 때문에 그녀가 기겁했던 것 같아요. 이후로 나는 일터로 다시 돌아가지 않았고 자동차 영업을 좀 더 조심해서 하고 이사하기로 결심했어요."

양극성 장애

조울병으로도 알려져 있는 양극성 장애의 특징은 감정의 고양(들뜸)과 우울을 넘나드는 기분의 극단적인 변화다. 어떤 사람은 중간 상태(정상인 상태)가 없이 기분의 높고 낮음만 경험하기도 한다. 조증 기간에는 충만감과 과장된 확신감 상태를 보이는 것이 전형적이다. 이 시기에 환자는 과활동적이고 사고가 과대하며, 섣부르게 일을 벌여 모든 일이 헛돌고, 생각과 계획을 끊임없이 짜지만 비현실적이며 충동성과 산만함이 증가한다. 생각과 말은 멈출 수 없을 정도로 빠르고 진정성이 결여되어 있다. 수면 욕구는 감소하고 성 활동은 증가한다. 모든 영역에서 속도를 내기 위해 기어를 최고로 높이는 것과 같은 상태를 보인다. 전반적으로 환각제를 먹은 사람 같은 인상을 주는데, 이들 중에는 고양감을 더욱 증진시키거나 고양 상태를 유지하기 위해 암페타민, 코카인 혹은 알코올을 남용하는 사람도 있다.

조증 상태는 이상하고 특이한 코미디 같은 증상으로 시작되지만 시간이 지남에 따라 쉽게 화내기, 초조, 불안, 그리고 독단적이고 편집증적인 색깔이 짙어진다. 그러다가 종국에는 우울기로 전환되는 폭락기가 찾아온다. 이 전환기에 고양된 상태를 유지하기 위해 환각제와 같은 약물에 몰입하기도 하는데 그러한 노력만으로는 우울의 침공을 완전히 피할 수 없다. 이 시기의 가장 큰 위험은 자살이다. 경우에 따라서 조증 기간 동안 초조, 분노, 편집증적 양상이 고양되었다고 볼 만큼 강하게 드러나지 않아서 조현병(종전 정신분열병)으로 오진되기도 한다.

사건 이전에 양극성 장애로 고통받았던 적이 있는 범죄 피해자들은 사건과 관련된 외상적 이미지와 사고 그리고 정서를 기왕증인 조증과 우울증에 통합할 가능성이 높다. 기분의 변화는 범죄 피해 후 드러나는 PTSD의 주요 증상이므로, 이런 경우 사건 전의 증상과 사건 후에 새로이 시작된 증상을 변별하는 것이 적절한 치료 계획 수립의 핵심이 될 수 있다. 외상적 범죄 사건과 사건 후에 직면하게 되는 번거로운 처리 절차들이 양극성 환자의 물질남용 위험률을 증가시킬 수 있으므로(다음을 보시오), 임상가들은 이 가능성을 예의 주시해야만 한다.

> Hank는 어느 날 밤, 약간의 코카인을 얻기 위해 노력하는 과정에서 폭행을 당했다. 며칠 뒤 그는 과잉 경계, 편집증적 사고, 수면 욕구 저하 등의 증상을 경험하였고 결국 경찰서에 자기 발로 찾아가 자신이 마약단속국과 콜롬비아 마약 조직에 쫓기고 있다고 말했다. 경찰은 그를 지역 응급실에 데려갔고 정신과 의사는 그를 편집형 조현병으로 진단했다. Hank는 지역 정신과 의원으로 이

송되었고, 그곳에서 양극성 장애 조증 상태로 진단이 바뀌었다. 그가 병원 직원을 폭행하는 일이 발생하자 정신병적 증상을 동반한 급성스트레스장애의 가능성이 고려되었다. 그는 의사의 권고에도 불구하고 자의 퇴원하였고 이후 외래 진료는 받지 않았다.

조현병과 그 밖의 정신증적 장애

정신증적 장애는 일련의 증후군으로 기분, 사고, 그리고 목표 지향적 활동의 심각한 장해로 특징지어지는 현실 검증력의 유의미한 파괴를 주요 증상으로 한다.

조현병

정신증적 장애의 가장 흔한 형태는 조현병이다. 이 장애는 여러 증후군을 포함하며 통상 청소년기나 초기 성인기에 발병하고 망상(사고와 신념의 장해)과 환각(지각의 장해)을 주 특징으로 한다. 환각의 경우 대개는 환청(목소리를 들음)을 보이며 환시(헛것을 봄)는 거의 드물다. 치료받지 않는 상태의 조현병 환자들은 이상해 보이는 수준에서부터 업무나 사회적 관계를 유지할 수 없을 정도의 기괴한 수준에 이르는 일련의 망상과 환각 증상으로 고통받는다. 이들 중 다수가 노숙자 신세를 면치 못한다. 노숙자가 아니더라도 이들은 범죄 피해의 극단적인 고위험군에 속하며 부랑죄, 구걸죄, 노상 방뇨죄, 들치기, 단순폭행(행인을 괴롭히거나 짜증 나게 하기) 그리고 약물 관련 범죄로 체포되는 경우도 많다.

유사성이 높기는 하지만, 조현병은 다음의 네 가지 유형으로 세분될 수 있다.

- 편집형의 주 특징은 누군가에 의해 괴롭힘을 당하고 있다는 등의 박해 및 비난 환각 증상이다.
- 파괴형의 주 특징은 전반적인 행동의 무모함과 현실 접촉의 곤란이다.
- 긴장형의 주 특징은 움직임이 거의 없고 외부 자극에 대한 반응성이 결여된 것이며, 이 때문에 시설에 수용되는 경우가 많다.

- 비전형형은 다른 세 유형으로 분류되지 않는 그 밖의 증상을 지닌 경우에 해당한다.

빈약한 대인관계, 몰입 활동의 결여, 비일관적인 행동, 그리고 약물 처치에 대한 낮은 순응도는 조현병 환자가 치료 장면에서 자주 보이는 특징이며, 이 때문에 조현병을 지닌 상태에서 범죄 피해를 당한 사람의 치료는 쉽지 않다. 법원과 범죄수사 당국은 이들의 비협조적인 태도를 보고 이들이 어쩔 수 없이 정신건강 관련 기관과 형사사법 관련 기관 사이의 회전문을 오락가락하게 될 것임을 직감하며, 이 때문에 다른 시민들에 비해 조현병 환자의 범죄 피해 심각성을 충분히 고민하지 않게 된다.

망상장애

망상장애는 환자가 비록 고립되어 있고 사고의 융통성이 없기는 하나 대부분의 일상생활은 충분히 가능하며 망상 때문에 현실감을 잃지는 않는다는 점에서 조현병과 구분된다. 다음은 망상장애의 주요 유형들이다.

- 색정형 망상장애 환자들은 한 번도 만난 적이 없는 유명인사가 자신과 사랑에 빠졌다고 확신하는 '영화팬'으로 묘사된다.
- 과대형 망상장애는 자신이 세계 평화를 위한 진짜 비밀을 가지고 있다고 믿는 것과 같은 과대망상을 특징으로 한다.
- 피해형 망상장애 환자들은 그들(그것이 누구든)이 자신의 뒤를 (종종 자신의 위대한 생각을 훔치거나 발설하지 못하게 할 목적으로) 밟는다고 믿는다.
- 질투형 망상장애에는 증거가 없음에도 불구하고 아내가 외도한다고 절대적으로 믿는 남편이 포함된다.
- 신체형 망상장애에는 자신의 몸이 내부에서 붕괴되거나 축소 혹은 확장되고 있다고 믿거나, 라디오 주파수가 자신의 피부색이나 뇌 패턴을 변화시킨다고 믿는 사람들이 포함된다.

망상장애나 전형적인 조현병 환자가 범죄 피해자가 되는 경우 범죄 사건이 망상의 핵심 주제와 통합되지는 않으나 핵심 망상의 주변적 주제로 남아 현실적인 쟁점들에 대한 환자의 집중을 방해한다. "당신이 편집증이라고 해서 그들이 당신을 잡아가지 않는다는 것을 의미하지는 않는다."는 격언이 있듯이, 임상가는 과대망상이나 박해망상처럼 보이는 것이 현실에 근거한 것인지 여부를 확인하기 위해 노력해야만 한다. 예를 들어, 권리를 박탈당한 피해자들은 자신이 다른 건실한 시민들에 비해 하찮게 취급받는 존재임을 정확하게 지각한다. 피해자나 목격자가 자신의 법정 증언을 저지하기 위해 범죄자 집단이 자신을 해칠 것이라고 두려워하는 것 역시 타당한 것일 수 있다.

"Jake는 수시로 주변을 둘러보곤 합니다." 경찰관인 Ortiz는 말했다. "그는 위험하지 않았습니다. 가끔 길거리에서 시민들에게 구걸하는 일이 있기는 하지만 우리가 말을 걸려고 하면 도망치곤 합니다. 대부분 다른 노숙자들과 멀리 떨어져서 지냈고, 날씨가 추울 때면 노숙자 쉼터에 제법 꾸준히 들락거리기도 합니다. 어느 날 우리는 Jake가 피를 흘리며 생명이 위독한 상태로 길에 누워 있는 것을 발견했습니다. 그는 바로 주립병원으로 이송되었고 병원에서 안정을 되찾았습니다. 그에게 무슨 일이 있었는지, 그리고 누가 그랬는지 물었지만 그가 한 말은 고작 '별일 아닙니다.'라는 것이었고, 얼마 뒤 이전에 머물던 쉼터로 돌아갔습니다. 그를 지원하기 위한 어떠한 계획도 세울 수 없었기 때문에 병원 측에 그를 퇴원시키지 말고 붙잡아 달라고 부탁했지만 병원에서는 그를 가도록 그냥 내버려 두었습니다."

성격: 특질, 유형 그리고 장애

우리 모두는 우리가 인간으로서 지니고 있는 심리적 독특성에 기여하는 서로 다른 성격 특질을 가지고 있다. 그러나 이러한 개인 특유의 특질이 타인을 곤란하게 만들거나 자신을 심각하게 탈선시키기 시작하는 경우, 심리학자들은 그 사람에게 성격장애가 있다고 말한다. 여기서 말하는 성격장애란 "특정 개인이 소속되어 있는 문화에서 수용되는 범위를 명백히 벗어난 내적 경험과 행동을 지속적이고 전반적이며 고정적으로 드러내고, 청소년기나 초기 성인기에 시작되어 평생 지속되면서 개인의 고통이나 손상을 초래하는 것"으로 정의된다(APA, 2000, p. 629).

심각한 성격장애가 있는 사람은 종종 자신의 문제 행동에 대한 통찰을 가지지 못하며, 그것이 자신과 타인에게 미치는 부정적인 영향도 거의 인식하지 못한다. 이들은 자신의 자기패배적 혹은 가학적 행동을 타인의 잘못이나 운명으로 정당화한다. 이들의 자기지각은 극단적이어서, 타인에 대해 온화한 성격 특성을 지닌 다른 사람들과는 구분되는 방식으로 행동한다(Miller, 1990, 2003a, 2003b, 2004b, 2006b; Millon & Davis, 2000; Sperry, 1995, 1999). 이러한 특질은 이들이 범죄 피해와 같은 위험 상황에 노출될 위험을 증가시키며, 경우에 따라서는 피해 후 지나치게 병리적인 반응을 보이게 만든다는 점에서 주목할 만한 가치가 있다.

히스테리성 성격

히스테리성 성격은 과도한 정서성, 주목받고자 하는 성향, 흥미 추구, 연극조의 과장된 말과 행동, 인상주의적이고 충동적인 인지 양식, 그리고 자신이 타인의 존중과 돌봄을 받는 존재임을 남들에게 보여 주고 정서적 욕구를 충족할 목적으로 과도하게 사람들과의 관계를 유지시키기 등을 주요 특징으로 한다. 이런 피해자들은 마치 자신이 그런 일을 경험한 유일한 사람인 듯이 자신이 경험한 범죄 사건을 극적인 어투로 보고한다. 이들의 과도한 정서성과 하나의 주제에 머물러 이야기하는 것의 어려움은 이들과 응집력 있는 면담을 해야만 하는 수사 관계자, 변호사 그리고 정신건강 전문가를 곤란하게 만든다. 이들은 사람들의 주목을 받는 것에 대한 갈증 때문에 재치와 신체적 매력을 이용해서 권위적 인물에게 환심을 사고자 애쓴다. 예를 들어, 이들은 막 범죄 피해를 입은 사람 같지 않게 소름끼칠 정도로 교태를 부리거나 유혹적으로 행동하는 등의 부적절함을 드러낸다. 공감적 관심을 유지할 수 있는 전문가들은 이들이 다른 사람들보다 오히려 치료나 수사에 더욱더 협조하고자 하는 상태임을 상대적으로 잘 파악할 수 있다. 그럼에도 불구하고 문제는 이들이 종종 청자가 듣고 싶어 한다고 스스로 생각한 것에 맞추어 이야기를 바꾼다는 것이다. 이것은 속이려는 의도에 의한 것이 아니라, 단지 대화 상대가 자신을 좋아하게 만들고 자신을 가능한 한 밝게 보이게 만들기 위한 지극히 무의식적이고 본능적인 전략이다. 주의해야 할 것은 비일관된 정보에 대한 '사실' 확인이 반드시 필요하다는 점이다. 치료 장면에서는 이들이 치료자가 자신을 얼마나 많이 좋아하고 인정해 주었는지에 집착하므로 치료 목표 설정에 어려움이 생긴다.

꽤나 거친 범인을 심문한 경험이 풍부한 노련한 형사가 조사를 맡았지만 Caroline처럼 무슨 일이 있었는지 정확히 진술하는 것에 어려움을 보인 적은 없었다. 더욱이 그녀는 피해자였다! 그녀는 자신의 아파트 건물 복도에서 이웃들이 두려워 달아날 때 범인이 다가와 협박조로 말을 걸었던 것에 대해 흐느껴 울면서 이야기했다. "그러나 그녀에게 좀 더 자세히 설명해 달라고 요청하면 할수록 이야기가 자꾸 달라졌습니다." 담당 형사는 불평했다. "마치 그녀가 이야기를 만들어 내는 것처럼 보일 지경이었습니다. 심지어 거짓 진술일 가능성이 의심될 정도였지만, 그녀에게는 사건과 관련이 있어 보이는 상처와 멍 자국이 있었습니다. 대체 앞으로 어떻게 해야 할까요?"

Caroline은 피해 직후부터 두 명의 치료자와 상담을 했지만 거의 호전되지 않은 채 생활했다. 두 명의 치료자 모두 그녀로부터 사실적이고 풍부한 과거력을 수집하는 것에 대한 어려움으로 인해 좌절해야만 했다. "나는 매번 질문하고 그녀는 질문과는 초점이 맞지 않는 대답을 했죠." 두 치료자 중 한 명이 말했다. 마침내 치료자가 다시 바뀌었는데, 세 번째 치료자는 이전 치료자들보다 더 개방적인 접근을 취했다. 그녀는 구조화된 면담을 배제하고, 몇 회기에 걸쳐서 반박이나 질문 없이 Caroline이 자신의 이야기를 하도록 두었다. 그러한 노력의 결과 사건과 관련이 있어 보이는 정보의 조각을 모을 수 있었다. 이 치료자는 또한 Caroline이 정서적 포장이나 언어적 윤색을 통해 치료자를 감동시키지 않고도 치료자의 관심과 이해를 받고 있다고 느끼게 만들기 위해 공감적 태도를 적정 수준으로 조정할 수 있었다.

경계선 성격

경계선 성격은 대인관계의 불안정성, 깨지기 쉬운 자기상, 그리고 변덕스럽고 기복이 심한 정서를 주요 특징으로 한다. 이들은 한 사람에 대해 과잉 이상화와 평가절하를 번갈아 드러내며 강렬한 관계 양상을 보인다. 이들은 자해, 물질남용, 그리고 애도와 분노발작 같은 위험한 행위로 자기손상을 유발하는 충동성을 드러낸다. 정서적 불안정성은 지나치게 강렬한 분노와 우울, 강한 감정 기복 및 자살 경향으로 드러난다. 지속적인 정체성 분열은 자기상의 혼란, 경계가 모호한 대인관계, 분명치 않은 목표와 가치, 그리고 물질남용이나 타인과의 대립과 갈등을 촉발시키는 것 같은 자극 추구적 성향을 초래하는 만성적 공허감으로 자신을 드러낸다.

이를 감안할 때 경계선 성격을 지닌 사람이 빈번하게 범죄의 피해자와 가해자가 된다는 것은 놀라운 일이 아니다. 이들은 종종 가정폭력 사건이나 노사분규 현장에서 경찰과 마주하게 되는데(11, 12장), 이는 이들이 겪는 가장 강렬한 갈등이 이전에 긴밀한 관계를 유지해 왔던 사람과 관련된 것이기 때문이다. 거절이나 배신에 대한 극도의 민감성 때문에, 이들은 사소한 일에도 강렬한 분노로 반응하며 폭력성이 증가한다. 범죄 피해자로 치료 장면에 들어오는 경우, 이들은 자신이 간악한 범인에게 얼마나 큰 모욕을 당했는지, 그리고 어떻게 하면 자신의 정당함을 보여 줌으로써 가해자를 응징할 수 있는지에 몰두한다. 치료자가 온전히 그리고 완벽하게 그들의 편에 서지 않는다는 인상을 주는 순간, 치료자는 환자의 험악한 저항에 직면하게 된다. 이 때문에 현실적인 치료 목표를 설정한다는 것이 치료자에게는 상당한 도전거리가 된다. 이런 경우 도움이 되는 한 가지 전략은 치료자가 환자를 지지할 것이기는 하나 보복성 폭력이나 자기파괴적 행동은 용납되지 않는다는 명확한 전제하에 진심 어린 관심을 전달해 주는 진정 기법과 적극적 경청을 활용하는 것이다.

"나는 이 후레자식이 감옥에 가길 원해요." Janine이 경찰이 도착하자 말했다. "이놈이 지난번에 나를 해코지했어요." 그러나 이 집에 지구대 경찰이 가정폭력으로 출동한 것이 이번이 처음은 아니었다. Janine과 그녀의 남편은 서로를 들이받으려고 돌진하는 트럭처럼 보였다. 누가 누구를 먼저 때리기 시작했는지는 알 수 없었지만 쌍방 폭행인 것만은 명백했다. 경찰은 수사 지침에 따라 두 사람을 모두 체포할 수밖에 없었다. 며칠 뒤 법원에서 선정한 심리검사자는 Janine이 자신의 남편에 대해 "그는 내 삶에서 가장 중요한 사람이에요. 그를 너무 사랑해요. 그 사람 없이는 살 수 없어요."라고 말하는 것을 듣고 놀랐다.

자기애성 성격

자기애성 성격은 과대감, 전능감, 오만함, 특권의식, 그리고 타인의 감정이나 의견에 대한 공감의 결핍을 특징으로 한다. 이들은 전형적으로 규칙은 다른 사람을 위해 있는 것이며 자신에게 특별한 전능감과 지각, 통찰, 판단력이 있기 때문에 규칙들을 구부리고 휘고 부숴 버리는 것이 자신에게 만큼은 특별히 허락된다고 믿으며, 이것이 다른 사람이나 사회와의 갈등을 유발한다. 이들은 남들이 자신에게 감사함을 느끼고 자신을 존경하며 자신에게 경의를 표하고 추종해야 한다고 생각하며, 당연히 받아 마땅하다고 생각하는 이런 대접을 받지 못하면 초조해지거나 격노한다. 당연하게도 이들의 이런 태도는 남들을 적대적으로 만들며 이들을 폭행하도록 만들기도 한다.

자기애적인 성향을 지닌 범죄 피해자가 형사사법 관계자와 정신건강 전문가에게 드러낼 것으로 예상되는 반응은 두 종류다. 그 첫 번째는 지나치게 친한 척하기, 즉 그와 당신이 동등한 지위(즉, 동급)라는 것을 의미하는 동지애다. 예를 들어, "좋아요, 경찰양반, 나는 조사 절차를 모두 이해해요. 애틀란타에 있는 우리 삼촌도 경찰이라오." 혹은 "나는 당신이 하는 일을 이해해요, 의사양반. 나는 대학에서 심리학 과목을 많이 수강했어요. 이것은 치료의 역설적 형태이죠, 그렇죠?"라고 말할 수 있다.

당신은 이러한 피해자 특성을 이용해서 피해자가 조사에 계속 응하도록 만들 수 있고, 당신이 그에게 요구하는 것들이 얼마나 상호 간 이익인지를 강조할 수도 있다. 예를 들어, 당신은 "Newman 씨, 나는 당신이 수사 과정이나 정신건강 관련 처리 과정을 이해한 것 같아 기뻐요. 나는 당신이 내 질문에 하나씩 대답하고 이 문답을 통해 얻는 정보가 얼마나 중요한지 알고 있다는 것에 감사하고 있습니다."라고 말할 수 있다.

(가끔은 피해자가 첫 번째 반응을 통해 얻을 수 있었을 것이라고 예상했던 이득을 얻지 못했을 때 나타나는) 두 번째 반응은 자신이 특별 대접을 받지 못하는 것에 대한 격분이다. 예를 들어, "나는 머리를 얻어맞은 마약중독자 따위가 아닙니다. 나는 이 지역에서 비중 있는 인물이에요. 나는 내 사건이 진지하게 다루어지기를 기대합니다!" 혹은 "당신이 근무 시간이 끝난 뒤에 나를 위해 예외적으로 치료 시간을 내어 줄 수 없다는 게 무슨 뜻이죠? 나는 당신에게 설명할 수 없을 정도로 고통받고 있다고요."라고 말할 수 있다.

이런 상황에서 약간의 특별 대접이 이들을 무장 해제시켜 주는데, 이와 함께 다음과 같이 말함으로써 수사나 상담에 필요한 요구 사항도 관철시켜야 한다: "알겠습니다, 선생님. 그리고 우리는 당신의 사건을 진지하게 처리하고 있습니다. 우리는 주요 사건에 투입되는 최고 경력자를 선생님 사건의 수사관으로 배정했습니다. 당신의 인내와 협조에 감사드립니다." 혹은 "나는 이번 주에 오후 6시 30분 이후로는 일을 하지 않습니다. 만일 선생께서 업무 일정을 조정하는 것이 가능하시다면 월요일 아침 가장 빨리 비는 시간에 상담 시간을 잡아 드리겠습니다."

히스테리성 성격과 유사하게, 자기애적 성격을 지닌 피해자와의 면담에서는 진술 내용과 겉으로 드러나는 정서가 불일치하는 현상과 응집력 부족이 나타날 수 있다.

수개월 전에 꽤나 심각한 자상을 입었음에도 불구하고("그들이 칼로 내 간을 찢고 몇 밀리미터의 대동맥을 잘라 냈다고 해요."), Freddy는 치료자의 사무실에 느긋하게 걸어 들어와 환하게 미소 지은 뒤 의자에 폭 들어가 앉아 이야기를 시작했으며, 한 시간 후 치료 종료 시간이 다 되어 갈 때까지 그 자세를 유지하였다. 범죄 피해와 관련한 질문이 시작된 지 3분 후부터 Freddy는 자신의 걸출한 사업 경력, 재산을 얻은 운과 잃었던 운, 여행기, 자기가 알고 있는 유명한 사람들, 그리고 그 밖에 자신의 인생에서 있었던 흥미로운 일들에 대해 이야기하기 시작하였으며 임상가에게 자신이 얼마나 중요한 사람인지를 교육하는 데에 나머지 치료 시간을 다 써 버렸다. 분명 그에게 일어난 사건은 꽤나 끔찍해서 생명을 잃을 뻔했음에도 불구하고, 상담자가 영광스럽게 느껴야 한다고 생각하는 자신의 걸출한 자서전 속에서는 이 사건이 그저 사소한 일일 뿐이었다. 이 임상가는 나중에 이 경험이 자유연상이라는 용어의 새로운 의미를 알게 해 주었다고 회상했다.

회피성 성격

회피성 성격은 사회적 억제, 부적절감, 비판에 대한 과민함을 주요 특징으로 한다. 이들에게는 비교적 중립적인 대인적 상호작용이나 직면조차도 공포로 다가와서 종종 불안이나 기분 장애 진단이 함께 내려진다(다음을 보시오). 폭력적 범죄는 이들을 쇼크 상태로 몰아넣어서 은둔자 같은 철수를 유발한다. 이들은 경찰의 질문을 받을 때 극도의 신경과민 상태가 되는데, 이러한 태도가 무언가를 숨기고 있다는 의심을 품게 만들어서 조사자는 더욱 광범위하게 조사하게 되고, 이것이 이들을 더욱더 초조해지게 만들기도 한다. 치료 시에는 종종 말이 목에 걸려 질식하곤 하며 불안 때문에 응집력 있는 사건 진술이나 자기 감정에 대한 설명이 억제된다.

이런 범죄 피해자들과 상호작용할 때는 협력적이고 지지적인 임상적 면담 방식이 가장 효과적인 접근이 된다. 초반에는 질문을 좀 더 점잖은 방식으로 바꾸고 구조화함으로써 이들이 회피 양식을 포기하고 단편적인 형태로라도 자신이 알고 있는 것을 말하게 해 줄 수 있다. 만일 이 과정에서 이들이 좀 편안해졌다면, 보다 자유로운 회상 형태의 진술을 요청할 수 있다. 치료적 관점에서 이런 환자들은 차분하게 진정시키기나 각성-통제 전략에 비교적 잘 반응하는 편이며(6장), 기본적인 수준에서 신뢰 관계 형성이 가능하다.

Artie의 자동차 대리점 감독관은 그가 수리 영역에서 훌륭한 정비공이며 지시대로 일을 잘 수행하고 시간을 낭비하지 않는 사람이었다고 말했다. 그가 본분을 잘 지키는 사람이었기 때문에, 동료들이 그에 대해 아는 것이 많지 않았음에도 불구하고 대부분 그를 좋아했다. 그러나 작고 버릇없는 한 신입직원이 이유 없이 Artie를 툭툭 건드리기 시작했고 많은 사람이 이를 기분 나빠했다. 그러던 어느 날 신입직원이 Artie를 폭행하였으며 공격자는 바로 체포되었을 뿐 아니라 해고되었지만, 이 일로 인해 그곳을 떠난 Artie는 아직도 일터로 돌아오지 않고 있다.

의존성 성격

의존성 성격은 수동적이며 과도한 돌봄이나 양육 욕구로 인해 드러나는 매달리기 행동을 특징으로 한다. 회피성 인격을 지닌 사람은 사람을 두려워하고 사람들로부터 멀리 떨어져 있기를 선호하는 반면, 의존성 성격을 지닌 사람은 자신을 지도해 주고 지시할 누군가를 필요로 하며 그들에게 매달리고 그들로부터 거절되거나 버림을 받을지도 모른다는 공포감을 가지고 있다. 지지적이고 협력적인 환경에서는 의존성 성격 환자들이 회피성 성격 환자들보다 면담에 훨씬 더 잘 반응한다. 위험한 것은 이들이 배려받고자 하는 갈망을 지니고 있기 때문에 당신이 듣기를 원하는 것만을 말해 주고자 작정할 가능성이 있다는 점이다. 따라서 면담 시 개방형 질문 후에 약간의 폐쇄형 질문을 추가하는 것이 풍부한 세부 정보들을 얻는 해결책이 될 수 있다. 주의해야 할 것은 당신이 그 환자를 믿지 않거나 신뢰하지 않는다는 인상을 주지 말아야 한다는 점이다. 불신하는 듯한 인상은 이들에게 도덕적 상처를 줌으로써 생산적인 치료적 의사소통의 문을 닫아 버리게 만들 수 있기 때문이다. 범죄 피해를 입은 모든 회피성 성격과 의존성 성격 환자를 과잉보호할 필요는 없지만, 너무 이른 시기에 이들을 안전지대 밖으로 나오도록 충격을 주는 치료 전략을 사용하는 것에는 각별한 주의가 요구되며, 치료자는 많은 양의 독려와 지지를 제공할 준비를 해야 한다.

Robin의 치료자가 슈퍼비전 시간에 내게 반쯤 농담으로 "신중하게 소원을 비세요."라고 말했다. Robin은 데이트 강간 피해 후 이 치료자를 만났다. 치료자는 그녀에게 자기진정 기법과 인지 재구조화 훈련(6장)을 시작했고 이 훈련은 상당히 성공적이었다. 치료자는 "훈련 중에 도움이 필요하면 내게 요청하세요." 라고 Robin에게 말했다. 아마 치료자는 이 말 뒤에 "하지만 하루에 20번을 넘기진 마세요."라고 덧붙여야만 했을 것이다. Robin은 치료자가 '모든 것을 잘 해내고 있다' 그리고 '실수하지 않았다'는 확신감을 줄 때까지 계속 전화했다.

우리는 Robin이 정서적으로 취약해진 상태이며 고정적인 치료 회기 이외에 추가적인 접촉과 지지가 필요하다고 조언했다. 이후 치료자는 몇 주 동안 주중에 추가 치료 시간을 가졌다. 이러한 노력은 Robin을 안심시키는 데에 도움이 되었으며, 전화의 빈도가 감당할 수 있는 수준으로 감소했다.

분열성 및 분열형 성격

분열성과 분열형 성격의 주요 특성은 타인과의 접촉 회피, 심각한 사회성 기술의 결여, 삶으로부터의 철수, 그리고 지각적 및 인지적 능력의 결함이다. 분열성 성격의 특징은 사회적 관계와의 냉담한 거리두기이며 제한된 정서 표현이 동반된다. 이들은 (인간에 대한 두려움을 가진 회피성 성격과는 반대로) 다른 사람을 필요로 하지 않는 사람이며 자기 자신만으로도 완벽하게 행복한 사람이다. 분열형 성격은 보다 심한 사고의 장해, 보다 기괴한 행동 그리고 망상을 포함한다. '분열성'이나 '분열형'이라는 단어에 부합하게, 이 두 성격 유형은 망상과 환각을 포함한 심각한 사고, 지각 및 행동의 왜곡을 특징으로 하는 조현병과 연속선상에 있는 것으로 생각된다. 실제로 분열성과 분열형 성격을 가진 개인이 스트레스하에서는 일시적으로 조현병과 유사한 정신증적 상태를 드러낸다.

분열성 범죄 피해자가 보이는 대인관계에 대한 무관심은 PTSD의 정서적 둔마로 오인되기도 한다. 사실 몇몇 분열성 및 분열형 범죄 피해자는 내면의 기괴한 사고나 관심에 몰두되어 있어서 다른 사람들보다 범죄 피해에 대해 더 약하게 반응한다. 이들은 수사, 형사사법 처리 절차, 혹은 임상적 면담 중에 동떨어져 있고 무관심한 것처럼 보일 수 있는데, 이는 이들이 상대를 무시하거나 존중하지 않아서가 아니라 자신의 내적 측면에 몰두하고 있거나 상대방과의 상호작용이 별다른 흥미를 유발하지 않기 때문에 나타나는 양상이다. 현실적인 고통이 무반응한 양상에 의해 가려질 수 있으므로 조심스러운 임상적 면담과 과거력 탐색이 긴요하다. 대부분의 경우 무표정하고 동떨어져 있는 듯 보이는 태도를 드러내기 때문에 이들이 분열성 성격임을 쉽게 알 수 있다.

설사 상대방과 의사소통을 하더라도 이들이 제공한 정보에 기괴하고 망상적인 성질이 포함되어 있기 때문에 정보의 타당성과 유용성을 검토해야 한다. 수사적 및 임상적 목적의 달성을 위해서라면 이들에게 자유진술을 독려하는 것은 도움이 되지 않는다. 자유진술을 독려하는 경우 이들이 장황하고 산만하며 응집력 없는 진술을 하거나 완고하게 핵심 개념이나 어구만을 강박적으로 반복하기 때문이다. 분열성 피해자의 주의를 질문에 초점화하기 위해서는 오히려 확신감 있고 직접적인 접근을 사용하는 것이 더 효과적일 수 있다. 이런 질문들은 유용한 정보를 담고 있는 응집력 있는 진술을 도출하기 위해 특정하고 명확한 정보 조각을 담고 있도록 공들여 설계되어야 한다. 표준적인 방식의 심리치료는 이들에게 효과적이기 어렵지만, 환자의 독특한 신념 체계에 도전하지 않도록 주의할 줄 아는 믿음직한 치료자가 외상적 충격을 감소시켜 주는 치료 기법들을 선별해서 활용하는 경우에는 치료자와 제한적이나마 애착을 형성할 수 있다.

Ben은 보석 가게에서 강도가 자신의 머리에 총을 겨누었음에도 이상하게 무관심한 것처럼 보였다. 사건 후에도 그가 하는 질문의 대부분은 "내가 언제 일터로 돌아갈 수 있을까요?"라는 것이었다. 경찰서에서 파견된 현장 외상 상담사는 Ben이 외상으로 인한 심리적 마비로 인해 고통받고 있다고 생각하고, 그를 정신건강 상담기관에 의뢰했다. 하지만 몇 회기의 상담 과정에서 Ben이 보이고 있는 제한적인 반응과 둔감함이 Ben에게는 정상적인 것임이 드러났고 상담은 종료되었으며 그가 원한다면 일터로 돌아가도 좋다는 판정이 내려졌다.

반사회성 성격장애

반사회성 성격장애를 가진 사람들은 피해자보다는 가해자로 형사사법 기관과 자주 마주친다. 때로 사이코패스라고도 불리는 이들은 완벽하게 자기중심적인 세계관, 타인에 대한 공감 결여, 그리고 좌절 감내력이 거의 혹은 전혀 없이 즉각적인 만족을 갈망하는 것을 주 특징으로 한다. 이들은 과도하게 자극과 흥분 추구적이며, 충동적이고 변덕스러워서 목표 지향적인 행동 유지의 결함을 드러낸다. 다른 범죄자들과 달리 이들에게는 처벌이 범죄 억제에 거의 효과가 없다. 이들의 이러한 특징은 행동뿐 아니라 신경생리학적 검사에서도 드러난다(Raine, 1993). 이들은 긴 물질 남용력과 범죄력을 가지고 있으며 아동기에 품행장애를 공통적으로 보인다(APA, 2000; Mandel, 1997; Miller, 1988).

반사회성 성격장애인들은 전형적으로 젊은 시절 학교 공부, 특히 언어성 교과목의 성적이 형편없으며, 반대로 기계적 기술과 운동 기량은 높다. 만일 체구가 크고 힘이 강한 경우라면, 아마도 학창 시절부터 다른 아이들을 괴롭히는 행동을 보일 가능성이 매우 높다. 나이 들어 가면서 이들은 신망을 얻지 못하는 노동자가 되는 경향이 있다. 이들은 공식적인 지능검사에서 형편없는 수행을 하는데, 특히 언어성 영역에서 그렇다. 하지만 전형적으로 자신의 목적을 위해 타인을 조종하고 착취하는 데에 필요한 매우 예리한 사회적 지능을 소유하고 있다. 이들은 능변으로 누군가를 설득하고 유혹하며, 얼굴 표정만으로도 쉽게 타인을 위협할 수 있고, 종종 한 사람과의 일회성 대화에서 이 두 측면을 모두 드러내기도 한다. 타인으로부터 원하는 것을 얻고자 하는 것이 있는 경우, 이들은 자신을 매력적이거나 상대방의 연료가 확 타오르게 바꿀 수 있는 고전적인 사기예술가가 된다. 이들의 마음에서 인간은 단지 이용하고 버려도 되는 대상에 불과하며, 진정 어린 충성심이나 우정은 없다. 반사회성 성격장애인에게 사랑, 정직, 헌신 혹은 명예와 같은 특성에 가치를 부여하는 사람은 자신이 얻고자 하는 것을 내어 줄 바보 같고 잘 속는 사람으로 보인다.

타인과의 빈번한 대립은 많은 사람이 이들로 인해 화가 났음을 의미하며, 누군가는 이들에게 복수할 시기를 가늠하게 된다. 반사회성 성격장애인들은 범죄 피해 후에도 회복이나 삶의 재건에 상대적으로 관심을 보이지 않는데, 그 이유는 이들이 이런 종류의 작업을 아예 시작하지 않기 때문이다. 이들은 그것보다는 돈, 후원, 약품 혹은 특혜와 같은 목표를 위해 형사사법 기관과 정신건강 관련 기관을 이용하려 한다. 하지만 이들도 심각한 외상적 사건으로 인해 고전적인 외상 후 증상들을 경험하며, 자가치료를 위해 약이나 알코올을 매우 많이 사용한다.

이들과 상호작용해야 하는 수사 관계자와 정신건강 관련 종사자들을 위한 첫 번째 지침은 속이는 사람을 속이기 위해 애쓰지 말라는 오래된 속담과 관련이 있다. 술책으로 지각되거나 오해받은 개입은 이들에 의해 역조정당하게 만들거나 속임당할 계기로 작용할 수 있다. 경찰, 변호사 그리고 임상가들은 모두 반사회성 성격장애인의 교활한 속이기 행위에 대한 각성 수준을 높게 유지하고 있어야만 한다. 이들과 작업하는 사람 중 다수가 '이 남자를 너무 좋아하는' 자기 자신을 발견한다. 많은 반사회적 성격장애인들이 거짓된 적극적 경청 자세를 보이며 상대방에게 모든 주의를 기울이고 있는 듯 시선을 고정시키지만 마음속으로는 속임에 넘어갈 만한 천사를 찾는 것일 뿐이기 때문에 이들의 얼굴 표정은 진정성이 없는 느낌을 준다. Lubit(2004)은 이를 "강렬하고, 정서성이 결여된 응시"라고 말한다.

이런 특성들이 과도한 공손함, 경외심, 그리고 우호적인 태도로 드러나며, 종종 이러한 태도가 당신에게 이들이 말쑥하고 세련된 사람 혹은 당신이 차마 뭐라고 말할 수 없을 정도로 부드러운 사람이라는 강한 인상을 줄 수 있다. 임상가라면, 당신이 진정으로 환자와 접촉할 수 있는 유일한 사람이라는 느낌을 가진 채 수개월 동안 집중치료를 하다가 어느 날 갑자기 환자가 더 이상 당신이 필요하지 않아져서 사무실에서 기념품을 훔치거나 부도수표로 상담료를 지불하고 달아나는 경험을 할 수도 있다.

이들에 대한 최선의 접근 방법은 이들을 원칙에 입각해서 엄격하게 다루는 것이다. 견고하고 공손하며 정중하게 대하되, 반사회적 성격장애를 지닌 상대방의 말을 액면가 그대로 받아들이지 말라. 이들은 당신에게 간청하고 당신을 회유하며 경우에 따라서는 후원을 청하는 편지를 써 달라거나 심지어 돈을 빌려 달라는 등의 방식으로 교묘하게 혹은 명백한 방식으로 자신의 후원자가 되라고 협박할 수 있다. 상담 시작 시점부터 불법 행위는 즉각적으로 수사 당국에 보고된다는 점을 분명히 해야만 한다. 만일 법원이나 그 밖의 기관으로부터 이런 환자가 당신에게 의뢰된다면, 그가 해당 시스템을 통과해 지나갈 때까지 당신의 시간을 견뎌 내라. 그리고 치료적 자기개방은 최소화하라. 이는 환자가 당신과 관련된 정보들을 모아 두었다가 그가 원할 때 당신에게 돌아오기 위한 탄약으로 사용할 수 있기 때문이다. 당신의 전반적인 태도는 권위적이어야만 한다. 거슬리지 않게, 반사회성 성격장애 환자가 적대적이고 대립을 일삼는 일이 없게 노력하도록, 그러나 당신이 속임수에 취약한 사람으로 취급되지 않도록 너무 우호적이지 않은 태도를 유지하는 것이 필요하다.

반사회적 성격장애 환자들이 경외하는 유일한 것은 힘이다. 그러므로 당신이 환자에게 당신의 요구에 순응해야 함을 명확히 하고, 당신이 합리적이며 상식적인 수준에서 권위적인 인물임을 확고히 한다면, 반사회적 인격장애 환자는 마지

못해 당신에게 순응할 것임을 기억하라. 만일 그가 치료를 통해 얻고자 하는 이득을 얻지 못하거나 치료받도록 하는 외적 압력이 사라지면 즉시 상담소를 떠날 것이다.

"그들이 나를 아주 심하게 때렸어요, 선생님. 거의 죽을 뻔했죠. 나는 이 사건을 통해 신이 그동안 내가 살아왔던 삶의 방식을 바꾸라는 메시지를 주셨다고 생각해요. 아마도 선생님은 내가 신의 메시지를 받아 실행하도록 도와줄 수 있는 분일 거예요." Chico의 치료자는 마치 영화에서나 나올 법한 죄와 구원 이야기를 쏟아 내던 자신의 환자를 떠올리며 아침에 안 넘어갈 사람은 없다고 말했다. 비록 피상적인 것 같기는 했지만, 자신에게 일어난 일에 대한 Chico의 설명은 결코 아무렇게나 짜깁기한 것처럼 보이지 않았다. "그리고 어쨌거나 선생님, 상처로 인한 통증이 나날이 악화되고 있어요. 하지만 다른 의사들은 내게 더 이상 퍼코세츠(Percocets)[3]를 처방해 주지 않네요. 선생님께서 그분들에게 약 처방을 권유하는 편지를 써 주시거나 그 밖의 조치를 좀 취해 주실 수 있으신가요?"

다행히도, Chico의 담당 심리학자는 자신을 독종이라고 생각하는 인물이었다. 그는 점잖게 그러나 확고하게 업무상 규칙들을 설명했고 Chico가 제기하는 다양한 이의를 경청했다. 그리고 반복해서 규칙을 설명해 주었고, (법원에서 치료 명령을 받고 찾아온 내담자가 아니었으므로) 치료를 계속하거나 자신에게 유익하다고 느끼는 무엇인가를 하도록 권유했다. Chico는 생각해 보겠다고 했으나 이후로 다시는 나타나지 않았다.

알코올과 약물 중독

약물과 알코올 사용은 범죄 행위와 범죄 피해 모두의 위험도를 높인다(Miller,

역자 주

3) 마약성 진통제 중 하나임.

1985, in press-d; Schmalleger, 2007; Siegel, 2003). 그러므로 범죄 피해자들과 일하는 정신건강 임상가들은 소수든 다수든 자신의 환자들과 물질남용 관련 쟁점들을 다룰 것임을 예상해야만 한다.

알코올중독의 징후는 불분명한 말, 균형잡지 못하는 몸, 협응 능력의 손상 등 등으로 송년 파티에서 보았음직한 사람들의 증상과 흡사하다. 그러나 합법적으로 음주한 많은 사람은 순찰차가 오거나 정신건강 임상가 앞에 설 때 술에 취하지 않은 척하는 등 비교적 정상적으로 행동한다. 알코올은 사용자에 따라 다양한 효과를 유발해서, 어떤 음주가들은 술을 먹으면 좀 더 부드럽고 다루기 쉬워지는 반면, 다른 사람들은 화를 내고 쉽게 동요되는 특징을 드러낸다. 일반적으로 알코올을 포함한 대부분의 물질은 자제력과 자기통제를 약화시키기 때문에 임상가나 수사 관계자는 이들을 만날 때 조심스럽게 다가가야만 한다.

드물지만 더욱 주의가 필요한 것은 생리학적으로 알코올에 중독된 사람들이 알코올 섭취를 중단했을 때 심각한 금단 증상이 나타나기도 한다는 점이다. 금단 증상은 통상 진전(떨림)을 동반한 정신적 동요 상태로 드러난다. 심한 경우 환각과 발작이 동반될 수 있다. 강렬한 공포와 피부에 해충이 기어가는 환촉 및 환시를 주 특징으로 하는 급성 섬망 증상을 보이기도 하는데, 이를 진전섬망이라고 한다. 그런 사람들은 통상 기능 손상이 심각해서 병원으로 이송해야 한다. 수년간에 걸친 장기적 알코올 남용은 알코올성 치매로 이어질 수도 있는데, 일반적으로 이런 환자들은 장기 수용시설에 감금되어 지내기 때문에 임상 현장에서 만나는 경우는 드물다.

이보다 더욱 위험한 것은 병리적 중독이라 불리는 증후군이다. 이 경우, 극소량의 알코올 섭취만으로도 뇌의 변연계가 자극받아 전기생리학적 장해가 초래됨으로써 분노발작을 일으킬 수 있다(2장을 보시오). 이들의 분노발작을 목격한 사람들은 분노 행동에 대해 '자동적' 혹은 '질주하는 기차 같은' '아드레날린에 의해 흥분한' '닥치는 대로 타인을 심각하게 손상시키는' 등의 표현을 사용한다. 이런 발작은 몇 분 이내에 종료되는데, 당사자는 발작의 일부만을 회상할 수 있기 때문에 자신의 통제력 상실 행동에 대한 후회를 드러낼 수 있다. 이런 식의 짧은 발작 중에 분노 행동을 통제하기 위해 당사자와 대화하려고 시도하는 것은 소용없는 일이다. 효과적인 전략은 오직 타해를 막기 위해 경찰이나 그 밖의 관련자에게 적절한 물리적 제지를 해 달라고 요청하는 것뿐이다. 당연히, 이들이 분노발작 후 보복성 폭행 피해를 입게 될 가능성은 매우 높다.

그 밖의 물질남용은 신경계 내의 생화학적 작용에 따라 상이한 행동을 유발할 수 있다. 코카인과 암페타민 같은 각성제들은 고공질주를 하듯이 사고와 언어의 속도가 빨라지는 것과 함께 변덕스럽고 충동적인 행동과 강력한 엔진이 달린 것 같은 에너지 수준의 고양을 유발한다. 이들은 때때로 공격적이지만, 일반적으로는 단순히 짜증이 늘거나 요란하고 시끌벅적해서 마치 앞서 기술한 조증 상태와 흡사한 특성을 보인다. 사실 많은 조증 환자가 자신의 고양 상태를 항진 혹은 확장하기 위해 각성제를 사용한다. 위험은 그들의 지나친 자부심과 충동성이 폭행, 총격, 흉기에 찔림, 체포 등의 상황을 초래했을 때 증가한다.

바비튜레이트류(예: 퀘일루드)나 벤조다이아제핀류(예: 발륨, 자낙스) 같은 중추신경계 억제제들(진정제)은 알코올과 유사한 효과를 유발하지만, 약물의 진정 효과가 자기억제를 느슨하게 만듦으로써 충동적이고 위험한 방식으로 행동할 가능성을 높일 수 있다. 이런 약물을 사용하는 사람들은 공공장소에서 폭행이나 강도를 당해 의식 없이 쓰러져 있는 상태로 의료인이나 수사 관계자를 만나게 되는데, 정신을 차린 뒤라도 지남력을 잃고 혼란스러워하고 있는 상태라면 공격적인 행동을 할 수 있다.

마리화나, LSD 혹은 엔젤 더스트(합성 헤로인)와 같은 환각제의 효과는 가볍게는 제정신이 아닌 것 같은 상태에서부터 심하게는 폭력적인 섬망 상태에 이르기까지 다양하다. 본드나 시너 흡입자들이 즐겨 사용하는 풀과 페인트용 시너 같은 유기 탄화수소는 유독성 섬망 상태를 유발할 수 있으며, 후자는 심각한 뇌 조직 손상을 유발해서 장기적인 인지적 손상을 초래할 수도 있다.

만일 물질남용이 사건 이전부터 있어 온 특성인 경우, 특히 습관적으로 물질을 사용했던 범죄 피해자인 경우 피해 후 지속적으로 혹은 이전보다도 더 심각하게 물질을 사용한다. 이는 그들이 시련으로 인한 스트레스를 다루기 위한 방편으로 물질 사용을 정당화하기 때문이며, 최소한 부분적으로는 이들의 정당화가 합당한 것이기도 하다. 물질남용, PTSD 그리고 다른 증후군들이 공존하고 각 증상이 다른 증상의 원인이나 결과가 되는 경우 감별진단이 매우 까다롭고 어려워질 수 있다. 결국 임상가는 복잡한 치료적 쟁점들에 직면하게 된다. 예를 들어, 약물 선택이 통제감을 느낄 유일한 통로인 습관적 약물 사용자나 알코올남용 범죄 피해자에게 금욕과 절주를 촉구하는 것은 비현실적이다. 상담자는 정서적 및 행동적 통제 수준이 물질과 관련한 쟁점과 씨름할 수 있을 정도가 될 때까지 기다려야만 한다. 이런 전략들은 사례에 따라 달리 적용되는 것이 최선이다.

> "치료요? 치료라니 무슨 말이에요?" Marcy가 자신의 범죄 피해자 보호 업무 담당자에게 말했다. "상담자들에게 갈 때마다 그들은 내게 약물 사용 여부를 물었고, 만일 내가 그렇다고 대답하면 모두들 '오, 저런. 우리가 당신을 프로그램에 넣어줄 거예요.'라며 좋아해요. 나는 어떤 프로그램도 필요치 않아요. 나는 단지 끔찍한 악몽과 나쁜 기억을 없애는 것에 도움이 되는 무언가가 필요할 뿐이고, 그나마 유일하게 도움이 되는 것이라곤 맥주와 마리화나라고요. 그들이 약물치료를 위해 나를 정신과에 보냈고, 정신과 의사는 내가 해독될 때까지는 어떤 것도 처방해 줄 수 없다고 하네요. 나는 어떻게 해야 하나요?"

외상성 뇌손상과 뇌진탕 후 증후군

미국에서 매년 40만 명가량의 사람이 외상성 뇌손상traumatic brain injury: TBI으로 병원에 입원하며, 약 백만 명이 어느 시점에서든 뇌손상으로 인해 고통을 받는다. TBI 후에 보이는 신체적, 인지적 및 행동적 증상 중 첫 번째는 Strauss와 Savitsky (1934)가 처음 주장한 뇌진탕 후 증후군으로, 여기에는 성마름, 집중력 부족, 확신감 상실, 불안, 우울, 그리고 빛과 소음에 대한 과민함이 포함되며 이들 중 대부분은 그 속성상 심리적인 것들이라고 볼 수 있다. 오늘날 뇌진탕 후 증후군은 폐쇄성 뇌손상—대개는 경미한 뇌 손상—후에 발생하는 증상군을 말하며, 이에 대한 임상적 및 수사적 논란은 계속되고 있다(Miller, 1991a, 1993e; Miller & Magier, 1993; Parker, 1990, 2001).

많은 폭력 범죄가 두부와 안면의 신체적 외상을 포함함에도 불구하고, 범죄 피해자에 대한 의료적 처치의 초점은 관찰 가능한 상처에만 집중되며 그 과정에서 겉으로 드러나는 증상이 거의 없거나 관찰 부족으로 인해 경미한 뇌진탕 후 증후들은 종종 간과된다(Miller, 1993e; Parker, 2001). 반대로 정신건강 임상가들의 치료를 받는 범죄 피해자들은 불안, 우울, PTSD 혹은 심지어 꾀병으로 잘못 진단된 뇌진탕 후 증상들을 보고한다(Miller, 1998f, 1998g; 4장을 보시오). 복잡한 점은 이런 증상 중 일부가 외상후 뇌진탕 증후군과 공존한다는 것이다. 실제로 대부분의 범죄 피해나 교통사고로 인한 외상적 뇌 손상 사례가 뇌진탕 후 증후군, 만성 통증 그리고 PTSD를 모두 드러낸다(Miller, 1993d, 1993e, 1998a, 1999i).

뇌진탕 후 증상에는 두통, 어지럼증, 피로, 사고와 활동의 느림 및 비효율성, 손상된 집중 및 기억, 성마름, 불안, 우울, 손상된 수면 양상, 고조된 신체적 관심, 소음과 빛에 대한 과민성, 흐리거나 겹쳐 보이는 시야, 판단 곤란, 변화된 성 충동 등이 포함된다(Miller, 1993e; Parker, 2001). 범죄 피해라는 맥락에서는 특히 다음과 같은 뇌진탕 후 증상들이 진단적 곤란을 초래하곤 한다.

주의집중 곤란 환자들은 주의를 집중해서 지시에 따라 행동하기, 일상생활에서 계획한 일정에 따르기, 방해 자극과 무관하게 하던 일에 집중하기, 일의 순서를 기억해 내는 것의 곤란 등을 경험한다. 이들은 과제에 집중하는 것이나 다음에 해야 할 일을 생각해 내는 것을 어려워한다. "내가 예전만큼 영민하지는 못한 것 같다."는 불평을 자주 한다. 주변 사람들은 이들을 '멍한 사람'으로 표현한다. 치료 회기 중에는 충분히 집중하지 못하고 헤매는 사람처럼 보이는데, 이것이 환경에 대한 관심 결여나 외상 후의 둔마 혹은 철수로 오인되기도 한다. 법적인 맥락에서 이들은 조사자의 질문에 초점 맞추는 것을 힘들어하며, 이러한 모습이 조사자에게는 얼버무리는 행동으로 오인되기도 한다.

학습과 기억 문제 듣거나 읽은 것을 기억에 보유하는 것의 곤란, 새로운 사람과 익숙한 사람의 이름이나 얼굴을 잊는 것, 누군가를 다른 사람과 혼동하는 것, '전에 잘 알고 있었던' 정보의 회상 곤란, 그리고 쉽게 학습했던 정보를 회상해 내기 위해 발버둥치는 것 등이 이에 포함된다. 일반적으로 새로운 정보의 처리가 더 어려운 것 같으며, 배운 것을 잊는 것은 이보다 더 빨리 일어나는 것 같다. 임상가들은 피해자의 머릿속에서 이전의 치료 회기가 증발해 버려서 아무것도 남지 않은 것 같은 느낌을 경험하고는 좌절하며, 이것이 외상 후의 심인성 기억 손상이나 동기 부족에 의한 것으로 오해석되기도 한다. 피해자의 이야기가 바뀐다거나, 다른 영역에 대해서는 수정같이 맑은 기억력을 보이지만 범죄에 대해서만큼은 회상이 불가능하다는 점에서 피해자의 동기적 측면에 대한 수사관들의 의심이 커지기도 한다.

느림과 비효율성 과제를 수행하기 위해 이전보다 더 긴 시간이 필요할 뿐 아니라 반복해서 하고 또 해야만 한다. 많은 경우, 과제 수행에 필요한 기본적인 기술이나 지식은 보존되나, 그런 능력들을 문제 해결을 위해 적용하는 속도와 효율성이 손상된다. 이것이 치료에 대한 의도적 비순응이나 수동공격적인 방해공작으로 오인될 수 있다.

사고의 구체성 뇌진탕 후 증후군 환자들은 일반적으로 새로운 장면보다는 익숙한 장면, 비구조화된 것보다는 구조화된 장면, 그리고 모호하기보다는 구체적인 환경에서 과제를 더 잘 수행한다. 전두엽과 관련 있는 자기중심성 때문에 환자들은 관점을 바꾸거나 전환해야만 이해 가능한 종류의 농담을 즐기지 못하며, 논쟁의 한 측면(그들 자신) 이상을 지각하거나 다른 사람의 입장에서 생각하는 것을 어려워한다. 이 때문에 다른 사람들이 종종 이들을 얄팍하거나 이기적인 사람이라고 볼 수 있다. 그러나 외상성 스트레스가 사람들을 매우 구체적이어서 융통성 없게 만들 수 있으며 이 때문에 이 장에서 기술된 심리학적 증후군들과 같이 둔감한 정동을 유발할 수 있음을 기억해야만 한다.

우울과 기분 변화 환자들은 수분, 수시간 혹은 수일 동안 마치 지킬과 하이드 같은 정서적 변덕스러움을 드러낸다. 사소한 자극에 의해서도 성마른 감정 폭발이나 울부짖음이 유발된다. 우울의 반동으로 조증적인 기분의 고양이 나타날 수 있는데, 이러한 모습을 목격한 가족들은 환자가 정서적 롤러코스터의 멍에를 짊어진 듯이 보인다고 말한다. 가족들은 피해자가 언제 기분 변화를 드러낼지 몰라 바짝 긴장하고 있으며, 좀처럼 이완되지 못하여서 피해자와 가족 모두가 절벽의 가장자리에 선 듯한 양상을 보인다. 기분 변화는 PTSD의 사고 침투와 둔마의 순환 과정(2장)을 반영하는 것일 수도 있으며, 이 장에서 기술한 다른 증후군의 결과로도 드러날 수 있다. 많은 경우, 뇌진탕 후 증상과 다른 증상들이 서로를 악화시키는 악순환이 초래되곤 한다.

손상된 성적 추동 성적 추동의 장애가 성폭력 사건이나 그 밖의 몇몇 범죄 사건에서 주로 보고되기는 하나(10장), 해마, 변연계 그리고 전두엽 손상이 포함된 외상성 뇌손상 환자에게서도 성적 억제 혹은 드물게 성적 추동의 고조가 관찰된다. 부정확한 진단과 부적절한 처치가 발생하지 않도록 하기 위해서는 충분한 과거력 탐색 및 변별진단을 위한 풍부한 지식이 요구된다.

초조, 성마름, 피해의식 그리고 격분 정서 통제의 어려움은 분노 행동에 강력한 영향력을 행사한다. 감정의 부글거림을 반영하는 초조 행동이 관찰되고 지속적으로 트집을 잡으며 불평하고 다른 환자에 대한 적개심을 드러낼 수 있으며, 이것이 친구, 가족, 동료, 그리고 경우에 따라서는 치료자와의 관계를 저해할 수 있다. 많은 뇌진탕 환자는 공격성과 격분에 이르는 뇌관이 짧아지는 것 같으며, 이는 부분적으로는 외상성 뇌손상 후 증가된 의심성과 피해의식에 의해 발화되는 것으로 보인다. 이러한 양상은 정보 수용 처리 능력의 감소에 기인한다. 즉, 이들은 사람들이 말하는 것이나 주변에서 일어나는 일들을 응집력 있게 지각해서 해석하지 못할 수 있으며, 정보의 조각을 잃고 헤맴으로써 다른 사람들이 자신을 의도적으로 속이려 한다고 오해할 수도 있다. 특히 범죄 피해자인 경우는 환자를 불신할 만한 다양한 이유가 있을 수 있으며, 인지 처리 능력의 감소가 환자의 피해의식을 고조시키고 그로 인한 오해는 다시 환자를 불신하게 만드는 식의 악순환이 심화될 수 있다.

충동성과 비활성 환자들은 비활동성과 정신없이 내달리는 상태, 일을 벌이는 것과 하던 일을 그만두고 훌쩍 떠나 버리는 것, 집이나 일터에서 신체적 및 사회적 위험을 초래할 만한 행동을 하는 것, 그리고 예견이나 판단 없이 행동하는 것 사이를 오락가락한다. 이 증상은 사고와 느낌 및 활동을 조정하는 명령 통제 시스템인 뇌의 전두엽 손상과 관련이 있다. 뇌진탕으로 인한 공감 능력 결핍은 임상가로 하여금 이들을 양극성 장애, 성격장애, 외상 후의 자포자기, 의도적인 치료 방해, 혹은 '회복할 기회를 자신에게 주지 않는 것'으로 오해하게 만든다.

"나는 그 남자에게 백 번이나 서빙을 했고, 오늘도 그 사람이 내게 서빙을 받겠다고 했어요." Katie가 말했다. "심지어 내 머리 위에 있던 금이 간 쟁반조차도 기억나지 않아요. 머리가 여전히 전체적으로 멍해요." Katie는 지방에서 상류층을 대상으로 한 건강음식 전문 레스토랑에서 여종업원으로 일하고 있었는데, 약간 기괴하지만 해롭지는 않아 보였던 단골손님이 어느 날 그녀의 뒤에서 갑자기 두꺼운 쇠 접시를 집어 올려 후려치는 사건이 발생하였다. 그녀가 기억할 수 있는 것이라곤 머리에서 나는 피를 멈추기 위해 다른 종업원이 건네준 수건을 머리에 댄 채 의자에 앉아 있던 장면이다. 그녀는 수초 동안 멍하니 있었지만, 이런 모습을 목격한 사람은 없었다. 가해자는 레스토랑에서 달아났다가 나중에 경찰에 붙잡혔다. 응급의료 전문가들이 달려왔고 Katie는 지역의 응급실로 이송되어 두피에 난 상처를 꿰맸으며 외래 진료를 권유받고 귀가 조치되었다.

Katie는 주말 동안 봉합한 두피의 통증 때문에 괴롭기는 했지만 월요일에 직장에 복귀할 수 있었다. "게다가 나는 돈이 필요했어요."라고 그녀는 말했다. 그러나 출근 후 며칠간 그녀는 주문을 잘못 받거나 음료수 리필을 잊어버렸고 엉뚱한 테이블에 서빙하거나 수화기를 테이블에 올려놓고는 돌아오지 않고 수년 동안 단골로 오던 고객의 이름을 회상해 내기 위해 고군분투하는 등의 '바보 같은 실수'를 했다. 그녀는 폭행당했던 테이블에 서빙해야 할 때 찌릿한 통증과 두려움을 느꼈지만 정신적 혼란 상태라고 볼 정도는 아니었다.

하루 이틀 뒤, 레스토랑 관리자는 Katie에게 원하면 병가를 쓸 수 있도록 해주겠다고 말했다. 이미 금요일이 다가오고 있었으므로 그녀는 병원 진료가 있는 다음 주 월요일과 화요일에 병가를 쓰기로 했다. 병원에 가서 치료를 맡은 신경심리학자에게 이러한 증상을 말하자 심리학자는 그녀에게 뇌진탕 증후군에 대해 설명해 주었으며, 동료들이 그녀의 증상을 이해하는 데에 도움이 될 만한 글을 써 주었다. Katie와 심리학자는 식당 근무 시간을 덜 붐비는 시간대로 옮겼다가 점진적으로 이전과 같은 수준으로 바꾸는 것을 계획하였다. 다행히 레스토랑 관리자가 그녀의 치료 과정에 적극 협조해 주었고 몇 주 내에 Katie는 이전의 정상 생활로 돌아올 수 있었다.

결 론

"진단의 첫 번째 단계는 그것에 대해 사고하기다"(Thibault, 1992). 두껍든 얇든, 우리의 환자가 가지고 있는 껍질은 우리가 다루어야만 하는 대상이다. 우리가 범죄 피해에 대한 환자의 반응에 영향력을 행사하는 독특하고 복잡한 역동을 잘 이해하면 할수록 환자의 내적 치유 능력을 더욱 잘 발현되게 할 수 있으며, 이들이 최적의 건강 상태로 되돌아가는 심리학적 계단을 올라갈 수 있도록 교육시킬 수 있다. 뿐만 아니라 이러한 이해는 때때로 범죄 피해자의 진단과 처치 과정을 교란시킬 수 있는 꾀병이나 증상의 가장이라는 문제를 다루는 데에도 도움이 된다.

CHAPTER 04

범죄 피해로 인한 외상

범죄 피해로 인해 발생하는 혼란 증상과 증후군

누군가 폭행을 당해 신체적 및 정신적 상해를 입었다. 우리는 그 사람을 돕고 싶으며, 당연히 피해자의 고통이 폭행에 의한 것이라고 가정하게 된다. 그러나 앞서 기술한 바 있듯이 피해자가 호소하는 모든 증상이 범죄 피해의 직접적인 결과는 아니라는 것을 기억할 필요가 있다. 그렇다고 해서 피해자를 비난하자는 것은 아니다. 하지만 우리가 만나는 많은 범죄 피해자는 정신역동적인 이유에서부터 현실적인 이익에 이르는 다양한 이유로 자신의 외상 후 증상들을 과장, 왜곡하거나 허위로 지어내는 것이 현실이다. 소위 그림자 증후군이라고 불리는 이런 증상을 치료자가 인식하는 것은 이들에 대한 효과적인 치료뿐 아니라 보다 적합한 서비스의 제공을 위해서도 매우 중요하다.

신체형장애

신체형장애의 공통된 특징은 의학적 질병이나 증후군을 시사하는 주관적인 신체적 증상을 보이지만 그것이 일반적인 의학적 상태, 물질남용 혹은 그 밖의 정신장애만으로는 설명이 불가능하다는 것이다(Miller, 1984). 당연히 이 진단을 내리기 전에 의학적 검진을 통해 실제 신체질환이나 상해가 있을 가능성을 배제할 필요가 있다. 신체화장애 환자가 진짜로 신체적 질병을 앓게 되거나 상해를 입지 말라는 법은 없다. 사실 폭력 피해 과정에서 입은 경미한 신체적 상해가 신체형장애의 둥지가 되는 경우가 있다. DSM-IV-TR(APA, 2000)에서는 신체형장애를 몇 가지 하위 유형으로 구분하고 있다. 환자마다 비교적 일관된 증상을 나타내기는 하나, 한 환자가 몇 가지 하위 유형을 섞은 형태의 신체화 증상을 보이거나 대응 방식의 일환으로 몇 가지 하위 유형을 번갈아 가면서 나타내기도 한다는 점을 인식할 필요가 있다(van der Kolk, 1994).

신체화장애

종전에 브리케 증후군 혹은 히스테리아라고 불렸던 신체화장애는 30세 이전에 시작되는 복합적이고 설명할 수 없는 신체적 증상과 불평을 포함한다. 종종 아동기와 청소년기에 이러한 증상이 시작되곤 한다. 다양하고 수없이 많은 신체 증상이 발현되며, 종종 대인관계, 직업 관계 그리고 그 밖의 스트레스 요인에 대한 반응으로 악화와 호전을 반복하며 한꺼번에 무리 지어 발생한다.

신체화장애의 증상은 표준적인 외상성 무능 증후군과 흡사하며, 때로 증상의 질, 위치, 지속 기간이라는 면에서 비전형적이며 기괴한 양상을 보일 수도 있다. 환자들은 전형적으로 자신의 증상을 과장되고 현란한 용어로 설명하며, 이 때문에 몇몇 의사가 약을 잘못 처방해서 부작용이 유발되거나 불필요한 외과적 수술을 권유하기도 한다. 이들의 수사 자료나 의료 기록을 면밀히 검토하고 나서야 임상가는 피해자가 사건 이전부터 다양하고 엄청난 상처, 질병, 그리고 설명할 수 없는 광범위한 신체 증상을 호소해 왔다는 것을 알게 된다.

범죄 피해자의 치료라는 견지에서 볼 때, 임상가는 환자가 호소하는 증상들이 범죄 피해의 결과인지 아니면 사건 이전부터 있어 온 복합적인 신체화 증상의 연장선인지를 결정해야만 한다. 신체화장애 환자들은 자신이 진짜로 아프거나 손상을 입었다고 믿으며, 아마도 모든 문제가 범죄로 인한 것이라고 믿을 것이다.

이들의 증상 아래에는 지지와 확신 혹은 중요한 타인을 조종하고 보살핌을 얻으려고 하는 욕구가 자리하고 있다. 정신역동적 관점에서 이들의 목표는 양육자, 의료인 혹은 형사사법 관계자의 보호적 역할에 대한 의존 욕구의 충족이다. 이런 경우, 그 개인에게 '피해자'가 되는 것은 부가적인 특별한 돌봄과 관심 및 애정 욕구를 충족할 수 있는 수단이 된다.

53세 여성 사무장인 Jean은 20대 초반부터 두통, 어지럼증, 불안발작, 위장장애 증상에 대한 다양한 진단검사 및 처치를 받아 왔다. 그동안 그녀는 의학적 증거가 없음에도 불구하고 뇌종양이나 '무증상 뇌졸증'이 왔을 것이라는 두려움을 빈번하게 호소하였다. 2년 전, 그녀는 날치기 피해를 입었고 당시 바닥에 넘어져 경미한 폐쇄성 뇌손상을 입었다.

그 후 그녀의 두통과 어지럼증은 악화되었고 불빛과 소음에 대한 과민함, 이명, 불안발작 및 심한 건망증도 동반되었다. 6개월 뒤 실시한 두부 MRI, EEG 그리고 그 밖의 검사들은 모두 정상이었고, 신경심리학적 검사에서만이 경미하고 모호한 이상 징후가 나타났다. 그녀는 지금 영구적인 뇌 손상에 대해 걱정하고 있고, 이에 대한 자문을 얻기 위해 헤매 다니고 있다. 게다가 이제 심장이 두근거리는 증상과 대장 경련 증상이 생기기 시작했다.

전환장애

전환장애의 본질적 특징은 신경학적 혹은 의학적 장애나 상해를 시사하는 감각이나 운동 결함의 출현이다. 전환장애 환자는 항상 장애에 대한 반론의 여지가 없는 확신감을 가지고 있다. 증상의 기저에는 신체적 문제로 전환된 의존 욕구의 충족 같은 심리학적 갈등의 해결 시도라는 동기가 존재한다. 혹은 자신을 '나쁜 사람'으로 만들어 버릴 수 있는 보복환상을 가지고 있는 범죄 피해자가 이를 부인하고자 하는 소망을 상징하듯 팔에 심인성 마비 증상을 보이거나, '나는 믿을 만하고 선량한 사람이지만 내 동료가 나를 공격하고 등 뒤에서 나를 찍어 누를 때 나의 줏대 없는 손님은 내 뒤를 봐 주지 않았어.'라고 생각하는 근로자가 자신을 무력화하는 등의 통증을 호소하는 것과 같이 특유한 심리학적 갈등을 상징하는 전환 증상을 발달시키기도 한다.

범죄 피해자들에게서 볼 수 있는 상징적 전환 증상의 또 다른 예로는, 시각이나 청각의 손상("나는 그놈이 내게 한 짓을 쳐다볼 수가 없어요." "나는 이 사건에 대해 더 이상 듣고 싶지 않아요."), 성폭력 피해자에게서 자주 볼 수 있는 비뇨기적 및 성적 기능부전, 기억 손상과 같은 의식이나 인지의 장해("내 머리 속이 텅 비어서 무슨 일이 있었는지 모르겠어요."), 심인성 간질발작이나 실신 등을 들 수 있다. 많은 상해 사건 피해자나 교통사고 피해자에게서 관찰되는 불안, 초조, 분노, 또는 우울한 정서 상태와 달리, 전환장애 환자들은 자신의 증상으로 인해 삶이 파멸되었다고 부르짖으면서도 **만족스러운 무관심**la belle indifference 현상을 보인다. 만족스러운 무관심은 신체적 문제의 원인을 확인하는 데 별 관심이 없는 사람처럼 보이도록 하는 태연에 가까운 무심함을 일컫는다.

전형적으로 개인, 가족, 직장 및 법적 다툼뿐 아니라 범죄 그 자체와 관련된 극도의 분노가 뒤따른다. 실신할 정도로 구타당했다거나 불공평하게 신체적 폭행을 당했다고 느끼는 남성들이 공통적으로 가지는 정신역동적 충동은 분노와 (무의식적인 의존 욕구에 저항하기 위한 방어기제의 일환으로) 그동안 과잉 보상해 왔던 남성성의 파괴가 주는 충격이 뒤엉킨 결과물이다(Ford, 1977-1978).

교도관인 36세 남성 Willie는 동료들이 부주의하게 감방 수색 업무를 수행하는 과정에서 수감자들에게 집단 폭행을 당했다. 이 사건으로 그는 약간의 찰과상과 타박상, 경도의 요추 디스크 탈출, 그리고 약간의 연조직 골절상을 입었지만 자기상에 치명상을 입었다. 그는 항상 자신이 매우 힘든 일을 해낼 수 있고 독립적이며 두 가지 직업을 가지면서 아내와 자녀뿐 아니라 장모까지 부양하는 유능한 사람이라는 자긍심을 가지고 있었다. 키 크고 신체적으로 멋진 풍채를 가졌지만 조용하고 권위적이며 허튼 짓을 용납하지 않는 그는 상대방을 함부로 폄하하는 사내들이 우글대는 구치소 내에서도 명성을 쌓아 왔다. "그러나 그놈들이 눈치챌 겨를도 없이 나를 덮치더니 다른 교도관들이 그놈들을 억지로 끌어내릴 때까지 내 엉덩이를 마구 때렸어요."

몇 주 뒤 일터로 돌아가도 좋다는 판정을 받았지만 Willie의 허리 통증은 악화되었고 다리는 점차 약해지더니 무감각해졌다. 급기야 그의 오른쪽 다리의 '힘이 바닥나서' 목발에 의지해 걸을 수밖에 없는 상태에 이르렀다. 그는 자신이 더 이상 교도관으로 일할 수 없는 무능한 사람이 되었다고 생각했으며, 총체적으로 영구적인 장애 상태에 이르렀다고 단언하였다. 하지만 그럴 만한 의학적 증거는 발견되지 않았으며, 치료에 순응하지 않음으로써 보험회사의 보험 급여가 중단되는 상황에 직면하게 되었다. 그는 괴상한 침착함을 줄줄 흘리면서 다음과 같이 말했다. "이게 그놈들이 내게 한 짓이에요. 하지만 나는 나의 운명을 받아들이기 위해 공부하고 있어요. 나는 그저 내가 다시는 교도관이 될 수 없다는 사실을 받아들이며 살아야 해요."

통증장애

통증장애의 핵심 특징은 심각한 고통이나 사회적, 직업적, 혹은 그 밖의 중요한 영역의 기능 손상을 유발하는 만성적 통증, 그리고 심리적 요인들이 병의 시작, 심각도, 악화, 혹은 통증의 유지에 중요한 역할을 행사한다는 점이다. 통증은 의도적으로 만들어지거나 꾀병 혹은 허위성 장애 증상의 일부가 아니며(다음을 보시오), 그보다는 신체화장애에 가까운 형태의 무의식적 욕구나 공포 또는 갈등의 표현이나 위장이다. 게다가 실제적인 신체적 상해에 의해 야기된 통증은 생활 스트레스에 의해 악화될 수 있으며 섬유근육통의 원인이 되기도 한다. 통증의 심각도나 지속 기간을 설명해 줄 만한 의료적 원인을 찾을 수 없는 경우가 많다. 결국 환자들은 선로를 정신건강의학과로 바꾸거나 노골적으로 추가 처치를 해 줄 수 없다고 거부당할 때까지 의사를 찾아 헤매게 된다(Miller, 1993b, 1998h).

많은 경우, 만성 통증 증후군 환자들은 성격적 진화 과정을 밟는데(Hendler, 1982), 저자는 교통사고 상해 피해자와 범죄 피해자들에게서 이런 현상을 관찰해 왔다. 문제의 발단은 의학적 처치를 요하는 정도의 급성 통증을 유발하는 신체적 상해를 입는 것에서 시작된다. 이들 중 일부는 통증과 그로 인한 장해가 호전될 기미를 보이지 않으며, 경우에 따라서는 악화된다고 주장한다. 다양한 의료적 개입이 시도되지만 그 어떤 것도 효과적이지 못하다. 수면 및 식욕 문제를 포함한 신체적 장애가 통증 증후군을 복잡하게 만들며 종종 약물 과다복용의 부작용에 의해 악화되곤 한다.

환자는 지속적인 통증과의 투쟁으로 인한 우울감과 강박적으로 신체에 몰두하는 경향을 드러내며, 통증이 생활 사건이나 활동 혹은 문제들을 유발하는 유일한 원인이라고 생각함으로써 무망감과 무력감, 절망의 악순환이 유발된다. 새로운 치료 기법이나 의사에게 희망을 잠시 걸어 보지만 통증을 억제하는 데 별다른 효과가 없음을 깨닫는 순간 실망의 늪에 빠져든다. 의료진을 향한 적개심과 씁쓸함이 커지며, 이러한 반감은 환자가 '쓸모없는 폐인'이 되어 병원 방문을 꺼리게 만든다.

이제 통증은 범죄 피해자 삶의 중심이 되고, 폭력 자체가 피해자에게 미친 심리학적 결과는 무색해진다. 피해자는 점차 가족들로부터 고립되고 사회적 활동으로부터 철수되며, 대인적 상호작용은 긴장과 분노의 화근이 된다. 때로 환자는 자신을 옹호하거나 챔피언처럼 대하는 친밀한 가족이나 동정적인 임상가와 동맹을 형성하며, 이것이 범죄로 인해 다 죽어 가는 사람이 되었다는 피해자의 생각을 심화시킨다. 형사 재판에 더해, 손해배상 청구를 위한 민사 소송 과정에 관여하는 변호사들(16장을 보시오)도 이 지지망에 들어오게 되며 환자, 가족, 의사 그리고 사법 체계 간의 대립 관계를 견고하게 만든다.

약물치료와 알코올 및 약물 남용과 관련된 문제들이 독성과 중독을 유발함으로써 문제를 복잡하게 만든다. 이제 통증은 환자가 스트레스가 큰 과업이나 복잡한 쟁점들을 피해 갈 수 있도록 하는 단일한 적응 기제가 된다. 상당한 시간이 흐른 후에는 환자의 담당의사와 변호사도 인내심을 잃기 시작하며 명백하게 혹은 암묵적으로 환자에게 이와 같은 적응 기제를 포기하라고 설득한다. 최악의 시나리오에서는 이러한 노력들이 피해자를 더욱 무력화해서 총체적인 무능 상태를 향한 멈출 수 없는 질주를 시작하게 만든다.

Michelle은 지방 대학 2학년에 재학 중이던 시절, 동아리 파티에서 취중에 성폭행을 당했다. 저항 과정에서 그녀는 우측 어깨의 회선건판에 약간의 외상을 입었으며, 치료를 위해 외과적 수술과 몇 주간의 의료적 처치를 받았으며 몇 주의 회복 기간이 필요했다. 마침내 그녀의 정형외과 의사가 완치 판정을 했지만 Michelle은 학교로 돌아갈 수 없었다. 그녀는 오른쪽 어깨와 팔을 너무 많이 다쳐서 의자에 앉아서 필기를 할 수 없는 상태라고 주장했다. 한때 잘 나가는 여자였던 그녀는 '너무 아파서' 사회적 관계를 위한 여러 권유를 마다한 채 대부분의 시간을 홀로 보내기 시작했다.

그녀는 유급을 당했고 친구들도 그녀를 떠났다. Michelle은 자신의 삶을 망가뜨리고 있는 통증으로부터 벗어나기 위해 의사와 대체의학 치료자들을 찾아다니는 일에 점점 더 몰두했다. 의사가 통증 감소를 위한 약을 더 이상 처방해 주지 않기에 이르자, 그녀는 씩씩대면서 "그들은 모두 남자예요. 당신은 무엇을 기대하나요? 남자들은 여자에 대해 신경도 안 써요. 우리는 단지 남자들을 위한 소모품일 뿐이에요."라고 말했다.

건강염려증

의학적으로 이상 소견이 발견되지 않는다는 판정을 공식적으로 받고서도 자신이 심각한 질환이나 손상을 입었다고 믿는 것이 건강염려증의 특징이다. 환자들은 병리, 상해, 질환 혹은 퇴화와 같은 주제에 몰두하며, 정상적인 신체적 신호들을 심각한 질환이나 상해의 징후로 오해석하는 경향을 보인다. 다른 신체화장애들은 다양하고 변화무쌍한 임상적 양상을 드러내지만, 건강염려증은 한 증상에서 다른 증상으로 관심의 초점이 옮겨 가고(예: 기억 장해에서 어지럼증이나 두통 등의 통증으로) 신체 증상과 연합된 불안이 시간에 따라 증감하기는 하지만 한 번에 한두 개의 증상에만 초점을 맞추는 경향이 있으며 이 증상에 몰두된 채 생활한다. 전환장애와 달리, 눈에 보이는 이상이나 손상의 징후는 없다. 이들이 가진 문제의 핵심은 암암리에 자신의 신체가 병들어 가고 있다는 '공포'다. 범죄 피해 후에 관찰되는 건강염려 증상의 예로 "그것이 어느 날 차안에서 뇌졸중을 유발할 것이다."는 식의 뇌 손상에 대한 공포나 강간 피해 후 다양한 검사 결과 건강에 이상이 없음에도 불구하고 자신이 성병 보균자가 되었을 것이라는 생각을 떨쳐 버릴 수 없는 것을 들 수 있다.

건강염려증 환자가 가진 전형적인 무의식적 동기는 범죄 피해가 미래의 안전과 삶의 의미를 변화시킴으로써 유발된 불안의 '방향을 바꾸는 것'이다. 정신역동적인 관점에서 볼 때, 한계가 명확하고 통제 가능한 신체 증상이나 무서운 질병에 대한 두려움에 초점을 맞춤으로써 불안의 조절이 가능해진다. 마치 고문을 당하고 있는 것 같은 환자의 마음은 자신이 가지고 있는 최악의 공포(즉, 신체적 질병)를 타당화하거나 배제해 줄 수 있는 저명한 의학 전문가나 기적적인 진단 기술을 끊임없이 추구한다. 질병이 없다는 의학적 판단에도 불구하고 공포는 점점 더 증가하는데, 이는 어떤 의학 전문가도 자신의 질병을 확인해 주지 못한다고 생각하기 때문이다.

편의점 점원인 27세 남성 Ahmed는 야간 근무 중 도둑들이 그를 포함한 창고 책임자 세 명을 감금한 뒤 이곳저곳을 뒤진 후 가게에 불을 지른 강도 피해를 당했다. 그는 도망치기 위해 문을 쾅쾅 두들기려 노력했을 때 콧구멍으로 맡았던 매캐한 연기 냄새를 기억하고 있다. 세 명의 직원 모두 경미한 외상만을 입었으며, 강도들은 끝까지 잡지 못했다.

Ahmed는 사건 이후 자신이 화재로 인한 유독성 가스에 노출되었을 것이라는 공포에 몰두하기 시작했다. 그는 "가게에는 불에 타 버린 플라스틱과 그 밖의 물건들이 있어요."라고 말했으며, 얕은 호흡, 숨을 들이쉴 때 느껴지는 통증, 헉헉거리고 쌕쌕거리기, 과호흡 및 그 밖의 호흡기 관련 장해를 주관적으로 호소했다. 그는 심장외과와 흉부외과 및 그 밖의 전문가들에게 진료를 받았고 다양한 검사도 받았다. 하지만 여전히 의학적 이상은 발견할 수 없었다. 게다가 연기에 함께 노출되었던 동료들은 비교적 잘 생활하고 있었다.

마침내 의사 중 한 명이 그를 정신과에 의뢰했다. 과거력을 검토한 결과, Ahmed는 11세 때 조부가 울혈성 심부전증으로 사망하는 것을 목격했으며 청소년기의 대부분을 심장 문제에 대한 강박증으로, 그리고 초기 성인기는 갑작스러운 심장발작에 대한 공포와 심장 이상을 확인하기 위한 수많은 의학적 검사를 하며 보냈다는 것이 확인됐다. 화재 중의 유독 가스 노출에 따른 호흡기 증상에 과도하게 몰두하는 것은 이러한 공포가 확장되어 방향을 바꾼 것으로 해석되었다.

신체기형장애

많은 폭력 범죄가 피해자에게 신체적 손상을 유발하며, 이러한 손상이 일시적일 수도 있지만 영구적인 장애를 남기기도 한다. 신체기형장애의 핵심 증상은 마음속으로 상상한 외모의 결함에 몰두하거나 미관상 약간의 문제를 유발하는 사소한 결함이나 자기상에 영향력을 행사하는 기능의 상실에 과도하게 집중하는 것이다. 좀 더 광범위하게는 손상된 신체 부위에 과도하게 가치를 부여함으로써 나타나는 신체적 자존감의 상실, 업무 능력의 저하, 혹은 정형외과적 손상 후에 움직이지 않아서 생기는 체중 변화도 포함된다. 또한 사고로 인한 뇌진탕 후 증후군(3장)과 관련한 인지적 기형장애로도 나타나는데(Miller, 1993c), 인지적 기술과 대인적 기능의 감퇴 혹은 직장에서의 지위 변화가 자기비하의 주원인으로 작용하게 된다.

무의식적 측면에서 볼 때, 자기지각된 추함이나 무가치함에 몰두하게 되는 동기는 환자의 무의식 속에 오랫동안 깊숙이 자리하고 있던 자기혐오다. 범죄 피해로 인해 상해를 입은 지금, 환자의 자기지각된 '나쁨'은 좀 더 객관화된 신체적 혹은 정신적 손상으로 투사된다. 그리고 범죄 피해자가 오랫동안 투쟁해 온 무형의 존재론적 공포와 내적 혐오감이 신체적 상징으로 구체화된다. 사실 '못생긴 얼굴'에 주의의 초점을 맞추는 것이 '못생긴 삶'에 직면하는 것보다는 덜 위협적이다. 신체적 상해나 결점은 범죄 피해자로 하여금 사건을 잊을 수 없게 만들며, 매일 거울을 들여다볼 때마다 범죄 피해자를 공격한다.

신체기형장애를 공식적으로 진단한다는 것은 신체적 결점에 대한 개인의 주관적 지각과 반응이 정상 범주를 벗어남을 의미한다. 그러나 때로 사소한 결점에 대한 병리적인 몰입과 실제적이고 유의미한 결점에 대한 현실적 관심을 구분하는 일이 임상적으로 민감한 쟁점이 되곤 한다. 예를 들어, 중년의 사업가에게 발생한 턱의 흉터는 젊은 패션 모델에게 생긴 턱의 흉터와는 전혀 다른 의미를 가진다. 신체적 결점에 대한 반응이 병리적인지 여부를 판단할 때는 반드시 사건의 발생 맥락과 그것이 피해자의 삶에 미치는 영향력을 심도 있게 검토해야만 한다.

특히 인간의 얼굴은 사고, 느낌, 기분, 성격 그리고 정체성의 특유하고 개인화된 표현 매체다. 우리의 얼굴은 우리 자신이다. 그러므로 얼굴에 생긴 원치 않는 변형은 얼굴 이외의 신체 부위에 생긴 더 심각한 수준의 상해보다도 더 큰 심리적 충격을 주기 때문에 범죄 피해자 치료의 특유한 도전이 될 수 있다. 실제로 여러 연구는 범죄 피해로 인한 안면 상처가 PTSD, 우울증 및 그 밖의 외상성 장애의 위험률을 증가시킨다는 것을 잘 보여 준다(Bisson, Shepherd, & Dhutia, 1997; Fukunishi, 1999; Jaycox, Marshall, & Schell, 2004; Levine, Degutis, Pruzinsky, Shin, & Persing, 2005; Roccia, Dell'Acqua, Angelini, & Berrone, 2005; Wong et al., 2007).

Mandy는 호전적인 40세 이혼녀이자 고등학교 교사다. 어느 날 한 학생이 질긴 천으로 된 배낭으로 그녀의 얼굴을 가격했다. 그녀는 일시적으로 어지럼을 느꼈고 경도 경추골절을 입었으나 얼마 뒤 호전되었다. 얼굴에도 경미한 찰과상과 타박상을 입었지만 곧 치료되어서 의사나 친구와 같이 매우 가까운 사람들조차 이상을 느끼지 못했다. 하지만 Mandy는 거울을 볼 때마다 매번 그것 때문에 괴로웠다. 더욱이 그녀는 경추골절로 인해 자신의 머리가 추한 각도로 기울어졌으며 이제는 자신이 '불구자 같아 보이는' 상태가 되었다고 믿었다. 성형 수술을 받으려 했지만, 이러한 사실을 알게 된 성형외과 의사는 수술 대신 그녀를 심리학자에게 의뢰하였다.

허위성 장애

허위성 장애는 실질적인 이득보다는 심리적 욕구 충족을 위해 고의적으로 신체적 혹은 심리적 증상을 만들어 내어 누군가를 조종하는 것을 말한다. 만들어 낸 증상이 강렬하고 의식적이며 고의적이라는 점에서 신체형장애와 구분된다. 그러나 실질적인 이득을 위한 속임수인 꾀병(다음을 보시오)과 달리, 허위성 장애의 동기는 환자 역할, 세심한 돌봄, 섬세한 관심, 그리고 정상적인 일상적 책임으로부터의 해방이며, 금전, 건강 혹은 자유를 기회비용으로 삼는다. 즉, 실질적인 이득이라는 견지에서 볼 때 대부분의 사람에게 허위성 장애 환자의 동기는 무의미한 것으로 이해된다. 많은 경우, 환자들은 (적어도 부분적으로는 무의식적으로) 의료 체계를 조종하고 전문가들을 바보로 만듦으로써 만족감을 얻기도 한다.

역사적으로, 허위성 장애는 **뮌하우젠 증후군**Munchausen's syndrome이라고 불렸다. 이 장애는 순전히 환자의 상상과 이미지 형성 및 창의성에 의해 형성된다. 간호사나 정신건강 임상가와 같이 의학적 지식을 갖춘 환자들은 화학물질이나 의학적 장치를 이용하거나 신체적 혹은 정신의학적 증상을 사실적으로 꾸며냄으로써 의학적 및 정신의학적 장애와 질병을 영민하고 태연스레 만들어 낸다. 지식이 부족한 환자들은 음주-독소 혼합물을 섭취하거나 상해를 유발하기 위해 자신을 때려 멍이 들게 하거나 상처를 내거나, 혹은 뇌 손상을 입거나 미친 사람처럼 행동하는 것과 같은 조잡한 방식을 사용한다. 범죄 피해자들은 범죄로 인해 유발된 후유증상과 손상 정도를 과장함으로써 임상가와 형사사법 관계자들의 관심을 이끌어 낸다. 이를 통해 자신이 독특하고 새로운 도전심을 유발하는 (그래서 더욱 특별한) 사례라고 인식되게 만들며, 기왕의 '환자' 역할이 '피해자' 역할로 재통합된다.

Cassandra는 고객들을 먹잇감으로 삼아 놀이공원 약탈을 일삼는 두세 명의 나이 어린 폭력배에게 팔찌를 빼앗겼다. 놈들이 그녀를 구내 매장의 벽에 거칠게 밀쳤지만 다친 것 같지는 않았다. 그녀의 여섯 살짜리 아들이 한 켠에 있었지만 이 사건을 인식하지는 못한 상태였다. 며칠 뒤, Cassandra는 병가를 내고 '심각한 외상'에 대한 의료적 처지를 받기 위해 병원에 나타났다. 그녀의 혈압은 비정상적으로 낮았는데, Cassandra는 이것 때문에 기절을 하곤 해서 운전하는 것이 두려워졌다고 주장했다. 그녀는 직장을 그만두었고 그녀의 남편은 이제 일을 그만두고 그녀를 돌보는 일에만 전념하게 되었다.

이후 그녀는 자신의 역경을 동정하고 염려해 주는 지지자들의 방문을 받으며 침대에서 하루의 대부분을 보내기 시작했다. 심지어 이 지지자들 중 한 명은 범죄 피해의 후유증에 대한 기사를 쓰는 기자에게 그녀가 인터뷰를 받을 수 있도록 했다. 그녀는 "내 아들이 죽을 수도 있었다는 생각이 머릿속을 떠나지 않아요."라며 카메라를 보고 눈물을 흘렸다. 두 명의 변호사는 그녀가 놀이공원을 상대로 민사소송을 제기할 만한 타당한 근거가 없다는 자문을 받았다고 말해 주었다. 그녀의 병 때문에 결근이 계속되었고 결국에는 가정의 재정에까지 영향을 주기 시작했다.

알 수 없는 혈압 강하와 빈번한 기절 증상이 여전히 미스터리로 남아 있었으므로 종합검진 일정이 잡혔다. 한때 헌신적이었던 남편조차 이제 그녀의 돌봄과 관심에 대한 끝없는 요구에 인내심을 잃기 시작했다. 그가 Cassandra의 서랍에 숨겨져 있던 고혈압 처방제인 베타 차단제 프로프라놀롤(부정맥 치료제)을 발견했을 때 마지막 지푸라기를 잡을 수 있게 되었다. 추가 조사한 결과, 그녀가 이 약을 인터넷에서 굉장히 많이 주문해서 매일 과다 복용해 왔음이 드러났다.

꾀 병

꾀병 자체는 진정한 정신의학적 장애로 분류되지 않으며 금전적 보상, 책임이나 의무의 회피, 혹은 그 밖에 누군가의 범죄 행위나 다른 불법적인 행동의 결과로부터 해방되는 등의 대가를 얻기 위한 목적으로 질병이나 손상을 의식적이고 의도적으로 꾸며 내는 것으로 정의된다. 달리 말해, 병을 가장한 것이기는 하지만 속임수의 실질적이고 합리적인 동기가 있으므로 비록 꾀병 환자들이 심리학적 증상과 성격장애를 함께 드러낸다고 해도 진짜 정신병리 증상을 보이지는 않는다.

꾀병의 유병률은 임상적 및 수사적 환경과 모집단에 따라 1~50%까지 매우 다양하다(Resnick, 1988; Schretlen, 1988). 비록 고의성이라는 개념이 지닌 모호함 때문에 꾀병과 앞서 언급한 여러 장애를 변별하는 것이 어려울 수 있기는 하나, 많은 전문가는 꾀병을 당사자가 자신의 실제 동기를 얼마나 자각하고 있는냐에 따라 연속적인 개념으로 본다(Nies & Sweet, 1994; Travin & Potter, 1984). 범죄 피해자의 경우, 꾀병은 범죄로 인한 손해를 배상받기 위해 민사소송을 제기했으며 원고가 더 큰 상해를 입었을수록 더 큰 보상을 얻을 수 있는 경우에 발생한다. 이와 달리 억울함이 큰 피해자들은 더 높은 형량이 선고되도록 법원에 영향력을 행사하기 위해 의식적으로 증상을 꾸며 내거나 상해 정도를 과장한다(16장을 보시오).

저자는 Lipman(1962)의 유형론에 근거해서 꾀병을 네 가지로 범주화한 바 있다(Miller, 1998f, 1998g, 1999a, 1999j, 2000e, 2008). 여기에는 날조fabrication, 과장exaggeration, 연장extension 그리고 오귀인misattribution이 포함되며, 이들의 첫 글자를 따서 FEEM이라고 부른다.

날조 범죄로 인해 초래된 증상이나 손상이 없으나, 환자가 가짜로 손상이 있다고 꾸며 내는 것을 말한다. 증상들은 비전형적이거나 비일관적이며 기괴하거나, 반대로 교과서에나 나올 법한 증상과 완벽하게 일치한다. 임상 현장에서 관찰되는 가장 설익은 형태의 꾀병은 갑작스럽게 심각한 상해 증후군들이 다발적으로 나타나는 것이다.

> Michael은 야간에 당직약국 밀집 지역에 주차했다. 갑자기 악당들이 그를 덮쳤으며 그중 한 명이 지갑과 열쇠를 가져가기 위해 거칠게 자동차 후미에 그를 구부리고는 뒷주머니를 뒤졌다. 그런 다음 악당들은 재빨리 달아났다. 공포와 당혹감을 경험했기는 하나 다치지는 않았으며 바로 경찰을 불렀다. Michael은 "좀 더 조심했어야죠."라고 말하던 경찰을 떠올렸으며 이 말이 그를 초조해지게 했다. 약국 관리자조차 "이런 일쯤이야 큰일이 아니에요."라고 말했다. 몇 주 뒤 Michael은 강도 상해로 인해 직장에 나갈 수 없다고 주장하면서 안전의 책임을 다하지 않았다며 약국을 상대로 소송을 제기했다. 보험회사 소속 의사의 검진 결과 Michael은 '비일관적이고 비생리학적인 증상' 을 보이고 있었으므로 심리검사가 의뢰되었다.

과장 상해로 인한 증상이나 손상이 진짜 있기는 하지만, 환자가 그 정도를 실제보다 과장해서 심각하게 보고하는 경우에 해당한다. 아마도 이것이 임상적 및 수사적 현장에서 관찰되는 가장 흔한 형태의 꾀병일 것이다.

> 어느 금요일 밤, Janie는 새 남자친구가 원치 않는 성관계를 강요하는 바람에 이를 피하는 과정에서 벽 쪽에 밀쳐졌다. 새 남자친구가 재빠르게 물러섰기는 하지만 간단한 몸싸움 과정에서 그녀의 목이 뒤틀렸다. 이 일로 그녀는 소름끼치게 싫은 그놈과 결별했으며 일요일이 되자 목도 좀 나아졌고, 다음 월요일에 업무에 복귀하였다. 주 중에 헤어진 그 남자친구가 몇 차례 전화해서 다시 만나 함께 외출하자고 하였으나 Janie는 거절하였고, 이에 앙심을 품은 그가 악담을 퍼붓고는 전화를 끊곤 하였다. 그리고 Janie는 금요일에 그를 경찰에 성폭행범으로 신고했다. 다음 월요일, 그녀는 경추보호대를 하기 위해 외과 진료

를 받으러 와서는 끊임없고 몹시 고통스러운 두통과 심각한 어깨 및 팔의 힘 빠짐으로 직장일을 할 수 없다고 호소하였다. 그녀는 옛 애인을 상대로 민사소송도 제기했다.

연장 환자가 상해로 인해 야기된 실제 증상이나 손상을 경험하였으며 이제는 어느 정도 회복 혹은 호전되었으나, 그것들이 조금도 누그러들지 않았다고 하거나 심지어 시간 경과에 따라 더욱 악화되고 있다고 거짓말하는 경우를 말한다.

Freddy는 고교 시절에 일진 아이들에게 폭행을 당했고, 가해 학생들은 퇴학당했다. 그는 운동장을 걷는 것조차도 너무도 두려워서 몇 주 동안 학교로 돌아갈 수 없었다. 그는 정신건강 임상가에게 의뢰되었고 임상가는 ASD와 PTSD(2장)를 진단하고 봄학기의 남은 일정 동안 집에서 공부할 것을 권유했다. 여름이 되자 Freddy는 자신이 폭행 피해 이전의 상태로 돌아가고 있음을 느꼈지만 집에서 있음으로 해서 느끼는 편안함과 자유로움을 놓치기 싫었다. 8월이 되고 가을학기가 다가오자 그는 치료자에게 되돌아가서 오래된 공포가 "물밀 듯이 되돌아오며, 사건과 관련된 불안이 여전히 심해서 학교로 되돌아갈 수 있는 방법이 없는 것 같다."고 주장했다.

오귀인 환자가 범죄 피해 전부터 있었거나, 범죄 피해 이후에 다른 계기로 발생하였거나, 범죄와 하등의 관계가 없는 증상을 범죄 사건에 귀인하는 것을 말한다.

Robert는 강도가 들이닥칠 때 막 은행으로 들어서는 찰나였다. 강도들이 도주를 서두르는 과정에서 Robert를 밀쳐서 그의 다리가 벽에 탁 소리가 나게 부딪혔다. Robert는 일어서거나 걷기가 어려워서 은행을 상대로 고소를 한 상태다. 다친 다리가 빈번하게 '멈춰 서서' 그를 넘어지게 했으므로 이웃에게 목발을 빌려 사용했다. 그러나 과거력을 탐색해 본 결과 Robert는 대학교 때 축구하다가 사고로 무릎을 다친 적이 있었으며 그 뒤로 일 년도 채 지나지 않아 만취 상태에서 오토바이 사고를 일으켜 똑같은 다리를 두 번째로 다쳤음이 확인되었다.

앞서 지적한 바와 같이, 없는 증상을 순전히 날조해 내는 경우보다는 있는 증상을 과장하는 경우가 훨씬 더 많다. 한 환자에게서 여러 종류의 꾀병이 다른 시기에 관찰되기도 한다. 더욱 복잡한 문제는 뇌진탕 후 증후군이나 만성 통증, 불안, 우울, PTSD 혹은 그 밖의 증상들이 꾀병 환자에게서도 보고된다는 점이다. 마지막으로, 꾀병이 신체형장애나 성격장애와 같은 다른 심리학적 증후군과 동시에 발생할 수도 있다. 많은 경우, 환자들이 임상적으로 있을 법한 수준 이상으로 손상을 과장할 때 혹은 할 수 없다고 보고했던 활동들을 우연히 하고 있는 모습이(예: 보험감독관에 의해) 목격될 때 꾀병을 의심하게 된다. 이 때문에 임상가가 진단적 정확성을 높이고 적절한 임상적 혹은 수사적 자문을 제공하기 위해서는 외상으로 인해 유발될 수 있는 장애의 전형적이거나 비전형적인 양상에 대한 지식을 갖추고 있어야 한다.

결 론

임상적인 관점에서 범죄와 관련된 PTSD나 그 밖의 심리학적 장애의 진단을 놓치는 것도 매우 무책임한 일이지만, 환자가 호소하는 후유 증상을 지나치게 범죄 피해에 귀인하는 것이나 외상으로부터의 회복 혹은 회복의 지연과 관련한 환자 측 요소들을 간과하는 것도 중대한 과실이라 할 수 있다. 앞 장에서 기술했던 바와 같이, 임상가는 효과적인 치료를 위해 범죄 피해자의 성격, 정신병리, 사회환경 그리고 문화적 요인들이 피해자가 호소하는 증상들에 미치는 영향력을 검토할 필요가 있다. 다음 장에서는 다양한 범죄 피해 후유 증상의 효과적인 치료 원리와 기법들을 살펴보고 그것을 어떻게 적용할 것인지에 대해 살펴볼 것이다.

Counseling Crime Victims

PART 2

범죄 피해자를 위한 실무적 및 임상적 전략의 기초

현장에서의 위기 개입

수사, 응급 지원 그리고 정신건강 서비스 제공자를 위한 지침

거듭 강조한 바 있듯이, 범죄 피해자를 위한 효과적인 정신건강 개입은 초기 개입자들이 현장에 도착하는 순간부터 시작된다. 대부분의 경우, 경찰과 응급의료 전문가들이 이 역할을 담당하며 간혹 특수 정신건강 외상 전문가가 동행하는 경우가 있다. 많은 경찰이 위기 대응을 위해 사법 관계자와 정신건강 전문가로 구성된 위기대응팀crisis intervention teams: CITs을 구축해 놓고 있다(Miller, 2006m). 그렇지 않은 경우에는 피해자가 병원에 이송된 이후 응급실에서 정신건강 관련 서비스가 개시된다.

그것이 누가 되었건, 최초 대응자들first responders은 자신이 두려움에 가득 차 있고 압도된 상태의 범죄 피해자가 안전감과 통제감을 회복할 수 있도록 도움으로써 범죄의 영향을 최소화하게 할 수 있는 특유의 위치에 있음을 알고 있어야 한다. 경찰이 피해자들과의 첫 접촉 시에 어떻게 반응하느냐 하는 것이 수사의 향방에 엄청난 영향을 미칠 수 있으며, 피해자와 가족들, 더 크게는 지역사회가 형사사법 기관이 자신들을 보호해 줄 능력이 있다고 믿게 할 수도 있고 그렇지 않을 수도 있다. 신체적 상해에 대한 처치 중에 피해자가 보이는 정서 상태를 응급 의료진이 어떻게 다루느냐 하는 것도 이후에 이루어지는 의료적 개입에 대한 피해자의 반응 양상에 영향을 줄 수 있다. 초기에 접촉한 정신건강 서비스의 질적 측면이 이후에 제공될 서비스가 범죄 피해자의 회복과 재안정화에 도움이 될지 아니면 방해가 될지를 결정한다.

최초 대응자들이 범죄 피해자에게 미치는 막대한 영향력을 미처 자각하지 못할 수도 있다. 하지만 피해자들은 최초 대응자들의 대응 방식과 그 질이 피해자의 미래에 대한 지각, 형사사법 기관 및 의료기관과의 상호작용, 그리고 정신건강 체계에까지 폭넓은 영향력을 행사함으로써 삶을 달라지게 했다고 보고한다. 최초 대응자들로부터 필요한 만큼의 지지를 받을 수 있었던 피해자들은 더 빠른 속도로 회복할 뿐 아니라 수사와 기소 과정에도 상당히 협조적인 태도를 보인다(16장). 또한 경찰과 협력하여 지역사회의 치안 유지를 위한 이웃 지킴이 활동을 적극적으로 수행하기도 한다. 간단히 말해, 적절하게 지지받을 수 있었던 피해자들은 보다 능률적으로 대응하며 형사사법체계에 기꺼이 참여한다(Herman, 2002; Miller, 2006m).

그러나 많은 경찰, 심지어 일부 임상가조차 개인적 요인이나 훈련 부족으로 인해 현장에서 범죄 피해자와 접촉하는 것을 다소 불편하게 느낀다. 이 장에서는 부족한 훈련으로 인한 불편감을 줄여 줄 수 있는 몇 가지 실무적 지침을 제공하고자 한다. 이 지침들은 범죄 현장에 가장 먼저 출동해서 피해자를 만날 가능성이 높은 경찰에게 바로 적용될 수 있다. 그러나 정신건강 임상가들도 이러한 전략들을 알고 있어야만 하는데, 그 이유는 ① 경우에 따라 그들이 최초 대응자 중 한 사람이 될 수 있고, ② 사법기관을 포함한 여러 기관에게 관련 자문을 제공하게 될 수 있으며, ③ 위기 개입의 기본적 원리들은 범죄 현장뿐 아니라 다양한 장면에서 이루어지는 정신건강치료에도 광범위하게 적용될 수 있기 때문이다(Gilliland & James, 1993; Kleespies, 1998; Miller, 1998h).

범죄 피해가 생존자에게 미치는 영향

범죄 현장에 도착하자마자 최초 대응자들은 혼란스러운 시나리오에 직면하게 된다(Herman, 2002; Miller, 1998e, 1998h, 1999i, 2000b, 2003f, 2006m). 심리적 외상에 노출된 피해자들이 첫 번째로 보이는 양상은 쇼크 및 혼미 상태다. 통제력을 벗어난 사건과 직면한 범죄 피해자들은 그저 '버티고' 있는 상태에서 무력감, 최악이라는 느낌, 두려움 등을 경험한다. 투쟁-도주 반응의 일환으로 공황 상태에 놓이는 경우가 있으며, 범죄 현장으로부터 달아나기 위해 실질적인 노력을 취하는 경우도 있다. 어떤 피해자들은 현장에 도착한 경찰이나 응급 의료진으로 하여금 누가 피해자이고 누가 가해자인지 혼동되는 방식으로 행동하면서 최초 대응자들과 대치하거나 싸우는데, 이러한 현상은 술집에서 발생한 싸움이나 가정폭력 혹은 이웃 간의 다툼과 같은 경우에서 가장 흔하다. 가성의 신체적 및 정서적 마비로 인해 합리적인 의사 결정이 어려워지거나 언어의 응집력이 저하됨으로써 응급 의료진에게 필요한 도움을 요청하거나 경찰에게 사건에 대해 보고하는 것조차 곤란해지는 경우도 있다.

앞서 살펴보았듯이, 범죄 피해의 장기적인 후유증에는 지속되는 불안, 우울, 공황발작과 유사한 성질의 회피 행동, 신체 증상들, 물질남용, PTSD, 안전하고 보호받고 있다는 믿음이 산산조각 났다는 느낌, 비열한 세계 증후군, 냉소주의, 불신 등이 포함된다. 피해자들은 정상적인 직장이나 가정 생활을 유지하지 못할 수도 있다. 거듭 강조하지만, 범죄 피해의 장기 후유증은 최초 대응자들이 사건 직후 몇 분에서 며칠 동안 제공하는 서비스의 양과 질에 따라 크게 달라질 수 있다.

범죄 피해자가 최초 대응자에게 원하는 것

앞서 강조한 바 있듯이, 경찰관들은 업무 과정에서 인간 행동의 원리와 실행 기법들을 매일 활용하는 '실무 심리학자들'이다(Miller, 2006m). 이런 식의 접근은 외상화된 범죄 피해자를 대상으로 한 즉각적인 대응 시에 특히 중요하다.

그러나 경찰이나 응급 의료진, 정신건강 임상가들 및 그 외의 최초 대응자들은 자신들이 범죄 현장에서 범죄 피해자를 돕기 위해 노력했으나 그러한 노력이 피해자에게 오해를 유발하거나 인정받지 못했다고 종종 불평한다. Herman(2002)

이 범죄 현장에서 피해자가 경찰과의 상호작용 과정에서 경험하는 느낌, 지각, 요구 등을 분석한 결과, 피해자들의 요구는 비교적 명확했다. 이들의 반응은 세 가지로 범주화될 수 있었다.

안전과 통제감 회복 범죄 피해자들은 경찰이 범죄 현장으로부터 벗어나 안전하고 조용한 곳에서 면담해 주기를 원한다. 이들은 사건이 종료되었으며 더 이상 가해자가 자신들을 해코지할 수 없다며 경찰이 안전을 재확인해 주기를 원한다. 이들은 경찰이 퉁명스럽고 짧고 날카로운 톤으로 질문함으로써 상처 난 마음에 후추를 뿌리는 것이 아니라, 차분하고 확신감 있는 목소리로 말해 주기를 원한다. 이들은 경찰이 자신들에게 사건 전이나 진행 중 혹은 사건 후에 '~했어야만 했다'고 넌지시 말하는 것을 원치 않는다. 이러한 비난을 받지 않더라도 이미 피해자들은 충분히 부정적인 감정을 경험하고 있다.

발산 허용 피해자들은 자신이 경험한 것에 대해 말할 수 있는 시간을 원한다. 대부분의 경우 피해자들에게 사건은 인생에서 가장 끔찍한 일로 지각되며, 그렇기 때문에 자신의 속도와 자신만의 방식으로 사건에 대해 설명할 수 있는 기회를 필요로 한다. 이것은 가능한 빨리 가능한 한 많은 사실적인 정보 수집에 집중하는 수사관들에게는 분명 매우 좌절스러운 일일 수 있다. 하지만 점잖은 재촉과 유도만으로도 피해자의 진술이 제 궤도를 유지하도록 하는 데에 충분하므로, 경찰은 피해자가 자신의 이야기를 마칠 때까지 질문하지 않고 참아야 한다. 극도의 스트레스하에 있는 개인의 진술은 종종 지나치게 정서적이고 두서가 없을 수 있다. 하지만 경찰이 피해자가 자신의 방식대로 말할 수 있도록 허용해 주면 결과적으로 보다 완성도 높은 그림을 얻을 수 있다. 피해자가 자신이 미쳤다거나 울보쟁이 아기가 되었다고 생각하도록 만들지 않기 위해 피해자의 경험과 반응을 재확인해 주고 정상화하며 타당화해 주는 것이야말로 경찰이 할 수 있는 일이며 또 경찰이 해야만 하는 일이다.

추가적인 지지를 얻기 위한 방법 알기 경찰이나 그 밖의 최초 대응자들은 앞으로 이어질 범죄 수사와 법적 절차에 대해 미리 설명해 주어야만 한다. 피해자가 당혹스럽지 않도록 사건 후 수일 뒤에야 정서적 혼란이 뒤늦게 나타날 수 있으며 범죄와 관련한 새로운 기억이 다시 떠오를 수 있음을 미리 알려 주어야 한다. 담당 경찰은 전화로 피해자에게 이와 같은 추가 정보들을 알려 줌으로써 피해자로부터 신뢰감을 얻을 수 있다. 실제로 피해자들은 경찰이 초기에 보였던 이와 같은 태도가 이후에 진행되는 형사사법 기관과의 접촉에 대한 거리낌을 줄여 주었다고 보고한다. 피해자들은 경찰에게 전화하는 것을 겁내거나 당혹스러워하며, 어떤 피해자는 전화를 함으로써 자신이 성가신 사람으로 보이게 되는 것을 원치 않는다. 그러므로 경찰이 먼저 전화해서 추가 정보를 제공하는 것이 이들에게 큰 도움이 될 수 있다.

지역사회 서비스에 의뢰되기 피해자들은 사건으로 인해 놀라고 당황하며 고통스러워한다. 그리고 이들 중 대부분은 초기 대응자인 경찰이 형사사법 관계자로서 할 수 있는 일에 한계가 있다는 것을 이해한다. 그래서 피해자들은 범죄 피해에 대한 지원을 받을 수 있는 지역사회 서비스나 그 밖의 단체에 관한 정보를 원한다. 피해자가 이후에 무슨 일들이 일어날지 충분히 알았다는 확신, 그리고 경찰과 피해자 및 경찰과 지역사회 간의 긍정적 상호작용이 가능해졌다는 확신을 가질 수 있도록 지역사회 서비스를 연계하라.

> "911에 전화한 직후 두 명의 경찰이 왔어요." Rachel이 말했다. "그들은 서로 딴판이었어요. 키가 제법 작은 첫 번째 남자는 업무에 충실한 사람으로, 가해자가 어떻게 생겼는지, 키가 작은지 큰지 등을 질문했어요. 그래서 내가 당황해서 울기 시작하자 그 경찰은 '내가 뭘 잘못한 거죠?'라는 듯한 눈으로 나를 쳐다봤어요. 다른 경찰은 키가 더 컸는데, 첫 번째 남자에게 차에서 무언가를 가지고 오라고 했어요. 제 생각에 키 작은 남자가 당황하지 않게 하려고 일부러 그랬던 것 같아요. 아무튼 키 큰 경찰은 좀 더 참을성 있었고 내가 하고 싶은 말을 할 수 있도록 허용해 주었어요. 그리고 집에 가는 방법, 병원 치료를 원하는지 여부, 차로 집에 데려다 줄 필요가 있는지 등을 내가 선택할 수 있도록 해 주었어요. 그가 말하는 방식은 내게 그 사람이 정말로 나를 도와주려고 애쓰고 있다는 느낌이 들게 했어요. 첫 번째 키 작은 경찰하고는 딴판으로."

범죄 현장에서의 위기 개입

앞서 본 바와 같이, 경찰이나 그 밖의 초기 대응자들과 범죄 피해자 간의 최초 접촉은 대부분 범죄 현장에서 이루어진다. 물론 피해자가 의료적 처치를 받는 경우라면 구급차나 응급실에서 이러한 접촉이 이루어지기도 한다. 최초 대응자들은 정서적으로 멍해져서 반응성이 없는 것처럼 보이는 피해자부터 완전한 공황 상태에 빠진 피해자에 이르기까지 다양한 상태의 피해자와 마주치게 된다. 최초 대응자의 실무 과제는 의료적 및 심리학적 도움을 제공하는 것 외에 가해자를 체포하는 것, 추가 폭력을 방지하는 것, 그리고 다른 잠재적 피해자를 돕기 위한 계획을 수립하고 그 효과를 극대화하기 위해 피해자로부터 사건에 관한 가장 많은 정보를 얻는 것이다. 그렇기 때문에 피해자의 심리적 안녕과 수사적 정보 수집 욕구 간의 균형을 맞추는 일은 극히 섬세한 춤을 추는 것과 같은 작업이 되며, 면담자의 대인적 기술을 필요로 한다. 다음은 현장에서 범죄 피해자를 만나야 하는 최초 대응자들을 위한 몇 가지 실무 지침이다(Clark, 1988; Frederick, 1986; Miller, 1998e, 2006m; Silbert, 1976).

자신을 소개하라

당신이 도착하면 피해자와 주변 사람들에게 당신의 성명을 말해 주어야 한다. 심지어 당신이 제복을 입고 있어도, 신분증을 달고 있어도, 또는 명백히 경찰관이나 응급 의료진 혹은 정신건강 임상가로 보이는 경우라고 해도 피해자는 극도로 혼란스러운 상태에 있기 때문에 당신이 누구인지 이해하지 못할 수 있다. 당신은 몇 번이라도 반복해서 자신을 소개할 필요가 있다. 쇼크 상태에서 벗어나지 못한 피해자들은 마치 당신이 범죄자라도 되는 듯이 당신을 대할 수 있음을 기억하라. 당신이 사건 직후 현장에 바로 도착했을 때는 이런 상황이 발생할 가능성이 더 높다. 어른에 의해 폭행당한 아이들은 자신의 환경에 새로운 어른들이 들어오는 것에 대해 공포 반응을 보일 수도 있다.

응급처치를 제공하라

범죄 현장에서 가장 먼저 확인해야 하는 것은 범죄 피해자에게 의학적 처지를 요하는 신체적 상해가 있는지다. 만일 피해자가 심각한 신체적 상해를 입은 경우라면 수사를 위한 진술 청취나 정신건강 개입은 의학적 처치가 이루어진 이후로 미루어야 한다. 그러나 상당수의 범죄 피해자가 현장에서 확인 가능하여 처치를 요한다고 판단할 수 있는 수준의 신체적 상해를 입지 않는다. 피해를 당한 사람이 자녀이거나 피면담자의 가족인 경우라면, 부모나 가족은 신체적 상해는 입지 않았으나 사랑하는 사람에게 일어난 사건으로 인한 정서적 충격을 입을 수 있다.

응급처치는 응급 의료진의 기본 업무다. 그러나 당신이 경찰관이나 정신건강 임상가라고 해도 범죄 현장에 최초로 도착했다면 필요에 따라 응급 의료진이 도착할 때까지 응급처치를 제공해야만 한다. 그것이 누구든, 응급처치 시(특히 처치를 위해 옷을 벗겨야만 할 시) 피해자에게 당신이 하고 있는 작업을 침착하게 설명하라. 가능하다면 그리고 원한다면 피해자가 당신의 응급처치를 도울 수 있게 내버려 두라. 그것이 피해자가 자신의 팔에 붕대를 감도록 허용하거나 옷 벗기는 것을 허락하게 해 주는 가장 간단한 방법이다. 피해자가 지남력을 잃고 무기력한 상태에서 비틀거리는 경우에는 필요한 만큼 빠르게 통제력을 회복하게 해 주어야 한다. 특히 어린 아동들은 이런 전략에 대부분 잘 반응한다. 그 밖에 공포에 의해 정신적으로 마비되어 신발 끈을 풀거나 셔츠의 단추를 푸는 것과 같이 단순한 작업을 어떻게 해야 하는지 잊어버리는 피해자들도 있다.

피해자의 요구를 존중하라

이 원칙은 피해자의 통제감 회복을 위한 가장 일반적인 전략이며, 큰 문제가 없는 한 항상 이것을 지킬 필요가 있다. 예를 들어, 피해자가 치료나 조사를 받는 동안에 가족이나 친구가 남아 있기를 원한다면 그렇게 하도록 허용해야 한다. 피해자가 당신이 만지고 치료하고 심지어 당신과 말하는 것을 거절한다 해도 피해자를 비난하거나 공격하지 말아야 한다. 피해자의 견지에서는 당신이 가해자처럼 보이고, 행동하고, 말하고, 냄새 맡으며, 심지어 가해자와 같은 이름을 가지고 있을 수 있기 때문이다. 아동 피해자들은 종종 자신의 공포를 말로 표현할 수 없기 때문에 몸을 불안정하게 움직이거나 당신에게 "저리 가!"라고 소리만 지르고 있을 수 있다. 이런 경우에는 당신보다 다른 수사관이나 응급 의료진이 피해자를 더 편안하게 면담하거나 치료할 수 있을 것이다.

피해자의 반응을 타당화하라

항상 피해자가 겪은 외상 경험을 타당화하고 그들이 가지고 있는 탄력성과 적응 능력을 최대한 강화하도록 노력하라. 자기효능감과 통제감 증가를 위해 피해자가 가지고 있는 자원들을 탐색하여 지원망을 구축하라: "이것이 당신에게 끔찍한 경험이었음이 틀림없음을 알고 있어요. 대부분의 사람이 이런 상황에서는 당신과 거의 유사한 반응을 보여요. 하지만 당신이 평소처럼 상황을 잘 헤쳐 나가고 있는 것을 보니 기뻐요."

섬세하고 분별력 있게 조사하라

피해자가 신체적 상해를 입지 않았고 대화하는 데에 어려움이 없을 정도로 정서적으로 안정된 상태임을 확인한 후에는 간단하게 사건의 핵심 세부 정보를 확인하라: "무슨 일이 일어났는지 말해 주세요. 그 일이 여기에서 일어났나요, 아니면 다른 곳에서 일어났나요?" 필요하다면 경찰관은 적절한 지원을 요청함과 동시에 범죄 현장을 확보할 수 있는 것이라면 무엇이든 해야 한다. 만일 가능하다면 피해자를 범죄 현장에서 보다 안전하거나 보다 중립적인 장소로 옮기라. 구경꾼들과 언론에 민감하고 요령 있게 응대하며, 응급 의료진 및 그 밖의 필수 대응팀들과 협력하라. 이런 경우 범죄 현장에 있는 정신건강 임상가들은 형사사법 관계자를 조력하고 조언할 수 있다.

무심결에 한 비고의적 비난이나 "당신은 밤늦은 시각에 그 건물에서 무엇을 하고 있었습니까?"와 같이 피해자에게 잘못이 있다는 식으로 말하는 것도 삼가라. 이런 말들이 피해자를 불필요하게 당혹시키고 재외상화할 뿐 아니라 신뢰를 잃게 함으로써 이후에 이루어질 조사와 치료를 어렵게 만든다. 방금 세상이 산산조각 나 버리는 경험을 한 피해자에게는 "모든 것이 잘 될 거예요."와 같은 진부한 이야기도 삼가라. 피해자에게 그런 말들은 공허하고 진실하지 못한 말일 뿐이다. 그보다 "이젠 괜찮아요. 우리가 당신이 무슨 일이 일어났는지 말할 수 있도록 안전한 장소로 당신을 데리고 갈 거예요."와 같이 단순하고 지지적이며 구체적인 말을 하는 것이 더 큰 도움이 된다.

청소년이나 막 성인이 된 젊은이가 피해자인 경우라면 당신이 가지고 있는 '나이에 맞게 행동해야 한다'는 생각을 암시하는 말을 피하라. 대부분의 사람은 심각한 외상을 입은 직후에는 평소와 같이 행동하지 못하며, 경우에 따라 아이처럼 퇴행하기도 한다. 이런 경우 "당신이 무엇 때문에 그렇게 당황스러워하는지 알 것 같아요." "무엇을 도와드릴까요?"와 같이 단순하고 비판단적인 말을 하는 것이 피해자의 고통감을 완화시킬 수 있다.

강력계 형사나 응급 의료진 역시 공감적이며 지지적이고 무비판적으로 접근해야 피해자의 신뢰와 믿음의 회복이 가능해지며 이러한 신뢰와 믿음이 이후의 수사 및 의료적 처치가 효율적으로 이루어질 수 있도록 해 준다는 것을 이해하고 있어야 한다. 피해자의 말이 주제에서 벗어나거나 지나치게 장황하거나 두서없더라도 피해자가 말하고자 하는 대로 경청하라. 만일 피해자가 '안에 있는 것들을 전부 토해 내고자 한다면' 그것을 허용하라. 다른 한편으로 피해자가 하는 질문을 무시하거나 피해자의 말을 중지시키고 다른 주제에 대해 이야기하고 싶은 충동을 조용히 견디며 참으라. 응급처치나 수사 목적을 위해 필요한 것 이상의 구체적 정보를 말해 달라고 피해자를 압박하지 말라. 피해자들은 사건 처리 과정에서 반복 진술에 대한 압력을 받곤 한다.

필요시 개방형 질문과 폐쇄형 질문을 적절히 혼합해서 사용하라: "당신을 폭행한 사람이 어떻게 생겼는지 기억나세요? 말해 주세요." "그 사람은 대략 몇 살 정도나 되었나요?" "당신이 생각하기에 그 사람은 무슨 인종이었나요?" "그 사람이 저보다 컸나요? 그 사람이 다부진 체격이었나요 말랐나요?" "그 밖에 기억나는 것이 있으세요? 천천히 생각해도 괜찮습니다."

피해자가 진술 중에 점점 더 초조해지거나, 혼란스러워하거나, 혹은 공황 상태에 빠지는 경우에는 주의의 환기를 위해 현실적인 질문들을 하라. 피해자와 관련된 현실적인 주제에 대해 이야기함으로써 피해자가 끔찍한 사건으로부터 주의를 환기하도록 도와줄 수 있다. 예를 들면, 다음과 같다.

피해자: 남성복 코너에서 내게 달려든 남자는 신규 직원이었어요. 나는 그가 오는 것을 보지 못했어요. 그는 오자마자 나를 때리기 시작했어요. 아직 그 남자를 잡지 못했어요. 우리 모두는 여기에서 살해당할 거예요. 우리는 모두 조만간에 죽을 거예요.

수사관: 여기에는 몇 명의 직원이 일을 하고 있나요?

피해자: 대략 30명이요.

수사관: 좋아요. 당신에게 달려든 사람이 가지고 있는 독특한 점이 있나요? 그는 여기에서 얼마나 오랫동안 일했나요?

계획을 제시하라

통제감 회복을 위해서는 구조적인 환경을 제공하는 것이 중요하며, 이를 위해서는 피해자에게 앞으로 전개될 일들에 대해 설명해야 한다. 만일의 사태에 대비해서 철저한 계획하에 일을 진행할 것까지는 없지만, 약간의 구조화 작업은 하지 않는 것보다 낫다. 이러한 계획의 실행을 위해 구체적인 대안을 모색하는 것도 도움이 된다. 예를 들면, 다음과 같다.

"우리는 안전한 장소로 이동할 거예요. 그리고 의료진이 이 상처들을 치료해 줄 겁니다. 그러고 나서 특별한 일이 없다면 내가 당신에게 몇 가지 질문을 할 거예요. 그런 뒤 내가 경찰의 수사 과정 및 재판과 관련해서 앞으로 어떤 일이 생길지 설명해 드릴게요. 내가 당신에게 도움을 줄 수 있는 피해자 지원 기관들의 전화번호가 적힌 명함을 드릴 겁니다. 제 명함도 드릴 건데, 필요할 때는 언제든 저에게 전화하실 수 있습니다. 이해되셨죠? 질문 있으세요?"

유머를 사려 깊게 사용하라

적절한 재담이 위기 상황에서 시야를 넓혀 주며 긴장 상황에서는 마음을 편안하게 해 주지만, 외상을 입은 사람들은 매우 무미건조해지며 스트레스하에서는 사고가 구체화되는 경향이 있기 때문에 선의로 하는 농담이 조롱이나 진정성 부족으로 오인될 수 있다. 유머를 사용하고자 한다면 상황을 잘 파악해 가면서 하라.

사람을 진정시키는 대인관계적 기술을 활용하라

언어적으로든 신체적으로든 누군가를 안심시켜 주는 대인관계 기술의 힘을 간과하지 말라. 태연자약한 모습을 보여 줌으로써 피해자가 그것을 모방할 수 있도록 하라. 눈을 맞출 때는 흘끔거리거나 뚫어지게 바라보지 말고 좀 더 관심 어린 자세로 일관성 있게 바라보라. 피해자가 충분히 편안하게 느낄 수 있는 정도의 거리에 서되, 피해자의 사적인 경계를 침입할 정도로 갑자기 다가서거나 접근하지 말라. 신체적인 접촉을 조심스럽게 활용하라. 가끔 어깨나 손을 편안하게 잡는 것 같은 간단한 접촉이 피해자에게 확신감을 제공해 줄 수 있으나, 신체적 폭행을 당한 직후의 피해자에게는 이러한 접촉이 두려움을 유발할 수 있다. 신체적 접촉을 시도할 때는 피해자의 반응을 잘 파악해서 그것을 단서로 활용하라.

저자가 현장 개입 과정에서 고통감에 빠져 있는 범죄 피해자에게 유용하게 활용했던 기법이 하나 있는데 저자는 그것을 **치료적 굳은 악수**therapeutic hand-clasp라고 부른다(Miller, 2006m). 통제력을 잃었다고 느끼거나 그렇게 보이는 피해자에게 당신의 손을 꽉 잡으라고 요청하는 것은 정신을 압도시키는 정서를 신체 활동으로 전환시키도록 해 준다: "좋아요, 그냥 내 손을 꽉 쥐어짜시면 돼요. 내 손에 당신이 가지고 있는 두려움을 덜어 놓으세요. 내 손으로 전기가 흐를 수 있도록 두세요. 내 손으로 전기가 흘러나와 당신이 가지고 있는 배터리가 방전되도록 하세요. 두려움을 내게 빼어 버려서 당신이 이완되고 있음을 느껴 보세요. 바로 그거예요. 강한 두려움과 긴장감이 모두 당신의 밖으로 흘러 나가 버립니다. 당신은 이 상황을 통제할 수 있어요. 당신은 더 강해집니다. 당신은 스스로를 편안해지게 할 수 있어요. 좋아요. 깊이 숨 쉬세요. 그리고 그 상태에 머무르세요."

이 기법은 정상적인 악수처럼 보인다. 그렇기 때문에 사건 중이나 사건 이후 필요할 때마다 조용하고 도드라지지 않게 반복해서 사용할 수 있다. 이 작업을 통해 피해자는 고통스러운 생각이나 긴장 감소를 위해 마음속으로 자신의 주먹을 꽉 쥐는 장면을 내면화해야 한다. 이 기법은 심리학적 원리와 인간의 신체 접촉이 주는 안정감 및 대인관계적 지지가 지니는 치유 효과에 근거하며 사용도 간단하다.

다른 종류의 신체 활동도 치료적 이득을 줄 수 있다. 외상 후 둔마와 함께 신체적 및 정신적 마비가 종종 초래되는데, 피해자와 함께 걷는다거나 물을 마시도록 하는 것, 단순하지만 유용한 몇 가지 과제를 풀도록 하는 것 등이 이런 상태를 중지시키는 것에 도움이 된다. 신체의 여러 부위를 자유자재로 움직이게 하는 것도 개인의 효용감과 통제감 회복에 도움이 될 수 있다: "보세요, 다리로 걸을 수 있어요. 손도 움직일 수 있어요. 사지가 마비된 것이 아니에요." 약간의 신체적 상해를 입은 경우에도 피해자가 행할 수 있는 몇 가지 활동은 늘 있기 마련이다. 다치지 않은 신체 부위를 피해자에게 인식시키는 것은 안전감과 희망감을 줄 수 있다.

극도로 흥분되어 있거나 퇴행되어 있거나 혹은 심리적으로 마비된 상태의 피해자들을 대상으로 할 때는 그들의 주의를 유지시키기 위해서 돌파 자극을 제공해야만 한다. 여기에는 고함치기, 큰 소음 유발하기, 심각하게 외상화된 피해자를 집어삼킨 무감각 상태를 깨뜨리기 위해 피해자를 점잖게 흔들기 등이 포함된다(Everstine & Everstine, 1993). 이런 기법들은 위험 지역에서 급히 빠져나와야 하는 등과 같이 피해자의 주의와 협조가 요구되는 다급한 상황에서만 사용해야 한다. 그 밖의 상황에서 이 기법을 사용하는 것은 가뜩이나 공포감에 사로잡혀 있는 피해자에게 추가 외상을 입게 할 위험이 있다. 피해자의 얼굴을 찰싹 때리는 것과 같은 기술은 잊어버려라. 피해자를 움직여서 위기 상황에서 벗어나야 하는 경우에 이 기술을 쓸 수 있으나, 그 밖의 장면에서는 절대 사용하면 안 된다. 그러한 행위가 나중에 당신을 고발당하게 만들 가능성은 적지만 피해자에게 상해를 입힐 위험이 있기 때문이다. 얼굴에 찬물을 끼얹는 것도 금물이지만, 피해자가 차가운 것을 홀짝거리고 마시도록 해 주는 것은 종종 도움이 되곤 한다.

피해자 자신의 보호나 타인의 보호를 위해, 심각한 외상으로 인해 혼란 상태에 놓여 있거나 약물이나 알코올에 취해 있거나 정신병적 상태에 있는 피해자를 신체적으로 제압해야 할 경우가 가끔 있다(3장). 그러나 이런 경우에도 제압 자체가 목적이 아니라 그 개인을 위한 **지지적 억제**라는 견지에서 제압을 생각해야만 한다. 통제력을 잃은 사람들은 지지적 억제라는 보호막 안에서 안전감과 평온함을 느끼곤 한다. 필요 최소한의 강제와 제압이 종종 도움이 될 수 있는데, 팔을 움직이지 못하게 담요로 피해자를 감싸는 것이 그 예가 될 수 있다. 거듭 말하지만 피해자가 체포당하는 것이 아닌 한 신체적인 제압은 피해자 보호를 위한 마지막 선택이어야 하며 피해자와 주변 사람들의 안전이라는 견지에서만 사용되어야 함을 기억하라.

심각한 외상 피해자들과의 작업 시 자주 사용되는 또 다른 기술로 **증가된 행동 반영하기**가 있다. 예를 들어, 리드미컬하게 몸을 앞뒤로 흔들며 도롯가나 병원 간이침대에 앉아 있는 피해자를 만날 때 피해자가 하는 리듬에 익숙해질 때까지 그들의 움직임을 모방하여 당신의 몸을 움직여 보라. 그리고 "괜찮아, 너는 안전해. 괜찮아, 너는 안전해."나 이와 비슷한 몇 가지 어구를 반복하는 행동을 추가해 보라(Everstine & Everstine, 1993). 다시 말하지만, 이러한 특수 기법들은 극단적인 상황에서만 사용해야 한다.

적극적 경청 기술

적극적 경청 기술은 위기 개입에 기본이 되는 기법이다. 이 기법은 응급 상황뿐 아니라 임상적 및 법적 장면에서도 효과적으로 두루 적용되는 다목적 의사소통 기술이며, 목소리의 높낮이나 표현 방식에 따라 삶과 죽음이 달라지는 인질 협상 분야에서 특히 잘 발달해 왔다(Call, 2003; Lanceley, 1999; McMains, 2002; McMains & Mullins, 1996; Miller, 2005c, 2006m, 2007b; Noesner, 1999; Noesner & Webster, 1997; Rogan, Donohoe, & Lyles, 1990; Rogan & Hammer, 1995; Slatkin, 1996, 2005). 저자의 경험상, 이 기법들은 혼란스러운 상태에 있는 환자들과의 전화상담이나 사무실에서의 상담 못지않게 현장에서 이루어지는 범죄 피해자 대상 위기 개입에서도 상당히 유용하다. 이런 유형의 개입 전략은 위기 상황에서 피해자를 진정시키고 수사와 임상적 처치를 위해 필요한 정보를 수집하는 것이라는 두 가지 목적을 위해 활용된다.

감정 상태 정의하기

감정 상태 정의하기는 피해자가 자신의 느낌을 명료화하도록 돕는다. 이를 통해 내적 혼란이 감소됨으로써 피해자가 안정될 수 있다. 때로 감정을 명명하는 것만으로도 감정이 이해될 수 있으며 통제력 상실을 줄일 수 있다. 또한 감정에 초점을 맞춤으로써 사건 자체나 미래에 대한 두려움에 대해 토론하느라 지친 당신과 피해자가 휴식할 수 있으며, 동시에 당신이 범죄 관련 정보의 수집만을 원하는 것이 아니라 피해자의 감정에도 관심이 있다는 것을 피해자가 알 수 있게 해 준다.

혼란 상태에 있는 피해자는 자신이 원하는 것이 무엇인지 스스로 알지 못할 수 있다. 이들은 자신의 욕구와 감정을 명료하게 인식하지 못하곤 한다. 이런 경우, 개입 초기에 피해자가 무엇을 생각하고 어떻게 느끼는지를 명료화하는 작업을 해야만 한다. 내용이 아닌 정서에 먼저 반응하라. 즉, 두려움을 의미하는 단어나 이미지가 떠오르지 않도록 하면서 피해자의 정서 상태를 확인하라. 단, 당신이 피해자가 말하고자 하는 것을 무시하거나 불편해한다는 인상을 주지 않도록 주의해야 한다. 당신 자신을 피해자에게 정서적으로 맞춰야 한다는 것, 그리고 피해자에게 전적으로 주의를 기울이고 있음을 알리기 위해 '아하~'와 같은 형태의 감탄사를 사용하거나 계속하라고 격려하는 것이 중요하다. '당신이 말하길……' '당신은 ……처럼 보이네요' '내가 듣기로……' 등과 같은 감정 확인 어구를 활용하라.

피해자: 그놈들이 아직도 여기에 있나요? 그놈들이 아직도 잡히지 않았나요? 그놈들이 나를 찾아낼 거예요. 여기에서 나가지 않으면 우리 모두 죽을 거예요.

대응자: 당신의 말을 들으니 당신은 엄청나게 놀란 것 같아요.

대화 내용 확인하기

대화 내용 확인하기는 피해자가 한 말을 당신의 언어로 바꾸어 표현하는 것을 말한다. 이 전략은 다음과 같은 효과가 있다. 첫째, 피해자의 진술을 당신의 언어로 표현함으로써 피해자에게 '당신이 무엇을 경험했는지 잘 이해하고 있다'는 것을 알릴 수 있게 되어 공감과 라포가 강화된다. 대화 내용 확인하기는 '당신의 말에 진심으로 귀 기울이고 있다'는 점을 피해자에게 전달한다. 둘째, 효과적인 대화 내용 확인하기는 피해자가 말하고자 하는 것이 무엇인지를 명료화해 준다. 감정 상태 정의하기가 감정 분류라면 대화 내용 확인하기는 내용 분류라고 볼 수 있다. 셋째, 대화 내용 확인하기 자체가 피해자를 느긋하게 해 주며 경청을 촉진한다. 당연히 피해자의 방어적인 태도를 줄이고 대화를 촉진해 준다. 마지막으로, 자기가 생각한 것을 누군가가 크게 언어화해 내는 것만으로도 피해자가 자신의 생각을 확인하고 정리하게 돕는 효과가 있다.

대화 내용을 확인할 때는 피해자가 방금 했던 말을 당신 자신의 언어로 요약하라.

피해자: 그놈들이 아직도 여기에 있나요? 그놈들이 아직도 잡히지 않았나요? 그놈들이 나를 찾아낼 거예요. 여기에서 나가지 않으면 우리 모두 죽을 거예요.

대응자: 아직도 자신이 위험한 상태에 있다고 생각하는 것처럼 들리네요.

대응자는 진술을 추가하거나 윤색하지 않도록 주의해야만 한다. 예를 들어, "당신이 온전히 안전하다고 믿을 수 없다는 것을 충분히 이해해요. 우리는 위험한 세상에 살고 있어요. 그래서 많은 사람이 ~을 두려워하죠."라는 반응은 피해자를 더욱 공포스럽게 만들 수 있기 때문에 적절하지 않다. 현장 개입의 주요 목적은 피해자를 진정시키는 것이지 흥분시키는 것이 아님을 기억하라.

피해자에게 자신의 생각과 감정을 확인하도록 요청하는 식으로 대화 내용 확인하기를 구조화하라. 이를 위해 말미에 "맞아요?"라는 식의 어구를 넣는 것이 도움이 된다. 억양에 신경을 써서 끝을 흐리거나 말 끝에 침묵하거나 빈칸을 만들어 피해자가 그곳을 채울 수 있도록 하는 등과 같이 좀 더 미묘한 방법도 있다. 대화 내용 확인하기의 예로는, "당신은 내게 말하길……?" "내가 듣기로 당신은 ……라고 말했어요." "만일 내가 정확히 이해했다면……." "그래서……."

등이 있다.

피해자가 방금 한 말의 의미를 정확히 알 수 없다면 반드시 다시 말해 달라고 요청하라. "Andrew, 내가 제대로 이해하지 못했어요. 다시 한 번만 말해 줄래요? 당신이 내게 한 말을 내가 정확히 이해했는지 확인하고 싶어요."

끝말 따라 하기

끝말 따라 하기는 피해자가 한 말의 마지막 단어나 구 혹은 피해자가 언급했던 중요 단어를 대응자가 반복하는 것을 말한다. 이것은 피해자에게 더 말하라는 무언의 요구를 전달한다. 이 기법은 감정 상태 정의하기나 대화 내용 확인하기와 같은 기법을 바로 활용하기 어려운 경우, 피해자로 하여금 대화 주제에 계속 머물도록 함과 동시에 적절한 대응 방안을 떠올릴 시간을 벌게 해 준다. 초기 개입 시 비직면적이고 비위협적으로 정보를 수집하는 데에 도움이 되며, 초기에 라포를 잘 형성할 수 있도록 해 주기도 한다.

피해자: 그놈들이 아직도 여기에 있나요? 그놈들이 아직도 잡히지 않았나요? 그놈들이 나를 찾아낼 거예요. 여기에서 나가지 않으면 우리 모두 죽을 거예요.

대응자: 우리가 나가야 할까요?

피해자: 예, 그놈이 여전히 나를 공격하려고 주변에서 기다리고 있을 거예요.

대응자: 당신은 그놈이 여전히 여기에 있다고 생각하시는군요, 그렇죠?

최소한의 촉진적 표현

최소한의 촉진적 표현은 대화 중에 누군가에게 주의를 기울이고 있음을 보여 주기 위해 우리 모두가 사용하는 아주 간단한 말을 말한다. 현장에서 이루어지는 범죄 피해자 대상의 위기 개입이라는 맥락에서, 대응자가 피해자의 말을 경청하고 있지만 그 흐름을 방해하지는 않는다는 것을 피해자가 알도록 해 주는 간단한 어구와 질문들이 여기에 포함된다. 이 기술의 목적은 피해자가 이야기를 계속하도록 격려하는 것이다. 예를 들어, "오?" "알아요." "으흠" "언제요?" "그리고?" "정말요?" "당신이요?" "그가 그랬어요?" 등이 있다.

침묵과 멈춤

침묵은 시간을 벌어 주는 것 외에도 전략적으로 사용될 수 있다. 적극적인 대화 중의 침묵은 피해자가 그 틈을 메우도록, 즉 계속 말하도록 촉진한다. 또한 당신이 무언가 중요한 것을 말하고자 할 때 침묵을 사용하면 효과적이다.

> 대응자: 일이 이미 통제할 수 없는 상황에 이르렀다는 것을 나도 알지만, 모든 것이 다 악화된 채로 끝나 버릴 만한 상태는 아니에요. 다 망쳐진 상태로 끝나 버리게 그냥 둘 수는 없잖아요. (잠시 침묵)

피해자가 자신이 한 말의 요점을 스스로 정리하거나 정교화하도록 독려하기 위해서도 침묵이 사용될 수 있다.

> 피해자: 이 일을 긍정적으로 생각하려고 노력 중이지만, 대체 나보고 어쩌라는 거죠?
>
> 대응자: (침묵)
>
> 피해자: 내 생각으로는 당신이 내게 거짓말하는 것 같지는 않아요, 그렇죠? 내 말은, 그게 가장 중요한 점이라는 거죠?

다른 적극적 경청 기술과 마찬가지로, 침묵과 멈춤은 다른 기술들과 섞어서 사용될 수 있으며, 특히 최소한의 격려 기법과 함께 사용될 때 더 효과적일 수 있다. 그러나 너무 잦은 침묵은 피해자로 하여금 자신이 무시당하고 있다거나 잊혀진 존재가 되었다고 생각하도록 만들 수 있으므로 주의해야 한다. 거듭 말하지만, 피해자의 입장에서 상황을 이해하려고 노력하고 그러한 이해를 기반으로 당신의 전략들을 섬세하게 수정해서 적용하라.

'나' 진술

극도의 스트레스하에 있는 사람들은 종종 의심 많고 방어적으로 변하므로, 너무 직접적인 조언은 모욕적이거나 공격적으로 들릴 수 있다. 그런 경우 "아마도 당신은 ……해야만 할 거요."라는 당신의 말이 "똑바로 하세요, 그렇지 않으면……."으로 해석될 수 있다. 특히 '너' 화법은 비난조로 들릴 가능성이 높다. '나' 진술은 대응자의 입장에서 본 피해자의 상태를 피해자에게 전달함으로써 피해자 스스로 자신을 객관적으로 바라볼 실마리를 제공해 줄 수 있다. 일반적으로 피해자들은 호통치듯 명령하는 경찰이나 의사가 아니라 자신을 신선한 피를 가진 인간으로 대해 주는 대응자에게 더 잘 반응한다. 나 진술의 기본 모형은 "……때문에, 나는 당신이 ……할 때 ……하게 느껴요."다.

이 기법은 강렬해진 정서 상태를 진정시키는 데에 도움이 되며 위기 중에 피해자를 재초점화하는 것을 돕는다.

피해자: 내게 신경 쓰지 마세요. 당신이 원하는 것이라고는 사건 해결을 위한 그놈의 정보를 얻는 것뿐이잖아요. 당신은 여기에 있던 다른 경찰들과 똑같은 놈이에요. 당신들 모두가 똑같아요.

대응자: 당신이 그렇게 소리지르면 내가 우리가 대화하던 주제에 집중하는 것이 어려워져요.

혹은

대응자: 다른 사람에 대해서는 잘 모르겠지만, 나는 당신이 말하는 것을 듣고 싶을 뿐이에요.

개방형 질문

이 기법은 경찰 조사와 심문에서부터 범죄 피해자의 자살 방지와 현장 개입에 이르기까지 수사 및 임상적 작업에서 광범위하게 활용되고 있다. 개방형 질문에서 대응자는 '예-아니요'로 간단하게 대답할 수 없는 질문을 한다. 이 전략은 정해진 방향 없이 자유롭게 더 말하도록 피해자를 촉진한다. 이 기술은 최소한의 격려, 끝말 따라 하기 그리고 침묵 같은 다른 종류의 적극적 경청 기법과 함께 사용된다. 개방형 질문은 폐쇄형 질문과 함께 사용되기도 한다.

피해자: 내가 이 일을 결코 극복할 수 없다는 걸 알아요. 이제 삶 전체가 망가져 버렸어요.

대응자: 어떻게요?

피해자: '어떻게'라니 무슨 말이에요? 모든 것이 망가졌다고요. 결코 이전으로 돌아갈 수 없어요. 모든 게 맛이 가 버렸어요.

대응자: 나는 정말로 당신을 이해하고 싶어요. 당신이 하고자 하는 말이 무엇인지 전부 말해 주세요.

결 론

이 책에서 소개한 치료적 개입 전략들이 (임상 실제에서는 늘 그렇듯이) 위기 개입 전략인지 장기적인 개입 전략인지 명백히 구분하는 것은 쉽지 않은 일이다. 임상적 요구에 따라 특정 전략이 사용되었다가 다른 전략으로 바뀌며, 그러다가 다시 이전의 전략으로 되돌아가는 등 순환적인 양상을 보일 수도 있다. 중요한 것은 상담자가 피해자를 위해 포괄적이고 융통성 있으며 빠르게 개입할 수 있으려면, 가능한 한 다양한 개입 전략을 익히고 있어야만 한다는 점이다.

증상 관리와 단기적 정신건강 안정화

임상가들은 종종 '위기 개입의 끝은 언제이며 진정한 심리치료가 시작되는 시기는 언제인가?'를 궁금해한다. 그러나 앞서 살펴본 바와 같이 단기치료와 장기치료의 경계는 유동적이다. 소위 피상적이라고 하는 치료와 심층치료 간의 경계 역시 유동적이다. 이 경계는 환자에 따라 크게 달라진다. 예를 들어, 각성 수준의 감소를 위해 단순한 행동 처치를 활용하여 성폭력 피해자가 자신의 신체 반응에 대한 통제감을 회복하도록 돕는 것이 진정한 자기 모습을 깨닫게 해 줄 수 있는가? 그리고 당장의 안전감 회복을 넘어 적응적 통찰력을 가질 수 있도록 돕기 위해 외상 사건에 대한 환자의 반응이 어떤 것에 기인하는지, 그 뿌리에 대한 정신분석적 탐색을 하는 것이 시간 낭비인가? 늘 그렇듯 이러한 경계를 구분 짓기 위한 단서는 환자가 가지고 있다. 다양한 문제를 다룰 수 있기 위해 당신이 해야 할 일은 당신이 가지고 있는 치료적 도구상자에 다양한 도구를 부지런히 채워 넣는 것이다.

교육 및 지지 방법

의료 전문가들은 신체적 상해를 매우 진지하게 생각한다. 당신이 병원 응급실이나 사고 현장 혹은 보건실에서 상처를 치료받은 적이 있다면, 평소라면 아마 소독약을 바르고 밴드를 붙이지 않았을 법한 정도의 찰과상도 의료진이 진지하게 치료한다는 인상을 받아 보았을 것이다. 의료 환경에서는 작은 열상이나 찰과상도 마치 전쟁 중의 상처라도 되는 듯이 세척되고 붕대에 감긴다. 물론 과소 치료보다는 과잉 치료가 더 나을 수 있다.

그러나 의료 전문가들은 매우 심각한 수준의 심리적 상처조차 종종 인식하지 못하거나 간과하곤 한다. 이는 의료 전문가들이 심리치료 관련 훈련을 받지 못했기 때문이다. 이런 상황이 그들을 무능하고 무식한 사람이라고 느끼게 만들기 때문에 의료 전문가들은 바보처럼 보이느니 차라리 심리적 외상 징후들을 무시하고 신체적인 것에만 집중한다. 뿐만 아니라 많은 의료 전문가는 상처 입은 환자의 신체를 정성스럽게 치료하는 것이 심리적 장애를 보상해 준다고 생각한다(하지만 이상하게도 손거스러미 드레싱이 신체장애를 보상해 준다고는 생각하지 않는다). 그러나 1장과 8장에서 논의한 바와 같이, 적절한 시기에 적절한 치료를 받지 못하는 것은 이후의 심리장애를 견고히 하며 회복을 방해할 뿐이다.

그러므로 효과적인 임상적 개입의 첫 단계는 피해자의 당연한 권리라는 견지에서 범죄 피해자의 외상 후 스트레스 증상을 치료하는 것이다. 실제로 신체적 혹은 심리적 외상 사건 피해자를 위해 사건 직후 일주일에서 수개월 이내에 집중적이고 적절한 치료적 서비스를 제공하는 경우 모든 종류의 외상적 장애 증후군의 예후가 좋아진다는 연구와 임상적 보고들이 존재한다(Miller, 1998h). 따라서 환자가 영구적 장애를 끌어안고 끙끙거리며 힘겹게 살지 않도록 돕기 위한 세심한 임상적 관심과 주의가 필요하다. 적정 기간 내에 환자가 회복할 수 있도록 돕는 것이 끈질긴 외상적 장애의 발달을 막아 줄 수 있다(Modlin, 1983).

외상화된 범죄 피해자를 위한 초기 접근은 두 가닥으로 정리할 수 있다. 첫째, 치료자는 피해자가 '아하, 그랬구나' 하는 느낌을 가질 수 있도록 피해자에게 외상 후에 나타날 수 있는 일반적인 증상들을 설명한다. 그런 다음 치료자는 스트레스 반응의 발현이 보편적이고 정상임을 강조해 줌으로써 이러한 이해를 강화시킨다. 명시적으로든 암묵적으로든, 이런 과정이 치료 회기 내에서 반복된다. 환자가 이러한 심리학적 설명을 완벽하게 이해하지는 못하더라도, 이 과정은 피해자가 무엇을 경험했는지 치료자가 이해할 수 있도록 해 주며 자신의 환자가 공식 진단명을 부여할 정도의 임상적 증상을 가지고 있는지, 그리고 그 증상의 치유를 위해 자신이 해야 할 것이 무엇인지 알 수 있게 해 준다.

치료자들은 치료하는 것을 좋아하므로, 가끔은 환자들에게 구체적이며 실질적인 도움을 제공하는 것이 자신의 임상적 업무가 아니라고 느끼기도 한다. 그러나 이러한 지원의 중요성은 아무리 높게 평가해도 과하지 않다(Brom & Kleber, 1989; Werman, 1984). 이런 식의 실무에는 형사사법 기관이나 법적 및 사회적 서비스를 제공하는 기관에 피해자를 의뢰하는 것이 포함된다. 처음에는 환자들이 이러한 권유를 거절할 수 있으며, 만일 임상적으로나 법적으로 필요하지 않은 경우라면 치료자도 그것을 강요할 필요가 없다. 그래야 피해자에게 현실적인 안전감을 계속 제공하면서 피해자가 약간의 자율감과 더불어 자신에게 일어나는 일들을 통제할 수 있다는 느낌을 줄 수 있다(Matsakis, 1994). 그러나 치료 과정에서 피해자가 자신의 이익을 위해 현실적인 노력을 기울이도록 정기적으로 점잖게 격려할 필요는 있다.

급성 외상기에 있는 환자는 극심한 각성 상태를 보인다. 따라서 초기 단계에서 치료자는 적응적이고 현실 지향적인 방법으로 범죄 피해자의 경험에 구조를 제공해 주어야 한다. 환자가 표현하는 정서를 명명해 주는 것이 이러한 작업에 도움이 될 수 있다. 이 단계에서는 정서에 대한 강렬한 토론이 오히려 환자의 혼란을 가중시키고 위기감을 고조시킬 수 있으므로 환자가 자신의 느낌을 좀 더 깊이 탐색할 수 있도록 독려하는 것이 좋다. 시간이 흘러 환자가 안전과 통제감을 조금씩 회복하기 시작하면 이런 식의 구조화 작업은 상대적으로 덜 필요해진다. 이 무렵이 되면 치료자는 환자에게 좀 더 깊이 있는 탐색 질문과 현실 검증을 위한 도전적인 접근을 적용할 수 있게 된다. 물론 이러한 작업은 이해와 신뢰를 기본으로 한 치료적 관계를 기반으로 해야 한다(Brom & Kleber, 1989; Everstine & Everstine, 1993; Hamblen, Gibson, Mueser, & Norris, 2006; Rudofossi, 2007; Shalev, Galai, & Eth, 1993).

Gard와 Ruzek(2006)는 지역사회 재난 피해자들을 위한 심리학적 초기 개입의 여덟 가지 중요 활동과 목표를 제안한 바 있는데, 범죄 피해자에게도 동일하게 적용될 수 있으므로 이를 소개하자면 다음과 같다.

① 접촉　인간으로서 할 수 있는 만큼 최대한 범죄 피해자에게 반응할 준비를 하라. 피해자가 누구와도 접촉하기를 원치 않는다면 비침입적이고 연민 어리며 도움되는 방식으로 초기 접촉을 시도해야 한다. 사생활이 존중받기를 원하는 피해자를 위해 이러한 접촉은 적절한 장소에서 이루어져야 한다. 초기 접촉을 언제 어떻게 할지를 피해자 스스로 결정하도록 허용하는 것 또한 피해자로 하여금 자신이 권한을 가지고 있다는 느낌을 경험하도록 도울 수 있다.

② 안전과 편안함　즉각적이고 지속적으로 안전감과 정서적 지지를 제공하라. 치료적 만남이 이루어지는 장소가 일종의 안전 요새가 되도록 하라. 많은 범죄 피해자는 '치료자가 단지 방에 들어오는 것'만으로도 마음이 한결 좋아졌다고 말한다.

③ 안정화　혼란스럽고 압도된 듯한 상태에 있는 범죄 피해자를 진정시킴과 동시에 교정적 정서 체험에 초점을 맞추라. 이를 위해 당신의 말과 행동, 목소리 톤 그리고 신체 언어를 활용하라. 당신이 환자의 정서적 독소를 빨아들여 중성화할 수 있음을 환자에게 보여 주라(McCann & Pearlman, 1990).

④ 정보 수집하기　피해자가 당장 필요로 하는 것, 관심 두고 있는 것 등을 확인하면서 추가 정보를 수집하라. 가장 우선적인 심리학적 개입은 피해자가 당장 원하는 것을 얻도록 돕는 것이다.

⑤ 실질적 조력　피해자의 안전, 주거, 금전, 의료적 돌봄, 법적 조력 등과 관련한 욕구를 확인하여 적절한 실질적 도움을 제공하라.

⑥ 사회적 지지 연계　고립은 피해자를 힘 빠지게 만들고 심신을 무력화한다. 회피 대응 기제는 외상 후 정신병리의 위험 요소다(Bowman, 1997; Harvey & Bryant, 1998; Hobfoll, 1989; McFarlane, 1988a, 1988b). 그러므로 초기부터 범죄 피해자를 돕고 있는 가장 중요한 피해자 측 지지자(가족, 친구, 지역사회 자원자 등)와의 접촉을 유지하라. 이런 사람들과 접속하는 방법을 피해자에게

보여 줌으로써 피해자가 이들을 지지적인 대상으로 경험할 수 있도록 하되, 압도되지 않도록 주의해야 한다. 만일 피해자가 압도감을 느껴 일시적으로 관계에서 철수됨으로써 대인 간 상호작용의 균형을 맞추고자 한다면, 그러한 피해자의 욕구도 존중해야 한다(Litz et al., 2002).

⑦ **대응에 필요한 정보 제공** 무시는 해롭다. 피해자가 사건과 사건의 결과를 다루는 데 도움이 되도록 스트레스 반응 및 대응 전략과 관련된 확실한 정보들을 제공하라. 피해자가 이해하기 쉽고 위협적으로 느끼지 않을 만하면서도 정확하고 권위 있는 정보를 제공하는 책이나 CD, DVD, 인터넷 사이트 및 그 외 다양한 형태의 자료가 활용될 수 있다.

⑧ **협력적 서비스 연계** 생존자들을 서비스와 연결하라. 그리고 앞으로 필요해질 수 있는 서비스 관련 정보도 함께 제공하라.

외상 후 증상 치료하기

PTSD의 놀람, 혼란감 및 그 밖의 증후군(2, 3장)들이 많은 피해자를 무력화시킨다. 이런 피해자에게 혼란을 극복하고 통제감을 획득하게 하는 것은 그들이 회복 가능하다고 믿을 수 있게 하는 것에서 시작된다. 피상적인 수준의 증상 관리 기법마저도 자기확신감과 안정성이 확보된 이후에 시도하는 것이 좋다. 많은 경우 자기확신감과 침착함의 증가는 증상 통제를 향한 작은 발걸음을 시작하도록 해 주며 더 큰 자기확신감과 숙달감을 획득할 수 있도록 해 준다. 환자들은 증상이 조절될 수 있고 통제 가능해지기는 하지만 완벽하게 사라지지는 않으며 의식의 (전경이 아닌) 배경이 되어 가끔씩 생각나면 가슴 아픈 정신적 파편으로 남겨진다는 것을 이해하게 된다(Everstine & Everstine, 1993; Matsakis, 1994; Miller, 1994b, 1998h).

다음 절에서는 저자가 다양한 실무 경험을 통해 범죄 피해자, 사고 피해자, 형사사법 처리 과정에서 받은 스트레스의 처리, 군사심리학, 스포츠 심리학 영역에서 폭넓게 활용될 수 있음을 확인한 다양한 증상 통제 기법(Miller, 1989a, 1989b, 1994a, 2006a, 2006m, 2007m)을 소개하도록 하겠다. 이 장에 제시할 기법들은 환자의 성격이나 생활 경험을 고려하여 융통성 있게 적용되어야 한다. 어떤 기법들은 다른 사람들보다 특정 환자에게 유독 효과적일 수 있으며, 같은 사람이라도 치료 단계별로 서로 다른 기법들이 효과적이기도 하다. 거듭 말하지만, 이 기술들은 융통성 있고 선험적이며 임상적인 정보를 토대로 신중하게 개별 범죄 피해자를 위한 치료적 개입에 활용되어야 한다.

각성 증상의 조절

2장에서 보았듯이 외상화된 범죄 피해자들은 사건 후 자신의 신체적 및 정서적 각성 수준을 통제하지 못하게 되며, 불안정해진 환자들은 자신이 스트레스 상황을 통제할 수 없을지도 모른다는 두려움 때문에 다양한 상황을 회피하곤 한다.

최적의 각성 수준

각성 그 자체는 좋지도 나쁘지도 않다. 그리고 모든 심리 상태가 그러하듯이, 주어진 과제를 적응적으로 수행하기 위해서는 각성 수준이 적정하게 유지되어야 한다. 각성은 연속적인 개념으로 생각될 수 있다. 일상적인 상태든 위급한 상황이든, 최적의 각성 상태는 적당한 활동을 위한 열정을 돋우기는 하나 과제 수행에 방해나 지연을 유발시키지는 않는 수준이라고 볼 수 있다.

최상의 과제 수행을 위해서라면 너무 낮은 각성 수준은 주의 집중을 저하시킴으로써 마치 지루한 수업 내내 의자에 앉아서 강사가 웅웅거리며 단조롭게 떠드는 소리를 알아들으려고 노력하는 것처럼 집중 곤란과 효율성 저하를 초래한다. 반면에 너무 높은 각성 수준은 아드레날린을 과분비시킴으로써 정신을 산만하게 하고 전전긍긍하게 만들며 마치 준비 없이 갑작스럽게 책상에 던져진 기말 시험지를 풀어야 할 때처럼 과제를 효과적으로 완성하지 못하게 만든다. 심리학자들은 각성 수준이 너무 낮으면 업무 효율성이 낮아지고 너무 높으면 브레이크가 고장난다는 유명한 Yerkes-Dodson 법칙 혹은 거꾸로 된 U자형 그래프로 각성과 집중 간의 관계를 설명한다. 범죄와 같은 외상적 사건 후, 이 곡선은 극단적인 각성 수준 쪽으로 이동하며 피해자는 더 이상 스스로를 진정시킬 수 없게 된다.

따라서 각성 수준 통제 훈련은 더 없이 행복한 휴식도 아니고 그렇다고 해서 눈이 휘둥그래질 정도의 공황 상태도 아닌, 주어진 과제의 수행이나 상황 처리에 적합한 최적의 각성 수준optimum arousal level: OAL을 되찾도록 돕기 위해 고군분투하는 과정이다. 어떤 환경에서는 위협이나 도전을 다루기 위해 각성 수준을 증가시켜야 하지만, 다른 경우에는 외부 자극이 일상의 활동들을 방해하지 않도록 자신을 진정시켜야 할 필요가 있다. 운동선수, 군인, 행위 예술가, 그 밖에 한 순간에 최대의 능력을 발휘해야만 하는 영역에서 일하는 모든 사람은 특정 상황에서 최적의 각성 수준을 유지할 수 있도록 특수 훈련을 받는다(Asken, 1993; Doss, 2007; Flin, 1996; Hays & Brown, 2004; Klein, 1996; Rodgers, 2006). 일반적으로, 외상 후 스트레스 증상과 투쟁 중인 범죄 피해자가 편안한 수준으로 각성을 유지하도록 돕는 것은 다른 도전적 쟁점들을 다루기 위한 전제조건이 된다.

이완 기법

점진적 근육이완 기법(Jacobson, 1938)은 반세기 이상 스트레스 관리의 표준적인 처방전이었다. 이 기법은 우리를 불편하게 만드는 각성 수준의 증가가 근육이나 다른 신체 부위의 긴장으로 드러난다는 이론에 근거한다. 그러므로 점진적 이완 훈련은 한 번에 하나의 근육이나 신체 영역에 초점을 맞추어 피험자의 모든 주요 근육이 이완될 때까지 긴장-이완 절차를 시행한다. 전형적으로, 느리고 꾸준한 복식호흡(얕은 가슴호흡의 반대인 깊은 복식호흡)과 심리신체적 안정 상태를 유도하는 데에 도움이 되는 하나 이상의 정신적 단서나 상상 기법(다음을 보시오)이 활용된다.

어느 기법이든, 이완의 성공적 촉진은 기법의 자동성과 간편함에 달렸다. 즉, 자연 환경에서 환자의 각성 수준을 효과적으로 낮춰 주기 위해서는 이완 기술들이 적대적 환경하에서도 빠르게 적용될 수 있을 정도로 간편해야만 한다. 따라서 이완 기법들은 치료자의 사무실에서 치료자의 육성이나 녹음된 음성을 사용할 때만큼이나 다양한 환경에서 자유롭게 조용히 활용할 수 있는 것이 가장 중요하다. 다양한 환경과 조건에서 지속적으로 연습하는 과정에서 외상화된 범죄 피해자는 치료자나 녹음된 음성의 도움 없이 긴장-이완 과정 전체를 모두 밟지 않고서도 필요한 순간에 빠르게 자가유도된 이완 상태를 만들 수 있게 된다. 예를 들어, 출근 길 버스나 전철 혹은 사무실에서 긴장 수준이 고조될 경우 버스 뒤켠이나 사무실 의자에 앉아서 빠르고 눈에 띄지 않는 방식으로 자신을 이완시킬 수 있게 된다.

단서화된 이완

점진적 이완 절차가 충분히 훈련되어 숙달되면 다양한 즉석 이완 기법 혹은 단서화된 이완 기법을 사용할 수 있게 된다. 즉, 자발적으로 근육 긴장을 줄이고 고요하게 숨을 고른 뒤 단서 단어를 사용함으로써 자신의 신체적 각성을 즉각 낮추는 것을 학습한다. 단서 단어나 단서 어구는 영적인 것('신이 나와 함께하신다' '옴')에서부터 일상적인 것('긴장 풀어' '좋아, 잘했어')에 이르기까지 다양하며, 내담자가 온전히 이완될 수 있게 하는 데에 도움이 될 수 있도록 훈련 과정에서 이완 상태와 이 단어들을 짝지어 제시한다. 나중에는 내담자가 이완을 위해 자신의 신체에게 스스로 신호 주기를 할 수 있게 된다.

비슷하게, 단서 이미지는 초기부터 이완 반응과 짝지어짐으로써 나중에 내담자를 진정시키는 효과를 유발해 주는 정신적 장면을 말한다. 환자가 자신을 위해 가장 잘 작업할 수 있는 방식이나 기술을 선택하라. 핵심은 환자가 처한 상황에 알맞게 각성 수준을 빠르고 자연스럽게 낮춰 줄 수 있는 단서를 선택하는 것이다 (Hays & Brown, 2004; Miller, 1994a, 2007m).

집중하기

집중하기(Asken, 1993)는 동양의 명상 기법을 응용하여 단서 이미지와 복식호흡을 혼합해서 개발한 기법이다. 지시문은 다음과 같다.

> 천천히, 깊이 복식호흡을 하는 것으로 시작합니다. 숨을 내쉬면서 천천히 눈을 감으세요(눈을 뜨고 있는 것이 좀 더 편하다면 그렇게 하셔도 됩니다). 그리고

당신의 아랫배나 벽에 가상의 반점이 있다고 생각하고 그것에 의식을 집중하세요. 좀 더 안정되었다고 느낄 때까지 이 과정을 반복하세요.

마음챙김

어떤 사람에게는 이완을 위한 노력이 모순되기도 한다. 즉, 이완해야 한다고 생각하면 할수록 긴장되는 사람들이 있다. 이런 경우에는 이완하게 만드는 것이 아니라 '그냥 내버려 두기'를 배워야 할 필요가 있다.

마음챙김 훈련(Kabat-Zinn, 1994, 2003; Marra, 2005)에서는 이완하려고 노력하는 것이 아니라 환경에 대해 느껴지는 감각이나 떠오르는 이미지를 그냥 내버려 둔다. 이처럼 처리를 요구하지 않음으로써 긍정적 부작용인 이완 상태가 유도된다. 이 기술은 이완 기술이 효과적이지 않을 것으로 예상되는 범죄 피해자들에게 유용할 수 있다. 마음챙김 훈련은 요구나 지시가 거의 없기 때문에 치료적 관여를 허락하도록 도와주며 치료라는 견지에서 바람직한 방향으로 조금씩 진전할 수 있도록 해 준다.

외부 단서

각성 수준을 낮추는 데에 유용한 외적 단서나 자극들을 말한다. 초조하지 않은 진정 상태가 되는데 도움이 되는 사람이나 그러한 상황에서 시간을 보내도록 환자를 격려하는 기법들을 선택적으로 결합시키는 것도 여기에 포함된다. 집중하기와 부드러운 음악을 연합한 뒤 해변에서 조용히 걷는 동안 단서화된 자기통제 이미지를 떠올리도록 하는 것처럼, 특정 환자를 위해 내적 및 외적인 각성 통제 기법들을 적당히 연합하면 각 기법의 시너지 효과가 커질 수 있다. 실제로 최근에는 다양한 자연주의적 전략이 활발하게 연구와 실무에 적용되고 있으며 그 결과 구조화된 호흡 훈련이나 근육이완 기술에만 지나치게 의존하는 현상이 줄어들고 있는 추세다(Huppert & Baker-Morissette, 2003; Marra, 2005; Miller, 1994a; Schmid et al., 2000).

다감각 심상형성

상이한 정신 상태나 존재 상태에 자신을 정신적으로 투사하기 위해 심상형성을 사용하는 기술은 스포츠와 예술 분야에서 기술을 향상시키기 위해(Hays & Brown, 2004), 그리고 법관들의 스트레스 관리 능력을 개선시키기 위해(Doss, 2006, 2007; Miller, 2006m, 2007m) 활용되어 온 유서 깊은 심리학적 기술이다. 저자의 경험상 외상화된 범죄 피해자가 자신의 심리신체적 반응을 더욱 잘 통제할 수 있도록 돕기 위해서도 이와 동일한 원리를 적용할 수 있다.

심상형성 훈련은 간혹 시각화 훈련(Olsen, 1998)이라고도 불리지만, 저자는 이 훈련이 시각뿐 아니라 모든 형태의 감각 이미지를 포함할 수 있으므로 심상형성이라는 용어가 더 적합하다는 여러 권위자(Asken, 1993; Hays & Brown, 2004)의 의견에 동의한다. 다른 기법과 마찬가지로, 심상형성이 효과를 발휘하기 위해서는 가능한 실제 사건과 근접한 심상을 만들어 내도록 훈련함으로써 범죄 피해자가 숙달감을 획득할 수 있게 해 주어야 한다. 예를 들어, 사무실이 위치해 있는 건물의 주차장에서 차량탈취 범죄 피해를 당한 사업가는 끝판에는 두려움이나 공황 증상 없이 자신의 차 안과 밖에 머무르고 있는 자신의 이미지를 심상화할 수 있어야 한다.

저자는 '상상하다imagine' 대신 '떠올리다image'를 동사로 선택하였는데, 이는 전자가 종종 공상이나 백일몽을 내포하는 단어로 사용되곤 하기 때문이다(예: "당신이 해변가 모래 위에 서 있는 장면을 상상하세요."). 이 장에서 언급하고 있는 심상형성 훈련은 (상상이 아닌) 현실에 근거한다. 종류를 불문하고, 범죄 피해자에게 범죄 사건은 이미 발생한 '현실'이다. 심상형성이라는 단어가 백일몽에 내포된 넋 나간 듯한 몰두나 집중을 의미하는 것처럼 오해될 수 있는데, 이 둘은 명백한 차이가 있으며 백일몽에서는 꿈이 꿈꾸는 사람을 이끈다. 심상형성과 달리, 꿈속에서 우리는 자신의 마음과 상관없이 꿈 이야기를 '수동적으로' 경험하게 된다.

그러나 외상화된 범죄 피해자에게 외상과 관련된 침입적 심상은 고약한 백일몽의 일부라고 할 수 있다. 해로운 이 이미지는 피해자의 주의를 포획한 뒤 결코 놓아주려 들지 않는다. 따라서 침입적 심상에 대응할 만한 치유적 이미지를 떠올리는 것은 많은 의지를 요한다. 피해자는 숙달감과 권능감을 회복하기 위해 해로운 생각과 감정의 썰물로 되돌아가는 각고의 노력을 해야만 한다.

시각-운동 행동 리허설

시각-운동 행동 리허설visual-motor behavior rehearsal: VMBR은 Suinn(1972, 1984, 1985)이 스포츠 심리학 분야에서 개발한 이래로 Asken(1993)이 응급 서비스 제공자들의 훈련을 위해 응용한 바 있는 기법으로, 정신적인 리허설과 수행을 극대화하기 위해 다감각적 심상형성에 이완 훈련을 혼합한 것이다. VMBR은 정신적 심상형성 기법을 확장해서 현실에서 얻은 피드백과 정신적 심상을 만들어 내는 내적 활동을 조합한 기법이다(Lane, 1980). 이 기법은 다양한 스포츠 영역에서 기술 향상을 위해 활용되어 왔으며(Behncke, 2006), 외상화된 범죄 피해자가 두려워서 회피하는 상황에 대해 숙달감을 가질 수 있도록 할 때에도 유용하게 쓰일 수 있다.

VMBR은 3단계 훈련 과정으로 구성된다. 첫 번째 단계는 정신적 심상형성이 용이하도록 각성 수준을 적정하게 만드는 것이다. 다음에 설명한 이완 및 각성 통제 기법이 이 단계에서 활용된다.

"첫 번째 단계에서는," Sam이 말했다. "매번 그 쇼핑몰로 돌아가는 것 같았고 그럴 때면 땀을 비 오듯 흘리고 구역질이 나서 자주 토하곤 했죠. 호흡이 엄청나게 빨라졌고 곧 죽을 것만 같은 느낌이 들었어요. 치료자는 이럴 때 내 자신을 진정시킬 수 있도록 근육이완 기법과 호흡 기법을 알려 주었어요. 그 기법들을 제법 잘 이용하게 되자 치료자는 머릿속에서 점진적으로 쇼핑몰에 들어가도록 나를 훈련시켰어요. 처음에는 멀리서 쇼핑몰을 바라보는 수준이었지만 나중에는 마치 그곳에 서 있는 것처럼 생생한 이미지를 만들게 되었죠."

두 번째 단계는 다양한 이미지화 기법을 활용해서 시각화 작업을 함으로써 심리내적으로 리허설을 할 수 있도록 한다.

> "우리는 천천히 시작했어요. 처음에는 마치 마음대로 확대 · 축소가 가능한 컴퓨터 항공지도 중 하나처럼 먼 거리에서 쇼핑몰을 시각화했어요. 매 회기에 조금씩 거리를 좁혀 갔고, 그럴 때마다 마치 쇼핑몰에 되돌아간 것 같은 불안을 느꼈어요. 그래서 불안을 다루기 위한 이완 훈련을 계속했고 점차 그 효과가 나타나기 시작했죠. 가끔 너무 빨리 다가가는 바람에 한두 프레임 뒷걸음쳐야 했어요. 하지만 결국은 마치 내가 쇼핑몰 안에 있는 것 같은 이미지를 만들 수 있었어요. 공황 상태에 놓이는 느낌 없이도 주변에서 나는 소리, 심지어 음식 코너에서 나는 음식 냄새를 맡을 수 있었죠.

세 번째 단계는 현실에서 습득한 기술들을 적용하는 것이다. 이 단계에서는 시각화 연습과 현실 생활의 연결 고리가 강화된다. VMBR은 환자가 사건 장면으로 돌아갈 때 즉시 숙달된 심상을 적용할 수 있게 해 준다. 훈련 과정에서 이런 과정을 반복하는 것이 정신적 심상형성 연습과 실생활에서의 훈련 간 피드백의 고리를 강화해 준다. 실생활 기술과 심상형성 과정을 조정하는 과정은 병렬적이고 동시적으로 이루어진다. VMBR은 훈련 중에 정신적 심상과 현실적 수행 간의 연결 고리를 긴밀하게 유지함으로써 개인이 이 두 과정을 미세 조정할 수 있게 되며 결과적으로 수행이 전반적으로 향상될 수 있다는 논리에 근거한다(Lane, 1980; Behncke, 2006).

> "자, 이제 실제로 그 쇼핑몰에 가 봐야 하는 중요한 시간이 되었어요. 분명한 것은 심상 속에서 지도를 활용했을 때처럼 확대나 축소가 불가능하다는 거예요. 나는 한 발짝씩 천천히 쇼핑몰에 다가갔어요. 구역질을 할 것 같아져서 바로 차 안에 들어가서 이완과 심상형성 훈련을 했어요. 점차 주차를 할 수 있게 되었고 광장에도 들어갈 수 있게 되었죠. 그러던 어느 날 나는 드디어 그 몰에 서 있었어요. 아직도 폭행당했던 그 장소에 가는 것은 피하고 있지만 최소한 크리스마스 때에는 거기서 쇼핑할 수 있었어요."

범죄 피해자들은 '만약에 ……했더라면 어땠을까'는 식의 끊임없는 반추에 사로잡힌 자신을 종종 발견한다: "만일 엘리베이터 대신에 계단을 이용했더라면 어땠을까?" "만일 차문이 잠겼는지 확인했다면 어땠을까?" "만일 한산한 곳을 거쳐야 하는 지름길 말고 조금 돌아가지만 늘 다니던 안전한 길로 갔다면 어땠을까?" 2장에서 지적한 바 있듯이, 범죄 피해자들은 사람들이 분명 피해자 자신의 잘못이 아니라고 지적해 줄 때조차도 종종 스스로를 비난하곤 한다. 이는 "이번에는 내가 뭔가 잘못해서 사고를 피할 수 없었지만, 다음번에는 실수 없이 잘 해낼 거고 그러면 이런 나쁜 일은 두 번 다시 일어나지 않을 거야."라고 생각하는 것과 같이, 자기비난이 앞으로 발생할 가능성이 있는 또 다른 사건의 통제권이 자신에게 있다고 생각하도록 허용하기 때문이다. 그러므로 환자의 논리에 호소하는 것은 단지 이러한 신념을 논박하는 것밖에 되지 않는다. 하지만 정신적으로 테이프를 되감은 뒤 VMBR 기법을 통해 '더 나은' 다음 기회를 만들기 위한 실질적 전략을 개발하는 것은 자기효용성의 증가를 이끌어 낼 만한 힘 있는 훈련이 될 수 있다. 환자는 자신에게 "경험을 통해 배웠으며 미래에는 나 자신을 보호할 수 있을 거야."라고 말할 수 있게 될 것이다.

이와 같은 내적 오류 정정 연습을 위해 처음에는 환자로 하여금 범죄 피해 중의 자신으로 돌아가서 당시의 경험을 정신적으로 재연하도록 한다. 물론 이런 과정으로 인해 재외상화되지 않도록 사전에 충분한 둔감화 작업이 이루어져야만 한다. 그다음에는 환자에게 사건 테이프를 정신적으로 되감은 뒤 지금 가지고 있는 부가적인 자료들과 통찰에 따라 행동하고 있는 자신을 마음속에서 그려 보라고 요청한다. 환자로 하여금 그 상황의 시작 시점으로 되돌아가서 그것에 정신적으로 대응하고 있는 자신을 떠올리라고 한다. 환자에게 빠르게 되감기를 해서 사건의 각 발생 단계마다 성공적으로 대응하는 장면을 마음속에서 떠올리면서 권능감과 확신감을 이미지화하도록 한다. 그런 다음 각 단계를 이어 붙이도록 하며, 이것이 자연스럽고 억지스럽지 않은 느낌이 들 때까지 시간 순서에 맞게 시나리오를 정신적으로 재연하도록 한다.

"나를 여전히 괴롭히는 한 가지는," Sam이 계속 말했다. "내가 어떻게 대응하는 것이 좋은지를 아는 것만으로 미래에 이런 일이 다시 일어나지 않을 수 있느냐 하는 거예요. 치료 과정에서 우리는 내가 과거에 쇼핑몰에 있는 영화관에서 그 고약한 놈들이 뛰쳐나오는 것을 막을 수 있었을 모든 방법에 대해 논리적으로 토의했어요. 그리고 치료자는 그 몰에 내가 있는 모습을 이미지화하도록 한 뒤 이완 기법을 사용해서 긴장을 풀어 보라고 했어요. 그리고 마음속으로 그 영화관을 거치지 않고 다른 길을 이용해서 주차장에 이르는 장면을 떠올리도록 했고요. 그러던 어느 날 나는 정말로 그곳으로 돌아가서 치료자가 시키는 대로 할 수 있게 되었어요. 물론 절대로 나쁜 일이 생기지 않을 것이라고 장담할 수는 없을 거예요. 하지만 지금 나는 최소한 그중 어떤 것들은 피해 가는 것이 가능하다는 확신감을 가지게 되었어요."

사고와 언어 사용하기

인류는 생각하고, 숙고하며, 계획하고, 예견하고, 생각을 구어와 문어 형태로 전달할 수 있기 때문에 여러 창조물 중에서도 특유한 존재다. 2장에 나왔던 Peter Rabbit과 달리, 우리는 우리의 생각과 감정에 대해 타인과 소통할 수 있으며, 무엇보다 우리 자신의 생각과 느낌을 설명할 수 있다. 사고와 언어는 순환적이고 상호 강화적이다. 우리의 언어는 우리가 전달하고자 하는 것을 표현하며, 종종 이러한 언어화로 인해 애초에 가지고 있던 생각과 느낌이 강화되곤 한다.

긍정적인 면에서 합리적 사고와 언어는 우리로 하여금 결과를 예측하도록 해 줌으로써 위험을 피하게 해 주며 더 깊은 자기통찰과 자기이해를 위해 자신의 사고와 느낌 그리고 행동을 분석할 수 있도록 해 준다. 하지만 부정적인 면에서 우리는 자신을 망상적 사고와 체념으로 몰아넣을 법한 방식으로 쉽게 생각하고 쉽게 말할 수 있다. 사실 사고와 언어 사용은 개인마다 차이가 있으며 이것이 다른 사람으로부터 특정 개인을 구분해 주는 인지 양식과 성격을 구성하는 요소가 된다(Miller, 1990). 이 절의 목적은 범죄 피해자가 외상적 사건에 대한 숙달감을 가지도록 돕고 자신의 열성을 다해 인지적으로 처리할 수 있도록 촉진하는 데에 도움이 되는 다양한 인지적 기법을 소개하는 것이다.

사고 중지

가끔은 생각을 중단시킨 뒤 의식으로부터 그것을 추방하는 것이 역기능적 사고나 고통스러운 내적 대화를 다루는 최선의 방법일 때가 있다. 모든 사람이 자신을 고통에 빠뜨리는 해로운 내적 대화를 경험한 적이 있을 것이다. 부정적이고 자기패배적인 자기진술과 사고가 개인의 정신과 적응 행동에 유해하다는 것은 임상적 경험과 실험 연구를 통해 이미 반복적으로 검증되고 있다(Hardy, Jones, & Gould, 1996). 비생산적인 사고를 중지시키고 긍정적 자기보호를 촉진할 수 있는 내적 대화를 개발하는 것이 숙달감과 적응 기능을 향상시킨다는 증거도 꾸준히 증가하고 있다(Van Raalte & Brewer, 2002). 역기능적 사고는 정신의 주변을 떠돌다가 회복 과정에 있는 환자의 정신적 해안가를 오염시키기 위해 되돌아오며, 이런 경우는 심리치료에서 그것들을 반드시 다루어야 한다(7장). 그러나 표류하기 시작한 많은 역기능적 사고는 결코 되돌아올 수 없는 석양 속에서 깔딱거리기에 이르며, 환자의 의식을 떠났다가 정신적 해변에 타르를 바르고 발목을 잡는 더 심각한 원인이 되어 언젠가 반드시 되돌아온다.

사고 중지는 단어가 주는 느낌처럼 그렇게 낯설거나 소름끼치는 것은 아니며, 사실 우리 모두가 우리의 인지적 채널을 틀어막고 있는 비생산적인 반추적 사고를 중지할 필요가 있을 때 사용하곤 하는 기술을 체계적으로 응용한 것일 뿐이다(Asken, 1993). 2장에서 살펴본 바와 같이, 높은 각성 수준과 주의 집중의 곤란은 범죄 피해자가 중요한 의사 결정과 적응적 대응을 위해 두뇌를 사용하는 것을 방해하는 부정적 사고와 이미지 반복을 유발한다.

이런 환자에게는 인지적 키보드에서 Ctl+Alt+Del을 눌러 작동을 중지시킴으로써 정신적 스크린을 깨끗하게 해 주는 것으로 사고 중지를 설명해 주는 것이 도움이 된다(나이 든 환자에게는 고장 나서 같은 트랙만 반복해서 재생되는 축음기와 비교하는 것이 효과적일 수 있음). 사고 중지는 부정적인 반추로 인해 동기화나 의사 결정이 좀먹고 있는 경우나 미래를 예측하고 합리적인 계획 수립을 방해하는 비생산적인 추측 혹은 초점 없는 자기비판을 막기 위해 사용될 수도 있다.

사고 중지가 부정적 사고를 다루는 만병통치약은 아니며 복잡하고 장기적인 해법이 필요한 현실적 도전에서의 실패를 눈감아 주기 위한 것도 아니다. 사실 부적응적인 억압과 부인이 환자의 회복을 방해하는 경우, 당신이 가장 먼저 해야 할 일은 부정적인 사고와 역기능적인 행동을 초래하는 환자의 환경과 마음 상태를 해결하는 것일 수 있다. 그러나 환자가 공황발작 중이거나 플래시백으로 인해 무능 상태에 놓여 있을 때는 기저의 쟁점들을 다루는 것이 아니라 빠르고 효과적으로 그 상태를 제거해야만 한다. 증상을 통제할 수 있다는 확신감은 환자로 하여금 자신을 붙잡고 회복을 방해하는 다양한 기저의 문제를 다룰 수 있다는 확신감도 가지게 한다. 이는 단기와 장기 치료 및 소위 행동주의적 접근과 정신역동적 접근이 독립적인 것이 아니라 서로 연결되어 있음을 잘 보여 준다.

마음 상태를 명료화하고 수행을 증진시키기 위해 사고 중지를 심상형성 및 인지 재구조화(다음을 보시오)와 병용할 수 있다(Asken, 1993). 이 기법의 첫 단계는 내면에 있는 부정적인 사고를 모니터링하도록 훈련하는 것이다. 보통 이 과정에서 환자들은 그런 사고가 머릿속에서 그 어떤 것보다도 크게 비명을 지르고 있으며 그것이 자신의 문제 해결에 거의 도움이 되지 않음을 깨닫는다.

> Inez는 사소한 접촉사고가 폭행으로 번지게 된 상황을 설명했다. "아들과 함께 차를 타고 가다가 도로 표지판을 읽기 위해 잠시 멈췄을 거예요. 그때 그 흰 차가 너무 가까이에 있었는데, 그놈들이 뒤에서 쿵하고 들이받더니 자동차 경적을 울려대기 시작했어요. 그래서 썩 꺼지라고 소리치고는 엿을 먹였더니 네 명이 뛰쳐나와서는 내 차를 두드리기 시작했어요. 그중 한 놈이 뭔가를 집어 들더니 창문을 부쉈고 나는 유리 파편에 다쳤어요."
>
> "그놈들이 달려들어 나를 움켜쥐는 찰나, 무엇 때문인지는 모르지만 그놈들이 갑자기 흠칫 놀라더니 자기들 차로 돌아가서는 운전하고 가 버렸어요. 너무 두려워서 오줌을 지릴 지경이었어요. 그놈들이 나를 차 밖으로 끌어내어 강간한 뒤 나와 Kevin을 죽일 거라고 생각했어요. 내 아들 Kevin은 모든 상황을 목격했는데, 아직도 눈을 가리지 않는 한 자동차를 타지 못하고 있어요."
>
> "최악은 내가 손가락질해서 그 놈들을 자극하는 행동을 하지 말았어야 했고, 일이 그렇게 된 게 다 내 잘못이라는 생각을 멈출 수가 없다는 거예요. 아들이 차

안에 같이 있었으니까 좀 더 책임감 있게 행동했어야 했는데……. 그 뒤로 '그건 너의 잘못이야, 너 자체가 문제였어.'라는 소리가 내 머릿속을 가득 채우고 있어요.

비생산적인 부정적 사고를 중지시키기 위해 환자는 자신에게 "아니야!" 또는 "멈춰!"라고 힘 있게 말한다. '멈춤'이라는 표식이나 네온간판을 시각화하기도 한다. 환자가 하고 싶은 대로, 그리고 환자에게 가장 적합한 어구나 이미지를 창의적으로 활용하도록 격려하라. 환자는 필요할 때 그 어구나 이미지를 큰 소리로 말하게 된다. 물론 주변의 다른 사람들에게 불편을 주지 않도록 신경 써야 하며, 다른 사람들이 있다면 입 밖으로 소리 내지 않고 마음속으로만 되뇔 수 있다. 단어나 이미지만으로는 도움이 안 된다면 격하게 숨 쉬기, 팔 꼬집기, 좋아하는 노래나 시구를 반복하기와 같은 다른 자극제를 찾아보라. 환자가 부정적 사고를 중지시키기에 충분할 정도의 충격을 줄 수 있는 단서라면 어떤 것이든 좋다.

그러나 인간의 마음은 진공 상태를 싫어하기 때문에 부정적 사고가 슬며시 되살아나거나 다시 끼어들 수 있다. 따라서 그렇게 되지 않도록 부정적 사고가 차지하고 있던 환자의 의식에 부정적 사고와 정반대되어 양립 불가능한 무언가를 대신 넣어 주어야만 한다. 그렇게 하면 확신감을 주는 말이나 긍정적인 정신적 이미지 혹은 교훈적인 단서가 어느새 정신에 흘러 들어가 자리를 잡는다. 그러면 환자는 자신이 되뇐 교훈들이 마음에 꽉 차서 긍정적 사고의 기초가 되도록 만들기 위한 생산적인 활동을 할 수 있다.

"나와 치료자는 오랜 시간에 걸쳐서 내가 설사 그들을 경멸하며 독설을 퍼부었다고 해도 그놈들이 내 차를 부수는 행위 자체는 내 잘못이 아니라는 것을 스스로 받아들이는 작업을 해 왔어요." Inez가 계속 말했다. "하지만 단지 알 뿐이지 '그건 너의 잘못이야.'라는 말을 내 머릿속에서 도려낼 수는 없었어요. 그러자 재치 있는 나의 치료자는 내 머릿속에서 안 좋은 생각이 되살아날 때마다 그 생각을 획 뒤집어서 '내가 폭행당한 것은 내 잘못이 아니야.'라며 손가락으로 엿 먹이는 동작을 해 보라고 권했는데, 그게 꽤 도움이 되었어요. 공공장소에서는 실제로 손가락을 세우는 대신 그것을 시각화하여 혼잣말로 했어요. 가끔은 생각을 멈출 수가 없었는데, 약간의 유머를 그 자리에 놓는 것이 도움이 되었어요. 하지만 여전히 그 생각이 다시 내게 돌아오지 않게 만드는 데 도움이 될 만한 다른 것이 좀 더 필요했어요. 그래서 다시 걱정하지 않기 위해 지금은 내 방식대로 분노를 다루는 작업을 하고 있어요."

인지 재구조화

이 기법은 환자가 자신의 인지적 전동 장치들을 눌러 으깨고 있는 견고한 사고의 덫에서 벗어나도록 도움으로써 환자가 좀 더 유연한 의사 결정 기술과 문제 해결 전략을 사용할 수 있도록 해 준다. 인지 재구조화에서는 환자들이 자신의 상위 인지를 활용하도록 하는 혹은 어떤 사고가 우세하게 작동하고 있는지를 자아가 관찰하는 훈련을 한다. 인지 재구조화는 외상 사건으로 인해 유발된 반복적 사고나 인지적 왜곡을 떨궈 내고 전환하여 명료하고 적응적인 사고로 바꾸는 것을 목표로 한다. 단순히 태도를 수정하는 것이 아니라 범죄 피해자가 사건 도중에 직면했던 도전들을 지각하고 개념화했던 방법 전체를 재편성하는 것이다.

환자들은 해로운 자기진술의 반복을 끊기 위해 사고 중지를 사용하고, 심상을 불러내어 보다 현실적이고 희망적인 시각과 동기를 가지도록 인지를 재구조화하는 교육을 받는다. 언제나 그렇듯 치료자는 특정 환자에게 알맞게 다양한 기법을 혼합해서 사용할 수 있으며, 경우에 따라 창의적인 방법들을 발굴해 내야만 효과적인 치료가 가능해질 수 있다.

Hamblen 등(2006)은 장기적인 재난으로 고통을 당한 피해자들을 위한 인지 재구조화의 여섯 가지 기본 단계를 설명한 바 있으며, 저자는 이를 범죄 피해자의 치료에 적용하고 있다. 효과적인 치료를 위해서는 엄격한 순서를 지킬 필요가 없으며 상황에 따라 융통성 있게 선택하는 것이 좋다.

상황 묘사 "나는 내 사무실이 있는 건물에서 밤늦게 일을 마치고 승강기에서 막 나오는 찰나 폭행을 당했어요."

부정적인 느낌 확인 "나는 내 자신을 보호할 수 없다는 무능감을 느끼며, 빌딩으로 되돌아가는 것이 두려워요."

느낌과 관련된 자동적 사고 확인 "나는 자신을 보호할 수 없는 진짜 바보 천치임에 틀림없어요."

그 사고에 도전하기 "내가 그 사건을 미리 예측하는 것은 불가능했어요. 평소 이 빌딩의 안전은 최고였어요. 나는 지금까지 아무 문제없이 오랫동안 여기서 일해 왔어요."

사고나 신념을 지지하는 증거가 있는지 여부를 결정하기 "나는 여전히 그 엘리베이터에서 나올 때 확인을 해야만 해요."

활동 계획 세우기 "좋아요. 이제부터 빌딩에서 시간 외 근무를 하게 되면 주변을 좀 더 살펴봐야겠어요. 전화하면서 걷는 것도 하지 않을 거예요. 안전하게 빌딩 밖으로 나가 내 차에 오를 때까지 눈과 귀를 열어 놓아야겠어요."

자동적 사고에 도전하기

범죄 피해자들을 괴롭히는 몇 가지 자동적 사고가 있으며, 그 해법은 다양하다 (Asken, 1993).

흑백논리적 사고 회색을 인정하지 않는 흑백논리를 말한다. 범죄 피해자들에게서 이것은 주로 두 가지 양식으로 드러난다: ① "내가 그 공격을 막기 위해 아무것도 할 수 없었으니까 그것은 내 잘못이었음에 틀림이 없어." ② "내가 이 난관을 당장 극복하지 못한다면 나는 병들거나 약한 사람임에 틀림이 없어."

"만일 화난 손님에게 내가 바로 환불을 해 주었다면 그가 나를 때리지는 않았을 거야."
"그 가게에서 폭행을 당한 지 2주가 지났어. 나는 이제 이런 부정적인 기분을 느끼면 안 돼."

인간은 본질적으로 위험을 싫어하기 때문에 긍정적인 것보다 부정적인 것들에 더 많은 주의를 기울이는 경향이 있으며, 이것은 우리가 위험에 빠져 곤란을 겪지 않게 만들기 위한 자연의 법칙이다. 평소에는 이러한 경향성이 인간에게 적응적이다. 그러나 외상적 사건 후에는 마치 더 이상 긍정적인 일들이 존재하지 않는다는 듯이 자신의 에너지와 활력을 고갈시켜 버릴 뿐인 부정적인 것에 온통 초점화되는 경향이 생긴다. 외상 후의 과잉 경계는 피해자로 하여금 위험한 상황과 안전한 상황을 구분하는 능력을 박탈하며 이것이 적응 행동과 안전 확보에 오히려 역효과를 유발한다.

쉽게 상상할 수 있듯이 형사사법 기관이나 응급 서비스 제공자와 같이 중요한 직무를 수행하는 사람들은 종종 극히 짧은 시간 내에 중대한 결정을 해야 하며, 이것이 그들로 하여금 지옥을 맛보게 할 수 있다. 그러므로 외상화된 범죄 피해자들이 자신의 흑백논리적 사고에 저항하도록 돕기 위해 간단한 설명을 해 주고, 필요에 따라 그것을 반복하도록 훈련시킬 필요가 있다. 다음은 저자가 공식적인 훈련 과정과 개인상담 회기에서 안전감을 느끼게 만들기 위해 내담자에게 해 주었던 간단한 설명이다.

> 그래요, 분명 당신이 통제할 수 있는 것에 대해서는 당신의 책임이 있지만 당신이 통제할 수 없는 것에 대해서는 그렇지가 않아요. 달리 한번 생각해 봅시다. 당신은 노력할 의무가 있지만 반드시 그 결과를 책임져야 하는 건 아니에요. 물론 당신의 노력은 결과에 영향을 미칠 거예요. 그래서 당신이 자신의 안전을 유지하고 불행한 사건이 발생하지 않게 행동해야 할 책임도 있어요.
>
> 하지만 만약 당신이 당신 자신과 타인의 안전을 지키기 위해 현실적으로 할 수 있는 모든 것을 했음에도 불구하고 예상치 못한 혹은 통제가 불가능한 일이 벌어졌다면, 엄청난 좌절감을 느끼는 것이 당연하기 때문에 웃는 얼굴을 짓고자 노력하는 것은 스트레스 관리에 도움이 되지 않습니다.
>
> 그러나 그렇다고 해서 당신이 불필요하게 자신을 비난하고 치욕스러워해야 한다는 것은 아닙니다. 차라리 무엇이 잘못되었는지 확인해 보세요. 그리고 만약 개선을 위한 방법이 있다면 다음에 비슷한 상황이 벌어지는 경우 당신 자신과 타인들의 안전 확보를 위해 해야 하는 일들을 그곳에 채워 보세요. 또한 당신이 가능한 모든 대비책을 다 준비하지 못했다는 것이 당신이나 다른 누군가가 다치거나 죽을 만하다는 것을 의미하지는 않아요. 다음번에는 훈련받은 것들을 활용해서 더욱 잘 해낼 수 있을 거예요.

과잉일반화 이 유형의 자동적 사고는 하나의 사건을 경험한 뒤에 그것을 공통점이 거의 없는 다른 모든 상황에 적용하는 것을 말한다. 혹은 특정한 누군가—심지어 우리 자신—가 가지고 있는 하나의 특성을 뽑아낸 뒤 그것이 그 사람의 전체 성격을 말해 준다고 생각하며 그 밖의 특성들을 배제하거나 최소화하는 것을 말하기도 한다(인지심리학자들은 이를 기본적 귀인 오류라고 부른다). 이러한 기억은 첫인상으로 남아 그 상황이나 그 사람의 모든 것을 해석하는 기준이 되어 버린다. 이것은 편견과 비슷한데, 편견에는 늘 과잉일반화("저 사람들은 모두 ……이다.")가 어느 정도 포함되기 때문이다. 우리는 우리 자신이 가지고 있는 기준이나 타인의 기준으로 판단하기 어려울 때 쉽게 편견에 빠진다. 이미 살펴본 바와 같이, 자기비난은 범죄 피해자의 공통적인 반응이며, 종종 **항상**과 **결코**라는 단어로 드러나는 과잉일반화를 포함한다.

"나는 항상 안 좋은 시기에 안 좋은 장소에 있곤 해요. 그게 내가 폭행당한 이유에요."

"나는 제대로 하는 일이 절대 없어요. 나는 병원에 갔어야 했고, 경찰에게 즉시 보고했어야 해요. 경찰이 나 때문에 사건 해결이 더 힘들어졌다고 말하고 있어요."

"서둘러서 내 생활을 바꾼 이유요? 누구도 이런 반응을 보이지는 않을 거예요. 나는 항상 압박감에 사로잡혀 있어요."

과잉일반화를 없애기 위해서는 환자가 가정한 규칙을 논박할 수 있는 예외를 적극적으로 찾도록 도울 필요가 있다.

"글쎄요, 당신의 말을 듣고 생각해 보니, 나는 몇 년 동안 그 지하철을 타 왔고 항상 특별한 문제가 없었네요. 사람이 매 순간 다가올 모든 일을 예견할 수 있는 건 아닐 거예요."

"나는 폭행 사건 이후로 내 방에서 나가는 것조차 두려워요. 그놈은 가면을 쓰고 있었는데, 우리 집 주소를 안다고 말했어요. 내가 경찰에 신고하면 보복하러 오겠다고도 했어요. 그 일이 내 침실에서 일어났기 때문에 병원 관계자들이 내 말을 믿지 않을까 봐 두려워요."

"글쎄요, 나는 암을 극복하고 몇 년을 잘 견뎌 왔어요. 사실 모든 사람이 내가 얼마나 침착하고 용감했는지 믿기 어려울 정도라고 말해요. 그래서 나는 내가 겁쟁이가 아니라고 생각하고 살아왔어요. 하지만 폭행을 당했다는 것이 병으로 인해 아픈 것보다 더 나를 고통스럽게 해요. 병이 아닌 사람이 나를 해치려고 했다는 것이 내 마음을 더 안 좋게 만들어요. 하긴, 암도 견뎠는데 이걸 못 견디겠어요."

긍정 격하 이 유형의 인지적 왜곡은 앞서 설명한 인지 왜곡의 하위 유형으로, 긍정의 빛을 잃게 만들기 위해 상황의 부정적인 측면에 집중하도록 만든다.

"그래요, 15년 동안 D호선을 아무런 문제없이 타고 다녔어요. 그리고 여전히 나는 D호선에 올라타고 있어요. 저 참 부주의하죠?"

이것을 없앨 수 있는 방법은 두 가지다. 첫 번째 전략은 부정적인 사고를 긍정적인 사고로 교체해 주기 위해 피해자로 하여금 예외를 찾고 규칙이 무엇인지 회상해 내도록 돕는 것이다.

"네, 당신 말을 듣고 보니 운 나쁜 날은 15년 동안 그날 하루뿐이었네요. 내가 부주의했던 것인지를 판단하기 전에 앞으로 15년 내에 무슨 일이 일어나는지 살펴봐야겠다는 생각이 들어요."

두 번째 전략은 환자가 지금-여기에서 긍정적으로 행했던 것, 즉 자신의 증상을 통제하는 데에 도움이 되는 전략들을 활용하고 있는 점, 이를 위해 자신의 강점을 이용한 점, 획득된 숙달감이 유지됨에 따라 자기이해가 증가되고 있는 점

등을 떠올리도록 하는 것이다. 만일 환자가 이러한 치료 기술들을 정확하게 활용하고 있다면, 이것은 소망 충족적 사고가 아니라 현실적인 적응 가능성의 증가라고 볼 수 있다.

과제 적합 도구적 혼잣말

어떤 과제든 훈련 초기에 당신은 교육자에게 단계대로 실시하라는 교육을 받았을 것이다. 예를 들어, 당신이 처음으로 자동차 운전을 배웠을 때 운전 학원 강사는 당신에게 무엇을 해야 하는지 정확하게 보여 준 다음 당신에게 그것을 그대로 따라 하라고 했을 것이다. 나중에는 강사의 언어적 지시 없이 단지 몇 가지 힌트와 단서만으로도 바퀴, 전조등의 점멸, 페달 등을 조작할 수 있게 되며, 이때 강사는 당신이 하는 것을 바라보고 있다가 나중에 몇 가지 조언을 할 것이다. 그리고 마침내는 모든 것을 당신 혼자서 할 수 있게 된다. 즉, 기술이 자동화된다. 당신은 운전을 배웠다.

스트레스하에서는 아주 잘 훈련된 기술조차도 자동적인 수행이 잘 안 되고 고장이 나며 주의 분산, 혼란감 및 정서적 고조로 인해 수행의 자연스러운 흐름이 방해될 수 있다(Doss, 2006, 2007; Hays & Brown, 2004; Miller, 1998h, 2007m; Regehr & Bober, 2004). 운동선수, 음악가, 연극배우, 연설가, 군인, 외과 의사, 정치가 그리고 경찰관은 모두 이로 인한 압박감 때문에 숨이 막힌다고 말한다. 그렇다면 복잡한 형사사법체계나 혼란스러운 세상과 협상하고자 고군분투하는 범죄 피해자는 얼마나 곤궁할지 상상해 보라. 더욱 힘든 것은 많은 사람이 스트레스하에 놓이면 비관주의, 자기변명적 성향, 비판주의, 그리고 단순하게는 "오, 안 돼."라고 말하는 것에서부터 심하게는 "상황이 나빠지고 있어요. 이걸로는 결코 해결되지 않을 거예요. 얼마나 바보 천치 같은지. 이걸 내가 할 수 있을 거라 생각했지만 그럴 수가 없네요. 나 스스로 내 자신을 너무도 허망한 상황에 빠뜨렸어요."와 같은 자기변명조의 장광설까지 부정적 자기진술 경향의 증가를 드러낸다는 점이다.

이와 비슷한 문제가 스트레스 관리 및 증상 통제 기술의 학습과 실행 시에도 발생한다. 환자는 치료자 사무실의 편안한 보호막 안에서 과각성 상태를 조절하고 역기능적인 사고를 교정하는 기술을 배운다. 그러나 초기에는 이 전략들을 환자가 사무실을 나가 실제 상황에 적용하기가 쉽지 않을 수 있다. 따라서 환자들은 "이번엔 형편없었어요. 이걸 결코 할 수 없을 거 같아요. 나는 이제 끝이에요."라며 쉽게 좌절하곤 한다.

이런 경우 환자에게 치료자를 내재화한 뒤 실제 상황에서 실행 절차를 말해 주는 치료자를 정신적으로 떠올리도록 격려하는 것이 아주 유용하다. 사실 많은 환자가 별도의 지시 없이도 스트레스 중에 자동적이고 본능적으로 이러한 정신적 표상을 활용한다고 보고한다.

> Effie는 다소 수줍어하면서 "일이 잘 안 풀릴 때마다 당신이 내 옆에 서서 사무실에서 내게 했던 것처럼 말하고 내게 그 상황을 통해 얻을 것들에 대해 말해 주는 상상을 해요. 그저 생각일 뿐이지만, 당신의 목소리나 당신이 의자에 앉아 있는 모습을 떠올리는 것이 도움이 돼요." 치료자가 그녀에게 왜 그 말하는 것이 그렇게 부끄러운지 묻자, 그 말을 하면 치료자가 자신에게 사기를 쳤다거나 미숙한 행동을 했다고 말할지도 모른다고 생각했다고 말했다. 치료자가 그녀에게 독자적으로 스트레스 관리 기술을 개발해서 활용한 것이라고 말해 주자 Effie는 놀랍고도 기뻤다.

Effie가 자가발견한 대처 전략은 치안 담당자들과 응급 서비스 제공자들이 실무에서 간단히 적용하기 위해 개발한 과제 적합 도구적 혼잣말task-relevant-instructional self-talk: TRIST(Asken, 1993)이라는 기법에 포함되어 있다. 저자는 TRIST 절차가 범죄 피해자 및 그 밖의 위기 상황에 처한 환자들에게 특히 유용하다는 것을 발견했다. TRIST 과정에서 환자는 이완 훈련이나 생애 과업의 수행을 위한 볼트와 너트를 안내해 주는 훈련자나 치료자 혹은 자가치유하는 자기 자신을 정신적으로 어깨 위에 올려놓는다. TRIST에서 혼잣말은 실제 세상에서의 과제 수행 지시에 초점을 맞춘다.

> "이제는 그것을 마치 지원군처럼 사용하고 있어요." Effie가 말했다. "법정 증언 시에 나는 모든 중요 지점을 잘 회상해 내기 위해 내 변호사가 내 옆에 서서

무엇을 어떻게 말할지 내게 말해 준다고 상상했어요. 그게 내 자신이 하는 말이라는 것을 알지만, 그러한 정신적 '신용전표'가 도움이 되었어요. 그게 뭐든 무슨 상관이겠어요, 그렇지요?"

실생활의 도전적 과제에 대응하기 위해 TRIST 사용하기 TRIST는 주로 인지적이고 교육적인 측면에 초점을 두고 있다. 하지만 실제 생활에서 숙달감 있게 과제를 수행하도록 하기 위해 앞서 살펴보았던 기법들을 응용한 다양한 전략도 함께 장전하고 있다. 따라서 각성의 조정이나 정서 조절적인 요소도 다수 포함하고 있다고 볼 수 있다(Asken, 1993).

첫 단계는 이완 혹은 자기지시에 집중하거나 주어진 상황에 초점을 맞출 수 있을 정도로 각성 수준을 충분히 낮추는 것이다. 혼잣말을 처음 시작하거나 중간에 혼잣말을 바꾸어야 할 때는 이전 단계로 돌아가서 자신이 말하고 있는 것이 무엇인지 그리고 말할 필요가 있는 것이 무엇인지를 파악한다. 긍정적이고 부정적인 사고는 종종 섞인다. 예를 들어, 환자는 자신에 대해 "전에는 이런 유의 상황을 잘 다루어 왔지만, 현재의 난관은 통제의 범위를 벗어난 것 같아 보여요."라고 말할 수 있다. 환자가 나쁜 것에 좋은 것을 던져 버리기를 원치 않는다면, 이런 상황에서는 유익한 사고와 해로운 사고를 모두 확인할 필요가 있다. 환자가 이러한 차이를 찾아내도록 돕고 난 뒤에는 의식적으로 연습이나 과제 수행에 도움이 되는 사고는 남기고 그 과정을 방해하는 사고는 내쫓는 방법을 훈련시키는 것이 중요하다.

다음으로, "나는 잘 해냈어요. 그저 결단 내리기가 힘들었을 뿐이에요. 이제 이런 일에 인내심이 생겼고 의연해졌어요."와 같은 긍정적 자기진술과 기운을 북돋우는 확신감 구축 진술 및 심상 사용법을 환자에게 가르친다. 이것이 과도한 자기신뢰나 무모함을 비현실적으로 고무시키는 것과는 다르다는 것을 주목할 필요가 있다. 만일 정말로 희망이 없다면, 환자가 위험한 지경에 빠져들기 전에 지옥에서 건져 줄 위트와 상식을 사용할 수 있도록 훈련시켜야 한다. 대부분의 경우, 이런 상황에서 당신은 환자가 보다 현명한 판단력과 자기권능감을 높이기 위해 전략적으로 철수하는 것 대 조건부적인 항복과 회피 조건화라는 미숙한 베일 속에 숨어 버리는 것 사이에 놓인 얇은 선을 밟을 수 있도록 돕게 된다.

환자가 적정한 각성 수준에 도달하고 자신을 방해하는 여러 증상에 대한 숙달감을 획득하면, 특정 과제나 사회적 상황에서 사용 가능한 기술이나 기법에 초점을 맞추는 단계에 들어선다. 즉각적인 과제 수행을 위해 환자로 하여금 결과를 생각하지 말고 실행 과정에만 초점을 맞추라고 격려하라. 도움이 된다면, 환자로 하여금 당신을 그의 어깨 위에 올려놓고 당신의 목소리를 통해 기술의 실행 절차를 지시하도록 만들라고 요구하라. 몇 가지 융통성 있는 스크립트를 연습하고 리허설하는 것이 이러한 목적 달성에 도움이 된다. 과제 적합 어구나 긍정적 진술은 가능한 한 간단한 지시문으로 표현해야 한다. 환자로 하여금 정확하게 과제를 수행하는 자신을 심상 형성하는 훈련을 하도록 하라. 도움이 될 때는 이 기법을 활용하되, 오히려 과제 수행에 방해가 된다면 사용하지 말아야 한다.

위에서 언급한 (직관적인 것이든 공들인 훈련을 통해 획득된 것이든 인지적 통제 기술로 설명될 수 있는) 기술들은 응급 상황에서 생명을 구하는 것과 같은 커다란 효과를 이끌어 낼 수 있다.

세계무역센터에서 몇 블록 떨어진 금융회사의 매니저로 일하기 시작한 지 얼마 되지 않은 Charles는 2001년 9월 11일 두 번째 타워가 충돌당할 때 맨해튼 도심에 있었다. 사고 후 몇 시간 동안 그가 했던 행동들을 검토한 결과, 그가 방금 살펴본 것과 같은 응급 대응 기법들을 직관적으로 응용했음을 알 수 있었다.

"첫 번째 타워가 충돌당했을 때 우리는 이미 피난을 시작한 상태였죠. 그런데 갑자기 우르르 소리가 크게 들리고 빌딩이 흔들렸으며 TV가 꺼지고 정전이 되었어요. 비상등 몇 개는 켜져 있었지만 몇 개는 나가 버려서 여러 사무실은 거의 완전히 암흑이었어요. 전화나 인터폰도 없어서 나와 또 다른 매니저가 백 명 가까운 사람을 빌딩 밖으로 빠르게 내보냈어요. 다른 매니저 한 명은 외근 나갔다가 아직 사무실에 돌아오지 않은 상태였는데, 그 사람은 운이 좋았죠. 공기 중에 먼지가 매우 많아서 그것이 연기라고 생각할 정도였어요. 빌딩에 화재가 나자 사람들이 점차 공황 상태에 빠져들기 시작했어요."

"얼마 후, 내 마음이 백지가 되기 시작했어요. 그런데 웃기게도 나는 혼잣말로

'닥쳐. 뭐든 해.'라고 지껄이면서 내 자신을 강제로 움켜쥐었어요. 그것이 가족의 이미지나 하늘에서 온 메시지 혹은 나를 동기화한 그 무엇이었던 것 같기도 하지만, 아무튼 그저 사람들을 거기서 나가게 하는 것에 초인적으로 초점을 맞추었을 뿐이에요. 그 일이 끝나고 이틀을 아기처럼 울면서 지낸 뒤에야 겨우 내 가족을 생각하게 된 걸요."

"그때 마음속으로 응급피난 훈련 중에 외웠던 빌딩 배치를 떠올렸어요. 내 자신에게 '너는 이것을 안다, 너는 그것을 위해 준비했다, 단지 침착해라, 그리고 실행에 옮겨라.'라고 계속 말했어요. 내 사무실은 창가에 있었기 때문에 내 옆에서 헤매고 있는 첫 번째 사람을 잡을 수 있었어요. 그 빛을 통해서 사람들을 좀 더 찾아낼 수 있었죠. 어떤 사람들은 너무 공포스러워해서 돕기가 쉽지 않았지만, 빠져나갈 수 있도록 적극적으로 도와주자 안심하기 시작했어요."

"우리는 손전등과 충전된 랜턴을 찾아내어 여러 개의 방을 지나 계단에 이르렀어요. 그곳에서 방황하는 사람들과 상처 입은 사람들을 발견했죠. 먼지 마스크가 몇 군데에 설치되어 있었지만 그것을 찾아낼 시간이 없다고 생각했어요. 내가 기억하기로, 우리는 그때 빌딩 전체가 머리 위에서 무너져 내리고 있다는 것을 몰랐어요. 우리는 손수건에 침을 뱉어 얼굴 주위를 가렸어요. 한 사람은 넥타이를 이용했죠. '정신적 귀'를 열어 놓은 상태에서 주의를 분배해서 방을 찾는 것과 먼 곳으로부터 누군가가 외치는 소리를 듣는 것을 한꺼번에 했어요. 나와 내 '자원자들'은 모든 사람이 빌딩 밖으로 나왔다고 생각할 때까지 그 상태를 유지했어요."

"다친 사람이 둘밖에 없었어요. 추락이나 먼지 흡입이 있었지만, 심각하게 다친 사람은 하나도 없었어요. 나중에 여러 사람이 내게 와서 내가 내내 얼마나 침착했는지 존경스러울 정도라고 말했어요. '침착?' 나는 '내가 팬티를 적시지 않은 게 기적이다.'라고 혼자 생각했어요. 그들이 본 것은 나의 판단력이었어요. 마음속으로 모든 사람을 밖으로 내보내고 말겠다고 생각한 이후 내 뇌는 자동화되었던 것 같아요. 이미 말했듯이, 상황이 종료된 후 며칠간 나는 초등학교 여

학생처럼 엉엉 울면서 보냈어요. 하지만 그 뒤로는 모든 게 좋아지는 것처럼 보였어요. 나중에 상담사가 내가 보였던 반응이 정상이라고 말해 주었어요. 아무튼 이 사건의 최악의 지점은 도시 전체가 망가졌고 우리가 회사를 재건하고 다시 출근하기까지 거의 1년이 걸렸다는 거예요."

노출치료와 둔감화

방금 논의했던 바와 같이, 외상후 스트레스 장애를 위한 다양한 증상 지향적 치료 기법들은 행동적 혹은 인지행동적 접근을 취한다. 또한 앞서 살펴보았듯이 이런 외상 후 증상 감소 전략 중 다수는 환자가 놀람 상황에 직면할 때 정상적으로 활동할 수 있도록 해 준다. 이 기법들에서 활용하고 있는 점진적 노출치료 기술은 피해자가 외상 후 스트레스 증상 때문에 회피하던 자극에 직면하는 것을 점진적으로 학습하도록 한다(Thompson, 1992). 이런 종류의 치료들은 원래 공포증 치료를 위해 개발되었는데, 이제는 행동의학과 체계적 둔감화 기법으로 발전하였다(Miller, 1989a, 1989b, 1994a, 2007m). PTSD와 그 밖의 외상성 장애 증후군을 경험 중인 범죄 피해자를 위한 인지행동치료의 목표는 플래시백과 침투적 기억 및 습관화된 놀람 반응 같은 외상 후 반응을 감소시켜서 조건화된 혐오 반응을 소거하는 것이다.

둔감화를 위한 노출은 이완 훈련 중에 이미지를 떠올리는 방식으로 이루어지는 것이 일반적이지만 실제 자극에 노출시키는 방식도 있다. 두 방법을 섞는 경우도 있어서, 직접노출 훈련을 위한 상황 조성 단계에서 심상형성 훈련을 하기도 한다. 이 기법은 외상 후 불안, 침입적 기억들, 악몽, 과각성, 그리고 소리나 그 밖의 방해 자극들에 대한 과민함 감소에 효과적이라고 알려져 있다(Cooper & Clum, 1989; Keane, Fairbank, Caddell, & Zimmerling, 1989; Thompson, 1992). 노출치료가 편도체의 경고 신호들을 누누하게 만드는 내측전두엽의 억제 효과를 향상시킨다는 신경생리학적 증거도 있기는 하나(McNally, 2007), 아직은 연구가 진행 중인 상태다(2장을 보시오).

Bryant, Sackville, Dang, Moulds와 Guthrie(1999)는 노출치료가 과도하게 불안

하거나 우울 사고를 가진 중증 우울 환자, 해리 반응을 보이는 환자, 경계선 혹은 정신증적 특질을 가진 환자, 물질남용자, 혹은 사건 이후 지속적인 자극을 요구하는 사람에게는 도움이 되지 않는다고 경고한 바 있다. 하지만 저자의 경험으로는 사례에 따라 다른 것 같다. 프로그램에 참가한 많은 환자가 이완 기술과 외상적 상황에 자신을 효과적으로 둔감화하는 것을 학습할 수 있었다. 다만 고통이 경미한 수준인 사람들이 더욱 효과적인 것으로 나타났다. 훨씬 더 심각하게 외상화된 환자 중 일부는 모든 종류의 둔감화 훈련에 저항했다. 그 이유는 이완치료의 문제로 자주 지적되고 있는 바와 같이 경계심을 내려놓으면 정서적 각성에 의해 자신이 압도당할 수 있다는 공포감 때문이었다(Lazarus & Mayne, 1990; Miller, 1994a). 이 경우, 지지적이고 표현적인 인지치료 접근이 환자가 외상 후 경계심과 반추를 내려놓고 건설적인 치료적 이득으로 발길을 돌리는 합리적인 방법을 찾게 도와줌으로써 외상적 공포와 고통의 처리를 도울 수 있었다.

외상 후 플래시백

플래시백은 감각적 형태로 발생한다. 종종 동시에 여러 감각에서 발생해서 다른 어떤 증상보다도 환자를 '미쳐 버릴 것 같은' 공포 상태에 빠뜨린다. 앞서 강조한 바 있듯이 환자를 위해 가능한 한 자주 플래시백 과정을 정상화해서 이것이 회복 과정의 자연스럽고 예측 가능한 부분이며 플래시백이 끝판에는 사라질 것이고 침투적 증상들을 다룰 수 있는 학습 가능한 방법들이 있음을 환자가 이해할 수 있도록 도와야 한다(Everstine & Everstine, 1993; Matsakis, 1994; Modlin, 1983; Taylor, 2006). 환자가 플래시백과 싸울 필요는 없다. 갑작스럽게 시작되는 공황발작과 만성적 통증에 대한 인지행동적 접근과 비슷하게, 환자가 플래시백 증상의 속성과 자기제어적 성질을 이해하면 압도당하는 일이 없이도 많은 에피소드를 이겨 내는 것이 가능하다(Miller, 1993b, 1998h). 많은 플래시백과 그 밖의 외상 후 증상들은 환경적 자극에 의해 촉발된다. 물론 내적 자극에 의해 촉발되는 경우도 있으며 때로 그 과정이 의식적이지 않을 수도 있다. 기념일, 사람, 장소, 사물, 그리고 특정 정서 상태가 촉발 요소가 될 수 있다. 외상 촉발 요소에 환자가 대처할 수 있도록 돕는 첫 단계는 촉발 요소의 확인이다(Matsakis, 1994). 그러나 치료 중에 환자들이 외상 후 증상을 악화시키는 자극을 자각하는 것 자체를 너무 고통스러워하면서 자신을 촉발 상황에 노출시키지 않기 위해 경계심을 가지고 회피, 철수하거나 무기력해지는 경우도 있다.

여하튼 촉발 요소들이 확인되면 모든 종류의 이완 및 행동적 둔감화 기법이 적용된다. 그러나 앞서 언급했듯이 많은 환자에게는 이것 자체가 위협이 될 수 있다. 이들에게는 좀 더 인지적인 접근이 도움이 될 수 있다. Matsakis(1994)는 환자가 잠재적 촉발 상황에 직면했을 때 자신에게 다음과 같은 질문을 하도록 훈련하라고 권고한다.

- 과거에 내가 유사한 상황에서 어떻게 반응했나?
- 어떤 끔찍한 일이 일어났나?
- 나쁜 일이 다시 발생할 가능성은 얼마나 되나?
- 만일 최악의 상황이 벌어진다면 내가 자신을 위해 할 수 있는 일이 무엇일까?
- 누구에게 도움을 청해야 하며 그들이 나를 어떻게 도울 수 있을까?

단순히 이런 종류의 정신적 점검을 하는 것만으로도 종종 촉발 자극의 발화와 정서적 대화재를 유발할 수 있는 외상적 기억의 불씨 사이에 인지적 방화벽을 구축하도록 도울 수 있다. 더욱이 환자에게 문제 해결을 위해 자신의 뇌를 사용하는 경험을 제공함으로써 환자의 통제감 증가를 꾀할 수 있다. 소크라테스식 질문 기법도 자살이나 기능부전 상태의 환자를 위한 위기 개입에서 활용될 수 있다(Bongar, 2002; Gilliland & James, 1993; Miller, 1998e, 2005d, 2006a). PTSD 환자들에게 치료자는 이러한 적응적 대처 기술과 자기진술을 사용하는 첫 번째 모델이며, 환자에게 촉발 상황에서 그러한 전략들을 어떻게 사용하는지를 가르쳐야 한다.

"그 일이 다시 일어날 가능성에 대해 묻는 것은 문제가 있어요." 지하철 강도 피해를 당한 Tony가 말했다. "나는 '매일 그 기차를 타고 일터에서 집으로 가야 해요. 그런데 그때 그 열차를 탄 폭력배들이 기차에서 내리지 않았기 때문에, 그 일이 다시 발생할 가능성이 매우 높아요.'라고 치료자에게 말했어요. 그래서 우리는 나 자신을 보호하기 위해 사람들이 시끄럽게 떠드는 소리가 들리면 빨리 빠져나올 수 있도록 플랫폼에 내려가지 않고 여러 무리 사이에 머무는 것에 대해 논의했어요. 우리는 '안전 리스트'를 만들었죠. 내가 자주 이 전철 노선을 타야만 했고 이 노선이 100% 안전할 수 없음을 알고는 있지만, 이제 최소한 범죄 발생을 통제할 수 있는 몇 가지 방편이 생겼어요."

꿈과 악몽

꿈속에서 외상 사건 자체가 그대로 재현되는 경우는 거의 드물다. 그보다는 사건의 정서적 공포가 재현되거나 생존, 배반, 상실 등과 같은 사건의 주요 쟁점들이 상징적으로 드러난다(7장). Matsakis(1994)는 치료자가 환자에게 위에서 논의한 바 있는 인지 재구조화의 (수면 중에 발생하는 인지에 적용하는) 수정된 이야기 버전으로 권능감 부여와 관련된 주제들을 포함시켜서 악몽을 '다시 쓰도록' 할 것을 권한다.

하지만 몇몇 환자는 "그것을 다시 쓸 수 있게 되면 그게 사라진다고 생각하시나요?"라면서 자신의 꿈 경험과 그 속에 있는 외상적 측면을 하찮게 본다. 이런 경우, 많은 환자가 치료의 시작 단계에서 특히 어려워하거나 불가능하다고 생각하는 꿈 각본 바꾸기보다는 치료적 심상형성 연습을 통한 교정이 더 나을 수 있다.

Matsakis(1994)는 반복적 노출과 되풀이를 통해 '꿈을 죽도록 때려서' 그 위협적 힘을 벗겨 버리라는 조언도 한다. 이것은 반복된 발산, 탐험, 그리고 외상적 재료에 대한 훈습 기법을 확장한 것이다(7장). 다시 말하지만, 재노출의 목적은 발산해서 소멸시키는 일종의 예방접종과 같은 것일 뿐 재외상화가 아니라는 점을 반드시 기억해야 한다. 치료자는 환자가 외상적인 꿈 재료를 다룰 준비가 되어 있을 때 이 기법을 시도해야 하며, 이완이나 인지 재구조화 같은 다른 치료 기법과 함께 활용할 필요가 있다.

"Geraldine의 꿈 재료 다루기는 치료의 후반부가 되어서야 시작되었어요." Geraldine의 치료자가 저자에게 말했다. "치료 초기에는 꿈들이 너무 혼란된 상태였기 때문에 그녀가 꿈들을 억압하고 있다고 생각했어요. 한 주 내내 꿈 때문에 잠자리에 들기 무서웠다면서 우는 것으로 회기를 시작했죠. 그녀에게 나도 꿈을 꾸며 우리는 '영화 스크린에 투사된 것'으로 본다고 설명해 주었어요. 그리고 꿈이 상영되고 있는 영화 스크린을 아주 먼 거리에서 쳐다보고 있다고 상상하도록 했어요. 몇 차례에 걸쳐 그런 '놀이'를 한 뒤, 그녀에게 점점 더 앞으로 가도록 했죠. 나중에는 극장의 '첫 번째 열에 있는 좌석'에서 스크린을 볼 수 있게 되었어요. 그런 다음 그녀에게 그녀가 원하는 방식으로 스크립트를 고치도록 했어요. 물론 이 작업은 다른 기법들과 함께 여러 회기에 걸쳐 이루어졌어요. 그녀가 꿈과 자신의 지각 및 반응 간의 정신적인 거리를 유지하는 법을 배웠기 때문에 이후로는 새로 꾸는 꿈조차도 그녀를 괴롭히지 않았어요."

둔마, 해리 그리고 자해

외상 후 스트레스의 치료에서 침투적 증상들은 "삐걱거리는 바퀴가 기름을 얻는다."는 속담처럼 가장 많은 주의를 끌며 가장 심각한 고통을 야기한다. 하지만 몇몇 환자는 외상 후에 멍해지는 둔마 반응을 드러낸다. 이것이 침투 증상 못지않은, 때로는 그보다 더 심각한 혼란을 유발함에도 불구하고 특별하게 이 증상에 대해 질문하지 않는 한 탐지되지 않곤 한다.

어떤 환자들, 특히 어릴 때부터 복합 외상을 경험했던 사람이나 경계선 성격장애 진단을 받은 사람(3장)들은 해리와 자해 혹은 자신에게 해로운 그 밖의 행동으로 둔마에 대응한다. Matsakis(1994)는 이런 환자들에게 찬물에 샤워하기, 탄산음료 마시기, 손목을 빠르게 움직이게 하는 고무 밴드를 사용하기, 격한 운동하기, 혹은 테디 베어 같은 '안전 대상'을 가지고 있기와 같이 덜 위험하고 현실 접지적 성격이 더 강한 기법을 활용하도록 권한다. 저자가 상담한 몇몇 환자는 담배나 면도용 칼로 자해하는 대신 얼음 조각이나 빗을 피부에 대는 것을 배웠다(Miller, 1998h).

"강간 피해 후에 내가 자살할 거라고 생각하고 있던 첫 번째 치료자를 찾아가서 자해했다고 말했지만 일이 잘 풀리지 않았어요." Cheryl이 말했다. "그래서 이번에는 여자 심리학자를 찾아갔어요. 그녀는 내가 가위나 족집게 혹은 손톱깎

이로 내 피부를 쿡쿡 찔러 피가 나게 하는 이유를 이해하는 것 같았고, 그 물건들이 내가 다시 숨을 쉬고 현실을 느낄 수 있도록 하기 위해 풍선 속에 가득 차서 질식할 것 같은 공기를 빼는 것과 같다고 말해 주었어요. 그녀는 나의 자해 행동보다 내가 감염되는 것을 더 걱정해서 자해 '도구들'을 약국에서 파는 이런 알코올 패드와 소독제로 소독하라고 했어요. 그리고 만약 내가 나를 찌르거나 자해할 때 최소한 과산화수소를 바른 뒤에 반창고를 붙이도록 했어요."

"그녀가 내가 민원을 제기하지 않도록 하기 위해 규칙대로 따르는 것이 아니라 정말로 나를 돕기 위해 애쓰는 것처럼 보였기 때문에 그렇게 하겠다고 말했어요. 그녀는 나의 자해가 건강을 위협하거나 자기파괴적이지 않았기 때문에 보건 당국에 신고하지 않았고, 그래서 저는 열여덟 살이 되도록 자살하지 않고 살아 있어요. 이건 아마 내가 그녀를 믿을수록 그녀가 조언하는 대로 행하고 거짓을 말하지 않았기 때문일 거예요."

결 론

서두에 지적하였듯, 단기 및 장기 치료 그리고 행동치료와 심층치료라는 개념들은 서로 섞이기도 하고 유동적이기도 하며, 상호 보완적인 방식으로 활용될 필요가 있다. 생리적인 자기조절이나 증상의 인지-행동적 통제 기법은 많은 범죄 피해자의 기능을 정상에 가까운 수준으로 회복시켜 줄 수 있다. 그 밖의 환자들, 특히 공병 정신병리가 있거나 사건 이전에 경험한 외상적 응어리가 있는 환자들을 위해서는 좀 더 탐색적이고 통합적인 전략들이 필요하다.

범죄 피해자 상담 및 심리치료

치료적 증상 감소 전략이 유용하기는 하지만, 외상 후 스트레스 반응의 인지 및 정서 전체를 다루지는 못하며 범죄 피해 후의 성격 재통합에도 한계가 있다. 앞서 살펴본 바와 같이, 어떤 피해자에게는 증상 감소와 실용적인 자조기술 훈련이 자기효능감 달성과 통제감 회복에 도움이 되는 자연스러운 대처 기술을 습득하게 하여 원래의 삶으로 돌아가도록 해 줄 수 있다. 그러나 많은 피해자가 실행 가능한 수준의 숙달감을 획득하고 내적 갈등을 해결하기 위해서는 외상 경험과 외상의 의미에 대한 건설적인 직면이 반드시 요구된다. 거듭 말하지만, 증상중심 치료와 심층치료가 상호 배타적이지 않다는 것을 기억하라. 사실 이 두 치료는 상호 강화적이다. 이 장에서는 이와 관련한 중요 쟁점들에 대해 논의해 보도록 하겠다.

일반적인 외상 후 치료 지침

즉각적인 위기가 일단 지나가면, 환자들은 자신의 범죄 피해에 대한 탐색과 동시에 일상생활을 유지해야 하는 현실에 직면하게 된다. 어느 시점이 되면, 치료자는 외상 환자를 사건으로 데리고 가서 그것에 대해 단계적으로 자세히 논의하기 시작한다. 치료의 목표는 위축된 행동 양상이 오랫동안 유지되어 굳어질 가능성을 줄이고 부적응적인 회피 경향에 대응하는 것이다. 마치 외상적 사건이 별일 아니라는 식으로 가볍게 여기는 회피적인 피해자의 경우, 치료 과정에서 나타나는 생생한 사건 재현의 순간이 뒤늦게 찾아올 수 있으며 이것이 치료자를 놀라게 할 수 있다. 이 뒤늦은 정서 표출을 퇴행으로 여길 필요는 없는데 그것이 진전의 징후이기 때문이다. 때로 외상 사건의 직접적인 탐색을 위한 기틀을 마련하기 위해 사건 자체가 아닌 지엽적인 주제에 대한 충분한 탐색과 치료적 신뢰, 자아 강화 그리고 훈습이 필요한 경우가 있다(Brom, Kleber, & Defares, 1989; Everstine & Everstine, 1993; McCann & Pearlman, 1990).

외상 후 치료는 이러한 기틀 안에서 환자의 방어기제를 적응적인 방향으로 수정함과 동시에 환자가 가족과 일, 지역사회 그리고 사회적 역할로 복귀하도록 도와야 한다. 이러한 일련의 치료적 활동을 통해 내적 및 외적인 심리적 통합이 일어날 수 있다. 앞서 언급한 바 있듯이 억압된 사고를 표면으로 끌어내어 뒤틀리고 왜곡된 기억에 직면하는 작업은 매우 조심스럽게 이루어져야 한다. 그 경험이 교정적 숙달감 중 하나이지 재외상화가 아니라는 것을 확신할 수 있을 때에만 이런 작업이 이루어져야 한다.

서문에서 밝혔듯이 이 장에서 다룰 많은 치료적 기법과 전략은 외상화된 치안 담당자들을 위해 개발된 기법들을 응용한 것이지만 범죄 피해자에게도 그 효과성이 입증되었으며, 어떤 경우에는 민간 범죄 피해자에게 더욱 가용한 것으로 밝혀지기도 했다. 그러나 거듭 말하지만 효과적인 치료 프로그램을 계획하고 실행함에 있어 당신이 가지고 있는 환자(환자의 성격, 사회적 및 문화적 배경 등을 포함한)에 대한 이해만큼은 그 어떤 것으로도 대체할 수 없다.

외상 후 심리치료의 단계

앞에서 치료 단계에 대한 지나친 집착을 버리라고 경고한 바 있기는 하지만, 이 책에서 기술하고 있는 범죄 피해자 대상의 심리치료 기법들은 일반적으로 크게 두 단계로 진행되며(Everly, 1994, 1995) 각 단계는 때로 중첩될 수 있다.

안정화 단계는 범죄 피해자가 범죄 피해의 영향을 다룰 수 있도록 만들기 위해 안전한 심리적 환경을 조성하는 것을 목적으로 하며, 이를 위해 외상 경험의 정서적 강렬함을 점진적으로 가라앉게 만든다. 이 단계에서 필요한 치료 전략과 활동에는 피해자가 가능한 한 많은 실질적인 지원을 받을 수 있도록 돕고, 그들이 소화할 수 있을 만한 범위 내에서 가능한 한 많은 사건 관련 정보와 의견을 얻도록 격려하는 것이다. 책임감을 덜도록 일이나 과업을 잠시 중단하는 것도 피해자를 이전의 안정적인 상태로 돌아가게 하는 데 용이할 수 있는데, 이는 자존감 향상에도 도움이 될 수 있다. 불안 조절이나 정서적 안정, 또는 수면이나 그 밖의 다른 증상을 조절하기 위해 약물치료가 도움이 될 수도 있다. 또한 피해자가 친구나 가족으로부터 가능한 한 많은 긍정적인 심리적 지지를 얻을 수 있도록 하고 그들을 힘들게만 하는 사람들로부터 벗어나도록 조언할 필요도 있다.

치료의 훈습 단계에서 피해자는 자신에게 일어난 일의 의미를 찾고 신념 체계와 세계관에 맞게 이 경험을 통합하기 시작한다. 이러한 개인적 이야기 구성 과정에서 어떤 경우에는 경험의 몇몇 요소와 그것에 대한 피해자의 반응이 피해자가 원래 가지고 있던 세계관에 맞게 수용되지만, 다른 경우에는 외상적 사건의 수용을 위해 피해자의 핵심 신념들이 확장되거나 바뀌어야 한다. 피해자들은 외상적 사건으로 인해 잃은 것을 자신의 일부로 받아들여 애도해야 하며 미래에 직장인, 가족 구성원, 시민 등으로서의 역할을 수행하기 위한 계획을 구축해야 한다.

임상 실제에서 심리치료는 통상 출발과 정지를 번갈아 가면서 밀고 당기며 순환하는 속도 조절 바퀴의 형태로 진행된다. 따라서 임상가는 소위 '올바른 순서' 대로 작업하는 것에 너무 매일 필요가 없다. 물론 치료적 유연성이라는 것이 아무렇게나 흘러가도록 두는 것을 의미하는 것은 아니므로, 치료적 효율성을 위해 상담과 심리치료는 기본적인 지침과 구조 안에 다양한 필수 요소를 통합하고 있어야 한다(Miller, 1993a, 1998h, 2006m, 2007m).

치료적 관계

상담자와 치료자들이 비록 이론적 및 임상적 성향이 다를지라도 치료적 관계가 효과적인 심리치료의 핵심이라는 것에는 모두 동의하며, 그렇기 때문에 가능한 한 치료의 초기 과정에서 치료 관계를 발전시키고자 노력할 것이다. 그러나 이미 여러 차례 주목받고 손가락질 당한 범죄 피해자들과 신뢰를 형성하기란 어려운 일이다. 특히 회피적, 자기애적, 편집증적 및 분열성 성격을 가진 피해자에게는 더욱 어려운 일이다(3장). 하지만 의존적이고 히스테리적이며 경계선적인 성격 특성을 가진 피해자들은 정반대의 양상을 보일 수 있는데, 이들은 유치한 방식으로 치료적 관계에 들어오며 치료자에게 과도하게 밀착되어 정서적 따개비가 된 마냥 달라붙을 수 있다.

무엇보다 우선적으로, 범죄 피해자를 위해 일하는 정신건강 임상가는 "왜 이런 일을 하죠?" "누가 당신에게 돈을 주나요?" "이 정보를 또 누가 알게 되나요?"와 같은 질문을 참아낼 준비를 해야 한다. 어떤 범죄 피해자들은 처음에 짜증스럽고 적대적일 수 있으며, 치료자를 냉소적으로 비웃거나 사법제도와 정신건강 종사자들을 비판하는 모습을 보일 수 있다(Silva, 1991; Wester & Lyubelsky, 2005).

치료적 동맹을 수립하는 동안 신뢰가 얼마나 쌓일지 하는 것은 범죄 피해자의 말, 생각, 감정, 반응 및 비언어적 행동을 해석하는 치료자의 기술에 달려 있다. 최상의 경우, 피해자들은 치료자를 편하게 느끼고 치료 과정에서 안정감과 예측 가능성을 경험한다. 치료적 상호 신뢰를 쌓기 위한 유용한 지침에는 다음과 같은 것들이 있다(Silva, 1991).

정확한 공감 이것은 범죄 피해자의 배경과 경험에 대한 치료자의 이해를 피해자에게 전달하는 것이다. 그러나 당신이 비슷한 경험을 직접 한 것이 아닌 한, 섣불리 잘못된 친근함이나 위선적인 유대감을 드러내는 것은 주의해야 한다.

만약 비슷한 경험을 했더라도 그것이 치료적 동맹을 깨지 않고 발전시킬 것이라는 확신이 없는 한 치료적 자기개방에 대해서는 주의해야 한다. 치료자와 범죄 피해자 간의 첫 만남은 안전하고 편안한 분위기에서 이루어져야 한다. 이런 분위기는 치료자가 도움을 받기로 한 피해자의 결정을 긍정적으로 지지하고 비밀유지와 권리에 대한 치료자의 임상적 책임과 한계에 대해 명확히 설명하며 환자로 하여금 그들의 걱정을 말하도록 독려함으로써 조성된다.

진솔함 모든 치료자는 독특한 성격을 가진 하나의 인간이기 때문에, 치료자도 자신만의 임상적 양식과 대인관계 양식을 가지고 있다. 그러나 전반적으로 자발적이면서도 요령 있고 유연하며 창의적일 수 있어야 하며, 가능한 한 직접적이면서도 방어적이지 않은 방식으로 의사소통해야 한다.

가용성 당신은 피해자가 필요로 할 때 어떻게 하면 당신과 연결이 가능하며 (온당한 범위 내에서) 당신이 언제 가용할지를 피해자에게 알려 주어야 한다. 또한 현실적으로 지킬 수 없음을 알고 있는 약속이나 도움을 보장하지 말아야 한다.

존중 품위가 있으면서도 확고한 자세로 존중감을 보여 주어야 하며, 치료적 관계에서 피해자의 자율성, 통제감, 책임감, 자기존중감을 인정해야 한다. 존중은 '~씨' '~님' 같은 형식적인 호칭이나 치료자의 전반적인 태도, 언어, 행동에 의해서도 분명하게 드러나야 하며, 상호 신뢰와 존중이 쌓여 이러한 격식이 필요 없을 때까지 지속되어야 한다. 이것이 바로 범죄 피해자를 폄하하거나 잘난 척하는 것("저기, 그것이 당신 생각만큼 나쁜 것은 아니에요.")이라든지 가식적으로 동지애를 강요하는 것("나는 범죄 피해자가 되는 것이 어떤 것인지 알고 있어요. 나는 지난해 지갑을 도둑맞았지요.") 등의 이중 덫을 피해야 하는 중요한 이유다. 거듭 이야기하지만, 치료자가 실제로 피해자와 똑같은 경험을 하였거나 자기 개방이 도움이 될 것이라는 확신이 없는 한 이러한 덫은 피해야 한다.

목표 적어도 초기에는 치료가 목표 지향적이어야 하며 문제 해결 중심적이어야 한다. 섬세하고 복잡한 심리적 주제를 탐색하기 전까지는 현실적인 차원의 적극적인 문제 해결을 강조해야 한다(Brooks, 1998; Miller, 1998h; Wester & Lyubelsky, 2005). 앞 장에서 살펴본 바 있듯이, 범죄 피해자들이 인지-행동적 자기조절 훈련을 숙달함으로써 통제감을 갖게 되면 회복을 위해 한 걸음 내딛는 것조차 방해하는 견고한 외상적 문제들을 다루는 것이 비로소 가능해질 수 있다.

치료 전략

어떤 치료든 치료 전략의 효용성은 개입의 시점과 분위기, 방식, 목적 등에 따라 결정된다. 범죄 피해자를 위한 효과적인 심리적 개입은 다음과 같은 요소들을 포함한다(Blau, 1994; Fullerton, McCarroll, Ursan, & Wright, 1992; Miller, 1993a, 1994b, 1998e, 1998h, 2006m; Wester & Lyubelsky, 2005).

적절한 범위 현존하는 문제를 다루기 위해 필요한 만큼 풍부한 치료적 접촉을 활용하라. 최소한 몇몇 피해자는 개입의 시작 단계에서부터 이미 지속적이고 장기적인 지원을 필요로 함을 알 수 있다. 전문적인 환자professional patients가 될 위험이 높거나 치료 활동 자체가 범죄와 관련된 외상적 기억을 떠올리게 만들 가능성이 높은 경우에는 치료의 용량을 조절할 필요가 있다. 대부분의 경우 접촉의 빈도는 높은 수준에서 시작되어 시간이 지날수록 회기의 빈도가 감소된다. 많은 사람이 초기의 잦은 접촉 단계에서 기복을 보이다가 점차 안정화되지만, 치료와 회복의 경과 중에 응급 상황이 발생하면 다시 불안정해지므로 치료 빈도를 일시적으로 늘리게 된다. 이런 현상은 재판이 시작될 때 자주 발생한다. 재판은 종종 범죄 피해가 발생한 지 수개월, 심지어 수년이 지난 뒤가 될 수 있으며, 치유가 시작된 피해자의 오래된 상처를 다시 헤집어 놓는다(16장).

적절한 초점 치료의 초기 목표는 범죄 피해자의 문제를 해결하는 것보다는 안정화를 돕고 미래를 위한 스트레스 예방책을 제공하는 데 있다. 임상가는 가족 배경과 직업력을 포함한 포괄적인 과거력 정보를 수집하기 위해 다양한 질문을 할 수 있는데, 놀랍게도 10분 정도만 지나면 환자가 "이 모든 게 내 사건과 무슨 상관이죠?"라며 끼어들 것이다. 물론 배경 정보가 중요하지만 안정감과 통제감의 빠른 회복을 위한 실질적인 개입이 회기 내에서 성공적으로 이루어지려면 이런 정보의 수집은 몇 회기 뒤로 미루는 것이 나을 수 있다.

단도직입적, 목표 지향적, 문제 해결적 치료 개입은 다음과 같은 요소들을 포함한다(Blau, 1994).

안식처 만들기 치료적 환경은 항상 안정감을 제공해야 한다. 범죄 피해자는 자신이 하는 말이 자신의 치유 목적으로만 사용된다는 것을 알고 안심해야 한다. 실제로 많은 피해자들이 초기의 경계심이 사라지고 나서 치료자의 사무실이 범죄의 파도 후 주변에서 소용돌이치는 심리적 및 법적 스트레스로부터 도피할 수 있는 장소(아마도 유일한 도피처)라는 것, 그리고 그 도피처가 그들을 '살아 있게' 만들 수 있다는 것을 깨닫게 되었다고 말한다. 물론 형사사법 절차가 진행되는 경우 치료 관련 기록지 제출이 요구되거나 치료자가 법정 증언에 소환될 수 있기 때문에 비밀보장의 한계에 대해 환자에게 조심스럽게 설명할 필요가 있다.

중요 관심 영역에 초점 맞추기 일반적으로 강조되는 바와 같이, 범죄 피해자의 심리치료는 치료적 이득을 빨리 얻고 환자의 자기통제감을 빨리 회복시키기 위해 애초부터 목표 지향적이며 당면한 위기와 관련된 특수한 적응 및 회복과 관련한 쟁점들에 초점화되어야 한다. 이는 다음에 기술할 요소의 필연적 결과다.

원하는 결과를 특정하기 실질적인 목적을 달성하는 것과 같은 선상에서, 시작 단계부터 환자가 이러한 목적들을 개인화할 수 있도록 도우라.

모호한 목적: "나는 일과 가족 관계에서 더 편안함을 느끼고 싶다."

특정화된 목적: "나는 빨간불이 들어올 때마다 공황 상태에 빠지는 일 없이 차를 타고 갈 수 있는 수준으로 공격에 관한 침투적인 사고의 양을 줄이고 싶다."

혹은: "내가 별것 아닌 일로 내 아내와 아이들에게 폭발하기 전에 침착함을 되찾을 수 있도록 몇 분간 물러날 수 있었으면 좋겠다."

물론 혼란 상태에 있는 대부분의 환자는 미리 정해진 구체화된 목록을 보고 치료 목표를 설정하는 것을 내켜 하지 않을 것이다. 실제로 외상화된 피해자들은 종종 자신이 치료에서 무엇을 얻고자 하는지에 대해 혼란을 느낀다(예: "나는 단지 고통이 가 버리길 원해요." "나는 단지 잠을 잘 수 있었으면 좋겠어요." "나는 명료하게 생각할 수 있길 원해요."). 그러므로 임상가로서 초기 단계에 수행해야 할 일차적인 과제는 치료 과정이 목표를 달성하고 있는지 아닌지를 측정할 수 있도록 목표를 정리하고 초점을 맞추며 조직화하도록 돕는 것이다. 다시 말해, 경직되지 않게 가능한 목표를 명시하고 그것에 따라 작업을 설정하는 것은 통제 불능감을 느끼는 환자가 현실의 문제에 초점을 맞추고 힘을 가질 수 있게 도와준다.

일반 계획을 짜기 첫 회기에서 하나 이상의 작업 가능한 목표를 구체적으로 설정한 뒤, 진행 과정에 따라 수정 가능한 초기 개입 계획을 수립하라. 이 시기에 모든 세부 사항이 정해질 필요는 없으며, 계획은 새로운 정보가 수집될 때마다 수정될 수 있다. 그러나 다음 단계로 옮겨 갈 수 있도록 하는 일반적인 지침은 어딘가에 정해 놓고 있어야 한다.

초기에 이루어진 개입이 무엇인지 확인하기 개입은 가능한 한 빨리 시작하라. 이것이 환자에게 확신감을 빠르게 부여하고 치료 동기를 강화해 주며 초기 개입의 결과를 토대로 향후 개입의 지침을 얻게 해 준다.

자원 검토와 자기효능감 독려하기 약점이 아닌 강점의 강화라는 외상 후 심리치료의 목적 달성과 같은 맥락에서, 환자의 취약성을 이해하는 것만큼이나 환자가 가진 개인적 장점과 자원을 이해하는 것도 중요하다. 약점을 극복하기 위해 강점을 활용하도록 늘 노력하라.

치료 기술

치안 담당자들을 위해 개발된 심리학적 개입 전략들을 수정해서 외상화된 범죄 피해자들과의 작업에 적용하려는 시도가 있어 왔으며, 그 효과성이 검증되고 있다(Blau, 1994; Miller, 1998c, 1998h, 2000b, 2006m; Miller & Dion, 2000). 여기에는 다음과 같은 것들이 포함된다.

경청 부적절한 논평이나 방해 없이 안정적으로 눈을 맞추고, 적절한 몸짓을 사용하며, 진솔한 관심과 대인 간 관여를 드러내는 것이 포함된다. 임상가라면 이것이 6장에 소개했던 적극적 경청의 한 형태임을 이미 눈치챘을 것이다.

공감적인 존재가 되어 주기 이러한 태도는 범죄 피해자에게 치료자의 가용성과 관심을 전달해 주며, 피해자가 사건으로 유발된 정서적 혼란을 인식할 수 있도록 해 준다. 많은 피해자가 (임상적인 이유로) 거리를 두는 것 같은 치료자의 태도와 냉담함 때문에 정이 떨어졌으며 치료자가 자신들을 치료할 준비가 되어 있다는 느낌을 느낄 수 없다고 말하곤 한다. 이런 임상가들 중 일부는 역전이, 대리외상, 그리고 치료자 측의 정서적 감염과 관련된 쟁점들을 다루어야 할 필요가 있을 것이다(McCann & Pearlman, 1990; Pearlman & MacIan, 1995; 15장을 보시오). 반대로 몇몇 의존적이거나 경계선적인 혹은 자기애적인 환자들(3장)은 치료자의 시간과 헌신을 지나치게 많이 요구할 수 있으며, 이런 경우 임상가는 공감적 관여를 유지하면서도 현실적인 한계를 설정할 필요가 있다.

안심시키기 급성 스트레스 상황(5장, 6장을 보시오)에서는 범죄 피해자를 현실적으로 안심시켜 주기 위한 형태로 안심시키기가 제공되어야 한다. 여기에는 통상 어떤 종류의 보호 조치가 이루어지는지, 다른 사람들이 피해자 대신 책임지게 될 것에 무엇이 있는지, 피해자가 가족과 정신건강 임상가 및 형사사법체계의 지원을 받게 될 것이라는 것이 포함된다. 앞으로 며칠, 몇 주, 몇 달 동안 피해자가 무엇을 경험하게 될지를 미리 알려 주는 것도 도움이 되는데, 피해자가 놀라거나 두려워하지 않도록 적절한 방법을 사용해야만 한다. 현실적이되, 항상 안심을 시켜야 한다.

치료자는 범죄 피해자가 수사 당국과 사법 관계자와의 반복된 면담이 있은 지 수개월이 지난 뒤조차도 여전히 사법 체계와 지지 서비스에 대해 아무것도 모르는 것 같아 보여 놀랄 수 있다. 범죄 피해자에게는 여러 명의 낯선 이를 만나는 것이 매우 위협적으로 느껴질 수 있다. 아마도 치료적 관계는 환자가 잡다하고 때로는 불쾌한 것들을 처리하고 이해하기에 충분히 안전하다고 느낄 수 있는 최초의 장소가 될 것이다. 그리고 당신은 피해자가 이런 정보들을 전달하기에 충분히 믿을 만한 지지적이고 권위적인 유일한 전문가일 수 있다. 이것이 범죄 피해자를 위해 일하는 치료자가 환자의 임상적 측면뿐 아니라 법적인 측면에 대해 알고 있는 것, 더불어 사법 체계가 어떻게 작동하는지에 대한 지식을 가지는 것이 중요한 이유다.

"가장 도움이 되었던 것은 제가 모든 것을 설명하지 않아도 된다는 것이었어요." Jerome이 말했다. "치료자는 사법 체계에 대해 모두 아는 것 같았어요. 그래서 반복해서 설명하지 않아도 됐지요. 특수한 법적 질문에 대해서는 변호사의 자문을 구하라고 그가 말했지만, 그 체계를 이해하는 누군가와 함께한다는 것 자체가 도움이 되었어요."

지지상담 여기에는 적극적 경청, 사건 내용의 재진술, 감정의 명료화 및 타당화가 포함된다. 필요시 유관 기관과 연계하는 것이라든지 지역 내 전문 기관에 의뢰하는 것과 같은 구체적인 서비스를 제공하는 것도 포함된다.

"처음에는 피해자 지원 기관에 연락하는 것을 모르고 있었어요. 그래서 치료자가 그의 책장에서 수많은 지원기관과 담당자 이름이 들어 있는 책자를 꺼냈을 때 기분 좋게 놀랐어요. 물론 거기에 담긴 모든 기관이 나와 관련이 있는 것은 아니었지만, 내게 필요한 기관을 찾아내었고, 앞으로도 필요할 때마다 그 책 속에서 관련 기관을 찾을 수 있게 되었어요."

해석적 상담 이 유형의 개입은 범죄 피해자의 정서적 반응이 사건이 유발했다고 볼 수 있는 범위를 유의미하게 넘어설 때 사용되어야 한다. 이런 개입이 적절한 사례라면, 치료적 전략은 외상적 사건을 실제보다 더 강렬하게 만드는 기저의 정서적, 성격적, 정신역동적 쟁점들을 피해자가 탐색할 수 있도록 격려하는 것이어야 한다(Horowitz, 1986). 경우에 따라 이러한 작업은 당장의 외상적 사건이 아니라 과거에 경험한 다양한 생활 사건으로 확대될 필요가 있으며, 장기적인 심리치료를 필요로 할 수 있다. 그러나 범죄 피해자의 전형적이지 않은 반응이 무조건 해결되지 못한 아동기 문제에서 기인한 것으로 몰아가지 않도록 주의하라. 이런 가능성을 고려하는 것이 중요할 수는 있으나 과거 역동을 알아내기 전에 지금-여기에서 일어나고 있는 일들을 확실히 이해할 필요가 있다.

> "Freud 학파들의 견지에서 볼 때, Jerome은 원가족과의 해결되지 못한 응어리가 있고, 그것 때문에 아들이 작은 리그 게임에서 싸움한 것을 과잉 해석하게 된 것으로 보여요." 그의 치료자가 말했다. "그러나 그것은 좀 천천히 생각하려고 해요. Jerome 자신이 '10년의 긴 의자 거래'라 부르는 것에 동참할 준비가 되지 않았다는 사인을 내게 보냈거든요. 저 역시 그를 치료에서 멀어지게 하거나 그가 두려움을 갖게 될 위험을 감수하고 싶지 않아요. 그래서 계속 현재에 초점 맞추고 그가 과거로부터 또 다른 이슈들을 가져오기를 기다릴 셈이에요."

유머 이미 다양한 형태의 심리치료에 유머가 자리를 잡았지만(Fry & Salameh, 1987), 몇몇 외상화된 범죄 피해자와의 작업에는 이것이 특히 유용할 수 있다(Fullerton et al., 1992; Henry, 2004; Miller, 1994b, 1998e, 1998h, 2006m; Silva, 1991). 치료자와 환자가 함께 웃는 것은 둘 간의 친밀한 감정의 공유로 이어질 수 있다. 유머는 악의와 공포에 의해 오염된 것처럼 보였던 세상에 균형감과 안목 및 명료함을 가져다준다: "무엇이 재미있는 것인지 아는 사람을 내게 보여 주세요." Mark Tawin이 말했다. "그러면 내가 당신에게 재미없는 게 무엇인지 아는 사람을 보여 줄게요."

빈정거리는, 엽기적인 혹은 냉소적인 유머라도 적절하고 건설적으로만 사용된다면 분노와 좌절, 억울함, 슬픔을 환기시켜 줌으로써 생산적이고 재통합적인 치료 작업으로 이어질 수 있다. 그러나 이것은 치료자가 추잡하고 냉소적이거나 비열한 비난, 인신공격, 혹은 자기비하와 같은 파괴적인 형태의 자조나 부적절한 투사적 적대감의 뚜껑을 열지 않을 수 있을 때만 가능하다.

치료자는 외상화된 개인이 치료 초기에 융통성이 없고 의심하는 경향이 있으며 좋은 의도의 농담과 회유조차도 모욕적이거나 자신의 고통을 경시하는 것으로 받아들일 수 있다는 점도 기억해야 한다. 이런 경우에는 건설적이고 치료적인 방식으로 유머를 사용하는 것을, 환자의 자신감과 자존감이 충분히 회복되고 인지적 및 정서적으로 숨 쉴 만한 여유가 생길 정도로 치료적 관계가 형성된 이후로 미루어야 한다. 그러나 영구적인 신체적 손상과 장애를 남긴 성폭력 사건이나 결코 재미있어질 수 없는 사랑하는 사람의 죽음 같은 일부 극단적 사건은 존중되어야 하며, 이런 경우 '유머'의 사용은 부적절할 수 있다. 하지만 이런 식의 존중이 치료 회기가 눈물겨운 감상의 시간이 되어야 한다는 것을 의미하지는 않는다. 실제로 어떤 환자들은 과도하게 침울한 치료자에게 좀 밝아질 필요가 있다고 충고하기도 한다.

나는 가끔 임상 실무에서 치료적으로 중요한 지점을 유머 있게 설명하기 위해 잡지책에 있는 만화를 사용한다. 신체적 장애나 뇌 손상 환자들을 대상으로 한 집단치료 회기에서 나는 유명한 유머 작가가 그린 만화를 돌렸다. 이 작가는 신체적 및 정신적 문제가 있는 사람들에 대한 사람들의 위선적인 태도를 통찰력 있게 조롱하는 것으로 유명하다. 집단 내 모든 사람이 작가의 농담(더불어 내가 그것으로 달성하고자 했던 치료적 중요 지점)을 받아들였는데, Ritchie만은 예외였다. Ritchie는 나에게 "내 문제를 우스갯거리로 만들다니……. 이게 정말 재밌는 농담이라고 생각하세요?"라며 대들기 시작했다. 다행히 다른 집단 구성원들이 나를 곤경에서 구해 줄 수 있었지만, Ritchie와 나의 관계를 다시 회복하는 데는 오랜 시간이 걸렸다. 이 일을 통해 나는 치료적 의사소통을 대신할 창의적인 대체물 선택 시 '고객에 대해 아는 것'이 얼마나 가치 있는지를 배우게 되었다.

인지적 방어 활용하기

심리학에서 방어기제란 불쾌한 사고, 감정, 충동 또는 기억으로부터 자신을 보호하기 위해 사용하는 정신적 책략을 말한다. 방어의 정상적 사용은 평범한 사람들이 갈등과 모호함을 피하고 자신의 성격이나 신념 체계의 일관성을 유지할 수 있도록 해 준다. 하지만 대부분의 정신건강 임상가는 방어의 과도한 사용이 불쾌한 사고나 감정을 너무 분리시켜 일상생활에서 경직되고 비기능적인 대처 방식을 갖게 만든다는 것에 동의한다. 그러므로 전통적인 심리치료 영역에서 일하는 대부분의 사람은 환자가 자신의 병리적인 방어를 포기하도록 조심스럽게 도움으로써 내적 갈등을 더욱 건설적으로 다루는 법을 배울 수 있게 한다.

그러나 방금 외상화를 경험한 사람이 가장 원치 않는 것, 그래서 치료의 가장 마지막에야 해야 하는 작업이 바로 방어를 벗겨 내는 일이다. 당신이 전쟁터에서 다리를 다쳤다고 치자. 아마 의무병은 상처를 소독한 뒤 당신을 마취시키고 뼈를 맞추고 깁스로 고정할 것이다. 그는 당신이 건강을 되찾도록 돌보는 것을 멈추지 않을 것이다. 그는 최선을 다해 그리고 가능한 한 빠르게 (만일 필요하다면 더러운 나뭇가지와 낚시 도구로) 다리를 묶어 고정시킬 것이다. 그리고 당신이 2배속으로 빨리 그곳에서 다리를 쩔뚝거리며 나갈 수 있게 도울 것이다.

이와 마찬가지로, 피해자가 급성적인 외상에 대응하기 위해 심리적 방어를 적절히 활용하는 것은 외상 직후에 제 기능을 유지할 수 있도록 함으로써 나중에 치료의 특별한 시기가 도래할 때 외상적 경험을 생산적으로 해결하고 통합하게 해 주는 중요한 심리적 부목을 대거나 정서적 장에 붕대를 감는 것과 같다(Janik, 1991).

많은 임상가는 외상화된 범죄 피해자가 그들만의 방어기제를 적용하기 위해 약간의 도움이 필요함을 알고 있다(Durham, McCammon, & Allison, 1985; Henry, 2004; Taylor, Wood, & Lechtman, 1983). 다음은 어떻게 사용하느냐에 따라 건설적일 수도 있고 부적응적일 수도 있는 방어기제의 예다.

부인 "그냥 이 일을 내 마음속에 넣어 둘래. 다른 일에 집중하고, 그것을 떠오르게 하는 사람이나 상황을 피하면서 말이야."

합리화 "선택의 여지가 없었어. 어떤 일들은 이유가 있어서 일어난 거야. 더 나쁠 수도 있었어. 다른 사람들은 더 나쁜 일도 겪어. 대부분의 사람이 나처럼 반응할 거야."

전치/투사 "이건 그렇게 늦은 밤에 기록실에 나를 보낸 사장 잘못이야. 경찰이 911 전화를 너무 늦게 받았어. 지방청 검사가 정치적인 이유 때문에 이 사건을 쉽게 넘겼어."

긍정적 측면 재조명 "이봐, 이것은 일시적인 거야. 나는 원래 조심스럽고 유능한 사람이야. 나는 영리하고 강한 사람이야. 나는 이것을 극복할 수 있어."

긍정적 행동 재조명 "좋아, 안전 규칙을 더 잘 따르고, 관리실에 이 주변에 더 나은 보안을 갖추도록 말해야겠어. 안전 훈련을 더 많이 하라고 요구해서 누구도 다시는 이런 일을 겪지 않게 할 거야."

임상가는 범죄 피해자의 기능 유지를 위해 일시적으로 심리 방어를 적극적으로 강화하고 지지해야 하는 적절한 시기를 알고 있어야 한다(Janik, 1991). 다리를 다친 환자가 다시 걷는 법을 배울 때 부목이 정형외과적 재활의 필수 요소이듯, 심리적 상처를 입은 환자들이 외상 사건 후 가능한 빨리 정서적 두 발을 재사용할 수 있기 위해서는 일시적으로 심리적 부목을 사용하는 것이 적응적이고 생산적인 일일 것이다. 다만 나중에 그가 정상적 삶으로 돌아오는 과정에서 울퉁불퉁한 과도기를 겪을 때, 잠재적으로 부적응적일 수 있는 이 방어기제들이 치료 경과를 방해하는 장애물로 귀환할 가능성이 있다.

몇몇 정형외과 환자는 특수 신발이나 지팡이 같은 하나 이상의 보행 보조장치가 항상 필요할 수 있다. 외상화된 범죄 피해자들에게도 일이나 생활 과업을 생산적으로 처리하기 위해 어느 정도의 심리적 방어가 지속적으로 필요할 수 있다. 실제로 우리 가운데 방어기제에서 완전히 자유로운 사람은 거의 드물다. 그러나 방어기제가 (우리가 심리적으로 자립하여 두 발로 설 수 있음에도 불구하고) 부적절하게 그리고 너무 오래 사용될 때, 그 부목은 건강하지 못하고 나쁜 것으로 간주되어야 한다.

생존자원 훈련하기

2장에서 밝혔듯, 외상 심리학의 최근 동향은 환자의 탄력성이 지닌 자연 치유력을 촉진하고 강화시키는 것의 중요성과 스트레스와 장애에 저항하고 강점을 건설적으로 부각시키는 것을 강조한다(Calhoun & Tedeschi, 1999; Dunning, 1999; Miller, 1990, 1994b, 1998b, 1998h, 2007m; Stuhlmiller & Dunning, 2000; Tedeschi & Calhoun, 1995, 2004; Tedeschi & Kilmer, 2005; Violanti, 2000).

이런 맥락에서 Solomon(1988, 1991)은 인간의 취약성과 죽을 수밖에 없는 숙명에 대한 건설적인 부인이 진행 중인 중대 사건과 그 사건의 즉시적인 결과를 처리해야 하는 경찰관, 응급 구조사들 그리고 치안 담당자에게 적응적인 반응일 수 있음을 강조해 왔다. 저자의 경험상 이러한 접근은 외상화된 범죄 피해자들의 심리치료에도 효과적일 수 있다.

기억하라, 긍정적인 면을 강조하는 것은 그것이 현실에 근거했을 때만 효과적인 치료 기법일 수 있다. 명백히 부정적인 상황에서 긍정적으로 생각하도록 강요하는 것은 치료적 신뢰를 침식시키고 자기망상에 빠지게 할 뿐이다. 그러나 인간의 본성은 위험 기피적이다. 따라서 피해자들은 종종 공포, 위험, 상해 및 죽음의 성질을 띤 외상적 사건을 곱씹곤 하며, 고난과 사건 후유증에 대처해야 할 자신의 권리를 간과한다. 그러므로 임상가는 피해자가 적응적인 대응 노력들을 할 수 있도록 현실적으로 상기시켜 줄 필요가 있으며, 그 과정에서 피해자는 자신의 강점을 발견하고 그 강점을 활용한 대응 노력을 통해 자신의 권능감을 증명할 수 있게 된다. **생존자원 훈련하기**survival resource training(Solomon, 1988, 1991)라고 불리는 이런 개입은 피해자의 강점과 자기문제에 대한 자각 및 정신의 명료함을 증가시켜 두려움을 떨칠 수 있도록 해 준다.

이 기술을 사용하기 위해서는 환자가 고통스러울 수도 있는 기억을 다루고, 범죄 경험을 재진술할 수 있을 정도로 충분한 정서적 자기통제 능력을 가지고 있으며, 재외상화를 겪지 않을 것이라는 확신이 들어야만 한다. 6장에서 언급한 바 있듯이, 필요하다면 이 기술을 자극 통제와 심상 및 인지적 통제 기법을 적절히 훈련한 후에 활용하는 것이 나을 수 있다.

생존자원 훈련하기에서 임상가는 환자에게 뒤로 물러나서 객관적인 시점에서, 즉 '당신 스스로를 영화에서 보는 것처럼' 중대 사건을 한 프레임씩 살펴보도록 격려한다. 피해자가 (공격당하고, 스스로를 방어하고, 도망가고 도움을 청하는 등의) 영화 속으로 완전히 빠져들면, "당신이 대응 가능한 부분에 주목하세요." 라고 지시한다. 우리는 지금 여기에 있고 당신은 죽지 않았다. 그리고 당신은 어떻게 그것에서 헤어 나왔는가? 당신은 어떻게 했는가? (의도적이든, 반사적이든, 본능적이든, 무의식적이든 간에) 당신을 그 사건에서 살아남도록 당신 스스로를 돕기 위해 무엇을 했는가?

한 프레임씩 되감기 작업은 대개 여러 차례 반복해야 한다. 재진술에 대한 환자의 저항이 사라지면 점차 사건 기억이 덜 독해지며, 자기 능력은 더 커지는 양상을 드러낸다. 재진술은 자극 통제나 인지 재구조화와 같은 다른 치료 기법들에 의해서도 촉진될 수 있다. 잘 준비된 환자에게 정확하게 실시하는 경우, 일반적으로 생존자원 훈련 과정은 범죄 피해자로 하여금 부동의 공포, 취약함, 통제 상실 혹은 지각적 왜곡 대신에 살아남을 수 있었던 자신의 능력에 주의를 기울이게 함으로써 통제력과 인식을 높이고 자신감과 정신의 명료도를 포함한 정신적 재구성을 가능하게 한다. 이러한 작업은 종종 환자가 살아남기 위해 자신의 두려움을 어떻게 참아 냈고 임기응변했는지를, 심지어 다른 사람을 어떻게 도왔는지를 떠올리게 한다(6장에 제시된 Charlses의 사례를 떠올려 보라). 그러므로 재구성은 취약성 대신 탄력성에, 그리고 약점 대신 강점에 초점을 둔다.

과거의 외상 사건 처리와 더불어, 효능감과 능숙함에 대한 현실적인 느낌은 미래에 발생 가능한 사건들에도 영향력을 행사한다. 이는 많은 범죄 피해자가 권능감과 확신감, 그리고 범죄의 기소와 관련된 문제나 법정 증언 및 범죄 발생지(예: 직장)로 돌아가는 것과 같은 사건 이후의 다양한 도전을 다루는 능력이 증가했다고 보고하는 것에서도 잘 드러난다. 더욱이 많은 피해자는 응급이라고 볼 정도는 아니지만 직장에서의 소소한 문제나 가족 갈등과 같은 스트레스 받는 다른 상황에서도 더욱 강한 자신감을 느낀다(Miller, 1999d, 2007a; Solomon, 1988). 상호 간 노력이 혼란스럽고 좌절스러운 악순환을 자신감과 낙관적인 선순환으로 바꿀 수 있을 때, 임상가와 환자는 모두 만족하게 된다. 이는 대부분의 심리치료가 지향하는 결과다(Miller, 1993a, 1994b, 2006m, 2007m).

Mitchell은 가족에게 일어난 끔찍한 가택 침입 사건에 대한 죄책감에 빠져 있었다. 자신이 그날 경비 시스템의 알람을 끈 채 문을 잠그지 않는 '실수를 저질렀다' 고 느꼈기 때문이다. 3명의 침입자가 들어와 거실에 있던 Mitchell과 그의 아내 Gail을 공격했고 접착 테이프로 그들을 묶은 뒤 집 안을 뒤지기 시작했다. 침입자 중 적어도 한 명은 총을 가지고 있었다. Mitchell은 그 남자에게 무언가를 말하려 했지만 그들 중 한 명이 머리를 때리며 "입 닥쳐."라고 한 것을 기억해 냈다. 그들은 Gail에게 보석과 현금이 어디 있는지 물었고 Mitchell은 '단지 그들을 그곳에서 나가게 하기 위해' 그들이 원하는 것을 알려 주었다.

원하는 것을 얻은 뒤 강도들이 Mitchell과 Gail 앞에 멈춰 섰다. 한 명은 그냥 나가길 원했지만 나머지 두 명은 Gail을 강간할 것처럼 말하며 희롱하기 시작했다. 강도들의 행동을 막기 위해 Mitchell이 뭔가 말하려 했지만, 강도 중 한 명이 그가 다시 정신을 잃을 때까지 때리기 시작했다. 정신이 들었을 때, 그는 Gail이 다른 방에서 폭행당하며 비명지르는 것을 들을 수 있었다. 3명의 남자 모두 그녀와 함께 그 방에 있었다. Mitchell은 반쯤 부서진 의자에 묶인 채 바닥에 쓰러져 있었다. 몸을 비틀고 꿈틀거려 손을 접착 테이프에서 풀어냈다. 그러나 집 전화와 휴대전화 모두 Gail과 범죄자들이 있는 방에 있었다.

그때 Mitchell은 범죄자들이 현관문을 조금 열어 뒀다는 것을 알아챘다. 도망칠 수 있었지만 어떻게 부인을 남겨 두고 갈 수 있단 말인가. "내가 그걸 생각해낸 것 같지 않아요. 생각난 게 아니라 그냥 그 아이디어가 내 머릿속으로 튀어들어 왔어요."라고 그가 말했다. 강도들이 정신이 팔려 있는 동안 그는 현관문을 나와 돌을 주워 이웃집 창문을 향해 던져 경보기를 울리게 했다. Mitchell의 집에 있던 범죄자들은 매우 놀라 집에서 뛰쳐나와 반 블럭 밖에 세워 두었던 그들의 차로 달아났다. 그러는 새 놀라고 화난 이웃들이 집에서 뛰어나오다가 3명의 남자가 길 아래로 뛰어가는 것을 보았다. Mitchell은 집으로 뛰어 들어갔으며 Gail이 적어도 그들 중 한 명에게 성폭행을 당했다는 것을 알게 되었다. 경찰과 구조요원이 곧 도착했고 Gail은 지역 병원으로 이송되었다.

이웃이 나중에 Mitchell의 집에서 뛰어나간 3명의 남자 중 2명을 확인해 주었다. 현장에서 적어도 하나 이상의 DNA 샘플과 2명의 지문이 발견되었고, 범인을 체포하여 유죄판결을 받아 냈다. 놀랍게도 Mitchell과 그의 아내는 외상상담을 사건이 지난 후 1년 뒤에 받았다. 모든 것이 자신의 잘못이라는 죄책감에 여전히 시달리는 남편보다는 Gail이 훨씬 더 나아 보였다.

이를 바꾸기 위해 치료자는 사고 중지, 인지 재구조화, 프레임 단위의 생존자원 훈련 기술을 포함한 여러 전략을 사용했다. 그는 Mithchell에게 사건을 한 장면씩 떠올리게 했는데, 특히 이웃집에 돌을 던지는 아이디어를 떠올렸던 당시를 회상토록 했다. 시나리오 재작업을 통해 두 가지 효과를 볼 수 있었다. 첫째, 그 기억이 품고 있는 독성을 없앰으로써 침습적인 플래시백이나 악몽을 꾸지 않게 되었다. 둘째, Mitchell이 아내에게 일어났을 수 있는 더 큰 고통으로부터 아내를 구해 낼 수 있는 지략을 떠올렸다는 것에 초점을 맞출 수 있게 되었다.

"그녀가 거기서 세 남자에게 죽었을 수도 있었다고 생각해요." Mithcell이 회고했다. "Gail의 생명을 구했다는 것, 특히 머리를 맞고 묶여 있는 상황에서도 그렇게 했다는 점에 초점을 맞추게 한 치료자의 노력 덕분에 그것이 문을 잠그지 않았다는 것보다 더 중요하다는 것을 알게 됐어요. 경찰도 그렇게 말했죠. 논리적으로는 알지만 아직 확신이 드는 건 아니어서 내 안에서 온전한 믿음이 생긴 상태는 아니에요. 하지만 그렇게 되도록 계속 노력하는 중이에요."

범죄 피해자 심리치료에서 특수한 외상 후 문제

일반적인 외상 환자와 강력 범죄 피해자의 치료 과정에서 공통되게 발생하는 문제들이 있다.

감정 기복

정서적 불안정성은 자주 나타나는 외상 후 증상인데(2장), 이러한 기분 변화가 임상가에게는 혼란스러울 수 있다. 특히 치료의 후반부에 그러한 양상이 드러나기 시작할 때라면 더욱 그렇다. 이 시기의 환자들은 심리적 안정감을 되찾고 최악의 시련이 마침내 끝났다고 생각한다. 그러고는 새삼 좌절과 스트레스 및 실망감이라는 난관에 봉착하며 이전의 불안하고 우울했던 상태로 돌아간다. 이런 불편한 과정 중에는 이전의 나쁜 상태로 되돌아가서 '미쳐 버릴 것같이' 느낄 수 있기 때문에 환자들이 평소보다 더 많은 치료적 지지를 필요로 할 수 있다. 이런 에피소드는 회복이라는 길에서 삐걱거리며 충돌하게 되는 예측 가능한 반응이라는 시각으로 바라보아야 한다. 그리고 이것이 꼭 퇴보의 신호인 것은 아니라고 환자를 안심시켜야 한다. 이 시기에는 일시적으로 치료 회기를 늘리는 것이 필요할 수 있다(Everstine & Everstine, 1993; McCann & Perlman, 1990). 또한 양극성 장애와 다른 기분장애 또는 성격장애의 추가 진단 혹은 감별진단을 신중히 고려해 보아야 한다.

> Franco는 몇 달 전 직장 동료와 친구의 목숨을 앗아 간 직장 내 총기 사건의 목격자이며 증인이다. 그는 자신이 그 최악의 순간을 잘 이겨 냈다고 생각했다. 그는 직장에 돌아갈 수도 있었다. 그러나 일주일 뒤 "아무 이유 없이 울기 시작했어요. 길거리에서 유모차에 있는 아이를 볼 때도 슬픔의 파도가 쳐서 울기 시작해요. 슬픈 쇼가 TV에 나오고 여자친구가 오면 흐느껴 울게 되는데 너무 당황스러워요. 그래서 치료자에게 왜 그러는지 물었어요. 치료자는 '지연된 반응'이라며 너무 걱정하지 말라고 했어요. 그래서 그렇게 하려고 노력하고 있어요."

분노

치료의 어느 단계에서든 감정 기복은 타인의 악의에 찬 혹은 태만한 행동이 자신의 외상을 유발했다는 사실을 알게 됨으로써 시작되는 분노 출현의 전조 증상일 수 있다. 환자들은 다양한 이유로 화가 날 수 있으며(Everstine & Everstine, 1993; Matsakis, 1994), 그중 일부는 다음과 같다.

- 외상 사건이 일어났다는 것
- 그것이 그때 그들에게 일어났다는 것
- 그들이 상해를 입었다는 것
- 그들이 사랑하는 사람이 죽거나 다쳤다는 것
- 그들이 이차적인 상처와 신체적, 심리적, 경제적 후유증으로 인해 고통받아야 한다는 것
- 의료적 및 법적 체계로부터 홀대당했다는 것
- 그들이 평생 세상에 대해 느껴 왔던 정의감과 선의를 박탈당했다는 것
- 그들이 이제는 노력을 요구하고 비쌀 뿐 아니라 시간 소모적이고 정서적으로 고통스럽고 진이 빠지는 치료 과정에 어쩔 수 없이 참여해야 한다는 것

임상가는 피해자가 이러한 분노를 직면해서 다룰 수 있도록 도와야 하지만, 너무 빨리 이러한 감정을 표면 위로 밀어내는 것은 다음과 같은 문제를 유발할 수 있다.

- 위험한 행동화를 유발한다.
- 무력한 분노에 마비되어 우울감을 느끼게 한다.
- 치료자와 피학대적인 전이 관계를 형성하고 상징적으로 외상 경험을 재현하게 한다.
- 치료 장면 안팎에서 수동공격적인 행동을 하게 한다.
- 치료 과정에서 완전히 도망가게 한다.

실제로 이런 분노들 중 상당량이 일시적으로 치료자에게 전치된다. 그러므로 치료자는 환자들이 필요한 수준까지 자아 기능을 회복하도록 도운 다음, 궁극적으로 환자들이 분노를 적절하고 건설적으로 다룸으로써 치료 과정에서 완전히 도망가지 않으면서도 분노를 표출할 수 있도록 해야만 한다.

Matsakis(1994)는 외상 후 분노 관리에 효과적인 프로그램을 개발했는데, 이것이 범죄 피해자들에게도 유용한 것으로 알려졌다(Miller, 1998e, 1998h). 이 프로그램은 분노를 다루는 두 가지 주요 측면, 즉 환기와 타당화를 포함한다.

환기 임상 장면에서 분노를 외현적으로 그리고 강제적으로 환기시키도록 하는 것이 타당한 치료적 수단인지 혹은 분노 감정을 더 강화하고 나아가 견고해지게만 하는 것은 아닌지에 대해서는 논란이 있다. 대부분의 임상 실무에서 치료자는 환자의 분노 표출이 생산적일 수 있을지를 판단해야 하며 환자에게 너무 심하다고 충분히 조언할 필요가 있는지도 알고 있어야만 한다. 상황에 따라 이와 같은 점들이 충분히 고려되어야만 하는 것은 분명하다. 그러나 때로 기억의 고통이 너무 크면 환자들이 실제로 소리를 지를 수도 있다는 점을 예상해야만 한다. 핵심은 환기를 적절한 시간과 장소에서만 허락해야 하고, 그런 후에는 건설적인 치료적 과정이 뒤따라야 한다는 것이다.

덜 극적이지만 종종 이것과 맞먹는 정도로 환기 효과가 있는 방법들이 있다(Matsakis, 1994).

- 분노에 대해 다른 사람에게 이야기하기(이것은 대부분 치료 과정에서 일어난다)
- 녹음기에 대고 분노 말하기
- 신에게 분노 말하기
- 분노를 그림으로 그리기
- 분노를 글로 쓰기
- 분노 일기를 쓰고 치료 시간에 그것에 대해 논의하기
- 더 강한 통제감을 느낄 수 있도록 자기권능적인 방식으로 행동하기

분노는 무력감을 먹고 자란다. 따라서 (감정 조절 능력을 향상시키든, 지지적인 친구나 가족 구성원과의 관계를 개선시키든, 혹은 생산적인 활동을 하도록 하든) 어떤 방법으로든 환자의 숙달감을 적절히 향상시키는 것이 방어적이고 반사적이며 화내는 방식으로 행동할 필요를 감소시키는 장기적인 방법이다.

타당화 분노의 타당화는 매우 중요하다. 외상이 타인의 악의적인 손에 의해 자행된 경우 환자가 화를 낼 아주 좋은 이유가 있기 때문이다. 그러나 분노 감정이 반드시 분노 행동으로 표출될 필요는 없다. 그 이유는 그것이 종종 자기패배적인 양상을 띠게 되기 때문이다. 따라서 미래의 자기파괴를 면하기 위해 잘 판

단하도록 하는 것이 항상 중요하다. 하지만 적절한 경우라면 환자가 형사사법체계 안에서 지지집단 활동에 참여한다거나 정치적 관여와 같은 건설적인 활동을 하도록 지지 혹은 격려할 수 있다. 실제로 9/11 테러 유가족 중 많은 사람이 그들의 분노와 슬픔을 이런 식의 건설적인 행동으로 바꾸어 타당화하고 있다(Miller, 2003d, 2003e, 2004a, 2005a, 2005b; 14장을 보시오). 음주운전 사고로 아이가 다치거나 죽은 후, 환자들이 음주운전 반대 어머니회의 일원이 되어 활동하는 것도 그 예가 될 수 있다.

그러나 사회운동은 사회운동 자체로 타당해야만 하며 자기중심적인 자만심의 투사이어서는 안 된다는 것을 기억하는 것이 중요하다. 하지만 이런 활동들이 마침내는 환자와 함께 운동하는 사람들 모두에게 해를 입히는 비합리적이고 충동적이며 투지에 찬 운동으로 전환될 위험이 높다. 이 지점이 바로 치료적이면서 상식적인 지침이 중요한 또 다른 영역이다. 이러한 맥락에서 치료자는 자신의 철학이나 정치적 성향을 환자에게 주입하는 것을 경계해야만 한다. 그보다는 환자가 자신만의 방향성과 목소리를 발견하도록 안내하는 것이 더 바람직하다(다음을 보시오).

실존적 문제와 치료의 종결

실제 세상에서 치료 실무를 담당하는 것은 또 다른 중요한 화두를 부각시킨다. 모든 주요 외상 사례에서 환자는 공정성, 정의, 안전, 그리고 삶의 의미에 관한 가정들이 산산이 부서지는 것과 싸워야 한다. 외상화된 범죄 피해자를 돕기 위한 심리치료의 핵심 과제 중 일부는 이러한 존재론적 쟁점들에 대해 합의를 보는 것이다. 어떤 환자들은 더 심각한 상해를 모면하기 위해 혹은 다른 사람들을 돕기 위해 자신이 무엇을 했어야 했는지에 강박적으로 매달린다. 이런 사람들의 치료 시, 치료적 과제는 환자를 좀 더 현실적인 자기수용 상태로 재정향시키는 것이다. 많은 환자들이 외상 반응을 종료하기 전에 반드시 외상 사건의 발생 기념일을 거칠 필요가 있는데, 특히 외상 사건이 심각했을수록 더욱 그렇다. 범죄 외상을 일제히 외재화하고 통합하는 과정은 회복의 마지막 단계에서 해야만 한다. 종결이 다가오면 치료자는 환자가 현실적이고 적응적인 자기 이미지를 새로이 형성할 수 있도록 도울 수 있으며, 이것이 환자의 건강한 미래를 위한 초석이 된다(Calhoun & Tedeschi, 1999; Everstine & Everstine, 1993; Rudofossi, 2007; Tedeschi & Calhoun, 2004; Tedeschi & Kilmer, 2005).

외상으로부터 의미를 만들기

Everly(1994, 1995)는 외상을 경험한 환자들이 안전감을 회복하기 위해서는 그들의 산산이 부서진 세계관뿐 아니라 자기감이 재통합될 수 있도록 도울 필요가 있음을 강조한다. 이를 위해 치료자는 환자의 말에 주의를 기울여 환자의 자기도식과 세계관의 어떤 부분이 사건의 영향을 받았는지 파악해야만 한다. 그런 다음 외상 후 재통합을 돕는데, 재통합은 다음에 기술한 3개의 주요 관점 중 하나 이상을 통해 달성될 수 있다.

현재의 세계관에 외상을 통합하기 이러한 일이 일어날 수 있고 사람들이 다른 사람들을 다치게 할 수 있지만, 미래에 이러한 사건이 재발할 가능성을 최소화할 수 있는 예방책이 있어서 다시 안전감을 느낄 수 있게 되는 것을 말한다.

> "나는 이제 집에 있으면 당연히 안전할 거라는 생각은 버렸어요." Mitchell이 자신의 가택 침입 사건을 떠올리며 말했다. "우리는 부동산 경기 때문에 당장 이사 갈 형편이 못돼요. 하지만 새로운 경보 시스템을 장착했고 이젠 개도 기르고 있어요. 좀 더 조심해야겠지만, 합당한 예방책들이 있으니까 끊임없이 두려워하며 살지는 않을 겁니다."

현재의 세계관으로 외상 사건 이해하기 규칙의 예외를 인정하는 것을 말한다. 이 논리에 따르면, 우리 사회는 우리가 안전할 수 있도록 규범과 구조를 만들며 우리는 대부분의 시간 동안 그 속에서 안전하게 생활한다. 따라서 끔찍하기는 하지만 이런 비극이 일회성일 뿐 동일한 사람에게 다시 일어날 가능성은 결코 없다. 물론 이러한 해석은 현실에 기초해야만 한다. 지역에 따라서는 반복적으로 범죄에 노출될 가능성이 높은 것이 현실이기 때문이다.

Franco는 그가 목격한 직장 내 총기 사건에 대해 철학적이 되려고 노력했다. "Manny는 재수가 없었어요. 그러나 그런 일이 얼마나 자주 일어나겠어요? 미친 사람은 그놈 한 명일 뿐이에요. 대부분의 고객은 우리와 꽤 잘 지내는 편이에요. 그래서 이 일이 하나의 비행기 사고와 같은 거라고 생각해요. 모든 사람이 여행갈 때 조금은 생각하지만 그것에 너무 매달리지는 않죠. 왜냐하면 그건 매우 드문 일이고 삶은 지속되니까요. 그렇죠?"

새롭고 수정된 세계관을 만들어 외상을 설명하기 현재 가지고 있는 세계관으로는 외상 사건을 타당화하기 어려울 때, 대안적인 세계관을 새로이 구축해서 외상을 설명할 필요가 있다. 예를 들어, 당신이 당한 폭행은 세상에 좋은 사람들만 있는 것은 아니라는 것과 정의가 항상 제대로 서는 것은 아니라는 것, 때로 무고한 사람이 고통받고 죄지은 사람은 자유로울 수 있다는 것을 보여 줄 수 있다. 그러나 당신은 현실주의적이며 신중한 낙관주의를 가지고 새로운 시각에서 사건을 바라보게 될 수 있다. 당신은 당신 스스로를 영혼이 쪼그라들고 냉소적인 인간으로 만들지 않으면서도 인간의 본성과 동기에 대해 현실적인 (심지어 회의적이기도 한) 관점을 배울 수 있다.

"그래서 '우리는 더 이상 캔자스에 살지 않을 거야.'라고 생각했어요." Franco가 웃으며 계속 말했다. "이 빌어먹을 세상에는 나쁜 미친 인간들이 있어요. 우선 이제는 그런 영혼을 두 번 다시 믿지 않을 거예요. 하지만 그렇다고 해서 그 일이 나를 고통에 빠뜨리게 그냥 둘 순 없어요. 빌어먹을 일이 생겼지만 인생은 계속될 거예요, 아마도."

Everly(1995)는 각각의 접근들이 자아 이질적으로 느껴질수록 치료 실제에서의 성공적 적용이 더 어렵다고 믿는다. 하지만 저자의 경험상으로는 외상 사건의 성질과 환자의 유형에 따라 다른 것 같다. 외재화하는 경향이 우세한 환자들은 일생에 한 번만 일어나는 일일 것이다, 즉 "벼락은 두 번 치지 않는다."는 유형의 설명을 하는 것 같다. 이들은 운명이나 신의 탓으로 돌리거나 통계적 불가능성을 들어 설명한다. '이런 일이 다시 발생하는 것을 막기 위해 내가 개인적으로 할 수 있는 것'을 찾는 재구성 유형은 외상 사건 이전에 이미 어느 정도의 자기효능감을 가지고 있었던 환자에게 효과적일 수 있다. 이들은 일단 치료자가 방법을 보여 주면 자신의 노력으로 문제를 해결하고자 기꺼이 노력할 수 있다.

마지막으로, 치료자는 외상적 주제를 자기개념이나 생활 관련 기술에 통합함으로써 고통스러워하는 환자들이 있음을 유념해야 한다(Berntsen & Rubin, 2007). 이들은 대부분은 의존성, 히스테리성, 경계성 혹은 자기애성 성격(3장) 특성을 가진 사람들로, 범죄 피해는 이들에게 매우 중대한 사건이 되며 그들의 삶은 자신의 고통이 순교자적인 성질임을 타당화해 줄 만한 근거에 대한 끊임없는 추구로 점철된다. 이러한 환자의 치료 시에는 범죄 피해라는 현상으로부터 자신을 분리하여 평범한 시민으로서의 삶을 재개할 수 있도록 독려하는 것에 강조점을 두어야만 한다. 이를 위해 범죄와 무관한 활동들을 찾는 것이 도움이 될 수 있다. 그 과정에서도 이 환자들은 종종 은연중으로든 명백하게든 기어를 가족 외상이나 질병 혹은 장애와 같은 상해나 배신 관련 주제로 변속하곤 한다. 아니면 그 상처가 나을 때까지 당신과의 치료를 중단하고 더욱 공감적인 다른 임상가를 찾아가 상담을 시작할 수도 있다.

HEARTS 치유

Hanscom(2001)은 고문 생존자들을 포함한 다양한 유형의 폭력 범죄 피해자에게 적용될 수 있는 외상 후 치료 체계를 설명한 바 있다. 이 모델에서는 신뢰, 안전, 그리고 세상에 영향력을 행사할 만한 능력을 구축하는 것을 치유의 필수 조건으로 본다. 이런 재학습은 특정 치료 기법에는 덜 의존하는 대신 보상적인 인간관계와 생존자의 이야기를 효과적으로 경청할 수 있는 상담자 간의 치료적 동맹에 의존한다. Hanscom은 자신의 이 접근을 각 기법의 머리글자를 따서 HEARTS 모델이라고 불렀다.

H=과거력 청취listening to the HISTORY는 의사소통을 격려하는 환경 제공, 몸짓을 통해 "혼신을 다해 듣고 있음"을 보여 주기, 환자의 목소리 톤과 고저에 집중하기, 말하는 사람의 행동과 반응 및 얼굴 표정을 관찰하기, 환자가 청자의 목소

리를 이해하고자 애쓰는 동안 조용히 기다려 주기, 그리고 무비판적이고 온정적으로 경청하기를 포함한다.

E=감정과 반응에 초점 맞추기focusing on EMOTIONS and reactions는 반영적인 경청, 부드럽게 질문하기, 그리고 이야기 중에 표현된 감정을 명명하고 정의하기를 포함한다. 6장에서 논의된 적극적 경청과 비슷하다.

A=증상에 대해 묻기ASKING about symptoms는 자해와 자살 가능성을 포함한 현재의 신체적 · 심리적 증상을 평가하기 위해 치료자가 가지고 있는 개별적이고 치료적인 양식을 포함한다. 환자들은 종종 치료자가 치밀하고 섬세하게 평가하지 않는 한 이상하고 당황스러워 보일 수 있는 증상들을 드러내지 않으려 하곤 한다.

T=이완과 대처 기술 가르치기TEACHING relaxation and coping skills는 복식호흡, 명상, 기도, 심상형성, 시각화 등과 같은 이완 기술들을 환자에게 가르치기, 그리고 그들이 과거에 어떻게 대처했는지 인식하기, 오래되고 건강한 전략 강화하기, 새로운 대처 기술 가르치기 등과 같은 대처 기술 논의를 포함한다. 여기에는 6장에서 언급했던 증상 통제 기법이 필수적으로 포함되며, 앞서 논의된 생존자원 훈련하기와 유사한 기술들도 포함된다.

S=자기변화 돕기helping with SELF-CHANGE는 개인의 세계관—본래 가지고 있던 관점, 변화된 것들, 순응 혹은 유사성—에 대한 논의와 앞서 언급한 바 있는 Everly(1994, 1995)의 세 가지 실존적 관점과 유사한 '자기 안의 긍정적 변화를 인식하는 것'을 포함한다.

실존 외상 치료: 거짓 천사를 주의하라

일반적으로 실존주의적 치료 전략은 증상의 경감보다는 의미에 대한 의문에 집중하며, 외상적 사건에 의해 발생한 환자의 세계관에 대한 갈등을 수용 가능한

"생존자의 임무"(Shalev et al., 1993)로 바꾸도록 한다. 사실 최적의 경우 성격이 균열되었다가 재통합되는 경험은 자기개념의 확장과 새로운 수준의 심리적 · 정신적 성장을 이끌어 낸다(Bonanno, 2005; Calhoun & Tedeschi, 1999; Davis et al., 1998; Neimeyer, 2000; Tedeschi & Calhoun, 1995, 2004; Tedeschi & Kilmer, 2005). 몇몇 외상 생존자는 이렇게 새로운 목표와 가치감을 형성함으로써 긍정적인 개인적 및 직업적 변화를 경험한다. 물론 모든 범죄 피해자가 시련을 성공적으로 재통합할 수 있는 것은 아니다. 많은 사람이 오랜 시간에 걸쳐, 심지어 평생에 걸쳐 적어도 약간의 정서적 손상의 흔적과 싸워야만 한다(Everstine & Everstine, 1993; Matsakis, 1994; McCann & Pearlman, 1990).

치료 개념을 변형해서 적용할 때 주의해야 할 점은 이런 전략들이 '기회'로 소개되어야지 '의무'가 되어서는 안 된다는 것이다. 역경을 통해 찾아낸 '의미'는 치료자가 환자에게 억지로 강요한 것이 아닌, 궁극적으로 환자 스스로에게서 비롯된 것이어야 한다. 검에 의한(즉, 강제에 의한) 실존적 변화는 (환자를 위해서가 아닌) 치료자 자신의 의미 체계를 강화하기 위한 것일 수 있다. 혹은 저자가 '현명한 치료자가 찬란하고 통찰력 있는 보살핌의 힘을 발휘하는 임상가로 강림해서 환자를 어둠의 시간으로부터 구원하여 유명한 새로운 방목지에서 생활하도록 해 주는 것'을 말하기 위해 사용하는 용어인 치료적 "Clarence-the-angel fantasy"[4] (Miller, 1998h)의 일종일 수도 있다.

현실적으로, 우리는 모든 혹은 적어도 대부분의 외상화된 환자가 George Bailey처럼 자신의 비극을 기적적으로 초월하여 새롭게 부활하기를 기대할 수는 없다. 사실 이들을 위해 준비된 치료자들이 얼마나 있을지도 의문이다. 그러나 인간은 의미 추구적인 존재다(Yalom, 1980). 만일 철학이나 종교가 환자가 현실의 삶에 발 딛고 살도록 도와줄 수 있다면, 때로 우리의 치료적 역할은 영적인 문제에 대한 몇 가지 지침을 다루는 것으로 범위가 확장되어야만 할 것이다.

역자 주

4) Clarence는 Franck Capra 감독이 제작한 〈Wonderful Life〉라는 영화에 등장하는 가상의 존재로, Clarence-the-angel은 크리스마스이브에 파산과 불명예를 안고 자살하려는 주인공 George Bailey를 돕기 위해 천상에서 파견한 2급 천사임. Clarence-the-angel fantasy는 마치 자신이 신적 존재가 된 듯 생각하면서 위기에 처한 환자를 구원하려는 치료자의 환상을 언급하기 위한 저자의 표현임.

결 론

외상을 입은 범죄 피해자의 심리치료는 구체적이고 지지적이며 직접적인 접근에서부터 매우 추상적인, 심지어 영적인 영역으로까지도 확장되어야 한다. 그러나 범죄 피해 당사자를 돕는 것만큼이나 사랑하는 사람을 범죄로 잃은 유가족들의 충격을 효과적으로 경감시키는 것 역시 어려운 도전이다.

살인 사건 유가족

증상, 증후군 그리고 실제 개입

우리는 앞선 세 장에 걸쳐 직접적인 폭력 범죄 생존자를 위한 상담 및 심리치료적 접근에 대해 논의하였다. 그러나 많은 폭력 피해자가 살아남지 못한다. 외상에의 대응이라는 과제는 사랑하는 사람을 떠나보내고 도움을 받기 위해 우리에게 돌아온(혹은 누군가에 의해 보내진) 이들에게 떠넘겨진다.

사랑하는 사람의 살인 사건이 가족에게 미치는 영향

살인은 한 개인이 또 다른 사람에게 가하는 잔혹하고 악의적이며 가장 강력한 폭력이다. 가족 구성원의 살해는 살아남은 사람의 공정성, 정의, 신념, 그 밖에 인생에서 의미를 지닌 많은 것에 대한 관념을 뒤흔든다. 대부분의 유가족은 사별에 따른 고통을 강렬하고 지속적이며 피할 수 없고 잔인한 것으로 묘사한다. 살인의 잔혹함과 의도성은 생존자의 분노와 애도 및 절망을 뒤섞어 버린다. 차츰 병들어 죽어 가는 것은 불운하지만 상대적으로 통제 가능하고 점잖다. 이와 달리

폭력으로 인한 갑작스럽고 예상치 못한 사별은 심리적 예방접종의 시간조차 허락하지 않는다. 게다가 세상의 안전과 질서에 대한 꿈까지 완전히 흔들어 놓음으로써 생존자들은 턱 밑에 찾아온 죽음과 냉혹하게 대면해야 한다(Amick-McMullan, Kilpatrick, & Resnick, 1991; Armour, 2003; Bard & Sangry, 1986; Getzel & Masters, 1984; Janoff-Bulman, 1992; Miller, 1998e, 1998h; Neimeyer, 2001; Park & Folkman, 1997; Rynearson, 1984, 1988, 2001; Rynearson & McCreery, 1993; Sprang & McNeil, 1995; Sprang, McNeil, & Wright, 1989).

살인 사건 소식을 처음 듣는 것은 많은 유가족의 자기self에 치명타를 입히며 개인적 상실감을 유발한다. 일반적으로 가족 구성원은 희생자가 입은 상처, 살인의 잔혹성, 사용된 무기의 종류, 피해자가 당시 겪었을 고통에 몰두한다. 유가족들이 살인자나 용의자의 신원 정보를 요구할 수도 있다. 살인의 의도성이나 악의성이 더 크게 지각될수록 생존자들은 더 큰 고통을 겪는 것으로 보인다(Carson & MacLeod, 1997; MacLeod, 1999; Ressler, Burgess, & Douglas, 1988; Sewell, 1993, 1994).

모든 범죄 중에서 살인은 가장 높은 사건 해결률을 보인다. 그러나 살인 사건의 약 1/3은 여전히 미제로 남아 있다. 가해자를 알 수 없다는 것은 많은 유가족으로 하여금 끝없는 지옥을 경험하게 만든다(Masters, Friedman, & Getzel, 1988).

권리를 박탈당한 피해자, 권리를 박탈당한 애도

약물이나 성매매, 가정폭력 혹은 범죄 활동 전력이 있거나, 인종적, 경제적, 사회적으로 소외된 집단의 구성원이 살인 피해자인 경우 그 가족들은 **권리를 박탈당한 애도**(Doka, 2002; Jones & Beck, 2007; Spungen, 1998)를 겪어야 한다. 그렇게 권리를 박탈당한 상주들은 지역사회의 의례적인 지원을 적게 받거나 아예 받지 못할 수도 있다(Neimeyer & Jordan, 2002). 생존자들과 피해자를 향한 냉담하거나 비난하는 반응 및 태도는 2차 피해를 유발할 수 있다(Hatton, 2003; Rando, 1993; Rynearson, 1988, 1994). 요컨대, 피해자에게(더 나아가 가족들에게) 씌워진 사회적 낙인에 의해 사랑했던 사람의 죽음이 갖는 의미를 찾거나 의미를 만들어 내고자 하는 가족의 능력이 방해받을 수 있다(Armour, 2003).

사법제도는 종종 생존한 가족들의 고통을 무시한다. 반면 범죄에 대한 언론의 분석과 그에 대한 지역사회의 반응은 변질되고 재구성되어 피해 가족의 비극이 품은 의미를 폄하하거나 부풀린다. 아이러니하게도, 원치 않던 모든 관심이 사라지고 나면 가족들은 종종 혼자 남겨져 사랑하는 이의 살인이라는 냉혹한 현실에 따른 슬픔과 분노, 적개심 등과 대면해야 한다.

분노, 초조함, 불안 그리고 행동화

어떤 유가족들은 '뭔가 해야만 한다.'는 충동에 사로잡히기도 한다. 살인자를 향한 깊고도 정당한 분노는 수사 및 재판 과정의 굴곡에 따라 연기만 피우고 있다가 화르르 불타오르기를 반복한다. 살인자가 누구인지 밝혀지고 검거되어 유죄판결을 받아도 분노는 수년간 지속된다. 분노 감정과 충동을 다루기 위한 일반적인 대처 기제는 복수 환상의 반추다. 하지만 가해자에 대한 유가족의 보복성 공격은 극히 드물다. 그 이유는 첫째, 살인자를 만날 수 없기 때문이다. 특히 중대 사건인 경우 살인자는 항상 특별 격리되어 보호받기 때문에 유가족의 접근이 불가능하다. 둘째, 대부분의 유가족이 기본적인 도덕적 가치와 일반적인 예의를 지키기 때문이다. 일반적으로 유가족들은 일을 바로잡기 위해 다른 사람에게 가혹한 행위를 하지는 않는다. 많은 가족이 살인자를 체포하고 기소하는 것을 돕는 데에 자신의 에너지를 쏟아붓곤 하며, 이것이 조사자들을 오히려 방해하는 경우도 있다(Joyce, 2006; Ressler et al., 1988; Rynearson, 1988; Rynearson & McCreery, 1993; Shorto, 2002; Sprang & McNeil, 1995).

"수사관마다 태도가 달랐어요." Selena가 말했다. "어떤 사람들은 우리가 가진 단서를 달가워했어요. 적어도 처음에 제가 생각하기로는 그랬어요. 왜냐하면 그들이 제가 더 많은 단서를 줄 것이라고 생각했기 때문이죠. 그러나 어떤 이들은 우리가 경찰에 가거나 전화하는 것에 대해 화를 냈어요. 마치 '여기 와서 사건 처리에 참견하는 것밖에 달리 할 일이 없습니까?'라는 태도로요. 글쎄요. 네, 우리는 그것 말고는 할 수 있는 다른 일이 없어요. 우리 엄마가 살해당했고 우리는 수사관이 살인자를 잡길 원해요. 대부분의 경찰은 그저 우리를 참아 내는 것에 익숙해진 것처럼 보였어요, 제 생각에는요."

분노보다 더 흔한 것이 두려움이다. 사랑하는 사람의 죽음을 처음 알게 되면 죽음에 대한 두려움이 유가족의 의식을 지배하기 시작하며, 이것이 수년 동안 지속되기도 한다. 유가족들은 자신도 죽을 수 있다는 두려움에 과도하게 집착하며, 이 두려움이 일상생활을 바꾸어 놓는다. 이들은 집과 차에 경보기를 설치하고 무기를 구입하며, 어두워진 뒤에 바깥 출입을 꺼리고, 특정 장소를 회피한다. 범죄와 관련된 모든 물건, 사람, 장소, 음식이나 음악 등을 혐오하듯 회피하기도 한다. 유가족들은 TV로 범죄 관련 프로그램을 보거나 길에서 아이가 지르는 소리, 가족들 간의 언쟁, 머리 위로 지나가는 비행기 소리, 혹은 범죄와 무관한 그 밖의 비극적 소식을 듣는 것과 같이 평소라면 비위협적이었을 자극에 심리생리적으로 과도한 놀람 반응을 보이기도 한다.

집이 보호요새로 탈바꿈됨에 따라 유가족들의 지역사회 내 친교 활동의 범위가 위축되며 낯선 사람들을 회피하고 익숙하지 않은 환경을 피하게 된다. 모든 가족 구성원이 항상 근거리에 있어야 하거나 바로바로 연락이 닿을 수 있어야만 한다는 강박적 요구가 증가해서 호출기와 휴대전화를 준비하거나 매일의 활동 스케줄을 미리 확인하려고 한다. 나이 든 아동이나 청소년은 이에 대해 자율성과 독립성을 존중하지 않고 아기 취급한다며 분노할 수 있다(Rynearson, 1988; Rynearson & McCreery, 1993; Sprang & McNeil, 1995).

유가족들은 죽은 피해자와 과도하게 동일시해서 죽은 가족의 침대에서 자거나 그들의 옷을 입거나 죽은 사람의 목소리나 행동 특성을 따라 하기도 한다. 많은 유가족이 버림받은 것처럼 느끼며 일상의 편안함과 같은 외상 전의 에덴 동산과도 같은 상태를 "우리가 더 잘 알아. 세상은 잔혹하고 끔찍한 곳이야."라고 하면서 삶에서 몰아내려 한다. 그러한 편안함이 우리 같은 사람에게는 위안을 주지만 살인 유가족에게는 더 이상 편안함으로 경험될 수 없는 것들이기 때문이다. 유가족들은 피해자가 살해당하는 장면을 상상하며, 그것이 악몽으로 재경험된다. 때로 피해자가 살해 직전에 구조되거나 보호받는 등의 소망 충족적인 꿈을 꾸기도 한다. 만약 자신이 살해 징후를 간과했거나 사랑하는 사람의 안전을 위해 뭔가 더 했어야만 했다고 느끼는 경우(가택 침입 사건이나 주거지 주변에서 발생한 범죄 혹은 아동이 연루된 범죄일 경우에는 이것이 사실일 수도 있음)에는 슬픔에 죄책감까지 섞이게 된다(Ressler et al, 1988; Rynearson, 1988; Rynearson & McCreery, 1993; Schlosser, 1997; Sprang & McNeil, 1995).

가족의 대처 전략

살인으로 인한 이별 후 가족들은 스스로 후유증을 견뎌 내기 위한 나름의 대처 전략을 활용하기도 한다(Sheehan, 1991; Violanti, 1999). 어떤 이들은 짧은 시간 동안이라도 일이나 책무에 전념함으로써 사건과의 정신적 거리두기를 시도한다. 정서적 압도를 막기 위한 방어적 주지화가 잠시 허락되는 경우라면, 장례나 경제적인 문제 같은 무수히 많은 일의 처리도 거리두기에 도움이 될 수 있다.

많은 가족이 마침내는 정서적 폭풍으로 진 빠지고 두들겨 맞은 상태가 된다. 그리고 자신의 느낌은 자기 혼자만의 것으로 남긴 채 의식적으로 자기통제를 위한 고군분투를 시작하는데, 특히 남들 앞에서는 더욱 그렇다. 역설적으로, 이것을 본 다른 사람들은 그들에게 '감정 표현을 자유롭게' 할 수 있도록 "애써 참지 마세요."라고 한다. 그러나 가족 구성원들은 수일 혹은 수주 동안 이미 그렇게 해왔고, 이제 와서야 겨우 평정을 찾아 짧은 시간이나마 정상적으로 느낄 수 있게 된 상태다. 따라서 그러한 주변 사람들의 선의의 충고는 별 도움이 되지 않는다.

많은 가족이 사회적 지지를 추구하며, 그러한 과정에서 친구와 가족 구성원들로부터 공감과 이해 그리고 조언을 얻을 수 있다. 반면에 어떤 가족들은 사람들로부터 철수되어 그들 자신을 고립시킨다. 과민하고 신경질적이며 화를 많이 냄으로써 지지 자원들을 멀어지게 만드는 경우도 있다. 아동들은 그들의 생존한 부모가 "나에게 분풀이를 한다."며 불평한다. 많은 유가족은 감정적으로 너무 크게 상처받고 가슴에 피멍이 들며, 사람들과의 접촉이 자신들의 멍든 가슴을 '활짝 열어' 아프게 할까 봐 두려워한다. '사랑하는 사람이 죽었는데, 어떻게 다른 사람들은 그들의 빌어먹을 삶을 잘 사는지' 모르겠다며 표적 없이 떠도는 분노와 울분을 다스리는 데 어려움을 겪는 유가족들도 있다.

유가족들의 건강에도 문제가 생긴다. 흔한 심리생리학적 장애에는 식욕과 수면 문제, 위장 문제, 심장혈관 장애, 면역력 감소, 불안과 우울 증가 등이 있다.

많은 유가족이 살인 범죄 후 몇 년 안에 사망한다(Armour, 2003; McFarlane, Atchison, Rafalowicz, & Papay, 1994; Prigerson et al., 1997; Schlosser, 1997; Sprang & McNeil, 1995). 한 연구(Kenney, 2003)에서는 살인으로 인해 사별한 남성에게 심장 질환과 조기 사망률이 높게 나타난 반면, 여성에게는 신체적 문제보다 정신건강 문제가 더 많이 나타났다. 남자들의 문제는 전통적인 남성 성역할 고정관념 때문에 정서를 내재화하고 억압하기 때문인 것으로 보이며, 여성은 전통적으로 정서성을 더 강조하는 것과 관련이 있는 것으로 보인다.

"식구들마다 각자 얼마나 다른 방법으로 이것을 다루는지. 이상해요." Selena가 계속 말했다. "아버지는 기본적으로 입을 다물고 계세요. 일찍 출근했다가 늦게 퇴근해서는 사건에 대해 다른 소식이 있는지 묻고 저녁을 먹고 잠자리에 드시죠. 주말에는 집 주변에서 계속 무슨 일인가를 하거나 어딘가에 한참 나가 있다가 돌아오시곤 해요. 남동생은 가장 힘들게 지내고 있는데, 복통과 두통 때문에 학교를 거의 못 가서 고등학교를 거의 중퇴한 거나 마찬가지에요. 제 생각에 저는 아버지랑 비슷해요. 저는 그해에 대학원에 들어가서 공부에 집중했어요. 왜냐하면 엄마는 내가 학업을 계속하기를 바랐거든요."

"뭔가 오싹해요. 가족 내에 폭탄이 터진 것 같은 느낌인데, 집이 무너지지는 않았지만 모든 곳이 금이 가고 부서졌어요. 그래서 가볍게 손만 대거나 누군가 재채기를 하거나 목소리만 크게 내도 무너질 것 같은데, 우리는 마치 그걸 알아채지 못한 것처럼 집 안 구석구석을 헤매고 걸어 다녀요. 어디로 갈지, 무엇을 해야 할지 모르겠거든요."

유가족의 반응 양상

치료에서 환자마다 평가되고 수용되어야 할 서로 다른 역동이 있듯이(3, 4장), 유가족도 다양한 반응 양상을 보인다. Vesper와 Cohen(1999)은 외상, 특히 형사 사건에 직면한 가족들에게서 나타나는 반응을 다음과 같이 다섯 가지 범주로 설명한 바 있으며 저자도 이들의 의견에 동의한다.

경멸하는 가족 이들은 서로 화내고 질책하며 비난하거나 문제를 부정하는 식으로 고난에 대처한다. 이들에게 비밀과 속임은 일종의 규범이다. 치료자는 사랑하는 사람의 살인이라는 큰 문제로 옮겨 가기 전에, 가족 구성원들끼리 일상생활이나 자녀들을 위한 기본 규칙과 같은 작은 문제에 대해 의사소통하고 협조할 수 있도록 돕는 것부터 시작해야만 한다.

취약한 가족 이들은 가족 구성원 간 상호 지지나 이해 혹은 의존을 꺼린다. 오히려 가족 외의 다른 사람들에게 의사소통이나 안심 혹은 돌봄 받기를 더 선호한다. 이 가족을 돕기 위해서는 외부 사람이 이들과의 끈을 만들어 이들이 생산적일 수 있도록 해야 한다. 왜냐하면 그 외부 사람이 가족 구성원 간의 연결을 구축하는 교량 역할을 해 줄 수 있기 때문이다.

위계적 가족 이 가족은 목적을 가지고 통합적으로 기능하지만 역할과 책임에 융통성이 결여되어 있다. 특정 가족 구성원, 대개는 가장이나 나이 든 아동이 결정을 내린다. 명령하고 결정 내리는 집안의 가장이 강하다는 것이 어떤 의미에서는 혼란스러운 상황에 질서와 안정감을 부여할 수 있다. 반면 이 경직된 위계가 흔들리기 시작하면 가족의 화합이 무너질 수 있다. 따라서 가족의 융통성 있는 의사 결정을 격려해야 할 필요가 있다.

인내하는 가족 이 가족은 비극을 다루기 위해 신념—대개는 종교적 신념—에 의존한다. 이들은 이런 종류의 시련이 거의 일어나지 않는다고 생각하며, 이번 일이 신의 섭리라고 결론 내린다. 만일 이것이 건강한 대처 기제로서의 기능을 효과적으로 해 주는 경우라면, 치료자는 이런 형태의 의미 만들기 과정을 강화해야 한다.

기능적인 가족 외상에 직면했을 때, 이 가족은 더 심한 충격을 받은 가족 구성원을 지지하고 격려한다. 생애 사건과 삶에 의미를 부여하고 서로를 붇돋움으로써 역경을 이겨 나갈 수 있는 내적 통제감이 있다. 치료자는 가족 구성원들의 긍정적 지지 활동을 격려하기만 하면 된다.

애도, 애도 작업 그리고 복잡한 사별

애도 작업은 피해자에 대한 생각에 사로잡혀 있던 가족 구성원들이 상실의 고통스러운 기억을 지나 사건을 통합적으로 경험함으로써 안정화라는 마지막 단계로 옮겨 가는 것을 말하는 심리학적 용어다(Parkes, 1975; Parkes & Brown, 1972). 일반적으로, 스트레스 경험에 잘 적응하는 것처럼 보이는 사람들은 대개 가용한 대처 전략과 자원이 풍부하며, 이것이 외상 사건의 처리 시 큰 유연성을 가질 수 있게 해 준다(Aldwin, 1994; Bowman, 1997, 1999; Miller, 1998h; Silver & Wortman, 1980).

외상 사건에서 어떠한 의미도 찾을 수 없는 사람은 **복잡한 사별**complicated bereavement로 인해 더욱 고통받는 경향이 있다(Armour, 2003; Horowitz et al., 1997; Neimeyer, Prigerson, & Davies, 2002). 문헌에 따르면, 비폭력적인(가령 교통사고나 자연재해 혹은 인재나 불치병) 사건으로 가족을 잃은 유가족들은 대부분 적절히 애도함으로써 다음 회복 단계로 넘어간다. 비폭력적인 죽음으로 인한 사별의 경우, 대부분 처음에는 죽음을 부정하고 믿지 않으며 갑작스러운 분리에 따른 고통감으로 힘겨워하지만 차츰 적응하고 회복되는 애도 과정을 밟는다(Raphael, 1983; Worden, 1991).

그러나 Murphy(1999)는 범죄로 인해 사망한 아동의 부모 중 30%가 시간이 지나도 외상 반응의 감소를 보이지 않음을 발견하였다. 이들은 지속되는 재경험이나 회한 및 보복 관련 사고로 고통스러워하였으며 다른 가족 구성원들을 과잉보호하였다. 더욱이 상실의 의미를 찾지 못한 부모들은 그 경험으로부터 뭔가 긍정적인 면을 얻어 낼 수 있었던 사람들보다 정신질환, 결혼 불만족, 신체적 건강의 악화 등으로 고통받았다.

보다 최근에는 Murphy, Johnson과 Lohan(2002)이 사고나 자살 혹은 살인으로 아이를 잃은 부모를 대상으로 연구한 결과, 대다수의 부모가 시간이 지나도 나아지지 않고 장기간 지속되는 심리적 고통을 겪는 것으로 나타났다. 폭력으로 사별한 지 5년 뒤에도 2/3가 진단 가능한 정신장애로 고통받았으며 1/4은 PTSD를 겪었다. 진단율은 여성이 남성보다 더 높았다. 많은 부모가 직장일 때문에 애도할 만한 시간이 충분하지 않았다고 느꼈으며, 많은 사람이 애도 시간을 더 갖기 위해 혹은 질병으로 인해 퇴직하였다.

Neimeyer 등(2002)은 복잡한 사별 반응을 "의미 있는 방식으로 현실을 재건하는 능력의 결함"으로 보았다. 이 연구자들은 상실의 의미를 통합하려고 노력하지 않는 한 심리치료나 정신과 약물치료로도 증상이 유의미하게 감소하지 않을 것이라고 주장한다. 예배에 참석하거나 기도하는 것이 자녀의 외상적 상실에 대한 의미 있는 통합에 도움이 되지 못하는 경우에는 시간 경과에 따른 증상 호전도 기대하기 어려웠다. 지지 집단과의 상호작용이 도움이 되는 것 같기는 하나, 상호 간의 지지가 정신질환과 PTSD의 감소에는 별 도움이 되지 못하였다.

Hatton(2003)은 살인 유가족들을 위한 개입이 외상적 상실에 대한 연구에 근거한 영국 및 미국의 사별 이론과 맥락을 같이해야 한다고 강조한다(McCann & Pearlman, 1990; Rando, 1993). 억압된 정서가 정신병리를 일으키며, 건강한 애도에는 카타르시스적인 정서 표현이 포함되어야 한다는 생각을 담은 애도작업 가설은 주로 후기 Freud 학파와 정신역동적 연구들에 근거하고 있다. Strobe(1992, 1993)는 몇몇 문화에서 명시적인 조상 숭배나 명백한 부작용이 없는 애도의 적극적인 억압을 통해 죽음의 수용을 회피한다는 것을 발견하고, 서양의 애도작업 가설이 보편타당하지 못하다고 비판하였다. 사실 서양 문화의 현 애도 이론은 남성보다는 여성에게 자주 나타나는 애도 양상만을 설명한다.

그러므로 임상가들은 다양한 상실 및 애도 양상이 반드시 병리적임을 의미하지 않는다는 것을 인식할 필요가 있다. 하지만 각각의 사례가 보이는 애도 양상에 민감해져야 할 필요는 있다. 6장에서 설명한 바와 같이, 피해자화나 애도 과정의 특정 단계에서는 정서 억압에 대한 적극적인 임상적 격려가 치료적 필수요소일 수 있다.

아동 특유의 외상 후 증상과 반응

가족에게 발생한 살인 사건의 충격은 그 가족에 포함된 다양한 연령대의 아이들에게도 영향력을 행사한다. 그러므로 임상적 및 가족적 관점 모두에서 그들에 대한 특별한 고려가 필요하다.

죽음에 대한 아동의 이해

Yalom(1980)은 자신들에게 죽음이라는 주제가 불편하다는 이유로 어른들이 죽음의 문제에 대한 아동의 이해와 염려를 무시하거나 평가 절하하는 경향이 있다고 지적한다. 오늘날, 대부분의 어른은 자녀와 죽음에 대해서보다는 성에 대해서 논의하는 것을 더 쉽게 느낀다. 가족이든 임상가든, 어른들은 살인 사건으로 인해 사랑하는 사람이 죽는 것에 대한 아동의 외상 반응과 질문들을 무시하지 말아야 한다. 그러나 아동의 인지 발달 단계와 성숙 수준에 따라 부모나 상담사 또는 그 밖의 다른 어른들이 해 주는 말의 이해도가 달라질 수 있음을 알고 있을 필요가 있다(Adler, 1997; Poltorak & Glazer, 2006; Ronen, 2002).

영유아들(1~3세)은 본래 죽음이라는 개념이 없다. 이들이 느끼는 것은 부모나 다른 어른들이 사라졌다는 냉혹함일 뿐이다. 살인 사건의 여파로 주변에서 일어나는 감정적 소용돌이와 애도 반응에 전반적으로 민감해지지만, 무슨 일이 일어나고 있는지 혹은 이들이 무엇을 느끼고 있는지를 이해하기에는 언어적 혹은 개념적 인지 능력이 불충분하다. 그 과정에서 이미 날카로워질 대로 날카로워진 부모들은 어느 순간 퇴행 행동이나 떼쓰기 혹은 다른 형태의 행동화를 통해 당혹감을 발산하고 있는 자신을 발견하게 된다.

부모가 취할 수 있는 가장 효과적인 전략은 그저 침착함과 평소의 태도를 유지하는 것뿐이다. 이 정도로 어린 아동들은 주변의 어른들로부터 정서적 단서를 얻는다. 당신의 환자가 이런 위기의 순간에 자녀들을 위해 가능한 한 안정적인 환경을 제공할 수 있도록 도우라. 이 권고는 모든 연령의 아동에게 적용되지만, 어린 아동에게 더욱더 중요하다.

어린 아동들(4~7세)도 종종 죽음이 보편적이라는 것, 즉 모두가 죽는다는 것을 이해하지 못한다. 그러므로 사랑하는 사람이 눈앞에서 사라진 것을 믿지 못한다. 어린 아동들은 자신의 경험과 죽음을 관련지으며, 종종 사랑하는 사람이 돌아올 수 있다고 생각하고, '다니러 갔다' 혹은 '잠들었다'고 설명한다. 주의를 다른 곳으로 돌리거나 부인함으로써 (죽은 사람들이 돌아올 것이라는 믿음과 함께) 스스로를 지키려 하고, 어른들에게 뭔가 부자연스러워 보일 정도로 차분하고 무신경하며 평상시와 다름없는 태도를 보일 수 있으며, 이것이 경건한 마음이 부족하거나 현실을 부정하는 것으로 오인될 수도 있다. 어떤 경우에는 이것이 사랑하는 사람의 죽음과 연합된 두려움의 적응적 억압일 수 있다.

어른 보호자들은 아동에게 현실에 근거해서 상실을 설명함과 동시에 아동의 적응적 방어를 존중해야 한다. 가족의 신념 체계에 따라서는 천국에 갔다는 등, 문화적으로 수용되는 개념을 사용하는 것도 좋다. 살인 사건의 경우 어떤 아동들은 왜 그 '나쁜 사람'이 가족을 죽였으며 자신과 생존 가족은 안전한지에 대해 알고 싶어 할 수 있다. 부모나 다른 보호자가 아동으로 하여금 안전감을 느낄 수 있도록 만드는 것("나쁜 사람은 우리한테 올 수 없어.")이 그들의 고통을 장기적으로 최소화하는 방법이다.

나이 든 아동들(8~12세)은 학교, 또래, 운동 등과 같은 일상의 활동에 과도하게 몰두할 수 있다. 이들은 밀려오는 애도와 혼란을 완충하기 위해 이 같은 자원들을 활용한다. 어른들은 이들이 애도 시간 중에 어딘가로 사라졌다는 것에 화가 날 수 있다. 이 연령대의 아동들은 공포영화에서 본 귀신이나 강시 같은 것으로 죽음을 대상화하거나 의인화한다. 또한 죽음을 처벌로 개념화하기도 한다. 아동기 중기의 사회 · 인지적 발달 과업은 건강한 정체성 형성이라는 점에서, 살인에 의한 사별은 아동의 자기통제와 대인적 기능의 문제를 야기할 수 있다. 또한 아이들은 서로 매우 지지적일 수도 있지만 극도로 잔인해질 수도 있기 때문에, 또래들을 도울 수도 있지만 상실에 적응하려는 사별 아동의 노력을 악화시킬 수도 있다.

당신의 환자들에게 자녀를 효율적으로 파악하되 그들이 연령에 적합한 질문을 하는 경우 언제든 대답해 줄 수 있어야 한다고 알려 주라. 가능한 한 가족의 일상생활을 그대로 유지하도록 노력하고, 통행 금지, 숙제 그리고 훈육을 위한 규칙도 사건 전과 동일하게 유지되어야 한다. 아이가 무슨 일이 일어났는지 물으면 그들이 이해할 수 있는 언어로 설명하되 놀라거나 외상을 입히지 않도록 한다.

대부분의 청소년(13~18세)은 죽음의 보편성을 이해하지만 확장된 사회적 역할이나 위험한 행동을 해도 자신만은 죽지 않을 것이라는 기분에 빠진다. 가족과의 분리 및 개별화라는 발달 과업이 부모나 형제자매의 외상적인 죽음에 의해 방해받을 수 있다. 청소년의 성숙 수준은 개인에 따라 큰 편차가 있으며, 그렇기 때문에 죽음을 다루는 방법도 제각각이다.

다시 말하지만, 당신의 성인 환자들이 가족 규칙과 일상생활을 유지하도록 격려하라. 몇몇 청소년은 부모나 그 밖의 어른들이 너무 엄격하다고 불평할 수 있다. 그러나 대부분의 청소년은 어른들이 가족의 응집력을 유지하기 위해 기울이는 노력에 대해 감사해한다. 전화를 받거나 가게에서 물건을 사 오는 등, 가족의 대처 노력에 기여할 수 있도록 청소년들에게 구체적인 과제를 제공함으로써 어른들이 청소년들과 관계를 맺도록 해야 한다.

아동 특유의 PTSD 증상

범죄로 인한 사별에 따른 아동의 PTSD 증상은 성인의 그것과 다를 수 있다(James, 1989; Johnson, 1989; Miller, 1999d, 1999e; Quinn, 1995). 여기에는 다음과 같은 증상들이 포함될 수 있다(2장도 보시오).

반복적인 놀이 아동은 인형이나 장난감 병사 혹은 장난감 총 등을 가지고 놀면서 외상을 유발한 범죄 사건을 반복 재연할 수 있다. 이것은 성인에게서 나타나는 침투적 사고와 심상의 행동적 형태로 볼 수 있다. 살인 사건으로 인해 사별한 청소년들은 폭력이나 보복을 주제로 한 음악, 영화, 비디오게임 등을 강박적으로 반복한다.

자기비난 아동은 죽은 가족을 살리기 위해 자신이 무엇을 했어야만 했는지에 대해 어른보다도 더 집착할 수 있다. 아동들은 권위적인 어른들에게 혼나거나 비난받는 것에 익숙하다. 좀 더 어린 아동들은 사랑하는 사람의 죽음(살해)이 자신의 잘못에 대한 처벌이라거나 희생된 가족을 돕기 위해 자신이 무엇이든 했어야만 했다는 몽상에 잠긴다. 죽은 어른에게 "내가 더 잘 행동했어야 했어." 혹은 "내가 더 말을 잘 들었어야 했어."라며 스스로를 괴롭히는 아동들도 있다.

단축된 미래 아동들은 자신이 결코 자라지 않을 것이며, "누군가 또 날 죽이면 어떡해요?"라고 생각하기 때문에 학교를 계속 다니거나 어른의 조언을 듣거나 새로운 친구를 사귀는 등과 같은 미래를 위한 준비를 거의 하지 않으려 할 수 있다. 남아 있는 부모가 갑자기 죽을 것을 두려워하기도 한다.

퇴행 아동은 인지적, 심리사회적, 정서적으로 성장을 멈추고 퇴행할 수 있다. 몇 년 전에 지나간 발달 단계가 다시 나타날 수도 있다. 나이 든 아이들은 침대에 오줌을 누거나 아기 같은 놀이를 하고, 나이 든 뒤로는 먹지 않기 시작했던 음식을 다시 먹으려 하거나 자신보다 어린 아동들과 노는 것을 더 선호하는 등의 모습을 보일 수 있다. 이미 습득했던 학업 기술을 잊어버리거나 글씨를 더 못 쓰거나 아기 말투를 하거나 완전히 함구하는 등의 인지적 퇴행을 보이기도 한다. 학령기 아동 중에는 규칙을 깨거나 노골적으로 비행 행동을 하면서 '너무 빨리 자라려고' 노력하는 아이도 있다.

비전형적인 인지 문제 학업에 영향을 미칠 수 있는 집중 및 기억 손상과 더불어, 살인 사건의 소식 및 그것에 대해 가족들이 반응을 보였던 시간을 망각하기도 한다. 나이 든 아동이나 청소년의 경우 이러한 증상이 새로 시작한 물질남용 혹은 기존에 사용하던 물질의 증량으로 인한 것일 수도 있다.

신체화 아동은 자신의 신체와 소통하는 경향이 성인보다 더 높기 때문에 고통을 신체로 표현하는 경향이 있다. 신체적 증상은 관심을 얻게 해 준다. 특히 가족들이 애도와 장례 처리에 정신이 팔려 자신을 잊어버릴 것에 대한 두려움을 가진 어린 아동들에게는 더욱 그렇다. 마치 죽어 가는 것과 같은 신체 증상들을 발달시키는 아동들도 있는데, 이는 살인에 의한 사별로 촉발된 죽음에 대한 공포의 표현이다. 이 두 가지 동기는 서로 뒤엉켜 혼재될 수 있다.

살인 사건 유가족을 위한 개입

사랑하는 사람의 살인 피해는 생존자의 삶에 전반적이고 침투적인 영향력을 행사한다. 그렇기 때문에 개입은 범죄 발생 순간에서 사법기관이나 정신건강 전문가의 관심을 끄는 시점으로 확장된다. 따라서 임상가는 살인으로 인한 사별의 모든 단계에서 도움과 지지를 제공할 수 있도록 준비되어 있어야만 한다. 이 장에서는 죽음을 통보받은 뒤 사랑하는 사람의 주검을 확인하는 초기 단계에서 가족들을 어떻게 도울지에 대해 설명할 것이다. 살인으로 인한 가족들의 애도를 돕기 위한 다양한 치료적 전략은 다음 장에서 논의하도록 하겠다.

사망 고지와 신원 확인

어떤 경우에는 가족이 사랑하는 이가 사망하는 사건의 목격자가 되기도 한다. 그런 경우 최초 대응자들은 반드시 5장에서 살펴본 바와 같은 현장 위기 개입의 원리를 따라야 한다. 그러나 살인 사건은 종종 가족이 모르는 곳에서 발생하며, 누군가는 그들에게 사건에 대해 말해 주고 가족의 시신을 확인하도록 도와야만 한다.

왜 사망 고지인가

형사사법과 정신건강 치료 과정에서 사랑하는 사람의 살해 사실이나 실종된 가족의 시신을 찾았다는 사실의 적절한 고지라는 주제는 빈번하게 무시되곤 한다. 이것이 바로 최악의 소식을 전달했을 때 무너져 내리는 가족들을 예민하게 배려하고 지지하고자 하는 형사사법 기관의 노력을 정신건강 임상가들이 도와야 하는 이유다.

경찰이나 정신건강 전문가뿐 아니라, 의료인들도 죽음에 대처하는 환자의 가족들에게 어느 정도의 민감성과 예의를 보일 필요가 있다. 어떤 연구 결과를 감안할 때, 가족이 사망한 뒤 (그것이 자연사라 할지라도) 생존 가족들은 의료진에게 기대하는 것이 있는 것 같다(Dangler, O'Donnell, Gingrich, & Bope, 1996). 대부분의 사별 가족은 죽음 뒤에 짧게라도 전화 통화를 기대한다. 많은 이가 의사에게 그들의 가족 구성원이 죽어 갈 때 어떻게 대처했는지를 구체적으로 묻고 싶어 한다. 이 연구에 참여한 대부분의 피험자가 의료진이 장례식에 참석하기를 바라지는 않았다. 그러나 저자에게 의료진이나 실무자들의 애도가 담긴 카드가 고마웠다고 직접 말한 환자들이 있다. 실제로 어떤 의사들은 늘 이 같은 애도의 카드를 유가족들에게 보내곤 한다.

일반적으로, 질병으로 인해 사랑하는 사람의 죽음이 예견되었던 경우 가족 구성원에 대한 관심은 상당히 감사하게 받아들여질 수 있다. 따라서 임상가들은 이런 종류의 접촉이 주는 치유 효과를 평가절하해서는 안 된다. 하물며 악의적인 가해자의 손에 갑작스럽고 폭력적으로 사망한 이의 가족 구성원들, 그래서 고통스럽고 끝없을 것만 같은 시련에 대처해야만 하는 사람들에게는 상호작용의 민감성이 얼마나 더 중요하겠는가.

사망 고지하기

지난 수년간, 사려 깊고 실질적인 사망 고지 기술들이 발달되어 왔다. 어떤 것은 살인 피해 유가족을 위한 것이고 다른 것은 교통사고 사망이나 군대에서의 사망 혹은 테러에 의한 사망과 같은 다른 종류의 사망 사건 유가족을 위한 것이다 (Boss, 1999, 2002; Collins, 1989; Dias, Chabner, Lynch, & Penson, 2003; Eberwein, 2006; Miller, 2006m, 2007i; Nardi & Keefe-Cooperman, 2006; Parrish, Holdren, Skiendzielewski, & Lumpkin, 1987; Ptacek & Eberhardt, 1996; Spungen, 1998; Stewart, 1999; Von Bloch, 1996; Wells, 1993). 저자는 이것들을 통합하여 다음과 같은 권고안을 만들었다.

준비 여러 권위자는 사망 고지를 위한 방문 전 준비의 중요성을 강조한다. 넓게는 이러한 준비에 형사사법 관계자나 정신건강 교육에서 종종 소홀히 하는 세부 정보들에 대한 특수 훈련이 포함된다. 보다 좁게는 유가족이 누구인지(배우자, 부모, 아동 등)와 같은 기본적인 사실뿐 아니라 가족의 정확한 이름 및 주소와 같이 보기에 따라 명백해 보이는 사안의 확인을 위한 전화에도 준비가 적용된다. 설사 사망을 고지하는 당신 자신의 모습이 너무 연습한 것 같거나 연기하는 것처럼 보이기를 원치 않는다고 하더라도, 어떤 말을 하고 어떤 반응이 예상되며 그들에게 어떻게 대답할지 미리 준비하는 것은 가치 있는 일이다.

첫 번째 접촉 가능하다면 직접 방문하라. 정말 달리 방법이 없는 경우가 아니라면 사망 고지를 전화 통화로 해서는 절대 안 된다. 두 사람이나 몇 명이 함께 방문하되 누가 주도할지, 그리고 누가 사망 사실을 고지할지 정하라. 다른 팀원들은 예비적인 지원을 하며 유가족들의 반응을 살핀다. 필요하다면 고지하는 동안 어린 아동들을 잠시 돌봐 준다. 만약 아무도 집에 없다면 적당한 시간만큼 기다린다. 만약 이웃이 무슨 일인지 궁금해한다면 가족들의 소재를 묻되, 직계가족이 아니라면 아무한테도 방문 목적을 알리지 않는다. 만약 아무리 기다려도 가족들이 오지 않는 경우라면, 당신의 전화번호가 적힌 메모를 남겨 둔다. 전화가 오면 가족의 집으로 다시 찾아가 고지를 한다. 두말할 필요 없이, 가족의 신원과 실거주지는 반드시 확인해 두어야 한다.

간혹 유가족이 외딴곳에서 혼자 살고 있을 때처럼 불가피하게 전화로 초기 접촉을 해야 할 때가 있다. 그런 경우 Stewart(1999)가 제안한 교통사고 피해자 사망고지를 위한 권고를 활용할 수 있다. 여기에는 두 단계가 포함된다. 첫째, 가족이 범죄에 연루되었음을 알리고 도와줄 만한 누군가를 부를 것을 권한다. 이때 가족의 궁금증을 풀어 줄 만큼의 충분한 정보를 제공하되 도와줄 사람이 도착할 때까지는 더 자세한 이야기를 보류하는 등의 재량을 발휘해야 한다.

둘째, 조력자가 도착했고 옆에 있음이 확인되면 사망 고지 절차를 진행하며 더 많은 정보는 추후 만나서 전하겠다고 말한다. 다시 말하지만, 전화 고지는 최후의 수단으로만 사용되어야 한다. 사망 고지는 가능한 한 직접 얼굴을 보고 해야만 한다.

위에서 언급했던 연구 결과(Dangler et al., 1996)에서 볼 수 있듯이 유가족들이 주치의의 사망 고지를 더 선호하며 그들의 관심에 대한 기대감 때문에 형사사법적 맥락과는 반대로 의료적 혹은 정신건강 장면에서는 건강관리 서비스 제공자가 전화로 사망을 고지하는 것이 더 나을 수 있다(Loboprabhu, Molinari, Pate, & Lomax, 2007). 당신이 누구인지 밝히는 것으로 통화를 시작한 다음, 사랑하는 사람의 죽음을 알게 된 것에 대한 당신의 연민을 표현하라. 그런 다음 사망과 관련된 정황에 대해 개방적으로 질문하라. 유가족의 말에 끼어들지 말고 경청하며 필요시 짤막한 명료화 질문만을 하라. 마지막으로, 감정에 대한 타당화, 일반적인 지지, 그리고 적절해 보인다면 대응을 위한 실질적인 몇 가지 조언을 제공하라.

저자도 사랑하는 사람이 죽은 가족들과의 첫 번째 상담 회기나 사별상담이 의뢰된 새로운 환자나 가족을 처음 만날 때 이와 같이 하는 것이 상당히 유용함을 발견했다.

정보 전달 당신이 도착했을 때 들어가도 될지 허락을 구하라. 가족들에게 당신과 대면하여 앉을 것을 제안하라. 집 안에 이 소식을 들을 다른 가족이 있는지 물으라. 반대로, 사망 고지 중에 함께 있기를 바라지 않는 가족 구성원(예: 어린 아동이나 노쇠한 노인)이 있는지 확인하라. 어떤 전문가들은 "어떤 것을 들으셨나요?" "그 일에 대해 들으신 게 있나요?" 와 같이 유가족이 사건에 대해 어느 정도나 알고 있는지를 정중하게 물어볼 것을 제안한다. 그런 다음 유가족들에게 나쁜 소식을 전할 것임을 준비시키고, 요점을 빨리 말한다. 정보를 단순하고 직접적으로 말하라. 만약 사실이 명백하다면 의심이나 헛된 희망의 여지를 남겨 두지 말라. 잔인할 정도로 둔감할 필요는 없지만 직설적인 화법을 사용하고 완곡한 말을 삼가라. 고인의 이름이나 고인과 사망 고지를 듣고 있는 가족 구성원과의 관계를 이용하라.

> "이런 끔직한 소식을 전하게 되어 유감입니다, Jones 부인. 당신의 딸 Helen이 가게에서 강도에게 살해당했습니다. 용의자는 경찰이 적극적으로 체포하려 노력 중입니다. Helen과 그녀의 소지품은 병원에 있습니다."

유가족이 이 소식을 충분히 이해할 수 있을 때까지 기다리라. 경우에 따라서는 사망 고지를 점점 더 명확하고 분명한 어조로 여러 번 반복할 필요가 있다. 침묵을 견디라. 그리고 갑작스러운 애도와 분노의 폭발로 평정심이 부서질 것에 대비하라. 물리적 제지는 반드시 강렬한 반응이 유가족과 타인을 위협할 때에만 실시하라. 노골적인 현실 부인에 대해서는 부드럽지만 가능한 한 명료하게 죽음이 실제로 일어난 사실임을 확실하게 못박아야 한다.

모든 질문에 요령 있게 그리고 진실되게 대답하되, 필요한 것보다 더 많은 정보를 알리지는 말라. 질문에 대한 대답을 필요한 만큼 반복하라. 가능한 한 침착하고 지지적이며 편안하고 공감적이도록 노력하라. 목소리의 톤과 억양에 적절한 존경과 품위를 담으라. 그러나 과도하게 감성적이거나 스스로를 통제하지 못하면 안 된다.

Loboprabhu 등(2007)은 사망 고지 중에 발생할 수 있는 문제들을 해결하기 위한 지침들을 제안한 바 있는데 첫 글자를 따서 TALK로 요약된다.

생각하라Think 말하기 전에. 무엇을 말할 것인지 미리 생각하는 것이 위기 상황에서 도움이 될 것이다.

피하라Avoid 불필요한 짐을. 현재 시점에서 다룰 필요가 있는 문제들만 다룸으로써 가족의 짐을 덜어 줄 필요가 있다. 하지만 형사사법 기관 종사자들은 범죄 고지와 동시에 수사적 면담을 수행하려고 시도하며 이 과정에서 이 원칙을 위반한다. 만일 살인자 체포를 위해 지극히 긴급한 경우가 아니라면, 유가족이 소식을 충분히 이해해서 응집력 있는 정보를 제공할 수 있게 될 때까지 기다리는 편이 더 낫다. 정신건강 전문가들이 저지르는 전형적인 실수는 사망 고지 중에 심리치료를 하려고 시도하는 것이다. 임상가들은 상황을 진정시키기 위해 필요한 최소한의 개입만을 해야 하며, 이후에 추수상담이 가능할 수 있도록 준비해야 한다. 사망 고지는 위기 개입을 위한 시간이지 치료를 위한 시간이 아니다.

들으라Listen (저자는 여기에 '보라Look'를 추가하고자 함) 위협의 징후들을. 즉각 드러나지는 않지만 애도나 분노가 억제되어 너무 조용한 집의 다른 한 켠에서 완전히 정신을 잃은 채 침묵하고 있는 가족 구성원들의 문제에 귀를 기울이라. 혹은 경찰이 찾아온 것을 보고 방문 목적을 오해해서 위협감을 느껴 공격하거나 도주해야 한다고 느끼거나 불신감을 드러내는 가족 구성원이 보내는 위험의 징후들도 보아야 한다. 경우에 따라 형사사법 기관에 숨겨야 할 비밀이 있기 때문에 머뭇거리거나 적대적으로 반응하는 가족들이 있을 수 있다. 그러므로 사망 고지 담당자들은 오직 방문 자체가 목적일 뿐임을 명확하게 알려야 한다.

알라Know 지금 말할 것과 나중에 말할 것을. 이것은 앞에서 언급한 바 있는 위기 개입의 경제성 및 효율성 원리의 확장이다. 상황을 살핀 다음, 중요한 쟁점과 덜 중요한 쟁점 중 어느 것을 현재 시점에서 다루면서 씨름을 벌일 것인지를 결정하라.

실질적인 원조 가족, 친구, 이웃, 고용인, 성직자, 의사 등에게 전화할 것을 권하라. 가족들에게 당신이 그들과 함께 머물러 있길 원하는지 물으라. 가족의 사생활은 존중하되, 그들이 안전하다는 확신이 들 때까지는 가족들을 혼자 두지 말라. 높은 정서성은 기억을 손상시킬 수 있으므로 중요 정보와 지침들을 글로 써서 가족에게 주라. 가족에게 변호사, 검사, 검시관, 사회복지 단체 및 병원의 이름과 전화번호를 제공하라. 모든 정보를 하나의 종이에 정리하도록 하라. 많은 사법기관과 피해자 변호사 사무실 등에는 이러한 목적에 맞는 인쇄물들이 잘 준비되어 있다.

가족들에게 시신 확인, 경찰 조사, 법적 절차 등과 같이 앞으로 일어날 상황들을 미리 설명하라. 이것이 세간의 이목을 끄는 사건이라면 그들에게 어떻게 언론을 다룰지를 설명하라. 가족들의 질문에 답하되 너무 많은 정보를 제공함으로써 그들이 압도되지 않도록 주의하라. 필요한 만큼 자주 정보를 반복 설명해 주라.

가족들에게 의사의 진료실, 병원 혹은 경찰서에 가기 위한 수단을 제공할 필요가 있는지 판단하라. 그들에게 가용한 교통수단이 없다면 운전을 해 주거나 탈것을 준비해 줄 수 있다고 제안하라. 귀가 시 교통 편의를 제공할 것을 확실히 하고 아기 시트나 기타 필요한 것들을 제공하라. 만약 사망 고지 팀이 경찰과 피해자 변호사로 구성되어 있는 경우라면 경찰이 떠난 후에 변호사가 가족들과 남아 있을 수 있다.

사망 고지 시 해야 할 것과 하지 말아야 할 것

유가족들이 자신들에게 도움이 되지 못했다고 확인해 준 사망 고지 전략이 있는데(Eberwein, 2006), 이는 다음과 같다.

- 청하지도 않은 불필요한 조언하기. "사건이 안정화될 때까지 직장을 쉬셔야 합니다."
- 너무 빨리 회복하라고 재촉하기. "어려운 일이라는 건 알지만, 시간이 모든 상처를 치료해 줄 겁니다."
- 최소화 혹은 잘못된 쾌활함. "모든 사람이 자신만의 비극을 가지고 살아요. 그러나 모든 사람이 놀랍게도 잘 회복한답니다."
- 살인 유가족의 감정에 거짓으로 공감하거나 동일시하려는 사망 고지자의 시도. "당신이 어떨지 다 알아요. 저희 할머니도 작년에 암으로 돌아가셨지요."

유가족들이 도움이 되었다고 보고한 전략들은 다음과 같다.

- 솔직한 우려 표현. "지금으로서는 당신이 괜찮기만을 바랄 뿐이에요. 제가 해야 할 일이 있다면 무엇이든 말만 하세요."
- 기분을 환기시킬 기회 주기. "무슨 말이든 하고 싶은 대로 하세요. 말하기 싫으시다면 그것도 좋습니다."
- 누군가가 함께 있게 배려해 주는 것. "당신이 원하는 만큼 오랫동안 누군가 함께 있어 줄 것입니다."

고난 중에 유가족들에게 약간의 편안함을 제공해 주는 올바른 말을 찾기 위해 항상 당신의 판단력과 경험 그리고 공감적 본능을 활용하라.

신원 확인

시신이 있는 경우, 다음 단계는 고인의 시신을 확인하는 것이다. 고인의 시신 확인은 두 가지 역설적 효과를 갖는다. 한편으로는 피해자의 시신을 봄으로써 피해자가 살아 있을 수 있다는 일말의 희망이 끝내 산산이 부서진다. 하지만 다른 한편으로는 고인의 실제 모습을 봄으로써 피해자가 죽으면서 당한 고통이 유가족들이 상상했던 공포물에는 미치지 않는다는 이상한 종류의 안도감이 생긴다. 그렇지 않은 경우라고 해도 시신의 존재는 최소한 피해자의 고통이 끝났음을 의미하기 때문에 유가족에게 위안이 될 수 있다(Rynearson, 1988, 1994, 1996; Rynearson & McCreery, 1993). 자연사로 사망한 사람에 대한 애도 과정을 연구한 결과, 사망을 부정하는 기간이 짧고 매장 전에 시신을 볼 수 있었던 사람들이 고인을 더 잘 회상해 내는 것으로 나타났다(Sprang & McNeil, 1995).

9/11 세계무역센터 공격과 관련하여, Boss(2002)는 사랑하는 사람의 시신을 보는 것이 방어를 완화시키며 유가족으로 하여금 실종이라는 멍에를 벗을 수 있게 해 줌으로써 죽음에 대한 인지적 확실성을 제공한다고 주장했다. 같은 견지에서, 유가족들은 어떤 형태로든 시신을 보고자 한다. 역설적이게도, 시신을 보아야만 사랑하는 사람을 떠나보내는 것이 가능해지기 때문이다. 반면 모호한 상실은 방어를 견고하게 만들고 생활을 옥죄게 만들 수 있다. 누군가가 실종된 사람과 심리적으로 분리되기 위해서는 기본적이고 본능적으로 시신(심지어 조직세포나 DNA 표본이라도)을 필요로 한다는 것은 분명한 듯하다.

많은 학자(Collins, 1989; Eberwein, 2006; Nardi & Keefe-Cooperman, 2006; Spungen, 1998; Stewart, 1999; Von Bloch, 1996; Wells, 1993)가 신원 확인 과정에서 유가족들에게 도움이 되는 유용한 지침들을 제안해 왔다.

유가족의 선택 법적 요구가 없는 한, 유가족들은 사랑하는 사람의 시신을 볼 것인지를 선택하게 된다. 몇몇 가족은 이러한 선택권 부여로 인해 위축되거나 자신들의 요구를 분명히 밝히지 못하고 불안해지거나 겁을 먹을 수 있다. 그러므로 그들에게 물어보라. 오랫동안 실종 상태에 있다가 시신이 발견되어 법의학적 검사를 위해 가족이 시신 확인 과정에 필수적으로 참여해야 하는 경우 적절한 지지를 확실히 제공하라.

물리적 접촉 가족이 고인을 만지고 싶어 할 수 있다. 경우에 따라 이것이 사랑하는 사람이 사망했다는 현실을 받아들이고 마침내 이별을 고하는 작업을 시작하는 방법일 수 있다. 이런 과정은 성급하게 진행되어서는 안 된다. 배우자와 아이들은 고인의 손을 한참 동안 잡고 있기를 원할 수 있다. 부모는 그들의 죽은 아이를 잡고 보내 주려 하지 않을 수 있다. 그들에게 적절한 만큼의 시간을 줄 수 있도록 준비하라. 증거가 여전히 수집 중인 경우라면, 사법 당국에서 시신을 만지거나 옮기기를 원치 않을 수 있다. 이를 어길 수 없는 경우 가족들에게 이를 전달하라. 만일 유가족들이 모든 증거 수집이 완료될 때 시신을 만지고자 한다면, 그때 이 과정이 이루어지도록 준비하라. 그러나 그 시기가 부검 이후일 수 있으며 그런 경우 시신의 상태가 달라질 수 있음을 명심하라.

만약 피해자의 시신이 심하게 훼손되었거나, 절단되었거나, 불에 탔거나, 혹은 부패되었다면, 신원 확인이 치과 기록이나 소지품 등으로 이루어져야 할 수 있다. 가족에게 이것이 필요한 이유를 설명하고 시신을 보거나 만질 것인지를 선택하도록 한다. 만약 그렇게 하겠다고 선택하면 가능한 한 깨끗한 모습을 볼 수 있도록 준비해야 한다. 큰 상처는 붕대로 감거나 감춰야 하며 유가족들의 시야에 핏자국이나 다른 잔해가 보이지 않아야 한다. 그러나 증거가 아직 수집되고 있는 중이라면 가족들에게 시신을 그대로 보존해야 함을 알리라. 거듭 말하지만, 모든 과정에서 적절한 지지를 제공하라.

시신이 없는 경우, 이것을 숨김없이 말하라. 시신이 발견될 희망이 있다면 이에 대해서도 말하라. 그러나 확실하지 않다면 가능한 한 현실적인 수준으로 말하도록 노력하라. 바다에서 침몰한 배 혹은 폭파 후 불에 탄 비행기나 폭발로 무너진 건물에서는 형태가 남아 있는 시신은 거의 찾을 수 없다. 이러한 경우, 가족에게 신원 확인이 DNA 확인 같은 방식으로 이루어질 것임을 알리고 그들을 적절한 전문가에게 보내라. 또한 현장에서 피해자의 유품, 안경이나 보석, 아이 장남감과 같은 것을 찾는 경우 기소를 위한 증거로 사용하기 위해 경찰이 관리하게 될 것이다. 가족에게 이를 알리고 이 보물들을 되찾고자 하는 경우 그 절차를 설명한다.

유품을 전혀 찾지 못했다면 상징적인 유품이 대안적으로 활용되기도 한다. 예를 들어, 뉴욕 시는 9/11 당시 폭탄이 터진 지점에서 나온 재를 담은 항아리를 실종자 가족들에게 제공하였다.

Boss(2002)는 세계무역센터 폭파로 인해 실종된 어떤 남자의 형이 "나는 우리 동생 몸의 일부분이 이 재 속에 있다고 믿기로 했어요."라고 말한 것을 인용한다. 이러한 상징적 장치를 통해 그는 동생의 귀환 가능성에 대한 모호한 희망을

> 포기할 수 있었고 그의 죽음을 받아들였다. 그러나 다른 실종자의 부인에게는 이것만으로 충분치 않았다. 그녀는 명확한 죽음의 증거가 필요했으며, 얼마가 걸리든 간에 기다릴 준비가 되어 있었다.

Boss(2002)는 변증법적 사고 능력과 모호함을 감내하는 강한 능력이 모호한 상실과 관련된 문제를 해결한 사람들의 특징임을 관찰할 수 있었다. 이들은 자신의 마음에서 일어나는 두 가지 대립되는 생각, 가령 '우리 아들은 죽었어. 그러나 그 아이는 여전히 여기에서 나와 함께할 거야.'라는 생각과 '나는 내 삶을 살아갈 거야. 하지만 그를 찾는 것을 멈추지는 않을 거야.'라는 생각을 품을 수 있었다. 생존 여부에 대한 명확한 답변이 없을 때는 생존 가능성과 사망 가능성을 모두 붙잡을 수 있기 때문에 이것이 총체적인 절망을 피할 수 있는 유일한 방법일 수 있다.

아동 피해자의 사망 고지와 신원 확인

가족을 잃는다는 것은 그것이 누구든 고통스러울 수밖에 없지만, 피해자가 어린 아동인 경우에는 각별한 민감성이 요구된다. Ahrens, Hart와 Maruyama(1997)는 이미 죽었거나 병원 응급실에 도착해서 죽은 아이들의 부모를 조사하였다. 섬세하고 공손하며 연민 어린 태도로 제공된 사망 고지가 아동의 죽음에 대한 가족의 대처 능력에 단기적 및 장기적으로 긍정적 효과를 주는 것으로 나타났다. 거의 모든 부모가 사망한 자녀를 품에 안음으로써 재확인과 편안함을 느낄 수 있었다. 대부분의 부모가 아이의 신체적 상징물과 머리카락 한 묶음 또는 손을 본 뜬 석고 틀 같은 것들을 원했다. 고지자는 상황이 허락하는 한 부모와 다른 양육자에게 많은 지지와 안정을 제공해야 한다.

고지자 스트레스

의료인 및 경찰과 같이 매일 삶과 죽음을 다루는 전문가들에게조차 가족에게 사랑하는 사람이 죽었다는 것을 알리는 것은 큰 스트레스일 수 있다(Nardi & Keefe-

Cooperman, 2006; Stewart, 1999). 예를 들어, 상당수의 의사가 더 이상의 의학적 처치가 불가능하다는 정보를 환자와 그들의 친인척에게 제공하는 것에 대한 불편감을 보고한다(Ptacek & Eberhardt, 1996).

다혈질적인 경찰관이라고 해서 고지 스트레스에 대한 면역력이 있는 것도 아니다. 의료인들과 마찬가지로, 경찰관에게도 피해자의 죽음은 국민을 보호할 책무의 '실패'를 의미하는 것일 수 있으며 이것이 유가족에 대한 죄책감을 유발할 수 있다(Swisher, Nieman, Nilsen, & Spivey, 1993). 경찰관과 일부 의사는 '110퍼센트' 사고방식, 즉 '실패는 선택이 아니다'라는 식으로 생각하는 경향이 있어서, 가끔씩 예상 밖의 실패가 생기면 그것을 다루기 위해 힘든 시간을 보낸다(Miller, 1995b, 2006m; Wester & Lyubelsky, 2005).

군인 생존자 지원관과 부상자 지원장교들조차 전투에서 병사가 죽음을 당했다고 가족에게 사망 고지를 할 때면 정서적 혼란과 신체 증상을 호소한다(Bartone, Ursano, Wright, & Ingrahan, 1989; Ender & Hermsen, 1996). 유가족이 보이는 고통의 정도가 클수록, 이들이 경험하는 스트레스도 커진다. 비록 이것이 고지자와 유가족 간의 인종적, 경제적, 사회적 및 전통적 가족 배경의 사회문화적 유사점과 차이점만큼이나 기질과 사회적 지지의 양 같은 고지자의 개인적 특성에 의해 중재되기는 하지만 말이다. 전자는 전화 사망 고지와 그것에 대한 고지자의 심리적 반응에도 영향을 미친다. 이러한 발견들은 이 전문가들을 위한 전문적 지지망을 유지하는 것의 중요성만큼이나 더 나은 교차 문화적 훈련의 필요성을 시사한다.

결 론

연루된 사람과 성격의 다양성 때문에 살인에 의한 가족 사별은 범죄 피해자를 대상으로 심리학적 개입을 제공하는 임상가들이 직면하는 가장 어려운 도전 중 하나다. 어떤 가족들은 강하지만 부드럽게 밀어 주기만 하면 바람직한 방향으로 나아갈 수 있는 반면, 다른 가족들은 이 장에서 논의한 실질적인 도움 전략에 따라 적극적으로 개입할 필요가 있으며 보다 집중적이고 광범위한 상담과 심리치료가 부가적으로 필요하기도 하다.

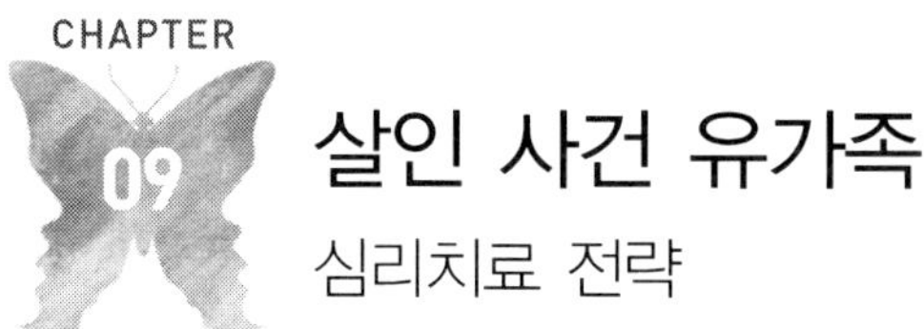

살인 사건 유가족

심리치료 전략

한 가족이 사랑하는 사람의 살인 피해라는 외상을 입으면 모든 구성원이 환자가 된다. 많은 경우, 임상가는 초기에 생존한 직접 피해자들보다 유가족들의 심리적 고통이 훨씬 더 강렬하다는 것 때문에 강한 인상을 받으며, 심지어 압도당할 수도 있다. 히스테리컬하고 분노하는 유가족이 있는 데 반해, 무감각하거나 조용한 상태를 보이는 유가족들도 있다. 몇몇 가족치료 전략은 개인치료에 사용되는 것들과 비슷하지만, 다른 것들도 있으므로 임상가가 이런 점들을 알고 있는 것이 중요하다.

살인으로 인해 사별한 가족의 치료: 일반적 고려점

직접 피해자의 심리치료와 마찬가지로(6, 7장), 살인 사건 유가족의 심리치료에도 여러 차원이 있다. 어떤 치료 기법은 애도상담 및 사별 치료 영역에서 이미 타당화된 심리학적 개입 원리들을 살인 사건 유가족에게 적용한 것들이다(Lindy,

Grace, & Green, 1981; Rynearson, 1996; Sprang & McNeil, 1995; Spungen, 1998).

한 가지 고려해야 할 것은 개인치료와 가족치료가 정확히 무엇을 위한 것인가 하는 점이다. 왜냐하면 살인에 의한 가족 사별의 경우 개인 및 가족 회기에 한두 명만 나타나거나 몇 개의 다른 집단으로 갈라지는 양상을 보이기 때문이다. 그러므로 주어진 회기마다 환자가 달라질 수 있다.

또한 외상의 효과는 누적될 수 있기 때문에(Alarcon, 1999; Weiner, 1992) 살인으로 인한 사별 치료 시 과거에 풀지 못한 외상적인 문제를 다뤄야 할 수도 있다. 과거의 해결되지 못한 외상 관련 증상들이 살인 외상으로 다시 촉발되는 것은 확실하다. 더욱이 가족이 사망했다고 해서 다른 영역의 생애 과업들이 자동적으로 연기되지도 않는다. 따라서 치료 시 학교와 직장 문제, 부부 갈등, 약물 사용 혹은 이전에 존재했던 그 밖의 가족 내 스트레스 같은 문제들도 다뤄야 한다. 치료자는 먼저 다루어야 할 일과 나중에 다루게 미루어 둘 일을 결정한다는 견지에서 융통성 있게 문제의 우선순위를 정해야만 한다(Spungen, 1998).

> "얼마간 우리는 그들의 아들이 학교에서 공황발작을 해서 교실에 머물 수 없게 된 일에 대해 대화할 것입니다." 가족치료사가 설명했다. "그런 다음 그 아들의 남동생이 가진 ADHD에 대해 이야기하고 나서 법적 문제를 일으킨 그 아이의 아버지로부터 그것이 어떻게 유전되었는지 하는 주제로 대화를 옮길 것입니다. 우리의 논의는 여러 주제를 왔다 갔다 할 것이며, 제가 할 일은 이야기가 흐를 수 있도록 속도와 방향을 조정하고 외상 문제와 일상의 걱정을 함께 묶을 공통의 주제라는 실타래를 찾는 일입니다. 그런 실타래가 있을 때도 있지만 없을 때도 있기 때문에 그것을 밀어붙일 때는 주의가 필요합니다. 그런 것이 없는 경우, 환자가 살인자에 대해 이야기할 때 나타내는 강렬한 정서성을 완화시킬 수 있도록 하기 위해 좀 더 일상적인 주제로 대화의 흐름을 바꿉니다. 저는 '조수석에 타서' 필요한 곳으로 이야기가 흐르도록 하되 묶을 수 있는 공통 주제가 있는지 계속 지켜봅니다. 하지만 때로는 환자가 그냥 말하게 둬야 합니다."

효과적인 모든 심리치료, 특히 외상 치료의 기본 요소는 안전감과 지지 제공이다. 임상적 개입과 안정적인 치료적 관계는 치료 과정에서 가족들의 외상을 해결하도록 하는 핵심 요소다. 치료적 관계의 본질은 외상의 효과를 완충하고 자존감을 증진시키며 가족의 역할 기능을 변하게 하여 외상 사건의 충격을 경감시킬 수 있도록 하는 것이다(Sprang & McNeil, 1995).

살인에 의한 사별의 경우 치료에 정서적, 교육적, 물질적 지원을 포함시켜야 한다. 계획된 정기적인 회기에 더해 위기 상황에서 짧게라도 접촉할 수 있도록 가족들에게 연락 가능한 전화번호나 호출번호를 제공하되 한계 설정을 분명하게 해야 하며 환자의 독립과 자율성 역시 독려되어야 한다. 정신건강 임상가들은 가족에게 애도 과정의 본질을 교육해야 하며, 가족들이 경험할 수 있는 때로 당황스럽고 놀라운 증상들과 반응들을 정의해 주고 일반화해 주어야 한다. 교육은 가족에게 현실적인 안심을 제공할 뿐이므로 임상가는 문제가 '해결'될 것이라거나 곧 '회복'할 것이라는 말은 금해야 한다. 외상적 사별의 초기 단계에서는 가족들이 그런 말을 믿지도 않거니와, 치료자가 사별을 심한 감기처럼 '회복'할 수 있는 어떤 것으로 표현하는 등 자신들의 고통을 하찮게 여겼다며 분노하게 만들 수도 있다.

살인으로 인해 사별한 가족의 치료: 효과적인 전략

수많은 치료사와 상담사들에게는 다음의 심리치료적 전략들과 기법 대부분이 이미 익숙할 것이다. 대부분의 훌륭한 정신건강 처치의 원리들이 살인 사건으로 사별한 가족들의 특수한 요구에도 적용될 수 있기 때문이다. 이 전략들 중 몇몇은 직접적인 범죄 피해자들의 치료 시에 언급했던 것들과 유사하지만, 살인으로 사별한 유가족들에게 특정적으로 적용될 수 있는 기법들도 있다.

Spungen(1998)은 Getzel과 Masters(1984)가 살인에 의한 사별에 대한 가족치료에 포함되어야 한다고 주장한 기본 과제들을 다음과 같이 인용한 바 있다.

- 사랑했던 사람의 살인에 관해 느끼는 분노와 죄책감을 유가족이 이해하고 거리를 두고 바라보도록 돕기
- 유가족들이 사회적 질서 안에서 확신감을 되찾기 위해 자신들의 애도 반응

과 타인의 가용성을 시험하도록 돕기
- 유가족이 사랑하는 사람의 죽음을 비극적이며 되돌릴 수 없는 일이지만 참을 만하고 살 만한 어떤 것으로 받아들이도록 돕기
- 각 구성원이 더 건강하고 성취적인 태도로 성장할 수 있기 위해 새로운 가족 구조 수립 시 구성원 간에 유대감을 느낄 수 있도록 관계의 범위를 확장하도록 조력하기

신체적 자기통제

살인에 의한 사별이 초래한 정서적 소용돌이의 중심에서 가족들이 질서와 통제 기법을 익히도록 돕는 것은 버겁고도 불가능한 것처럼 보일 수 있다. 이런 경우 신체 반응의 통제를 먼저 시작하는 것이 가장 좋다. 거의 모든 유가족이 높은 신체적 각성, 불안, 공황, 어지럼증, 두통, 위통, 수면 장해, 반추적 사고, 손상된 기억과 주의력, 혹은 그 밖의 증상들을 드러낸다. 이완이나 바이오피드백 혹은 명상을 통해 각성 수준을 낮추는 훈련(6장)이 이들에게 최소한 어떤 것—그들 자신의 신체—만큼은 통제할 수 있음을 보여 줄 수 있다. 이것이 유가족에게 곤두박질치고 있는 삶의 혼란스러운 측면에 대한 통제감이 노력에 따라 증가될 수 있다는 확신감을 제공해 줄 수도 있다.

정서 통제와 표현

어떤 유가족들은 차가운 억제, 부자연스러운 감정과 말투 그리고 차분한 행동을 드러낸다. 이것이 때로는 선천적으로 타고난 억제적 성격 특성에 기인한 것일 수 있지만, 때로는 정서적 둔마라는 전형적인 외상 후 증상일 수도 있다. 초기 단계에서는 이것이 견고한 정서적 부목(말 그대로 외상을 견뎌 내도록 사람을 묶어 주는 보조수단)일 수 있으므로 그대로 두어야 한다. 시간이 경과함에 따라 점진적으로 정서 억제적 양상을 풀어내도록 안내할 수는 있으나, 이러한 작업 역시 정서를 다루는 개인의 능력 존중이라는 맥락에서 이루어져야 하며 항상 궁극적인 목적은 개인의 통제감 향상이어야 한다.

정서적 표출을 원하는 유가족들도 있다. 치료자의 사무실은 그들이 그렇게 하기에 충분히 안전하다고 느끼는 유일한 장소일 수 있다. 그런 사람들과 함께할 때는 정서적 **환기**와 **분출** 간의 차이를 기억하도록 주의하라. 전자는 카타르시스다. 때로 고통스럽고 억압된 정서의 표현이 마음을 안정시키고 더 큰 통찰과 통제감을 줄 수 있다. 후자는 비생산적인 정서적 역류로, 때로 고통을 되려 고조시키며 자기이해를 더 흐리게 해서 개인의 감정을 더욱 통제 불가능한 것으로 만든다. 치료자들은 정서 표현이 상처가 아닌 치유가 될 수 있도록 하기 위해 표현 과정을 감시하고 지도할 책임이 있다.

죄책감과 분노

빈번하게 뒤엉키곤 하는 두 개의 중요한 핵심 쟁점들이 있는데, 그것은 바로 죄책감과 분노다. 8장에서 언급했듯, 유가족들은 사랑하는 사람의 죽음이 갖는 실존적 의미를 찾기 위한 시도의 일환으로 피해자의 운명을 자기 탓으로 돌리며 스스로를 비난한다. 누가 봐도 부당해 보이는 자기비난식 논리("우리가 전날 저녁 싸우지 않았다면, 그가 다음 날 아침 그렇게 일찍 출근하지는 않았을 테고 그러면 그때 주유소에서 강도에게 총을 맞지도 않았을 텐데.")이지만, 그것이 이루 말할 수 없이 끔찍한 사건에 최소한의 의미를 제공해 줄 수는 있다. 이것이 가족들이 그런 식의 가짜 이유 대기에 집착하는 이유다. 누군가를 향해 화가 나는 것은 상황에 대한 심리적 통제를 유지하기 위한 최소한의 방편이다. 내재화된 분노의 일부는 경찰이나 사법 체계, 의료기관, 정신건강 임상가 혹은 사회 전반을 향해 투사될 수 있다.

반대일 수도 있다. 때때로 가족이 느끼는 분노에 타당한 근거가 정말로 존재하며, 그것의 일부는 바깥을 향해 표출되고 일부는 내재화된다. 상습 범죄가 정말로 너무 이른 출소 때문일 수도 있다. 도시가 정말로 그 따위 경기장 건립에 돈을 쓰는 대신 위험한 이웃을 줄이기 위한 순찰 강화에 돈을 썼어야 했을 수도 있다. 언론이 정말로 끈질기게 달라붙어서, 5분마다 전화하거나 잠복했다가 비탄에 빠진 가족이 집이나 직장에서 나오기를 기다릴 수도 있다. 아마도 축복받은 바보스럽고 무신경한 일반인들은 정말로 위협감을 전혀 느끼지 않고 있으며, '아직'까지는 자신들에게 그런 사건이 발생하지 않았기 때문에 적어도 살인 유가족이 견뎌 내고 있는 고통과 비통함에 관해 허튼소리를 하지는 않을 것이다.

치료의 맥락에서 분노는 조심스럽게 다뤄져야 한다. 그리고 앞서 언급한 바 있듯이, 분출이 아닌 환기 형태로 적절히 속도를 통제하면서 표현해 내도록 해야 한다. 치료자가 그 강도나 표적에 이성적으로 동의할 필요는 없지만, 분노 감정은 인정되어야 한다. 죄책감 또한 인정되어야 한다. 일반적으로 자기비난적 사고방식을 누군가에게 언어화하는 것은 두 사람의 정신을 일시적으로 유착시킬 뿐 무익하다. 감정의 근원을 탐색하는 것이 종종 인과관계와 책임에 대한 보다 현실적인 시각을 가지도록 섬세하게 안내할 수 있다. 이 못지않게 중요한 것은 유가족이 준비되었을 때 그 가족이 죄책감과 분노감을 생산적인 활동으로 채널을 바꾸고, 사랑했던 그러나 이제는 죽은 사람을 추억하도록 돕는 것이다.

가족 역할 재편성하기

중요한 치료적 과제 중 하나는 살인 사건으로 잃은 가족 구성원의 빈자리에 나머지 가족 구성원의 역할을 재편성하도록 돕는 것이다. 외상으로 인한 사별 관련 스트레스를 차치하더라도 유가족들은 사건 후 새롭게 부여된 책임들, 예를 들어, 공과금을 내는 것에서부터 음식을 준비하고, 숙제를 돕고, 사회단체 활동에 참여하는 것에 이르는 다양한 역할을 수행해야만 한다. 이러한 역할 변경과 관련된 스트레스는 적절히 표현되고 인정받아야 하며, 치료자는 이렇듯 변화된 역할 수행으로 지친 가족들을 지지하고 도와주어야 한다.

이때 가장 중요한 것은 바로 시간이다. 사랑하는 사람의 죽음으로 유가족들의 활동이 일시적으로 극적이게 바뀔 수 있기는 하지만, 변화된 가족 역할의 내재화는 잃어버린 가족의 부재를 인정하고 수용할 때가 되어야만 비로소 가능해진다. 이 작업은 서두른다고 되지 않는다. 몇몇 가족과는 약간의 심리적 기교를 부려야 할 수도 있다. 즉, 그들을 돕기 위해 일상적인 활동에서는 안정감과 질서를 유지하는 한편, 사망한 가족 구성원의 기억이 상처를 덧내기보다 치유의 힘이 되도록 점잖게 가족의 역할을 재편성하도록 격려한다.

추모와 재통합

개별 가족 구성원의 역할 재편과 관련하여, 가족이 외상적 사별을 마스터하고 통합하기 위해서는 애도와 애도의 마무리를 위한 연습이 필요하다. 이것은 부분적으로는 과거를 추억함과 동시에 미래의 설계를 가능케 해 주는 추모 활동들을 통해 가능해질 수 있다(Sprang & McNeil, 1995; Spungen, 1998). 예를 들어, 살해당한 사람의 사진이나 그 밖의 기념할 만한 물건을 들고 다니는 것은 편안함을 제공해 줄 수 있다. 가족 앨범을 다시 보면서 치료자와 유가족이 살인으로 인한 끔찍한 기억을 대체할 만한 애정 어리고 긍정적인 이미지를 함께 불러일으킬 수도 있다. 비슷한 추모 활동에는 고인에 대해 글을 쓰거나 스크랩북을 만드는 것이 있다. 많은 가족 구성원이 이러한 작업을 자발적으로 하기도 한다.

다시 말하지만, 이것들 중 어떤 것도 무한히 계속되거나 건강하지 않게 되거나 집착을 불타오르게 해서는 안 된다. 비록 초기에는 추모자들이 자신들만의 체계 내에서 자유롭게 표현할 수 있도록 허락해야 하지만 말이다. 가족 구성원들은 이런 개인화된 추모 의식을 위해 협력해야만 하며, 의미와 헌신감을 회복하고 다지기 위한 다른 방법들로 이것을 투사시켜야 한다. 하지만 어떤 가족 구성원들은 너무 심각하게 외상화되어 있어서 그런 활동에 생산적으로 참여할 수 없을 수 있다. 가족 구성원 중에 준비되지 못한 사람이 있건 없건 간에, 활용할 수 있는 사람들은 이 장에서 소개하는 모든 전략을 연습하도록 격려하되 다른 가족 구성원들은 자신만의 속도로 진행하도록 그냥 두는 융통성을 발휘해야만 한다.

> "우리 상담자와 함께 작업하면서 가장 도움이 되고 안정되었던 것 중에 하나는……" Jewel이 말했다. "우리가 숙제나 과제를 완성하지 못했는데도 절대 실패한 것처럼 느끼지 않게 해 주었다는 것이에요. 그녀는 다시 그것을 시도해 보겠는지 물었고, 우리가 그러겠다고 하면 어떻게 하는 것인지 우리에게 보여 주고 설명해 줬어요. 만약 그러고 싶지 않다고 하면 '그럼 다른 것을 해 보는 것은 어떤가요?' 하고 말하거나 그냥 우리가 원하는 것을 얘기하게 해 주고 다른 방식으로 그 주제에 접근했죠. 마침내 우리는 중요한 것들을 다루는 것까지도 할 수 있었어요. 이것이 이전에 만났던 상담자와 다른 점이었어요. 전에 만났던 상

담자는 우리에게 인쇄된 과제물을 계속 주는 엄격한 심리학자였어요. 마치 학교에서 무슨 수업을 듣는 것 같았어요. 그가 선의로 그런다는 것은 알았지만, 우리는 해야 하는 일이 너무 많았고 그가 던진 과제들은 해야 할 많은 일 중 하나가 되어 버렸죠. 결국 우리는 나가떨어졌어요."

심리치료 전략

살인 피해 유가족들은 가족 단위로 혹은 개별적으로 치료를 받으러 온다. 앞서 언급한 바 있듯이 어떤 가족 구성원들은 거의 모든 치료 회기에 참여하지만 다른 구성원들은 산발적으로 참여하기 때문에 회기마다 참여자의 구성이 달라진다.

신뢰할 만한 치료적 관계가 형성되고 나면 사별한 유가족들은 어느 순간 고인에 대한 그리고 죽음과 그 여파에 대한 자신들의 이야기를 하고 싶어 한다. 이 과정은 조심스럽게 보조를 맞추어 진행되어야 하며 적정해야 한다. Rynearson (1988, 1994, 1996)은 살해당한 아이의 부모를 위한 개인 및 가족 치료에서 카타르시스적인 이야기하기를 너무 빨리 밀어붙이는 것, 특히 치료 초기 단계에 이 작업을 실시하는 것의 위험성을 경고하였다. 사별 가족들이 정서적으로 압도되어 혼란 상태에 빠지지 않기 위해 공통적으로 드러내는 방어는 부자연스러운 경박함이나 초현실적인 사실주의적 태도다. 이 때문에 다른 사람들이 유가족들을 무심하거나 냉혈한으로 오해할 수 있다. 살인 사건 직후라면, 회피와 부정이라는 두 가지 정서적 부목을 사용해야만 하는 가족도 있다. 치료자는 이것을 일단 존중해 주어야 한다. 기억하라. 정형외과에서도 부목은 사지의 기능을 돕기 위한 유용하고 타당한 보조도구다. 충분한 치료를 통해 보다 적극적으로 재활 훈련을 받기 전까지는 말이다(Miller, 1998h).

치료적 이야기하기가 시작되어 진행되면, 살인으로 인한 사별의 심리치료는 PTSD를 위한 개인심리치료와 가족치료를 혼합한 형태가 된다. 치료는 죽음에 대한 각 가족 구성원의 개인적인 지각을 다룬다. 허무주의와 절망은 초기에 흔히 나타나는 반응이며, 살인의 불안정하고 혼란스러운 영향으로부터 벗어날 수 있게 그들을 돕기 위해서는 정신적이고 철학적인 신념이나 행동을 유지하도록 함으로써 환자와 가족의 회복과 발전을 도모해야 한다.

자기안정과 살인 사건과의 거리두기가 일단 강화되고 나면, 치료는 외상적 이미지와의 직접적인 대면으로 접어든다. 언어적 표현을 적게 사용하는 가족에게는 그들이 생각하는 사망 장면을 그려 보도록 할 수 있다. 이러한 비언어적 상황 재연은 눈으로 직접 보면서 치료자와 그것을 공유할 수 있게 해 준다. 이러한 과정은 가족 구성원들이 그림 속에 자신들을 표현함으로써 회피를 위한 침묵 대신 추상적 거리두기의 과정을 시작할 수 있도록 격려한다. 이 연습에서 가족 구성원들은 종종 자신이 고인을 방어하거나 붙들어 주거나 구원하는 장면을 그리곤 한다. 치료 전략에는 명상과 지지 집단이나 정치적 혹은 종교적 활동과 같은 사회적으로 승인된 활동들을 격려하는 것뿐 아니라, 유가족들이 가지고 있는 삶과 죽음에 대한 개념을 탐색하는 것도 포함된다(Rynearson, 1996).

그러나 7장에서 언급된 Clarence의 경고를 기억하라. 이것은 심리적 외상 사건을 통해 실존적 의미 추구 경험을 격려하는 것과 관련이 있다. 어떤 가족들은 살인으로 인한 사별을 통해 외상적 성장을 경험할 수 있었다고 말한다. 하지만 심리치료사들은 이러한 기대를 드러내는 것에 주의해야만 한다. 이것이 안 그래도 비틀거리고 있는 가족들에게 나쁜 감정을 유발함으로써 더욱 의기소침해지게 만들 위험이 있기 때문이다. 그러나 가족 구성원들이 기꺼이 이런 실존 단계에 들어설 능력과 의지가 있어 보이는 경우라면, 치료자는 책임감 있게 이 길로 그들을 안내할 수 있어야 한다(Miller, 1998h).

성별 기반 치료

2, 3장에서 개인의 범죄 피해자화와 살인에 의한 사별을 포함한 외상에 대한 반응이 환자의 성격과 가족 배경 및 성별, 인종, 사회계층과 같은 인구통계학적 변인에 의해 강력하게 영향을 받는다고 강조했던 것을 기억하라. 최근 여러 임상가와 연구자는 이 요소들 중 범죄 피해자와 그들의 가족을 도울 때 고려할 필요가 있는 것이 무엇인지 찾기 위한 노력을 계속하고 있다.

Kenney(2003)는 남자와 여자가 가족의 살인 사건에 어떻게 다르게 반응하는지와 전통적인 성역할에 따른 대처 양식이 어떻게 외상의 해결과 회복을 돕거나 저해하는지에 대해 연구해 왔다. Kenney의 연구 결과는 살인 사건뿐만 아니라 치명적인 교통사고 혹은 불치병으로 사망한 사람들, 외상으로 고인이 된 피해자(일반적으로 아이들)의 가족들과 함께 상담해 온 저자의 경험에도 부합한다.

Kenney(2003)의 연구 결과는 전통적인 남성의 성역할을 내재화하고 있는 남성들이 사랑했던 사람의 죽음을 다루는 데 있어 가장 심한 곤란을 보인다는 것을 보여 준다. 이런 남성들은 고인과 살아남은 가족들을 보호하지 못했다는 슬픔과 죄책감에 갇혀 버린 듯한 느낌을 가지며, 동시에 다른 사람에게 강하고 단호해져야 할 필요성을 느낀다. 그 결과 남성적 감정인 분노를 폭발하는 행동이 좋아졌다 나빠졌다를 반복하게 된다. 이것은 자기통제감의 약화만 강화시킬 뿐만 아니라 우울과 자기비난의 악순환으로 이어진다.

외현화될 때, 이런 죄책감에서 유래한 분노는 가해자와 타인을 향한 맹렬한 격노로 표출된다. 내재화될 때, 이것은 자살 의지를 품은 우울증으로 굳어질 수 있다. 또 다른 경우, 이러한 죄책감-억압-분노-우울의 역동을 경험하는 남성은 긴 시간 동안 이 모드에 빠진 채 대처에 큰 어려움을 겪는다. 이러한 패턴을 유지함으로써 애도의 해결이 명백히 차단될 뿐만이 아니라 신체적 건강 문제로도 이어진다.

반대로 좀 더 유연한 성역할을 내재화하고 있는 남성들은 좀 더 감정 표현적이며, 강한 보호자라는 전통적인 남성성에 덜 집착함으로써 더 잘 대처하는 경향이 있다. 이것이 잘 대처하지 못하는 사람들이 보이는 죄책감에서 유래한 애도, 억압, 분노의 순환에서 벗어날 수 있게 해 준다. 더욱이 유연한 성역할을 보이는 남성은 사랑하는 사람의 죽음에 관한 자신의 역할을 개념화하는 대안적인 방법을 학습하고 분노를 통제하여 생산적인 활동으로 바꾸는 기술을 습득하는 것에 더욱 수용적이다. 이러한 방법을 통해 자신이 가족을 지키는 데 실패했다는 생각 때문에 지치는 일이 더 적어지며, 궁극적으로는 자신만의 애도 작업을 능동적으로 시작할 수 있게 된다.

경찰과 치안 담당자, 공장 노동자, 군인, 기업체 간부, 의사, 항공사 종사자, 그리고 그 밖에 전통적으로 남성적이라고 인식해 온—그리고 전통적으로 남성적 관점과 태도를 가진—전문직 종사자들과 작업해 온 저자 자신의 경험을 감안할 때 전통적인 남성적 대처 양식이 때때로 건강과 회복에 오히려 해가 되지만, 다른 한편으로는 (6장에서 설명한 바도 있듯이) 인지적 방어기제가 정신적 부목의 기능을 해 주기 때문에 도움이 되는 경우도 있다(Janik, 1991). 개인적 비극에 직면했을 때 이들이 보이는 자기통제감은 무력감과 절망감에 압도되는 것을 막기 위한 해독제가 될 수 있다(Brooks, 1998; Miller, 1995b, 2006m, 2007m; Wester & Lyubelsky, 2005). 어려움을 참고 견디는 이런 식의 책략이 이런 남성들이 기능적 상태를 유지하는 데에 생산적으로 이용될 수 있으며, 지금-여기에서 가족을 돕기 위해 한층 향상된 효용감을 가짐으로써 과거에 그들을 잠시 좌절시켰던 죄책감과 애도에 대응할 수 있게 해 준다.

이런 식의 접근이 가지는 또 다른 중요한 함의는 다른 가족 구성원들이 대부분 남성 가족 구성원으로부터 일차적인 정서적 단서를 얻는데, 만약 아버지가 무너진다면 나머지 가족들에게는 붙잡을 만한 것이 아무것도 없는 상황이 되기 때문에 가족의 심각한 심리적 와해를 일으킬 수 있다는 점이다. 남편과 아버지 상을 개선시킴으로써, 임상가는 다른 가족들에게 힘을 끌어올려 주는 누군가를 존재하게 해 줌과 동시에 그들의 대처 노력을 향상시키고 가족의 안녕에 기여하는 유일하고 강력한 아버지의 자신감("난 그들을 위해 강해질 것이다.")을 강화시키게 된다. 치료자는 이러한 태도가 자신과 타인을 향한 파괴적인 분노로 퇴보될 때만 힘의 중재자로 나서야 한다. 몇 달이나 심지어 몇 년 후가 되어야만 비로소 치료자는 이 터프가이가 정신적 갑옷에서 벗어나 탄력성과 자기효능감이 강화되도록 도울 수 있을 것이다. 그러므로 경우에 따라서는 애도의 반동 과정에서 드러나는 거친 대응 양식이 이후의 회복 단계에서 좀 더 유연하게 대응하지 못할 것임을 시사하는 지표가 아닐 수 있다.

Kenney(2003)의 연구 결과, 대처에 어려움이 있는 여성들은 남성과는 또 다른 애도 주기에 휘말리는 것으로 나타났다. 이 여성들은 지속적으로 살인을 둘러싼 사건들, 상실과 애도, 피해자의 상태, 그리고 미래에 대한 두려움을 반추한다. 이것은 시간이 지날수록 그들의 심적 고통을 강렬하게 할 뿐이며, 슬픔 해결에 걸림돌이 된다. 반대로 자기 스스로를 무기력한 피해자 역할에 젖어 있게 하는 것을 용납하지 않는 여성들은 정서적으로 더욱 양호한 상태를 보이며 절망에 얼어붙은 채로 남아 있지 않는 경향이 있다.

뒹구는 것 자체를 격려하고 싶지는 않지만, 저자는 이처럼 외상화된 많은 여성이 너무 빨리 자기효능감의 과정으로 돌아오는 시동을 걸기 위해 노력하는 것을 주의하라고 당부하고 싶다. 때로 '그럼, 그럼'이라고 하면서 돌보는 기간을 길게 가지는 것이 많은 여성과 일부 남성에게 필요하다. 이 시간은 그들의 자율적인 대처 노력에 전원을 넣기 위해 정신적 배터리를 충분히 충전하는 데에 필요한 시간이다. 이때 치료자는 대리부모 혹은 배우자 상으로 기능해야 할 수 있다. 결국에는 그들이 이 역할을 떠맡기 위해 실제 부모나 배우자로서의 내적 자원을 북돋아야 하는 만큼 말이다.

Kenney(2003)는 외상으로 사별한 남성과 여성을 위한 치료 과정에서 다른 사람과 함께하도록 하고, 생산적인 목표와 활동에 집중하고 균형을 맞추도록 격려하며, 좀 더 유연한 성역할을 가지고 대응하도록 지지해야 한다고 조언한다. 이러한 과정이 적당한 속도로 진행되고 각각의 환자가 가진 인구통계학적 특성을 존중하는 한, 이것은 지당한 충고이며 이런 가족들과 함께하는 훌륭한 임상적 실제다.

"나는 그것을 인정하고 싶지 않아요." Max가 말했다. "내 아들이 죽임을 당한 것 중 가장 끔찍한 부분은 애 엄마가 우는 것을 참아 내야 한다는 것이었어요. 그것은 나답지 않은 것이죠. 그러나 여기 있는 나는 모든 것을 정리하려 노력해요. 할 일을 하고, 경찰이나 장례식장 측과 면담도 하고, 직장에서 빠진 시간 만큼 추가 근무를 하면서 말이에요. Francine이 하는 것이라곤 거기에 앉아서 울어대는 것뿐이에요. 그 일을 겪는 것이 마치 혼자 뿐이라는 듯이. 장례식이 끝나고 나는 직장에서 늦게까지 있기 시작했고 주말에는 나를 바쁘게 할 만한 일들을 찾아냈죠. 그렇게 나와 Francine은 4주 동안 거의 열 마디 말도 하지 않았어요. 큰아들 Matthew는 이미 결혼을 해 집을 나갔어요. 어느 날 아내가 상담을 받으러 가지 않으면 이혼하겠다고 통보했어요. '당신은 비정한 사람이야.' 그녀가 그러더군요. 사실 그녀를 사랑하기 때문에 좋다고 했을 뿐이에요. 하지만 정신적 도움이란 게 무엇일까 신경은 쓰였어요."

"나는 처음에 '나는 말을 많이 하는 종류의 남자가 아니오.'라고 일축했어요. 나는 그가 우리의 감정을 건드릴 만한 말을 할 거라고 생각했어요. 그러나 그는 놀랍게도 '하고 싶은 이야기를 하세요. 당신 마음대로.'라고 말했어요. 그는 나를 밀어붙이지 않았고 나에게 심리학적 용어를 지껄여대지도 않았어요. 몇 회기 후 나는 그 사람이 편안해지기 시작했고 이야기를 시작했어요. Patrick의 죽음에 관한 것뿐 아니라, 내가 지금껏 그 누구와도 논의해 보지 못했던 전반적인 것들을요."

"그의 말 한마디가 내게 특별한 인상을 주었어요. 그는 이렇게 말했어요, '이 일은 TV 같은 게 아니에요, Max. 각본에 따라서 모든 일이 흘러가는 TV 말이에요. 모든 사람은 그들만의 방법으로 문제를 다루죠. 두 가지만 하세요. 첫째는 건강한 방식으로 당신의 대처 스타일을 사용하는 방법을 알아보는 거예요. 그리고 둘째는 다른 사람의 스타일이 당신 것과 같지 않더라도 약간의 이해라도 해 보도록 노력하는 것입니다.' 재미있는 건 그의 말이 충분히 이해가 되자 Francine에 대한 짜증이 덜해졌다는 거예요. 그랬더니 그녀가 내게 나만의 여유 시간을 주기 시작했고, 나는 그녀에게 좀 더 마음을 열기 시작했지요. 우리는 조금씩 더 잘 해 나가기 시작했어요. Patrick도 분명 이런 걸 원했을 겁니다."

실존적 역량강화 가족치료

7장에서 우리는 직접적인 범죄 피해자들을 위한 실존치료의 역할에 대해 논의했다. 많은 범죄 피해 유가족들에게도 이 접근은 중요할 수 있다. 유가족이 상실이라는 격렬한 현실을 통과해서 강을 건너가게 해 줄 수 있는 선박을 공들여 만들도록 허용해 주기 때문이다.

많은 권위자가 실존적 요소를 전체 치료 과정의 일부로 설명하는 반면, Armour (2003)가 살인 피해 유가족을 돕기 위해 개발한 프로그램에서는 상징적 중요성을 가진 특정 행동을 취함으로써 실존적 의미를 얻는 것을 강조한다. 저자의 경험상 다양한 형태로 시기적절하게 활용하는 경우, 이 접근은 사별과 살인 사건으로 인한 갑작스러운 죽음 혹은 불치병으로 고생한 사람들을 위한 가치 있는 치료적 도구다. 여기에서는 살인 피해 유가족에게 적용될 수 있는 특정 기법들을 소개하도록 하겠다.

Armour(2003)는 **활동에 기반한 의미 만들기**라고 부르는 것을 고안하였다. 이것은 상징적 의미를 지닌 의도적인 활동으로 구성된 일종의 중요한 것에 대한 강렬한 추구다. 이것은 생각을 바꾸어 외상을 통해 능동적인 문제 해결이나 가치 있는 목표를 획득하기 위해 노력하는 것을 말한다. 원치 않는 압력을 줄이기 위해 살인 사건의 결과보다는 그것을 처리하고 의미를 추구하는 과정에 우선적으로 집중한다. 즉, 인지적 마음챙김 훈련의 행동적 형태 혹은 일본식 정원 가꾸기와 같이 결과가 아닌 의미 추구 과정 자체가 목적이다. 시간이 지나면서 능동적인 의미 만들기 활동은 살인 사건 유가족들의 자기정체성 강화와 재구성 촉진, 즉 '세계를 다시 배우는 것'뿐 아니라 '자기를 다시 배우는 것'과 같은 의도를 띠게 된다(Attig, 1996). 살인 사건 후 자신들이 보였던 반응 행동에 대한 긍정적 이야기 만들기가 이러한 자기제작을 촉진한다.

활동에 근거한 Armor(2003)의 다양한 의미 만들기 방법에는 자기 자신을 관찰하고 제시하는 것뿐 아니라 다음과 같은 사항들도 포함된다. 많은 환자에게 이 접근이 너무 추상적이고 철학적일 수 있기는 하나, 만일 가족이 참여할 수만 있다면 목표와 판단을 강조하는 전형적인 인지치료와 신선할 정도로 창의적이고 포괄적인 균형을 맞출 수 있을 것임에 주목하라.

진실 단언하기 살인 유가족들은 자신이 본 사실에 집중하여 살인 사건의 진실을 표현하는 이야기 만들기를 통해 의미를 만들어 낸다. 이들은 다른 사람들의 무시와 무능함 및 위선에 대한 절묘한 민감성을 가지게 되며, 자신들의 권리가 현실 왜곡 및 언론과 형사사법체계, 심지어 선의의 임상가가 한 공포(公布) 뒤에 숨겨진 의도에 의해 흔들리거나 뒤틀리지 않을 권리를 단언한다. 그들이 경험했던 다양한 크고 작은 부당함을 이야기한다. 이것이 그들의 의심과 분노 및 울분을 정당화해 주고, 보호받을 자격이 없는 범죄 피해자라는 생각에서 벗어나 자신의 가치 있음을 주장할 수 있게 해 준다. 그 결과, 이들은 정신력이 강한 고수가 되어 진실에 대한 자신들만의 견해를 주장하며 다른 사람의 반론을 공손하게 경청하되 자신들이 믿는 것에 대한 확신을 가지고 그 믿음에 근거해서 의사 결정을 할 준비가 된다.

"내가 인정하기 싫은 것이 있어요." Max가 말했다. "우리 교회 목사님을 한 대칠 뻔했지요. 아까 말했듯이, Patrick이 살해된 직후 나는 분노의 공이었어요. 그리고 누구에게도 어떤 이야기도 듣고 싶지 않았지요. 장례식 후에 이 집에 앉아 있는데, Johnson 목사가 옆으로 와서는 마치 설교하듯 말했어요. 이것이 '신의 뜻'이고 '우리가 이것을 받아들이는 법을 배워야 한다'는 식으로 말이죠. 거기에 앉아서 그를 쳐다보면서 생각했어요. '당신 아이가 죽게 된 후에 나한테 와서 신의 뜻을 받아들이는 방법에 대해 다시 말해라.'고요. 머리가 터져 버릴 것 같았어요. 몇 사람이 하던 말을 멈추고 다른 데로 가려고 하는 걸 보니 내 얼굴을 본 것 같았어요. 나는 잠시 기다렸다가 그 목사에게 '우리는 피곤하며, 이런 말을 하기 좋은 시기는 아닌 것 같다'고 말했어요."

자신의 길을 따르기 살인 유가족들은 각자가 가지고 있는 도덕관념과 의미에 기초해서 자기 위치를 재조정한다. 이들은 자신의 내면에 있는 굳건한 힘을 끌어올리며, 이것이 의사 결정의 확신감과 자율성을 그들에게 부여한다. 다른 사람들이 그들에게 부여해 준 역할과 달라서 지금까지는 경험해 본 적이 없는 새로운 정체성을 만들어 내지만, 자신의 내적 신호에 따른 것이기 때문에 상관없다. 이 중 일부는 살인 사건으로 인해 사별한 가족 구성원이라는 시련이 자신과 평범한 시민을 분리시킴으로써 불가능에 가까운 시련을 극복하며 살아가고 있다는 일체감과 자기만족감을 가지고 군중과 거리를 둘 수 있게 된다는 자각으로부터 온다.

"Patrick이 죽은 뒤 잠시 동안은……" Francine이 말했다. "나는 모든 사람 중에 가장 나쁜 여자였어요. 당연히 그들은 나를 좋아하지 않았죠. 그들은 상실에 대해 내가 '고상하게 반응해야 한다'는 생각을 가지고 있었을 테니까요. '당신들은 TV에서 나오는 그 망할 놈의 인생극장을 너무 많이 봤어.'라고 생각했죠. 상담자는 내가 내 감정에 충실할 권리가 있는 것이 사실이지만, 아무것도 모르는 다른 사람들에게는 좀 더 관대해지라고 권했어요. 그들이 이런 사건에 대해 아는 것이라곤 TV나 영화에서 본 것이 고작일 테니까요."

옳은 것을 위한 투쟁 많은 살인 유가족은 다른 사람들이 자신을 학대한다고 느낀다. 그들은 빈번히 중요한 권리를 도둑질당하며 남들은 당연히 가지고 있는 정상적인 삶의 통제 능력을 빼앗는 대중, 언론 및 형사사법체계와의 상호작용 속으로 뛰어든다. 책임 있는 정당과 자신들의 권리를 대변해 주는 정당들을 적극적으로 지지하는 방식으로 대응하기도 한다. 자신들이 무엇을 겪고 있으며 자신들의 권리가 무엇인가를 자신의 목소리를 통해 표현하는 것이 얼마나 중요한지에 대한 도덕적 분노가 그들의 행동을 이끈다. 부분적으로 그들의 분투는 실존적 자기보존의 한 형태이며, 도덕적이고 원칙적인 세계의 재정립을 돕기 위한 것이다. 거듭 말하지만, 역량이 강화되길 원하는 환자들이 강해지도록 돕는 것이 중요하기는 하지만 임상가에 의해 환자가 강제로 그 과정에 내던져지는 것은 절대 안 된다. 만약 가족들이 한발 물러서서 배경으로 남아 있기를 원한다면 그것도 그들의 선택이다.

> Armour(2003)는 살인으로 인해 사별한 한 아버지가 엄중한 법정 분위기를 뚫고 살인자에 대한 배심원의 유죄 결정이 악마의 힘을 꺾어 버린 승리라면서 소란스럽게 박수갈채를 보냈던 사례를 인용한다. 그런 식으로 그는 주(州)가 아닌 자기 가족이 사건의 피해 당사자임을 재확인하였고, 판사, 배심원 그리고 검사가 자기들의 할 일을 잘 해냈음을 축하하였다. 그의 박수는 살인자의 불편한 반응을 촉발하였다. 이것이 아버지인 그가 범인이 받아 마땅한 벌을 조금이라도 줄 수 있는, 그리고 아버지와 가족들이 침묵하거나 무기력한 '피해자'로 있기보다 대응할 힘이 있음을 타당화해 주는 유일한 방법이었다. 또 다른 사례에서, 살인으로 사별한 어느 어머니가 자신의 아들을 죽인 8명의 피고인의 재판심리에 모두 참여하였다. 그녀는 '자리에 앉아 있음'으로써 상징적으로 피고인들을 지켜보고 자신의 아들을 옹호하였다. 그렇게 함으로써 사법부뿐 아니라 살인자들조차 그녀에게 책임감 있게 행동하도록 만들었다.

잘못된 것을 고치기 위한 투쟁 이 책의 여러 지점에서 논의한 바와 같이, 많은 살인 유가족은 자신의 슬픔과 고통을 사회의 부조리를 바로잡기 위한 생산적인 활동으로 전환한다. 그들은 사랑했던 사람에 대한 추억을 영예롭게 해야 한다는 강렬한 책임감을 느끼며, 그들이 헛되이 죽은 것이 아님을 확인하고자 한다. 그들은 이를 위해 무의미할 수 있는 활동에 목적을 제공하며 의미를 창출하는 활동을 통해 이 작업을 수행한다. 경우에 따라, 강력하게 실행을 요구하고 책임을 따져 물으며 해당 쟁점에 무관심한 사람들을 적극적으로 설득하는 열정이 이런 활동을 장기적인 운동으로 연장시키기도 한다. 이런 활동의 동기 중 일부는 앞서 언급한 바 있는 사회적 활동이 지닌 자아 부목적 기능에서 유래한다. 세상의 강력한 변화를 이끌어 낸다는 것은 가족들로 하여금 인지적 및 실질적인 통제 방법들을 숙달하고 질서의식을 재확립할 수 있게 해 준다. 잘못된 것을 고치는 것은 가족들이 권능감과 가치감을 느낄 수 있도록 해 주며, 살인 사건을 의미를 지닌 사건으로 타당화해 준다. 한 가지 주의할 점은 이것이 건강하지 못한 불타는 투쟁이어서는 안 된다는 것이다.

"지역 TV 방송국이 '살인 사건에 맞서는 가족들'인가 뭐 그런 비슷한 주제로 다큐멘터리를 만들고 싶다는군요." Francine이 말했다. "그러면서 우리에게 출연해 줄 수 있는지 물었어요. 그때 우리는 Patrick에 대한 재판이라는 선의의 싸움에 완전히 지쳐 있었기 때문에 그냥 우리끼리 있고 싶은 상태였어요. 그래서 싫다고 했죠. 그러나 우리는 지역사회에 우리의 이야기를 들려달라는 POMC(살해된 아이들의 부모회) 대표의 제안을 받아들였어요. Max와 나는 이것이 좀 더 개인적인 차원의 기부라고 느꼈어요. 그래서 우리는 아주 좋은 몇몇 사람을 만났어요."

다른 사람 돕기 앞의 사례에서와 같이, 많은 살인 유가족은 그들이 어렵게 얻은 지혜를 끔찍한 일을 겪고 있는 다른 사람에게 전해 주어야만 한다고 느낀다. 이것 역시 그들이 상실의 의미 만들기를 타당화하고 사망한 사람의 목소리를 전하기 위한 또 다른 방편이다. 나쁜 운명을 다른 사람의 현명한 대응과 안녕감 증진에 기여하는 선행으로 전환시킴으로써, 그들은 외상을 초월하려고 하며 세상을 계속 살아갈 가치가 있는 곳으로 만들고자 애쓴다.

"POMC 모임에서 가장 좋았던 건 우리가 이미 겪은 과정을 이제 막 시작하려는 다른 가족들에게 조언해 줄 수 있었다는 거예요." Max가 말했다. "1년도 채

안 됐을 때까지 나는 우울했고 분노의 바구니 같았죠. 그리고 지금의 나는 이 새로운 사람들을 위한 지혜의 분수네요(웃음). 잘 해내지 못하고 있는, 그리고 내가 하고 다녔던 것처럼 울분으로 가득 찬 것처럼 보이는 한 남자가 있었어요. 그에게 가서 나를 소개하고 말을 하게 했죠. 우리 가족 상담자가 처음에 나에게 했던 것 같은 것들을요. 그는 이런 일을 겪고도 살아남을 수 있다는 것을 믿지 못했어요. 그는 이미 이혼을 했고 다른 아이가 없었죠. 그래서 나는 내가 '운이 더 좋았다'는 것에 죄책감 같은 것을 느꼈던 기억이 나요. 그런 말을 해도 된다면요. 나는 이 불쌍한 남자를 나의 투사물로 만들고 있었어요. 나는 종교적인 사람은 아니지만, '아마도 이 모든 것에는 이유가 있을 것이다. 아니면 적어도 내가 그 목적을 만들어 낼 수 있을 것이다.'라고 생각하기 시작했어요."

목적 있는 삶을 살기 앞서 언급한 대로, 어떤 살인 유가족들은 그들의 삶을 더 열심히 그리고 더 목적성 있게 사는 것으로 문제를 해결한다. 그들의 경험은 그들이 오랫동안 품어 온 신념이나 삶의 우선순위를 고통스럽게 바꿔 버린다. 어떤 가족들은 종교적, 문화적, 가족 전통적 의미 체계를 고수하는 반면, 또 다른 가족들은 세계관과 삶의 지향을 밑바탕부터 재구성해야만 하는 실존적인 미지의 세계에 발을 들여 놓은 자신을 발견한다. 그러나 일반적으로 일단 목적이 확인되면, 강렬한 헌신이 뒤따른다. 그것이 살인 사건을 겪어 내어 변화시켜야만 하는 이유가 있는 일이라는 가족의 생각을 타당화하는 데에 기여하기 때문이다. 종종 종교적 지지를 격려하는 사람들도 있지만, 경우에 따라서는 종교적 대처가 살인 유가족들의 고통을 증폭시킨다는 연구 보고가 있음을 기억할 필요가 있다 (Hatton, 2003; Thompson & Vardman, 1997).

"나는 목사님 때문에 진저리가 나서 교회를 떠났어요." Max가 말했다. "그때까지 나는 사람들이 나에게 말하는 세상과 신 등에 대한 이야기를 받아들였어요. 하지만 Patrick이 죽은 후로는 기존의 방식으로 내 믿음을 돌릴 수 없었어요. Francine은 나보다는 나아서 교회로 돌아갔지만, 나는 여전히 가지 못하겠어요. 내 상담자가 '당신만의 의미를 만들기' 비슷한 것에 대해 이야기했던 기억이 나요. 그 당시에 나는 '이 인간이 뭐라고 하는 거야?'라고 생각했죠. 하지만 그 유명한 '목사 사건(웃음)' 이후로 나는 그의 말이 무슨 의미인지 생각하기 시작했어요. 나는 어떤 것을 믿기 시작했지만, 아직은 그게 뭔지 모르겠어요."

마지막으로, 슬픈 진실은 가족 구성원의 일부는 다른 구성원들에 비해 숨겨진 과거의 암울한 부분으로부터 벗어나는 능력이 더 뛰어나다는 점이다. 다른 가족 구성원은 그것이 무엇이든 간에 떠나보내지 못한다. 그런 경우 건강하지 못한 가족 구성원과의 얽힘으로 인한 숨막히는 정서적 혼란과 고통을 피하기 위해, 그리고 새로운 시작과 새로운 삶으로 돌아갈 그들만의 방법을 찾게 만들기 위해 가족의 분리가 필요할 수 있다(Barnes, 1998; Miller, 1998h, 1999d).

이러한 견지에서, 임상가는 살인으로 인한 사별 사례에서 치료적 목적을 제한할 필요가 있다. 가족들이 살인 외상을 완전히 극복할 것을 기대하지 말라. 그리고 그들에게 그들이 그것을 '극복할 것'이라고 말하지 말라. 그들은 그럴 수가 없다. 유가족들은 항상 사망한 사람, 특히 아이들에 대한 애착을 유지한다. 그러므로 완전한 분리를 요구하는 치료 목표는 잘못된 것이다. 대신 사별한 가족이 죽은 아이들, 부모 혹은 형제에 대한 내재화된 이미지를 유지하면서도 다른 사람들과 함께 살 수 있는 방법을 배우는 것은 기대할 법하다(Miller, 1998h, 1999d; Rynearson, 1984, 1988, 1994, 1996, 2001; Rynearson & McCreery, 1993).

그러므로 치료자의 과제는, 첫째, 가족 구성원이 그들 자신과 다른 사람들을 파괴하는 것을 막는 것이며, 둘째, 그들이 지역사회에서 생산적이고 기능적인 구성원으로 살아갈 수 있도록 삶의 의미와 목적을 회복시켜 주는 것이다. 치료의 첫 번째 단계에서 중요한 것은 가족 구성원들이 '이 일을 겪어 낼 수 있다'는 단순한 사실을 믿게 하는 것이다. 최상의 경우, 사랑했던 사람의 살인과 같은 끔찍하고 충격적인 경험을 통해 가족 구성원들이 성장할 수 있다. 그러나 7장에서 언급했던 Clarence의 경고를 기억하라. 그런 경우는 축복받은 예외에 불과하다. 대부분의 가족은 그저 살아남는 것 정도를 해낼 수 있을 뿐이다(Miller, 1998h, 1999d).

살인 유가족 상담자의 경험

지금까지 서술한 치료 전략들은 다양한 문헌과 저자 자신의 임상적 경험에서 골라담은 것이며, 살인으로 인해 사별한 가족들을 도울 때 유용하다고 증명된 것들이다.

그러나 저자를 믿지는 말라.

Hatton(2003)은 살인 유가족을 대상으로 하는 상담자와 심리치료자 116명에게 그들이 보증하고 추천하는 개입 유형을 조사한 바 있다. 조사 대상에는 심리학자, 사회복지사, 애도 상담자, 성직자, 그리고 국립 피해자 지원기관에서 발간하는 책자에 열거된 피해자/증인 조력 프로그램 종사자들이 포함되었다.

놀랄 것도 없이, 수많은 상담자가 자신의 살인으로 인한 사별 경험 때문에 이 특수한 영역에 들어온 것으로 나타났다. 이 연구는 상담자 자신의 사별 상태가 그들의 임상적 접근에 영향력을 행사한다는 것을 잘 보여 준다. 자신이 유가족이었던 상담자들은 가족 구성원이 경험하는 정서적 고통에 훨씬 더 많은 시간을 기꺼이 할애하는 반면, 그런 경험이 없는 상담자들은 사별에 따른 날감정을 처리하는 데 집중하기보다 대처 전략을 논의하고 상실을 주지화하는 경향을 보였다. 유가족이었던 경험이 있는 상담자는 살인으로 인한 사별에 수반되는 강렬한 감정을 더욱 잘 수용할 수 있었는데, 그들이 이미 겪어 본 일이기 때문이었다. 같은 맥락에서 유가족-환자는 같은 경험을 한 동료 여행자라는 것을 알기에 유가족-상담자에게 더욱 개방적이고 정직하게 감정을 표현할 수 있다. 유가족-임상가들 또한 자신이 유가족 경험이 없는 사람들보다 더욱 가용하고 시간을 더 많이 할애한다고 보고하였다. 이것은 상담자들이 자신의 경험 때문에 자신과 환자를 강하게 동일시하며, 결과적으로 임상적 실무에서 전통적인 심리상담 및 치료 환경에서 하는 제한들을 일부 수정하고 있음을 시사한다.

그러나 이 조사에 참여한 상담자들은 일반적으로 다른 생존자들에 비해 살인 사건 유가족 구성원들에게만 독점적으로 더 많은 지원과 지지를 제공하라고 조언하는 것에 대해서는 양가적이었다. 자조 집단은 강하게 지지되었는데, 유가족-상담자가 비유가족-상담자에 비해 자조 집단의 가치를 유의미하게 더 높게 평가하였다. 또한, 유가족-상담자가 비유가족-상담자보다 치료적 개입이 또 다른 외상이 될 가능성에 더 민감한 것으로 나타났다. 그들은 정서적으로 좀 더 카타르시스적인 형태의 치료를 선호하며 억제적이고 주의를 다른 곳으로 돌리는 것과 같은 회피적인 방법을 피하는 반면, 극단적인 형태의 정서적 환기 혹은 홍수요법에 대해서는 경고하였다. 그들은 그러한 경험이 환자를 잠재적으로 재외상화할 가능성을 분명히 이해하고 있었다.

앞서 언급한 바 있듯이, 저자는 그간의 경험을 통해 살인 유가족에게서 죄책감이나 자기비난이 뚜렷하게 관찰된다는 것을 확인해 왔다. 그러나 Hatton(2003)의 연구에 참여한 상담자 중 1/5 미만만이 이러한 감정이 생존자의 주된 문제라고 응답하였다. 이에 대해 연구자들은 사회적 분위기의 변화뿐 아니라 지난 수십 년 동안 지속되어 온 피해자 권리옹호 운동이 범죄 피해자와 유가족의 자기비난 경향을 줄였을 가능성을 제안하였다.

또한, 저자가 3장과 4장에서 범죄 피해자와 유가족의 평가 및 치료에서 개인의 성격적 요인을 고려하는 것이 얼마나 중요한지에 대해 논의했던 것과는 대조적으로, Hatton(2003) 연구에 참여한 상담자들은 복잡한 사별 처리 과정에서 유가족의 성격적 문제가 다른 변인들과 비교해서 상대적으로 덜 중요하다고 보고하였다. 그리고 외상 생존자들의 치료 전 평가를 통해 특정 문제나 증후군을 점검할 것을 권고하는 몇몇 애도 및 외상 전문가(Hymer, 1984; McCann & Pearlman, 1990; Rynearson, 1994)와는 반대로, Hatton의 연구에 참여한 상담자들은 치료 전 평가 없이 위기 개입 모델을 즉각적으로 적용한다고 보고하였다. 이는 참여자들이 효과적인 개입을 위한 공식적인 진단을 대단하게 여기지 않는다는 것을 시사한다. 그들은 구체적이고 실질적인 도움 주기를 강하게 선호했는데, 이는 그들이 살인 유가족들에게 비병리적인 도움 주기를 선호한다는 증거다. 그럼에도 불구하고 상담자들은 도움을 요청하는 대부분의 유가족들이 지지나 도움제공 수준을 넘어 장기치료모델과 가까운 장기지원(6~18개월)을 필요로 한다는 점에 주목했다.

저자는 이런 명백한 모순점이 외상 피해자에 대한 개입이 종류를 불문하고 애초부터 개인의 욕구에 맞춰 실질적으로 이루어질 필요가 있다는 점에 주목함으로써 해결될 수 있을 것이라고 믿는다(Miller, 1998h). 심각한 스트레스를 겪고 있는 사람들은 당장 효과가 눈에 보이는 도움을 원하며, 그 효과가 원하는 만큼 오랫동안 지속되기를 원한다. 그러나 그것이 여러 회기에 걸쳐 당신이 환자에 관해 점점 더 많은 것을 이해하고 배우며 시간 경과에 따라 치료 효과의 향상을 위해 치료를 미세 조정할 수 있게 해 주는 진단적 및 심리사회적 이력을 확보하는 것을 방해하지는 않는다. 다른 임상가들을 지도 · 감독해 온 저자의 경험상, 효과적인 치료를 제공하는 모든 치료자—심지어 진단 절차를 콧방귀 뀔 만한 일이라고 주장하는 사람들조차—는 환자들의 특수한 욕구에 맞추기 위해 몇 가지 형태의 함축적 진단 체계를 본능적으로 활용한다. 저자와 함께 작업했던 유능하지 못했던 치료자들은 여러 환자에게 하나의 치료 방법만을 적용하였다. 그들은 전형적으로 인간 역동과 개인차에 대한 자신의 직관적인 이해에 의존해서 개입하는 경향을 보였다.

살인으로 사별한 도시 청소년을 위한 외상 후 치료

1장에서 범죄 피해와 살인으로 인해 사별하는 사람들의 비율이 불균형적으로 높은 집단이 있다고 했던 것을 기억하라. Temple(1997)은 형제자매가 살인 피해자인 도시 청소년과의 성공적인 치료 전략을 소개한 바 있다. 그는 살인 피해자의 형제자매들이 외상적 사별이라는 쟁점에 더해 종종 보복하라는 사회적 압력과 고군분투하며, 이것이 그 자신과 타인을 역보복과 폭력적 죽음의 위험에 밀어 넣는다고 지적한다. 나이 든 형제자매들은 그들의 남동생이나 여동생을 보살피지 못한 것에 대한 죄책감에 괴로워할 수 있으며, 이것이 자기정당화적 성질의 복수를 향한 충동에 기름을 끼얹는 격이 될 수 있다.

Temple(1997)이 개발한 맥락치료라 불리는 프로그램의 치료 목표는 다음과 같다.

- 살인 사건 이후 가족 기능의 빠른 복원
- 고인의 가족 구성원에 의해 저질러지는 보복 폭력의 방지
- 가족들로 하여금 살해당한 가족의 추억을 영예롭게 하기 위한 미래를 설계하도록 격려하기

이러한 목표들은 참여 가족을 실질적이고 지지적이며 폭넓은 서비스에 가능한 한 빠르고 효과적으로 연계함으로써, 그리고 서로가 서로를 지지하도록 격려함으로써 달성된다. 뿐만 아니라 형제자매들과 하는 심리치료는 고인의 삶과 죽음으로부터 의미와 교훈을 이끌어 내고 상징적 작품(예: 스크랩북이나 사진 앨범)과 행동(생산적으로 인생 방향 설정하기, 반폭력 프로그램에 능동적으로 참가하기)을 통해 고인에 대한 기억을 영예롭게 하는 데 초점을 맞춘다.

게다가 맥락치료 프로그램에서는 자신의 감정에 대면하는 용기와 헌신을 보여 준 형제자매들에게 치료적 '치유 증명서'를 상으로 주고, 살해된 가족의 기억을 긍정적으로 영예롭게 할 방법을 개발함으로써 치료적 성과를 구체화한다.

자조, 지지 집단 그리고 피해자 옹호

지금까지 살펴본 것과 같이 때로는 스스로를 돕게 하는 것이 환자를 돕는 가장 좋은 방법이 되곤 한다. 외상 환자와의 작업이 그러하듯, 살인 유가족에게 가장 좋은 즉각적 개입은 실질적이고 자기역량 강화적인 것이 아니다. 그 대신 임상가는 환자들을 적절한 자조 집단과 지지기관에 연계해야 한다(Brown, 1993). 만약 환자들이 지역 내에서 적당한 집단을 찾지 못한다면 환자들의 요구에 맞게 다양한 지역, 주, 그리고 국제적 피해자 권리 기구와 접촉할 수 있도록 연계한다. 만약 그들이 어떤 집단과 접촉할지 결정하지 못하는 경우라면, 두 개의 국립 피해자 옹호기관 중 하나와 접촉할 수 있다. 하나는 국립피해자지원기구National Organization for Victim Assistance: NOVA이며 다른 하나는 국립범죄 피해자센터National Center for Victims of Crime다. 종종 치료자는 이런 도움과 접속하는 과정에서 환자를 도와야만 하며, 심지어 (환자의 허락하에) 환자의 편에 서서 연락을 취해 주어야만 하는 경우도 있다.

피해자 지원 영역에서 일하는 종사자들은 살인 유가족에게 일반적인 조언 몇 가지를 해야 한다(Brown, 1993). 통상 가족의 사망 후 안정되는 데 대략 18~24개월이 걸리며, 최악의 시기는 심리적 노보카인(Novocain, 역자 주: 치과용 국부 마취제)의 효력이 사라지는 시점인 사건 후 몇 개월 뒤가 될 것이다. 역설적이게도,

바로 이때가 다른 사람들이 환자에게 '그 일을 이제 그만 털어 내기를' 기대하게 되는 때다.

사람들이 당신의 외상화된 사별 환자에게 어떻게 지내느냐고 물을 때, 아무렇지도 않은 척 항상 '좋아요'라는 식으로 대답하지 말라고 격려하라. 일상적인 인사에서도 환자들은 타인들—특히 친밀한 친구나 가족 구성원—이 그들의 진짜 기분이 어떤지 아는 것을 두려워할 필요가 없다. 그러나 때로 솔직한 자기개방과 과도한 분출 간의 구분이 애매해서 상황에 따라 섬세하게 조정되어야 하므로, 치료자들은 다른 사람의 질문에 적절히 반응하는 역할 놀이를 통해 환자들을 도와야 한다. 또한 환자들은 외상 중독자들trauma junkies이나 환자의 시련을 즐기는 그 밖의 사람들이 호의적이지 않은 (뒤에 숨은 동기를 가진) 질문을 할 때 자기보호를 위해 한 걸음 물러서서 정서 상태를 조심스럽게 표현해야만 한다.

친　구: Francine, 일 년 넘게 못 봤네. Patrick에 대해서는 이야기 들었어. 너무 유감이야. 너 정말 괜찮니?

유가족: 가끔은 좀 나은 날도 있어. 우리 모두 서로 잘 돕고 있어.

친　구: 이야기할 사람이 필요하면 언제든 내게 이야기해.

유가족: 고마워, Vivian. 올해는 힘든 한 해였어. 그렇게 말해 주는 것만으로도 충분해. 걱정해 줘서 고맙고 항상 마음속에 기억할게.

그러나 유가족에 따라서는 종종 진정한 친구나 한결같게 지내 온 타인과의 대화가 공식적인 심리치료만큼이나 도움이 될 수 있다. 유가족들에게 자신의 감정을 자신의 속도에 맞게 드러내라고 조언해야 한다. 적응적인 대처 노력을 방해하지 않는 한, 자기 자신에 대한 약간의 연민을 느끼는 것이 괜찮다는 확인을 받아야 한다. 유가족들은 백만 조각으로 부서질 것 같은 느낌이 듦에도 불구하고 남들이 "너는 그 일을 아주 잘 극복해 내고 있다."고 이야기할 때 이성을 잃지 않도록 노력해야만 한다(Brown, 1993). 그리고 가족들은 그들의 신뢰할 만한 상담자인 당신이 그들을 유능하고 책임감 있으며 건강하게 안내해 줄 존재임을 알고 있어야만 한다.

결 론

개인이든 가족 단위든, 범죄 피해자를 위한 개입의 심리학적 원리는 치료자로 하여금 환자들의 폭넓고 다양한 문제를 다룰 수 있게 해 준다. 그러나 몇몇 임상가는 특정 유형의 피해자들만 많이 만날 수 있으며, 이런 경우에는 좀 더 특수하고 구체적이면서도 폭넓은 지식과 기술이 필요할 수 있다.

Counseling Crime Victims

PART 3

특수한 피해자

위험에 처한 사람에게 범죄 피해자 상담 및 치료 전략 적용하기

강간과 성폭력

형사사법체계 내에서 성적 폭력은 특히 더 극악한 것으로 간주된다…….

〈법과 질서: 특수사건수사대〉라는 TV 프로그램 도입부에서 목소리 해설가가 하는 말이다. 그러나 이런 범죄들은 왜 다른 것보다 더 극악하며, 왜 이 피해자들이 다른 피해자보다 특별한 것일까?

성폭력: 특별한 종류의 외상

성폭력이 특별한 데에는 몇 가지 이유가 있다. 첫째, 이론적으로는 두 성 모두에게 나타날 수 있으나 대부분의 피해자는 여성이다. 따라서 인구의 절반이 나머지 절반보다 생애 중에 이런 종류의 범죄 위험에 놓일 가능성이 자연히 더 높아진다.

둘째, 대부분의 다른 폭력과 달리 성폭력은 인간이 접하는 가장 친밀하고 애정 어린 환경에서 발생한다. 동일한 행동—정확히 똑같은 행동—이 환경과 당사자 간의 관계에 따라 사랑의 선물이 되기도 하고 약탈의 무기가 될 수도 있다. 인간 간에 일어나는 어떤 종류의 신체 접촉도 이 정도로 선과 악이 극명히 갈리지는 않는다.

마지막은 성이다. 인류는 강력한 역할을 행사하는 이 이례적인 인간 기능에 의해 자연스럽게 호기심이 유발되며 흥분된다, 그것이 과시적으로 드러나든 억압되든 혹은 둘 간의 다소 불편한 연합이든.

성폭력의 심리적 영향

추측컨대, 성폭력은 여성의 1/4과 남성의 7% 이상에게 영향을 미치며 불안과 우울, 약물중독, 그리고 높은 PTSD 위험률과 유의미한 관련이 있다(Elliott, Mok, & Briere, 2004; Resick, 1993). 성폭력 후 경험되는 PTSD의 심각도는 개인차(3장과 4장을 보시오)의 영향을 받는다. 특히 부정적 사건을 통제 불가능하다고 지각한 여성이 자신에게 일어난 일을 예언하고 통제할 능력이 있다고 지각하는 여성에 비해 훨씬 심각한 PTSD 증상을 경험하는 경향이 있다(Kushner et al., 1993).

Macy(2007)는 2장과 3장 그리고 4장에서 논의했던 범죄 피해 외상의 일반적인 영향에 더해, 폭력 피해로 인한 충격의 발산 효과로 성폭력과 건강 간의 관계적 특성을 설명한 Riger, Raja와 Camacho(2002)의 개념을 인용한다. 이 개념에 따르면 폭력은 직업, 친구, 가족 그리고 모든 지역사회에 영향을 미칠 뿐만 아니라 신체적 및 정신적 건강에도 영향을 미친다. 이러한 영향에도 불구하고, 놀라울 정도로 적은 수의 성폭력 피해자만이 폭력 피해와 관련된 문제로 정신건강 서비스를 찾는다(George, Winfield, & Blazer, 1992; Golding, Siegel, Sorenson, Burnam, & Stein, 1989; Ullman, 2007).

신경심리학적 영향

성폭력은 뇌에도 영향을 미칠 수 있다. Jenkins, Langlais, Delis와 Cohen(2000)

은 강간 생존자들의 신경심리학적 기능을 평가했다. 그 결과 주의 지속 및 주의 분할에서 PTSD로 진단된 강간 생존자의 기능이 다른 집단에 비해 유의미하게 낮았으며, 이러한 차이는 공병 심리장애와 약물중독을 통제한 뒤에도 여전히 유의미하였다. 이 연구에서 측정된 주의력 기능의 장해는 경미하였으나, PTSD 여성들은 일상적인 과제 수행 기능이 유의미하게 손상되었다고 보고했다.

권위자들은 PTSD 피해자들이 잠을 잘 자지 못하고 중립적인 자극에 쉽게 놀라며 침투적인 사고를 피하기 위해 많은 에너지를 소모한다고 본다. 이 각각의 요소들이 주의 지속 과제의 수행을 손상시킬 수 있다. 해리는 PTSD의 흔한 특성인데, 이 역시 주의 집중과 주의 지속 능력을 유의하게 방해할 가능성이 있다.

세 번째 가능성은 PTSD 환자의 주의력 손상이 뇌기능장애의 결과일 수 있다는 것이다. 2장에서 논의했듯이, 그 밑바닥에서 비아드레날린성 기능의 변화(Bremmer et al., 1995)와 스트레스 유도성 글루코코르티코이드 수준 증가에 의해 유발된 변연계 손상이 영향력을 행사할 수 있다(Sapolsky, Krey, & McEwen, 1984). 어떤 강간 피해자의 경우, (짐작컨대 이 연구에서는 이 요인이 통제되었을 것 같기는 하나) 성폭행 중에 외상성 뇌손상을 입었을 가능성도 있다(Miller, 1993e).

성폭력 피해자의 심리치료

성폭력 피해자를 다루기 위한 수백 가지의 개입 프로그램이 있지만, 저자는 이 장에서 주요 개념들을 잘 통합하고 있으며 저자가 임상 실제에서 사용했던 접근들을 선별해서 소개하고자 한다. 이 프로그램의 일부는 Muran과 DiGiuseppe(2000)의 작업을 원형으로 하고 있다. 다른 요소들은 앞 장에서 보았던 범죄 피해자를 위한 일반적 치료 전략에서 차용한 것이기 때문에 독자들에게는 이미 익숙할 것이다. 여기에서 우리는 이러한 개념과 전략들을 성폭력 피해자 치료라는 특수한 쟁점에 적용해 볼 것이다.

치료적 동맹 형성과 유지

지금까지 살펴보았듯이 치료적 동맹은 모든 치료적 노력의 근간이며, 매우 사적인 영역인 성과 관련된 사건을 논의할 필요가 있는 성폭력 사례에서는 특히 필수적이다. 다른 어떤 외상 피해자들보다도 강간 피해자와의 치료는 조기 종결의 위험이 높다. 이는 순전히 이러한 주제들에 관해 이야기하는 것이 주는 불편감 때문이다. 이것은 피해자가 여성이고 치료자가 남성인 경우에 더욱 치명적이다. 강간 피해자의 타인에 대한, 심지어 그들 자신에 대한 신뢰가 사건에 의해 뒤흔들린다. 따라서 치료자는 말, 목소리 톤, 몸짓, 그리고 전반적인 태도를 통해 확신감과 수용을 전달해야 한다. 어떤 여성 피해자는 단지 남성과 이러한 일들에 대해 이야기하는 것이 편치 않다는 이유로 동성 치료자를 선호할 수 있다. 남성 치료자를 더 선호하는 피해자들도 있다. 여성들 사이에서 종종 발생하는 경쟁적 요소들을 제거하고, 남성 치료자와의 신뢰성 있고 착취적이지 않은 관계가 강간범과의 불쾌한 경험을 해결하게 해 주기 때문이다.

치료 목표 설정하기

일반 범죄 피해자와 마찬가지로 성폭력 피해자의 경험도 타당화되어야 하며, 경험에 대한 그들의 반응 역시 정상화되어야 한다. 강간 피해자와 치료 목표에 합의하는 것은 쉬운 일이 아닐 수 있다. 특히 피해자가 "나는 그냥 잊고 싶어요."라면서 성폭력과 관련한 주제를 완전히 회피하는 것만이 자신이 수용할 수 있는 결과라고 믿는 초기 단계에는 더욱 그렇다. 6장에서 언급한 것과 같이, 초기 단계의 이러한 회피 반응은 존중되어야 한다. 치료 과정에서도 안전한 분위기 조성에 집중해야 한다. 이것이 이후에 피해자를 구슬려 건설적인 회고와 재통합 과정을 이끌어 내기 위한 환경을 제공해 줄 수 있다.

이야기 말하기: 저항과 해결

목표의 합의에 도달하면, 치료자와 환자는 목표 성취를 가능하게 하는 활동들을 고안하기 시작한다. 여기에는 어떤 식으로든 외상적인 성폭력 사건에 대해 이야기하는 과정이 포함된다. 이것이 많은 환자에게 그 일이 실제로 다시 일어나는 것과 같은 엄청난 불안을 유발시킨다. Muran과 DiGiuseppe(2000)는 이 시점에서 불편한 불안과 수치심이 치료 과정을 억제시키는 가능한 두 가지 불안 반응임을 발견했다. 즉, 단지 강간 사건에 대해 이야기하는 것만으로도 종종 사건과 관련된 감각적 이미지와 홍수처럼 역류하는 감정이 유발되는데, 이것이 제대로 다루어지지 않으면 피해자가 재외상화될 수도 있다는 것이다. 많은 피해자가 자신이 성폭력을 자초할 만한 잘못을 했다는 추측을 하기도 한다.

많은 성폭력 피해자의 친구와 가족은 피해자가 외상 경험을 회상하여 이야기하는 것을 제지한다. 경우에 따라 이것은 피해자가 재경험으로 인해 느껴질 고통을 피하도록 하기 위한 선의의 노력일 수 있다. 그러나 듣는 사람이 폭력에 대해 듣는 것이 불편하기 때문인 경우도 있다. 이는 청자 역시 그러한 위협에 취약할 수 있음을 의미한다. 즉, 동일시 요소가 "이봐, 너 자신을 괴롭히지 마. 네 마음속에 그것을 숨겨 버려."라면서 쉬쉬하는 반응을 이끌어 내는 것이다. 많은 경우 듣는 사람의 반응에 이러한 동기들이 뒤섞여 있다.

다른 경우에는 반대 상황이 벌어진다. 그다지 좋지 않은 의도를 가진 청자가 강간의 충격적인 세부 내용을 들음으로써 흥분되기를 원할 수 있다. 이들은 겉으로 "난 네 친구야, 나한테 모두 말해 봐."라고 하면서 피해자가 섬뜩한 세부 사항을 전부 쏟아 내도록 격려한다. 어느 시점에 이르러 피해자는 청자의 추잡한 관음증적 태도를 알아차리고는 다음에 무슨 말을 할지 몰라 얼어붙는다. 피해자는 자신의 상처를 드러내거나 노골적으로 화를 냄으로써 청자와의 관계가 소원해지는 것을 원치 않을 수 있다. 그래서 그녀는 그 이야기를 그만할 수 있는 교양있는 방법을 찾으려 한다. 만일 그녀가 그 쟁점을 직접적으로 언급하는 경우, 청자는 마치 충격이라도 받은 듯이 "난 도와주려고 했던 것뿐인데."라며 피해자가 치사한 동기를 덮어씌운다고 할 것이다. 어느 쪽이든 관계가 껄끄러워질 수 있고, 피해자는 자신의 이야기를 누군가에게 다시 하는 것을 주저하게 될 것이다.

때로 피해자의 모든 이야기를 듣고 싶어 하는 덜 소름끼치는 동기를 가진 청자가 있을 수 있다. 동일시 요인을 기억하라. 많은 청자, 특히 그들이 피해자와 같은 연령대의 여성이라면 자신들에게 이런 일이 절대 일어나지 않을 것이라는 확신을 갖기 위해 모든 세부 정보를 거듭 살피고 싶어 할 수 있다. 아마도 피해자들은 잘못된 길을 걸어가거나 잘못된 택시를 탔을 것이다. 아마도 그녀는 마지막 술잔을 마시지 말았어야 했다. 그리고 그들이 바에서 이야기를 나눴을 때, 클럽 안의 친절해 보이는 남자의 의도를 간파했어야 했다. 만약 그녀가 충분히 저항했더라면, 혹은 기회가 있었을 때 도망갔더라면 어땠을까? 이러한 자기보호적 동기가 지저분한 관음증 환자의 그것보다는 훨씬 순한 것이 사실이기는 하지만, 피해자는 청자가 자신의 이야기에 집중하는 이유가 자신의 이익을 위해서지 그녀를 위해서는 아니라는 것을 바로 감지한다.

마지막으로, 피해자의 남편과 애인은 그녀가 초래한 '자업자득'이 아니며 그녀가 잘못된 시간에 잘못된 장소에 일부러 간 것이 아니라는 것을 확인하기 위한 질문들을 퍼붓는다: "글쎄, 네가 친구들이랑 여자들끼리 놀러 갈 만한 곳은 넘쳤어. 왜 하필 Dirty Jack's을 택한 거야? 그곳은 밑바닥들이나 노는 곳인 걸 알잖아." 그 뒤에는 다음과 같은 말이 이어진다: "그래서 너는 약간 빗나간 행동을 했을 뿐인데, 일이 걷잡을 수 없는 지경이 돼 버린 거야?" 사실 많은 성폭력 피해자가 가장 힘들어하는 시간이 바로 가장 가까운 사람, 그래서 지지자가 되어 주어야 할 의심 많은 배우자에게 추궁당할 때였다고 보고한다. 의심의 여지도 없이, 피해자가 당신의 상담실을 찾을 때쯤이면 피해자는 그때까지 자신의 의사에 반해 이용당했던 경험으로 인해 엄청난 어려움을 겪고 있는 상태일 수 있다.

사건의 내막을 말하는 것에 대한 피해자의 저항을 극복하기 위해 수많은 전략이 제시되어 왔다(DiGiuseppe, 1991; Muran & DiGiuseppe, 2000). 그 모든 것이 피해자의 반응에 대한 보편화, 타당화, 탈낙인화라는 기본 특징을 포함하고 있다. 즉, 치료자는 성폭력을 당한 대부분의 피해자가 사건의 내막을 이야기하는 것을 힘들어하며, 외상 반응에는 심리생리학적 작용이라는 타당한 이유가 있고(2장), 피해자가 이런 반응을 하는 것이 약하거나 미쳤거나 이상한 것이 아니라는 것을 말해 주어야 한다.

좀 더 치료자-능동적인 접근에서는 임상가가 소크라테스식 대화법을 적용함으로써 환자의 저항을 다룬다. DiGiuseppe(1991)는 이 방법을 가설적 추동평가라고 불렀다. 이 시점에 치료자는 외상화된 성폭력 피해자들이 자신의 경험에 대해 어떻게 느끼는지에 대한 일반적인 설명을 제공한다.

"아시겠지만, 성폭력을 겪은 많은 여성이 그것에 대해 이야기하는 것을 내켜하지 않습니다. 당신도 그러신 것 같습니다만."

치료자는 환자가 반응하기를 기다린다. 환자가 동의하면 계속해서 다음과 같이 말한다.

"어떤 여성들은 사건에 대해 수치스러워합니다. 다른 사람들이 어떻게든 자신을 깔볼 것이며, 그 폭력에 대해 일부라도 자기를 비난할 것이라고 생각하죠. 때로는 직접적으로든 간접적으로든 다른 사람에게 그런 말을 실제로 듣기도 합니다. 어떤 경우에는 강간 자체를 말하는 것이 어렵습니다. 그런 일을 겪고서도 살아 내야 한다는 것은 그것을 반복해서 말하지 않아도 충분히 힘든 일입니다. 거의 모든 여성이 적어도 한 번 이상은 수사관이나 의사에게 사건에 대해 이야기해야만 했을 겁니다. 그리고 그들 중 몇몇은 충분히 섬세하지 못했을 수 있습니다. 그럴 경우 그 일을 다시 이야기하는 것이 이미 겪었던 불쾌감을 연상시킬 수 있습니다. 지금까지 말한 것들 중에서 당신에게 해당되는 경우가 있나요? 어떤 것인가요? 내가 빠뜨린 것이 있나요?"

이러한 다중 선택형 질문의 이점은 최소한의 반응만으로도 치료자가 피해자에 대한 정보를 얻을 수 있다는 것이다. 또한 피해자에게 다른 사람들도 이런 일을 겪으며 그녀 혼자만이 아니라는 설명도 함께 해 준다. 임상가가 주도적으로 피해자를 끌고 가는 것에 대한 우려를 표명하는 임상가들도 있지만, 그녀에게 그녀만의 대안을 고르도록 허락하는 한 이것은 여전히 그녀의 이야기다. 게다가 피해자가 편안하게 해낼 수 있게 되면 그녀의 목소리로 좀 더 많이 말하라는 격려를 받게 된다.

환자가 자신의 경험을 이야기할 때, 치료자는 외상 후 증상(플래시백, 악몽, 과각성, 멍해짐)과 환자가 가진 어려움이나 외상 사건의 회상 혹은 재진술에 대한 회피 수준을 평가해야 한다. 환자가 외상 경험을 이야기하고 치료 장면에서 편안함을 느끼기 시작하면, 치료자는 일상 기능, 사건 이전의 외상 경험과 관련된 임상적 및 심리사회적 과거력, 일반적인 병전 적응, 대인관계, 가능한 사회적 지지 자원 등에 대한 정보를 모으기 시작한다. 강간당한 여성 다섯 명 중 한 명 이상이 자살을 시도하는 만큼, 자료 수집 시에는 자살 위험성 평가도 포함하여야 한다(Kilpatrick, Saunders, Veronen, Best, & Von, 1987).

외상적 성폭력을 이야기하는 데 특별한 어려움을 보이는 환자들에게는 작업 순서를 뒤바꿔서, 초기의 과거력 탐색 시 사건과 무관한 배경 정보에 좀 더 주목하는 것이 효과적일 수 있다. 이것이 환자로 하여금 정보의 흐름과 리듬을 타게 만듦으로써 강간 자체에 대한 질문으로 자연스럽게 넘어가게 해 준다.

통제감 회복을 위한 심리치료 전략

환자가 성폭력에 대해 말할 수 없는 이유 중 하나는 "그것이 단지 나를 긴장하게 만들어요. 나는 땀이 나고 떨려서 어떤 구멍 같은 데에 들어가서 잠자고 싶어져요."라는 것이다. 심리적 불편감은 심리생리적 과각성을 촉발시키는데, 이것이 환자를 혼란스럽게 만들고 또 하나의 잔인한 사이클을 만들어 낸다. 일부 환자의 신경계는 강간을 상기시키는 사람이나 장소 혹은 물건에 대한 조건화된 반응으로 비상경계 상태를 유발하며, 이것이 그들의 일상 활동을 심각하게 제한한다. 이 환자들에게는 외상 관련 자극에 대한 신체와 마음의 과잉 반응을 다루도록 돕는 것이 중요할 수 있다.

6장에서 설명한 바 있는 생리적 증상 관리를 위한 다양한 인지-행동적 기술이 강간 및 성폭력 피해자들의 치료에 잘 활용될 수 있다. Muran과 DiGiuseppe (2000)는 자신들이 이 집단을 대상으로 성공적으로 사용했던 특정 전략들을 개괄한 바 있는데, 이 장에서는 그것을 저자의 논평과 제안을 덧붙여 소개하도록 하겠다.

스트레스 예방 훈련

스트레스 예방 훈련stress inoculation training: SIT은 본래 1970년대 초에 스트레스 받고 외상화된 환자들에게 통제감을 제공하고 스트레스 받는 상황에 적용할 수 있는 실질적인 대응 전략들을 가르침으로써 공포와 불안을 극복하도록 돕기 위한 인지-행동적 양식으로 개발되었다(Meichenbaum, 1985). Kilpatrick, Veronen과 Resnick(1982), Calhoun과 Atkeson(1991), Muran과 DiGiuseppe(2000)는 이것을 성폭력 피해자들의 요구에 맞게 응용하고 확장하였다.

SIT는 두 가지 단계로 설명된다. 첫 번째는 교육 단계로, 환자들에게 강간 관련 증상과 스트레스 반응의 효과적인 치료 프로그램에 포함된 행동적 및 심리생리학적 근거를 설명한다. 성폭력으로 인한 불안 반응은 세 가지 차원, 즉 신체적(증상), 행동적(활동의 저해) 그리고 인지적(사고 왜곡) 차원에서 설명된다. 환자의 경험에서 나온 특정 예를 사용해서 이 차원들 간의 상호 연관성이 논의된다.

SIT의 두 번째 단계는 다양한 대처 기술의 실질적인 훈련이다. 이는 다음과 같다.

통제된 호흡 깊은 횡경막 호흡을 가르친다. 들숨과 날숨을 각각 약 4초의 비율로 쉬도록 연습한다. 하지만 치료자들은 융통성을 발휘해야 하며, 환자를 통해 배워 나가야 한다. 초기에는 한 손을 가슴에 얹고 다른 손을 복부에 올린 후 위를 풍선처럼 팽창시키되 가슴에 있는 손이 가능한 한 조금만 움직이도록 하라고 지시한다. 부드럽고 유동적인 호흡 양식을 얻도록 연습하는 과정이 이어진다. 6장에서 말한 바 있듯이, 회기 간에는 상업용으로 판매하는 것이나 피해자가 만든 테이프나 CD를 활용해서 가정에서 연습하라고 격려한다.

근육 이완 Muran과 DiGiuseppe(2000)는 본래 Jacobson(1938)이 지시와 설명을 동시에 제공하면서 환자를 교육하는 점진적 이완 기술로 고안한 기법을 적용한 Bernstein과 Borkovec(1973)의 기법을 선호하나, 타당하기만 하다면 어떤 형태의 근육이완 기법이든 활용할 수 있다(6장). 일반적으로 근육 덩어리를 5~10초간 긴장시키도록 하면서 긴장된 근육 감각에 집중한다. 이어서 근육을 이완시키면서 주의의 초점을 긴장과 이완의 느낌을 구별하는 데 두라고 한다. 치료 회기 중에 이 절차를 통해 연습하며, 집에서 매일 연습하도록 이 과정을 녹음하기도 한다.

내현적 모델링 이제 환자에게 불안 유발 상황—이 경우에는 성폭력—을 마음속으로 떠올리라고 지시한다. 그리고 미리 학습했던 공포와 불안 반응 관리 전략들을 사용하면서 그 상황에 성공적으로 직면하고 있는 자신을 떠올리도록 한다. 독자는 이것이 6장에 언급된 VMBR과 같은 종류의 심상 연습이라는 것을 알고 있을 것이다.

역할 연기 치료자가 바람직한 대처 기술과 적응적 행동 혹은 의사소통 양식의 시범을 보인다. 그런 다음 역할을 바꾸어서 환자가 그 기술을 연습한다. 예를 들어, 환자는 성적 불편감이나 공포에 대해서 파트너와 의사소통할 필요가 있다. 자기주장 훈련 역시 이 접근을 활용하면 매우 좋다.

인지 재구조화 6장에서 인지 재구조화의 근거가 비합리적이고 파국적인 신념을 좀 더 합리적이고 현실적이며 적응적인 신념과 태도로 바꾸는 것에 있다고 했던 것을 기억하라. 그러나 Muran과 DiGiuseppe(2000)는 가장 극단적인 형태의 외상 후유증을 다룰 때는 (2장에서 보았던 Peter Rabbit의 경우처럼 적응적인 각성과는 반대로) 무엇이 비합리적이고 파국적인 사고방식인지 하는 것이 임상적 판단, 어떤 경우에는 가치판단의 문제가 된다고 지적한다. 외상화된 강간 피해자에게 "나한테 일어난 것은 끔찍한 일이야. 만약 다시 강간을 당하면 어떡하지?"와 같은 반추적 사고가 비합리적인 것이라고 말하는 것은 둔감하고 타당하지 못한 것일 수 있다. 환자에게 그것이 비합리적이라고 말한다면, 환자는 '말로는 쉽죠. 편안하고 안전하며 좋은 의자에 앉아서 말이에요. 당신은 괴물이 칼로 당신의 생식기를 찌르면서 당신이 신고 있던 스타킹으로 당신 목을 조르는 일을 안 겪어 봤잖아요.'라고 생각할 것이며(드물게는 치료자에게 직접 말할 수도 있음) 이것이 치료적 신뢰에 큰 부담을 줄 수 있다. 경험이 지닌 공포적 성질을 타당화하고, 자기비난이나 자신이 '망가진 물건'이 되었다는 믿음 같은 역기능적 신념에 인지 재구조화 전략을 집중시키는 것이 더 나을 것이다.

이때 주의할 점이 있다. 7장에서 부적응적인 자기비난이 '운명은 무작위적이어서 피할 수 없으며 세상에는 예상치 못한 위험이 존재하고 이런 일이 재발하는 것을 막을 힘이 자신에게는 없다'는 식의 불안감을 유발하는 환자의 신념에 대한 해독제가 될 수 있다고 했던 것을 기억하라. 이러한 논리대로라면, 만일 내가 과거의 강간 사건 당시 원인 제공한 부분이 있다면, 그리고 내가 다음에는 뭔가 다르게 행동한다면, 아마도 나는 다시는 강간을 당하지 않을 것이다. 이는 역설적이게도 자기비난에 의한 자기보호다. 그러므로 치료자들은 나중에 환자들이 곪아터진 정서적 상처에서 이런 닳아 찢어진 붕대를 벗겨 내기 위해 고군분투한다면 그 자리에 더욱 깨끗하고 신선하며 부드러운 심리적 습포제를 바를 수 있음을 기억하라.

자기비난(실제로는 인과관계)이 완전히 제거될 필요는 여전히 없으나, 외상적 사건을 성격의 고정적이고 변화하지 않는 측면("그런 술집에 가다니 나는 멍청한 계집이야.")에 귀인했던 사고는 생산적인 방향으로 바꿀 수 있으며 잠재적으로 변화 가능한 행동("술집에서 금방 만난 누군가와 차에 타면 안 되는 거였어.")적 측면으로 재구조화할 수 있다. 이런 전략은 환자 자신이 그 성폭력을 유발했다는 생각의 사탕발림을 거절함으로써 신뢰성을 유지할 수 있다. 뿐만 아니라 이런 전략은 환자가 성폭력 상황이 다시 발생하더라도 대안적인 행동을 할 수 있다는 권한감을 가지도록 강화함으로써 현실적인 행동적 및 실존적 면책권을 제공해 줄 수 있다(Janoff-Bulman, 1979; Meyer & Taylor, 1986). 또한 치료적 변화를 좀 더 감칠맛나게 만드는데, 삶의 전반적인 양식을 바꾸라고 요구하지 않기 때문이다. 예를 들어, 유일한 사회화의 장소였기 때문에 그녀는 독신자들이 자주 가는 술집에 가는 것을 중단할 의도가 없을 수 있다. 이런 경우 최소한 그녀는 그녀의 삶을 통째로 뒤집어 엎은 채 은둔자가 되지 않고서도 같은 종류의 나쁜 경험이 다시 발생하지 않게 할 수 있는 자기보호 방법을 배울 수 있다.

사고 중지 6장에서 언급했듯, 사고 중지의 목적은 강박적으로 꼬리를 잇는 부적응적 자기진술을 끝내는 것이다. 환자는 두려운 대상이나 괴로운 반추적 사고를 붙잡아 치료자에게 보고하도록 교육받는다. 회기에서 치료자는 "그만!"이라고 소리침과 동시에 박수를 침으로써 그 생각을 방해한다(혹은 책상을 치거나 손가락을 튕긴다. 치료자의 창의력을 활용해서 응용하라). 환자는 처음에는 크게 그리고 나중에는 살짝 살을 꼬집기, 손목에 고무줄 감아 튕기기, 손톱으로 찌르기, 혹은 상처 나지 않을 정도로 혀 깨물기(다시 말하지만, 창의적으로 적당한 활동을 찾아서 활용하라) 같은 예리하고 은밀한 자기자극을 이용해서 이를 연습하도록 교육받는다. Muran과 DiGiuseppe(2000)는 사고 중지 기법을 활용하기에 적합한 성폭력 피해자의 전형적인 부적응적 자기진술의 예를 인용한 바 있다. 그것을 저자의 견해 및 경고와 함께 기술하면 다음과 같다.

- "나는 이제 망가졌어. 아무도 나를 원치 않을 거야." 이것이 현실적인지를 확인하라. 예를 들어, '아무도' 그녀를 원치 않을 것이라는 생각이 사실이 아니더라도, 강간 피해자가 남편이나 남자친구에게 거부당하는 충격을 경험한 경우라면 안심할 수 없을 것이다.
- "그게 내 잘못이었으니 자업자득이야." 앞서 언급한 대로 원인을 바뀔 수 있는 실수로 재개념화하도록 노력하라.
- "사는 것이 무서워. 다시는 예전 같아질 수 없을 거야." 2장과 7장에서 논의한 바 있듯이, 심각한 외상은 어떤 방식으로든 피해자를 변화시키며 이것을 부인하려고 애쓰는 것은 비현실적이며 반치료적이다. 그러나 작고 참을 만한 상처(신체적이든 심리적이든)와 자신을 볼 때마다(혹은 생각할 때마다) 괴로울 정도로 큰 상처 간에는 차이가 있다. 피해자에게 맞는 현실적인 목표를 설정하고 작업하라.
- "이건 비밀이어야 해. 내가 강간당한 걸 결코 누구도 알 수 없을 거야." 이것은 피해자가 사람들(대개는 애인이나 친척 혹은 친구)과의 관계가 깨지는 것을 원치 않거나 계속 추궁당하기를 원치 않기 때문에 그들에게 이것을 비밀로 유지하길 원한다는 뜻이다. 가능하다면 이 뜻은 언제든지 존중되어야 한다. 사실 다소 과하게 입심이 좋은 피해자들은 자신의 경험을 함께 나누고자 하는 욕구가 강할 수 있다. 이런 때는 사적인 관련이 없어서 악순환의 고리에 빠지지 않을 수 있는 적절한 사람을 선택하는 방법을 가르칠 필요가 있다.
- "성폭행을 당하면서 흥분하다니, 나는 걸레에 미친 여자임이 틀림없어." 많은 경우, 성과 관련된 생리학적 진실에 대한 간단한 교육만으로도 피해자의 이런 믿음을 바로잡을 수 있다. 때로 충분히 유쾌하게 시작되었던 성적 관계가 행위 중에 저절로 변질되기도 한다. 혹은 환자가 과거에 같은 남자와 몇

번의 즐거운 데이트를 가지면서 성적 쾌감을 경험했을 수 있다. 이번엔 그것이 강제적인 상황이었지만, 예전의 감각이 Pavlov의 조건형성과 같이 자동적으로 살아난다. 이에 대해 피해자에게 그녀가 알 수 있는 용어로 설명하라.

- "이제 울지 말아야 해. 나는 이제 극복해야 해. 대부분의 정상적인 사람은 이런 식으로 반응하지 않을 거야." 외상의 강도나 유형 같은 사건의 성질과 피해자의 성격에 따라 사건에 대한 반응은 큰 차이가 있다. 명백히 위험하거나 병리적이지 않는 한 환자의 반응은 수용되어야 하고 타당화되어야 하며 극적인 반응을 다루기 위한 실질적인 전략이 마련되어야 한다.
- "다시는 사람을 믿지 않을 거야." 많은 임상가가 환자에게 희망을 주려는 좋은 의도로 "물론 당신은 다시 믿게 될 거예요. 단지 약간의 시간이 필요할 뿐이에요."라며 이런 생각을 우습게 여기려 한다. 그러나 대인관계에 대한 이런 허무주의적인 태도를 고수하는 것이 때로는 환자에게 자기보호적 기능을 제공할 때가 있으며, 특히 회복 과정에서는 더욱 그렇다. 새로운 신뢰관계 형성을 피함으로써 그녀는 적어도 자기 자신을 속고 배신당하는 위치에 밀어 넣지 않을 것이라고 자신에게 말하고 있는 것이다. 치료 과정의 후기에 자신감이 어느 정도 회복되면 이 쟁점을 다시 다루게 된다. 한편 신뢰의 문제가 성폭력 사건 이전에 시작되었다가 사건에 의해 악화되었을 뿐, 성폭력 사건이 그 원인이 아닌 환자들도 있다.

사고 중지의 목적이 역기능적인 사고를 영구적으로 제거하거나 변화시키는 것이 아님을 명심하라. 그런 것은 보다 장기적인 심리치료 과정 중에 인지 재구조화 같은 다른 인지-행동적 기법을 통해서나 가능할 수 있다. 사고 중지의 일차적 목표는 단지 환자들로 하여금 비생산적인 반추에서 스스로 벗어나게 돕는 것이다. 사실, 사고 자체가 역기능적일 필요는 없다. 어쩌면 그것이 다른 의미로는 합리적이며 적응적인 사고일 수도 있다("이게 내가 안전해지기 위해 해야 할 필요가 있는 일이에요."). 마치 가치 있는 자료이기는 하나 당신의 컴퓨터 스크린을 얼어붙게 할 정도로 용량이 큰 자료를 내려받는 것처럼, 긍정적 인지가 환자의 뇌 공간을 독점함으로써 다른 생산적인 사고와 감정 및 행동을 얼어붙게 하는 반추적 사고가 된 것일 수도 있다.

유도된 자기대화 이 기술은 6장에서 설명한 혼잣말과 유사한 것으로, 앞에서 설명한 예들과 마찬가지로 부적응적인 인지를 평가하고 좀 더 적응적인 것으로 바꾸는 것을 포함한다. 이 기술은 현실 세계에서 행동 실행이 가능하도록 스스로를 안내하는 데에도 도움이 된다(6장의 TRIST를 보시오). Muran과 DiGiuseppe(2000)의 체계에서 적응적인 자기진술은 다음의 네 단계를 통해 고통스러운 상황에 직면하게 함으로써 교육된다.

① 준비. 문제를 확인하고 부정적 결과를 검토한다: "나는 대학 캠퍼스로 돌아갈 수 없어요. 그곳이 내가 당한 곳이니까요."
② 직면. 목표를 처리 가능한 단계로 세분하라: "나는 사람들이 많은 낮 시간에 그곳에 갈 거예요. 차에서 내리거나 교실에 들어가기 전에 주변을 확인해 볼 거예요. 하루에 한 수업만 들을 거예요. 안전하지 않다고 느껴지면 탈출 계획을 세울 거예요."
③ 관리. 불안을 처리 가능하고 일시적인 것으로 개념화하라: "나는 치료자가 가르쳐 준 공포와 불안 통제 기술들을 사용할 거예요. 그래서 책에 집중할 수 있게요. 내가 빠져나갈 필요가 있을 경우에 우아하게 나갈 계획도 세울 거예요. 하지만 매일 조금씩 좀 더 오래 집중하도록 노력하려고요."
④ 강화. 행동 후에 긍정적 자기진술을 하라: "좋아. 가자, Chrissy. 나는 차에서 내릴 거야. 과학관이 있어. 차 문이 잠겨 있는지 확인할 거야. 좋아, 입구까지 조금만 걸으면 돼. 모두가 걸어 다니고 있고, 사람이 많아. 나는 건물에 들어가고 있어. 계속 가자, Chrissy. 너 잘하고 있어. 자, 이젠 2층으로 가는 엘리베이터야. 화학 강의실을 찾자……."

노출치료와 둔감화

많은 임상가가 군대 외상에서부터 교통사고 그리고 범죄 피해에 이르는 다양한 종류의 외상 후 증상을 치료하기 위한 다양한 형태의 심상 및 실제 노출치료의 효과를 지지해 왔다(Falsetti & Resnick, 1995). 6장에서 논의한 대로, 노출치료의 기본 논리는 공포와 불안을 감소시키기 위해 심상을 통해 공포 자극과 직면하는 것이다. 이것은 공포영화를 반복해서 보는 것과 유사하다. 처음에는 공포영화가 꽤 무섭지만 열 번, 스무 번 보다 보면 어떤 것도 거슬리지 않고 지루해진다. 이와 유사하게, 객관적으로 안전한 환경에서 두려운 기억을 수차례 반복적으로 이야기하는 것은 그 기억을 덜 위협적으로 느끼게 만든다. 앞서 언급한 대로 이 치료가 재외상화가 아닌 둔감화를 목적으로 한다는 것을 기억해야 한다. 공포 영화를 보는 것과 실제 삶에서 공포를 느끼며 사는 것은 차이가 있다. 이런 노출치료는 Foa, Rothbaum, Riggs와 Murdock(1991)에 의해 성폭력 피해자 치료 영역에서 광범위하게 연구되고 적용되어 왔다.

이 치료 모델에서 외상 사건 관련 자극과 연합된 두려움을 없애기 위해 두려운 단서에 대한 실제 노출이 사용된다. 예를 들면, 주차장에서 강간을 당한 여성에게 실제 노출은 치료자와 함께 주차장에 앉아 있는 것이다. 그녀는 자신의 불안을 검열하면서 주차장 자체가 위험한 것이 아니며 위험 요소는 훨씬 더 특정적이고 훨씬 더 제한적인 가해자임을 학습하고, 그에 따라서 불안이 점진적으로 감소된다.

치료자가 안내하는 실제 노출 기법은 분명 현실적인 제약이 있다(당신이 모든 환자와 함께 차에 앉거나, 비행기를 타거나, 클럽에 가서 춤을 추거나, 직장에 갈 수는 없는 노릇이다). 저자가 발견한 보다 실질적인 방법은 '둔감화를 위한 코치'가 되어 줄 수 있는 가족이나 다른 중요한 사람이 함께 훈련받는 것이다. 이들은 피해자에게 익숙하고 신뢰할 만한 사람이므로, 실제 노출 연습에 이들을 활용해서 피해자를 안내하도록 하면 매우 도움이 된다. 단점으로는 연습을 방해하는 개인적 요소가 개입될 가능성이 있다는 것을 들 수 있다. 따라서 치료자들은 이 조력자들을 가능한 한 잘 평가해서 훈련시키도록 노력해야 한다. 모든 사례에서 실제 노출은 심상 노출을 통한 둔감화 후에 이루어져야 하며 이 과정에 도움이 될 만한 인지행동 전략(6장)을 적극적으로 활용해야 한다.

재외상화의 가능성이 있기 때문에 노출치료는 절대 가볍게 이루어져서는 안 된다. 다양한 치료 현장에서 성공률이 높게 보고되고 있음에도 불구하고 치료 후 공황장애의 촉발, 우울증의 악화, 알코올 남용의 재발, 과민반응 및 재외상화 등과 같은 부정적 결과들이 초래되곤 한다(Pitman et al., 1991). 더 위험한 것은 지지적인 인지행동 양식이 없는 상태에서 홍수요법을 사용하는 것이다. 이 기법이 불완전한 인지를 다루는 것이 아니라 생리적 자기조절을 가르치며 대처 기술의 발달을 증진시키는 것을 목적으로 하기 때문이다.

성폭력 외상에 대한 계획적 둔감화

Foa, Hearst-Ikeda와 Perry(1995)는 성폭력 피해자들의 복잡한 PTSD 반응의 치료를 위한 단기 예방 프로그램을 개발하였다. 이 프로그램은 피해자들에게 필요에 따라 사용할 수 있는 스트레스 관리 기술들을 가르침으로써 그들의 회복을 용이하게 하는 것에 목표를 둔 심리교육 과정이라고 할 수 있다.

이 프로그램은 Foa 등(1991)이 폭력 피해자의 만성적인 PTSD를 완화시키는 데 효과적이었음을 발견한, 그리고 이제는 독자들에게도 익숙한 기법들로 구성되어 있다.

- 폭력에 대한 일반적인 반응 교육
- 호흡 및 긴장이완 훈련
- 심상 노출을 통해 폭력을 다시 체험하기
- 두려웠지만 이제는 안전한 상황에 직면하기(직접 노출)
- 인지 재구조화

프로그램은 다음과 같은 네 가지 모임을 통해 진행된다.

모임 1은 정보 수집과 교육 및 프로그램에 대한 오리엔테이션에 집중한다. 치료자는 피해자의 외상 후 증상을 평가하고 프로그램 전반을 소개하며 모임의 의제를 설명한다. 외상 후 반응에 관해 피해자를 교육하기 위해, 그리고 그 증상들을 정상화하기 위해 폭력에 대한 정상적인 반응이 논의된다. 이 논의가 이루어지는 동안 치료자는 환자의 세계 혹은 자기에 대한 관점에 녹아 있는 외상 관련 인지 왜곡이나 비합리적 신념에 주목한다. 다음으로, 치료자와 피해자는 객관적으로는 안전하지만 폭력 사건 후로 그녀가 회피해 왔던 상황과 사람의 목록을 작성

한다.

모임 2는 지난주에 다루었던 주제들에 대한 논의로 시작된다. 이 모임의 초반에는 모임 1에서 수집된 정보를 토대로 회피 상황에 대해 떠올리면서 유발되는 불안의 정도에 순위를 매긴다. 다음으로, 심상을 통한 외상 재경험이 더 이상 두려움과 상처 효과를 유발하지 않을 때까지 반복적으로 '기억을 죽도록 두들겨 팸'으로써 소위 미해결된 과업을 적합한 시각으로 표현하도록 한다.

환자는 도움을 받아 두려운 상황의 위계 목록을 만든다. 그리고 심호흡과 근육 이완 방법을 교육받는다. 환자가 집에서 테이프를 듣고 이완 연습을 할 수 있도록 이완 과정은 녹음된다. 다음으로, 피해자에게 눈을 감고 폭력을 '마치 지금 일어난 일처럼' 다시 경험하라고 지시한다. 이 이야기 또한 녹음된다. 10분마다 재경험되는 폭력 기억에 대한 환자의 공포 수준을 확인한다. 재경험 연습 중, 치료자는 피해자의 말을 들으면서 피해자가 세상에 대해 느끼는 위험성과 지각된 무력감 같은 인지적 왜곡을 기록한다. 재경험 연습 후, 이 왜곡되고 과장되거나 비합리적인 신념에 대해 논의한다. 이 접근은 7장에서 논의했던 Solomon (1988, 1991)의 한 프레임씩 재처리하기와 유사하다.

회기의 막바지에서 치료자는 환자에게 오디오테이프를 주고 다음 한 주간 이 테이프를 들으면서 여러 번 '외상 경험 다시 체험하기'를 하고, 회기 시작 시점에서 만들었던 목록을 가지고 매일 몇 가지 상황에 직면하는 연습을 하라고 제안한다.

모임 3은 숙제에 대한 점검과 논의로 시작한다. 그다음에는 폭력 사건 기억에 대한 심상 노출이 45분간 이어진다. 남는 시간은 인지 재구조화를 위해 사용되는데, 이 기법의 이론적 근거에 대한 설명으로 시작해서 예측 불가능성과 통제 불가능함, 부정적 자기관, 미래에 대한 두려움과 기대, 그리고 세상과 사람들에 대한 믿음 같은 공통된 인지적 왜곡에 대해 설명한다.

치료자는 환자가 세상의 위험성과 자신의 대응 능력에 대해 가지고 있는 왜곡된 인지적 가설들을 확인할 수 있도록 돕는다. 오디오테이프의 도움을 받아 심상 노출을 반복하는 것과 두려운 상황에 직면하는 것이 매일 해야 할 숙제로 부과된다. 환자는 자신의 부정적 사고와 고통스러운 느낌 및 인지적 왜곡을 매일 세 번씩 일기에 기록하라는 지시를 받는다. 그 결과, 환자는 자신이 불안하다고 느낄 때 이완과 호흡 기술을 사용하는 것을 마음에 새기게 된다.

모임 4는 숙제 점검으로 시작된다. 참여자들은 폭력에 대한 심상 노출을 연습한다. 그런 다음 일기에 기록된 사고와 감정에 대한 논의를 포함한 인지치료가 진행된다. 치료자는 프로그램 동안 환자가 배운 기술과 호전 정도를 검토하고 추수 회기를 계획한다.

Foa 등(1995)은 성적 및 비성적 폭력 피해를 당한 10명의 여성 피해자를 대상으로 이 단기 개입 프로그램의 효과를 검증하였다. 폭력 사건이 있은 지 두 달 후에 이루어진 평가 결과, 인지-행동적 예방 프로그램을 마친 피해자들이 통제 조건의 피해자보다 유의미하게 덜 심각한 PTSD 증상을 보고하였다. 사건 후 5.5개월가량이 지난 뒤에도 예방 프로그램 집단의 피해자들이 유의미하게 덜 심각한 재경험 증상을 보였다. 예방 프로그램은 우울감을 감소시키는 데도 효과적이었다.

Foa와 동료들(Foa et al., 1995; Foa & Kozak, 1986; Foa & Riggs, 1993)은 그들의 행동개입 프로그램이 피해자로 하여금 외상 기억을 반복적으로 재체험시킴으로써 외상의 구조와 외상의 정서적 요소를 활성화한다고 가정한다. 회기의 막바지에 이르면 대부분의 피해자에게서 외상 기억에 대한 정서적 반응의 감소가 관찰되며, 회기 내에서 습관화와 둔감화가 나타난다. 반복된 재체험은 회기 간에서 정서적 반응의 장기적인 감소, 즉 습관화를 일으킨다. 분명하지는 않지만 프로그램 성공의 결정적인 요소는 아마도 이러한 노출과 재체험이 안전하고 신뢰할 만한 집단 내에서 동료들의 지지를 받으며 이루어진다는 점일 것이다. 이러한 대인 간의 정서적 유대 요인은 엄격하게 인지-행동적인 관점을 취하는 다른 프로그램에서는 간과될 수도 있다.

이 개입에서는 자신을 완전히 무능하고 무력한 존재로 보는 잘못된 시각 역시 두 가지 방식으로 다룬다. 첫 번째는 피해자로 하여금 자신이 외상 기억에 직면하고 그로 인한 정서적 각성을 견딜 수 있음을 깨닫게 하는 것이다. 이 깨달음은 자신이 유약하다는 잘못된 지각을 수정할 수 있도록 돕는다. 두 번째, 피해자는 이완 및 인지 재구조화와 같이 불안에 대처하는 효과적인 특정 기술을 습득하게 된다. 불안의 성공적인 통제 경험은 자신이 부적절한 존재라는 피해자의 자기개념을 반박하는 근거로 제공되며 이를 통해 지각된 자기효능감을 향상시키게 된다.

Echeburua, Corral, Zubizarreta와 Sarasua(1997)는 이 접근을 확장시켜 연구한

바 있다. 이들은 성인기에 강간을 당한 피해자와 아동기에 성학대를 경험한 성인 피해자를 대상으로 자기노출과 점진적 이완 훈련을 병행한 인지 재구조화 기법의 치료 효과를 비교하였다. Foa 등(1991)의 연구 결과와 달리, Echeburuna 등(1997)은 노출이 외상적 기억보다는 침투적 사고에 더 유용한 것으로 나타났다고 밝혔다. 이 인지 구조화 기법은 다음에 초점을 맞추고 있다.

- 성폭력에 대한 스트레스 반응을 정상화하기
- 성폭력에 대한 죄책감과 그 밖의 부정적 사고 수정하기
- 적응적인 대처 기술과 미래에 대한 희망을 강조함으로써 긍정적 관점을 경험하도록 하기

연구 결과들은 자기노출과 인지 재구조화 기법이 점진적 이완 훈련에 비해 사건 직후 그리고 12개월 후의 추수 평가 시점에서 성폭력 피해자의 외상성 스트레스 증상을 감소시키는 데에 더욱 효과적임을 보여 주었다. 사실 권위자들은 12개월 추수 평가에서 인지행동치료 프로그램의 성공률이 100%라고 보고한다.

이 책에서 논의된 대부분의 외상 후 치료 기법과 마찬가지로, 앞서 언급한 프로그램의 핵심 요소는 희망의 주입, 통제 그리고 역량강화다. 이는 실질적인 대처 기술의 점진적인 숙달과 자신을 삶의 적극적이고 능숙한 개체로 재개념화하는 것(2장에서 설명했던 Peter Rabbit 효과와는 반대로)을 통해 가능해진다. 위의 사례들에서 그랬듯이, 치료자는 자신이 치료하는 특정 환자에게 알맞도록 이 프로그램을 수정해서 활용할 수 있다. 이 기술들은 개인치료와 집단치료 방식 모두에 적용이 가능하다.

저자의 경험상, 어떤 환자들은 정서적 반응과 사고 및 외상 기억 사이에 인지적 거리를 둘 수 있도록 하는 코칭 모델에 좀 더 수용적이다. 사고 및 고통스러운 회고를 막기 위해 좀 더 따듯하고, 좀 더 애정 어리며, 편안하게 토로할 수 있다고 느낄 수 있는 치료적 환경을 필요로 하는 환자들도 있다. 이런 경우에는 긍정적인 사회적 지지를 추구하도록 피해자를 격려함으로써 그러한 환경을 적극적으로 조성해야 한다(Golding et al., 1989; Popiel & Susskind, 1985; Ullman, 2007). 어떤 환자들에게는 자기통제감과 능숙함을 얻도록 함으로써 7장에서 논의했던 보

다 포괄적이고 통합적인 치료로 가는 길을 열 수 있어야 한다. 현실에서 일상 기능을 유지할 수 있게 하는 것만으로 충분한 환자들도 있다. 각 사례마다 당신의 환자를 알고 현실적인 목표를 세운 다음 당신의 치료 전략을 이행할 수 있는 방법들을 개발하라.

성적 재피해자화

최근 보고되고 있는 일련의 증거는 성폭행 경험이 이후의 성폭력 피해 위험을 증가시킨다는 것을 보여 준다. 이것이 재피해자화다(Eby, Campbell, Sullivan, & Davidson, 1995; McFarlane et al., 2005; Resick, 1993). 반복된 폭력 피해는 여성의 안녕감에 지속적인 영향력을 행사함으로써 재피해자화의 위험을 증가시키는 악순환을 초래할 수 있다(Arata, 2002; Casey & Nurius, 2005; Miller, Markman, & Handley, 2007). 성적 재피해자화는 불안, 우울, PTSD, 해리장애 그리고 자살 위험을 포함한 신체적 및 정신적 문제를 악화시킬 수 있다(Breitenbecher, 2001; Classen, Palesh, & Aggarwal, 2005; Desai, Arias, Thompson, & Basile, 2002; Maker, Kemmelmeier, & Peterson, 2001; Messman & Long, 1996). 그러나 Macy(2007)가 최근에 성적 재피해자화에 대해 언급하기 전까지는 성폭력 치료와 관련된 문헌에서 이 주제는 명쾌하고 포괄적으로 언급되지 못해 왔다.

성적 재피해자화 다루기

7장에서 살펴본 바 있듯이 대처 전략은 두 영역으로 분류되곤 한다: ① 외상 사건으로부터의 회복을 강조하는 적응적 대처, ② 미래의 위협을 피하거나 방어하기 위해 준비하는 전향적 대처(Roth & Cohen, 1986). 대부분의 경우, 이 두 영역의 대처는 독립적인 것 같아 보인다. 그러나 몇몇 연구자는 이 두 유형의 대처가 사실상 같은 동전의 양면과 같다고 주장한다.

Macy(2007)는 성적 재피해자화를 다루기 위한 프로그램을 발표했는데, 이는 예방과 개입 그리고 적응적 대처와 전향적 대처 모두를 포함하고 있다. 저자의 견해와 제언을 덧붙여 프로그램을 소개하면 다음과 같다.

상담자와 치료자들은 초기에 피해자 스스로 자신이 비난받을 만하다고 생각할 만한 피해자의 고위험 생활양식을 경시하거나 언급하기를 회피하곤 한다. 그러나 이 위험 요소들을 목표로 삼지 못하는 예방 노력은 피해자의 안전과 관련된 핵심적인 요소를 무시하는 격이 된다. 예를 들어, 성적 재피해자화는 종종 알코올 및 약물 남용과 관련되므로 치료 프로그램에서는 이 요소들을 종합적으로 다루어야만 한다. 또한 의존적, 히스테리 혹은 경계성 성격 특성 및 장애(3장)는 여성들이 재피해자화되게 만드는 경향이 있다. 이 여성들의 재피해자화 위험을 감소시키기 위해서는 성격적 경계, 정서적 자기통제, 병리적 의존성, 손상된 자기 이미지 등의 주제와 관련된 포괄적이고 장기적인 치료가 필요할 수 있다(Linehan, 1993; Sperry, 1995, 1999). 이런 종류의 개입에는 이 장과 이 책 어디에선가 논의했던 자신감 구축 및 자기역량 강화 전략이 포함된다.

Macy(2007)는 초기의 자기보호적 단계와 치료의 적응 단계에서 발달되는 숙달감 및 의미를 구축해 주는 피해자의 전향적 대처 노력을 격려하라고 제안한다. 여기에는 피해자가 미래의 폭력 위협을 피할 수 있도록 돕는 실질적인 지식과 기술, 예를 들어, 마음챙김, 위협 지각, 자기반영 기술, 그리고 미래에 그녀를 피해자로 만들 가능성이 있는 부적응적인 패턴으로 돌아가려는 유혹에 저항하는 것 등이 포함된다.

저자의 경험상, 이런 사례는 대개 장기치료를 요하며 증상의 빈도와 강도 면에서 악화와 완화를 반복한다. 환자는 자신의 삶이 어느 정도 안정을 찾을 때까지는 몇 주에서 몇 달간 치료에 순응한다. 그러나 현실에서 삶의 과업을 계속하기 위한 실질적인 시도를 하면서부터는 결석이 는다. 주기적으로 간간이 치료자를 찾아오는데, 치료의 조율을 위해 오는 경우가 간혹 있기는 하나 대부분은 삶에서 새롭게 시작된 위기 때문이다.

앞서 여러 번 언급한 바도 있듯이, 범죄 피해자와 작업하는 치료자는 중산층이 가진 생활양식의 견지에서 볼 때 역기능적이고 부적응적으로 보이는 행동 중 상당 부분이 우리가 만나는 환자들의 입장에서는 신체적 및 심리사회적 생존을 위해 불가피한 것일 수 있다는 사실에 익숙해져야 한다. 예를 들어, 젊고 가난한 미혼모가 자신과 아이를 지킬 수 있는 유일한 방법은 더럽지 않으며 최소한 일시적으로라도 보호와 동지애를 제공해 줄 수 있는 남자를 만날 수 있다는 희망을 가지고 마리화나를 피우거나 술집을 찾아다니고 밤놀이를 나가는 것이다. 그래야 그녀의 적은 벌이가 보충될 수 있기 때문이다. 그런 여성에게 술을 마시지 않고 약을 멀리하며 잠재적으로 위험한 사회적 환경에 접근하지 말라고 하는 것은 황당하다는 듯이 쳐다보거나 비꼬듯 "어느 별에서 오셨어요?" 라며 헛웃음 짓는 것 이상의 반응을 이끌어 내지 못할 것이다. (아동 학대나 방임, 혹은 임박한 자해나 타해와 같이) 보고할 가치가 있는 활동이 발생하지 않는 한, 현실적인 수준에서 우리의 환자들을 안전하게 지켜 내는 것이 우리의 임무다.

> "치료자에게조차 약물에 대해 이야기하기까지 몇 회기가 걸렸어요." Cherette가 말했다. "왜냐하면 치료자도 나를 단속하거나 적어도 나를 더 이상 볼 수 없다고 얘기할 줄 알았거든요. 하지만 나는 누군가를 믿어야만 한다는 것을 알았고, 게다가 그를 보는 것이 내가 일을 계속 다닐 수 있는 조건이었어요. 그래서 나는 그 남자를 매주 만나야 했어요. 어느 날 나는 깨달았어요. 알게 뭐야, 무슨 일이 일어나든. 그리고 그에게 말했죠. 그는 잠시 날 보더니 나의 아이와 다른 일들에 대해 물었어요. 그러고는 내가 우리 아이들 주변에서 일을 계속하고 문제를 일으키지 않는 한, 우리는 나의 강간 사건과 내가 계속해서 남자를 잘못 고르는 행동에 대해 이야기할 것이라고 했어요. 그것 때문에 내가 위험에 계속 빠지고 있었거든요. 그는 약물과 술이 나를 다시 폭력에 빠지게 할 수 있다고 했어요. 그 말을 곰곰이 생각해 봤죠. 왜냐면 Nelson(아들) 생각을 안 할 수는 없으니까요. 만약 나한테 무슨 일이 생기면 어떻게 해요? 그래서 나는 치료자에게 생각해 보겠다고 했어요. 나는 Dirty Jack's에서 떠날 거예요. 사람들을 만나기에 덜 거친 곳으로 가 보려고요."

부부 강간

정신건강 임상가들은 안정적인 관계를 소중히 여기는 듯 보인다. 하지만 '안정적이라는 것' 이 항상 안전하고 건강하다는 것을 의미하는 것은 아니다. 오래되고 안정적인 관계가 성적 착취와 학대로부터의 자유를 보장하지는 않는다. 1970년대 초, 50개의 모든 주에서 남성은 법적으로 부인의 뜻에 반한 성관계를 가질 수 있었고 이것이 강간으로 기소되지도 않았다. 그러나 비록 용어와 정의는 주마다 달랐지만 1994년에 모든 주가 부부 강간을 범죄로 규정했다. 어떤 통계 자료에 따르면, 부부 강간 비율이 점차 높아져서 결혼한 여성의 10~14%에 이른다. 그러나 법적으로 볼 때 부부 강간죄가 성립될 수 있는 많은 피해자가 자신을 피해자로 정의하지 않기 때문에 이 수치의 해석에는 주의가 필요하다. 부부 강간 현상이 알려지기 시작한 것은 조금 되었지만, Martin(2007)이 최근에 이 주제에 대해 연구하기 전까지는 임상적 치료의 쟁점이 되지 못하였다.

부부 강간: 서술적 및 임상적 특성

Martin(2007)은 위협 혹은 위력에 의한 성관계를 여성이 자신의 의사에 반하여 신체적 강압에 의해 성관계를 갖게 되었을 때로 설명한다. 그녀는 보스턴에 살고 있는 326명의 여성을 대상으로 한 Finkelhor와 Yllo(1985)의 연구를 인용한다. 이 연구에서는 부부 강간을 네 가지로 분류하였다.

구타 강간은 부부 강간의 가장 흔한 형태였다. 이 유형에서 부부 강간은 성적인 동기 그 자체만이 아니라 관계 내 폭력의 확장이었다(11장을 보시오).

위력만 있는 강간은 두 번째로 흔한 부부 강간 유형이었다. 이 부부들은 성적 기호와 행위에 대한 지속적인 의견 충돌을 특징으로 하며 폭력의 수위는 최소화된다. 이 유형의 부부 강간 가해자들은 자신이 원하는 성적 행위를 달성하기 위해서만 물리적 힘을 행사했다.

강박적 강간은 가장 드문 부부 강간 형태로, 신체적 결박이나 포르노물을 이용하는 것과 같이 흔치 않은 성적 활동을 특징으로 한다.

비물리적 성적 강제는 남편이 자신의 성적 요구를 아내에게 강제하기 위해 자신의 관계적 자원이나 힘을 사용할 때 발생한다. 이런 유형의 대인관계적 강제성은 신체적 위협이나 무력의 사용보다 더 자주 발생한다. 이때 여성은 저항에 따른 정서적, 경제적 혹은 그 외의 파급 효과를 두려워하며 원치 않는 성관계에 합의하거나 묵인한다.

부부 강간의 위험 요인

부부 강간의 위험 요인이 남성과 여성 모두의 특성과 관련된다고 가정되고 있기는 하나, 관련 연구들은 미미하며 그 결과조차 상충되곤 한다. 일반적으로 개인 및 가족의 폭력 전과, 실직, 과도한 남성 지향성, 알코올과 약물 사용 그리고 강간 환상과 같은 다양한 남성 폭력의 위험 요인이 부부 강간 성향에도 기여한다. 부부 강간 피해의 위험 요인에는 가해자보다 나이가 어린 것, 이전에 결혼 외의 상황에서 강간을 경험한 적이 있는 것, 그리고 현재 이혼한 상태이거나 별거 중인 상태 등이 포함된다(Delosi & Margolin, 2004; Martin, 2007).

좀 더 일관성 있어 보이는 연구에서는 결혼의 전반적인 질이 배우자의 성격 특성(물론 관계의 질적 측면이 그 관계에 포함된 구성원들의 성격 특성과 별개일 수 없기는 하지만)보다 부부 강간의 더 신뢰성 있는 예언 요인인 것으로 나타났다(Martin, 2007). 부부 강간의 위험을 증가시키는 것으로 알려진 결혼 특성에는 재정난, 알코올이나 약물의 사용, 성과 관련된 지속적인 의견 충돌뿐 아니라 비성적 부부 폭력, 낮은 결혼의 질, 배우자들 간의 신분 차이가 포함된다. 이러한 요인들이 많을수록 부부 강간의 위험도가 높아지는 부가적 효과를 지니는 것으로 보인다.

부부 강간에 대한 저항

모든 부부 강간 피해자가 저항하는 것은 아니다. 많은 사람이 원치 않는 성관계에 동의하는 것이 더 편하다는 것을 알고 있으며, 아마도 결혼 생활 중에 일어나는 비동의성 성관계가 강간이 아니라거나 그것이 '부인의 의무'라거나 또는 "그는 다른 때는 좋은 남자야."라는 등의 논리로 스스로를 설득할 것이다. 저항으로 인해 배우자의 애정이나 호의적인 태도가 사라질 것을 두려워하는 여성도 있다. 단순히 그들의 경제적 지원을 잃는 것을 두려워할 수도 있다. 어떤 사람들은 단순히 자신이 저항하기에는 신체적으로 너무 약하거나 다치기 싫어서 순응한다. 일이 일어날 때 가해자의 주의를 분산시키거나 다른 주제로 대화의 초점을 바꾸려고 시도하는 등, 신체적이기보다는 언어적으로 저항하기를 택하는 경향이 있다. 신체적 저항을 한다고 해도 가해자를 피하기, 가해자가 다가올 때 도망가기, 혹은 가해자가 다가올 때 숨거나 물건으로 가리기와 같이 힘없는 것들이 고작일 수 있다. 좀 더 힘 있는 형태의 저항에는 때리기, 발로 차기, 가해자를 밀어내기 등이 포함된다(Martin, 2007).

부부 강간의 영향

연구들은 부부 강간 피해자들이 다양한 심리적 장애를 겪고 있으며, 우울증과 PTSD가 가장 흔한 증상임을 보여 주고 있다. 피해자들은 자살 위험도가 높다. 부부 강간 피해자들은 신체적 상해, 부인과적인 문제 그리고 만성 질환과 같은 신체 문제도 많이 보고한다(Martin, 2007). 흔치는 않으나, 배우자를 죽이거나 심각한 상해를 입히는 부부 강간 피해자도 있다(11장을 보시오).

부부 강간 피해자의 자조 노력

부부 강간을 멈추는 가장 효과적인 조치 중 하나는 피해자들이 스스로를 책임지는 것이다. Marsall(1996)은 배우자에 의해 심리적, 신체적 및 성적 학대를 심각하게 당해 온 172명의 여성을 면담하였다. 이 여성 중 다수는 그들이 다니는 교회, 담당의사, 정신건강 임상가 그리고 사회적 서비스 기관에 도움을 청했다. Bergen(1996)은 부부 강간 피해자 40명을 면담한 결과, 이들 중 다수가 경찰이나 강간 위기 센터에 도움을 청했지만 그중 80%가 경찰의 반응에 불만족했다고 밝혔다(5장과 11장 참조).

McFarlane 등(2005)은 가정폭력으로 법원에 보호명령을 신청한 148명의 여성을 대상으로 배우자 성폭력 실태를 조사했다(11장). 경찰에 알리기, 보호명령 적용하기, 그리고 친구나 가족과 신뢰를 주고받기가 배우자 성폭력의 재발 위험 감소와 관련이 있었다. 또한 이 연구에 참여한 배우자 폭력 피해자들은 폭행이 반복될수록 더 적극적으로 자기보호를 위한 자조 노력을 기울이는 것으로 나타났다. 이는 피면담자들이 법 체계로부터 얻은 반응에 상당히 만족하고 있음을 의미한다.

부부 강간을 위한 심리적 개입

6장과 7장에서 언급한 바 있는 범죄 피해자의 외상 후 치료 방식 및 앞서 기술한 성폭력 피해자를 위해 특성화된 치료적 전략과 더불어, Martin(2007)은 부부 강간 피해자를 위해 특화된 치료 양식을 제안한 바 있다.

스트레스 예방접종 치료 Hanneke와 Shields(1985)는 부부 강간 피해자의 치료를 위해 심박 바이오피드백, 체계적 둔감화, 스트레스 예방접종 그리고 인지행동 치료와 같은 다양한 행동의학적 전략을 활용해 왔다. Resnick, Kilpatrick, Walsh와 Veronen(1991)은 스트레스 예방접종 치료stress inoculation therapy: SIT가 부부 강간과 관련된 심리적 고통, 침투적 사고, 회피 그리고 두려움 감소에 효과적임을 발견했다. SIT는 공포에 대한 생리적, 인지적 그리고 행동적 대처를 용이하게 한다. 이것은 두 단계로 진행된다. 단계 1에서는 공포에 대한 교육과 정의에 초점을 맞추는 반면, 단계 2에서는 환자가 불안을 다루는 데 도움이 되는 적응적인 전략들을 가르친다. 또한 환자는 생리적, 인지적 및 행동적 반응의 개선을 목적으로 하는 대처 기술을 배운다. 이런 종류의 기술들은 이 책의 독자들에게는 이미 익숙할 것이다.

인지처리치료 인지처리치료cognitive processing therapy: CPT는 본래 강간 피해자의 PTSD를 치료하기 위해 개발되었으며(Resick & Schnicke, 1992), 부부 강간 피해자의 치료에도 적용되고 있다(Westwell, 1998). CPT는 12단계로 구성되어 있으며, 세 가지의 주된 구성 요소(교육, 노출, 인지치료)를 포함하고 있다. CPT의 목표는 피해자가 가진 부적응적 신념을 확인하고 도전하는 것이며 안전, 신뢰, 힘, 존경 그리고 친밀감과 관련된 쟁점들을 다루는 것이다.

항상 그렇듯, 범죄 피해자와의 성공적인 심리치료는 무력감과 절망의 악순환을 깨고 치료적 관계라는 수단을 이용하여 실질적인 대처 기술 및 자기역량 강화적인 태도와 전략의 흡수가 가능하도록 피해자들을 자신감과 희망의 선순환으로 돌려놓는 것이다.

결 론

일반적으로 강간을 하는 남자는 여성을 단지 자신의 만족을 위한 물건쯤으로 여긴다. 그리고 아내를 강간한 남자들은 '자신의' 여자를 자신의 기쁨을 위해 이용하는 개인적인 소유물 정도로 여길 수 있다. 이 소유적인 사고방식은 자신의 소유물을 지키기 위해 필요하다면 어떠한 수단도 사용할 수 있다는 권리로 확장될 수 있다. 이런 경우, 이것이 성폭력뿐 아니라 관계 내에서의 좀 더 일반적인 폭력을 초래할 수도 있다.

CHAPTER

가정폭력

O.J. Simpson은 나에게 점심을 빚졌다.

1995년 1월 24일, O.J. Simpson이 부인인 Nicole Brown Simpson과 그녀의 친구인 Ronald Goldman을 살해한 혐의로 기소되었다. 대부분의 미국인이 알다시피, 이 사례는 가정폭력 문제의 전조가 되었다. 그리고 그 해 10월 3일, 플로리다의 지역 정신건강 기관 중 한 곳에서 하루 종일 회의가 열렸다. 이 회의는 가정폭력과 관련된 광범위한 사회적, 정치적, 법적 쟁점을 다루기 위한 것이었다. 회의에서는 변호사, 판사, 사회복지사, 피해자 옹호자, 심리학자를 포함한 패널들의 발표가 있었다. 나의 발표는 점심시간 직후인 오후 1시에 예정되어 있었다. 발표에서는 가정폭력에 영향을 미치는 피해자와 가해자의 심리학적 요인을 다루기로 하였다. 거기까지는 좋았다.

1995년 10월 3일로 돌아가서, 나는 동료이자 친구들이며 다른 연설자인 회의 참가자 몇 명과 점심을 먹을 수 있도록 조금 일찍 도착하기로 마음먹었다. 11시 39분 즈음에 회의 장소에 도착하였는데, 좋은 주차 장소는 모두 지역 뉴스 매체 차량들이 점유한 상태였다. 어쩔 수 없이 조금 거리가 떨어진 곳의 풀로 덮인 언덕에 차를 주차할 수밖에 없었다. '좋아.' 나는 마음속으로 생각했다. '이제 언론에서도 정신건강 문제를 심각하게 다룰 때가 되었어.' 하지만 지역에서 진행되는 이런 회의에 언론이 대대적으로 주목하는 것에 조금 의구심이 들었다.

센터에 들어가 등록 테이블에서 연설자 ID 배지와 리본을 받은 후, 12시가 거의 다 되어서 같이 점심 먹을 동료들을 찾기 위해 본회의 장으로 갔다. 그러자마자 카메라 한 대가 내 얼굴 앞으로 밀고 들어왔다. 한 뉴스 해설자가 대놓고 내 연설자 배지를 확인한 후 인상적인 한마디를 위해 돌진하다시피 물었다. "배심원 판결이 어떻게 날 것 같나요?" "그것이 여성들의 권리에 어떤 영향을 미칠 것이라고 생각하시나요?" 그가 다음 연설자를 숨어서 기다리기 위해 황급히 내 곁을 떠나기 전에 내가 신문사를 만족시킬 만한 한두 줄짜리 짤막한 농담을 뱉어낼 수 있었다는 것만 믿어 달라. 그러나 같이 점심 먹을 동료들은 어디에서도 찾을 수 없었다. 전반적으로 조용한 아수라장과 같은 분위기였다.

그때 회의 주최자 중 한 명이 나를 찾았다. "Miller 박사님," 그 사람이 말했다. "프로그램에 조금 변경이 있을 것 같은데 양해해 주셨으면 좋겠네요." '어허.' 나는 생각하고 있었다. '이제 어떻게 하지?' 그녀는 계속해서 말했다. 그날 이른 아침에 O.J.에 대한 배심원 판결이 정확히 오늘 1시에 있다는 발표가 있었다는 것이다. 그리고 배심원 판결이 TV에 나온 후 내가 발표할 때 그 배심원 판결에 대해 논평을 좀 해 줄 수 있겠냐고 말했다. 물론 주어진 시간을 너무 벗어나지 않는 범위 내에서 말이다.

좋아, 나는 너그러운 사람이야, 그리고 점심 식사 후에 정신없는 관중이 시간 내에 자리를 찾고 내가 말하는 것에 주의를 기울이도록 하는 데는 더 좋은 방법일 수도 있어. 그 후 회의 주최자는 내가 연설할 강단을 보여 주었다. 강단 양쪽에는 거대한 TV 스크린 두 대가 설치되어 있었고, 그것은 곧이어 기어 들어가는 소리로 논평하게 될 보잘것없는 한 사람을 더 왜소해 보이게 하였다.

배심원 판결이 TV에서 발표될 때까지 기다렸다가 청중이 그 발표에 대해 반응할 어느 정도의 시간을 준 다음 내가 발표를 하게 될 것이라고 들었다. 그들이 내게 몇 가지 질문 사항이 있었고 뉴스 방영 전에 처리해야 할 다른 문제들도 있었기 때문에 점심 먹을 시간이 없었다(그래, 베이글에 커피 한잔은 빨리 할 수 있겠다만, 그것도 별로 중요하지는 않다).

죽는 마지막 순간까지 나는 O.J. 배심원 판결이 발표된 시간, 정확히 오후 1시 12분을 기억할 것이다. 왜냐하면 나는 내 손목시계에 집중하고 있었고, 내가 줄여야 하는 발표 시간이 얼마나 되는지 계산하고 있었기 때문이다. 마침내 죄가 없다는 배심원 판결이 공표되었을 때, 회의장에 앉아 있었던 청중은 대부분 가정폭력 사건을 매일같이 다루고 있었던 정신건강 임상가나 사회지원 서비스 제공자 혹은 형사사법 전문가들이었고 대부분이 여성이었다. 이 청중의 반응은 전국에 있는 시청자들의 반응과 정확히 똑같았다. 몇몇 사람은 믿을 수 없는 광경에 숨이 턱 막혔다. 돌처럼 딱딱하게 굳어서 아무런 반응도 보이지 않는 사람들도 있었다. 어떤 이들은 변호에 대한 만족감이 드러나지 않도록 숨기려고 노력했다.

나는 이제 TV 스크린 사이에 놓인 강단에 올라 우두커니 섰다. 이 TV 스크린들은 마치 나를 꾸짖는 것처럼 말없이 내 머리 위에서 이글거렸다: "지금 당신이 할 수 있는 말은 대체 무엇인가?" 점점 더 고조되는 청중의 회의적인 시선도 느껴졌다. 나는 가정폭력의 위험 요인 평가 기준부터 발표를 시작했다. 발표를 1/4쯤 진행하였을 때, 청중석 여기저기에서 손을 들기 시작했다. 나는 이때부터 전치와 투사의 힘을 확실히 믿게 되었다. 여성이 남편에게 당한 폭력을 정당화하는 여성의 성격 특성이나 행동 양식이 있다는 말조차도 청중에게 무자비한 공격을 받았기 때문이다.

물론 TV에서 나온 것은 내가 말한 것이 아님을 설명하려고 무던히 애를 썼지만 청중은 이를 인정하지 않았다. 나는 더욱더 많은 질문을 받았고, 내 발표의 기본 요지를 거듭 설명하였으며, 강연장 주변에 소용돌이치는 고통과 분노를 흡수함으로써 '피해자를 다시 비난하고 있는 남성 군단의 사악한 남성 심리학자 앞잡이'와 같은 희생양의 역할을 냉정하게 수용했다. 나는 그곳에서 무사히 살아나와 여성 판사인 다음 발표자에게 차례를 넘겼다는 것을 행운으로 생각했다. 나는 질문에 답하고 방송 매체와도 짧게 인터뷰해야 했기 때문에 거의 1시간 동안 강연장에 더 머물러 있었다. 그런 후에야 그곳을 급히 빠져나와 사무실로 돌아올 수 있었고, 오후 약속을 지킬 수 있었다. 점심은 전혀 먹지 못했다.

심리학, 사회학, 인류학, 사법제도, 정치학, 종교까지 매우 많은 영역에 걸쳐 있기 때문에, 가정폭력은 언제 불이 붙을지 모르는 뜨거운 논쟁거리가 되어 왔다. 10장에서 부부 강간에 대해 논의했듯이, 이러한 범죄들이 더욱 속을 썩이는 것은 범죄가 대부분의 사람이 안전할 것이라고 생각하는 집에서 발생하며 배우자나 그 밖의 친밀한 대상에 의해 저질러지기 때문에 친밀함과 폭력이 뒤섞인다는 점이다. 다른 한편으로 매우 친숙한 사람들이 관여되어 있다는 사실과 폭력 발생 장소가 집이라는 점에서 돌이킬 수 없는 심각한 일이 발생하기 전까지는 폭력적 양상이 깨지기 어렵고 위험이 임박했음을 알기도 훨씬 어렵다.

가정폭력: 임상적 및 인구통계학적 특징

상당수의 연구와 임상 경험(Aldarondo & Straus, 1994; Appel & Holden, 1998; Arias & Pape, 1999; Browne & Williams, 1989; Burke, 2007; Campbell, 1992, 1995, 2002; Cascardi, O'Leary, & Schlee, 1999; Cavanaugh & Dobash, 2007; Clements & Ogle, 2007; Coker et al., 2002; Crofford, 2007; Farr, 2002; Follingstad, Wright, Lloyd, & Sebastian, 1991; Gleason, 1993; Golding, 1994, 1999; Kellerman, 1992; Kennair & Mellor, 2007; Lesserman & Drossman, 2007; Logan, Walker, Cole, & Leukefeld, 2002; Mbilinyi, Edleson, Hagemeister, & Beeman, 2007; Mercy & Saltzman, 1989; Schafer, Caetano, & Clark, 1998; Shackleford, Buss, & Peters, 2000; Sheridan & Nash, 2007; Simmons & Lehman, 2007; Stark & Flitcraft, 1996; Tjaden & Thoennes, 2000; Tolman & Raphael,

2000; Vitanza, Vogel, & Marshall, 1995)을 통해 가정폭력이 지닌 다음과 같은 몇 가지 기본적인 사실이 확인되었다.

- 가정폭력은 미국 내에서 여성에게 심각한 상해를 입히는 주요 원인이다.
- 가정폭력은 측정 시점마다 약 17만 명의 여성에게 부정적인 영향을 미친다.
- 9초마다 미국의 여성 중 한 명이 자신의 남편이나 남자친구에게 폭행당한다.
- 미국에서 20% 이상의 커플이 지난해에 1번 이상의 파트너 폭력을 경험하였다.
- 일생 동안 20% 이상의 여성이 신체적 폭력을 경험하며, 7% 이상이 친밀한 파트너(10장)로부터 강간을 당하고, 거의 5%가 스토킹을 당한다.
- 남성을 구타하는 여성들도 있긴 하지만, 이는 예외다. 남성이 구타 행위자이거나 쌍방이 싸움에 휩쓸리거나 서로에게 상해를 입히는 경우가 훨씬 흔하다.
- 파트너 폭력은 남녀 동성애 커플에게서도 이성 커플과 같은 비율로 보고되고 있다. 즉, 동성애자들의 약 1/4 정도에서 파트너 폭력이 보고된다.
- 많은 남녀 동성애 커플이 학대 보고를 꺼린다. 이는 낙인에 대한 두려움 때문이거나 보고해 봤자 사법기관에 이성애 커플만큼 심각한 문제로 받아들여지지 않기 때문이다.
- 성인에 의한 아동 학대는 성인들 간에 발생하는 가정폭력과 별개로 여겨지는 반면, 아동에 의한 부모 학대는 별도로 분류하기가 어렵다.
- 가정폭력에서 가장 흔하게 발생하는 상해는 둔기에 의한 외상(머리, 얼굴, 몸)이다. 그다음으로 흔히 발생하는 종류의 상해는 교살(絞殺)이다.
- 아동들은 보통 폭행당하는 어머니를 보호하는 과정에서 상해를 입는다. 반대로, 여성들은 자신의 자녀를 보호하려는 과정에서 폭행당할 수 있다. 심지어 애완동물까지도 공격당하거나 다친다.
- 해마다 최소 2,000명의 여성이 동거 중인 파트너에게 살해당한다. 사실 여성들은 낯선 사람이나 그 밖의 다른 사람들보다 동거하는 사람에게 살해당할 확률이 더 높다.
- 가해자가 피해자를 죽이겠다고 빈번히 협박하는 경우, 여성에게 무기를 사

용하는 경우, 여성을 질식시키는 경우, 또는 여성에게 성폭력을 저지르는 경우 폭력의 수위가 치명적일 위험이 높다.

- 구타가 종료된 후에도 가정폭력의 여파는 피해자의 신체적 및 정신적 건강에 오래도록 영향을 미칠 수 있다. 여기에는 주요우울증, 심리사회적 문제, 불안, 공황장애, PTSD, 약물남용, 두통, 섬유근육통과 그 밖의 만성 통증, 만성 피로 증후군, 악관절증, 과민성 대장증후군, 자살 시도가 포함된다. 폭력의 강도와 빈도가 높아질수록 후유증도 심각해진다.

가정폭력의 정의

몇몇 연구자(Johnson, 1995; Leone, Johnson, Cohan, & Lloyd, 2004)는 가정폭력을 두 가지 주요 유형으로 나누었다. **친밀한 테러형**은 한 파트너가 신체적 폭력을 포함한 다양한 강압 전략을 사용하여 다른 파트너를 전체적으로 통제하고자 하는 것을 말한다. 이러한 폭력에는 냉정하고 계산적인 특성이 내포되어 있는데, 주로 조종하는 성격으로 드러난다. **상황적 커플 폭력형**은 덜 강압적이기는 하나 특정 상황에서 갈등이 신체적 공격으로 치닫는, 달리 말해 가해자의 인내심이 폭발하는 경우를 말한다. 이 두 유형은 이분법적이기보다는 스펙트럼 형태로 드러날 수 있다. 스펙트럼의 범위는 상황적 커플 폭력 사례에서부터 좀 더 오래 지속되는 친밀한 테러 유형까지다(Hughes, Stuart, Gordon, & Moore, 2007).

가정폭력에 기여하는 요인

가정폭력에 기여하는 다수의 요인이 있다. 일반적으로 이러한 요인들은 부가 효과 또는 누적 효과를 지니며, 각 요인은 다른 요인의 영향력을 증폭 혹은 악화시킬 수 있다.

성격과 정신병리

많은 사람이 껄끄럽고 불편한 결혼 관계에 놓여 있더라도 폭력을 쓰지 않고 이를 참아 낸다. 대개의 경우, 가정폭력을 저지르기 쉬운 남성들의 인구통계학적 특성은 일반 폭력 가해자와 유사하다.

- 반사회성 성격장애를 지닌 사람들은 결혼을 단순히 착취를 위한 또 하나의 관계로 여기는 경향이 있다. 따라서 자기 멋대로 하지 못하는 경우에는 곧바로 폭력을 사용한다.
- 자기애성 성격장애와 편집성 성격장애를 지닌 사람들은 약하고 쉽게 상처받는 자아를 가지는 경향이 있으며, 배우자의 악의 없는 말이나 행동을 보복이 마땅한 멸시와 배신의 징후로 오인할 수 있다.
- 경계선 성격장애와 의존성 성격장애를 지닌 남성들은 자신의 배우자에게 병리적으로 휘말리는 경향이 있으나, 겉으로는 독립성과 지나친 남성성을 내보이며 의존성을 배후에 숨기려고 노력한다. 가정폭력 가해자인 여성들 또한 경계선 성격장애 특성을 지니고 있을 가능성이 높다. 이런 성격 특성은 관계를 맺고 있는 파트너에게 폭력을 가할 위험성을 높이고 보복의 악순환을 유발하는 자극제가 될 수 있으며, 결국 커다란 폭력으로 이어져 두 사람 모두 체포될 수 있다(Allen & Farmer, 1996; Dutton, 1995; Weaver & Clum, 1993).

사회경제적, 문화적 영향

낮은 사회경제적 지위는 몇 가지 이유에서 가정폭력의 위험 요인이 될 수 있다. 첫째, 정신병, 물질남용, 충동성, 그리고 일반 범죄 및 폭력의 위험 요인들은 낮은 사회경제적 지위를 지닌 인구통계학적 집단에 밀집되는 경향이 있다. 둘째, 범죄에 더욱 잘 노출되고 의료 서비스를 받기 힘든 것은 말할 것도 없고 경제적 압박이 이러한 가족들에게 부가적인 심리사회적 스트레스를 주어서 좌절 감내력을 감소시키고 범죄 경향성을 높일 수 있다. 마지막으로, 이러한 계층의 여성들은 중산층 여성들보다 고용률이 낮고 가족 선택권이 적은 경향이 있으며, 이로 인해 결함이 상당히 많은 관계를 유지할 수 있다. 왜냐하면 '아예 바지를 입지 않는 것보다는 더러운 바지를 빨아 입는 편이 낫기 때문'이다. 그것은 종종 수입의 문제가 아닌 생존의 문제가 된다. 그러나 갇혀 있고 싶어 하는 사람들은 아무도 없다. 따라서 피해자는 가해 남성과의 전반적인 관계가 그렇게까지 나쁘지는 않으며 "그는 나를 사랑하니까."라고 합리화할 수 있다.

알코올과 약물 남용

누군가에게 가정폭력이나 그 외의 다른 범죄를 저지르게 하는 약물은 없다. 그러나 대부분의 물질은 이미 취약해진 억제력을 더 감소시키고 폭력을 포함한 충동 행동의 역치를 낮출 수 있다. 물질남용은 더욱 광범위한 위험 요인이 될 수도 있는데, 이것이 취직과 같은 삶의 다른 과업을 방해하고 나아가 경제적 압박을 증가시킬 수 있기 때문이다. 약물 사용은 거의 대부분 지역사회의 범죄 문화와 관련되며, 몇몇 지역사회에서는 마약 거래가 매우 흔하고 누군가의 수입을 위한 수단으로 받아들여진다. 자신이 사용하기 위해 더 많은 약물을 구입하는 사람도 있다. 아내가 물질을 사용할 경우 가정 내에서 언쟁이 발생할 수 있고 이것이 쌍방 간의 폭력으로까지 확대될 수 있다. 이러한 경우는 여성이 공격자가 될 가능성이 높다(Stuart, Moore, Ramsey, & Kahler, 2004).

질병, 장애 그리고 임신

양자 관계에 압박을 가하는 요인도 가정폭력의 위험 요인이 된다. 그 개인이 사건을 유발할 만한 성향을 가지고 있는 경우도 있다. 불공평하게 들릴 수 있지만 병이 있거나 장애가 있거나 혹은 임신한 여성들은 가정폭력의 대상이 될 가능성이 높은데(Hassouneh-Phillips & Curry, 2002; Sullivan & Knutson, 2003), 그 이유는 매우 다양하다. 첫째, 장애가 있는 여성들은 경제적으로, 가정적으로 또는 성적으로 '자신의 임무를 다하는 것'이 불가능할 수 있다. 둘째, 이러한 여성들은 별도의 주의를 필요로 하며, 이 시기에는 특별한 도움이 필요한 존재로 지각된다. 그러나 통제나 지배를 좋아하는 남편들에게 아내의 병약함이 환영받는 경우도 있다. '이제 아내는 집에 있고 나는 그녀를 감시할 수 있어.'라고 생각하기 때문이다. 이런 경우 갈등은 아내가 회복해서 정상적인 일상으로 돌아가기를 원할 때 발생한다.

가정폭력 주기

일반적으로 가정폭력의 주기는 배우자의 언행에 대한 소문을 들은 남성이 화가 나거나 의심하거나 질투를 느끼거나 분개하는 것에서 시작된다. 남성은 아내를 구속하거나 통제하려고 하며, 아내는 이를 분하게 여기며 거짓말을 하거나 노골적으로 반항하게 된다. 이것이 남성의 의문에 오히려 기름을 붓는 격이 될 수 있고, 남성은 '아내는 이런 일을 당해 마땅해.' 또는 '혼쭐을 내 줘야겠어.'라고 생각하기 때문에 신체적 폭력을 휘두르게 된다. 사실 치명적인 가정폭력의 가장 커다란 위험 요인은 여성이 관계를 끝내자고 의도적으로 말하는 것이다(Aldarondo & Straus, 1994; Wilson & Daly, 1993). 신고 여부에 따라 파트너는 체포되거나 체포되지 않을 수 있다. 폭풍우가 지나간 뒤 많은 남성은 주로 눈물을 보이거나 꽃을 선물하며 진심으로 후회하는 모습을 보인다. 그리고 "내가 당신을 너무 많이 사랑하기 때문에 당신을 잃는다는 생각을 참을 수가 없었어."라는 식으로 말한다. 따라서 많은 여성은 며칠 뒤나 몇 주 뒤에 닭살스러운 화해를 하고 멍과 상처를 금세 잊는다. 그리고 "그는 변했어. 이제부터는 다 괜찮을 거야."라고 믿고 싶어 한다.

가정불화에 대한 경찰의 대응

검문 요청이 경찰들에게 가장 위험한 종류의 업무임에도 불구하고, 정작 경찰들이 가장 두려워하는 전화는 검문이 아닌 가정불화 신고다. 주택과 같은 신체적 및 심리적인 사적 공간에 들어가는 것에 대한 본능적 거부감이 있지만, 법을 집행하고 잠재적인 피해자를 보호하기 위해서는 그런 활동이 필요할 때가 있다.

사실 다른 유형의 범죄들과 마찬가지로 가정폭력에 대한 대응은 정신건강 전문가가 아닌 경찰의 주도하에 진행된다. 사건 발생 시 가장 먼저 전화를 받는 사람은 경찰이다(5장을 보시오). 따라서 피해자들을 상담하고 치료하는 사람들은 경찰의 가정폭력 대응 요령을 이해하고 있어야 한다. 또한 피해자의 장기적인 정신건강이 경찰의 대응 방식에 의해 영향을 받을 수 있기 때문에, 경찰과 경찰에게 자문을 제공하는 정신건강 전문가들이 위기 개입 과정에서 기본적으로 해야 할 것과 해서는 안 될 것을 이해하는 것이 필수적이다.

신고전화에 대한 경찰의 대응: 사실과 통계치

대부분의 경찰이 다른 업무보다 가정 내 분쟁에 대한 개입을 더 혐오하고 두려워하는 데에는 분명 몇 가지 이유가 있다(Blau, 1994; Miller, 2006m; Russell & Beigel, 1990). 그 이유 중 일부는 이러한 종류의 전화가 유별나게 대인 간 요구가 많은 업무를 요구한다는 것과 관련이 있다. 성인과 아동, 술 취한 이들, 그리고 무기와 관련된 잠재적 위험이 뒤섞인 환경에서 가정 내 분쟁을 해결하고 진정시키며 위기 개입과 중재 및 조정 활동을 한다는 것은 고도의 의사소통 능력과 외교 능력을 요한다. 경찰이 이러한 기술들을 사용한 경험이 없거나 능숙하지 않은 경우, 가정 분쟁과 관련한 신고전화는 매우 고통스럽고 어려운 것일 수 있다. 자기보호를 위한 심리적 방어의 일환으로 많은 경찰이 가정 분쟁과 관련된 전화를 경찰의 업무가 아니라고 여기며 결과적으로 이런 전화를 사회복지 업무나 성가신 전화로 낮잡아 볼 수 있다.

게다가 가정 분쟁에 대한 개입은 평화로움과는 거리가 먼 현재와 과거를 살고 있는 많은 경찰의 개인적 경험을 떠올리게 한다(Miller, 2006m, 2007a, 2007g; 뒤를 보시오). 개인 특유적 요소들은 이런 종류의 경찰 업무에서 특히 강력한 영향력을 행사한다: "젠장, 이 미친 가족은 우리 집이랑 비슷하게 싸우네."

그러나 심리적인 측면만이 근심거리인 것은 아니다. 상해 가능성이라는 관점에서 볼 때, 가정에서 걸려 오는 전화는 신체적 상해의 위험과 가장 관련이 많다. 이런 전화의 1/3가량이 폭력적인 범죄와 관련된다. 사건에 관련된 사람들은 보통 극적으로 흥분된 정서 상태에 있으며 종종 술에 취해 있기도 하고 이성이 거의 없다. 따라서 대부분은 판단력이 흐려져 있고 제대로 주의하지 못하는 경향이 있으며 경찰을 폭행하기도 한다. 역설적인 것은 많은 경찰이 이러한 신고전화를 사소한 일로 생각하기 때문에 강도 사건이나 검문검색보다도 상해 예방을 위한 적절한 조치를 덜 취한다는 점이다. 더욱이 가정불화 신고전화는 폭행, 살인, 또는 인질극이나 보호벽을 설치해야 하는 상황까지 쉽게 악화될 수 있으며 그로 인해 경찰과 시민들에게 더욱 심한 위험이 발생할 수 있다.

가정불화 신고전화에 대한 가장 흔한 형태의 대응은 아무런 조치를 취하지 않는 것인데, 이는 경찰이 종종 신체적 제압이나 영장 없이도 체포 가능한 수준의 범죄가 발생하기 전에 상황을 해결할 수 있었기 때문이다. 아니면 상황이 자연적으로 해결되었거나 경찰이 도착할 때 쯤 불화를 일으켰던 사람 중 한쪽이 자리를 떴을 수도 있다. 물론 가정폭력이 발생하면 경찰들은 체포권을 가지게 된다. 가정폭력은 반복되는 경향이 있는 범죄이기 때문에 대화와 상담이 그런 상황을 해결하고 행위자가 폭력적인 방법을 포기하도록 영향력을 행사할 수 있겠지만, 가장 강력한 재범 억제 요인은 바로 가해자의 체포다. 대화가 필요한 시간은 폭력이 발생하기 전이다. 일단 공격자가 행동을 하고 범죄를 저지르고 나면, 경찰들은 공격자를 체포하기 위해 필요한 물리력과 저지력을 사용해야 한다.

많은 경우, 누가 싸움을 시작하였는지는 명확하지 않으나 경찰이 도착할 때쯤이면 쌍방이 모두 상대방에게 상해를 입힌 상태인 경우가 많다. 대부분의 가정폭력 사례에서 체포 의사결정권 작동 시 여성 파트너가 가정 분쟁에서 행사한 역할에 점점 더 주목하는 추세이며 어떤 경우에는 양측을 모두 체포하기도 한다 (Steinmetz & Lucca, 1988). 일부 피해자 옹호가는 대부분의 여성이 자신을 방어하는 과정에서 공격자에게 상해를 입히기 때문에 상당수의 여성이 사실상은 가해자가 아니라고 주장한다. 그러나 현장에 도착한 경찰들은 이를 구별할 수 없을뿐더러, 구별할 수 있다고 하더라도 체포 의사결정권은 누구든 폭행을 저지른 사람이라면 당시의 행동이 정당하더라도 체포될 수 있다고 규정하고 있다. 여기에는 피해자 옹호가들이 말하는 것과 같은 유형의 여성 폭력도 일부 포함될 수 있다 (Abel, 2001; Allen, Bybee, & Sullivan, 2004; Hirschel & Buzawa, 2002; Hughes et al., 2007; Martin, 1997).

안타깝게도, 체포 경험을 통해 배울 수 있는 행위자들은 반복 범죄자가 될 가능성이 거의 없다. 즉, 이들은 평소에는 폭력적이지 않고 법을 잘 지키며 교육을 잘 받았고 직장이 있는 시민들이며 체포되거나 기소됨으로써 많은 것을 잃을 수 있는 사람들이다. 일반적으로, 이러한 남성들에게 가정폭력은 정신이 나간 상태에서 저지른 단 한 번의 과잉 행동이며 정기적이거나 지속적인 폭력이 아니다. 그러나 지속적인 재범자들의 경우 여러 번의 체포가 재범 억제에 거의 효과가 없을 가능성이 높으며, 범인을 수감하거나 배우자가 그와의 관계를 끝내거나 가능한 한 멀리 도망치는 것 외에는 접근금지 명령이나 그 밖의 다른 조치에도 불구하고 폭력을 멈추지 않는 경향이 있다.

경찰의 가정폭력 대응에 대한 시민의 불만족

방금 언급했듯이, 일단 가정폭력이 발생하면 경찰들은 적절한 체포조치를 할 수 있는 권한을 지닌다. 그러나 경찰이 담당하는 거의 모든 업무와 마찬가지로 (Miller, 2006m; Peak, 2003; Russell & Beigel, 1990), 가정 분쟁과 가정폭력 신고전화 접수 시 훌륭한 대인관계 기술과 의사소통 기술을 사용하는 것은 상황이 고조될 가능성과 불가피한 체포 및 가택 내에서 물리적 힘을 행사할 가능성을 상당히 감소시킬 수 있다. 늘 그렇듯, 위기 개입의 가장 좋은 형태는 예방이다(Miller, 2006m, 2007m, 2008). 더욱이 경찰들의 가정 분쟁 신고전화 접수 요령과 민감성 부족은 각 가정과 지역사회의 반감을 불러일으킬 것이고, 시민들이 이후 경찰들과 상호작용하는 방식에도 영향을 미칠 것이다. 따라서 지역 경찰들은 자신들의 가정 분쟁 신고전화 대응 요령에 대해 일반 시민들이 어떻게 인지하고 있는가에 관심을 가질 필요가 있다.

이러한 건설적인 비판은 Kennedy와 Homant(1984)의 연구에서 찾아볼 수 있다. 이들은 가정의 위기 상황에서 경찰에 전화를 걸었던 시민들을 대상으로 설문조사를 실시하였다. 이 연구를 통해 경찰의 가정폭력 신고전화 대응에 대한 불만을 몇 가지 범주로 나눌 수 있었다.

상황을 최소화하기 시민들은 대응 경찰들이 폭행이나 상해의 심각성을 경시하는 것으로 보일 때 언짢아졌다.

"그냥 긁힌 것으로 보이는데요. 그렇게 피가 많이 나지도 않네요."

"남편이 그냥 접시로 한 번 때렸을 뿐이잖아요? 세라믹이나 플라스틱 접시였나요?"

피해자를 믿지 않음 시민들은 경찰들이 자신이 거짓말을 하거나 과장하고 있는 것처럼 취급했다고 느꼈다.

"확실히 새로 생긴 멍이 맞아요? 그냥 며칠 전에 어디에 부딪힌 걸로 보이는데요? 가끔 팔을 어딘가에 부딪히고서도 깨닫지 못하는 경우가 있죠."

"글쎄요, 당신이 매일 오후마다 남편에게 맞았다면 어떻게 이제서야 전화를 했죠?"

무심한 태도 피해자들은 신고전화에 대해 경찰이 '그저 늘 있는 그런 일'이라고 생각한다는 느낌을 받거나, 이러한 성가신 전화에 시간을 낭비하느니 더 나은 일을 찾겠다고 생각하는 듯한 인상을 받았다. 이러한 태도는 주의가 분산됨, 관심 없다거나 회의적인 듯한 목소리 톤, 눈 맞춤 부족, 언쟁, 곁눈질하기, 다른 경찰들이나 시민들, 심지어는 용의자들과 현장에서 농담하는 것 등을 통해 전달되었다.

남자다움을 과시하는 경찰 경찰들은 때로 (방어적으로?) 피해자의 완전히 제정신이 아닌 정서 상태에 대해 염려나 배려를 전혀 해 주지 않으면서 되려 거칠고 사실적인 태도를 취한다. 이러한 경찰들은 피해자가 자신의 정서를 주체하지 못하거나 제대로 기록을 할 수 있도록 순서대로 사건을 잘 이야기하지 못할 때 짜증을 내기도 한다.

실용적 정보를 거의 또는 아예 제공하지 않을 때 시민들은 많은 경찰이 피해자의 거처, 법적 또는 재정적 지원, 고소 절차, 접근금지 명령 얻어 내기 및 그 밖의 실용적 정보나 지침을 제공하지 못하는 것에 대해 경악을 금치 못했다. 피해자들이 직접적으로 이러한 점에 대해 질문하면 경찰들은 업신여기는 듯한 태도를 보이거나 모르쇠로 일관했다. 이러한 정보를 알려 주는 일부 경찰조차도 그것을 자신의 업무 이외의 것이라고 생각한다는 인상을 주었다.

이러한 경찰 반응의 공통점을 감안할 때, 경찰이 가정 분쟁 신고전화 자체에 대한 불쾌감을 가지고 있으며, 피해자를 업신여기고 무시하고 있음을 알 수 있다. 그 뒤에 숨어 있는 역동은 피해자와 자신의 무의식적 동일시에 대한 두려움 때문에 잘못이 있건 없건 간에 피해자를 실패자로 간주하는 많은 경찰의 방어적인 마초적 성향이다. 이 때문에 경찰들은 상해의 심각성을 가볍게 평가하거나 피해자의 동기와 반응을 폄하하며, 이를 통해 피해자와 자신의 심리적 거리를 유지하려 한다. 앞서 언급한 것처럼, 경찰들의 무관심한 태도는 동성애 커플과 관련된 가정폭력 신고전화일 경우 더욱 심해질 수 있다.

그러나 Kennedy와 Homant(1984)의 연구 결과에서 경찰들의 대응 조치가 '보살피고 배려하는 소소한 인간적 행동'일 경우 시민들이 만족하는 것으로 나타났다. 여기에는 열정적이고 관심을 보이는 대인관계 방식, 피해자가 하고자 하는 이야기를 전부 할 수 있도록 기다려 주기, 피해자가 말하는 것을 경찰이 확실히 이해할 수 있도록 질문하기, 후속 조치와 관련 기관에 대한 정보 제공하기, 피해자 지원 서비스를 받을 수 있도록 전화해 주기, 며칠 후에 전화해서 피해자가 어떤 상태인지 확인해 주기 등이 포함된다. 아주 드물기는 하지만, 이런 식의 경찰 대응을 경험한 시민들은 지역 경찰에 대해 매우 긍정적인 견해를 가지고 있었다. 지역사회 정책을 위한 일반적인 교훈은 명백하다. 시민들을 공손하고 배려심 있는 태도로 대하는 것이 시민의 협조와 경찰 안전이라는 두 가지 측면 모두에서 이득이라는 것이다.

경찰과 가정불화 신고전화: 평가와 접근

경찰과 행동과학 전문가의 경험들을 토대로 가정불화 신고전화에 대한 경찰 위기 개입 지침들이 발전되어 왔다(Garner, 2005; Miller, 2006m; Russell & Beigel, 1990; Sanders, 1997). 여기에서는 경찰을 위한 실질적인 권고 사항을 살펴보도록 하겠다. 이것이 정신건강 실무자에게 가치 있는 통찰을 제공해 줄 것으로 기대되는데, 이는 그들의 피해자 지원 업무가 경찰의 업무 영역과 중복되기 때문이다.

일반적으로, 가정불화 신고전화(사실 그 어떤 전화라도)에 대한 대응은 교환원이 가용한 경찰관에게 연결시켜 주는 것으로 시작된다. 경찰은 분쟁자들에 대해 가능한 한 많은 정보를 얻으려고 노력해야 한다. 이 정보를 토대로 대응 방법을 결정할 수 있게 되기 때문이다. 전에 이 주소로 전화한 적이 있나요? 무슨 일이죠? 집에 무기가 될 만한 것이 있나요? 약물과 알코올이 관련되어 있나요? 집에 아이나 다른 취약한 가족 구성원이나 거주자가 있나요? 일반적으로 더 많은 정보를 얻을수록 더 좋다. 경찰들이 그에 맞게 대응을 계획하고 조정할 수 있기 때문이다.

그리고 계획이 중요하다. 아무리 일상적이고 흔한 전화로 보이더라도, 그리고 아무리 이러한 시나리오를 이전에 자주 경험한 적이 있다고 하더라도 경찰은 대응을 위한 선조치 방안과 대안 조치 방안을 가지고 있어야만 한다. 아주 간단한 전화인 경우 대응 경찰은 두 명이면 충분하다. 폭력 가능성이 있는 경우에는 여러 대의 경찰차와 여러 명의 경찰이 대응해야 한다. 상해 가능성에 대비해서 의료 지원 요청도 준비해야 한다. 가정불화는 고조될 가능성이 높다는 것을 명심해야 하며 절대 성가신 전화로 취급해서는 안 된다.

경찰들이 집에 도착하면 처음에는 차량 안에서 현장을 평가해야 한다. 즉각적인 진입을 요하는 긴급 상황이 아니라면 몇 분가량 주변을 맴돌며 현장을 확인하는 것이 유용할 것이다. 가능하다면 집에서 조금 떨어진 곳에 주차를 하여 경찰의 접근과 진입이 기습 공격처럼 보이지 않도록 해야 한다. 주거지에 접근할 때에는 항상 가장 많은 주의를 기울여야 한다. 창문을 통해 조심스럽게 살펴보면서 안에서 무슨 일이 일어나고 있는지 파악하는 것이 상황의 중요한 단서를 얻을 수 있는 방법일 수 있다. 분쟁자들이 집 밖이나 거리에 있다면 경찰들은 이들을 집 안으로 이동시켜야 한다. 적어도 상황을 악화시킬 수 있는 구경꾼이나 이웃들로부터 분리시켜야 하기 때문이다. 경찰이 도착했음을 알릴 때는 문 바로 앞에 서면 안 된다. 성명과 직위 등 자신들을 소개하고 자신들이 누구이며 무엇 때문에 왔는지에 대해 분명히 전달해야 한다.

경찰과 가정불화 신고전화: 대인 간 전략

이 부분이 정신건강 전문가와 경찰의 실질적인 위기 개입 기술이 서로 중첩되는 영역이다(Miller, 1998h, 2006m). 일단 집 안에 들어가게 되면 경찰들은 갈등하는 두 당사자 가운데로 이동한다. 가능하다면 한 경찰이 분쟁자 한 명과 면담하는 동안 두 번째 경찰이 다른 분쟁자와 면담한다. 이때 경찰이 몇 명 더 있다면 현장에서 경계를 유지하고 아동과 이웃들을 보호해야 한다. 가능한 한 분쟁자들을 가시거리 범위 밖으로 떨어뜨려서 서로의 목소리를 들을 수 없도록 해야 한다. 이것이 불가능하다면 그때는 한 번에 한 명씩만 말을 하도록 해야 한다. 이 단계에서 분쟁의 해결 및 해결책 제시에 제3자가 필요한지 명확치 않다면 제3자는 논쟁에서 빠져야 한다. 이런 경우 경찰들은 제3자를 따로 면담하기 위해 노력해야 한다.

경찰들은 최고의 경계 태세를 유지해야 하며, 혹시라도 주변에 무기가 있거나 평범하지만 상해를 입히는 데 이용될 수 있는 물건들(가위, 전등, 밧줄)이 있는지 살피는 등 안전을 최우선 순위에 두고 행동해야만 한다. 가능하다면 분쟁자들과의 면담은 주방이나 차고와 같이 표면이 딱딱하고 날카로운 물건이나 무거운 도구들이 있는 위험하고 '딱딱한' 장소보다는 침실이나 거실과 같이 비교적 안전하고 '부드러운' 공간에서 이루어져야 한다. 경계 유지는 경찰 자신의 무기와 도구에도 해당된다. 경찰은 용의자의 손에 대한 주의를 게을리하는 일이 없도록 훈련받으며, 이는 가정 분쟁의 논쟁자들에게도 적용된다. 경찰들은 신체 언어도 관찰한다: 한 분쟁자가 공격하거나 도망가기 위해 조용히 다른 방으로 이동하려고 긴장하고 있는가? 경찰은 항상 집 안에 다른 누군가가 있는지 질문해야 하며, 다른 사람이 현장에 들어오거나 현장을 떠나는 것을 항상 의식하고 있어야 한다.

경찰들은 가능한 한 차분하고 대립되지 않는 분위기를 이끌어 내기 위해 자신만의 신체 언어, 목소리 톤, 말을 활용해야 한다. 그리고 자신들이 문제 해결을 돕기 위해 그곳에 있다는 것을 강조해야 한다. 경찰의 초기 입장은 공정하지만 단호해야 한다.

> "보세요. 당신들 둘 다 화가 났다는 것을 이해해요. 그래서 우리가 도와주기 위해 여기에 왔어요. 그런데 여러분 둘 중 한 명이라도 폭력이나 범죄를 저지르게 되면 우리는 체포를 할 수밖에 없어요. 알겠어요? 더 이상의 문제없이 해결할 수 있는 방법을 찾아봅시다."

분쟁자들에게 앉으라고 요청하고, 그 이후 안전해 보인다면 면담하는 경찰 또한 자리에 앉아야 한다. 거듭 말하지만, 발생 가능한 위험 징후를 예의 주시해야 한다는 것을 기억하라. 경찰들은 분쟁자들에게 온통 집중하면서 그들이 하는 말을 진지하게 받아들이고 기록하며 적절한 예의와 공손함을 보여 주어야 한다. 필요하다면 그 밖의 다른 효과적인 대인 간 면담 기술들을 활용하라.

분명한 것은 경찰들이 누가 전화를 걸었는지, 시행 중인 금지명령이 있는지, 범죄를 저질렀는지 등과 같은 사실을 확인하려고 노력해야 한다는 점이다. 영장 없이 체포할 수 있는 범죄가 아직 발생하지 않았다면, 경찰들은 당사자들이 분쟁을 해결하거나 오늘 하루 남은 시간 동안 또는 다음 날 아침까지 서로 떨어져 있는 것에 동의하도록 해야 한다. 흔히 한 분쟁자나 나머지 분쟁자가 경찰들을 자신의 편으로 만들려고 노력한다. 경찰이 남성일 경우에는 보통 남성이 그럴 것이고(예: "당신은 이런 여자들이 어떻게 할지 아시잖아요. 내가 무엇을 할 수 있죠?"), 여성이 최초에 전화를 했다면 여성이 그럴 것이다(예: "내가 도와달라고 전화해서 오신 거잖아요. 어떻게 하실 거예요?"). 두 당사자가 체면을 지키도록 갖가지 노력을 다해야 하고, 한 편이 다른 편에게 졌다는 감정이 들지 않도록 해야 한다. 졌다는 감정이 들면 보통 나중에 보복 문제가 발생할 수 있기 때문이다.

당사자들이 좀처럼 침착해지지 않으면 경찰은 "아이들이 몇 살이죠? 학교는 어디로 다니나요? 잘하고 있나요? 당신의 아들은 커서 무엇이 되고 싶어 하나요?" 와 같이 적대감과 분노를 진정시키기 위해 주의를 돌리기 위한 현실 질문을 할 수 있다. 그러나 늘 그렇듯이 경찰이 화제를 바꾸려 한다는 것이 겉으로 드러나서는 안 된다. 양 당사자가 조종당한다거나 무시당한다는 느낌을 가질 수 있기 때문이다. 경찰들은 자신의 판단을 잘 활용해야 한다.

경찰과 가정불화 신고전화: 조정과 중재 전략

경찰과 정신건강 전문가에게 긴장감을 극도로 고조시키는 다양한 가정 분쟁 시나리오가 존재한다. 이러한 경우 갈등 해결 분야에서 개발된 다양한 조정 및 중재 전략을 활용해서 가정 분쟁을 다루는 것이 도움이 된다(Cooper, 1999; Goldstein, 1977; Slaiku, 1996).

조정 보통 조정 절차의 목표는 문제를 해결해 주기보다 분쟁자들이 자신의 문제를 스스로 해결하도록 도와주는 것이다. 가정 분쟁의 경우, 조정은 다음 단계들로 이루어진다.

1단계. 경찰은 분쟁자들에게 스스로 문제를 해결하는 편이 더 낫다고 알려 주며 가정 분쟁을 조정할 것을 제의한다. 경찰은 양측이 문제를 명확히 하여 공정한 해결에 이를 수 있도록 도와야 한다.
2단계. 양 당사자는 자기만의 입장에서 사건에 대해 이야기한다. 경찰들은 위기를 해결할 최선의 방법에 대한 의견을 분쟁자들에게 적극적으로 구해야 한다.
3단계. 세부 사항까지 완벽히 합의하는 것은 힘들더라도, 경찰은 두 사람 모두가 이해하고 있는 내용이 같도록 쌍방 진술의 요점을 정리해서 말해 준다.
4단계. 가정 분쟁의 해결책을 브레인스토밍하고 논의한다. 이때 경찰은 등거리 외교 기술을 사용하는데, 현장에 있는 다른 경찰들의 도움이 필요할 것이다.
5단계. 일부 합의가 도출되면, 경찰은 합의된 해결책을 이행하도록 권고한다.

중재 조정이 효과가 없는 것으로 밝혀지거나, 분쟁자들이 시작부터 너무 화가 나 있거나, 초조해하거나, 두려워하거나, 짜증이 나 있거나, 술에 취해서 조정에 참여하기가 힘들 경우, 그다음에 사용할 전략은 중재다. 중재는 일반적으로 4단계로 이루어진다.

사실 확인 단계. 경찰은 분쟁으로 치닫게 된 상황에 대해 가능한 한 많은 정보를 알아내야 한다. 장기적인 관계적 요인이 현재의 갈등을 다루는 데에 적절하지 않다면 그 요인보다는 최근의 촉발 계기를 강조한다.

분석 단계. 경찰은 무엇이 현재의 갈등을 일으켰고, 현재로서 이를 해결하기 위한 가장 효과적인 조치가 무엇인지에 관해 가능한 한 명확하게 이해하려고 애써야 한다. 가정 위기 상황에서 이러한 브레인스토밍의 상당 부분은 가족 및 다른 분쟁자를 면담하는 다른 경찰들과의 협력을 통해 이루어진다.

결정 단계. 브레인스토밍을 하는 경찰들은 현재의 위기를 해결할 수 있는 가장 공정하고 안전한 결정을 생각해 내야 한다.

설명 단계. 경찰들은 자신들의 결정을 두 당사자에게 전달하면서 두 사람 모두 이것에 동의했기 때문에 이 결정이 법적 구속력이 있다는 것을 강조한다. 대개의 경우 쌍방이 경찰의 결정을 받아들이지 않으면 체포나 아동 보호를 위해 아동을 다른 곳으로 데려가는 것과 같은 극단적인 조치가 이어질 확률이 높다. 위기가 재발할 가능성을 최소화하기 위해 후속 서비스에 대한 권고 사항을 전달하는 것 또한 중요하다.

이러한 전략들이 경찰 업무 지침에 포함되어 있기는 하지만, 많은 정신건강 임상가가 가족치료 시 불화의 원인을 명확히 하고 해결하는 것을 돕기 위해 이와 거의 동일한 전략들을 활용한다는 것에 주목하라. 폭력이 실제로 발생하지는 않더라도 마찬가지다. 효과적인 문제 해결 개입의 기본 원칙들은 보편적으로 적용된다. 임상가는 이를 인식하고 환자에게 유용한 기법이 무엇인지 파악해서 즉각적으로 활용할 수 있어야만 한다.

가정폭력 피해자의 심리치료와 상담

모든 유형의 범죄 피해자를 치료하는 데에 이용될 수 있는 많은 전략이 6장과 7장에서 논의되었다. 이것들은 가정폭력 피해자 치료에도 활용될 수 있다. 그러나 이들의 치료와 상담 시에는 특별히 고려해야 하는 몇몇 사항이 있다.

위기 예방과 개입

앞서 언급했듯이, 가정폭력은 이 책에서 논의된 다른 유형의 범죄들과 달리 예측 가능한 주기가 있다. 따라서 당신의 환자가 폭력이 악화될 것 같은 징후를 인지하고 적절한 조치를 취하도록 훈련시키는 것이 중요한 개입이 될 수 있다: "의심스러울 때는 달아나라." 그러나 피해자가 갈 곳이 없거나 자녀나 장애 혹은 경제적 곤궁함 때문에 쉽게 떠날 수가 없는 경우라면, 이 방법이 말처럼 그렇게 쉽지가 않을 것이다. 폭력이 임박한 경우라 하더라도 많은 여성이 공공 대피소에서 낯선 사람들과 밤을 보내는 것보다는 적어도 자신이 잘 아는 학대적인 파트너와 있는 편이 더 나을 것 같다고 말할 것이다. 공공 대피소의 낯선 사람들이 더 안전하지 않고 믿기 힘들다고 생각하기 때문이다.

이 경우 당신의 환자가 효율적으로 활용할 수 있게 다양한 갈등완화 기법을 훈련시키라. 환자가 기법들을 활용하는 데에 능숙해질 때까지 시나리오를 만들어 역할극을 진행하라. 피해자의 성격, 피해자의 파트너, 전반적인 가족 역동과 사회적 상황을 포괄적으로 이해해서 전략을 구성하라. 예를 들어, 일부 가해자는 살살 달래야 하고 어떤 가해자들은 정면 돌파해야만 한다. 임상가들은 책임감을 가지고 자신이 조언하고 훈련시키는 전략이 무엇이든지 반드시 안전을 최우선에 두어야 한다. 또한 아동이 위험에 처해 있을 경우 이에 대해 법으로 규정된 보고서를 의무적으로 작성해야 함을 알아야 한다.

파트너 다루기

가정폭력 피해자와 낯선 사람에 의한 범죄 피해자 간의 또 다른 차이점은 어느 시점에선가 고통스럽고 화가 나 있는 환자의 파트너를 상대하고 있는 당신 자신을 발견하게 될 것이라는 점이다. 임상가들이 분노한 파트너에게 위협을 당할 것이라는 두려움을 일반적으로 가지고 있지만, 저자의 경험과 이 일에 종사하는 동료들의 경험을 감안할 때 이런 식의 대면은 매우 드물다. 학대하는 파트너는 사람들의 관심을 끌고 싶지 않아 한다. 저자의 경우 학대 파트너로부터 직접적인 공격을 받은 적이 거의 없었다. 화가 나서 전화를 걸거나 자동응답기에 메시지를 남기는 경우가 대부분이었고, 한두 번 정도 직접 찾아와 분노의 장광설을 늘어놓은 것이 전부였다.

그러나 항상 경계심과 요령이 필요하다(15장도 보시오). 당신이 직접적으로 위협을 당한다면 이를 경찰에게 알리라. 대개의 경우 학대하는 파트너는 매우 영악해서 소송을 초래할 수 있는 말은 하지 않을 것이다. 그리고 이런 경우 전화를 걸어온 사람에게 공손하게 해야 하기는 하나 당신과 그의 배우자 간에 회기 중에 있었던 일은 비밀이라는 것을 분명히 밝히라. 덜 폭력적인 파트너는 대개 그저 자신의 입장을 들어주기만을 원할 뿐 당신의 신경을 건드리지는 않는다. 귀찮을 정도로 전화가 걸려 오기 시작하면 발신자에게 이러한 대화는 부적절하며 업무 방해를 일으키는 괴롭힘이 될 수 있다고 전하라. 다시 말하지만, 학대하는 파트너들은 가능하면 법적 문제를 피할 수 있는 쪽을 좋아한다. 모든 상호작용을 기록해 놓아야 한다는 것을 명심하라.

부부 관계

때로 부부치료나 커플치료를 진행하는 과정에서 부부간의 학대적 관계가 밝혀지는 경우가 있다. 어떤 여성을 치료하다가 그 여성이 학대를 폭로하고 관계 문제를 다루기 위해 자신의 파트너를 회기에 데려오고 싶어 하게 될 수도 있다.

첫 번째 경우에는 두 파트너 모두 학대 문제를 다루고 싶어 한다는 것을 명심하라. 흔히 학대 행위자는 폭력을 부인하거나 그 중요성을 경시할 것이다. 두 번째의 경우, 그 여성이 자신의 남편이 가정학대에 대해 논의하기 위해 치료에 올 것이라고 할 때 소위 치료적 기습이라고 부르는 것이 있을 수 있음을 주의하라. 당신은 그 문제를 다룰 준비를 하고 있다가 남편이 오면 그 주제를 꺼내어 이야기하기 시작하며, 그런 다음에야 남편이 가족의 비밀이 폭로되었다는 사실을 당신과의 만남에서 처음으로 알게 되었음을 깨닫는다.

아내는 남편에게 직접 말하기를 두려워하며, 당신에게는 그것이 당신의 역할이 되었음을 알려 주지 않은 상태에서 당신이 남편에게 정보를 제공할 것이라고 믿는다. 이제 당신은 환자의 행동으로 인한 당신 자신의 감정뿐 아니라, 자신의 아내와 작당하여 이와 같은 상황을 꾸몄다고 믿는 남편의 분노까지 다루어야 한다. 해결 불가능하지는 않겠지만, 이러한 상황들은 확실히 불쾌하며 치료 목표를 조심스럽게 수정하고 모두가 관심 있어 하는 의제들을 명확히 함으로써 막을 수 있다.

최선의 경우 학대가 장기화되어 뿌리가 깊어진 상태가 아니라면, 효과적인 커플 및 가족 치료를 통해 커플의 갈등 원인을 다룸으로써 덜 폭력적인 문제 해결 전략을 주입할 수 있으며, 이들이 관계 내에서 서로 지킬 만한 가치가 있는 충분히 좋은 것들이 남아 있는지 아닌지를 결정하도록 도와줄 수 있다.

경찰 가족 내에서의 가정폭력

더 이상 비밀이 아니긴 하지만 일찍이 이것은 경찰들 사이에서 알려지기 원치 않는 비밀이었다. 앞서 지적한 바 있듯이 가정폭력 전화 대응에 경찰이 드러내는 불편감의 일부는 그것이 경찰 자신의 가족 내에서도 경험되는 일이기 때문일 수 있다. 특히 경찰서와 같이 엄격하게 돌아가는 치안기관에서 가정폭력이라는 쟁점은 의도된 것이 아니라고 하더라도 문제가 지속되어 경찰이 연루되기에 이르는 경우 업무 기강에 대한 논의로 이어질 수 있다(Miller, 2004f, 2006m, 2007a, 2007g).

경찰 가정폭력: 사실과 통계치

최근의 연구들은 경찰의 가정폭력 발생 정도가 일반 모집단의 그것보다 더 높음을 시사한다. 경찰들이 동료 경찰들에게 이를 털어놓기 꺼리기 때문에 실제 발생 비율은 이보다 높을 것으로 추정된다. 경찰 가정폭력은 마약경찰과 순찰경찰에게서 가장 높게 발생하는데, 이들은 야간 근무를 하고 주 50시간 이상 근무하며 많은 병가를 쓴다. 경찰가족 내의 가정폭력은 경찰 살인과 자살의 위험 요인이 된다(Neidig, Russell, & Senig, 1992; Pam, 2001; Violanti, 2007). 가정폭력으로 인해 체포되어 유죄판결을 받는 것이 미치는 법적 영향은 일반 시민들보다 경찰관에게 훨씬 더 크다. 왜냐하면 그것이 무기를 반환하고 경찰이라는 직업을 상실할 수 있음을 의미하기 때문이다.

따라서 최근까지는 여러 경찰서에서 이런 사건들을 묵과해 왔다. 주로 피해자에게 고소하면 남편이 직업을 잃게 됨으로써 가정이 파탄날 수 있다고 설득하면서 양 당사자에게 이를 비밀리에 해결하라고 요구하였다. 다른 경우, 특히 신고전화가 상급 경관, 순찰 파트너, 또는 SWAT나 첩보기관과 같은 특별 팀에게 접수된 경우에는 다른 직권 남용 사례와 비슷하게 배척 위협, 지원 결손, 혹은 다른 경찰들을 돌보지 않고 손을 떼어 버린 경찰들에 대한 맹비난 등이 이어질 것이 명백하다(Gallo, 2005; Kruger & Valltos, 2002; Lott, 1999; Miller, 2004f, 2006m; Sanders, 1997). 규모가 작거나 중간이거나 큰 경찰서 모두 이러한 문제를 다루기 위한 정책과 프로그램이 여전히 부족하다(Los Angeles Board of Police Commissioners, 1997; Southwestern Law Enforcement Institute, 1995).

그러나 경찰 측에 의해 능동적 또는 수동적으로 방조된 다른 불법 행동들과 마찬가지로, 계속되는 경찰의 가정폭력은 그들 자신과 일반 대중 모두의 신뢰성과 유효성을 약화시키고 해당 경찰서는 과실 및 불법행위에 대한 민 · 형사상 책임을 져야 하는 위치에 서게 될 수 있다(Kruger & Valltos, 2002). 거듭 말하지만, 다른 징계 프로토콜과 마찬가지로 경찰가정의 가정폭력 대응 프로그램도 가혹하거나 불공정하지 않아야 한다. 사실 더욱 공정할 뿐 아니라 더욱 공정하다고 인식될수록 그대로 실행되고 활용될 가능성이 더 높아진다. 경찰 가정폭력 개입의 핵심 요소들을 담고 있는 프로토콜을 간략히 소개하자면 다음과 같다(Gallo, 2005; Kruger & Valltos, 2002; Lott, 1999; Sanders, 1997).

경찰 가정폭력 개입: 정책과 절차

모든 관공서의 프로그램들과 마찬가지로, 개입 프로그램의 성공은 상위 관리부서의 헌신과 지원에 달려 있다. 가정폭력 프로토콜은 경찰청의 리더십이 열광적으로 지지해 주지 않는 한 진정한 성과를 거두기 힘들다. 경찰 지도자들은 경찰이 행하는 부당한 폭력이 방조되지 않을 것임을 말과 행동으로 보여 줄 필요가 있다. 많은 기관이 폭력 행동에 관한 무관용 정책을 지지한다. 그러나 대부분의 행동 개념과 마찬가지로 '무'가 항상 절대적인 수치를 의미하지는 않는다(12, 13장을 보시오). 따라서 경찰청의 정책은 어떤 유형의 행동들이 용인되지 않는지에 대해 가능한 한 상세하게 설명해야 한다. 대부분의 경찰청에서 고수하고 있는 두 가지 기준은 '부적절한 처신'과 '법을 지키지 않는 것'이다. 또한 경찰이 자신의 집에서 발생한 사건에 대해 신고전화를 받으면 체포 여부와 무관하게 기록할 것을 요구한다.

경찰 지도자들은 자신이 담당하고 있는 경찰서 내에서 그리고 지역사회 내에서 발생하는 가정폭력과 그 문제의 중요도를 잘 파악하고 있어야 한다. 자신의 경찰서 내부의 문제를 엄중하게 처리하겠다는 약속이 리더들의 반감을 유발할 수 있으므로, 충분한 훈련 및 사건 처리를 위한 시간과 자원도 함께 확보해 주어야 한다.

훈련

가정폭력을 예방하기 위한 믿을 만하고 영구적인 전략은 적절한 훈련이다. 경찰 훈련은 대응, 작전, 안전, 언어적 위기 개입과 갈등 해결 기술을 포함한 포괄적이고 다양한 주제를 다루어야 한다. 특히 다른 경찰이 관여된 가정폭력 신고전화를 경찰들이 어떻게 다루어야 하는 지에 대한 특별 훈련을 제공해야 한다.

문제 인식

빈틈없고 철저한 경찰 감독자들은 자기 부서 경찰의 임박한 혹은 현재 진행 중인 폭력의 징후를 감지할 수 있다. "집에서 일어나는 일은 내 소관입니다."에 대한 타당한 반응은 "아니요, 그렇지 않습니다. 왜냐하면 ① 체포 가능한 범죄로까지 악화되면 우리가 훌륭한 경찰 한 명을 잃게 되기 때문입니다. ② 잠재적으로 폭력적인 상황을 다루지 않고 내버려 두는 것은 경찰서가 법적 처벌을 받기 때문입니다. 그리고 ③ 우리 직원에게 피해를 주는 가족 내 스트레스는 그 어떤 것이라도 우리와 관계가 있기 때문입니다."이다.

가정폭력이 막 시작되었다거나 진행 중인 경우에 나타나는 징후의 대부분은 스트레스와 관련된 것들이다. 나머지는 좀 더 특정적인 것들인데 여기에는 다음과 같은 것들이 있다.

- 해당 경찰이 고립되는 시간의 증가
- 불면이나 피로의 징후
- 알코올, 불법 마약, 약물 남용, 또는 처방전으로 살 수 있는 약물의 남용 징후
- 정서적 불안정성이나 지킬 박사와 하이드형 성격
- 업무 중 과도하게 물리력을 사용했다는 민원의 증가
- 배우자에 대해 매우 경멸적인 방식으로 말하기
- 경찰 자신의 문제를 배우자에게 돌려 배우자를 비난하기
- 우연한 사고 때문이라고 주장하지만 배우자와의 신체적 다툼에 의한 것으로 보이는 신체적 상해의 징후

사건 조사와 대응

경찰서는 가정폭력 사건에 포괄적으로 대응해야 한다. Kruger와 Valltos(2002)는 내사과에서 공식적인 내사의 필요성을 결정하기 위한 예비조사를 즉시 실시할 것을 제안한다. 이후에는 해당 경찰의 직위를 중지시키거나 무기와 차량을 반납하도록 조치하는 것과 같이 기관에서 정해 놓은 형사적 위법행위 조치 프로토콜에 따른다. 경찰은 정직 상태에서 행정상의 조사와 심리학적 직무 적정성 평가가 의뢰되기를 기다려야 한다(Miller, 2004f, 2006k, 2006m, 2007d).

경찰이 심리학적으로 직무 수행에 문제가 없다는 것이 밝혀지면, 관리자들은 조사가 끝날 때까지 그 경찰을 정직 상태에서 신분의 영향력이 없는(경찰들이 두려워하는 사무 보직) 부서에 발령한다. 경찰이 가정폭력으로 피소되어 유죄판결이 확정되면 일반적으로 퇴직하게 된다. 처벌이 좀 더 약하거나 집행유예가 선고되면 경찰서가 해당 경찰을 계속 근무하도록 하거나 퇴사시킬 권리를 가지게 된다. 경찰서에 그대로 남는 경우, 해당 경찰은 그 어떤 법원 명령뿐 아니라 경찰서 내부의 후속 조치도 준수해야 한다.

상담과 가족치료의 역할을 얕보는 것은 아니지만 상담 및 치료가 징계의 조건이거나 처벌, 더 나쁘게는 해당 경찰의 불법행위에 대한 법적 책임을 줄여 주는 조건이어서는 안 된다. 해당 경찰이 이런 자원을 선택할 권한을 주어야 한다. 때로 숙련된 임상가가 의욕 없고 비자발적인 환자로 하여금 의미 있는 치료 작업

에 참여할 수 있도록 이끄는 경우가 있기는 하지만, 일반적으로 상담이나 심리치료에 강제적으로 참여한 사람들이 이 과정을 통해 진정한 발전을 이루기는 어렵다(Miller, 1993a, 1998h, 2006m).

직장에서의 가정폭력

사람을 고용한다는 것은 그들의 삶을 고용한다는 것을 의미한다.

직장 내 가정폭력은 예방, 대응, 회복을 위한 효과적인 프로그램 개발을 위해 임상 장면에서 일하는 정신건강 실무자들, 조직심리학과 경영 자문가들, 그리고 공기업 및 사기업 중역들과 관리자들 간 협력이 매우 중요한 영역이다(Miller, 1997b, 1999c, 2001c, 2008; 12장을 보시오).

직장에서의 가정폭력: 사실과 통계치

경영과 심리학 분야 모두에서 확인된 연구와 실무적 관찰(Brownell, 1996; Brush, 2003; Duhart, 2001; Friedman, Tucker, Neville, & Imperial, 1996; Hamberger & Holtzworth-Munroe, 1994; Hensing & Alexanderon, 2000; Hoffman & Baron, 2001; Kinney, 1995; Labig, 1995; Leone et al., 2004; Logan, Shannon, Cole, & Swanberg, 2007; McFarlane, Campbell, & Watson, 2002; McFarlane et al., 1999; Meloy, 1997; Nicastro, Cousins, & Spitzberg, 2000; Petty & Kosch, 2001; Riger, Ahrens, & Bickenstaff, 2000; Riger, Raja, & Camacho, 2002; Rothman, Hathaway, Stidsen, & de Vries, 2007; Simon, 1996; Swanberg & Logan, 2005; Swanberg, Logan, & Macke, 2005; Swanberg, Logan, & Macke, 2006; Swanberg, Macke, & Logan, 2006; Swanberg, Macke, & Logan, 2007; Tolman & Raphael, 2000; Tolman & Rosen, 2001; Walker, 1994; Wettersten et al., 2004; Wright, Burgess, Laszlo, McCrary, & Douglas, 1996) 결과들은 직장 내 가정폭력과 관련된 다양한 사실을 보여 준다.

- 미국 내 고용 인구의 거의 절반이 여성이다. 따라서 가정 문제의 여파는 전국에 있는 다수의 직장에 영향을 미칠 수 있다.
- 미국에서는 한 해 평균 1만 8,700명의 직원이 근무 중에 배우자(혹은 친밀한 파트너)에게 폭행을 당한다.
- 살인은 여성이 직장에서 사망하는 첫 번째 요인이다. 남성의 직장 내 사망은 단지 이들이 건설 현장이나 응급 서비스와 같은 신체적 고위험 직종에 취직할 확률이 높기 때문에 유발된 2차적인 것들이다.
- 여성들의 고용은 일부 초고위험 직종에 불균형적으로 쏠려 있다. 서비스 산업, 오락 산업, 소매업, 그리고 보호받지 못하는 사무직의 상당 부분을 여성들이 채우고 있다. 여성들은 남성에 비해 상대적으로 근무 시간을 선택하기 힘들고 이로 인해 고립된 환경 혹은 불쾌한 사람들로 가득한 시끄러운 환경 속에서 밤늦게까지 일하는 경우가 많다.
- 학대하는 배우자나 파트너에게 괴롭힘을 당하는 직장 여성은 74%에 이르며, 이 여성들은 한 달간 평균 3일을 상해, 당혹감, 우울증, 또는 의사 진료나 변호사와의 약속 때문에 결근한다. 학대자로부터 도망가기로 결심한 여성들은 휴대전화 번호와 거주지를 바꾸는데, 이것이 직장을 바꾸는 것보다 훨씬 쉽기 때문이다.
- 가정폭력은 계층 차이가 없다. 중간 계층의 직장에 다니는 여성들도 낮은 계층의 직장 여성만큼 배우자나 파트너로부터 괴롭힘을 당한다.
- 가정폭력의 여파는 잦은 결석, 신체적 장해, 수면 부족, 피로, 집중력 저하, 불안과 우울, 그리고 직장 동료 및 고객과의 불화로 인한 생산성 저하를 유발한다. 육아, 의사 및 변호사와의 약속, 법정 출석, 또는 학대하는 파트너가 직접적으로 근무 일정이나 업무 생산성을 방해함으로써 근무 일정에 지장이 초래된다.
- 학대 관계에 있는 여성들은 보다 높은 건강 보험료, 대체 인력과 임시직 고용에 드는 인적 비용, 보안과 인적자원 활용의 필요성 증가라는 측면에서 고용주에게 더 많은 비용을 지출하게 한다.
- 소홀한 보안, 괴롭힘 당한 직원의 보호 실패, 다른 직원들의 보호 실패, 성희롱과 직장을 상대로 한 소송 등으로 인한 고용인의 법적 책임 증가도 초

래할 수 있다.

- 안타깝게도, 가정폭력이 회사의 안락함, 안전, 수익성에 지속적으로 영향을 줄 경우 고용주가 가장 쉽고 편리하게 할 수 있는 대응은 바로 해당 여성을 해고함으로써 문제를 제거하는 것이다.

경고 징후의 인식

가정폭력이 직장까지 번지고 있음을 알리는 징후들이 명확하게 나타나는 때가 있으며, 미묘하게 나타나는 때도 있다(Kinney, 1995; Labig, 1995; Logan, Walker, Jordan, & Campbell, 2004; Sullivan, Basta, Tan, & Davidson, 1992; Sullivan, Campbell, Angelique, Eby, & Davidson, 1994; Swanberg et al., 2007). 경고 징후에는 다음과 같은 것들이 있다.

배우자나 파트너가 피해자에게 위협을 가하거나 괴롭히는 말을 한다 이것은 겉으로 드러날 수도 있지만 그렇지 않을 수도 있다. 일반적으로 파트너들은 때로는 달콤하고 달래는 어조와 태도로, 또 다른 때는 격분하고 위협하는 어조와 태도로 하루 중에도 셀 수 없이 전화를 한다. 최근까지는 전화 연락이 가장 선호하는 의사소통 방식이었지만, (많은 사람이 흔적을 남긴다는 이유로 꺼림에도 불구하고) 요즘의 가해자들은 전자우편이나 문자 메시지를 더 많이 이용하는 추세다.

배우자나 파트너가 피해자의 상사, 동료, 고객에게 위협을 가하거나 그 밖의 괴롭히는 언사를 한다 두 파트너가 같은 회사에서 근무하고 있는 경우(한 파트너가 다른 파트너의 취직에 도움을 주었을 수 있다), 그리고 남편이 집에서 아내에게 한 것과 같은 종류의 불쾌한 행동을 동료들에게 함으로써 해고되면 아주 첨예한 상황들이 벌어진다. 남편은 계속 "저런 멍청이들이랑 어떻게 같이 일을 하냐."고 말하면서 아내의 배신(그 직장에 계속 다니는 것)에 대해 분개할 만한 더 많은 명분을 찾는다. 아내는 남편을 내보내는 것이 회사 입장에서는 옳은 결정이라고 남편에게 직접적으로 말하기 두려워할 수 있다. 그러나 아내는 다른 일자리가 생기지 않는 한 직장을 그만둘 수 없다. 따라서 해고된 이전 직장을 싫어하는 한 가지 이상의 주된 이유가 있는 학대하는 배우자에게 아내가 그 직장을 계속 다니고 있다는 것은 곧 아내가 그들의 편을 든 것이 되므로, 배우자는 아내에게 '그들의 편을 들었다'며 분개한다. 또 다른 문제는 이미 해고되었지만 학대 행위자인 남편이 여전히 직장에 접근하는 것이 가능한 상태이며 다른 직원들과 이 회사에 대해 상당히 많은 것을 알고 있다는 것이다.

배우자는 자신의 문제가 피해자의 직업 때문이라고 믿는다 남편이 그 장소에서 일을 했든 하지 않았든 간에, 남성은 자신들이 겪는 문제의 주요 원인으로 여성의 직업을 문제 삼으며 모든 불만족과 분노를 그쪽으로 전치시킨다: "당신은 낯선 사람들과 많은 시간을 보내지만, 나와는 시간을 보내지 않아." 여성은 너무 두려워서 남편과 함께 있는 것보다 사람들이 적어도 예의를 지키고 공손하게 대해 주는 직장에 가는 것이 훨씬 편하다는 말을 꺼내지 못한다. 이와 동일한 문제가 아내가 남편보다 더 교육 수준이 높고 상위 계층의 직업을 지니고 있는 경우에도 나타난다. 이것이 남성의 자기애적인 자존감을 초조하게 만들어서 '이 여자가 자신이 좋은 직업을 가지고 있다고 잘난 척한다는 것을 누가 알겠어? 내가 이 여자의 콧대를 꺾고 혼내 줘야지.'라고 생각하게 만들기 때문이다. 이런 역동은 아내가 복학하거나 아내가 자신을 넘어서는 수준의 어떤 일을 한다고 믿을 때도 발생한다.

직원이 계속 지각하고 자주 근무 시간을 조정할 수 있는지 묻거나 출근과 관련된 그 밖의 문제들을 드러낸다 물론 여기에는 비밀리에 두 가지 일을 하는 것에서부터 성격장애, 정신병리, 약물남용에 이르기까지 다양한 이유가 있을 수 있다(Miller, 2003a, 2008). 그러나 해당 직원과 친한 관리자와 동료들이 이러한 행동이 평소답지 않다고 이야기하는 경우라면, 최대한 예의를 갖추어 무슨 문제가 있는지 질문해야 한다(다음을 보시오).

직원의 실수가 늘고 기한을 놓치며 얕은 변명을 하는 등 업무의 질이 낮아진다 이 경고 징후는 앞의 경고 징후들과 비슷한 맥락에서 이해될 수 있다. 거듭 말하지만, 고용주들은 직원의 과거 업무 기록을 기저선으로 활용하여 낮은 업무 성과

가 적절한 개입으로 교정될 수 있는 상황적인 문제에 기인한 것인지 알아내야 한다.

신체적 상해의 명확한 징후 확연히 눈에 띄는 멍든 눈 혹은 팔이나 다리 골절로 인한 깁스는 일반적으로 확실한 상해의 징후다. 그러나 구타당한 많은 배우자는 그러한 상해가 가정폭력이 아닌 사고에 의한 것이라고 이야기한다. 이는 단순히 피해 여성이 자신의 남편에게 맞았다는 사실을 인정할 준비가 되어 있지 않았기 때문일 수도 있고, 자신의 직장에서 이 사실을 알고 해고를 당할까 봐 두렵기 때문일 수도 있다. 사실 대부분의 경우에는 피해 여성이 그저 당황스러워서 그렇게 말할 뿐이다.

심리적 스트레스의 명확한 징후 여성이 책상에서, 여성 휴게실에서, 또는 퇴근하거나 출근할 때 차 안에서 울고 있는 것을 다른 사람들이 보거나 우는 소리를 들을 수 있다. 관리자들과 동료들이 발견하곤 하는 덜 노골적인 징후에는 혼자 있는 시간 증가(아마 그래서 다른 사람들이 당사자가 고통스러워하는 모습을 보지 못하거나 가해자와의 당황스러운 전화 통화를 엿듣지 못할 것이다), 과각성과 깜짝깜짝 놀라는 것, 또는 성격과 행동의 전반적인 변화가 있다.

고용주가 할 수 있는 것

정신건강 임상가들은 가정폭력에 솔직하게 대응하기 위한 직장 프로그램을 설계하는 과정에서 기업 운영자들에게 조언할 수 있는 특별한 위치에 있다. 이러한 작업은 주로 기업 변호인단과의 협력하에 진행된다(Flannery, 1995; Kinney, 1995; Logan et al., 2007; Meloy, 1997; Pierce & Aguinis, 1997; Randel & Wells, 2003; Swanberg et al., 2005; Swanberg, Logan, et al., 2006; Swanberg, Macke, et al., 2006). 관리자 대응의 기본 원칙은 '당신이 사람을 고용할 때에는 그들의 삶을 고용하는 것이다'라는 것이다. 적절한 기업의 대응에는 다음과 같은 몇 가지 조치가 포함된다.

폭로를 권장하라 고용주들은 직원들이 자신의 업무를 자유롭게 할 수 없도록 방해하는 문제들(이 문제들이 사적이라고 하더라도)을 관리자들에게 털어놓을 수 있는 분위기를 형성하기 위해 애써야 한다. 그러나 언급했던 이유들(곤란, 두려움 등) 때문에 구타당한 배우자들은 이러한 사생활의 폭로를 꺼릴 수 있다. 그때 관리자는 이를 고용 문제로 설명해야 한다.

> "Susan, 직원의 사생활은 그것이 업무 성과, 건강과 안전, 또는 다른 직원들의 건강, 안전, 생산성 등에 직접적으로 영향을 미치지 않는 경우라야 사생활인 거예요. 예를 들어, 당신에게 업무 수행을 방해하는 물질남용 문제가 있다고 생각되면 나는 당신에게 지금과 똑같이 말할 거예요. 걱정하지 말아요. 나는 당신에게 그러한 문제가 없다는 걸 알아요. 그러나 당신 주변에 있는 모든 사람이 당신의 업무 성과가 계속 나빠지고 있고 그것이 당신의 집안 문제 때문이라는 것을 알고 있어요. 다시 말하지만, 당신의 사적인 문제는 당신 자신이 해결할 문제예요. 그렇지만 EAP(직원 지원 프로그램)를 이용해서 문제 해결에 도움을 받아 보면 좋겠어요. 만일 법적 문제 때문에 우리가 해 줘야 할 일이 있다면 우리가 해 줄 수 있는 것인지 함께 논의해 보도록 해요. 당신을 도울 기회를 준다면, 우리는 당신이 효율적으로 계속 일할 수 있도록 최선을 다할 겁니다."

법적 대응을 시작하라 자신의 직원들을 안전하게 지키고 법적 책임으로부터 고용주 자신을 보호하기 위해 고용주들이 할 수 있는 일은 사실상 아주 많다.

- 위협하는 남편이나 남자친구에 대해 법정 금지명령 신청하기
- 범죄를 저지른 배우자가 위협, 폭행, 공공기물 파손, 또는 무단 침입을 하는 등 법을 위반할 경우 형사 고발하기
- 가해자의 행동이 회사의 영업에 지장을 초래하거나 보안과 건강보험 비용을 증가시키는 등 비용 발생을 초래하는 경우 민사소송 진행하기

일반적으로, 직원들의 권리를 옹호하기 위한 솔직하고 현실적인 접근은 악행을 저지르는 대부분의 스토커와 치한을 저지하는 데에 충분히 도움이 된다. 현실

적인 접근은 범죄자들의 기소를 가능하게 만드는 법적 자료들을 만드는 것에도 도움이 될 것이다.

직장을 위한 가정폭력 프로그램을 개발하라 이는 직장폭력 프로그램(12장)의 맥락에서 함께 진행되어야 하며, 다음의 요소들을 포함해야 한다.

- 정기적인 보강 교육과 훈련을 포함한 교육 및 정책 세미나
- 융통성 있는 근무 일정과 영역, 유동적인 업무 일정과 영역, 결근 허가 정책, 그리고 휴식 관련 정책과 절차
- 보안과 비상경보 장치 및 이를 사용하기 위한 교육
- 필요시 도움을 청하기 위한 프로토콜을 포함한 지역 경찰과의 연락망
- 특화된 직원 지원과 정신건강 의뢰 서비스

사실 안정적인 고용과 경제적 독립은 여성들이 학대적 관계에서 벗어나겠다고 결심할 수 있게 만드는 가장 강력한 힘이며, 이것이 결국에는 이들을 더욱 좋은 직원으로 만들어 준다(Browne, 1987; Levendosky et al., 2004; Lloyd, 1997; Lynch & Graham-Bermann, 2004; McCabe & Di Battista, 2004; Strube & Barbour, 1984; Wilson, Baglioni, & Downing, 1989). 예를 들어, Rothman 등(2007)은 안정적인 고용과 자급자족할 정도의 소득 보장이 학대받는 여성이 파트너를 떠날 수 있게 하는 매우 중요한 요인이었음을 발견하였다. 게다가 이러한 여성들은 직장을 다님으로써 자기유능감을 경험하고 사회적 고립이 감소하며 학대가 일어나는 가정생활에서 벗어나 머리를 식힐 수 있다고 보고하였다. 또한 직장생활이 물리적 안전을 제공해 주고 정서적 안정감과 '내 생각을 들어 주는 장소'이며 삶의 목적의식을 가지게 해 준다고도 하였다. 역설적으로 들릴지 모르겠지만, 남성 및 여성 동성애 커플의 장점은 두 파트너 모두 전통적인 이성 관계에서와 같이 상대방에게 경제적으로 의존하지는 않는다는 것이며 이것이 각 파트너가 경제적 기반을 어느 정도 유지하게 해 준다(Letellier, 1994; Lundy & Leventhal, 1999).

그러므로 정신건강 상담가들은 상담실 밖에서 일어나는 일이 종종 매우 중요하곤 하며 때로는 우리가 우리의 환자와 정신내적으로 달성하고자 노력하는 것

보다도 더 중요하다는 것을 항상 기억해야 한다. 가정폭력 피해자들이 독립적인 삶을 살도록 실질적인 도움을 줄 수 있도록 장려하는 것이 종종 우리의 치료적 노력을 하나로 뭉치는 핵심적인 개입이 될 수 있다.

결 론

이름이 부정확하게 느껴질 정도로, 가정폭력은 가정이라는 테두리를 넘어 직장과 지역사회에까지 영향력을 행사하는 범죄 행위다. 이러한 이유로 경찰, 경영, 정신건강 분야의 포괄적이고 조직적인 대응이 필요하다. 그리고 다음 장에서 살펴보겠지만, 근무 중인 모든 직원을 폭력과 괴롭힘으로부터 보호하는 것은 종합적인 직장 안전 프로그램을 통해 가능할 수 있다.

CHAPTER 12

직장폭력

어제 불만을 품은 한 사람이 갑자기 사업장에 난입하여 세 명의 사람을 죽이고 여러 명에게 부상을 입힌 후 자살하였다. 열한 시 방송.

당신은 전에 이와 비슷한 뉴스를 접해 본 적이 있을 것이다. 보통 이러한 머리기사 이후에 직장 동료들의 인터뷰가 이어지며 거의 대부분 다음의 두 가지 주제가 부각된다.

"그는 항상 조금 이상하고 조용했어요. 남과 많이 어울리지 않았고, 사람들과 잘 지내지도 못했어요. 하지만 맡은 일은 잘 해냈고 문제를 일으키지도 않았어요. 그가 살인마일 거라고 생각한 사람은 아무도 없었어요. 와, 진짜 이런 일이 벌어질지 몰랐어요."

또는

> "제길, 이런 일이 벌어지는 건 시간 문제라고 생각했어요. 그 남자는 뭔가 문제를 일으킬 것 같았고, 마치 째깍거리는 시한폭탄 같았어요. 우리는 모두 그걸 알고 있었죠. 그러나 예방책이나 실질적인 제재 같은 건 전혀 없었어요. 관리부서에 이야기했지만 자기들이 할 수 있는 일은 아무것도 없다면서 짜증만 냈어요. 그리고 우리한테 문제 일으키지 말라고 했어요. 결국 그가 폭주하게 되었을 때 우리는 무방비 상태였죠."

삶 속에서 마주치는 지진, 화학물질 유출, 테러 공격, 비행기 추락, 길거리 범죄와 같은 대부분의 외상 사건은 경고 없이 그리고 거의 통제하지 못한 채 갑자기 발생한다. 따라서 의학, 정신건강, 법 집행, 행정적인 노력은 주로 피해자, 생존자, 그들의 가족들, 그리고 그 사건으로 인한 다른 피해자들에게 초점을 맞춘다.

그러나 "위기 개입의 가장 좋은 형태는 위기 예방이다."(Miller, 1998h, 2006m, 2007m)라는 말이 위기 관리의 기본 원칙으로 명시되어 있다. 직장폭력은 특히 비상 상황을 예측하고 계획하며 교육, 훈련 및 준비하는 것이 가장 중요한 비극적 사건이다. 이 장은 기관들이 범죄 희생을 예방하고 완화하기 위해 취할 수 있는 조치들을 설명하는 것부터 시작하겠다. 그런 다음 공공기관과 사기업들이 이러한 위험을 감소시키고 폭력 발생 시 적절히 대응할 수 있도록 돕기 위해 상담자와 정신건강 임상가들이 할 수 있는 일이 무엇인지 살펴볼 것이다.

직장폭력: 사실과 통계치

몇 십 년간의 연구와 실무 경험(Albrecht, 1996, 1997; Blount, 2003; Denenberg & Braverman, 1999; Flannery, 1995; Johnson & Indvik, 2000; Kinney, 1995; Labig, 1995; LeBlanc et al., 2005; Mantell & Albrecht, 1994; Miller, 1997a, 1997c, 1998h, 1999c, 2000d, 2000f, 2000h,2001a, 2001b, 2002a, 2005e, 2008; Mitroff, 2001; Namie & Namie, 2000; Neuman & Baron, 2005; Potter-Efron, 1998; Schaner, 1996; Schneid, 1999; Schouten, 2006; Shapiro, Jankowski, & Dale, 2005; Simon, 1996; Vega & Comer, 2005)을 통해 직장폭력에 관한 몇 가지 사실이 규명된 바 있다.

- 살인은 직장 내 여성 사망 원인 중 1위를 차지하며, 남성에서는 자동차 사고, 기계 관련 사망 다음으로 3위를 차지하는 주요 원인이다.
- 당신이 이 직장에서 살인당할 가능성은 추락으로 사망할 가능성의 약 두 배이며, 우연히 감전당할 가능성보다 4배 높다. 비행기 추락 사고를 당할 확률의 다섯 배이고, 테러 공격으로 죽을 확률보다는 훨씬 높다. 다수의 직장 살인은 총기를 이용하여 자행된다.
- 대부분의 폭력은 외부인에 의해 발생한다. 근로자나 이전에 근로자였던 사람에 의해 벌어지는 직장 내 폭력은 흔치 않다. 대부분의 사람이 직장 동료에 의해 폭행당하는 것을 외부인에 의한 것보다 더 무서워하는데, 이는 아마도 우리 대부분이 직장은 안전해야 한다고 생각하기 때문일 것이다.
- 직장폭력은 미국 산업에서 대략 연간 42억 달러의 비용을 발생시킨다. 개별 사건으로 환산하면 사건당 대략 25만 달러 이상의 비용이 소요된다. 여기에는 근무 시간 손실, 근로자 의료보험, 생산성 감소, 다른 생산성 있는 사업으로부터의 관리 자원 전환, 보험료 상승, 보안 관련 비용 증가, 나쁜 평판, 사업 손실, 비싼 소송 비용 등이 포함된다.
- 사건 발생 후에 실시된 여론 조사에 따르면, 대부분의 근로자가 추후 직장폭력이 다시 발생할지도 모른다는 위기감을 경험한다. 이것이 심리적 외상을 초래하며 스트레스 관련 장애 때문에 근무 시간의 상당 부분을 소비하게 된다.
- 모든 직장 살인 사건에서 사건 과정 중에 100여 개의 치명적이지 않은 수준의 폭력 상황이 발생한다. 여기에는 주먹다짐, 비치명적인 총격, 칼로 찌르기, 성폭행, 공공기물 파손, 파괴 활동, 폭파와 방화가 포함된다.
- 치명적으로 돌변하는 가해자들은 보통 살인으로 악화되기 이전에 위협이나 희롱 행동을 하게 된다. 이것은 조기 경계 설정과 그 밖의 예방적 개입이 얼마나 중요한지를 잘 보여 준다.
- 언어적 학대와 희롱은 근로자의 사기나 생산성 면에서 볼 때 신체적 폭행보다 더욱 파괴적일 수 있다. 아이러니하게도, 주먹다짐에 의지하는 근로자들은 명백한 소란을 발생시키며 이것이 잠재적으로 커다란 비용을 발생시킬 만한 사건을 야기함으로써 회사의 골칫거리가 된다. 결국 이들은 징계를 받

게 될 것이다. 그러나 통상 '단순한' 언어적 위협, 저주, 욕설과 개인적 재산 파괴 행위(저자의 환자들 중 한 명에게는 누군가가 책상 서랍 안에 주기적으로 썩은 음식을 넣어 놓았다)는 심각하게 여겨지지 않는다. 이러한 행동들이 피해 당사자를 제외한 나머지 근로자나 주주들에게는 거의 피해를 주지 않기 때문이다.

- 성희롱은 여성들이 경험하는 직장 내 문제의 전형적인 형태가 되었다(11장 참조). 언어적 위협이나 희롱도 극심하고 장기적인 심리적 및 정서적 해를 가한다. 성희롱은 보통 직장 내 폭행, 강간 또는 살인과 같이 훨씬 공공연한 형태로 나타나는 신체적 폭력의 전조가 된다. 관리 부서에서는 직장 내에서 일어난 반사회적 행동에 대한 불평을 사업을 방해하는 귀찮은 문제로 받아들인다. 결국 피해자는 "나잇값 좀 해" "견뎌 봐" "당신이 스스로 해결해" 또는 "유난 떨지 마, 곧 해결될 거야"라는 말을 듣다가 해고된다. 일반적으로 문제를 무시하는 것은 부당 행위자를 더욱 대담하게 만들어서 학대, 나아가 심각한 손상을 일으키는 더욱더 공공연한 신체적 공격으로 발전한다.
- 다른 경우 관리 부서로부터 퇴짜를 맞은 피해자는 문제를 자신의 손으로 해결하거나 보복을 택할 수밖에 없고, 결국 직장폭력의 가해자가 된다. 이는 지난 10년간 발생한 학교 총격 사건의 역학과 매우 유사하다(13장).

직장폭력의 주기

직장폭력의 진화는 예측 가능한 특정 패턴을 보인다(Denenberg & Braverman, 1999; Kinney, 1995, 1996; Labig, 1995; Mack, Shannon, Quick, & Quick, 1998; Neuman & Baron, 2005; Potter-Efron, 1998; Simon, 1996). 이 주기는 일반적으로 가해자가 (실제로든 주관적으로든) 적대적이거나 스트레스 받는 상황에 직면할 때 시작된다. 압도적인 하나의 사건일 수도 있고 여러 사건으로 인해 누적된 스트레스일 수도 있는데, 어느 쪽이든 가해자가 그 상황을 더 이상 참을 수 없는 것으로 지각하였음을 시사한다. 가해자는 타고난 성격과 정신병리 및 생애 경험에 근거하여 이 사건에 인지적이고 정서적으로 반응한다. 전형적인 직장폭력 가해자의 이러한 반응은 주로 피해 사고와 비난의 투사, 그리고 폭력적인 보복 환상과 관련이 있다.

이러한 사고와 정서가 지속적으로 스며들면서 가해자는 점점 다른 사람들과의 관계를 끊게 되며, 동시에 폭력 행위를 유일한 해결책으로 생각하는 자기합리화가 증폭되기에 이른다. 비난이 지속적으로 외현화되어 '나한테 이렇게 하면 안 된다는 걸 저들에게 보여 주고 이 상황에서 벗어 날거야.'라는 식으로 생각하면서 복수심을 키운다. 일부 가해자의 경우, 지각된 직장 내 부당함을 견뎌 내지 못함으로써 절망에 빠져 보복성 자살을 하기도 한다.

> "걔네들이 나를 엿 먹일 수 있다면 나도 똑같이 할 수 있어. 대성공이지. 왜 다른 사람들은 자신이 원하는 걸 계속하고 즐기지? 나는 그렇지 않은데? 나한테 이렇게 하면 안 된다는 걸 저들에게 보여 주고 이 상황에서 벗어날 거야. 내가 죽을 수도 있지만 혼자 죽진 않겠어."

가해자 환상은 이렇다: 람보Ramboesque가 죽은 후에 그의 업적은 전 세계 수백만의 사람들에게 알려질 것이고, 누구나 그 이름을 아는 유명한 사람이 될 것이다. 순순히 물러서지 않고 싸움의 빛나는 영광 속에서 우리의 영웅은 이 세계를 떠날 것이다. 마치 영화에서처럼 말이다.

이를 실행한다는 것은 무기를 사용한다는 것을 의미한다. 미국에서는 총을 구하기가 쉽기 때문에 그들이 선택하는 무기 중 하나가 총이다. 이 작전은 충동적으로 그리고 즉각적으로 실행될 수 있다. 물론 여러 번 수정을 거쳐 세밀하게 계획한 뒤 진행되는 경우도 있다. 이 작전의 마지막 단계는 폭력 행위이며, 마지막으로 부당함을 느낀 뒤 몇 시간이나 몇 달 혹은 몇 년 뒤의 어느 시점에서도 발생이 가능하다.

직장폭력 예방

위기 개입의 가장 좋은 형태는 위기 예방임을 기억하라. 직장폭력에 대한 인식이 커지고 있음에도 여전히 근로자들은 부인 방어기제를 선택해서 대처하고 있는 것 같다. 설문 조사 결과에 따르면, 조사에 참여한 회사들 중 1/4만이 직장폭력 대처와 관련한 공식적인 종사자 훈련을 실시하고 있으며 그중에서 모든 종사자에게 훈련을 실시하는 회사는 10% 미만이었다.

모든 회사가 그런 것은 아니다. 사실 21세기 초인 지금 누군가가 직장에서 'go postal'이라고 말하면, 그 누군가가 우편배달부postal worker일 가능성은 거의 없다.[5] 이는 미국 내 우체국이 지난 20년간 직장폭력을 감소시키기 위해 일치단결해서 효과적인 프로그램을 실시해 왔기 때문이다. 솔직 담백한 방식으로 대응함으로써 1980년대와 1990년대에 전체 직장폭력 사망 사건의 1/3 이상을 차지했던 소매 업종에서도 살인 사건 비율이 지난 10년간 절반으로 줄어들었다.

직장폭력의 발생 가능성을 줄이기 위해 회사가 할 수 있는 일들은 매우 많다(Albrecht, 1996, 1997; Blount, 2003; Blythe, 2002; Bush & O'Shea, 1996; Caponigro, 2000; Crawley, 1992; Dezenhall & Weber, 2007; Flannery, 1995; Grote, 1995; Kinney, 1995, 1996; Labig, 1995; Mack et al., 1998; Martinko, Douglas, Harvey, & Joseph, 2005; Miller, 1998h, 1999c, 2002a, 2008; Mitroff, 2001; Nicoletti & Spooner, 1996; Schneid, 1999; Simon, 1996; Yandrick, 1996). 예를 들면 다음과 같다.

- 폭력과 희롱에 대해 명확하고, 강력하고, 공정하고, 일관성 있고, 분명하게 서면화된 정책의 수립
- 효과적인 분규 처리 절차 제정
- 확실한 보안 프로그램 유지
- 업무에 적합한 자율성과 통제 및 효과적인 감독과 의사소통 간의 균형 유지에 필요한 경영 환경 구축
- 팀 구축 및 협상 기술을 활용한 분쟁 해결을 돕기 위한 주기적인 훈련 제공

역자 주

5) 'go postal'이라는 어구는 '우체국에 간다'는 의미보다는 "화가 난다"는 의미로 사용됨. 이는 우체국 내 직장폭력이 매우 심각했기 때문인데, 현재는 우정국의 노력으로 우체국의 직장폭력이 감소된 상태임을 설명하기 위해 저자가 이 어구를 재치 있게 사용한 것임.

기관들은 폭력에 대한 무관용 정책을 명문화해야 한다. 발생 가능한 각각의 안전 문제별로 이것이 명시되어야 한다. 이는 화재 예방 및 폭풍 대비 재난방지 훈련 규칙과 동일하다. 회사의 정책에는 직장에서 위협하는 말이나 행위는 어떤 식으로든 용인되지 않으며 이러한 행동을 하는 사람은 징계 조치를 받게 된다는 점이 명확히 담겨 있어야 한다. 당사자들에게 상당히 예민한 쟁점이 될 수 있는 경우라고 해도, 모든 위협 가능성은 철저히 조사되어야만 한다. 모든 근로자에게 적용 가능한 공공 규칙을 설정하는 것이 정책의 객관적이고 전반적인 실행을 가능케 할 수 있다.

그러나 직장이 전체주의화되거나 정치적 정당의 경찰식 체제화가 되는 것을 막기 위해, 이러한 정책과 절차에는 견문이 넓은 관리 결정권자가 포함되어야 하며 상식이라는 여지도 남겨 두어야 한다. 필요에 따라 상부에 보고해야 할 만한 위험 행동이 무엇인지에 대한 정의와 그 예시들이 제공되어야 하며, 널리 홍보되어야 하고, 역할극의 형태로 교육될 필요가 있다. 위기 가능성을 탐색하기 위한 표준화된 프로토콜뿐 아니라, 위기 발생 시 누가 어떻게 위협 및 모욕을 했는지를 구체화하기 위한 계획도 수립되어 있어야 한다. 그 밖의 절차적 조항에는 보안 조치, 불만과 분규 처리 절차, 분쟁 중재를 위한 서비스, 갈등 해결, 스트레스 관리, 안전 훈련, 정신건강 서비스 등이 있다.

대부분의 회사는 독립적으로 직장폭력 개입을 위한 프로토콜을 개발하고 실행할 수 있다. 대규모의 다양하고 복잡한 인력으로 구성된 기관의 경우라면 이 분야를 잘 아는 외부 자문회사의 도움을 받을 수 있다.

성희롱 예방과 보호

회사에서 성희롱에 관해 취할 수 있는 효과적인 몇 가지 조치를 살펴보면 다음과 같다(Kinney, 1995; Martinko et al., 2005; Schouten, 1996, 2006; Yandrick, 1996).

- 어떤 행동이 희롱에 해당하는지 알 수 있도록 하는 성희롱 정책을 도입하고, 그러한 행동이 회사나 주 및 연방법 그 어느 것에서도 용인되지 않음을 명시한다.

- 정책은 보복에 대한 두려움 및 가해자와의 직접적인 대면 없이 성희롱을 보고할 근로자의 권리를 담고 있어야 한다.
- 정책은 희롱당한 근로자가 따를 수 있는 분규 처리 절차를 포함하고 있어야 한다.
- 정책은 긴급 상황에 대처하기 위한 성희롱 핫라인을 구축하고 있어야 한다. 이러한 핫라인은 현재 최소 30개 주에서 법적으로 의무화하고 있다.

직장폭력: 긴급 대응

때로 예방을 위해 최선을 다했음에도 불구하고 위험이 꿈틀대기 시작하고 폭력 발생이 임박한 상황이 생길 수 있다. 사건 직후 현장에서 긴급하게 대응해야 할 경우도 있다. 사건 발생 직전의 긴급 대응 전략에는 근로자들과 다른 사람들을 대피시키고 당국에 알리기 위한 비상 대책이 포함되어야 한다. 그 과정에서도 근로자 및 관리자들은 도움 제공자들이 올 때까지 상황을 진정시켜야 하는 위치에 있어야 한다.

다음의 지침들은 긴급 직장폭력 상황을 다루는 데 도움을 주기 위해 저자가 몇 가지 자료(Blythe, 2002; Caraulia & Steiger, 1997; Gilliland & James, 1993; Labig, 1995; Miller, 2000c, 2008)를 각색한 뒤 저자의 견해와 제안을 추가한 것이다. 늘 그렇듯, 이런 권고 사항이 포괄적인 현장 계획과 준비 및 훈련을 대신하지는 못한다. 그러나 이것이 여러 유형의 행동 기반 긴급 대응을 위한 임시적인 실행 지침의 역할을 해 줄 수는 있을 것이다(13장도 보시오).

임박한 폭력의 경고 징후 인식

가해자가 통제력을 상실하기 직전에 보일 수 있는 적신호에는 다음과 같다.

- 단정하지 못한 외모와 옷차림
- 긴장된 표정이나 그 밖에 고통을 시사하는 신체 언어

- 중독의 징후나 부적절하게 선글라스를 사용하는 것, 알코올이나 물질 사용을 감추기 위해 내는 박하향
- 특정 사람에게만 드러내는 심각한 초조 행동, 언어적 논쟁이나 노골적인 위협
- 무기를 소지하거나 소지하고 있다는 증거

이러한 일반적인 지표 외에도 관리자와 근로자들은 평소 함께 일하는 사람들에 대해 가능한 한 잘 알고 있도록 노력할 필요가 있다. 그래야만 그들의 외모와 기분 또는 행동의 큰 변화를 놓치지 않을 수 있으며 그러한 변화가 폭력으로 번지는 것을 막도록 조치할 수 있기 때문이다.

잠재적인 위기 상황 누그러뜨리기

직장폭력 위기가 단계적으로 발생하는 것으로 생각해서 각 단계별로 위험을 누그러뜨리기 위한 대책들을 담고 있어야 한다고 생각할 수 있다. 그러나 모든 프로토콜이 그렇듯 직장폭력 위기 프로토콜 역시 고정된 순서와 별개의 단계가 아니라 전반적인 대응 전략들을 담고 있다고 생각해야 한다. 단계를 바꾸거나 순서가 서로 뒤섞일 수 있으며, 사람과 환경에 따라 달라져야 한다(Caraulia & Steiger, 1997; Labig, 1995).

불안 단계에서는 잠재적 가해 근로자가 점점 더 압도되고 초조해진다. 이 단계에서 가장 필요한 반응은 지지다. 여기서의 개입은 그가 어떻게 느끼고 있으며 그가 걱정하는 것이 무엇인가에 초점을 맞춰야 한다. 이것은 위기 개입의 핵심인 라포 형성 및 적극적 경청을 포함한다.

"Fred, 뭔가 언짢아 보이네. 무슨 일인지 내가 도와줄게."

방어 단계에서 잠재적 가해자는 점점 더 덫에 걸려 선택의 여지가 없다는 느낌을 강하게 경험한다. 여기서의 적절한 개입은 상대가 안전하고 품위 있게 위험지대를 벗어나도록 도와주는 방법을 알려 주는 것이다. 유용한 기법들에는 자기조절, 분노 방향 바꾸기, 차분한 신체 언어 사용, 제한된 선택권 부여, 부드럽지

만 확고하게 한계를 설정하는 것 등이 있다.

> "네가 지난번에 정직당한 것 때문에 화가 나 있다는 것을 알아. 그런데 네가 너 자신에게 더 이상 해를 입히지 않았으면 좋겠어. 이봐, 숨을 깊게 들이쉬고 안에 들어가서 이에 대해 이야기해 보세. 아니면 구내식당에 내려가서 커피 한잔 마시지 않을래? 내가 살게."

실행 단계는 잠재적 가해자가 이미 어느 정도 통제력을 상실한 상태다. 이 때의 적절한 반응은 버티기다. 지원 병력이 도착할 때까지 그의 행동을 주시하라. 명확하고 합리적인 한계를 설정하고 차분한 말과 신체 언어를 사용하라. 그가 아직 폭력적으로 변한 상태가 아니고 보안 요원이나 경찰관이 도착했다면, 당신은 잠재적 가해자의 협조를 얻기 위해 그들을 이용할 수 있다.

> "좋아, Fred. 네 얘기 잘 들었어. 우선 이 얘기는 나중에 다시 하자. 컴퓨터를 교체해 줄 수는 있어. 그런데 소화기를 내려놓고 이 문제가 해결될 때까지 보안 요원들이 말하는 대로 따라야 해. 너를 포함해서 그 누구도 다치길 원치 않기 때문에 내가 경찰에 연락을 했어."

긴장 감소 단계는 위기가 지나간 상태를 말하며, 잠재적 가해자는 자신의 불안과 분노를 낮추기 위해 외부 도움을 받아들인다. 아무도 심각한 해를 입지 않았고 그가 구금되지 않는다고 가정될 때의 적절한 반응은 도움을 주고자 하고 이해심 있으며 차분한 형태의 지지적인 라포 형성이다. 결국 그가 징계를 받거나 해고되더라도 그의 체면을 살려 주는 방식으로 사건을 마무리하는 것이 재발을 막는 가장 좋은 보험이다.

> "Fred, 우리가 이 문제를 해결할 수 있어서 다행이야. 옳은 일을 위해 용기를 낸 거야. 의료진이 네 상태를 점검해 줄 거고, 경찰이 몇 가지 질문을 할 거야. 그러고 나서 사태가 어느 정도 해결되면 다음에 무엇을 할지 생각해 보자, 알았지?"

폭력 사건 다루기

상황이 누그러지기 힘든 지경에 이른 것으로 보일 경우에는 안전이 최우선이 된다. 이때 적용될 수 있는 규칙은 '의심스러울 때는 후딱 자리를 뜨라'는 것이다. 환경과 잠재적 위험에 주의를 기울이고 도피 가능한 경로를 기억해 두라. 그리고 어떻게 외부에 도움을 요청할 것인지에 대해 생각하라. 당신이 잠재적으로 위험한 상황에 완전히 갇히게 되는 경우에는 다음의 지침대로 행하며(Blythe, 2002; Caraulia & Steiger, 1997; Flannery, 1995; Gilliland & James, 1993; Labig, 1995), 평소 이 지침대로 훈련하고 연습해 두라.

초기 조치 폭력을 예방하거나 억제하기 위한 대비책이 있다는 확신이 들지 않는다면, 가능한 한 잠재적으로 위험성이 있는 근로자나 고객과 단둘이 고립된 채로 남지 말라. 하지만 때로는 면담이나 규율 교육이 충분히 부드럽게 시작되었지만 갑작스럽게 상황이 통제할 수 없는 지경으로 치달을 수 있다. 이런 경우, 자연스럽게 면담을 중단하고 누군가에게 전화하는 척하면서 실제로는 도움을 청하라. 이것이 긴급 발생 시 서로 통하게 하는 신호를 사전에 만들어 공유해야만 하는 이유다. 어떤 권위자들은 신뢰 유지를 위해 상대에게 직접 이야기하도록 권하기도 한다. 이것이 통제가 불가능함을 느끼는 상대를 안심시킬 수 있기 때문이다. 하지만 경우에 따라 당신이 지원을 요청할 것이라는 말을 듣고 상대가 공황 상태가 되어 당신을 공격할 수도 있다. 상황을 잘 평가해서 결단력 있게 행동하라.

신체 언어 너무 가까이 다가가거나, 뚫어지게 응시하거나, 손가락질을 하거나, 도발적인 표정을 짓거나 자세를 취하는 것과 같이 공격적 또는 위협적으로 해석될 여지가 있는 방식으로 행동하지 말라. 대면 시 비스듬한 각도에 서 있으라. 바로 앞에 있지 말라. 도전으로 해석될 수 있다. 뒤에 서지 말라. 기습 공격을 하겠다는 뜻으로 전달될 수 있다. 상대로부터 두 걸음 정도 떨어져 서 있으라는 일반 규칙을 준수하라. 어떤 권위자들은 상대에게 당신이 앉아도 되는지 물어볼 것을 권한다. 이것이 훨씬 덜 위협적일 수 있기 때문이다. 그런 다음 그 사람에게도 앉도록 권한다. 만약 당신이 이미 서 있고 그 상태가 비교적 안전해 보인다면 천천히 그리고 드러나지 않도록 출입구나 빨리 탈출하기 용이한 지점으로 움직이라. 항상 도망갈 시점을 결정하기 위해 눈치를 살피되, 이러한 행동이 너무 드러나지 않게 하라. 자칫 상대에게 반감을 살 수 있기 때문이다. 항상 천천히 움직이고 손을 보이는 곳에 두라.

의사소통 유형 상대를 대화에 참여시켜 자신의 감정이나 특정 문제에 대해 이야기하도록 하되 부추겨서는 안 된다. 발산하는 것이 고함치는 것으로 악화되어서는 안 된다. 대화를 지속하라. 천천히 말하고 목소리를 조절하라. 소리치거나 목소리를 날카롭게 세우거나 위협하지 말라. 반대로, 상대방이 이해하기 어려울 정도로 웅얼거리거나 망설이면서 대화하지도 말라. 그가 이것을 짜증스럽게 생각할 수 있다. 상대에게 온 주의를 다 기울이고 공감적 경청 기술을 사용하라. 예를 들어, 당신이 이해하고 있다는 것을 보여 주기 위해 상대가 중요하게 생각하고 있는 점을 당신이 재진술하는 방법이 있다.

상식과 당신 자신의 판단을 활용하라. 그러나 약물이나 알코올 문제가 있거나 이성을 잃었거나 정신증이 있을 경우에는 논리적으로 설명하려고 하지 말라. 당신의 의사소통 목적은 문제 대상의 푸념을 듣거나 망상적 사고를 듣는 것이 아니다. 상대의 왜곡된 상황 인식이나 사고에 동의하는 척도 하지 마라. 이러한 행동에 내재된 속임이나 위선이 그를 더욱더 화나게 만들 것이기 때문이다. 그보다는 그의 실제 또는 상상 속의 곤경에 대해 공감과 염려를 표하고, 위기를 해결하기 위한 대안을 제시해 주라.

위기 시 의사소통의 또 다른 원칙은 '의심스러울 때는 입을 다물라는 것'이다. 당신은 침묵을 전략적으로 활용하면서도 상대는 말을 하게 하라. 더 많은 에너지와 아드레날린을 소모할수록 더욱 빨리 피로를 느끼게 되며, 당신이 상황을 통제하기도 쉬워질 것이다. 그러나 상대를 무시하는 것처럼 보이지 않도록 하고 그가 말을 걸면 꼭 대답하라. 또한 그가 하는 말이 그 사람을 더욱 초조하게 하는 것처럼 보인다면, 그가 말을 하는 동안 긴장 수준을 낮추기 위한 언어적 및 비언어적 진정 기법을 사용하라.

의사소통 내용 반드시 필요한 경우가 아니라면 논쟁하거나, 명령하거나, 반대하지 말라. 권위를 내세우거나 거들먹거리고 아는 체하는 식으로 허튼소리도 하지 말라. 반대로, 지나치게 화를 달래거나 가르치려 들지도 말라. 그리고 냉소적 혹은 풍자적이거나 모욕적이고 유치한 반응을 하면서 자신을 낮추지도 말라. 유머를 이용하여 상황을 진정시키려고 할 때는 주의하라. 극도의 스트레스하에 있는 사람들은 문자 그대로 해석하며 융통성이 부족해지는 경향이 있다. 선의로 한 당신의 가벼운 행동이 상대가 가진 어려움을 조롱하거나 깔보는 것으로 해석될 수 있다.

긴급 상황에서 시간을 벌기 위한 수단이 필요할 때 외에는 지키지 못할 약속을 하지 말라. '왜'와 '무엇'이라는 식의 복잡한 질문은 피하라. 이것이 그 사람을 방어적으로 만들 수 있다. 그보다는 단순하고 직접적인 폐쇄형의 예-아니요 식 질문을 사용하라. 도발하거나 비난하지 않고 침착하고 단순하게, 폭력이 지속될 경우 뒤따를 결과들에 대해 설명하라. 한계를 설정하고 두 가지 대안 중에서 선택권을 주라: "난 너와 이것에 대해 이야기하고 싶어, Fred. 여기 앉을래 아니면 나가서 담배 한 대 피울까?" 상황을 천천히 진정시키기 위해서 보다 덜 불안한 행동 방향으로 단계적으로 움직이라.

현장 통제 소동이 발생할 때마다 사람들은 무리 지어 모여서 돕거나 그저 구경만 한다. 많은 훼방꾼이 끼어들어 문제 대상과 동시에 많은 대화를 하도록 두지 말라. 이것이 혼란을 야기하거나 짜증을 불러일으킬 수 있다. 한 명의 훼방꾼이 책임을 떠맡게 하라. 그 사람이 상대로부터 확실히 무시당하거나 거부당하면 보다 나은 라포를 형성할 수 있는 다른 사람을 찾으라. 물리적 제지나 급습은 이 분야에서 전문적으로 훈련받은 누군가가 행하도록 해야 한다. 청중이 그 사람 주위에 무리 지어 모여서 그를 응원하거나 모욕하거나 멀리서 소리치지 못하게 하라. 그 일과 아무 상관이 없는 사람들은 즉시 자리를 떠나야 한다. 전문적인 위기 협상가나 법 집행관이 현장에 나타나면 그들에게 무슨 일이 있었는지 가능한 한 상세하게 보고하고 책임질 수 있도록 하라.

총과 무기

직장폭력이 일어나는 경우 대부분의 가해자는 무기를 지니고 있다(Schaner, 1996). 무기 사용을 작정하고 가지고 올 수도 있고, 단지 사장이나 동료와의 대화 중 '만약의 경우를 대비해서' 지니고 있기 위해 무기를 가져올 수도 있다. 고객이 회사와의 논쟁을 위해 예비용으로 무기를 가지고 올 수도 있다. 뿐만 아니라 강도 짓을 위해 무기를 가지고 올 수도 있다. 따라서 갑작스럽게 생사가 걸린 무장 사태에 직면할 때 활용할 수 있는 전략들을 알고 있어야 하며(Dubin, 1995; Flannery, 1995), 평소 적절한 훈련과 연습을 통해 이것들을 익혀 두어야만 한다.

무기를 보면 가장 먼저 해야 할 일은 중립적이고 명백한 말이다. 예를 들면, "내가 그 총을 보았다."고 인정하는 것이다. 일정한 거리를 유지하고 손을 보이게 하라. 그리고 천천히 움직이라. 상대에게 총을 버리라고 말하거나 총을 집으려 하지 말라. 그가 또 다른 숨겨진 무기를 가지고 있을 수 있고 당신을 제압할 수도 있다. 라포가 쌓이면서 상대가 무기 사용에 대한 양가감정을 가진 것처럼 보이면, 당신이 말하는 동안 총부리를 다른 곳에 겨눌 것을 요청하라. 그의 유능감과 통제감에 호소하라. 사태를 악화시키지 않기 위해 (회전식 연발권총의 경우라면) 적어도 총 방아쇠를 내리거나 (반자동식 권총이라면) 안전 장치를 잠글 수 있는지 물어보라. 그가 죽어라고 거부하면 포기하고 그저 조심하라.

상대가 무기를 버리려는 것으로 보이면 그것을 당신에게 넘겨 달라고 요청하지 말라. 그보다 그에게 직접 총알을 빼내서 총을 한쪽에 안전하게 내려놓고 뒤로 물러나게 하라. 어떤 권위자들은 훼방꾼이 그 총을 집어서 쓰는 일이 없도록 주의할 것을 권한다. 총이 상대방을 겨누지 않도록 주의하라. 이것이 그 사람에게 또 다른 숨겨진 무기를 꺼낼 구실을 만들어 주거나 당신을 공격하게 만들 수 있기 때문이다. 당신 측에서 무기를 만질 때는 항상 위험이 도사리고 있는데, 이는 그가 갑자기 마음을 바꾸거나 당신이 자신을 공격하려 한다고 생각할 수 있기 때문이다. 그러므로 총의 미끼가 되지 않기 위해서는 상대가 총을 안전하게 내려놓을 때까지 기다리라. 그 후에 차분히 그 공간 밖으로 당신과 나가자고 요청하라.

위기 협상의 원칙 중 하나는 상대가 발포하지 않고 아무도 상처 입히지 않은 상태에서는 시간이 흐르면 흐를수록 폭력 발생 가능성이 낮아진다는 것이다(Gilliland & James, 1993; McMains & Mullins, 1996; Miller, 2005c, 2006m). 그러나 당신은 무기를 지닌 대상의 어떠한 요구("저기 앉아." "내 상사에게 전화해." "돈 내놔.")에도 순순히 응해야 하고 그가 더 이상 불안하지 않도록 특별한 주의를 기울여야 한다. (그가 조용히 하라고 하지 않는 한) 상대와 계속 이야기하라. 그가 느끼는 불만이나 고충에 적절히 공감해 주고 그가 이 상황을 지배하고 있다는 것을 인정하라.

침착해 보이려고 노력하되, 무심하거나 건방지거나 전혀 겁나지 않거나 대립적이거나 논쟁적인 것처럼 보이지 않게 하라. 무기를 지닌 상대가 자신의 관심사에 대한 이야기를 꺼내도록 부추기라. 그러나 발산하는 것과 고함치는 것 간의 차이에 대해 기억하라. 전자는 노여움을 발산시키는 역할을 하고, 후자는 화를 끓어 넘치게 할 수 있다.

위기가 안전하고 성공적으로 해결되거나 자격을 갖춘 전문가들이 현장을 통제할 때까지는 앞에서 논의한(그리고 당신의 훈련에 의해 보강된) 적절한 완화 전략을 이용하라.

직장폭력으로부터의 회복

때로는 최악의 시나리오가 발생해서 폭력 사건이 직장을 충격에 빠뜨리고 소름끼치게 만든다. 사람들이 죽고 부상당하며 몇몇은 인질로 붙잡히고, 많은 사람이 정서적으로 심한 외상을 입을 수 있다. 이런 경우 회사의 중역과 관리자 및 정신건강 임상가들은 상호 협력하여 피해 근로자들과 회사가 회복할 수 있도록 총력을 기울여야 한다(Miller, 1997a, 1997c, 1998h, 1999c, 2000d, 2000f, 2001a, 2001b, 2002a, 2005e, 2008).

계획, 정책, 절차

회사 중역, 관리자, 정신건강 전문가들이 생산적으로 특별히 협력하여 직장폭력 사건의 후유증에 대응하기 위한 정책과 절차를 적극적으로 수립해 왔다. 이 중 다수는 정신건강 임상 장면이나 형사사법 기관 같은 특수한 환경에서 개발된 것을 심리학과 경영 전문가들이 기업을 위해 발전시키고 각색한 것들이다(Albrecht, 1996, 1997; Blythe, 2002; Caponigro, 2000; Dezenhall & Weber, 2007; Flannery, 1995; Kinney, 1995, 1996; Mantell & Albrecht, 1994; Miller, 1999c, 2008; Mitroff, 2001; Yandrick, 1996).

대중매체와 정보 공개 사건 발생 시 지정된 대변인이 대중매체에 사건을 보고해야 한다. 이때 무엇보다 중요한 것은 슬퍼하는 근로자, 가족, 목격자들이 매체와 접촉하지 않도록 해야 한다는 점이다. 조직 내의 높은 위치에 있는 사람들이 확고하고, 솔직하고, 적극적이고, 진실하게 정보를 제공하는 것이 좋으며, 자격을 갖춘 대변인이나 회사가 이런 역할을 맡는 것도 괜찮다. 회사는 "이 회사는 생존자와 피해자의 가족들을 위해서 무엇을 하고 있나요?"라는 질문에 대해 근심 어리고 정직한 태도로 답변할 준비가 항상 되어 있어야 한다.

근로자와 가족 피해자 가족들에게 사건을 통보할 사람을 지정해야 하며, 그들에게 즉각적인 지원, 상담 혹은 그 외의 서비스(8, 9장)를 제공할 준비를 갖추어야 한다. 인사부 관리자는 비통해하고 외상화된 근로자들을 위한 휴업 기간을 적절히 마련해야 한다. 초기 단계가 지난 뒤, 정신건강 임상가는 근로자들이 사망자들을 추모할 수 있도록 관리자가 도와줄 것을 조언해야 한다.

수사, 물리적 보안, 정리 회사의 전산망과 컴퓨터, 파일 전체가 잘 보전되도록 점검 및 보호하고, 손상이 있는 경우 이를 복구할 수 있는 사람을 지정해야 한다. 지역 수사 당국과 함께 일할 근로자를 지정해야 한다. 범죄 현장은 수사 당국의 현장 검증이 끝날 때까지 손대지 않고 그대로 두어야 한다. 수사 당국의 승인을 얻어 현장을 정리할 팀을 꾸려야 한다. '어질러진 것을 치우고 나니, 아무 일도 없었던 것 같다'는 생존 근로자의 절묘한 민감성이 아주 중요하므로, 정리를 진행할 때에는 가능한 한 정중하고 엄숙해야 한다.

법적 조치 필요하다면 사내 법률 고문이나 회사 외부의 변호사 사무실에 사건을 알리고 현장 대응을 요청해야 한다. 이들은 회사 중역과 관리자들에게 사건 직후, 몇 주 그리고 몇 달 이내에 취해야 할 적절한 조치에 관해 조언해야 한다. 회사가 근로자들에게 더 많은 진심 어린 관심을 보여 줄수록 몇 주나 몇 년 내에 발생 가능한 논쟁의 소지가 있는 소송 비율이 낮아질 수 있다.

정신건강 지원 후유증 회복을 위한 계획 시 회사에서 고용하는 심리학자나 외부 정신건강 자문가들이 함께 참여하여 구체적으로 준비시키고 반복 연습하도록 돕는 것이 가장 좋다. 대부분의 경우, 정신건강 임상가가 중요 정보의 수집 방법 및 위기 시 즉각적이고 효과적으로 반응하는 방법을 알기 위해서는 해당 기관에 충분히 익숙해져야 한다. 그러나 안타깝게도 많은 기관이 주로 근로자지원 프로그램(EAP)에 속해 있는 상담사에게 사건 후의 정신건강 서비스를 외주로 맡기는데, 이 상담자들은 일상적인 정신건강 문제들은 충분히 다룰 수 있으나 외상 후 스트레스 증상이나 회사 위기 개입 경험은 거의 없다.

회사의 대표자들은 정신건강 임상가들과 즉시 연락할 방법을 알고 있어야 하고 상황 보고를 위해 임상가가 조직의 고위 간부와 첫 만남을 가질 수 있도록 주선한 다음, 무슨 일이 일어났는지 이야기해 줄 조직 내 누군가와의 회의 일정을 잡는다. 중대 사건 경험 보고를 위한 공간이 정신건강 전문가들을 위해 설계되어야만 한다. 선별적인 위기개입 서비스들이 피해 생존자나 근로자뿐 아니라 모든 잠재적 직장폭력 피해자에게 가용하도록 준비되어 있어야만 한다. 임상가들이 현장에 돌아가 추가 서비스를 제공하거나 의뢰받은 근로자들을 개인 사무실이나 치료실에서 지속적으로 상담할 수 있도록 후속 일정을 준비해야 한다.

질서 회복: 외상 후 위기 관리

직장폭력 직후 근무가 가능한 상태의 근로자들은 전문가들을 기다리는 동안 상황 수습을 위해 사망자와 부상자 및 생존자의 소재를 파악해야 한다. 회사 관계자들은 모든 근로자와 그들의 가족을 위해 회사가 최상의 도움과 관심을 제공할 것임을 전달해야 한다. 정신건강 자문가들은 관리자와 중역들에게 많은 근로자가 불안정하며 사기가 저하되고 혼란에 빠지게 될 수 있음을 말해 주어야 한다. 더불어 근로자들이 질서와 자신감 및 심리적 균형을 회복하기 위해 회사에 기대를 걸고 있을 것이라는 것 또한 전달해야 한다. 이 시기는 매우 중요하다. 위기 후에 건설적인 애도 리더십을 보여 주지 못하는 경우, 이것이 회사의 사기에 얼룩을 남길 수 있으며 나중에도 이 얼룩을 지우기가 힘들어질 수 있다. 다음은 정신건강 자문가가 회사를 도와 취할 수 있는 조치들이다. 이 조치들은 직장폭력 후 관심을 표명하고 빠르게 질서를 회복시키기 위해 고안된 것들이다.

외상 피해자들에게 관심과 도움을 보여 주라. 근로자들과 다른 주주들이 필요로 하는 명확한 메시지는 관리 부서에서 이 비극으로 피해를 입은 사람들을 돕기 위해 최선을 다할 것이라는 점이다.

사생활 보호와 보안 유지에 문제가 되지 않는 범위 내에서 의사소통 채널을 열어 놓고 루머를 통제하라. 회사가 회복을 위해 어떤 조치들을 취하고 있는지, 이러한 사건이 두 번 다시 발생하지 않도록 하기 위해 어떤 방법들이 개발되고 있는지를 설명하라.

업무를 정상화하기 위해 조직의 개인적 및 사업적 요구를 평가하라. 업무의 정상화를 위해 무엇이 필요하며 대략 어느 정도의 시간이 걸릴지에 대해 알리라.

즉각적이고 단기적인 위기 개입 후, 직장에 복귀할 수 있도록 외상 후 정신건강 팀을 마련하여 근로자들이 주기적으로 상담받고 경험 보고하기 과정을 할 수 있도록 하라.

철저한 사건 후 조사를 시행하라. 위기 개입의 또 다른 원칙을 기억하라. '지나가고 나면 무슨 실수든 다 확실히 보이는 법이다.' 그러니까 이제부터라도 잘 하면 된다. 사건 후 조사 중에 받는 질문들은 가해자의 특성, 가해자의 회사, 직장 동료 및 상사들과의 관계, 징계나 해고 이력, 고객이나 그 밖의 외부자로서 그가 했던 역할, 근로자 혹은 고객으로서 그가 불만족하도록 만들었던 행위들, 가처분 명령이나 다른 법적 조치 및 집행, 사건과 관련 있을 법한 직장 내 스트레스 요인, 재정적 압박, 약물, 알코올, 정신장애 또는 성격장애, 주의를 기울였어야 할 법한 경고 징후들, 그리고 회사의 전반적인 보안과 위협 평가 절차에 관한 것이다.

직장폭력 사건으로부터 얻을 수 있는 긍정적인 결과가 있다면, 그것은 우리가 미래에 같은 비극이 발생할 가능성을 줄이기 위해 무엇을 해야 할지를 배웠다는 것이다. 그렇게 되기 위해서는 통제감과 안전감이 더욱 강화되어 외상화된 회사가 스스로를 치유하고 업무를 재개할 수 있어야 할 것이다.

중역과 리더의 역할

이런 형태의 통제감과 안전감은 최고경영진이 주는 강력한 메시지로 시작된다. 이 메시지는 적절한 책임감을 가지고 솔직하게 사건의 원인을 말하고, 필요한 모든 이에게 서비스를 제공하며, 모든 합리적인 조치를 강구하고자 하는 회사의 의지를 강조하는 것이어야 한다. 이러한 작업이 인도적이고 조직적으로 이루어질 것이며 다시는 회사가 준비되지 않은 모습을 보이지 않겠다는 메시지도 포함되어야 한다. 사실 모든 성공적인 관리자는 어느 위치에 있든지 일상 환경과 위태로운 환경 모두에서 진정한 리더십을 나타낸다(Miller, 2006g, 2006m, 2008).

직장폭력: 심리적 영향

지금부터는 직접적인 임상적 서비스 및 자문 역할이라는 견지에서 회사 위기개입에 임상가가 가장 강력한 영향력을 행사할 수 있는 영역을 살펴보도록 하겠다(Miller, 1998h, 1999c, 2008).

직장폭력 반응 양상과 증후군

직장 내 외상 사건 피해자에는 상해를 입은 근로자, 현장에서 멀리 떨어져 있던 근로자, 목격자, 가족, 경찰이나 구급대원 같은 최초 대응자들 및 그 외 외상 관계자들이 포함된다(Kinney, 1995, 1996; LeBlanc & Barling, 2005; Mantell & Albrecht, 1994; Neuman & Baron, 1998, 2005).

한 모형(Kinney, 1995)에서는 외상 발생 후 근로자들이 드러내는 양상을 기준으로 세 집단으로 구분해서 설명한 바 있다.

빨리 회복함 많은 사람이 정신건강 개입이 없이도 비교적 빠르고 자발적인 회복을 보일 수 있다. 그러나 이 중 일부는 겉보기에는 극기심이 강한 사람처럼 보이나 자신의 고통과 슬픔을 내면화한 상태일 가능성이 있다. 이렇게 억압된 정서적 부담은 훗날에야 비로소 의식의 문을 두드린다.

적절한 심리상담을 요구함 이런 사람들은 이전의 자신감과 안심 및 안전을 회복하기 위해 약간의 정신건강 도움을 필요로 한다. 그러나 상담이 장기화되지는 않는다.

심각한 심리장애를 발달시킴 이들은 보다 광범위하고 심층적인 심리치료와 그 밖의 임상적 서비스를 요하는 PTSD(2장), 심각한 불안 또는 우울(3장), 혹은 신체형장애(4장)를 호소한다.

어떤 권위자들(Flannery, 1995; Mantell & Albrecht, 1994)은 사람들이 직장폭력 사건에 대해 드러내는 반응을 몇 단계로 구분한 바 있다. 이것은 많은 사람이 재난에 대해 드러내는 반응과 유사하다.

1단계: 충격, 불신, 부인 사건 직후 단계로, 몇 분에서 몇 시간 혹은 며칠 동안 지속될 수 있다. 간혹 몇 주나 몇 달간 지속되기도 한다. 심각한 외상 사건인 경우, 사람들은 견뎌 내는 것 외에 아무것도 할 수 없으며 사건 직후에 의미 없이 배회하거나 망연자실해서 멍해진다. 이 반응은 시간이 흐르면서 사라지며 서서히 잔류 단계로 바뀌게 된다.

2단계: 정서의 대변동 이 단계에서 피해자들은 자신의 경험을 받아들이려고 애쓰면서 다양한 감정을 느끼게 된다. 일반적으로 이 단계가 며칠 동안 지속되지만 몇 년간 계속되는 경우도 있다. 피해자들은 가해자를 향한 복수심, 피해자들을 지켜 주지 못한 회사에 대한 분노, 신, 운명, 사회 또는 형사사법체계에 대한 격노, 적절한 조치를 취하지 못한 것과 애매한 경고 징후를 제대로 지각하지 못한 것 또는 그저 잘못된 시간에 잘못된 장소에 있었다는 것에 대한 자기비난과 같은 감정들을 경험하게 된다. 생존자들은 직장 복귀 후 공포증과 공황발작에 시달리거나 과잉 경계, 침입적인 심상, 철수, 수면장애, 건강 문제 등을 보일 수 있다. 복귀 시 비탄, 슬픔, 생존자 죄책감, 자기혐오, 혼란, 우울을 경험하기도 한다. 그리고 책상, 워크스테이션, 사물함, 사진, 명패, 언론 보도, 기념일, 그 밖의 슬픔을 느끼게 하는 물건들을 통해 죽은 동료들을 떠올리게 된다.

3단계: 평정심 회복 이때쯤이 되면 생존자들은 자신의 정서적 및 정신적 균형을 되찾기 시작한다. 그 사건에 대해 자신이 어떻게 대처해 왔고 앞으로 어떻게 대처할 것인지에 대해 새로운 시각을 가지게 된다. 좋은 날도 있고 나쁜 날도 있으나, 전체적으로 회복을 향해 나아가게 된다.

직장폭력으로 인한 외상후 스트레스 장애

직장폭력 사건의 심각한 심리적 영향이 1개월 이상 지속될 경우 해당 근로자는 진단 기준을 충족하는 PTSD를 발달시킨 상태일 가능성이 있다. PTSD의 기본 증상과 임상적 특성은 2장에 설명되어 있는데, 직장폭력 피해자들에게 나타나는 PTSD 증상들에는 특유의 형태와 이유가 존재한다(Flannery, 1995). 외상 사건은 숙달감과 개인적 통제감을 파괴한다. 어떤 피해자들은 다시는 피해를 입지 않기 위해 노력하면서 과잉 통제적인 양상을 보인다. 다른 피해자들은 사건에 대해 자신을 비난함으로써 통제감을 되찾으려고 노력한다. 여기에 내포된 가정은 다음과 같다: 피해자가 자신을 해로운 상황에 놓이게 만든 것이었다면, 피해자는 그런 일이 결코 다시 발생하지 않게 만들기 위해 이것을 변화시킬 수 있다. 회사, 감독자 혹은 동료를 비난하는 것도 이와 유사한 과정이다. 그러나 이러한 과정을 완전히 포기하고 약물이나 알코올에 서서히 빠져드는 사람들도 있다. 이들은 자신이 직장폭력을 피할 수 없었기 때문에, 이제부터는 삶에서 그 어느 것도 통제할 수 없을 것이라는 가정을 발달시킨 것 같다.

타인에 대한 애착과 기본적인 신뢰의 붕괴는 직장폭력이 인간에 의해 자행된다는 점과 관련이 있다. 설상가상으로 다른 근로자들은 전염병을 피하기 위해 혹은 자기보호라는 차원에서 피해자들에게 폭력을 유발할 만한 특성이 있을 것이라고 생각하고 생존한 근로자들과 거리를 둔다. 이러한 반응이 피해 근로자들을 관계에서 더욱 철수하게 만들고 소외와 비난의 악순환을 초래할 수 있다.

직장폭력 후에는 삶의 의미와 목적이 사라질 수 있다. 피해자는 더 이상 안전하다고 느끼지 못하며, 직장이나 집에서의 일상생활이 예측 가능하다거나 통제 가능하다고 생각하지 못한다. 그리고 자신이 움직여야 하는 동기를 상실할 수 있다. 다른 사람에 의한 고의적인 혹은 의식적인 위협이나 사람 목숨을 빼앗는 행위는 매우 끔찍하고 사기를 저하시키며 피해자가 그들의 시간과 에너지를 다시 일, 가족 그리고 여가 활동에 쏟기 시작하기 전까지는 악에 대한 존재론적 의문을 불러일으킨다(Flannery, 1995).

직장 내 대규모 폭력의 영향

최신 직장폭력 연구들은 총격과 같은 극적인 사건에 초점을 맞추었다(Classen, Koopman, Hales, & Spiegel, 1998; Fergusson & Horwood, 1987; Hough et al., 1990; North, Smith, McCool, & Shea, 1989; North et al., 1999; North, Smith, & Spitznagel, 1997; Schwartz & Kowalski, 1991; Smith, North, McCool, & Shea, 1990; Trappler & Friedman, 1996). 이러한 연구들은 사건이 피해자와 목격자 및 가족에게 미친 심리적 충격을 보여 준다. 이 책에서 여러 번 언급하였듯이, 이러한 심리적 충격은 인구통계학적 특성 및 정신과 병력 같은 개인적 특징뿐 아니라 외상 사건에의 노출 정도에 의해서도 영향을 받는다.

Gore-Felton, Gill, Koopman과 Spiegel(1999)은 1993년 샌프란시스코의 한 사옥에서 발생한 집단 총격 사건의 심리적 영향을 연구하였다. 이 사건에서 14명이 총에 맞았고 많은 근로자가 몇 시간 동안 건물 안에 갇혀 있었다. 총격이 발생했던 건물에서 근무 중이었던 36명의 근로자 중 1/3이 급성스트레스장애(ASD; 2장을 보시오)의 진단 기준을 충족하는 것으로 나타났다. 이들 중 대부분은 이후에 PTSD로 발전하였다.

1991년, 총기를 소지한 남자가 텍사스의 킬린에 있는 사람들로 가득 찬 카페테리아 정면을 트럭으로 들이받고 나서 사정거리에 있는 손님들에게 무차별 총격을 가하기 시작했다. 그 총기범은 경찰에 의해 부상을 입은 후 비참하게 권총으로 자살하였다. 그는 자신까지 포함하여 총 24명의 사람을 죽였다. North, Smith와 Spitznagel(1994)은 총격 중에 현장에 있었던 남성과 여성들의 외상 후 스트레스 증상을 연구하였다. 폭력을 목격한 사람들 중 80% 이상이 침투적인 외상 사건 기억을 보고하였으며, 이들 중 1/2에서 3/4에 해당하는 사람들이 지나치게 깜짝 놀라는 반응, 불면증 그리고 악몽을 경험한다고 보고하였다.

1992년 5월, 미국 미주리 주 동부 세인트루이스 부근의 도시 클레이턴에 있는 작은 중산층 교외 지역의 법정에서 이혼소송의 최종 변론이 있던 도중, 별거 중인 남편이 서류 가방에서 두 개의 총을 꺼내 자신의 아내와 양측 변호사들을 쐈다. 판사 쪽으로도 총을 쐈지만 맞추지는 못했다. 그런 뒤 뒤쪽 복도를 성큼성큼 걸어가서 여러 명에게 총을 더 쐈다. 경찰이 총기범을 쏴서 부상을 입혔을 때쯤 이미 그의 아내는 죽어서 누워 있었고 다섯 명의 다른 부상자가 더 있었다. 사건이 종료되기까지는 10분이 채 걸리지 않았다.

Johnson, North와 Smith(2002)는 클레이턴 법정 총격의 여파를 연구하기 위해 그날 현장에 있었던 사람들을 면담하였다. 그 결과, 참가자의 1/4이 총격 사건 이후에 진단 가능한 정신장애를 겪은 것으로 나타났다. 그러나 이들 중 3/4은 사건 이전에 이미 정신장애의 과거력이 있었고 이 이력이 부정적인 외상 사건 이후의 반응에 위험 요인으로 작용한 것으로 분석되었다(2, 3장을 보시오). 단 10%만이 사건 이전에는 없었던 새로운 정신장애를 발달시켰으며, 이들 중 절반은 고전적인 PTSD 증상을 드러내었다.

총격 사건 후 나타난 정신장애의 비율이 비교적 낮았음에도 정신건강 서비스가 풍부하게 제공되었다. 거의 절반 가까운 연구 대상자들이 정신건강 서비스를 받았고 이것이 이후의 정신병리 비율을 감소시켜 주었다. 거의 모든 대상자가 사건으로 인한 약간의 심리적 고통을 보고하긴 했지만 연구 시점에서는 기능 수준이 비교적 양호하며 사건이 삶에 미치는 장기적인 영향은 비교적 경미하다고 보고하였다. 이는 시기적절한 정신건강 개입의 중요성을 잘 보여 준다(다음을 보시오).

Johnson 등(2002)은 텍사스 중부 도시인 킬린에서 발생한 대학살 이후에 PTSD 비율이 높아진 것은 이 사건이 법정 사건보다 더 광범위한 지역에서 발생했고 강도가 더 높았기 때문이라고 가정한다. 이 사건은 사상자가 24명에 달했고 범인이

15분간 거리에서 사람들에게 총을 겨눴으며 그 과정에서 자신에게 총이 겨눠졌던 피해자들의 두려움과 공포는 상당하였다.

이에 비해 클레이턴의 법정 총격 사건은 사상자가 한 명이었으며 사건이 지속된 기간이 더 짧았고(10분 미만) 노출 정도도 덜 강했다(총을 본 사람조차 거의 없었음). 또한 사람들이 정기적으로 법정에 드나들기 때문에 이러한 사건의 발생 가능성에 대해 정신적으로 준비가 더 되어 있었거나, 적어도 여러 난폭한 사람을 많이 보아 왔기 때문에 심리적 문제를 보다 적게 경험했을 수 있다.

집단살인 사건에 대한 반응의 차이는 사건 발생 지역의 특성에서 기인된 측면이 있을 수도 있다. 텍사스의 킬린 남쪽 작은 마을은 피해자에게 사회적 지지를 보다 많이 제공했을 것으로 예상되지만, 이것이 이 사건의 외상적 영향을 극복하기에는 충분치 않았고 결과적으로 높은 사회적 지지가 이 지역의 정신병리 수준을 낮추는 데에 공헌하지는 못했다. 이에 비해 클레이턴 법정 사건은 세인트루이스라는 대도시의 중심부에서 발생했지만 사건으로 인해 외상화된 사람이 더 적었다.

직장폭력을 위한 심리학적 개입

치료자 및 상담자들은 직장폭력 생존자와 그의 동료들, 그리고 생존자 혹은 사망자의 가족들에게 직접적인 서비스를 제공하게 된다. 이들을 위한 상담과 치료의 원칙이 다른 장에서 논의한 것들과 유사하기는 하나, 직장이라는 환경에서 정신건강 관리 서비스를 제공할 때 고려해야 할 몇 가지 특수한 장애물과 고려 사항들이 존재한다.

조직 기반 직장폭력 개입의 이득

우선 대부분의 권위자가 직장 외상 및 다른 PTSD 증상을 초기에 확인하고 치료하는 것이 가지는 장점을 강조함에도 불구하고, 많은 회사와 관련 기관 및 보험회사들은 여전히 직장 내 외상 사건 후의 심리치료를 외부에 위탁하는 것을 꺼린다. 이러한 조치들이 보상금 청구를 증가시키고 치료 및 장애 급여에 대한 과도한 경비 지출로 이어지는 것을 두려워하기 때문이다. 하지만 실제로는 이와 반대다. 외상을 입은 근로자들에 대한 신속하고 적절한 심리치료는 스트레스로 인한 보상 청구와 법적인 합의 비용을 줄여 준다. 이러한 책임감 있는 행동이 피해자로 하여금 근로자복지에 대한 회사의 헌신에 대해 긍정적으로 진술하도록 만들어 주기 때문이다. 나아가 적절한 개입을 하게 되면 피해 근로자의 물질남용, 만성적 고통, 신체화 및 그 밖의 다른 외상 관련 장애 증상들의 출현율이 낮아지는 경향이 있다(Albrecht, 1996; Denenberg & Braverman, 1999; Everstine & Everstine, 1993; Flannery, 1995; Martinko et al., 2005; Miller, 1998h, 1999c, 2001a, 2001b, 2002e, 2008; Schneid, 1999; Yandrick, 1996).

직장폭력에 대한 심리학적 개입 프로그램의 본보기

지난 몇 년 동안 직장폭력에 대한 심리학적 관리를 위해 많은 예방 및 회복 치료 프로그램이 개발되었다. 이 프로그램들은 다양한 욕구와 다양한 대상에 적용될 수 있도록 발전하였다. 여기에는 네덜란드의 금융기관에서 발생한 강도테러 대응 프로그램(Brom & Kleber, 1989), 미국의 직장 사고와 폭력 처리 프로그램(Everstine & Everstine, 1993), 형사사법 기관과 긴급 서비스 근로자들의 위기 사건 스트레스 요인 다루기 프로그램(Mitchell & Everly, 1996), 의료 서비스 장면에서 직장폭력 다루기 프로그램(Flannery, 1995), 미국의 은행 강도 외상 다루기 프로그램(Jones, 2002) 등이 포함된다. 이러한 프로그램들을 검토하면서 어떤 방법이 또는 어떤 프로토콜의 조합이 당신이 계약을 맺고 있거나 자문할 회사나 조직에 가장 효과적으로 작용될 수 있을 것인지에 대해 생각해 보라.

조직적으로 지원되는 임상가 주도적 접근

Brom과 Kleber(1989)는 자신들이 개발한 프로그램의 기본적인 개입 원칙 몇 가지를 언급한 바 있다. 몇 명의 근로자만을 대상으로 할 경우 이들이 낙인찍힐 가능성이 존재하기 때문에 전체 외상 피해 근로자들이 프로그램에 참여하도록 해야 한다. 지원은 근로자의 역할과 책임에 대한 명확한 설명과 함께 공식적인 형태로 제공된다. 관리 부서는 피해자 지원의 책임을 가지고 있는 숙련된 근로자나 임상 자문가를 배치하는데, 이들은 피해자 지원을 맡고 있는 사람이어야 하며 외상 근로자들의 직무와 직접적인 관계가 없어야 하고 근로자들에 대한 보고 의무가 없는 사람이어야 한다.

이 모형에서 임상가의 기능은 단독으로 외상화된 근로자를 사건 직후 및 장기 회복 과정 중에 지원하는 것이다. 기관들은 외상화된 근로자가 일시적으로 병가나 휴가를 내는 것과 관련한 정책과 절차를 명확히 마련하고, 만일 필요하다면 근로자에게 불이익을 주는 일 없이 사건의 영향력이 미치지 않는 기관 내의 다른 부서에 배치한다.

Everstine과 Everstine(1993)이 개발한 프로그램도 이와 비슷하다. 전문적인 훈련을 받고 위기 개입과 외상 치료 경험이 있는 정신건강 전문가들이 외상 피해 근로자들의 치료를 맡는다. 모든 근로자의 참여가 권장되나, 집단치료에 저항하는 근로자들은 개인상담이나 개인심리치료를 의뢰할 수 있다. 치료 서비스는 특정 근로자와 기관의 욕구를 고려하여 맞춤식으로 제공된다. 원래 근무하던 작업장으로 돌아가는 것이 불가능할 경우에는 재교육과 재배치가 이루어진다.

이 모형에 따르면, 직장에서 외상 사건이 발생할 경우 관리 부서의 책임은 안정화와 회복을 촉진시킬 수 있도록 신속한 조치를 취하는 것이다. 예를 들어, 근로자와 향후 조치에 대해 상의하고 문제 해결을 논의하기 위한 시간을 별도로 확보해 두어야 한다. 근로자들에게는 (사생활을 침해하지 않는 범위 내에서) 피해를 당한 동료의 처지를 포함한 사건과 관련된 사실적인 정보가 제공되어야 한다. 이것은 위험한 소문을 누그러뜨리고 통제감을 회복하기 위한 조치다. 병원에 있거나 집에서 회복 중인 근로자들 또한 정보와 지원을 필요로 한다. 동료 근로자로부터 소외되는 것을 방지하기 위한 노력 또한 필요하다.

피해를 입지 않았거나 적극적으로 피해를 면한 근로자들 사이에서 불운과 관련한 미신적 사고가 나타날 수 있는데, 이는 피해자의 나쁜 운이 그들에게 달라붙을지도 모른다는 두려움 또는 (성폭력 및 그 밖의 범죄 피해자들이 놓이는 상황과 유사하게) 피해자의 운명에 대한 약간의 책임이 피해자 자신에게 있다는 식의 방어적인 생각 때문이다. 이러한 잠재적 갈등의 원천은 집단 회의를 통해 집단의 응집력을 향상시키고 직장 내 지지를 회복시킴으로써 완화된다(Everstine & Everstine, 1993).

위기사건 스트레스 경험보고하기(CISD)

위기사건으로 인한 스트레스의 해소나 위기사건 스트레스 경험보고하기Critical Incident Stress Debriefing: CISD(Mitchell & Everly, 1996)는 원래 법 집행기관이나 응급 서비스 지원 근로자들을 위해 개발되었지만 직장, 재해 관리, 의료 서비스 장면, 그리고 군대를 포함한 다양한 장면에서 내용을 각색해서 활용해 왔다(Clark, 2007; Dyregrov, 1997; Everly, Flannery, & Mitchell, 1999; Miller, 1995b, 1998h, 1999g, 1999k, 2000a, 2005d, 2006f, 2007k, 2007m; Mitchell & Everly, 1996). CISD 과정은 미래의 발생 가능한 위기에 대한 준비뿐 아니라 반응의 환기와 정상화를 통한 외상 사건의 정서적 처리를 촉진하기 위해 고안되었다. 임상가와 동료의 역할이 장면에 따라 달라지긴 하지만, 일반적으로는 동료가 주도하고 임상가가 안내하는 과정으로 진행된다.

경험보고하기 집단은 정신건강 임상가와 CISD 과정을 훈련받고 직업상 위기 사건과 해소를 경험한 1명 이상의 동료 경험보고자로 구성된다.

경험보고는 일반적으로 위기 사건 이후로부터 24~72시간 이내에 실시되며 두세 시간 지속되는 단일 집단 모임으로 진행된다. 그러나 환경에 따라 미팅 시간이 더 짧거나 길어질 수 있다. 집단 크기는 아주 적은 수부터 다수까지도 가능하며, 보통 이를 결정하는 요인은 얼마나 많은 사람이 경험보고 시간 내에 자신의 의견을 완전히 표현해 낼 수 있는가다. 집단 재해 상황(14장을 보시오)과 같이 근로자 수가 많을 경우에는 모든 근로자가 참여할 수 있도록 며칠에 걸쳐 연속적으로 경험보고 과정이 진행된다.

공식적인 CISD 과정은 보통 최초 창시자의 이름을 따서 Mitchell 모형이라고 부른다(Mitchell & Everly, 1996). 이 모형은 일곱 가지 주요 단계로 구성되며, 객관적이고 설명적인 것에서 시작해서 더욱 개인적이고 정서적인 것을 다루다가 다시 교육적이고 통합적인 수준으로 돌아올 수 있도록 심리 과정을 돕기 위해 고안되었다. 또한 외상 사건에 대한 인지적 및 정서적 숙달 모두에 초점을 맞추고 있다.

① **도입.** 경험보고의 도입 단계는 집단 지도자(집단의 구성원에 따라 정신건강 전문가일 수도 있고 동료 경험보고자일 수도 있음)가 단계적으로 CISD 과정을 소

개하고 참여를 장려하며 경험보고의 절차 규칙들을 설정한다. 일반적으로 여기에는 자신감, 전 회기 출석, 강요되지 않는 논의 참여, 비판적이지 않은 분위기 조성이 포함된다.

② 사실 단계. 이 단계에서는 집단원들이 자신의 관점에서 사건 중 자신이 한 일이나 역할을 간단하게 말한 다음, 사실적 정보들을 제공해 달라는 요청을 받는다. 기본적인 질문은 "당신은 무엇을 했나요?"다.

③ 사고 단계. CISD 지도자는 집단원들에게 사건 중에 처음 떠오른 생각과 그 다음 든 생각을 함께 논의하도록 요청한다: "당신 마음속에 무엇이 지나갔나요?"

④ 반응 단계. 이 단계는 집단 참가자들을 인지적인 수준에서 더욱 카타르시스적이고 정서적인 수준으로 전환시키기 위해 고안되었다: "당신이 생각할 때 사건에서 가장 나쁜 부분은 무엇이었나요?" 보통 이 단계에서 집단원들이 서로 남의 행동을 본보기로 하여 자신의 고통을 환기하기 시작하며 집단의 분위기가 점차 강렬해진다. 임상가와 동료 경험보고자는 참가자들 사이에서 나타나는 부정적이거나 평소와 다른 반응들을 세심하게 지켜본다.

⑤ 증상 단계. 이 단계에서는 정서적 처리 수준에서 인지적 처리 수준으로 다시 돌아가는 움직임이 시작된다. 참가자들은 ⓐ 현장에서 즉시 또는 사건 발생 후 몇 시간 이내, ⓑ 사건 발생 며칠 후, ⓒ 경험 보고하고 있는 현재까지 자신이 경험한 인지적, 신체적, 정서적 및 행동적 징후를 설명하라는 요청을 받는다: "사건 이후 무엇을 경험했나요?"

⑥ 교육 단계. 지적 처리를 향해 되돌아가는 상태를 유지하면서, 사건에 대한 스트레스 반응의 특성과 예상되는 생리적 및 심리적 반응에 대한 교훈적인 정보(2장을 보시오)를 제공한다. 이것이 스트레스와 대처 반응을 정상화하고 질문과 답변의 근거를 제공하는 역할을 한다.

⑦ 재진입 단계. 마무리 단계로, 추가적인 질문이나 더 하고자 하는 말을 한다. 개인별로 필요한 후속 조치가 의뢰되며 전반적인 집단의 유대가 강화된다: "무엇을 배웠나요?" "이 경험을 통해 개인적으로 또는 전문가라는 측면에서 성장을 위해 당신이 얻을 수 있는 긍정적인 요소가 있나요?" "이후에 당신들이 서로를 어떻게 도울 수 있을까요?" "우리가 놓친 것이 있나요?"

항상 일정한 순서를 따를 필요는 없다. 저자의 경험상, 집단 참가자들이 일단 경험보고하기에서 편안함을 느끼고 진술을 시작하면 사고 및 반응 단계들이 서로 섞이는 경향이 있다. 사실 Mitchell과 Everly(1996)도 인정한 바 있듯이 '단지 지금이 그 단계가 아니라는 이유' 때문에 누군가의 정서 표현을 중단시키는 것은 인위적이고 강제적인 것일 수 있다. 경험보고의 기본적인 원리와 구조가 유지되는 한 치료 과정은 시작된다. 실제로 많은 경우에 모두가 막 자리를 뜨려는 순간에 늘 침묵하고 있던 집단원이 자기 이야기를 시작하곤 한다. 집단 지도자는 정서적 반응이 유독 강렬해질 경우나 한 명 이상의 집단원이 다른 사람을 비난하기 시작할 경우에만 개입해야 한다.

폭행 피해 근로자 활동 프로그램(ASAP)

Mitchell과 Everly(1996)의 작업을 기반으로 하여 Fannery와 동료들(Flannery, 1995; Flannery, Fulton, Tausch, & DeLoffi, 1991; Flannery, Penk, Hanson, & Flannery, 1996; Flannery et al., 1998)은 포괄적이고 자발적이며 동료의 도움이 필요한 시스템적 접근을 고안하였는데, 이를 폭행 피해 근로자 활동 프로그램Assaulted Staff Action Program: ASAP이라고 부른다. 이 프로그램은 직장에서 환자들에게 폭행당한 의료계 근로자들을 위해 개발된 프로그램으로, 다음과 같은 서비스를 제공한다.

- 폭행당한 근로자의 개인적 위기 관리 스트레스 해소
- 병원 전체 단위의 경험보고하기
- 피해 근로자를 위한 지지 집단
- 후속 심리치료의 의뢰

ASAP 집단 구조에는 직접 도움을 주는 15명의 자원봉사 근로자가 포함된다. 집단 과정을 비병리적인 것으로 만들고 집단의 매력을 극대화하기 위해 임상상담이나 심리치료 형식이 아니라 심리교육적인 형태로 진행된다. ASAP에는 세 명의 훈련감독자가 있다. 그리고 ASAP 집단 지도자는 전체 프로그램을 관리하고 서비스의 질을 보장할 책임을 가진다.

사건 전 훈련과 스트레스 관리 프로그램을 통합하는 경우, ASAP 프로그램이 폭행 피해 근로자들에게 사건이 미치는 심리적 영향을 개선하고 조직 내의 전반적인 폭력 수준을 상당히 감소시키는 것으로 나타났다. 이를 적용한 기관들은 이직률 감소, 병가 이용 감소, 산업재해 청구 감소, 전반적인 폭행 비율 감소로 인한 의료비 감소 측면에서 비용이 효율적이었다고 보고하였다. 실제로 권위자들은 실용성과 손익 관련 측면에서 봤을 때 프로그램 진행 비용이 사건 관련 소송에서 이기기 위해 드는 비용보다 더 적다고 말한다.

Flannery(1995, 1996)는 기관에서 자체적으로 ASAP를 실시할 때 다음의 기본적인 단계들을 밟을 것을 권한다.

① 프로그램을 위한 행정 지원 전략을 개발하라.
② 개별 작업장에 꼭 맞는 모델을 개발하라.
③ 집단원을 모집하라.
④ 집단을 훈련시키라.
⑤ 완성된 서비스를 현장에서 선보이라.

일반적으로, 각 단계에 약 1개월이 소요되므로 집단은 대략 6개월간 진행된다.

향상된 경험보고 모형(EDM)

Jones(2002)는 은행강도 사건으로 인해 외상화된 근로자를 위한 전문적인 경험보고 모형을 개발하였다. 그는 이들이 직장에서 스트레스의 계기나 단서에 반복 노출됨으로써 부가적인 스트레스와 외상으로 괴로워할 것이라고 생각하였다. 향상된 경험보고 모형Enhanced Debriefing Model: EDM은 구조화되어 있고 시간이 제한되어 있으며 집단 기반 개입이라는 점에서 CISD와 많이 유사하나 EDM은 회복 과정에서의 직장 지원에 특별한 주의를 기울인다는 점에서 차이가 있다. 또한 이제껏 ASAP를 포함한 대부분의 CISD 모형도 사건 전 훈련을 강조해 왔기는 하지만, 이 모형에서는 사건 발생 전 관리자에게 자문을 제공하고 이들을 훈련시키는 것을 더욱 강조한다.

EDM 프로그램은 외상 사건 발생 직후의 중요 순간에 직장 내 지지 자원을 평가하고 조직 내의 응집력을 증가시키기 위해 제안하는 것과 같은 자문 기능부터 시작한다. 예를 들면, EDM은 조직의 관리자가 피해자의 회복을 방해할 수 있는 직장 내의 비지지적 측면이 무엇인지 확인하도록 돕는다. 또한 인적자원 관리자들에게 지속적인 자문을 제공함으로써 직장 내의 지지가 회복에 얼마나 중요한지를 강조한다.

저자는 직장폭력 생존자들을 대상으로 한 다양한 개인 및 집단 개입 과정에서 기관의 지지와 헌신이 외상 피해 근로자의 회복에 얼마나 중요한지를 직접 체험해 왔다. 저자가 기억할 수 있는 최악의 상황 중 하나는 한 은행 지점이 강도 사건 후에 단지 의료보장 계약에 포함되어 있다는 이유로 근로자 경험보고 프로그램을 마련했던 때였다. 지점 관리자들은 이 시간이 근로자의 근로 시간을 깎아먹는 시간 낭비일 뿐이라고 생각했다. 경험보고하기를 위한 장소가 창고 안의 점심 먹는 가장 불편한 뒷방이었기 때문에, 커피를 마시러 오가거나 화장실을 사용하는 다른 근로자들에 의해 자주 방해를 받았다. 강도 사건과 무관한 다른 근로자들은 다른 사람들이 경험 보고하는 모습을 멋쩍게 바라보았고 그중 일부는 비꼬는 말투로 "자유 시간이네."라고 말했다. 모든 참가자가 그냥 빨리 프로그램이 끝나기만을 바랐던 것은 말할 나위도 없었고, 치료 효과도 거의 없었다.

회사의 지지가 주는 효과를 가장 잘 보여 주었던 경우는 중소 규모의 투자회사에서 정신장애가 있는 고객이 인질을 잡고 총격전을 벌였던 사건이었다. 이 사건으로 인해 두 명이 죽고 여러 명이 다쳤다. 회사의 사장은 사건이 발생하자마자 휴업을 하였고 기본적인 업무만 가능할 수 있을 정도의 임시직 종사자를 고용하였으며, 거의 100명의 근로자가 밤낮없이 경험보고하기에 참여할 수 있도록 자신의 집을 내주었다. 어떤 때는 음식과 음료도 제공하였고 너무 화가 나고 속상해서 운전해서 집에 가기 힘든 상태의 근로자들에게는 숙식을 제공해 주었다. 회장과 고위 관리직 근로자들은 생존자와 가족에게 줄 수 있는 모든 실질적 도움을 제공하려고 노력하였다. 사망한 근로자들을 위한 적절한 장례 절차를 검토하였고 병원에 입원한 근로자들을 방문하였다. 그리고 근로자들과 함께 슬픔을 나누었고 그들이 회복할 수 있도록 도왔다. 이는 저자가 제공할 수 있는 그 어떤 임상적 서비스를 뛰어넘는 것이었다. 고위직 근로자들이 행했던 자연스럽고 이타적이며 인도적인 대응과 진정한 의미의 리더십은 회사가 빠르게 회복하고 새로운 국면으로 전환하는 데에 도움을 주었다. 회복 과정을 진행할 때 근로자는 사망한 동료들에게 경의를 표하고 효율적으로 자신의 일에 집중하면서도 그들을 추모할 수 있었다.

결 론

안전한 직장을 만들고 유지하기 위해서는 산업체와 정신건강 관련 기관 간의 협력이 아주 중요하다. 고용주는 근로자의 안전을 위협하는 모든 종류의 문제들을 심각하게 다루는 법을 배우고 위협에 대응하기 위한 적정한 조치를 취해야 한다. 고용주들은 남녀를 불문하고 모든 근로자들이 개인적인 문제든 회사의 보안과 관련된 문제든 이를 반드시 보고하도록 권장해야 한다. 기업의 안전이라는 견지에서 폭력 예방은 화재 예방만큼이나 중요하다. 회사들은 징계 문제, 안전한 고용과 해고, 위기의 악화, 긴급 상황의 지속, 그리고 사건의 후유증을 다루기 위한 전략들을 개발해 두어야 한다. 이러한 사전 조치가 피할 수 있는 비극의 가능성을 줄여 줄 것이다. 공정하고 정직한 기업 문화를 장려하는 회사들이 근로자들의 존중과 충성심을 얻을 가능성이 높다. 이런 근로자들은 훨씬 생산적일 것이며, 높은 생산성은 높은 수익성을 의미한다. 결국 직장폭력 사건에 대한 적절한 대응은 규모를 떠나서 회사가 생존해서 지속적으로 사업을 이어 갈 수 있도록 해준다. 정신건강 임상가들은 모든 유형의 공공기관과 사기업에 조언, 자문 및 직접적인 임상 서비스를 제공하는 필수적인 역할을 한다.

괴롭힘과 학교폭력

직장인들이 직장의 안전을 기대하는 것은 당연하다. 아이들의 일은 학교에 가는 것이다. 따라서 그들 역시 학교가 안전하기를 기대하지 않겠는가? 지금까지 이 책에서 거듭 강조한 바 있듯이, 대부분의 폭력 범죄는 아는 사람에 의해 자행된다. 가정폭력은 배우자, 직장 내 폭력은 직장 동료, 그리고 아동 관련 폭력은 이들이 하루 중 가장 많은 시간을 보내야 하는 사람들에 의해 자행된다. 학교라는 환경은 아동의 인지, 정서 및 행동 발달에 강력한 영향력을 행사한다(Bluestein, 2001).

또래 피해자화: 용어와 정의

또래 피해자화peer victimization란 형제가 아닌 다른 학생이나 아동으로부터 공격당하는 것을 말하며, 이때 공격자가 공격 대상과 반드시 나이가 같을 필요는 없다(Hawker & Boulton, 2000; Olweus, 1993, 1994; Ross, 1996).

괴롭힘bullying은 아동이든 성인이든 다른 사람에게 불법적으로 가학적이거나 강압적인 힘을 행사하는 것으로 정의된다. 괴롭힘은 공격의 한 형태로 ① 누군가에게 의도적으로 해를 가하기 위한 행동이며, ② 장시간에 걸쳐 반복적으로 발생하고, ③ 공격자와 공격 대상 간에 힘의 불균형이 존재한다(Nansel et al., 2001).

불량 행동punking은 비교적 새롭게 등장한 용어로 다른 사람들 앞에서 누군가에게 언어적 및 신체적 폭력을 가하고 모욕과 수치심을 주는 것을 말하며, 주로 남자들 사이에서 일어난다. 불량 행동이라는 용어는 보통 남자 청소년들의 문제 행동을 말할 때 사용되며, 괴롭힘과 같은 의미로 사용된다(Phillips, 2007).

또래 피해자화와 괴롭힘: 법적 차원

지금까지 아동 간에 발생하는 또래 피해자화는 '시끄럽게 구는 것' 혹은 '사내아이가 다 그렇지'라며 법적으로 경시되고 합리화되어 왔다(Phillips, 2007). 아이러니하게도 대부분의 직장에서 직원을 협박하거나 괴롭힐 경우 해고되는 것이 일반적이나(12장), 이러한 일이 학생들에게서 발생하면 학교 당국은 관례대로 이를 묵인한다. 다양한 학교폭력 사례를 연구한 결과, 많은 가해 학생이 어떤 식으로든 다른 학생들에게 괴롭힘이나 핍박을 당한 적이 있었으며 자신이 곤경에 빠졌을 때 이를 해결하기 위해 애를 썼지만 학교 관계자들에 의해 묵살당하거나 무시되곤 했던 경험을 가지고 있었다. 우리가 알고 있는 것보다 훨씬 더 많은 학생이 보이지 않는 곳에서 또래들로부터 조용히 시달리고 있다.

유형과 무관하게, 학교폭력은 직장폭력과 마찬가지로 목숨을 잃는 지경에 이르거나 법적인 문제를 초래할 수 있다. 1988년에 내려진 Stoneking 대 브래드퍼드 지역 학군 간 법정 공방[6] 결과, 법원은 교내에서 위험하고 불법적인 문제가 발생하고 있음을 알고 있으면서도 학교 측이 이를 해결하기 위해 충분한 조치를 취하지 않는다면 학생의 자유권 보장법 위반으로 법적인 책임을 져야 한다고 판

역자 주

6) 브래드퍼드 지역의 고등학교 학생인 Kathleen Stoneking이 Wright에 의한 강간 피해를 방조한 책임을 물어 학교와 교장, 교감 그리고 지역 교육감을 상대로 소송한 사건을 말함.

결하였다. 물론 학교 관계자가 교내에서 발생한 범죄의 예방을 위해 성실하게 적절한 대책을 강구했다면 법적 책임을 면할 수 있다.

괴롭힘이 용납할 수 없는 행동이라는 인식이 점차 확산됨에 따라, 1972년 연방정부와 주정부는 연방교육개정법 타이틀 IX를 통해 괴롭힘을 금지하였다. 이에 따라 교내 및 학교가 후원하는 행사 중의 괴롭힘 행동이 전면 금지되었다. 타이틀 IX에서는 괴롭힘을 괴롭힘의 대상이 일을 하거나 공부를 할 수 없을 정도로 위협적이거나 적대적인 환경을 조성하는 행동 양상이나 사건으로 규정하고 있다. 그뿐 아니라 미국 헌법 14조 평등보호 조항에서는 괴롭힘으로부터 피해자를 보호하도록 적시하고 있으며, 학교는 모든 학생을 동등하게 보호할 책임이 있으며 모든 시민은 법에 의해 평등한 보호를 받아야 한다고 규정하고 있다. 마지막으로, 워싱턴과 같은 주에서는 학교에서의 괴롭힘 방지 활동을 주 차원에서 시행하고 있다(Phillips, 2007).

학교가 직장보다 엄격한 법적 규제가 훨씬 많이 존재하지만, 아이러니하게도 폭력방지 프로그램 개발에는 직장이 학교에 비해 훨씬 더 적극적이다. 이 장에서 직장 환경에 적용되는 여러 원칙을 학교 장면에 적용하고자 시도하는 것도 바로 이 때문이다. 이러한 격차는 아마도 직장 내 폭력이 유발하는 문제가 학교폭력에 비해 더 크기 때문일 것이다.

괴롭힘의 유형

Nansel 등(2001)은 미국의 6~10학년 학생 1만 5,686명을 대상으로 조사한 결과, 26%의 남학생이 일주일에 1회 다른 아이들을 괴롭힌다고 보고한 반면 정기적으로 괴롭힘을 당한다고 보고한 학생은 21%였다. 이러한 통계치는 수백만 명에 달하는 남학생이 가해자이자 피해자일 수 있음을 시시한다. 뿐만 아니라 괴롭힘에 직접적으로 관여하지는 않지만, 수백만의 청소년과 성인이 괴롭힘을 지켜보는 방식으로 간접적으로 괴롭힘에 관여하는 것으로 나타났다. 그리고 자신이 괴롭힘 당한 사건에 대해 세세한 내용까지 잘 회고할 수 있었던 여학생들과 달리, 남학생들은 첫 번째 괴롭힘 피해조차도 잘 회고해 내지 못하였다.

학교폭력 전문가들은 괴롭힘을 몇 가지 유형으로 범주화한다(Bjorkgvist, 1994; Crick et al., 1999; Hawker & Boulton, 2000; Olweus, 1993; Ross, 1996).

개인적 괴롭힘은 기본적으로 일대일 공격이며 주로 한 아이가 다른 아이에게 앙심을 품을 경우에 발생한다. 이는 학교와 이웃에서 발생하는 가장 흔한 유형의 괴롭힘이다.

집단적 괴롭힘 또한 비교적 흔하게 발생하며 다수의 학생이 무리를 지어 피해자를 괴롭히는 것을 말한다. 유럽에서는 이러한 현상을 군중폭력이라고 부른다. 주로 무리에서 한 명의 멤버가 공격 행동을 저지르며 나머지는 그를 응원하는 양상이다. 어떤 경우에는 집단 내의 여러 명이 폭력에 가담하기도 한다. 이러한 경우 폭력이 위험 수위에 이르러 피해자에게 심각한 손상을 입히거나 극단적인 경우 죽음에 이르게도 할 수 있다.

직접적 괴롭힘은 한 아동이 다른 아동에게 직접적으로 공격을 가하는 것이다. 때리기, 거칠게 밀치기, 다리 걸어 넘어뜨리기, 피해자 물건 부수기 등이 포함된다.

간접적 괴롭힘은 제3자가 관여하거나 어떤 방식으로든 공격자의 신분을 숨기는 공격 유형이다. 피해자의 물건, 과제, 평판을 비밀리에 방해 혹은 파괴하는 행위가 여기에 포함될 수 있다.

관계적 괴롭힘은 또래 관계나 사회적 관계에서 사람들로부터 배척되도록 만드는 행위다. 여학생들 사이에서 가장 자주 드러나는 괴롭힘의 유형이며, 당하는 사람에게 신체적 손상에 준하는 정신적 황폐화를 유발할 수 있다.

언어적 괴롭힘은 괴롭힘의 가장 일반적인 형태라고 할 수 있다. 이는 다른 학생을 말로써 공격하거나 위협하는 것을 말하며, 지나치게 잔인하여 그 학생의 마음과 자기상에 해를 입힐 수 있다.

괴롭힘 가해자의 유형

전문가들은 다양한 연구(Coloroso, 2003; Shafii & Shafii, 2001)와 실무 경험을 통해 가해자 유형에 대해 대략적으로 합의한 상태다.

반사회적 가해자: '나는 보스다' 권력을 과시하는 가해자다. 임상적 평가에서는 품행장애 진단을 받을 수 있으며(House, 1999; Mandel, 1997), 반사회적 성격장애의 아동기 형태로 볼 수 있다. 이 아이들은 단순히 다른 사람에게 힘을 휘두르는 것을 즐긴다. 심리사회적 감각에는 문제가 없지만 부주의함을 뚜렷하게 드러내며 양심의 가책을 느끼지 못하고 자신의 만족만을 생각한다. 많은 반사회적 가해자 유형의 아이들은 상당히 애교가 많고 교활하며 자신이 한 행동에 대해 어른들에게 시치미를 뗄 수도 있다. 카리스마가 있어서 옆에 조수나 가해자가 되고 싶어 하는 거친 아이들을 데리고 다니는데, 이 아이들은 가해자를 응원하며 가해자를 통해 자신들의 힘을 간접적으로 발휘하기 위해 악행을 부추긴다.

고통스러워하는 가해자: '나의 고통을 느껴 봐' 이 유형의 가해자는 전형적인 문제아들이다. 이들은 기분장애, ADHD, 또는 경계선이나 편집성 성격장애로 힘들어할 수 있다. 반사회적 가해자보다는 문제 행동을 덜 보이나 짜증, 불신하는 태도와 충동성, 사소한 일에 쉽게 폭발하는 경향이 그들로 하여금 자신을 존중하지 않는다고 의심되는 타인이나 자신의 신경을 거슬리는 어떤 것에 분노하여 폭발하게 만든다. 폭발 후에는 이를 후회하거나 정당화하기 위해 애쓴다. 이 유형의 가해자를 가해자-피해자라고 부르는데, 경우에 따라 가해자의 역할과 함께 다른 누군가로부터 피해를 당하는 피해자 역할을 함께 하기 때문이다. 또한 이들은 학교, 집, 지역사회에서 다양한 유형의 학대에 시달리는 경향이 있다(Holt, Finkelhor, & Kantor, 2007).

상황적 가해자: '정말로 일진이 안 좋은 날' 이 유형에 속하는 가해자들은 자신이 만만하게 느끼는 대상에게 분노를 투사하는 경향을 자주 드러낸다. 이러한 행동이 예측 불가능한 성질을 띠기 때문에 다른 또래들이 이 아동을 더욱 피하게 된다. 언제 착한 아이가 되고 언제 폭발할지를 전혀 알 수 없기 때문이다.

피해자 유형

임상 경험에 따르면 순수하게 피해자이기만 하거나 가해자이기만 한 사람은 없다. 괴롭힘 관련 연구(Coloroso, 2003; Shafii & Shafii, 2001)와 실무 경험을 근거로 피해자의 유형을 구분해 보면 다음과 같다.

불안한/우울한 피해자: '왜 나야?' 이들은 사회의 최하위 계층에 속하는 불쌍한, 얼간이인, 괴짜인 아이로 낙인찍힌 이들로 가해자의 주된 공격 대상이 된다. 그 첫 번째 이유는 이들이 약하고 순종적이기 때문이며, 두 번째 이유는 지지받을 수 있는 또래가 거의 없기 때문이다. 이 유형의 피해자들은 가해자를 피하기 위해 많은 시간을 보낸다. 이들은 몇 년 동안 조용히 괴롭힘을 당하곤 하며 다양한 신체적 및 정신적 장애가 생긴다(다음을 보시오).

희생/구원하는 피해자: '난 사명을 띠고 있다' 이 피해자들은 피해자 의식을 하나의 영광스러운 훈장이라고 생각하고, 자신의 곤경에 대해 동정 어린 관심을 얻음으로써 일종의 암울한 만족을 얻는 것으로 보인다. 흔히 이들은 다음에 제시된 피해자-방관자나 앞에 제시된 가해자-피해자 유형과 중복된다. 가해자의 공격을 매우 고조시키려는 사명을 띠고 있는 것처럼 보이며 불안한/우울한 피해자에 비해 도망가거나 숨으려는 경향을 덜 보인다.

도발적인 피해자: '어디 한번 해 봐. 가만 두지 않을 거야' 이 유형은 일반적으로 위에 제시된 유형들과 중복된다. 이들은 수동-공격적 방법으로 자신이 가해자의 공격을 잘 견뎌 낼 수 있음을 보여 줌으로써 가해자에 대한 일종의 승리를 성취한다. 심지어 이들은 맞은 후 다시 일어나서 더 때리라고 요구하기도 한다. 이들의 공격 유발 능력은 신체적으로 강건한 사람의 행동을 자신이 통제할 수 있다는 역설적 자신감을 부여한다. 많은 경우, 한편으로는 마치 괴로움을 즐기는 것처럼 행동하여 정상이 아닌 것처럼 보이면서도 다른 한편으로는 직접적으로 보복을 가하진 않지만 가해자에 대한 존경을 아까워하고 배 아파

하는 감정이 쌓인 것으로 보이기 때문에 또래들이 이 아동을 어떻게 생각해야 할지 몰라하곤 한다. 아이러니하게도, 이들을 괴롭힘으로써 얻는 보상이 적기 때문에 가해자들은 보통 의욕이 없고 아부를 잘하는 다른 피해자에게 눈을 돌려 버린다.

방관자와 목격자 유형

대개의 경우 가해자가 공격을 통해 힘을 얻기 위해서는 청중, 굳이 반대하지 않는 사람들, 그 밖의 구경꾼들이 필요하다. 방관자 유형은 다음과 같이 분류될 수 있다(Coloroso, 2003; Shafii & Shafii, 2001).

피해자형 방관자: '네가 나보다 낫다' 보통 가해자들에게 선택된 피해자는 한 명 이상이다. 실제로 피해자 목록이 있는데 가해자의 기분에 따라 그때그때 싫어하는 피해자의 순위가 바뀐다. 빙 둘러서 공격 행동을 구경하는 이들은 과거 또는 현재의 피해자일 수 있으며 지금 이 순간만큼은 자신이 아닌 다른 누군가가 맞고 있다는 사실에 매우 즐거워한다. 조금 죄책감을 느끼긴 하지만 말이다. 이제껏 가해자의 악행을 피해 온 다른 이들은 가해자가 자신을 표적으로 삼는 것이 단지 시간 문제라는 것을 알고 있다.

가해자형 방관자: '뜨거워지지 못하는 권력' 이들은 가해자가 되고 싶어 하며 학교에서 가해자만큼 나쁘거나 강하지는 않지만 자신이 뒤에 숨은 또 다른 공격자라는 것을 밝히는 일에 분명히 흥분을 느낀다. 이들은 무리 속에서 가해자를 응원하거나 적어도 그가 나타나도록 조장한다. 나중에 가해자의 지위에 올라서는 아이들도 있지만, 이들 중 일부는 조수 역할을 계속 유지한다.

회피형 방관자: '묻지 마, 말하지 마' 이들은 번거로운 상황을 싫어하기 때문에 싸움에 얽히지 않으려고 갖은 노력을 다한다. 회피형 방관자는 어떻게든 가해자의 레이더망에 걸리지 않으려고 기를 쓰며 이러한 태도를 고수하려 한다는

점을 제외하면 보통 피해자형 방관자와 같다.

카멜레온형 방관자: '이봐, 뭐든지 할게' 이들은 자신이 피해자가 되지 않기 위한 일이라면 뭐든지 할 수 있다. 가해자가 치어리더를 필요로 하면 응원을 할 것이다. 구타나 폭력에서 빠져나갈 수만 있다면 도망갈 것이다. 반대쪽 가해자 편에 서는 것이 더 낫다는 생각이 들면 충성을 그쪽으로 돌릴 것이다. 이들은 자신의 행동을 상황이 요구하는 대로 바꾸면서 적응하고 살아남는 것을 배워 온 아이들이다.

괴롭힘: 원인 그리고 위험 요인과 보호 요인

누군가 "생명체는 기본적으로 5등급으로 이루어져 있다."라고 말한 적이 있다. 물고기에서 새, 포유류, 영장류, 사람에 이르기까지 대부분의 사회적 동물은 위계와 서열을 지닌다. 그중 가장 극단적인 형태는 가해자, 피해자 그리고 방관자 간의 역동적인 관계에서 찾아볼 수 있다(Coloroso, 2003; Phillips, 2007; Shafii & Shafii, 2001). 여기에는 다음과 같은 몇 가지 요인이 영향력을 행사한다.

개인적 요인에는 기질, 성격 특질과 장애, 그리고 정신병리의 생물학적 특성이 포함된다. 공격에 적극적으로 맞서는 탄력성과 자기확신감도 포함되기는 하지만, 꼭 이 요인 때문에 공격 대상이 되지는 않는다. 경험적 연구들은 외로움, 우울증, 불안, 낮은 자존감과 같은 부적응이 순종, 사회적 철수, 또래에서의 좋지 않은 평판 등과 같은 또래 관계상의 어려움과 정적 상관이 있음을 시사한다. 이러한 또래 관계의 어려움은 그 자체만으로도 지속적인 또래 괴롭힘의 위험 요인이 될 수 있다(Hawker & Boulton, 2000).

학교 요인으로는 저절로 해결되기를 바라며 손 놓고 있지 않고 학생의 폭로를 지지하고 피해 학생의 뒤에서 지원해 주는 학교 분위기를 들 수 있다. 뿐만 아니라 괴롭힘, 희롱, 또래 폭력 등의 문제를 해결하기 위한 정책과 프로그램도 포함된다.

문화적 요인은 학교가 지역사회, 나아가 더 큰 사회 · 문화적 요인의 영향을 받는다는 사실을 반영한다. 학교에서의 행동 양상은 종교, 사회 및 가족의 영향을 받으며 학교 정신과 지역사회 소속의식 그리고 사기 진작에도 영향을 준다. 예를 들어, 할리우드식 영화 주인공의 성격이 남성적인 기운, 힘, 통제로 대변되듯, 남성성을 이상적인 기준으로 세우고 장려하며 지지하는 학교 분위기는 학생들로 하여금 문제 해결을 위해 신체적 공격을 더 많이 행사하도록 조장할 수 있다(Gilligan, 1997; Kimmel, 1996; Phillips, 2007).

괴롭힘의 영향

연구들은 학교에서의 괴롭힘이 학생의 신체적 및 정신적 건강에 다양한 악영향을 미친다는 것을 보여 주고 있다(Hawker & Boulton, 2000; Holt et al., 2007; Johnson, 1989; Kaltiala-Heino, Rimpelae, & Rantanen, 2001; Miller, 2002b; Mynard, Johnson, & Lohan, 2002; Nansel, Overpeck, Haynie, Ruan, & Scheidt, 2003; Nansel et al., 2001; Olweus, 1993; Pitcher & Poland, 1992; Rigby, 2003).

- 낮은 자존감
- 외로움, 고립감 증가
- 불안과 공황발작
- 우울증과 자살 사고
- PTSD
- 병원 방문 횟수의 증가
- 정신신체 증상과 스트레스 관련 질병
- 담배와 알코올 과다 사용
- 학교 출석률 저하
- 학업 수행 저하

학생들이 될 대로 되라는 식으로 폭력을 휘두르는 경우는 매우 드물지만(다음을 보시오), 그럴 경우 직장 내 폭력(12장)과 마찬가지로 종종 만성적인 조직 문제로 이어질 수 있다.

학교를 위한 괴롭힘 관리 프로그램: P.A.S.S. 모형

저자는 여러 문헌(Bender & McLaughlin, 1997; Coloroso, 2003; Hawker & Boulton, 2000; Olweus, 1994; Pitcher & Poland, 1992; Ross, 1996; Shafii & Shafii, 2001)과 저자 자신의 경험(Miller, 2000g, 2002b, 2003c, 2004d, 2004e, 2007e, 2007f)을 종합해서 학교에서의 괴롭힘, 희롱, 또래 공격 등을 방지하기 위한 프로그램을 만들었고 이를 P.A.S.S. 모형이라고 명명했다.

P = 정책 Policy 괴롭힘과 희롱 및 또래 피해자화와 관련된 교육 프로그램과 정책으로 구성된다. 직장폭력 및 직장 안전과 마찬가지로 학생, 교직원, 가족, 지역사회에서 학교 안전이라는 목적을 달성하기 위해서는 구조화된 프로그램이 필수적이다.

A = 행동 Action 앞에서 제시한 정책과 절차를 실제로 적용하는 것을 말한다. 여기에는 위협과 사건을 보고하고 조사하기 위한 구조화된 프로그램, 또래 중재와 갈등해결 훈련, 그리고 필요하다면 학생, 부모 그리고 사법기관에 대한 직접적인 개입이 포함된다.

S = 지지 Support 여기에는 정신건강 서비스에 의뢰하는 것이나 상담뿐 아니라 멘토링과 교외 활동 같은 서비스가 반드시 포함되어야 한다.

S = 감독 Supervision 가해자나 피해자가 될 위험이 높은 학생 개개인을 주기적으로 감시할 뿐 아니라 프로그램의 효과성을 주기적으로 검토하는 등과 같은 프로그램 관리를 말한다.

학생을 위한 학교 괴롭힘 대응 전략: D.I.C.E. 모형

저자는 관련 문헌(Bender & McLaughlin, 1997; Coloroso, 2003; Hawker & Boulton, 2000; Johnson, 2000; Olweus, 1994; Pitcher & Poland, 1992; Ross, 1996; Shafii & Shafii, 2001)과 저자의 학교 및 학생 상담자로서의 경험(Miller, 2002b, 2003c, 2004d, 2004e, 2007e, 2007f)을 토대로 대응 모형을 개발하였다. 교육자 및 상담자는 학생들이 이 모형을 사용할 수 있도록 교육함(적절한 훈련과 연습)으로써 괴롭힘, 희롱, 또래 폭력 등을 방지하게 할 수 있다. 이 모형을 D.I.C.E. 모형이라고 부르기로 하겠다.

D=기록하기 Document 괴롭힘과 희롱당한 사건을 기록하라. 날짜, 시간, 장소, 가해자와 피해자, 구경꾼, 그 밖에 주위에 있던 다른 사람들을 포함하여 사건에 관련된 모든 사람을 적어 두라. 가능한 한 상세하게 적되, 적는 것을 다른 사람 눈에 띄지 말라. 이러한 정보를 기록하는 사실만으로 피해 아동에게 조금이나마 권능감이나 통제감을 줄 수 있다.

I=알리기 Inform 교사, 가족, 친구, 그 밖에 당신이 믿는 누구에게라도 알리라. 피해자를 포함한 많은 아이가 가해자의 분노에 대한 공포보다 고자질쟁이로 낙인 찍히는 것을 더 두려워한다. 이는 아이들의 개인적인 결정이며 아동이 직접적으로 위험에 빠진 당사자가 아니라면 교사나 부모 및 상담자가 아동에게 자신이 피해자임을 공개하라고 강요할 수도 없다. 이러한 경우 학대 보고의 책임은 교사나 임상가의 몫이다.

C=직면하기 Confront 가해자와 구경꾼들을 건설적인 방식으로 직면하라. 여기서 가장 중요한 것은 '건설적'이어야 한다는 점이다. 저자는 이것이 공격의 빈도나 강도를 줄이는 가장 일반적인 전략이라고 생각한다. 이에 대한 설명이 다음에 제시되어 있으므로 참고하기 바란다.

E = 권능감 가지기 Empower 자부심을 키우는 활동과 또래들의 지지를 얻음으로써 자기 자신에게 힘을 실으라. 피해자화는 낮은 자존감과 무기력을 먹고 산다. 당신이 잘하는 일을 찾으라. 당신을 좋아하고 지지해 줄 사람들을 찾으라. 의지할 수 있는 무리와 친구들을 만들라. 물론 많은 아동에게 이것이 말만큼 그리 쉽지만은 않을 것이다.

괴롭힘 다루기: 아이가 할 수 있는 것

괴롭힘과 관련한 정책이 아무리 완벽하게 마련되어 있어도 괴롭힘 사건은 발생 가능하다. 괴롭힘에 직면한 학생들을 위한 몇 가지 실용적인 권고 사항이 있는데, 그중 가장 중요한 것이 안전임을 기억할 필요가 있다. 이 전략들은 어느 정도 체면을 지키면서도 괴롭힘 상황을 해결하거나 완화시키기 위해 활용될 수 있다. 그러나 폭력적 상황에서 승리하는 것 자체를 위해 사용되어서는 안 된다. 그것이 폭력을 악화시키거나 이후의 보복을 촉발시킬 수 있기 때문이다.

교육자와 상담자는 아래에 제시된 개략적인 지침들을 가능한 융통성 있고 창의적으로 활용해야 한다. 개개인의 성격과 학교 문화가 다 다르기 때문이다. 충분한 연습과 역할극을 통해 보강되어야 함은 물론이고, 외부 전문가를 초빙하여 훈련할 필요가 있다. 이 프로그램은 다음과 같은 요소로 구성되어 있다(아직 기억하기 쉬운 두음문자는 생각해 내지 못했다).

반응을 개인화하라 개입이 가장 효과적이기 위해서는 개별 학생의 성격과 특징에 맞춰야 한다. 원래 그렇지 않은데 거칠게 행동하려고 하거나, 타고난 성향이 아님에도 유머를 사용하려고 애쓰는 것은 오히려 부자연스러움과 역효과를 낳을 수 있다. 가장 자연스럽고 자신에게 편한, 개인화된 전략을 개발하라.

무리를 지으라 고립은 피해자화의 시녀다. 보호 기능을 해 주는 사회적 모임을 만들라. 모든 악한이 그렇듯이, 가해자는 무리에서 가장 약한 사람을 골라내는 경향이 있다. 친구들을 위험에 빠뜨리라는 것이 아니다. 실제로 그들은 아무것도 할 필요가 없다. 그러나 보통은 무리 중 한 명에게 가해자가 공격을 했을 때 이를 참지 않을 든든한 집단이 있는 것만으로도 가해자의 접근을 막을 수 있다.

피하라 골칫거리가 오고 있는 것이 보이면 비켜 가라. 숨거나 복도를 살금살금 걸어 다니며 피하라는 말은 아니다. 하지만 뻔히 알면서 쓸데없이 자신을 위기 상황에 몰아넣을 필요는 없다. 예를 들어, 학급 회의 때 가해자의 눈에 띄는 자리에 앉지 말라. 수업을 같이 듣는다면 가능한 한 가해자 뒤쪽에 앉으라. 대화를 해야 하는 상황이라면 지나치게 공손하거나 도전적으로 보이려고 애쓰지 말라. 가해자에게 덜 매력적인 대상이 되라.

방향을 돌리라 간혹 가해자나 가해자 무리에게 갑작스럽게 공격을 당하는 경우가 있지만, 대개의 경우 괴롭힘은 대화로 시작된다. 상황을 누그러뜨리기 위해 분노를 유발하지 않는 다양한 재담 활용법을 배우라. 이때 가해자의 체면은 세워 주되 당신의 품위도 어느 정도는 지킬 수 있어야 한다. 이 방법은 약간의 창의력이 요구되므로 상담자나 코치와의 실습 및 연습이 필요하다. 다음은 그 예다.

가해자: 야, 호모 새끼 요리 수업 가냐?
학　생: 친구야, 나는 수학 수업 들으러 가야 해. 방정식을 몇 개 만들어야만 농구 연습에 갈 수 있거든.

건설적인 유머를 사용하라 앞의 것과 연장선에서 생각할 수 있는데, 대부분의 가해자는 매우 현실적이어서 농담으로 던진 말도 자신에게 모욕을 주는 것으로 해석할 수 있기 때문에 주의가 필요하다. 자기를 지나치게 내세우지 않으면서도 비하하지 않는 유머를 사용하도록 하라.

가해자: 그래. 수학 들으러 가라, 아인슈타인. 눈 네 개 달린 호모 새끼들이나 그런 수업 들으러 가겠지.

학 생: 그러게. 우리 눈 네 개 달린 호모들은 머리를 써야 똑똑한 애인을 얻을 수 있거든.

현실적인 결과에 직면하라. 때로 신체적으로 공격을 하려고 마음을 먹은 가해자와 직면했을 때는 직접적인 방법이 유일한 대응법일 수 있다.

가해자: 글쎄, 내 말 좀 들어봐 호모 새끼야. 너 그 호모 교실에 가고 싶으면 나를 밀치고 가야 돼.

학 생: 너 진짜 그렇게 했으면 좋겠니? 너 이미 두 번 정학당한 거 잘 알거야. 한 번만 나 또 건드리면 나 말고도 여기 친구들까지(무리가 있으면 좋다고 말한 이유다) 가세해서 네가 한 짓 다 알릴 거야. 넌 이제 퇴학당하고 경찰서에 가겠지. 그래, 그만한 가치가 있다고 생각하면 이제 네가 결정해.

자신이 잃을 것이 있다고 느끼는 가해자들에게는 이런 방법이 통할 수 있다. 하지만 그렇지 않은 가해자들은 그런 것을 별로 걱정하지 않을 것이며, 단지 그 순간에 응원하는 친구들 앞에서 체면을 살리는 데에만 관심이 있을 수 있다. 당신의 고객을 파악하라.

위험 지대에서 벗어나라 가장 중요한 규칙은 안전이 우선이라는 것이다. 이를 반드시 기억하라. 다른 대안이 없다면 황급히 달아나서 안전을 도모하라. 당신이 도무지 이길 수 없는 싸움을 회피했다고 해서 당신을 깔보는 사람은 없을 것이다.

괴롭힘 사건 다루기: 어른이 할 수 있는 것

P.A.S.S. 모형에서 살펴보았듯이 괴롭힘 방지 프로그램이 효과를 보기 위해서는 아이들이 위에서 설명한 전략들의 효과를 믿고 학교 당국이 자신들을 지지해 줄 것임을 알아야 한다. 또한 아이들은 교직원과 다른 책임감 있는 어른들이 문제가 태동하는 것을 보면 즉시 개입하고 아이들이 곤경에 처해 허둥대도록 내버

려 두지 않을 거라는 것을 알아야 한다. 많은 학교에서 경찰 인력과 보안 담당관을 학교에 배치하고 있다. 그러나 가끔은 이런 전문가들이 현장에 도착하기 전에 교사나 다른 어른들이 발 빠르게 대응해야만 하는 상황이 있다. 그렇지 못할 경우 법적 제재를 받을 수도 있다. 다음은 책임자인 어른들을 위한 권고 사항이다.

위험을 평가하라: 안전 최우선! 주변을 살피고 당신의 개입이 득보다 해가 더 크지 않게 하라. 가능하다면 교직원, 보안요원, 경찰 등에게 지원을 요청하라. 이것이 만일의 사태에 대비하여 개입 계획을 세우는 것이 필수적이라고 말하는 이유다.

논쟁자들을 떼어 놓으라 문제 상황이 태동하고 있으나 아직 끓어오르지는 않았다면, 최선을 다해 점잖지만 단호하게 서로의 목소리가 들리고 얼굴이 보이는 정도의 거리를 두고 양측을 떼어 놓으라. 어른이 한 명 이상이라면 아이들을 각각 붙잡고 따로 이야기하라. 당신밖에 없다면 양편에 있는 아이들을 뒤로 물러나게 한 뒤, 양쪽을 오가며 이야기하라.

논쟁의 본질을 알아내라: 괴롭힘인지 아니면 다른 것인지 아이들은 아이들일 뿐이며, 모든 대치 상황이 또래 괴롭힘에 해당하지는 않는다. 때때로 학생들 사이에서 열띤 언쟁이 발생할 수 있으며, 이것은 한 아이가 다른 아이를 나쁜 목적으로 이용하는 것과는 거리가 멀다. 평소에는 그 경계가 다소 불분명하다. 단지 동급생 간의 활발한 토론으로 보인다면 당사자들이 자리를 떠나게 하여 분위기를 가라앉히라. 왜냐하면 당신에게는 신체적 싸움으로 치달을 수 있는 대립 국면을 막아야 할 의무가 있기 때문이다. 그러나 사소한 문제를 크게 만들지 말아야 할 때를 아는 것이 중요하다.

규칙을 재차 확인시키고 결과를 설명하라 확고하고 권위 있는 방식으로 품행 관련 학칙을 확인시키고 이를 이행하지 않았을 때 발생할 결과를 상기시키라. 당사자 중 한 명이 특별 보호관찰이나 그 밖의 상황에 놓여 있다면, 그 학생에게는 다른 학생들이 들을 수 없는 곳에서 그 사실을 상기시켜 불필요한 곤란을 피하도록 하라. 단, 어떤 경우에도 학칙대로 처리될 것이라는 점은 명확히 알리라.

추후에 중재나 조정을 요청하라고 권하라 아직 법적 처벌을 받을 만한 상황으로 번지지 않은 상태라면, 대치 중인 양측의 갈등을 해결하도록 무엇이든 도와주겠다고 말하라. 물론 대개의 경우 아이들은 "필요 없어요. 우리가 해결할 거예요."라고 말할 것이다. 이런 경우 그 아이들의 노력을 칭찬하고 싸움이 더 진행될 경우 어떤 결과가 초래될지를 상기시키라.

쌍방 모두가 규칙과 결과에 대해 이해하고 설명할 수 있도록 하라 "난 당신이 그때 뭐라고 했는지 기억나지 않아요."라든가 "당신이 그런 뜻으로 말한 줄 몰랐어요."와 같이 상황이 종료된 이후에 우기지 못하도록 앞서 살펴본 전략들을 아이들이 반복해서 말하도록 하라. 예를 들어, "서로 말하는 것을 정확히 이해하고 있는지 확인해야 하니까 방금 우리가 논의했던 것들을 네가 한 번 말해 봐."라고 한다. 학생이 올바로 이해할 때까지 필요에 따라 추가 설명하라. 대개의 경우, 쌍방이 악수를 하게 하여 이제부터 친구인 척하도록 만드는 것은 좋은 방법이 아니다. 이것은 더 큰 분노를 조장할 수 있다. 그들을 따로 떼어 놓아 열기를 식히는 편이 더 낫다.

필요하다면 행정 조치나 징계 조치를 하라 대치 중인 둘 중 한 명 혹은 양측 모두가 상황을 원만하게 해결할 의사가 없거나 의견 충돌이 싸움으로 발전하는 경우, 보안요원과 학교 경찰 또는 지역 경찰에 전화해서 정학에서부터 구속에 이르기까지 어떤 것이 되었든 적절한 행위를 취하라.

또래 개입을 지지하라 합법적이며 비폭력적으로 피해자를 도와주고자 하는 학생들의 노력과 사건 보고 및 폭력 방지를 위한 학생들의 노력을 학교 당국이 확실하게 지원할 것임을 학생들이 확신하도록 만들라. 이를 위한 최선의 방법은 학교 차원에서 이러한 지원을 제도화하기 위한 괴롭힘 방지 훈련을 기획하는 것이다.

이러한 또래 지지 개입 프로그램을 제도화하는 것이 얼마나 중요한지는 아무리 강조해도 지나치지 않다. 특히 괴롭힘의 발생률이 높은 학교에서 자체 시행하고 있는 프로그램들이 성의 없고 불충분하면 전 학년에 걸친 괴롭힘, 희롱, 또래 폭행 사건의 발생률을 줄일 수 없을 뿐 아니라 학생들이 학교의 건설적인 프로그램에 참여하기를 꺼리게 될 수 있다(Cowie & Olafsson, 2000; Scarpa & Haden, 2006). 기본적으로 학교 당국이 폭력 예방에 진지하지 않다면 가해자, 피해자 그리고 다른 학생들도 학교폭력 방지 프로그램을 비롯하여 안전한 성관계나 마약 방지 같은 학교 지원 프로그램을 그저 가벼운 농담쯤으로 생각할 것이다.

괴롭힘 피해자를 위한 심리치료와 상담

다른 유형의 범죄 피해자 치료와 달리, 괴롭힘과 또래 공격 피해 아동 및 청소년의 치료 관련 문헌은 상대적으로 부족한 편이다. 하지만 이들은 임상 실무에서 가장 자주 만날 수 있는 외상 환자들이다. 성폭력, 강도, 차량 탈취, 직장폭력 피해자, 심지어 전장에서의 군인 피해자조차도 그 영향은 잔혹하지만 한시적인 데 반해, 또래 공격은 만성적이며 심지어 치료 중에도 여전히 진행 중일 수 있다. 그리고 학생들은 학교라는 일상으로 돌아가야만 한다. 따라서 이들을 위한 개입은 학생이 자존감을 유지하거나 되찾게 함과 동시에 학업에 열중할 수 있도록 계획되어야 하며, 이를 위해 앞에서 간략히 설명한 전략들에 좀 더 지지적인 자존감 향상 기법을 혼합해서 실시할 필요가 있다.

저자는 최근 이러한 개입에 도움이 될 만한 치료 프로그램(Stein et al., 2003)을 하나 발견하였다. 이 프로그램은 이 책에 소개된 다양한 치료 전략을 통합하고 요약하여 괴롭힘과 또래 공격 피해자의 치료에 적용하는 임상적 본보기가 될 수 있다. 여기서는 저자가 임상 실무 경험을 기반으로 개인적인 논평과 제안 및 수정안을 곁들여서 이 프로그램을 제시하도록 하겠다.

Stein 등(2003)은 표준화된 인지행동 집단치료 프로토콜을 만들어 실시한 결과 이것이 폭행에 노출된 학생들의 PTSD와 우울 증상을 현저하게 감소시켰다고 밝히면서, 학교 정신건강 임상가가 학교 장면에서 이 프로그램을 효과적으로 활용할 것을 권하였다. 학교폭력을 위한 인지행동적 개입이라고 불리는 이 프로그램은 10회기의 집단치료 형태로 구성되며, 다문화 사회의 도시 빈민가에 위치한 학교 내 정신건강 클리닉에서 사용하기 위해 개발되었다. 회기 구성은 다음과 같다.

1회기 첫 회기에서는 집단원을 소개하고 비밀보장의 원칙과 절차를 설명한다. 이야기와 삽화를 이용하여 치료 모형을 설명한다. 학생들은 자신이 이 집단에 참여하게 된 이유, 특히 학교 장면에서 경험한 스트레스나 외상 등에 대해 이야기한다.

2회기 학생들은 스트레스와 외상에 대한 일반적인 반응에 대해 교육받는다. 그런 다음 불안을 줄이고 자신의 신체 반응을 통제할 수 있도록 하기 위해 이완반응과 그 밖의 각성조절 기술 훈련을 받는다(6장). 대부분의 아이는 자신이 신체 반응을 통제할 수 있다는 생각에 매료되며, 행동의학 훈련에 매우 열광한다. 그 후에 외상 사건에 대한 심상노출 훈련을 받는다. 이 경우 가해자와 또래 폭력이 훈련의 각본이 된다. 그리고 자신의 공포와 수치심에 대응하기 위해 각성 조절 전략을 이용하도록 힘을 얻는다. 이런 연습은 몇 회기에 걸쳐 점진적으로 진행된다.

3회기 학생들에게 사고와 감정 간의 관계를 설명한 뒤 인지치료의 원리를 소개한다. **공포 온도계**를 사용하여 자신의 감정 상태를 객관적으로 관찰하는 훈련을 받는다. 부정적 사고와 투쟁하기 위해 인지치료 기법을 배우고, 부정적 사고가 공포 온도계에 어떤 영향을 미치는지를 평가한다. 저자의 경험상 아이들은 사고 중지 기법을 좋아하고, 이를 위해 온갖 창조적 상징을 생각해 내곤 한다.

4회기 학생들은 부정적인 사고와 싸우는 방법을 배운 다음 6장에서 소개했던 인지 재구조화 기법을 배운다. 여기서 가장 어려운 일은 부정적 사고로 무엇이 적절한지를 결정하는 것이다. 어떤 학생들은 외상적 괴롭힘에 대한 기억을 사라지게 만들고 싶어 할 수 있다. 이는 앞에 제시한 괴롭힘 방지를 위한 언어 및 행동 전략을 심어 주려는 노력에 방해가 될 수 있다. 치료자는 학생의 성격, 외상 수준 및 치료 단계에 따라 부정적 사고의 의미를 각 학생의 욕구에 맞추어야 한다. 그러나 기본적인 지도 원리는 부적응적이고 불안정한 사고를 통제하도록 하는 반면, 실용적인 대처 기술을 이용하기 위한 인지 능력을 충분히 유지하도록 해야 한다는 점이다.

예를 들어, "나는 겁쟁이야. 나는 항상 괴롭힘 당할 거야."라는 반추 사고를 반박하기 위해

사용하지 말 것:
"나는 그 생각을 하지 않을 거야. 그냥 학업에만 열중하겠어."

시도할 것:
"물론 여러 덩치 큰 아이가 패를 지어 내게 덤비면 내 머리는 맛이 완전히 가겠지. 하지만 그런 경우에 어떻게 대처할지를 배울 거고, 그러면 파국에 이르지는 않을 거야. 나는 두려워하지 않을 거고 학업에 더욱 열중할 수 있어."

5회기 무슨 일이 있었든 간에 학생들은 학교로 돌아가야 한다. 따라서 이번 회기에서 학생들은 유용한 대처 기술을 발전시켜 부적응적인 회피 반응을 다루는 법을 배운다. 공포 위계 목록 작성법을 배우고 공포 위계 목록별 대처 기술뿐 아니라 심리생리적 자기조절 전략을 사용하는 훈련을 받는다. 또한 자연스러운 환경에서 이러한 전략을 사용해 보도록 격려받는다. 특히 학교 주변의 공포 유발 환경에 대한 둔감화 기술을 배운다. 또한 어쩔 수 없이 사건이 발생하는 경우에는 이미 배웠던 실용적 대처 기법을 활용하도록 장려한다.

6, 7회기 이 회기들은 대개 상상, 그리기, 쓰기를 통한 스트레스나 외상 기억에의 노출에 초점을 맞춘다. 각 학생의 개인적 주제를 다루기 때문에 전통적인 심리치료와 거의 흡사하다. 개인적 주제에는 괴롭힘과 괴롭힘이 가족 정체성, 또래 관계, 그 밖의 요소들에 미친 영향이 포함된다. 이 회기들은 치료 프로그

램에서 가장 개인적인 시간에 속하며, 임상가는 아이들로 하여금 또래 괴롭힘이 학생으로서 그리고 사람으로서의 자기발달에 미친 영향들을 인식하고 그것에 직면하여 이겨 낼 수 있도록 돕기 위해 각자가 가지고 있는 기술과 재주를 활용하도록 격려해야 한다.

8회기 이 회기에서는 사회적 문제 해결에 대해 소개한다. 학생들은 갈등의 비폭력적인 해결을 위한 다양한 전략과 그 밖의 대인 간 문제해결 기술들을 배운다. 저자의 경험상, 적어도 현재까지는 이 방법이 수동-공격적 행동과 불쾌한 행동 이외에는 관심을 끄는 방법을 잘 알지 못하는 희생/구원형 피해자와 도발형 피해자에게 특히 효과적이다. 저자는 보통 이 방법과 다양한 사회성 기술 훈련을 결합해서 친구 사귀기 및 선생님이나 가족에게 협조를 요청하는 능력을 극대화할 수 있도록 한다. 이를 통해 사회적 지지망을 넓히고 굳건히 할 수 있다.

9회기 이 회기에서는 사회적 문제 해결 연습을 지속한다. 학생들이 교대로 즉흥적인 시나리오에 맞춰 역할극을 하면서 역경극복 훈련을 실시한다. 이 방법이 아주 유용한데, 이 과정을 통해 학생들이 학교에서 매일 직면하는 다양한 대인관계적 곤란에 대한 전문가가 되기 때문이다.

10회기 자연스러운 환경에서 학습했던 기술들을 적용할 뿐 아니라 매우 다양한 역할극 시나리오를 지속하여 제시함으로써 재발 방지를 강화한다. 마지막으로, 졸업식에서는 그동안 이루어 놓은 성과를 굳히고 일상 속에서 습관적으로 자연스럽게 행할 수 있도록 격려하며 미래를 위한 현실적인 낙관주의를 가질 수 있도록 한다.

Stein 등(2003)은 효과성 검증을 위해 프로그램의 표준적인 순서를 제시했지만, 임상 실무에서는 환자의 필요에 따라 융통성 있고 창의적으로 활용할 필요가 있음을 기억하라. 저자의 경험상, 이 프로그램은 개인치료 기법으로도 활용될 수 있다. 학생의 요구에 따라 회기 진행을 수정하거나 단축하거나 연장하거나 재배열할 수 있다. 이 프로그램은 학생들에게 영향력을 행사하는 개인적, 가족적 그리고 사회적 쟁점들을 다루기 위해 진행 중인 다른 치료 기법과 통합될 수 있다.

학교폭력

존스버러, 리틀턴, 컬럼바인, 버지니아 공대.[7]

학교폭력은 결코 뉴스를 떠나 본 적이 없는 주제다. 학교폭력은 그간 테러에 가려 있었다. 그러다가 최근 학교 집단폭력 사건이 발생하고 나서야 대부분의 살인자가 미국 시민이며 살인 사건 중 상당수가 결코 그런 일이 발생하지 않을 것이라고 예상하는 장소인 학교에서 발생한다는 사실을 우리에게 상기시켜 주었다. 이 절에서는 대량학살의 현대판 유형인 학교폭력에 대한 심리학적 통찰을 제공하고 학교폭력을 예방하고 학교폭력에 대응하며 학교폭력 후유증으로부터 회복하기 위한 실무적 권고들을 살펴보도록 하겠다. 이 권고 사항들은 사법 관계자, 교육 장면 그리고 정신건강 전문가들에게 유용할 것이다.

학교폭력의 인구통계학적 특징과 임상적 영향

국립학교안전센터National School Safety Center에 따르면(Bender & McLaughlin, 1997), 학교폭력은 꾸준히 심각한 사회문제로 지적되어 왔다.

- 강력한 무기를 사용해 다수의 사상자를 만드는 대량학살이 학교 장면에서 발생하는 경우는 여전히 드물다. 그러나 대량학살을 제외하면 거의 300만 건에 해당하는 범죄가 학교 내 혹은 학교 인근에서 발생하며 이는 미국 내

역자 주

7) 모두 끔찍한 학교 총격 사건이 발생한 곳임.

전체 범죄 건수의 11%에 달하는 수치다.

- 학교에 매일 총을 가지고 다니는 아동의 수는 약 13만 5,000명에서 20만 명 정도로 추산된다.
- 청소년 폭력 **발생률**(혹은 빈도)은 1970년대 이후로 전체적으로 감소하였다. 그러나 같은 기간 동안 발생한 청소년 폭력의 **심각도**는 급증하였다. 이는 살인 사건과 강력한 무기 사용 사건의 증가와 관련이 있다.
- 더욱이 범행 연령이 점점 더 낮아지고 있다.

학교폭력의 심리적 파급 효과는 사건 자체에 비해 상당히 심각하다. 예를 들어, 컬럼바인 고등학교 총격 사건이 일어난 첫해에는 차량 사고율, 자살 시도, 폭행, 학생 사망 사건 등이 유독 높았다(Johnson, 2000). 초등학교 운동장에서 벌어진 저격 사건에 대한 아동의 반응을 연구한 결과 이들의 외상 반응이 성인과 유사한 것으로 나타났다. 사건이 발생한 지 약 한 달 후에 159명의 학령기 아동을 대상으로 인터뷰를 실시한 결과, 노출 수준이 심각하지 않았던(즉, 공격 당시에 운동장에 없었던) 아동들은 공격에 심각하게 노출된 학생과 달리 극심한 외상 후 증상을 보이지 않았다(Pynoos et al., 1987).

학교폭력 가해자

학교폭력에 언론의 모든 관심이 집중되고 있지만, 청소년 집단폭력 심리에 대한 경험적 연구는 거의 없다. 우리가 학교폭력 가해자에 대해 알고 있는 대부분의 지식은 다른 유형의 집단폭력 연구, 특히 직장폭력의 어른 가해자(12장)의 심리를 토대로 추론해 낸 것들이다. 학교 총격 사건과 대조적으로, 직장폭력은 보다 최근부터 주목받기 시작한 사회현상임에도 불구하고 수십 년에 걸쳐 꾸준히 연구되어 왔다(Johnson, 2000; Miller, 2002b; Pitcher & Poland, 1992).

이러한 상황은 다수의 사망자가 발생해 세간의 이목을 끌었던 학교폭력 사건은 끔찍하기는 하지만 아직은 발생 빈도가 비교적 낮다는 것과 관계가 있다. 앞서 논의한 바 있듯, 이런 식의 폭력보다는 괴롭힘, 희롱, 치명적이지 않은 수준의 폭력 등과 같은 사건이 훨씬 더 보편적이며 전 세계 어느 학교에서도 일어나고 있다. 하지만 이런 사건들도 심리적 외상을 유발하며 폭발적인 위력을 지닌 보복성 폭력 사건의 발단이 될 수 있다.

지난 10년 동안 발생한 학교 총격 사건을 분석해 보면 괴롭힘과 희롱 및 학교 집단폭력 사이에 매우 긴밀한 관계가 존재함을 알 수 있다. 이런 사건에서 폭력의 사이클은 보통 모욕감이 누적되어 더 이상 참을 수 없다고 생각되는 사건을 겪었을 때 시작된다. 학생의 성격 특성과 심리적 역동에 따라서 피해 사고, 비난의 투사, 보복 공상이 결합하여 반응이 결정된다. 피해 사고와 감정이 끓어오르면 학생은 다른 사람들과의 모든 관계를 단절하고 폭력적 행동이 유일한 해결책이라고 자기합리화하기 시작한다. 직장폭력에서처럼 실제 공격이 갑자기 충동적으로 시작될 수도 있으나 대개는 여러 달에 걸친 계획 및 수정 과정이 선행된다. 폭력 행위가 단독으로 자행될 수도 있지만 비슷한 마음을 가진 다른 사람들과 공동으로 자행될 수도 있다. 대개의 경우 사건은 가해자의 자살이나 형사사법기관의 가해자 사살로 끝난다.

학교폭력의 예방

학교폭력으로 인한 인명 희생에도 꿈쩍 않던 학교 당국이 잠재적인 법적 및 재정적 책임을 고려하기 시작했다. 앞서 살펴본 바 있듯, 1988년 제정된 Stoneking 대 브래드퍼드 지역 학군 간 법정 공방에 대한 판결은 학교 당국이 교내에서 위험하고 불법적인 행동이 일어나는 것을 알고 있는데도 이를 해결하기 위해 충분한 대응 행동을 행하지 않았거나 교내 범죄 예방을 위해 성실히 노력하지 않은 경우 규칙 14항에 근거해서 학교가 법적 책임을 지도록 하고 있다. 다음의 권고 사항들은 직장 내 폭력 영역에서 활용되고 있는 것들을 각색한 것으로, 학교 장면에서도 효율적으로 적용될 수 있을 것이다(Denenberg & Braverman, 1999; Kinney, 1995; Johnson, 2000; Labig, 1995; Miller, 1998h, 1999c, 2001a, 2001b, 2002a, 2008; Namie & Namie, 2000; Pitcher & Poland, 1992; Ross, 1996; Schouten, 2006).

확실한 정책

학교는 괴롭힘, 협박, 희롱에 대해 확실하고 강력하며 일관되고 명문화된 정책을 가지고 있어야 한다. 학교는 효과적인 보안 프로그램, 표준화되어 있으며 비밀이 보장되고 활용하기 쉬운 보고 시스템, 지지적인 교직원, 개방된 의사소통 통로, 그리고 언어적 협상과 갈등해결 기술 훈련 체계를 갖추고 있어야 한다. 학교는 무관용 정책을 보유하고 있어야 하며, 학생들이 이것을 확실히 이해하고 있도록 해야 한다. 단순하게 들리지만, 지나치게 느슨하거나 엄격한 정책은 프로그램의 신뢰도를 손상시킬 수 있기 때문에 신중할 필요가 있다. 반폭력 조치들은 안전이라는 쟁점을 고려해서 만들어져야 하며 화재 예방과 재난방지 훈련에 적용되는 것과 동일한 규칙들이 적용될 수 있다. 사건 발생 시 대응 계획이 명확히 수립되어 있어야 하며 조사 프로토콜뿐 아니라 사건이 어떻게 누구에게 보고될 것인지를 구체화하고 있어야 한다.

안전한 징계

직장폭력과 마찬가지로, 학교에서 일어나는 많은 폭력 행위는 교직원과 학교 당국에게 부당한 대우를 받았다고 생각한 가해자와 관련되어 있다. 이 중 일부는 앞서 말했던 무관용 정책에 대한 이해 부족과 관계가 있다. 학교는 개별 징계 프로그램을 개발할 필요가 있다. 프로그램은 사건 발생 시 쉽게 보고하고 참여하는 것을 막을 정도로 지나치게 접근성이 엄격하지도, 통제 부족이라는 느낌을 줄 정도로 지나치게 관대하지도 않도록 둘 간의 균형을 유지해야만 한다. 징계에는 훈계, 정학, 퇴학 그리고 고소가 포함되며 명확한 이유와 근거가 있어야 한다. 학생의 안전을 위해서라면 학교 관계자는 강제명령을 결코 두려워하지 말아야 한다.

안전한 정학 또는 퇴학

징계나 교정 절차가 효과가 없었을 경우, 비인도적이지 않는 선에서 정학이나 퇴학 조치가 명확하고 단호하게 이루어져야 한다. 이러한 조치들은 명문화된 행동 및 규칙 위반 조치 조항에 근거해야 한다. 학생과 가족은 정중히 대우받되, 이번 조치가 마지막이며 도움이 될 것이라는 것을 설명해야 한다. 이 기간 동안 학교에서 제공되는 상담이나 다른 서비스에 대한 정보를 학생에게 전달해야 한다. 범죄 행위에 관해서는 학교 당국이 이를 지역 내의 수사기관이나 학교 소속 경찰에게 알려야 한다.

학교폭력에 대응하기

경우에 따라서는 예방에 최선의 노력을 다했음에도 불구하고 위험한 상황이 태동하기 시작하고 폭력 사건이 발생할 가능성이 점진적으로 증가할 수 있다. 하지만 사건이 갑자기 발생해서 직원들이 즉각적으로 대응해야 하는 경우도 있다. 어느 쪽이든 대응 효과는 사건 이전의 철저한 계획과 훈련에 따라 달라질 것이다.

임박한 폭력의 경고 징후

학교 관계자가 학생들을 잘 파악하고 있는 것이 최선이지만 옷, 말, 얼굴 표정의 악화나 변화, 초조 행동의 증가, 불안, 고립이나 우울증, 약물 사용 증거, 또는 매체에 나오는 폭력 사건에의 집착 등이 경고 징후로 언급되고 있다. 대부분의 경우 친구들이 부모나 교사들보다 무슨 일이 벌어질 것이라는 것을 먼저 알게 된다. 비밀이 보장되는 안전한 보고 시스템이 매우 중요한 까닭이 바로 여기에 있다.

학교폭력 대응을 위한 정책과 절차

학교는 폭력 가능성을 줄이기 위한 예방 계획을 세워야 한다. 여기에는 또래 중재, 지역사회 교육 프로그램, 지역사회 징계 위원회, 교사를 위한 전문적인 훈련,

비폭력을 옹호하고 본보기로 삼는 교육과정 및 그 밖의 다양한 방법이 포함된다. 뿐만 아니라 학교는 의사소통 정책과 절차, 대피, 수사기관 신고와 긴급 구조 요청 등의 절차를 포함하는 위기 대응 프로토콜을 구축하고 있어야만 한다.

잠재적인 폭력 사건을 감소시키기 위한 계획과 훈련이 개발 및 시행되어야 하며 시행 후에는 주기적으로 효과성을 검토해야만 한다. 이러한 프로토콜에는 위험이 악화되기 시작할 때 도움을 요청하는 암호와 신호, 긴급 상황 시 지휘 계통, 언어 통제 전략 및 신체 언어의 적절한 사용, 현장 통제와 구경꾼 차단대, 무기에 대처하기 위한 전술, 인질 협상 절차 등이 포함된다.

다음은 잠재적인 또는 실제적인 학교 위기에 대응하기 위해 정신건강 자문가가 교육자에게 제공할 수 있는 권고 사항들이다. 독자들은 직장폭력(12장)과 정신건강 장면에서의 폭력(15장)을 다루는 프로토콜의 원리와 실무 지침이 유사하다는 것에 주목하게 될 것이다. 항상 그렇듯이 이러한 권고 사항들은 적절한 훈련으로 보강되어야 하며 학교(그리고 직장)에서는 공식적인 위기대응 훈련을 실시해야 한다.

잠재적인 폭력 사건 예방하기

교사와 그 밖의 학교 관계자들은 학교폭력 의심 징후에 눈과 귀를 열어 두어야 한다. 소문의 출처인 학생을 주목하라. 학교의 사생활 침해 관련 윤리 규정의 범위 내에서 이미 잘 알려져 있는 문제아를 예의 주시하라. 학교는 이들의 일정과 행방을 잘 파악하고 있어야 한다. 수업 중에는 교실 내부나 외부에서 발생하는 문제를 들을 수 있도록 문을 완전히 혹은 조금 열어 두라. 교사연계 시스템을 사용하여 한 명의 교사가 복도 건너편에 있는 교사와 짝을 이루도록 하고, 짝지어진 교사들은 일정한 간격을 두고 서로의 교실을 눈치껏 빠르게 확인하라.

법적으로 문제되지 않는 범위 내에서 무기 수색 정책을 마련하라. 투명한 책가방, 문이 없는 사물함, 금속 탐지기 등 무엇이 되었든 무기 탐지를 위한 적절한 학교 정책이 필요하다. 잠재적 폭력이나 무기 소지 관련 소문을 퍼뜨리는 주역에 대해 경계를 늦추지 말라. 이때 소문의 실현 가능성이 얼마나 되는지를 가늠해야만 한다. 만약 수업 중에 소란이 감지되거나 교내 어딘가에서 총소리라도 듣게 되면 문을 닫고 추후 조치에 대한 안내를 받을 때까지 교실에 아무도 들어오지 못하게 하고 어떤 학생도 나가지 못하게 하라. 다시 말하지만, 이 권고사항은 당신의 판단과 상식에 따라 변경될 수 있다. 교사들에게 전용 휴대폰이나 실내용 워키토키를 소지하게 하여 위기 상황이 급속도로 확대될 경우 빠른 의사소통이 이루어질 수 있도록 하는 방법을 고려하라.

잠재적인 폭력 상황 다루기

교사나 그 밖의 학교 관계자들은 점차 악화되기 시작하는 잠재적인 폭력 상황에 직면할 수 있다. 때에 따라서는 무기를 소지한 학생이 연루될 수 있다. 정신건강 자문가는 보안요원이나 경찰관이 즉시 올 수 없거나 도착이 늦어지는 경우 교사들이 취해야 할 행동에 대해 조언해야 한다. 특히 상황이 무기와 관련된 경우 위기가 심각한 폭력으로 치달을 가능성을 최소화하도록 조언해야 한다.

우선, 당신이 가진 최고의 자산은 현명한 판단과 성숙한 행동임을 기억하라. 침착함을 유지하고 학생들에게 정서를 조절하는 본보기가 되라. 일반적으로 학교에서 발생하는 무기 관련 사고는 누군가 무기를 들고 '과시하는 것'에서 시작된다. 당신이 이런 상황을 목격하였고 아직 아무도 다치지 않았다면 전면대결, 처벌 위협, 또는 사건으로 인해 초래될 수 있는 결과의 언급은 피하라. 이 순간은 상황을 진정시키고 부상을 막아야 할 때다. 은근하고 눈에 띄지 않는 방법으로 위협하고 있는 학생을 격리시키라. 예를 들어, 그 아이에게 다른 장소로 가서 그 문제를 함께 논의할 것을 요청하라. 위협적인 학생이 자신의 주장을 밝히기 위해 과시하는 것 같으면, '그가 말하려는 것에 모두가 집중할 수 있도록' 무기를 내려놓으면 당신이 그의 편에서 이야기를 들어 주겠다고 확언하라. 경우에 따라서는 그 학생이 특별한 지지 세력을 원하거나 자신의 생각을 밝히고 싶지 않을 수 있다. 그 학생은 단지 권력을 과시하는 것이며 무기는 자신의 위엄을 보여 주기 위한 티켓이다.

다른 학생들이 무기를 휘두르는 학생에게 도전하거나 그를 부추기지 못하게 하라. 위협당하고 있는 학생은 자신의 체면을 살리기 위해 무기를 지닌 학생에게 저항해야 한다고 생각할 수 있다. 그렇게 되면 위협하는 학생은 자신을 무시하는 그 학생을 공격할 수밖에 없다. 이렇게 활화산과 같이 첨예하게 끓어오르는 대립 국면을 완화시키기 위한 가장 좋은 전략은 위협당하는 학생을 그곳에서 피하게 하는 것이다. 다른 교직원들이 현장에 있다면, 그들에게 당신이 무기를 휘두르는 학생을 좀 더 고립된 장소로 이동시키는 순간에 다른 학생들을 다른 곳으로 이동시켜 달라고 요청하라. 때로 믿음직한 학생이 공격적인 학생을 진정시키는 데에 긍정적인 영향을 줄 수 있지만, 그 둘에 대해 당신이 잘 알지 못하는 경우라면 이는 위험할 수 있다. 일반적으로 상황을 진정시키고 모든 사람을 안전하게 지키기 위해 당신이 할 수 있는 일은 그 무엇이든지 좋다.

인질극 다루기

학교 장면에서 위험한 대립으로 인해 학생들과 교사가 교실이나 다른 곳에 갇히는 상황이 벌어질 수 있다. 이 경우 사실상 이들은 무기를 지닌 학생의 인질들이며 학생은 이들을 그냥 내보내지 않을 것이다(Miller, 2005c, 2007b). 다시 말하지만 이러한 상황에서는 침착함을 유지하라. 그 학생이 공격적으로 위협하지 않는 한 아무도 달아나거나 그를 공격하지 않을 것이라는 것을 명확히 알리라. 그가 폭력을 휘두르는 것에 대한 양가감정을 가진 것처럼 보이는 경우라면, 여학생들이나 장애 학생들을 풀어 달라고 부드럽게 말을 꺼내라. 다른 학생들에게 가능한 한 침착하게 있어야 한다고 이르고, 그 중요성을 설명하라. 차분한 목소리로 계속 문제 학생과 대화하고 폭력을 쓰지 않고도 문제가 해결될 수 있다는 확신을 주라.

가능하다면 공격을 빗나가게 하거나 총알을 막을 수 있도록 물건들 뒤에 숨어서 나오지 않을 수 있는 책략을 사용하라. 내색하지 않으면서 항상 뛰어내릴 장소를 물색하라. 폭력이 임박하지 않는 한 과장된 말이나 행동을 피하라. 그리고 안전하고 위협적이지 않은 거리를 유지하라. 손을 분명하게 보이게 하고 갑작스럽고 산발적인 움직임을 피하라. 학생이 당신에게 무기를 건네주면 총알을 빼서 사람들로부터 멀리 떨어진 바닥 위에 두고 당신과 함께 교실 밖으로 나가자고 제안하라. 교실 안에 있는 학생들과 다른 사람들에게 무기에 가까이 가지 말라고 확실히 지시하라. 경찰관이 도착하면 그들에게 인계하고 그들의 지시를 따르도록 하라.

폭력 사건 처리하기

학생이 총을 발포하려고 할 때 우선순위는 사람들의 목숨을 살리는 것이다. 당신이 문이나 창문으로 도망칠 수 있다면 그렇게 하고 학생들도 똑같이 하도록 지시하거나 도와주라. 비상구가 없다면 바닥에 바짝 엎드리고 다른 학생들에게도 이와 같이 하도록 하라. 기물 뒤에 몸을 숨길 곳을 찾으라. 많은 것이 상황에 달려 있다. 어떤 학교에서는 총을 지닌 사람이 한 명이고 학생들이 여러 명이라면 가해자에게 책이나 의자를 들고 갑자기 덤비라고 권한다. 그러면 가해자를 교란시켜서 쓰러뜨릴 수 있고 가해자는 충분히 긴 시간 동안 무장 해제되어 아무것도 하지 못하게 될 수 있다는 것이다. 물론 경우에 따라 이런 방법이 효과적일 수 있다. 하지만 다른 경우에는 더 많은 사람을 죽음으로 몰아넣을 수 있다. 모든 상황에 적용할 수 있는 하나의 정답은 존재하지 않는다. 당신이 받은 훈련과 판단을 따르라. 기억하라, 목표는 곤경을 면하는 것이 아니라 생명을 구하는 것이다.

경찰관들이 현장에 도착하면 그들이 작전상 전면에 드러나려고 시도할 수 있다. 그들은 최루 가스, 커다란 폭발음을 지닌 수류탄, 총소리 등의 형태로 먼저 당신의 주의를 끌 것이다. 학생들에게 경찰들이 데리러 오거나 이동하라는 지시가 있을 때까지 계속 엎드려 있으라고 지시하라. 금방 도착한 경찰들은 문제 학생과 그 외의 학생들을 즉시 구별할 수 없다. 따라서 구별이 가능할 때까지는 안전을 위해 모든 학생을 저지하려 들 수 있다. 모든 사람이 안전하게 탈출할 때까지 경찰의 지시를 따르라.

학교폭력으로부터의 회복

경찰과 매체가 자리를 떠난다고 해서 결코 위기가 끝난 것은 아니다. 학생들과 교직원들이 죽고 어떤 이들은 부상을 당하고 일부는 인질로 붙잡히는 등 많은 이가 정신적 외상을 입었을 수 있다. 직장에서와 같이(12장), 학교는 적극적으로 정책을 수립하고 폭력 사건의 결과에 대처하기 위한 훈련을 실시해야 한다(Miller, 2002b, 2003c, 2007e). 이러한 계획에는 다음과 같은 요소들이 포함되어야 한다.

사법 처리, 물리적 보안, 현장 정리

형사사법 기관과 함께 일할 학교 관계자를 지정해야 한다. 안전을 위협하지 않는 범위 내에서 범죄 현장은 조사자들의 현장 검토가 끝날 때까지 보존되어야 한다. 학교 데이터 시스템과 컴퓨터 그리고 파일 전체가 잘 보전되도록 점검하고 보호하며 복구할 수 있는 사람이 있어야 한다. 경찰의 허가가 있은 뒤에 이루어지는 범죄 현장 정리는 가능한 한 정중한 방식으로 이루어져야 한다.

정신건강 서비스 제공

여기에는 학교 관계자들이 지역의 정신건강 전문가와 즉시 연락하기, 임상가들이 정보 보충 및 보고를 위해 학교 관계자들을 만나도록 주선하기, 상처받은 학생과 교직원 및 가족에게 위기상담 실시하기, 필요에 따라 정신건강 임상가가 되돌아가서 심리 서비스를 제공하도록 후속 일정 관리하기 등이 포함된다.

학생과 가족 개입

피해자의 가족에게 사건을 알리고 이들에게 즉각적인 지원, 상담, 위탁 서비스 제공이 이루어질 수 있도록 준비하는 학교 관계자를 지정해야 한다. 학교는 비통해하는 외상 피해 학생들과 교직원들을 위해 휴교 기간을 두어야 한다. 급성기를 거친 후에 정신건강 임상가들은 학생 및 학교 관계자들이 희생자를 추모하는 건설적인 과정을 시작하도록 도와야 한다.

매체와 홍보

언론에 사건을 보고하는 대변인이나 공보 담당이 지정되어야 하고 언론이 슬퍼하는 학생, 가족, 교직원들에게 태클을 걸거나 접촉하지 않도록 해야 한다. 학교 관계자는 뉴스 보도 시기와 내용에 관해 형사사법 기관과 협력해야 한다.

법적 쟁점과 사건 후 조사

필요하다면 학교 변호사에게 통지하여 변호사가 현장에서 대응토록 요청한다. 조사는 가해자(들)의 범행에 영향을 주었을 만한 특성들, 동료 학생들과 교직원과의 관계, 징계나 정학 처분 경험, 특정 환경 또는 제도적 스트레스 요인, 정신장애나 약물 사용 가능성, 주의를 기울였어야만 했을 경고 징후, 그리고 학교의 전반적인 보안과 위협 평가 및 중대 사건 대응 프로토콜에 대한 철저한 검토를 포함한다.

요컨대, 학교폭력으로부터 우리가 얻은 것이 있다면 그것은 바로 집단폭력에 대한 예방, 대응, 회복을 위한 최선의 모델을 근거로 한 정책 및 절차의 향상일 것이다. 이러한 적극적인 노력이 생명을 살리고 학생들의 건강을 향상시킬 수 있으며, 일상적인 학교폭력과 보다 드물게 일어나는 치명적인 대량 학살 모두에서 비용과 법적 책임을 줄여 줄 수 있다.

학교폭력 피해자를 위한 심리적 개입

학교폭력을 위해 개발되었거나 그런 사건들에 효과적으로 적용할 수 있는 아동 및 청소년용 학교 기반 재난 후 대규모 집단 개입 전략들은 Abueg, Drescher와 Kubany(1994)가 검토한 바 있다. Weinberg(1990)는 청소년들이 학교 외상에 대한 애도와 상실 및 자살 사고를 처리할 수 있도록 돕기 위한 대규모 집단개입 프로그램을 언급한 바 있다. 학생들은 친숙해서 지지적인 분위기를 촉진시켜 줄 수 있는 학급회의 시간에 서로 만난다. 건강한 애도가 무엇인지 설명하며, 그와 관련된 정서 표현이 권장된다. 특별히 더 당혹스러워하는 것처럼 보이는 학생들은 위험군으로 분류된다. 집단 모임에 참여하기를 원치 않는 학생들은 개인회기나 소규모 집단 회기가 더 적절할 수 있다.

Johnson(1989)은 위기사건 스트레스 경험보고하기^{CISD} 프로토콜(Everly et al., 1999; Miller, 1999g; Mitchell & Everly, 1996)을 모방하여 학교 기반 접근을 모색한 바 있다. 아동과 청소년에게는 5단계로 이루어진 위기 후 집단 경험보고 프로토콜이 적용된다.

① 소개 단계에서는 집단의 목표와 목적을 자세히 설명한다.
② 사실 단계에서는 각자가 경험한 위기상황에 대해 설명한다.
③ 감정 단계에서는 아동이 위기에 대해 드러냈던 정서와 반응을 표현한다.
④ 교육 단계에서는 집단 리더가 아동에게 스트레스 증상의 본질과 회복 과정에 관해 설명한다.
⑤ 종결 단계에서는 아동이 미래에 향상된 대처 기술을 용이하게 활용하도록 도울 수 있는 행동의 개발을 독려한다.

Johnson(1989)은 정상적인 일상생활에 대한 집단의 감각과 안전감이 경험보고의 결론 부분에서 재형성될 필요가 있음을 강조한다. 학생들이 익숙한 환경에서 적용할 수 있게 하기 위해 설계된 학급 경험보고하기조차도 학생들을 당혹스럽게 만들 수 있다. 가능한 최대로, 일상적인 활동 중 일부를 사건 전으로 돌려놓음으로써 연속적인 느낌을 갖도록 해 주어야 한다. 경험보고하기 절차가 치료 목적을 달성한 후 집단 리더는 학생들에게 언제 일상생활을 재개할 수 있을지 알려준다.

학교에서 사용하는 또 다른 CISD 개입 모형은 Ritter(1994)가 제시한 것이다. 이 접근에서는 학교가 지역 CISD 팀과의 협력 관계 형성을 위해 적극적으로 행동할 것을 권장한다. 이러한 노력의 결과로 위기 발생 시 대응 시스템이 신속하게 가동될 수 있기 때문이다. 학교는 학생 자살, 살인, 인질극, 자연재해와 인재, 자동차 사고로 인한 사망, 운동 경기로 인한 사망과 관련하여 CISD 팀의 자원을 효율적으로 이용한다. CISD 유형의 자원을 효율적으로 사용하기 위한 프로토콜들은 융통성, 협력, 그리고 지역사회의 경험보고하기 자원과의 조직화를 요구한다. 또한 프로토콜들은 상이한 집단과 개인들에게 적용하기 위한 추가 비용을 필요로 하며 외상, 죽음, 애도, CISD 과정, 그리고 치료적 및 심리사회적인 개입들로 빠르게 이어질 필요가 있다.

Harris(1991)는 외상 사건이 발생한 후 1주 이내에 사용하도록 고안된 가족기반 위기 개입 모형을 제안하였다. 첫 회기는 감정의 자유로운 표현을 이끌어 내고 치료자와의 라포를 발달시키기 위해 설계되었다. 적절하다고 판단되는 경우 가족 구성원들이 지닌 왜곡이나 비합리적 사고를 교정하기 위해 인지 재구조화(6장)를 사용하기도 한다. 다음 회기에서는 즉각적인 주의가 요구되는 실제적인 문제들을 다룬다. 의사소통 기술을 배우는 과정에서 사회적 지지가 발달된다. 가족들은 변화를 느끼고 목표를 향해 나아가기 위한 구체적이고 긍정적인 문제 해결 활동들을 수행하라는 격려를 받는다.

Vernberg와 Vogel(1993)은 학교의 집단폭력 사건에 효율적으로 적용할 수 있는 재난개입 프로토콜을 소개한 바 있다. 그 개입 전략은 다음과 같은 4단계로 구분된다.

① 재난 전 단계는 지역 재난 복구 시 제공할 정신건강 서비스의 계획을 수립하는 것이다.
② 재난 직후의 충격 단계에서 이루어지는 개입에는 피해 현장에서 서비스를 제공하는 사람들에 대한 지원 보장하기, 정확한 정보를 모으고 전파하기, 외상 사건으로 피해를 입은 아동과 최초로 접촉하기가 포함된다.
③ 단기 적응 단계의 개입은 집단 토론, 그리기, 놀이치료, 그리고 다른 적절한 정서적 환기 전략을 통해 외상 사건의 정서적 표현과 인지 처리가 이루어지도록 돕는 것이다. 이 단계의 개입에는 정보와 교육, 봉사, 단기 가족치료 같은 가족 접근이 포함된다. 적절하다고 판단되는 경우 일대일 경험보고하기, 개인심리치료 및 약물 접근과 같은 개별적인 개입 방법들도 활용될 수 있다.
④ 마지막으로, 장기 적응 단계 개입에는 공동 의식과 추모 행사뿐 아니라 보다 광범위한 개인 및 가족 심리치료가 포함된다.

지금까지 대부분의 다른 분야에서 잘 운영되고 있는 개입 프로그램을 살펴보았다. 여기서 강조하고자 하는 것은 치료적 침투와 과부하를 최소화하면서 적응적 회복과 정상화를 최대화하는 개입 전략이 중요하다는 점이다. 그러나 각 단계에서 좀 더 집중적이고 광범위한 치료와 지지가 필요한 위기의 아동과 가족을 파악해 내는 것 또한 중요하다(Miller, 2002b).

결 론

직원은 직장에 가는 것을 두려워해서는 안 되고, 학생은 학교에 가는 것을 두려워해서는 안 된다. 직장폭력에서처럼, 학교폭력을 위한 가장 효과적인 개입은 예방이다. 그러나 만일을 위해 학교폭력 사건의 전 과정에 대응하기 위한 프로그램을 미리 준비하고 있다면 배움의 터전인 학교 장면에 대한 안전감과 신뢰감이 전반적으로 증가될 수 있을 것이다. 지금까지 괴롭힘과 희롱은 학교 테러의 한 유형으로 기술되어 왔다. 가정폭력(11장)도 때때로 친밀한 테러라고 불리어 왔다. 21세기 새로운 세계에서는 정신건강 임상가들이 훨씬 광범위하고 보다 끔찍한 형태의 테러를 다루어야만 할 것으로 보인다.

CHAPTER

테러리즘 피해

테러리즘은 인류가 소수를 표적으로 삼아 다수를 위협하는 것이 가지는 효과를 인식한 이래로 꾸준히 계속되어 왔다. 그러나 1970년대부터 국제적으로 테러가 자행되기 시작하였으며, 1980년대와 1990년대 들어서는 미국 내에서 테러가 빈발하기 시작하였고, 21세기에는 다른 나라의 테러리스트에 의한 대규모 테러로 미국이 몸살을 앓고 있다. 지난 십여 년 동안 발생한 테러리즘의 정점이 오클라호마 시와 국제무역센터 사건이라는 것에 이의가 있는 사람은 아마도 없을 것이다. 그리고 많은 전문가는 아직 최악의 상황은 벌어지지 않았으며 이보다 더 끔찍한 테러가 발생할 가능성이 있다고 경고하고 있다(Bolz, Dudonis, & Schultz, 1996; Keller, 2002; Mueller, 2005).

테러리즘의 속성과 목적

테러리즘terrorism이라는 단어는 '놀라게 하다'라는 의미를 지닌 라틴어인 terrere

에서 유래하였다. 테러 행위 자체가 중요한 경우는 거의 드물며, 테러는 소수의 표적 집단을 공격하기 위해 전체 인구를 두려움에 빠지게 만들 목적으로 자행된다. 마오쩌둥의 말을 빌리자면 "천을 움직이기 위해 하나를 죽인다."는 식이다. 세계무역센터 사건과 같은 대규모 테러리즘은 다른 테러들과 달리 테러리스트가 행위의 상징성이라는 차원을 뛰어넘어 강력한 파괴력을 발휘하기 위해 테러를 범했다는 점이다(Miller, 2006d, 2006e).

테러리즘은 불과 십 년이라는 짧은 시간에 걸쳐 미국인의 삶에서 중요한 자리를 차지하게 되었다. 따라서 테러리즘에 대한 임상심리학 문헌들은 다른 종류의 외상 사건에 비해 턱없이 부족한 상태다. 그러나 우리는 양질의 심리치료 기법과 지혜가 다양한 외상 후 증상의 치료에 효과적으로 적용될 수 있음을 기억할 필요가 있다(Miller, 1993a, 1998h).

오클라호마 시와 세계무역센터 사건 같은 테러 공격은 범죄적 폭력, 재난 그리고 전쟁 행위의 특성을 가진다(Hills, 2002). 그러므로 지금부터 살펴볼 전략 대부분은 이미 이 책에서 자주 언급한 바 있어서 독자에게 익숙할 범죄적 폭력 피해자, 살인 사건 유가족, 자연 및 인간에 의한 재난, 전쟁과 정치폭력 피해자, 직장 내 살인 사건 및 학교 총기 난사 피해자의 치료와 관련된 광범위한 문헌들에서 제안하고 있는 치료적 접근들을 결합시킨 것들이다.

테러 공격에 대한 심리학적 반응

테러: 극한의 외상 사건?

테러리즘은 악의적인 목표, 극한의 괴로움, 그리고 끝없는 공포라는 요소를 포함하고 있기 때문에 본질적으로 완벽한 외상적 스트레스 사건이라고 볼 수 있다. 대부분의 경우 테러는 PTSD의 DSM-TV-TR(APA, 2000) 진단 기준 A인 "강한 공포, 무력감, 경악 경험"을 포함한 자신과 타인의 상해나 위협에 딱 들어맞는다(2장을 보시오).

Bolz 등(1996)은 현대의 테러가 지니는 일반적 특징과 그것이 어떻게 외상적 스트레스로 작용하는지를 다음과 같이 설명하였다.

설득 수단으로서의 폭력 테러리즘에서 자행되는 폭력은 영향력 행사나 종교적 신념 혹은 위협을 위한 수단이다. 이런 의미에서 테러의 진짜 목표는 테러 자체가 아니다. 오클라호마 시의 Murrah 빌딩은 연방정부의 정책에 반대하는 누군가에 의해 폭파되었다. 스페인 관광열차는 중동에 파병된 병사들의 철수에 영향력을 행사하기 위해 폭파되었다. 이런 행위의 목표는 위협과 괴롭힘 및 폭력을 통해 공포 분위기를 조성하는 것이며, 이를 통해 표적 집단의 우두머리가 자신들이 원하는 행동을 하도록 만드는 것이다.

최대 효과를 위한 표적 선택 테러의 표적은 피해자가 언론에 대대적으로 보도됨으로써 최대의 선전 효과를 얻을 수 있는 대상 중에서 선택된다. 공격의 상징적 가치를 찾기 위해 숙고하는 경우가 있기는 하나, 우연히 표적이 되는 경우도 있다. 만일 목표가 대중의 공감을 얻기 위한 것이라면, 그리고 만일 무고한 사람들이 상징적 표적과 함께 살해된다면 후자는 역효과를 낳을 수 있다. 테러의 목적이 대상에게 가능한 한 강력한 공포와 고통을 안겨 주는 것에 있다면 단순히 이를 위해 무분별하게 대량 학살을 자행하는 것은 너무도 잔악한 일이다. 일반적으로 테러의 목적은 최소한의 위험 부담으로 최대의 선전 효과를 얻는 것인데, 최근 중동과 그 밖의 지역에서 빈발하고 있는 자살 폭탄 테러는 광적인 종교적 신념이 어떻게 테러리스트로 하여금 자기보존이라는 본능을 이겨내고 자살하도록 만드는지를 잘 보여 준다.

비정규적인 전술의 사용 군인이나 게릴라들과 달리 테러리스트는 불규칙하고 비정규적인 전술, 특히 비밀스럽고 갑작스러운(기습) 기술을 사용하며 여성과 아동을 포함한 일반 시민들을 표적으로 한다. 앞에서 지적한 바 있듯이, 만일 목적이 최대의 두려움과 위협감을 안기는 것이라면 무고한 피해자들이 가장 많이 사는 지역을 선택하는 것이 당연한 일일 것이다. 이런 유형의 테러 행위는 언론의 주목을 받기에도 가장 좋다.

전제주의적 충성심과 이데올로기 조직의 대의명분에 대한 강한 충성심과 헌신은 모든 테러 집단의 공통된 특징이다. 자신의 생명을 보장할 수 없는 상태에서 테러 행위를 자행하기 위해서는 대단히 중요하고 가치 있는 조직의 대의명분과 이에 대한 전제주의적 믿음이 필요하다. 테러리스트의 테러 임무는 가차 없이 행해지며, 이들이 원하는 것을 얻을 때까지는 극단적 테러 행위가 중단되지 않는다. 그렇기 때문에 사람들에게 이들의 테러 행위는 더욱 무섭고 예측할 수 없는 것으로 인식된다.

Schmid(2000)는 테러 피해자를 두 가지 유형으로 구분하였다. **초점적 테러**에서는 표적을 미리 선정한다. 피해자들은 종종 테러리스트의 활동에 반대하는 특정 정치인이거나 특정 집단에 소속된 개인이 된다. 반대로, **무차별적 테러**는 표적을 미리 선정하지 않기 때문에 무고한 사람들을 무차별적으로 공격한다. 이 유형이 무서운 것은 피해자들이 테러리스트와 전혀 관련이 없고 테러의 동기가 되는 사회적 혹은 정치적 쟁점이나 관념과도 무관하다는 점이다. 피해자들은 무고하게 '우연히' 표적이 된다.

대규모 테러는 사고로 인해 직접적인 상해를 입지는 않았지만 그로 인해 삶의 터전을 잃거나 재산상의 피해를 입은 사람들을 양산한다(Kratcoski, Edelbacher, & Das, 2001). 예를 들어, 공항이나 도시에 대한 테러는 관광이나 상업에 의존해서 살아가는 많은 사람에게 수백만 달러의 손해를 입힐 수 있다. 테러 공격을 당한 지역이나 정부는 대테러 활동과 안전, 의료적 지원 및 그 밖의 지원을 위해 예산을 재편성해야만 한다. 게다가 많은 시민이 테러리스트에 의해 피해자가 되거나 협박받을 뿐 아니라 정부가 테러를 막기 위해 노력하는 과정에서 국민의 기본적인 자유와 권리를 제한하기도 한다. 9/11 테러 사건 이후 이 모든 쟁점이 중요한 관심사로 부각되기 시작하였다.

독성, 방사성 그리고 생물학적 테러리즘

화학적 및 생물학적 전쟁과 테러리즘은 더 이상 새롭지 않다. 중세 군인들은 세균에 감염된 병사들의 시신을 적군이 살고 있는 도시에 집어던졌다. 미국의 서부 식민지 개척자들은 천연두균이 잔뜩 스며 있는 담요를 인디언 부족에게 주었다. 제1차 세계대전 중에는 살인 가스가 '테러 무기'로 자주 언급되었다. 그러나 현대 산업사회에 이르러서는 다양한 화학적 및 생물학적 공격에 대한 공포가 극에 달하게 되었다. 심지어 평범한 산업용 시설에서도 해로운 물질이 유출되어 종종 외상적 사건을 유발한다(Baum, 1987, Baum & Fleming, 1993; Baum et al., 1983; Miller, 1993c, 1995c, 1998h; Solomon & Thompson, 1995). 유독 성분에 노출되는 것은 문화적 및 심리적인 측면에서 인류의 무의식에 깊숙이 자리하고 있는 섬뜩한 두려움을 자극한다. 그것은 악마의 빙의, 악마의 마력에 홀림, 도덕적 및 영적 불결함, 지역사회로부터의 외면과 추방, 그리고 (특히 테러리즘의 맥락에서) 은밀히 확산된 더러움과 음모에 대한 공포를 상기시킨다.

화학적 및 생물학적 공격을 준비하는 군대나 민간인들은 사상자를 가능한 한 많이 만들 수 있는 공격을 계획한다(Romano & King, 2002). 피해 지역에서는 사상자를 돌보기 위해 의료적 자원을 투입해야만 한다는 부담뿐 아니라 공포와 혼란이 확산됨으로써 피해자 수가 증가할 수 있다. 실제로 지금까지 발생한 생화학 공격들을 분석한 미 육군 의무성은 공격으로 인해 전형적으로 두 가지 '정신적 스트레스 사례'가 발생하였다는 점에 주목하였다(Stokes & Bandaret, 1997). 이 보고서는 다음과 같은 요인들을 그 원인으로 지적하였다.

- 생화학적 공격으로 인한 피해 후유증이 있음에도 불구하고, 이것이 스트레스로 인한 정상적인 신체 증상(2장)으로 오인된다. 화학적 독성물질에 노출된 뒤 나타나는 징후에 대해 철저히 훈련받은 군인들조차 실제 노출 후 드러나는 생리적 각성 증상들을 눈치채지 못할 수 있다. 결국 훈련받지 않아서 민감도가 매우 낮을 수밖에 없는 민간인들은 생화학적 독성물질에 노출되어 나타나는 신체적 증상을 다른 원인에 잘못 귀인할 수밖에 없다.
- 생화학 물질과 무관한 증상이나 질병—알레르기, 두통, 위염—이 생화학적 물질에 의한 결과로 오인될 수 있다. 4장에서 보았던 심각한 전환장애 사례와 같이 유독성 물질에의 노출 가능성이 환자로 하여금 자신이 죽을 것이라는 확고부동한 신념을 형성하도록 하며, 이러한 잘못된 신념이 환자의 심리적 갈등과 고통의 핵심으로 자리 잡게 된다. 설사 생화학 물질에 진짜로 노

출되었다고 해도 단지 최소한의 노출일 뿐이어서 생명에는 전혀 지장이 없음에도 불구하고, '노출'이라는 것 자체가 환자를 무력화함으로써 심리적 고통이 증폭된다.

- 의사의 부주의(의원성)나 환자가 자가처방한 약물에 의해 약물중독이 유발될 수 있다. 아트로핀이나 디아제팜 같은 해독제의 오용에서부터 신체적 고통의 감소를 위해 처방된 마약 성분의 약물, 절망한 피해자가 스스로 만들어 낸 민간 처방 약물, 알코올과 중독성 마약류의 남용에 이르는 다양한 물질 오남용도 생화학적 무기에의 노출 후유증과 혼동될 만한 다양한 증상을 유발한다. 예를 들어, 군의무관들은 자가처방된 신경계 주사제의 투약이 두통, 좌불안석, 피로감 등을 유발할 수 있다고 지적하고 있다. 사실 이 같은 증상들은 물질 오남용이 아니라 피곤하고 탈진하였거나 스트레스가 높은 사람에게서도 나타날 수 있다.
- 유독물질에 노출된 적이 없음에도 불구하고 의사의 처방 없이는 손에 넣을 수 없는 약을 원하거나 경제적 이득 혹은 그 밖의 자원과 서비스를 얻고자 꾀병을 부리거나 거짓 증상을 만들어 내는 사람도 있다(4장).

대규모 테러 공격에 대한 심리학적 반응

오클라호마 시 테러, 세계무역센터 폭파 사고, 마드리드 기차 폭발, 아시아의 나이트클럽 공격, 런던의 버스 폭파 사고, 그리고 중동 지역에서 매일 일어나는 자살 폭탄 테러보다 미래에 대한 걱정을 더 크게 유발하는 공격은 없다. 대규모 외상 사건에 대한 심리적 반응 관련 지식은 대부분 자연재해나 인간에 의해 초래된 재난 관련 연구들에 근거한다(McGinn & Spindell, 2007; Miller, 1998h; Miller et al., 1997; Norris et al., 2002a, 2002b; Norwood, Ursano, & Fullerton, 2000; Ursano, Fullerton, & Norwood, 1995). 댐 폭발이나 원자력 발전소의 방사선 누출 사고는 보팔이나 체르노빌 사건과 같이 관계자의 업무 태만으로 인해 무고한 수많은 시민이 피해를 당했다는 점에서 차이가 있기는 하지만, 인간에 의해 자행되는 테러 공격과 가장 유사한 사건이다. 비극적인 것은 다른 재난과 달리 테러 공격은 의도적이고 악의적으로 누군가에게 해악을 끼치나, 정작 그 테러의 본래 목적은 이러한 해악과는 거리가 멀다는 점이다.

재난의 특성

앞서 지적한 바와 같이 대규모 테러 공격과 재난은 비슷한 특징이 있다. 재난은 크게 자연재난과 기술재난으로 구분할 수 있다. 자연재난은 허리케인, 홍수, 산사태, 들불, 지진과 같이 정도를 벗어난 자연현상을 말한다. 기술재난은 조난, 비행기 사고, 건물 붕괴, 독극물 방출, 원전 누출과 같이 인간의 실수에 의해 유발된 것을 말하는데, 경우에 따라 이 둘 간의 구분이 불분명할 수 있다. 정의적 구분과는 별개로, 큰 재난 사건들은 대규모 테러 공격과 다양한 특성을 공유한다(Abueg, Drescher, & Kubany, 1994; Aldwin, 1994; McGinn & Spindell, 2007; Ursano, Fullerton, & Norwood, 1995). 여기에는 다음과 같은 점들이 포함된다.

- 재난은 사전 예고가 거의 혹은 전혀 없다. 심지어 사전 경고가 충분히 주어진 경우에도 시민들이 부인과 최소화 같은 방어기제를 사용하여 심리적 준비를 하지 않고 태연하게 지내기도 한다. 결국 재난 발생이 명확해지는 때가 되면 효과적인 대응 방안을 모색할 만한 시간적 여유가 없게 된다.
- 일반적으로 재난은 비교적 짧은 시간 내에 발생한다. 위험이 폭넓게 감지된 후에는 이미 최악의 상황이 벌어진 이후가 되지만, 후속 처리해야 할 일들은 여전히 남는다.
- 전형적으로 재난은 생명을 잃는 것을 포함한 극도의 위험 상황을 유발한다. 사람들은 집이든 보물, 기념품, 생계, 친구나 가족 구성원, 혹은 세상에 대한 안전감과 예측 가능할 것이라는 믿음이든 재난으로 인해 가치 있는 무언가를 잃게 된다.
- 재난은 심리적 압도감을 유발하며, 통제력을 발휘할 만한 기회를 주지 않는다. 그 과정에서 경험한 무력감은 재난이라는 외상적 사건의 영향력을 증폭시킨다. 반대로, 가만히 앉아서 기다리기보다는 구조나 안전감 확보를 위해 무엇이든 하려고 애쓰는 것은 일반적으로 외상의 영향을 유의미하게 낮춘다. 심지어 그러한 노력이 최악의 상황이 끝난 이후에 이루어졌다고 해도

그것의 긍정적 효과는 여전히 유효하다(Hobfall, Hall, et al., 2007).

- 재난은 많은 사람에게 동시에 발생하기 때문에, 피해자들에게 마치 세상이 끝날 것 같은 느낌을 유발한다. 많은 지역 주민들이 유사한 외상 경험을 공유한다는 사실은 외상에 대한 두려움을 쉽게 표출하도록 함으로써 치료를 촉진시킨다는 긍정적 측면이 있다. 이런 경우 지역사회가 피해자들에게 평소보다 더욱 강한 지지를 제공하게 되는데, 이것이 피해자의 회복을 촉진해 줄 수 있다(McGinn & Spindell, 2007; Walsh, 2007).

재난에 대한 반응: 임상적 특성

재난 관련 전문가들은 재난 피해자들이 보이는 행동적 및 심리학적 반응들이 예측 가능한 구조와 시간적 경과를 가진다고 주장한다(Ursano, Fullerton, Bhartiya, & Kao, 1995; Ursano, Fullerton, & Norwood, 1995; Ursano, Kao, & Fullerton, 1992). 대부분의 사람은 외상 후에 일시적으로 정신의학적 증상들을 드러낸다. 그러나 그 중 일부는 재난으로 인해 과거의 미해결된 외상 사건 경험이 자극되어 재난의 영향력이 오래 지속되기도 한다. 대규모 테러 공격의 경우 '재난 상황이 결코 끝나지 않으며 최악의 상황은 아직 벌어지지 않아서 더욱 끔찍한 일들이 벌어질 것이다.'라는 생각에 의해 이런 공포가 증폭된다.

여러 연구는 재난의 정도와 강도가 재난 후의 심리장애의 가능성 및 빈도를 예측해 주는 단일의 가장 강력한 요인(이를 소위 외상노출의 용량효과라고 부름)임을 시사하며(Abueg et al., 1994; Green, 1991; McGinn & Spindell, 2007; Ursano, Fullerton, & Norwood, 1995), 어떤 연구는 피해자의 10%에서 많게는 30%가 외상 후 증상을 발달시킨다고 보고한 바 있다. 생명의 위협을 당했거나 괴기한 장면이나 행위(예: 사람의 사체를 다룸) 혹은 혐오감이나 공포에 압도당하게 만드는 긴장 유발 상황에 노출된 이들이 외상 후 스트레스에 가장 취약한 것으로 나타났다(Ursano & McCarroll, 1990). 회피 증상(마비감, 사회적 철수, 그리고 외상 관련 상황이나 외상 관련 기억을 촉발하는 상황의 회피)뿐만 아니라 침습적 사고 및 기억이 자연재난 이후 가장 빈번하게 보고된 외상 후 증상들이었다(Abueg et al., 1994).

PTSD가 재난과 연합된 유일한 심리장애는 아니다(Ursano, Fullerton, Bhartiya,

et al., 1995; Ursano, Fullerton, & Norwood, 1995). 주요우울장애, 일반화된 불안장애, 적응장애 그리고 물질남용 역시 재난 피해자들에게 자주 진단된다. 애도 반응은 모든 재난 피해자에게서 공통적으로 관찰된다. 편부 혹은 편모들은 심리적 장애를 발달시킬 가능성이 높은 고위험군에 속하는데, 이는 이들이 회복의 시작에 필요한 자원을 거의 가지고 있지 못하고 재난 후에 빈약하게나마 가지고 있던 사회적 지지마저 잃어버리기 때문이다. 시간이 지나도 자원 부족 현상이 나아지지 않는데다 지역사회의 재정적 지원조차 종결될 무렵이 되면 종종 가정폭력과 아동학대가 급격히 증가한다(11장).

재난으로 인해 가족이나 친인척을 잃은 사람들의 분노는 종종 재난 책임자의 성실한 해명을 듣고자 하는 갈망으로 자연스럽게 이어지며, 특히 인간에 의해 유발된 재난일 경우 이러한 갈망은 더욱 커진다(Solomon & Thompson, 1995). 대규모 테러의 경우 가해자가 확인 가능한 경우도 있지만 장막에 가려져서 누가 가해자인지 알 수 없는 경우도 있다. 이런 경우 생존자의 분노는 과녁을 잃고 부유하다가 구조자들, 의료 서비스 제공자들, 지역 공무원들, 혹은 책임 소재와 거리가 멀거나 대규모 테러 사건과 관련이 적지만 그것을 예측하거나 막지 못했다고 생각되는 사람이나 사후 처리 과정에서 충분한 지원을 제공하지 못한 누군가에게로 가서 꽂힌다(Hobfoll, Hall, et al., 2007; Lindemann, 1994; Raphael, 1986).

재난 반응의 단계

여러 연구와 임상적 보고는 자연재난 및 기술재난 피해자들의 반응이 종종 예측 가능한 일련의 과정을 밟음을 시사한다(Cohen, Culp, & Genser, 1987; Weiner, 1992). 최근의 사건들은 이것이 대규모 테러 피해자들에게도 그대로 적용된다는 것을 보여 주고 있는데(Hobfoll, Galai-Gat, Johnson, & Watson, 2007), 일반화를 위해서는 추적 연구들이 좀 더 필요해 보인다. 피해자들이 공통되게 거치는 과정들은 다음과 같다.

충격 단계 재난 직후의 단계로, 이 시기에 피해자들은 위협 상황을 인식하고 큰 두려움을 경험한다. 위험이 현실화됨에 따라 이것이 '테러 무시하기'로 넘어

갈 수 있다. 공격이 갑작스럽게 시작되는 경우 대응할 시간적 여유가 전혀 없다. 이런 때에 종종 정신적 마비 중 하나인 이인화(망연자실함)가 자동적으로 시작되며, 이것이 위기 상황을 지나쳐 갈 수 있도록, 부분적으로는 자신의 고통이나 두려움을 무시할 수 있도록, 그리고 건설적인 활동을 할 수 있도록 피해자를 돕는다.

영웅적 행위 단계 충격 단계가 영웅적 행위 단계로 그늘을 드리우면, 재난 피해자들은 보호를 위한 강렬하고 용맹스러운 노력을 기울이기 시작한다. 그것이 누구건 그리고 무엇이건, 이들은 자신이 할 수 있는 모든 것을 실행한다. 종종 열병에 걸린 것 같은 투지와 아드레날린의 도움으로 위기에 대응해 나가며, 평소였다면 생각조차 못했던 다양한 방법으로 마치 전혀 딴 사람이 된 듯이 대담하게 한 번에 수시간 혹은 수일에 걸쳐 쉼 없이 일한다. 그러나 응급 상황이 너무 길게 지속되면 고갈, 좌절 그리고 실망이 이들을 덮쳐 압도해 버릴 수 있는데, 특히 자신의 노력이 헛되었다고 느끼는 경우 더욱 그렇다.

밀월 단계 급성 위험이 가라앉은 뒤 수일에서 수주 후 생존자들은 그들의 벙커로부터 나와 밖을 탐색하며, 이때부터 밀월 단계가 시작된다. 생존자들은 재난으로 인해 잃은 것이 무엇인지 조사하고 주위 사람들과 회고담과 다양한 사건 관련 이야기를 주고받으며 시련에서 생존했다는 다행감과 의기양양함을 공유한다. 이들이 경험하는 정서는 죽음과 비극에 대한 반추와 관련된 음울한 애도에서부터 생존자들이 서로를 토닥이고 남아 있는 스낵과 음료를 나눠 먹으며 임박한 구출과 회복 및 재건에 대한 기대감을 나누는 진정한 축제 분위기까지 다양하다.

실망 단계 그러나 종종 정부의 약속이 제때에 이행되지 못하곤 한다. 때로는 너무 적거나 너무 늦는 등 성의가 없거나 체계적이지 못하거나 심지어 악용되기도 한다. 안도감을 느끼기 위해 기다려 온 생존자들은 실망의 다음 단계에서 환멸을 느끼고 억울해하기에 이른다. 이 과정에서 줄어드는 자원에 대해 생존자끼리 다툼이 발생하며, 이로 인해 공동체 의식이 흔들리기 시작한다. 울화통이 터져 오르고, 사람에 대해 환멸감을 느끼며, 많은 생존자가 우울 상태에 빠져든다.

재구조화 단계 다행히도, 대부분의 경우 지원 부족 상태가 그렇게 오랫동안 지속되지는 않는다. 재구조화 단계에서 생존자들은 최소한 부분적으로는 자신의 손으로 회복 가능할 수 있음을 깨닫게 된다. 생존자들은 자기 삶의 재건 혹은 제대로 된 구조 활동이 시작될 때까지 가능한 한 편안한 상태로 기다리기 위해 단합한다. 약간씩 남아 있는 반감과 억울함이 재구조화를 위한 사람들의 노력을 힘겹게 만들기도 하지만, 대부분의 생존자는 투지를 가지고 미래를 부여잡고 기대감을 잃지 않는다. 많은 경우 개인적 경계가 충분히 안전해졌다고 느끼고 심리적 생존을 위한 무뎌짐을 깨고 진정한 느낌을 경험할 수 있기까지 수개월이 소요되며, 외상 후 스트레스 반응은 그 이후에야 나타나게 된다.

재난에 대한 개인적 반응

재난이 자연재난인지 기술적 재난인지, 그리고 기술적 재난의 경우 그것이 우연에 의한 것인지 아니면 의도적인 것인지에 따라 피해자의 평가와 심리적 반응이 달라진다(Baum, 1987; Baum & Fleming, 1993; Baum, Fleming, & Singer, 1983; Solomon & Thompson, 1995). 현실적으로 말해서, 우리는 자연의 힘을 스스로 통제할 수 있을 것이라고 기대하지 않는다. 홍수나 지진처럼 비극적인 사건일수록, 아마도 우리는 더욱 냉철해져서 하늘의 뜻에 따르기 위해 뒤로 물러서는 것을 더욱 잘할 수 있을 것이다. 그러나 인간에 의해 자행되거나 인간의 과실로 인해 일어난 재난이라면 다르다. 라돈 오염 지역이나 방사성 물질 유출 사례에서처럼, 이런 경우 종종 암암리에 우리를 보호해 줄 것이라고 기대했던 이들에게 우리가 주었던 믿음이 유린되었다고 느낀다.

그러나 피해자들에게는 실수나 무능력에 의해 초래된 재난이 악마적 속성을 지닌 테러 행위보다는 차라리 다루기 용이하다. 1993년에 발생한 첫 번째 세계무역센터 폭파 사건에 대한 연구는 이러한 심리를 이해하는 데에 도움이 된다(Difede, Apfeldorf, Cloitre, Spielman, & Perry, 1997). 이 사건의 생존자들을 가장 힘들게 했던 점은 자기 자신에 대한 믿음(끄떡없음, 불멸), 세상에 대한 믿음(예측 가능성, 통제 가능성, 안전), 그리고 다른 사람에 대한 믿음(신뢰, 안전, 독립)이 산산이 부서졌다는 것이었다. 많은 사람이 산산조각 난 세상에 대한 믿음이 가짜였음에 분노했다. 모든 사람이 세상으로부터 자신이 고립되었다고 느꼈고, 다른 사람들은 자신들이 무엇을 경험했는지 도저히 이해할 수 없을 것이라고 생각했다. 죽음과 삶의 의미, 그리고 삶의 목적에 대한 의구심이 생존자들에게 생채기를 남겼다. 사건 이전에 외상을 경험을 했던 피험자들의 경우, 과거 사건 중에 경험했던 외상 증상들이 현재 사건으로 인한 외상 반응과 함께 재발했다. 몇몇 피험자는 뉴욕을 떠나 다른 곳에서 새로운 삶을 시작해야만 했다.

최근 미국의사협회American Medical Association의 연구 발표에 따르면 엄청난 파괴력을 지녔던 2001년 세계무역센터 공격 후 뉴욕 시민 전체 인구의 11%가 사건 후 2개월까지 PTSD 증상을 보였는데, 이는 국제 평균의 거의 세 배에 가까운 수치다. 놀라운 것은 PTSD 증상의 심각도가 TV 보도의 시청량과 가장 강력한 상관관계를 보였다는 점이다. 이는 취약한 사람들이 대응을 위해 TV를 통한 정보 수집에 열을 올렸으나, 당초 의도했던 것과 달리 그것이 그들을 재외상화하는 결과를 초래하였음을 시사한다(Kalb, 2002).

외상 후 스트레스의 또 다른 심각한 위험 요인은 죽음에의 노출 및 주검들과 남겨지는 경험이다. 이는 상처나고 죽어 가는 사람들을 눈으로 보거나 냄새 맡거나 소리로 듣는 것, 그 몸뚱이들과 가까이에 있는 것, 혹은 거의 죽음에 이르는 신체적 감각을 경험하는 것이 주는 가공되지 않은 강렬함 때문이다. '나였을 수도 있는' 사망자의 소지품을 표시하고 신원을 확인하는 작업은 특히 외상 후 스트레스의 더욱 큰 위험 요인으로 나타났다. 예를 들어, 직접적으로 죽음에 노출되었던 피험자들은 강박적인 손 씻기와 식사에 대한 혐오감을 드러내었다. 대부분의 경우, 이런 증상들은 수개월 후에 호전된다(Lindy, Grace, & Green, 1981; McCarroll, Ursano, & Fullerton, 1993, 1995; McGinn & Spindell, 2007; Raphael, 1986; Ursano, Fullerton, Bhartiya, et al., 1995; Ursano & McCarroll, 1990). 피해자와 그 가족이 직면하게 되는 보상과 수사 및 재판, 혹은 사건에 대한 제대로 된 해명을 듣고자 하는 과정에서 발생하는 법적 싸움 등은 외상적 사건으로 인해 초래된 또 다른 외상적 스트레스가 된다(Underwood & Liu, 1996).

테러 위기에 대한 심리학적 개입

자격증을 갖춘 정신건강 임상가들은 사건 직후 점진적으로 전개되는 상황에서부터 단기 및 장기적인 회복을 위한 노력에 이르기까지 테러 공격의 모든 단계에서 중요한 역할을 수행해야만 한다.

인질 위기에 대한 개입

대규모 테러가 신문의 헤드라인을 장식하고 있기는 하나, 여러 형태의 국내외 테러에는 유괴와 인질 사건이 포함된다. 직업상 혹은 생활양식상 이런 종류의 테러 위협 가능성이 높은 사람들은 이를 다루기 위한 심리학적 훈련과 준비가 필요하다.

Strentz(1987)는 인질로 잡혀간 뒤 생존해서 돌아온 사람들과 그렇지 못한 사람들, 그리고 생존해서 돌아왔지만 심리적으로 심각한 외상을 입어 회복하지 못하는 사람들이 각각 공통적인 심리적 및 행동적 특성을 가지고 있다고 주장한다.

인질 사건의 **생존자**들은 일반적으로 긍정적인 결과에 대한 믿음을 유지하는 능력이 있다. 이들은 그런 상황에서도 좋은 자세를 유지하며 심리적으로 초연해짐과 동시에 인질범을 향한 적정한 적개심도 유지할 수 있다. 또한 풀려나게 될 상황을 상상하며 성공적으로 풀려날 것이라는 합리화도 가능하다. 인질 상태가 지속되는 동안 외적으로 드러나는 모습과 행동을 통제하면서 오래전부터 지속해 왔던 일상적인 습관들을 계속한다. 이들은 눈에 띄지 않으려고 노력하면서 다른 인질들과 뒤섞여 있으려고 한다. 그리고 가능한 한 융통성 있게 생각하고 유머로 대처하고자 애쓴다.

반면 **굴복자**들은 전형적으로 반대되는 양상을 드러낸다. 이들은 자포자기하고 자기연민과 절망에 압도된다. 그리고 최악의 측면과 최악의 결과들에 대해 반추한다. 화가 나면 그것을 겉으로 드러냄으로써 범인의 부정적인 관심을 유발한다. 이들은 정상적인 활동들을 중단하고 강박적으로 행동하기, 통제력 잃기, 혹은 과도하게 저항적이거나 불평하는 존재가 되기와 같이 역효과를 낳는 다양한 방법으로 눈에 띄게 행동한다.

Strentz(1987)는 인질범에 대한 저항은 예외 없이 위험하다고 강조한다. 효과적인 저항이나 빠른 탈출은 강인함과 특수한 지식, 그리고 성공을 위한 다양한 기술들을 요한다. 어설프거나 구상이 잘못된 방어는 단지 나쁜 상황을 더욱 악화시킬 뿐이므로, 자신을 더 큰 위험에 빠뜨리지 않기 위해서는 기본적인 권고 사항을 준수해야 한다.

Strentz(1987)는 인질 사건에서 상당히 좋은 심리 상태를 유지한 채 생존하기 위한 몇 가지 성공적인 대응 전략을 다음과 같이 추천한 바 있다. 이 전략들은 테러리스트에 의한 인질 상황뿐 아니라 직장 내 폭력(12장), 학교폭력(13장), 그리고 정신건강 위기(15장) 상황에도 효율적으로 적용될 수 있다.

당신 자신과 관계 당국에 대한 믿음을 가지라 외국인이나 국내 테러리스트에게 잡힌 미국인 인질은 인질극이 얼마나 지속되든 결코 잊힌 존재로 취급되지 않는다. 유괴된 미국인에게는 FBI가 달려갈 것이며, 인질이 이를 이해하는 한 거래를 포기하고 인질을 죽이고자 하는 충동이 줄어들 것이다. 대부분의 경찰은 인질이 된 시민을 구출하기 위한 협상 기법을 훈련받는다. 실제로 이런 인질 협상의 95%는 성공해서 대부분의 인질이 생명을 잃거나 심각한 상해 없이 돌아온다(McMains & Mullins, 1996; Miller, 2005c, 2006m, 2007b; Slatkin, 2005).

범인을 향한 적개심 표출을 자제하라 인질에게는 공포가 우세한 정서가 되는 반면, 인질범은 종종 분노한다. 따라서 범인에 대한 어떤 적대적 반응도 억제해야만 한다. 아마도 대부분의 사람이 범인과 인질이 함께하는 시간과 상호작용의 기회가 증가할수록 유대감이 형성되어 폭력적 행동이 감소하였던 스톡홀름 신드롬에 대해 알고 있을 것이다. 반대로, 런던 신드롬은 소득 없이 범인을 자극하는 행동을 말한다. 런던에서 이란 대사관이 포위되는 사건이 있었는데, 이란인 Abbas Lavasani는 자신의 소신을 굽히지 않았고 Ayatollah를 향해 격렬하게 이슬람 혁명의 정당성을 주장했다. 함께 인질이 되었던 사람들이 조용히 하라고 간청하였으나, 그는 멈추지 않고 커다랗게 거들먹거리며 이야기를 계속했고 결국 범인에게 살해되었다. 여기서 우리가 얻어야 할 교훈은 '인질이라는 위기 상황은 당신의 생각을 관철시키기 위한 장이 아니다. 특히 당신이 인질이라면.'이다.

과도하게 순종하지 말라 양극단의 한쪽 끝에는 과도하게 공손하거나 인질범이 요구하는 것 이상의 도움을 제공함으로써 자신을 눈에 띄게 만드는 사람이 자리한다. 이러한 행동은 잘해 봤자 자신을 이용당하게 만들며 다른 인질들의 분노를 초래한다. 그리고 최악의 경우에는 이런 식의 불안정하고 비굴한 태도가 인질범으로 하여금 경멸과 추가 학대를 유도할 수 있다. 여러 자료에 따르면, 미국에서 인질범에 의해 살해된 유일한 인질은 과도하게 범인에게 순종했던 은행 여직원이었다. 일반적 원칙에 따라 인질범이 말하는 대로 행하되 천천히 합리적으로 움직이며 극도의 공포나 과도한 열의를 전달하지 않도록 노력하라. 테러리스트에게 나쁜 짓과 실수를 하도록 만들라. 인질범 돕기를 자처하지 말며 만일 당신에게 범인이 어떤 것을 하도록 명령하면 최소한의 것만을 해 주라. 같은 이유에서 인질범의 목적과 활동을 고의적으로 방해하는 것처럼 보이지 말라. 보복의 위험이 있다.

당신의 외적인 모습과 행동을 통제하라 물론 생명의 위협을 느낄 때 차분하고 침착하게 행동하는 것은 결코 쉽지 않은 일이나, 안정적이고 통제된 태도는 당신 자신의 내적 혼란을 잠재우는 데에 도움이 되며 심지어 초조한 테러리스트를 편안하게 만드는 데에 도움이 되기도 한다. 만일 당신이 위협적이거나 성가신 사람이 아니라 표면적으로 성숙하고 전문가적이며 결단력 있는 사람으로 보인다면 인질범이 당신에게 마지못해 경의를 표할 수도 있다. 적어도 당신이 혼자 있는 것을 허용해 줄 수도 있다.

우월한 태도를 보이라 내적으로 우월한 태도가 주는 자기 힘 돋우기와 굴하지 않음이 당신으로 하여금 인질이라는 위기를 견뎌 내도록 돕는다. 다만 당신 자신에게 이러한 태도를 유지하되 그것을 말로 표현하거나 인질범을 향해 드러내는 것은 삼가야 한다.

당신이 인질이 된 상황을 합리화하라 비록 인질이라는 위기에 놓이게 되었을지라도, 당신 자신을 비난하는 것이나 당신이 무엇을 했어야만 했다거나 하지 말았어야만 했다는 강박적 사고에 정서적 에너지를 소모하지 말라. 당신이 살아있다는 사실에 초점을 맞추라. 당신이 '살아서' 억류되어 있음을 수용하라. 국가나 책임 있는 누군가가 인질범이 당신을 풀어 줄 수 있도록 만들 것이라는 점을 믿으라. 당신이 안전하고 제정신으로 위기를 극복할 수 있도록 하는 모든 지침을 따르라. 그리고 다시 자유로워질 때를 위한 계획을 세우라.

텅 빈 시간을 채우기 위해 꿈꾸라 많은 인질 사건에서 진정한 적은 마지막 몇 시간이나 며칠 동안 느끼는 지루함이다. 정신적으로 억류 상태에서 벗어날 수 있는 어떠한 방법이든 공상하라. 그러면 시련이 쉽게 지나갈 것이다. 다만 이런 공상들이 자신도 모르게 절망을 유발하는 아쉬움에 찬 회상이나 그리움이 되지 않도록 주의하라.

규칙적인 일상생활을 유지하라 당신의 마음을 다잡고 비생산적인 우울 반추를 막기 위해 일상적인 행위들을 지속하라. 다만 당신의 인질범을 짜증나게 하거나 불필요하게 당신에게 주목하도록 만드는 어떠한 행동도 하지 않도록 각별히 주의하라. 일상적인 활동의 예로는, 운동, 기도, 머리 쓰는 게임들 혹은 그 밖의 다른 활동들이 있다.

유연성과 유머 감각을 유지하도록 노력하라 "나는 인질이 된 상태다. 나의 목숨이 위험하다. 그런데 내가 그런 상황을 두고 웃어야 한다?" 좋은 지적이다. 여기서 핵심은 코미디를 하라는 뜻이 아니라 대응 전략의 일환으로 범인에게 우스꽝스러운 이름을 지어 주는 것, 범인의 말이나 행동을 놀리기, 그리고 범인의 실수를 즐기는 것과 같은 역설과 인지적 융통성을 사용하는 능력을 발휘하라는 것이다. 중요한 것은 당신이 곤혹스러운 상황에 놓여 있음을 잊지 않는 것으로, 마지막까지 범인으로 하여금 당신이 그들을 비웃는다고 생각하도록 만들지 말아야 한다.

다른 인질들과 섞여 있으라 만일 당신이 우두머리 역할을 편안하게 생각하거나 그 상황을 개선시킬 수 있는 특별한 기술을 가지고 있다면, 당신은 우두머리의 위치를 선택하고 위신 있게 생존을 위해 타인을 도울 것이다. 그러나 어떤 테러리스트들은 본보기와 같은 특수한 경우를 위해 우두머리를 선택한다는 것을 기억하라. 또한 다른 인질들을 풀어 줄 때 인질의 우두머리는 특별한 협상 카드로 남겨 두기도 한다. 다른 조건에 차이가 없는 한, 당신의 생존 가능성은 도드라지지 않고 군중과 함께 섞여 있을 때가 더 높아진다.

다른 사람들을 섬기라 다른 인질을 돌보는 것은 시간 때우기, 불안 묶어 두기, 자기가치의 확인, 인질 상황에서 무엇보다 필요한 통제감의 경험 등과 같은 긍정적 이득이 있다. 다시 말하지만, 항상 당신을 집단의 우두머리나 대변인으로 도드라지게 하지 않으면서 다른 인질들에게 도움을 제공해야만 한다는 것을 명심하라.

대규모 학살 현장 개입

대규모 테러 공격에서는 피해를 당한 생존자들이 수십, 수백, 수천 명에 달할 수 있다. 그런 경우, 정신건강 개입은 대규모 재난 개입과 유사하다.

신체적 치료와 안전

우리 같은 정신건강 임상가들은 우리 자신을 심리학적 처치 전문가로 생각하고 싶어 하지만, 일반적으로 재난 피해자들이 가장 먼저 원하는 것은 실질적이고 실용적인 기본 서비스의 제공이다. 우리 같은 사람들이 생존자들을 위한 스트레스 관리 교육과 집단 대응기술 훈련을 계획할 때 이미 누군가는 현장에서 잔해 치우기를 돕고 생존자들의 손에 샌드위치를 쥐어 준다. 재난 상황에서는 신체적 돌봄이 곧 심리적 돌봄이며 재난 직후 개입의 기본은 안전의 확보, 음식과 의료적 돌봄, 그리고 공격으로부터의 보호 기능 제공임을 기억할 필요가 있다(Hobfoll, Galai-Gat, et al., 2007; Kinston & Rosser, 1974; McGinn & Spindell, 2007; Ursano,

Fullerton, & Norwood, 1995; Walsh, 2007).

정보와 교육

대규모 테러 생존자들이 즉각적 위험에서 일단 벗어났다고 느끼면 먹을 것, 입을 것, 의료 처치, 은신처 등을 요청하며, 그 후에는 통상 테러에 대한 답변을 듣고자 한다. 정확한 정보의 부족은 그 자체로도 잠재적인 외상이 될 수 있으며, 만일 유언비어가 공황 상태에 빠지게 하거나 받을 수 있는 서비스를 받지 못하도록 만든다면 신체적인 위험까지도 초래될 수 있다. 생존자들이 알아야 할 핵심 정보에는 테러 사건의 속성과 결과, 진행 과정, 후속 절차 그리고 구조 노력이 포함된다.

사건 발생 지역에서 가능한 한 빨리 통신망을 수리하는 것이 중요하다. 신문, 고시, TV, 인터넷, 특히 라디오가 생존자들의 정서적 안정에 도움이 됨과 동시에 유익한 정보를 제공해 줄 수 있다. 유언비어 관리는 지역의 지도자들이 해야 할 중요 임무이며, 정신건강 전문가도 이러한 임무에 조력할 수 있다. 신뢰할 만한 의사소통망을 구축하여 피해자들의 상실과 분리에 따른 공포를 다루어 주고 피해자의 신원 확인 및 알림 과정도 함께 언급해 주어야만 한다. 위생 시설과 의료 서비스에 대한 안내도 제공되어야 한다(McGinn & Spindell, 2007; Ursano, Fullerton, & Norwood, 1995; Walsh, 2007).

심리학적 측면에서 재난 피해자들에게 외상 후 스트레스 증상의 발병과 경과에 대한 기본적이고 이해 가능한 교육을 하는 것이 도움이 된다. 교육의 핵심은 심각한 심리적 장애가 올 것에 대한 기우를 막는 한편 외상적 스트레스 경험을 정상화하는 것이다. 피해자들에게 무엇이 예상되는지를 설명하되 고통에 대해 불필요할 정도로 설명하지는 말아야 한다(McGinn & Spindell, 2007; Ursano, Fullerton, & Norwood, 1995; Walsh, 2007).

지역사회의 반응

대규모 테러와 재난 심리학은 많은 정신건강 관련 종사자에게 전통적인 개인

심리치료 방식에서 벗어날 것을 요구한다. Ursano, Fullerton과 Norwood(1995)는 감염성 질환과 독성학에 대한 예방의료 역학 모델을 적용해서 재난에 대한 심리학적 개입 패러다임을 마련했다. 이 모델에서는 소름끼치는 광경을 목격하거나 가족 구성원이 사망 혹은 상해 입는 것처럼 정서적 부하가 큰 자극에 대한 노출 수위를 고려해서 접근 방법을 결정한다. 또한 외상 후 장애의 위험도가 높은 사람을 찾아내어 단기 및 장기적으로 그들의 행동적 · 심리적 반응을 탐색한다.

지역사회 전체를 대상으로 한 정신건강 자문이 대재난 이후의 회복을 촉진하고 장애를 줄여 준다(Pitcher & Poland, 1992; Ursano, Fullerton, & Norwood, 1995). 재난 후 정신건강 자문단은 고위험군과 행동의 확인, 급성 스트레스로부터의 회복 촉진, 심각한 장애의 유병률 감소시키기, 고통과 혼란을 최소화하기 등을 위해 노력해야 한다. 이때 재난의 급성 및 장기적 결과 모두를 감안해야만 한다. 초기에는 지역 내의 영향력 있는 지도자, 임상가, 교사, 성직자, 사법 관계자, 그리고 그 밖의 지원 제공자들을 대상으로 외상과 재난에 대한 반응의 이해를 극대화하기 위한 교육이 이루어져야만 한다.

많은 대규모 테러 피해자가 전통적인 정신건강 서비스를 찾거나 제공받지 못하기 때문에, 심리학적 돌봄 서비스는 지역사회 파견 프로그램 형태로 계획되어야만 한다. 따라서 고위험군을 찾아내는 것이 재난 자문의 가장 중요한 측면 중 하나가 된다(McGinn & Spindell, 2007; Pitcher & Poland, 1992; Ursano, Fullerton, & Norwood, 1995; Walsh, 2007). 생존자들에게 외부 사람들은 종종 침입적인 존재로 경험되므로, 권한을 부여받은 지역사회 자문단은 재난 환경으로 자연스럽게 스며들어 그들과 융화되어야만 한다.

사망 사실 고지와 시신 확인

8장에서 살인 피해자 가족을 위한 사망 사실 고지 및 시신 확인 프로토콜을 자세히 설명한 바 있다. 이 프로토콜은 모호한 상실이라는 견지에서 테러 공격 피해자 가족들에게도 적용될 수 있다(Boss, 1999, 2002; Boss, Beaulieu, Wieling, Turner, & La Cruz, 2003).

다시 한 번 간략히 말하자면, 피해자의 생존 가능성이 없다면 그것을 명료하게 전달하라. 만일 아직 발견되지는 않았지만 희망이 남아 있다면, 이에 대해 말하되 생존 가능성을 '가능한 한 현실적으로' 언급하라. 신원 확인 절차가 필요해질 때마다 가족들은 DNA 확인과 같은 절차를 밟아야 하며 담당자가 이 과정을 직접 도울 것임을 알려 주라. 생존 가능성이 확실히 없는 경우, 가족에게 소위 상징적 생존(예: 9/11 테러 후 뉴욕 시는 실종자의 각 가족들에게 폭탄이 터진 지점의 재가 든 항아리를 제공하였다)이라고 불리는 절차를 활용할 선택권을 제공하라. 잃어버린 가족을 위해 기념함을 만들어 잃어버린 가족에게 경의를 표할 수 있도록 허용함으로써 상징적 생존 작업의 효과를 증대시키라(Boss et al., 2003; Walsh, 2002, 2007).

단기 위기개입 프로토콜

응급 단계 후 수일간 어떤 개입이 제공되는지에 따라 생존자들의 장기적인 정신건강에 큰 차이가 나타난다(Litz, 2004). 단기 정신건강 위기개입에서 가장 널리 사용되는 두 모델은 위기사건 스트레스 경험보고하기Critical Incident Stress Debriefing: CISD와 국립피해자지원협회National Organization of Victim Assistance: NOVA에서 개발한 집단위기개입 프로그램이다.

위기사건 스트레스 경험보고하기(CISD)

CISD는 미래에 발생 가능성이 있는 위기에 대한 심리적 준비뿐 아니라 외상 반응의 환기와 정상화를 통한 외상적 사건의 정서적 처리를 촉진하기 위해 설계된 구조화된 집단 개입 기법이다(Everly, Flannery, & Mitchell, 1999; Miller, 1998h, 1999g; Mitchell & Everly, 1996). 이 프로그램은 12장에서 직장 내 폭력과 관련해서 소개한 바 있으며, 직접적인 피해자와 테러 대응 실무자 모두에게 효과적으로 적용되어 왔다. 한 가지 기억해야 할 지점은 CISD를 포함한 스트레스 경험보고하기 기법들이 별개의 치료 전략은 아니며 이후에 제공될 심리치료와 적절히 통합되어야만 한다는 것이다(Hobfoll, Galai-Gat, et al., 2007; McGinn & Spindell, 2007; Miller, 1998h, 2006m, 2007m).

NOVA의 집단위기개입 모델

NOVA는 또 다른 집단위기개입 모델을 제안하였다(Stebnicki, 2001; Young, 1988, 1994). 이 모델은 CISD 모델과 유사한 프로토콜을 사용하지만 한 회기당 90분으로 진행되는 세 단계로 구성되어 있다. 집단적으로 행해지는 경험보고하기 전략들은 재난의 1차 및 2차 생존자들을 대상으로 한 대규모 작업을 가능케 한다. NOVA는 경험보고하기라는 용어가 군대나 사법적 맥락에서 사용되곤 하기 때문에 외상 사건의 민간인 생존자들을 혼란스럽게 만들 수 있다고 보고 집단위기개입이라는 용어를 사용한다.

집단위기개입은 종종 재난 사건 발생지 혹은 발생지 인근에서 실시된다. 이 모델에서는 집단의 사회문화적 측면과 적정한 집단 크기를 고려하여 여러 명의 집단 촉진자를 활용한다. 동료 집단원이 가장 심각한 외상을 입은 직접 피해자와 생존자들을 밀착해서 돌본다. 구조 작업자, 외상 상담사 혹은 그 밖의 위기 지원 담당자들처럼 사건으로 인해 보다 직접적인 영향을 받은 사람들은 별도로 구성된 집단에서 경험보고를 해야 한다(Regehr & Bober, 2004). 집단위기개입의 시기 또한 중요한데, 어떤 집단은 위기 후 수시간 내에 하는 것이 가장 좋고 어떤 집단은 치료적 개입을 충분히 강력하게 만들기 위한 감압 작업에만도 여러 날이 필요하기도 한다.

NOVA 모델에는 다음의 세 가지 기본 단계가 포함된다.

① **안전과 보안.** 이 단계는 통상 촉진자 소개로 시작되며 신뢰, 안전, 비밀보장, 그리고 사생활 보고와 관련된 주제들을 다룸으로써 치료적 환경을 만들어 나가게 된다. 이 단계의 목적은 생존자들이 사건 후 강렬해져 있는 정서를 해소할 수 있도록 돕기 위한 안전한 환경을 조성하는 것에 있다.

② **환기와 타당화.** 두 번째 단계에서는 생존자들에게 사건과 연합되어 있던 신체적, 정서적, 감각적 경험을 환기하고 검토하도록 한다. 집단 촉진자는 이 단계에서 다음과 같은 질문들을 활용한다: "이 사건이 발생할 때 당신은 어디에 계셨나요?" "누가 당신과 함께 있었나요?" "당신은 무엇을 보고, 듣고, 냄새 맡았나요?" "그다음에는 어떻게 하셨나요?" "그 당시 어떻게 반응

하셨나요?" 이 단계는 생존자에게 다른 사람들도 자신과 유사한 것을 경험했음을 깨달을 기회를 제공한다. 또한 생존자에게 그들이 미쳐 가고 있는 것이 아니며 집단에 있는 다른 사람들도 비슷한 느낌과 정서를 경험 중이라는 믿음을 강화함으로써 극단적인 스트레스 사건에 대한 일반적인 정서 반응을 교육시킬 기회이기도 하다. 이 과정에서 생존자들이 가지고 있는 잘못된 정보를 불식시키고 근거 없는 유언비어에 휩쓸리지 않도록 사실적인 정보를 제공해야만 한다. 이를 위해서는 "사건 이후 당신에게 두드러지는 기억은 무엇입니까?" "마지막 48시간 중에 무슨 일이 있었습니까?" "이 사건이 당신 삶에 어떤 영향을 주었습니까?" 등과 같은 질문들이 유용하게 사용될 수 있다.

③ 예측과 준비. 마지막 단계는 집단원들이 미래를 위한 희망의 씨앗을 재배하기 위한 시간이어야 한다. 생존자들은 미래의 정서적 경험에 대해 심리적으로 준비하게 되며, 회복을 방해하는 생활 요소들을 탐색하라는 요청을 받는다. 이러한 건설적인 활동들이 외상 극복을 위해 매우 중요하다는 보고가 점차 증가하고 있다(Hobfoll, Hall, et al., 2007). 이 시기에도 생존자들은 자신의 적응과 치유를 촉진해 줄 자원으로 무엇이 있는지 확인해야만 한다. 이때 촉진자들은 다음과 같은 질문을 활용한다: "어쨌든 당신이 고통을 겪은 다음 날 혹은 다음 주에 무슨 일이 일어날 것이라고 생각하셨습니까?" "당신은 당신의 가족, 친구 그리고 지역사회가 계속해서 영향을 받을 거라고 생각하십니까?" "당신은 다음에 무슨 일이 일어날지에 관해 걱정하십니까?"

대규모 테러 후 아동과 가족을 위한 심리학적 개입 전략

아동이 테러의 직접적인 표적이 되는 경우는 드물지만(Miller, 2003d, 2006d, 2006e), 테러로 인해 자신을 둘러싼 세계가 파괴당하는 것은 아이들에게 심각한 외상으로 작용한다(Hoven, Duarte, & Mandell, 2003). 대규모 테러 후 아동 및 가족을 위한 개입은 사건의 규모와 피해자 수가 다를 뿐 13장에서 언급한 학교폭력 개입 전략과 유사하다.

재난 후의 수입이나 고용 혹은 주거지 상실 등과 같은 문제들은 무력감과 통제력 상실을 초래하며 아동 학대(11장) 발생 빈도를 증가시키는 주요 원인이 된다. 이것 자체가 치료를 요하는 문제는 아니지만, 재난 사건 후 가족의 정신건강 증진과 필수불가결의 관계에 있으므로 이에 대한 정보 제공과 교육 및 기본적인 자원 제공이 필수적이다(Schecter & Davis, 2007; Ursano, Fullerton, & Norwood, 1995).

그러므로 부모와 가족 구성원들은 아동의 안전감 회복 돕기, 아동의 정서적 반응을 조장하거나 감소시키기보다는 타당화해 주기, 가정환경 내에서 안전감과 통제감 강화하기, (사건의 기념일 같은) 극심한 고통을 느낄 만한 시기가 되면 평소보다 더 많은 지지 제공하기, 2차 스트레스를 최소화해 주기 등에 대한 교육을 받아야 한다(Johnson, 1989; Pitcher & Poland, 1992; Schecter & Davis, 2007; Ursano, Fullerton, & Norwood, 1995).

어린아이들이 모든 정보를 처리하고 이해할 수 있을 때까지 같은 질문을 반복하더라도 모두 들어 주어야 한다. 치료자들은 양육자에게 아동의 질문을 필요한 만큼 여러 번 참고 들어 주며 적절히 대답해 주라고 조언한다(Spungen, 1998). 어른들의 생각과 달리 아이들도 죽음에 대해 좀 더 세련된 생각을 가지고 있곤 한다(Yalom, 1980). 물론 같은 나이라고 해도 심리 · 발달적 성숙도에 따라 차이가 있으므로 개별 아동의 인지적 수준과 성격을 감안해서 대응해야 한다(9장을 보시오).

발달적 특수성과 외상 사건에 대한 반응의 특이성 때문에 아이들은 자신의 외상적 애도를 언어화해 내는 데에 어려움을 겪는다. 그러므로 아동과의 심리치료는 참여적이고 경험주의적으로 구성될 필요가 있다. 기록지, 게임, 놀이치료, 연극 대본, 인형극, 음악, 이야기 그리고 예술적 도구들이 외상화된 아동을 위한 치료 프로그램에 적절히 통합될 필요가 있다(Beckmann, 1990; James, 1989; Spungen, 1998).

아이들도 연령에 적합하게 고안된 기념 활동에 포함되어야 한다. 기념일 행사를 계획할 때는 반드시 이 점을 고려해야만 한다. 아이들은 시나 이야기를 쓰고, 그림을 그리며, 스크랩북을 만들고, 나무를 심으며, 다른 기념할 만한 활동을 하게 된다. 이것은 개인적 혹은 가족 단위 프로젝트, 혹은 개인과 가족 단위 둘 모두를 대상으로 시행될 수 있다(Sprang & McNeil, 1995; Spungen, 1998; 9장과 13장도 보시오).

테러 공격 후 아동을 위한 개인 및 집단 치료 기법

학교폭력 피해자 지원을 위해 개발된 대규모 아동 및 청소년 집단 프로그램은 대규모 테러로 인한 외상 치유에도 효과적으로 적용될 수 있다.

Stewart 등(1992)은 허리케인 피해로 인한 고통 수준을 낮추고 학생들 간의 사회적 지지를 향상시키기 위해 두 시간짜리 단회기 프로그램을 개발하였다. 여기에는 신체 활동과 집단 향상 활동과 같은 개입 기술이 포함되어 있다. 이 프로그램에서는 충족되지 못한 욕구와 스트레스 간의 관계를 학생들에게 설명하고 스트레스와 관련된 증상들을 정상화하기 위한 시도들이 이루어져 주목할 만하다.

Vernberg와 Vogel(1993)의 프로그램은 13장에서 학교폭력에 대해 설명하면서 이미 소개한 바 있다. 이 재난 개입 프로토콜은 4단계 전략으로 구분된다. 재난 전 단계는 재난 지역을 위한 개입에 정신건강 서비스를 포함시키는 것을 골자로 한다. 충격 단계에서는 피해 지역에서 정확한 정보를 수집하고 전파하며 피해 아동 및 초기에 피해자들과 접촉하는 구호 활동가들에 대한 지지가 반드시 이루어져야만 한다. 단기 적응 단계는 집단 토론, 그리기, 놀이치료, 그리고 외상 사건의 정서적 표현과 인지적 처리를 허용하는 그 밖의 다양한 교실 내 전략을 포함한다. 정보와 교육 제공, 결근을 대신한 자원봉사, 그리고 간단한 가족치료와 같은 가족 대상 개입도 포함된다. 또한 필요하다면 일대일 경험보고하기, 개인심리치료 그리고 약물치료와 같은 개인적 방략들이 포함될 수 있다. 마지막으로, 장기 적응 단계는 공동 제의식과 기념 행사뿐 아니라 광범위한 개인 및 가족 심리치료를 포함한다.

최근에는 취약 집단의 테러 후 외상을 다루기 위한 아동 개인 및 집단 치료 프로토콜이 특별히 개발되었다.

Hoagwood 등(2007)은 뉴욕의 9/11테러 공격 후 뉴욕주립 정신건강사무국이 설립한 아동 · 청소년 외상치료와 서비스 협력단이 개발한 프로토콜을 소개한 바 있다. 이 프로토콜은 15회기로 구성되어 있으며, 대인 접촉 향상을 위한 매뉴얼화된 치료 프로토콜, 기술 구축, 외상과 애도 처리하기, 가족 관계 개선 등이 포함된다. 이야기치료가 자유롭게 사용되며 프로그램이 종결되면 확인서가 발급된다.

Schechter와 Davis(2007)는 9/11 테러 후 뉴욕 도심에 아동 코너Kids Corner를 만들었다. 이곳에서는 아동과 가족이 상대적으로 안전하고 편안하게 그들 자신을 표현하고 경험해 온 것을 처리하도록 허용하는 아동 지향적 환경(예술품, 공예품, 장난감, 스낵, 책, 책상, 그리고 인근의 가족 자문 영역)을 제공한다.

Schechter와 Davis(2007)는 테러 사건 후 아동들을 치료하게 될 치료자와 상담자들을 위해 다음과 같이 제언하였다(자세한 것은 9장과 13장을 보시오).

- 아이들이 말하는 것의 중요성을 타당화하는 방식으로 아이들의 말을 경청하라.
- 아동이 표현하고자 하는 것을 연령에 적합한 방식으로 표현할 수 있도록 도우라. 그래서 아동이 생각하고 느끼는 것을 명료하게 하라.
- 예술, 음악 및 놀이 치료와 같은 비언어적 형태의 의사소통 기술을 활용하라.
- 생존해 있는 가족 구성원과 사랑했던 사망자를 기억하고 그들에 대한 건강한 애착과 유대감을 지지하라. 아동이 연령에 적합한 수준에서 건실하게 애도하도록 도우라.
- 현실적인 경계를 유지하면서 아동이 자기 자신과 가족 그리고 지역사회가 얼마나 더 좋아질 것인지를 상상하고 기대하도록 도우라.

Schechter와 David(2007)는 또한 테러 공격에 의해 누군가와 사별하고 심리적 외상을 입은 아동의 부모들을 치료하게 될 치료자와 상담자를 위한 권고 사항도 다음과 같이 언급하였다(자세한 것은 9장을 보시오).

- 테러로 인한 외상과 망가진 삶에 대한 자녀의 반응뿐 아니라 부모 자신의 상실 반응을 정상화하고 타당화하라.
- 부모가 스트레스와 대응 전략에 대한 믿음직한 정보를 알고 있는 것이 자녀의 외상 처리 시작에 도움이 된다는 것, 그리고 어른과 아동 간 외상 처리 방식에는 차이가 있다는 것을 이해시키라.
- 부모 자신의 고통을 다루고 자녀의 적응을 향상시키는 데 도움이 될 만한 실질적인 전략들을 가족에게 제시하라.

- 자녀와 일부 어른이 재외상화할 수 있을 만한 비생산적인 사건 관련 보도를 접하지 않도록 하라.
- 성급하지 않게, 조금씩 환경이 허락하는 만큼 생활양식을 정상으로 되돌리도록 격려하라.

테러에 대한 지역사회와 사회의 반응

대규모 테러는 대부분 특정 지역에서 발생하는 사건이므로, 지역사회의 지도층이 지역민들을 지지하고 치료적 및 사회적 사기를 증진시키는 역할을 맡아야 한다. 경찰, 정신건강 전문가, 교사와 학교 운영자들, 사업가들, 그리고 영적 및 종교 단체 대상 등에 대한 개입을 통해 지역사회 내 관계망을 구축할 필요도 있다.

지역사회의 반응

회복 과정에서는 상징의 활용이 상당히 중요한 부분을 차지한다. 구호활동가들이나 큰 공적을 세운 사람들에게 훈장과 상을 수여하는 것이 지역사회의 회복 과정에 중요한 요소가 될 수 있다. 테러 피해자를 기리는 기념 행사는 치유 과정의 일부이므로 독려할 필요가 있다. 지역사회의 지도자들은 힘의 상징이다. 따라서 지역사회의 지도자들은 지역사회가 건설적이고 적절하게 애도할 수 있도록 건강하고 성숙한 방법으로 자신의 애도를 표현하는 모습을 보여 주어야 한다(Ursano, Fullerton, & Norwood, 1995).

Walsh(2007)는 Landau와 Saul(2004)이 제안한 재난 후 지역사회의 탄력성 증가를 위한 네 가지 조언을 다음과 같이 인용한 바 있다.

① 사회적 소속감 향상을 위해 사회적 지지, 연합체 구성, 그리고 사회적 정보와 자원 공유를 강화하라. 그리고 지역사회 내 소속감을 증가시키거나 강화하라(Hobfoll, Galai-Gat, et al., 2007을 보시오).

② 생존자들이 재난 경험에 의미를 부여하고 재난 극복을 기념하는 데 도움이

될 만한 줄거리의 이야기를 만들어 내도록 도우라(Hobfoll, Hall et al., 2007).

③ 정상적인 생활 습관들을 되살리고 일상의 나라로 돌아가도록 도우라.

④ 생존자들이 현실을 기반으로 하여 미래를 긍정적으로 기대하도록 적절히 조력한다. 즉, 현실적인 수준에서 희망을 고무시키라.

보다 넓게는 주지사나 대통령 같은 권위자들이 재난을 인식해 주는 것이 회복에 중요한 역할을 한다. 지역사회의 고통이 외부에 알려지면 지역민들은 덜 외롭게 느끼며 세계적 공동체감을 더 많이 느낄 수 있다. "우리가 당신들과 함께 있어요."라는 식의 지지는 치유 과정의 필수 요소다. 이런 외부 지지망은 정서적 지지뿐 아니라 그 밖의 자원을 공급받을 수 있다는 희망을 준다. 영적·종교적 집단뿐 아니라 경찰, 정신건강 전문가, 학교, 교사들 그리고 행정가들을 규합하여 지역사회 내 관계망을 구축하는 것이 주요 개입 전략이 된다. 이 과정이 진행됨에 따라 처음에는 외부인처럼 느껴졌던 정신건강 자문가들이 세상의 관심을 반영하는 지표가 되고, 정상 혹은 절반 정도 정상화된 삶으로 돌아갈 수 있다는 희망을 제공하며, 스트레스로부터의 회복과 관련된 다양한 쟁점으로부터 한숨 돌리기를 허락한다(Kratcoski et al., 2001; Stebnicki, 2001; Ursano, Fullerton, & Norwood, 1995).

국가적 및 세계적 반응

오클라호마 테러는 오클라호마 주의 위기였지만 미국의 비극이기도 했다. 2001년 9/11 테러는 뉴욕과 워싱턴을 대상으로 한 공습이었지만 지구 전체의 정신건강과 안정성을 위협하는 세계적 외상이기도 했다. 대규모 테러의 경우, 정신건강 지원을 위한 국제적 협력기구와의 협조가 필요하다(Kratcoski et al., 2001).

범죄예방 및 형사사법 국제연합 위원회United Nations Commission on Crime Prevention and Criminal Justice에 따르면, 피해자 지원 종합 프로그램에는 반드시 단기 및 장기 상담, 피해자 옹호, 수사 및 기소 후의 보호와 지지, 피해자와 관련한 다양한 쟁점 다루기, 폭력 예방과 개입 전략 수립 및 충분한 관련 전문가 훈련, 그리고 피해자 관련 쟁점에 대한 공공의 인식 교육과 같은 즉각적인 위기 개입 전략이 포함되어야 한다(Kratcoski et al., 2001).

테러 피해자를 위한 유엔 지원기금이 조성되어야 할 필요성이 제기되어 왔지만 아직까지는 마련되지 못한 상태다. 그러는 사이 현장에서는 지역사회 기반 대응책 마련이 꾸준히 요구되고 있다. 여기에는 재난과 테러 피해자들을 위한 즉각적이고 장기적인 서비스 제공을 위한 정신건강 계획이 포함되어야 한다. 기구들은 테러 피해자들이 필요할 때면 언제 어디서든 접근 가능한 준비된 위기 개입 서비스 제공이 가능하도록 설계되어야 한다(Kratcoski et al., 2001).

마지막으로, 사법적 처리라는 견지에서 테러범의 신속한 검거, 범죄자 인도, 기소, 그리고 법적 처분과 테러범 변호 등을 위한 특별법 제정이 요구된다.

결 론

우리는 아주 위험한 시대를 살고 있다. 쿠바의 미사일 위기나 냉전 시대의 상호확증적 파괴 정책 시대에도 미국인들이 이처럼 개인적인 위협감을 느끼지는 않았다. 다양한 기법을 훈련받고 경험을 쌓은 정신건강 임상가들은 테러 공격으로 인한 우리 사회의 심리적 혼란과 맞서 싸우도록 해 주는 필수적인 자원이다. 테러리즘의 결과, 특히 심리학적 결과에 대한 수천수만 명 대상의 대규모 개입에서부터 우리의 정신에 대한 최악의 결과를 경감시키는 것에 이르기까지 심리학이 공헌할 수 있는 잠재적 기여는 헤아릴 수 없을 정도다. 다양한 유형의 범죄 피해자를 치료하기 위해 효과적인 치료 기법들을 익혀 온 이 책의 독자들은 재난 위기가 닥치면 누구보다 현장에서 활발히 개입 활동을 전개해야만 한다. 이를 위해 효과적인 치료 기법들을 지속적으로 연마하고 연마한 기술들을 신선하게 사용하기 위한 동기를 유지하는 것이 중요하며, 우리 자신과 동료들을 돌보는 방법을 알 필요가 있다.

CHAPTER 15

우리 자신을 위한 명약

정신건강 전문가의 상담과 심리치료

끔찍한 폭탄 테러를 당한 여러 피해자건 다양한 종류의 폭력 사건과 투쟁하는 한 명의 피해자건, 범죄 피해자와의 상담 및 심리치료는 결코 녹록지 않은 작업이다. 이 작업은 너무 거칠고 험난해서 실무자들에게 상당한 정신적 소진을 유발한다. 심지어 대상이 심각한 혼란 상태에 있는 환자들이나 보복심리가 강해서 또래나 가족들을 공격할 잠재적 가능성이 높은 사람일 때라면, 범죄 피해자 치료는 위험한 작업이 될 수 있다. 치료자와 상담자는 위협을 당할 수 있고, 때로 뒤를 밟히거나 괴롭힘을 당하며, 경우에 따라 폭행과 상해를 입을 수도 있다. 우리 동료 중에는 살해당한 사람도 있다(Miller, 1998c, 1998h, 2000c, 2000j, 2007k).

범죄 피해자 치료로 인한 스트레스와 도전

범죄 피해자들의 외상적 경험과 반응은 임상가에게 영향력을 행사한다. 범죄 피해자와 일하는 치료자들은 종종 자신이 스스로의 안전에 대해 과도하게 걱정하며 안전감 확보를 위한 대책 마련에 열을 올리고 있음을 인식하곤 한다. 어떤 권위자는 유능한 치료자일수록 소진에 취약하다고 주장하기도 한다. 즉, 공감 능력과 공감을 표현하는 능력이 뛰어난 사람들이 소진될 위험이 가장 높다는 것인데, 이는 소위 반영 효과 혹은 연쇄파급 효과라고 불린다(Figley, 1995). 그러나 저자는 소진에의 취약성이 치료적 공감 능력이나 공감 기술과 불가분의 관계에 있다고 생각하지 않는다. 오히려 진정한 공감 능력을 갖춘 최고 수준의 치료자들은 높은 자율성과 탄력성을 가지고 있으며 이것들이 서로 연합해서 가장 숙련된 조력자가 되도록 해 준다(Miller, 1993a, 1998h).

공감피로, 대리외상 그리고 소진

그렇다고는 해도 외상화된 사람들이나 위험에 처한 사람들을 정기적으로 만나야 하는 임상가들은 그들만의 특수한 스트레스에 시달린다. 이들은 극도로 강한 심리적 외상을 유발하는 사건과 그 결과에 맞닥뜨리게 되며, 그와 관련된 강렬한 정서에 함몰될 수 있다. Figley(1995)는 외상 피해자를 치료하는 전문가들이 공감피로compassion fatigue에 취약해지는 이유를 다음과 같이 설명하였다.

첫째, 공감은 외상화된 사람들을 치유하고 상담하는 전문가들의 주요한 개인적 자원이다. 외상 피해자와 가족에 대한 공감 과정은 이들의 경험에 대한 이해를 돕지만 그 과정에서 치료자 자신이 외상화될 수 있다.

둘째, 많은 외상 치료 전문가가 과거에 다양한 외상 사건을 경험하며 해결되지 않았던 외상 경험이 환자에 의해 촉발됨으로써 혼란감이 활성화될 수 있다. 결과적으로 이들이 자신의 경험을 토대로 환자의 상태를 과잉일반화할 위험성이 존재하며 환자에 의해 그러한 경향이 더욱 강렬해질 수도 있다. 이런 현상은 가정폭력이나 성폭력 관련 업무에서 좀 더 자주 발생하곤 한다.

마지막으로, 동일시, 공감 그리고 연민과 같이 특별한 측면들이 외상화된 아이들과의 업무에서 스트레스를 유발한다(James, 1989, Johnson, 1989; Miller, 1999d, 2003e).

치료자가 객관성을 잃고 환자와 과잉 동일시를 시작하면 우울과 무감동함이 발달하기 시작한다. 그로 인해 치료자는 환자뿐 아니라 그 밖의 누구에게조차 '관심을 가져 주지 못하는' 자신을 발견하기 시작한다. 치료자는 환자가 치료 회기를 취소할 때 안도감을 느끼게 된다(Moon, 1999). 위기 단계에서 일하는 임상가들은 공포에 휩싸여 길을 걸으며, 응급을 알려 주는 무선호출기나 휴대전화의 분실에 대한 두려움을 발달시킨다. 치료자가 스스로 고립되고 정서적 가용성을 잃어 감에 따라 이러한 스트레스의 영향은 치료자의 가족생활까지 흘러넘치게 된다(Cerney, 1995). 극적인 사례를 다루는 것이 주는 충격적인 오싹함에 의해 강화되어 외상 중독자가 되지만, 이 과정에서 임상적 타당성과 효과성을 제물로 바치고 만다(Yassen, 1995).

McCann과 Perlman(1990)은 환자의 외상과 그 결과에 과도하게 주목하고 지나치게 오랫동안 공감적으로 관여한 결과 치료자의 내면에 발생하는 변화를 기술하기 위해 대리외상vicarious traumatization이라는 개념을 사용했다. 이런 효과는 통상 단일의 치료 관계만으로는 발생하지 않으며, 피해자 지원 빈도가 누적됨에 따라 발생하게 된다. 연령, 성별, 개인의 과거 외상 경험, 외상 피해 환자와의 심리치료 기간, 담당하는 외상 피해 환자의 수, 그리고 치료자가 현재 경험 중인 스트레스 수준 등이 치료자의 내면에 있던 외상 관련 증상과 사건 관련 이야기에의 노출로 인한 고통감이 상호작용하도록 만든다(Elliott & Guy, 1993; Follette, Polusny, & Milbeck, 1994; Pearlman & MaClan, 1995).

소진과 관련된 문헌들(Ackerly, Burnell, Holder, & Kurdek, 1988; Deutsch, 1984; Gilliland & James, 1993; Pearlman & MaClan, 1995; Robinette, 1987; Rodolfa, Kraft, & Reiley, 1988)은 나이가 어리거나 경험이 부족한 사람일수록 더 심한 상해를 입으며, 더 심하게 혼란된 환자들을 만나야 되는 병원 환경에서 일하는 경우 소진에 더욱 취약해진다는 것을 보여 준다. 어느 영역에서든 성격 구조, 기질 그리고 인지 양식의 견지에서 너무 경험이 없어 풋풋한 신참과 너무 단단해지고 정서적으로 오그라들어 있는 고참 간에 임상적 효용성 유지를 위한 심리적 균형 맞추기 과정이 작동하는 것 같다(Miller, 1993a, 2003a).

외상 치료와 상담 업무 시 직면하게 되는 특수한 도전

Talbot, Dutton과 Dunn(1995)은 심리치료자들을 스트레스 받게 하는 외상과 위기 작업의 특수성에 대해 다음과 같이 설명한 바 있는데, 이것은 정신건강 전문가의 범죄 피해자 치료 업무에 바로 적용될 수 있다.

대응의 급박함과 즉시성 위기 대응은 종종 구호적 혹은 현장적 속성을 지닌다. 이 말은 치료자가 발생 시각, 장소, 사람, 그리고 무슨 서비스가 요구되는지와 같은 여러 측면을 거의 또는 전혀 통제할 수 없다는 것을 의미한다. 대개의 경우 무엇을 주의해야 하는지에 대해 알려진 바가 없으며, 준비 시간이 매우 짧고, 개입을 위한 시간과 공간이 부족하며, 익숙하지 않거나 위험한 환경에서 작업해야만 한다. 5장에서 살펴본 바 있듯이, 사무실이든 그 밖의 편안한 어떤 장소에서든 범죄 피해자를 만날 수 있으며 일정표를 빈번하게 바꾸어야만 한다. 위기 상황에서 범죄 피해 상담자는 상황을 안정화하고 이후의 광범위한 개입을 위해 피해자를 준비시켜야 하며 이를 위해 빠르고 효과적으로 작업할 수 있어야만 한다.

일의 양과 강도 다양한 범죄 피해자를 경험했건 강도 높은 치료적 개입을 요하는 단일 피해자를 지원했건 간에 범죄 피해자 관련 업무의 누적은 치료자의 심신을 악화시킬 수 있다. 5장에서 보았듯이, 이 업무의 특성상 거의 매번 강렬한 정서적 관여를 요하며 피해자는 종종 퇴행되고 그로 인한 기능부전 상태에 놓이게 된다. 몇몇 피해자는 치료적 개입을 침입적인 것으로 지각함으로써 저항적이거나 적대적인 태도를 드러낸다. 범죄 피해자들은 공감과 버텨 주기에 대한 욕구가 강하며, 이러한 피해자들과의 만남이 구조화된 치료적 관계에 익숙한 임상가에게는 압도적으로 느껴질 수 있다. 종종 들어 주는 것 외에 할 수 있는 것이 아무것도 없곤 하며, 혼란스러운 환경일 때는 이조차도 극히 어려운 작업이 될 수 있다. 또한 피해자의 사건 전 혹은 질병 전 기능 수준에 대한 정보가 거의 없는 경우가 많다. 때로 이러한 위기가 피해자나 임상가의 요구나 소망과는 무관하게 초기 대응 팀이나 수사관이 특수 목적을 가지고 피해자와 접촉하는 형사사법체계의 맥락에서 발생하기도 한다.

위협하는 환자 Koopman, Zarcons, Mann, Freinkel과 Spiegel(1998)은 병원 외래 환자로부터 협박 전화와 위협을 당했던 정신과 근무자들을 대상으로 연구를 수행한 바 있다. 이 환자는 직원 몇 명을 살해하고 자신도 자살하였다. 2주 뒤 종사자들에게 설문지를 보냈다. 연구 결과, 환자에게 더 많이 노출되었을수록, 환자의 위협 장면을 직접 목격하였을수록, 그리고 다른 직군에 비해 환자와 일대일로 상호작용할 기회가 많았을수록 급성 스트레스 증상들을 높게 보고하였다.

범죄 피해자 대상 업무가 임상가에게 미치는 영향

위기 개입 과정에서 유발된 스트레스는 다양한 방식으로 정신건강 전문가들에게 영향력을 행사할 수 있다. 무장 은행강도 사건 피해자들을 상담했던 Talbot 등(1995)은 상담 및 치료 경험이 자신들에게 미치는 영향력을 조사한 결과 자신들이 고립감, 분노, 긴장감, 혼란감, 무력감, 무망감, 불안, 정서적 고갈 및 책임에 압도되는 느낌을 경험했다고 밝혔다. 임상가들은 환자들의 문제를 무의미하거나 극복할 수 없는 것처럼 보았으며, 자신에 대한 존중감을 잃었고, 환자들과 과잉 동일시하기 시작했다. 또한 임상가들은 합리화하면서 과도하게 완고해졌으며 사고의 융통성 저하를 드러내었다. 자기보호 전략의 일부로 부인을 사용하는 임상가들은 종종 업무가 자신에게 미치는 영향력을 의식하지 못하였고, 각각의 응급 상황에 대한 변별 기억이 흐려졌다.

이런 임상가들은 종종 고갈되었다고 느끼며 알코올 섭취가 증가할 수 있고, 두통이나 위장장애와 악몽을 동반한 수면장해로 고통받기도 한다. 또한 폭력에 대한 민감성 증가와 함께 가족과 친구들에게 정서적으로 더욱 요구적인 사람이 된다. 그들은 발생하지 않은 또 다른 위기나 응급을 알리는 전화가 올지도 모른다고 예상하고 긴장하며, 그로 인해 일상생활의 지장이 초래된다(Talbot et al., 1995).

전이, 역전이 그리고 치료적 경계와 관련한 쟁점

외상을 입은 범죄 피해자들과의 치료적 상호작용은 달갑지도 받아들일 만하지도 않은 일이다. 특히 치료의 초기에 선량한 치료자들은 자신을 가해자나 고문을 가했던 사람처럼 지각하는 환자들의 전이에 직면하여 놀랄 수 있다. 역전이의 뒤틀림 속에서 치료자들은 혐오감, 넌덜머리남, 절망, 공포 그리고 무력감을 경험하며, 피해자나 그 밖의 환자들이 자신을 불충분하고 서투른 치료자라고 느끼게 만드는 가해자라고 가정하기도 한다. 경우에 따라 역전이 감정은 치료자가 환자를 재외상화함으로써 이전의 외상 경험을 반복하도록 만들 수 있다(Cerney, 1995). 예를 들어, 치료자는 환자에게 과도하게 완고하거나 처벌적 자세를 취하는 자신을 발견할 수 있다.

역전이는 범죄 피해자와의 작업에서 특히 중요하다. 이는 그것들이 종종 치료자가 생애 과정에서 경험한 폭력, 유기, 무기력, 비하, 불구화 및 죽음에 대한 공포 같은 무의식적이고 다루기 곤란한 부분들의 주위를 맴도는 경향이 있기 때문이다. 많은 외상 환자가 그와 동일한 종류의 고통 속에 있는데, 이런 치료자는 환자의 고통과 잘 소통하기 위해 환자의 부적절한 요청에 충실히 응하게 된다. 사실 이런 환자들이 진정으로 필요로 하는 것은 적절한 경계를 유지할 수 있으며 범죄 피해에 대한 책임이 가해자에게 있지 자신에게 있지 않다는 것을 믿거나 추론할 수 있도록 해 주는 치료자다(Cerney, 1995).

Cerney(1995)는 범죄 피해자와의 작업에서 치료자들이 자주 직면할 수 있는 전이 상황들을 다음과 같이 정리하였다.

투사적 동일시 이런 상황에서 환자는 치료자에 의해 자신이 박해당하고 있다고 느낀다. 환자가 이런 박해감을 참을 수 없기에 이르면 그러한 감정을 외부에 투사하는데, 종종 그 대상이 치료자가 되며 치료자로 하여금 박해자와 같이 행동하도록 유도한다. 그러면 치료자는 자신의 평소 스타일이 아님에도 불구하고 환자가 투사한 박해자의 역할대로 행동하게 된다. 치료자는 환자에게 지루하고 무례하며 무자비하게 반응하게 되며, 종종 자신의 이러한 반응을 의식하지만 어리둥절해져서 갈피를 잡을 수 없기 때문에 그것을 변화시키지 못한다.

다른 경우에는 치료자가 환자의 고통과 역경으로부터 자신을 분리시키고 싶은 욕구를 가지게 된다. 어느 쪽이든 투사적 동일시로 인해 환자는 다시 피해자가 되어 외상을 재경험하게 되며, 치료자는 친절하고 이해심 있는 전문가라는 자기지각에 심각한 타격을 입게 된다(Catherall, 1995; Cerney, 1995).

과잉 동일시 이것은 종종 환자의 전이적 투사에 대한 치료자의 역전이 반응으로 나타난다. 과잉 동일시에서 치료자는 범죄 피해자의 고통, 격노 그리고 보복 욕구에 과도하게 동일시한다. 특히 치료자가 환자와 유사한 발달적, 사회문화적 혹은 경험적 배경을 가진 경우에는 이 현상이 더욱 쉽게 발생한다. 이러한 치료자의 반응은 외상의 해결에 필요한 초월과 처리에 도움이 되기보다 외상에 대한 환자의 부정적인 느낌을 강화한다. 반대로, 환자가 치료자와 다른 배경을 가진 경우 치료자는 환자의 경험을 최소화하거나 소홀히 다루며 무효화하는 경향을 보일 수 있다. 범죄 피해자의 치료자로서 경험한 자기감의 상처는 치료자들을 압도시켜 자신이 치료하고 있는 환자와 동일한 특성들을 드러내도록 만들 수 있다. 즉, 치료자들의 세상, 자기 자신 그리고 가족들과의 상호작용 방식에 변화가 나타난다. 그들은 침투적 사고, 악몽, 일반화된 불안을 경험하기 시작한다. 이 상태에 이르면 치료자 자신의 대리외상에 대한 슈퍼비전과 도움이 반드시 필요하다(Cerney, 1995).

Munroe 등(1995)은 치료 과정에서 치료자가 경계해야만 할 전이와 역전이 형태들을 설명한 바 있다. 그중 몇 가지를 살펴보면 다음과 같다.

착취자/피학대자 이 형태에서 치료자는 환자를 학대하는 중에 있거나 과거에 학대했던 '모든 사람과 같은 존재'라는 비난을 받는다. 치료자들은 환자로부터 '단지 돈을 위해 일하는 존재', 환자를 '기니피그'로 취급하는 사람, 혹은 '환자의 고통에서 손을 떼거나 조력하지 않는 사람'이라는 비난을 받는다.

아군/적군 이러한 양상은 참전 군인들에게서 자주 관찰되지만, 고용주에게 맞서는 피고용인들이나 형사사법체계나 보험회사에 맞서 싸우는 범죄 피해자에게서도 관찰할 수 있다(16장을 보시오). 여기에서 치료자는 환자에게 '불리한 정보를 쥐고 있는' 상대측이나 '자신을 이해해 주는 유일한 사람'으로 이상화된 막역한 친구로 징집된다. 적군의 역할을 할 때는 환자와의 직면이 어렵고, 아군인 경우에는 환자에 의해 이상화된 이미지의 빛이 사라지는 것을 원치 않기 때문에 두 경우 모두 치료자가 적절한 치료적 영향력을 발휘하지 못하게 만든다는 위험을 안고 있다.

공격자/피공격자 이 양상은 폭력과 협박이 난무하는 환경에서 자란 환자에게서 자주 관찰된다(1장). 그들은 사람들에게 영향력을 행사하고 사람들을 조종하기 위해 직접적으로 혹은 은근히 위협하는 것을 학습하며, 이것을 치료자에게도 시도한다. 환자들은 폭력적인 보복 공상을 증명하거나 피해자 신분을 이용하여 자신의 과거 공격 행동을 정당화하고자 시도한다. 이런 외상 후 증상의 이면에는 종종 반사회적-자기애적-경계선적 스펙트럼에 속하는 심각한 성격장애가 존재한다(3장). 치료자는 치료 초기에 이것에 대해 단도직입적으로 언급할 필요가 있다.

구원자/구원받은 사람 이것은 불안정하고 잠정적으로 위험한 양상으로, 갑자기 숨 가쁜 위기 상태에 빠질 때는 범죄 피해자가 그 모습을 나타내었다가 다음 위기 상황이 오기 전까지는 시야에서 사라져 버린다. 이런 식의 위기 사이클에 놀아나는 치료자들은 단지 응급 상황일 때 그리고 구원 관계가 친밀감을 대신하는 경우에만 도움 관계가 제공된다는 환자의 생각을 강화할 위험이 있다. 이런 양상은 의존성 혹은 양극성 성격을 가진 환자에게서 흔히 관찰된다(3장). 이런 경우 치료자는 환자가 자신을 필요로 할 때 거기에 존재함으로써 성숙한 안정성의 모델을 제공하는 한편, 타인의 돌봄과 관심을 이끌어 내기 위해 그처럼 극적인 출현이 필요한 것은 아니라는 생각을 강화해야 한다. 또한 위기가 고조되기 전에 싹을 잘라 내기 위해 주의 깊게 일정을 조절하여 치료적 접촉을 유지함으로써 환자가 내적 자원을 축적하도록 돕는 것이 중요하다.

론 레인저(Lone Ranger)[8)] 이것은 치료자가 문밖에서 들려오는 악마의 쿵쾅거림이 주는 압박으로부터 환자를 보호할 충분한 능력이 있는 유일한 도움 제공자인 양하는 것을 말하며, 구원자형이 변형된 형태다. 전문가적 능력과 현실적인 희망의 투사가 치료적 동맹 형성을 위해 필요하기는 하나, 과도하게 불굴의 의지로 세상과 맞서 싸우는 듯한 사고방식은 7장에서 설명했던 Clarence-the-Angel fantasy와 유사하게 세상이 적대적인 공간이기 때문에 누군가를 도와야 하는 운명을 부여 받은 전지전능한 구원자를 통해서만 구원받을 수 있다는 환자의 외상화된 세계관을 부적응적으로 강화한다.

상담자와 치료자를 위한 심리학적 개입

지금까지 줄곧 강조했듯이, 임상가는 범죄 피해자들이 품고 있는 외상 후 증상과 그 기저에 자리하고 있는 성격 문제의 치료를 위해 다양한 상담 및 치료 기술을 숙지하고 있어야 한다. 치료는 종종 탐색적이고 통합 지향적인 증상 조절 기법들로 구성되고 일정한 방향성을 띤 여러 단계 혹은 층으로 진행된다. 동일한 방식이 우리 자신에게도 도움이 된다. 우리는 전문가들이 지니고 있는 각양각색의 기질, 인지 양식, 생활 경험, 외상력 등을 고려할 수 있도록 다양한 접근법을 알고 있어야 한다.

심리적 경험보고하기: 경험보고자를 경험보고하기

대리외상(McCann & Pearlman, 1990)과 공감피로(Figley, 1995) 같은 개념들은 범죄 피해를 포함해 상처와 충격을 경험한 환자들과의 지속적인 작업이 치료자들에게 점증적으로 스트레스 효과를 유발한다는 것을 시사한다. 외상화된 환자들과의 접촉과 치료 관계 유지에 필요한 진정한 공감은 우리에게 치료적 소진이나 우울증을 유발하는 '정서적 전염'을 초래할 위험이 있다(Moon, 1999).

역자 주

8) 한 사람의 영웅(Lone Ranger)이 지구를 구한다는 내용의 서부영화

우리는 12장에서 직장에서 발생한 폭력 사건의 생존자 치료 기법 중 하나인 위기사건 경험보고하기(CISD)를 살펴보았다. 이 모델은 원래 형사사법체계에서 일하는 사람들과 응급 서비스 제공자들의 신속한 심리적 압박감 해소를 위해 개발되었으며, 이후 다양한 영역에서 효과성을 인정받고 있다(Miller, 1999g). 위기사건으로 인한 스트레스 관련 영역에 심리치료자들이 빈번히 개입하면서, 보다 복잡하고 미묘한 개입 기법들이 활용되고 있으며 그에 따라 경험보고하기에도 심리학적으로 좀 더 세련된 기법인 인지행동적 및 정신역동적 과정 분석이 포함되었다. 다행히 이러한 시도들이 스트레스 경험보고 모델이 지닌 현장 적용의 용이함과 임상적 유용성을 훼손시키지는 않는 것 같다. 아이러니하게도, 특정 심리치료 기법이 개인에 대한 깊이 있는 이해를 추구할수록 임상 실무에서의 적용 범위는 좁아지는 것이 사실이다(Miller, 1999g).

Talbot 등(1995)은 심리치료자들이 훈련받은 경험자들이기 때문에 이들을 위한 효과적인 개입을 위해서는 특수한 심리학적 이해와 통합이 요구된다고 주장한다. 몇몇 권위자(Manton & Talbot, 1990; Talbot et al., 1995)가 무장 은행강도 사건 피해자로부터 사건 경험을 보고받은 정신건강 임상가들과의 작업을 통해 심리적 경험보고하기 프로그램을 개발하여 차츰 크게 발전시켰다. 이 모델의 목적은 사건에 대한 심리적 숙달감을 획득하고 시간이 지난 뒤에 뒤늦게 출현할 수 있는 심각한 스트레스 증후군들의 발달을 막기 위해 환기, 정화, 경험 나누기 등을 통해 외상 작업으로 인한 스트레스를 다루도록 정신건강 임상가들을 돕는 것에 있다. 심리치료자들에게는 특히 피해자의 경험을 들음으로써 피해자와 동일시하게 되는 것에 대한 주의 깊은 탐색이 중요하며, 이 과정에서 공감의 짐을 완전히 소화해 내도록 도와줄 필요가 있다. 치료자들은 외상 경험을 통합하여 일상생활과 일터로 되돌아가도록 하는 데에 도움을 받는다.

이 모델에서는 훈련과 경험 축적을 위해 심리치료자가 무슨 일이 언제, 어떻게, 어디서 발생하였는가 하는 것뿐 아니라 왜 일어났는지도 알 필요가 있다고 가정한다. 즉, 경험보고하기가 정서적 환기뿐 아니라 외상 사건 및 피해자를 다루는 치료자의 역할에 대한 통합적인 지적 이해를 담고 있어야만 한다. 이처럼 Manton과 Talbot(1990), Talbot 등(1995)의 경험보고하기에는 피해자와 심리치료자가 개인적 및 전문가적 견지에서 자신들에게 무슨 일이 일어났는지를 심리학적으로 이해하도록 하는 과정이 포함된다.

이 모델에서는 원래의 일반인 경험보고하기와 별개로 경험보고자와의 경험보고하기에 두 명 이상의 심리학자가 참여한다(오해를 피하기 위해 이들을 2차적 경험보고자로 표현하기로 하겠다). 치료자 경험보고하기에는 위기 개입이 끝난 뒤 가능한 한 빠른 시간 내에 모든 치료자가 참석한다.

Talbot 등(1995)이 고안한 심리적 경험보고하기 절차에서는 위기 사건과 치료자가 그 사건에 대해 보이는 반응, 그리고 경험보고하기 그 자체에서 발생한 과정들이 모두 다루어진다. 이 절차의 목적은 전체 밑그림을 명확히 만들기 위해 위기와 그 이후의 상담을 연결 짓고 이해하게 해 주는 것이다. 결과적으로 2차적 경험보고자는 사건 그 자체, 그 사건에 대한 피해자의 반응, 사건에 대한 심리치료자의 반응, 피해자에 대한 심리치료자의 반응, 그리고 각 심리치료자가 사건에 대해 드러내는 개인적 및 전문가적 반응과 같이 다양한 수준에서 위기를 다루게 된다. 근본적으로 2차적 경험보고자들은 이 과정에서 각 치료자가 피해자에게 제공했던 개입이 무엇이었으며 그중에서 유용했던 기법이 무엇이었는지 평가하며 가능한 대안 행동을 탐색하고 미래의 활동을 결정하도록 돕는 임상적 지도감독자의 역할을 해야 한다.

2차적 경험보고자는 외상적 사건 이후에 오는 두려움과 슬픔을 정상화해야 할 필요가 있다. 이와 관련하여 Talbot 등(1995)은 병행 과정이라고 부르는 반응을 언급한 바 있는데, 이것은 치료자가 피해자가 경험한 것을 피해자와 동일하게 경험하는 현상을 말한다. 치료자가 과거에 폭력이나 학대 피해 경험이 있는 경우 이 과정에서 미해결된 채로 남아 있던 다양한 쟁점이 튀어오르기도 한다. 역전이와 관련된 쟁점들을 충분히 다루는 것이 단일 경험보고하기의 견지에서 유용할 수 있기는 하지만, 경우에 따라서 좀 더 깊이 있는 치료적 개입이 필요할 수 있다 (Maier & Van Ryboeck, 1995; Miller, 1998c, 1998h).

Tablbot 등(1995)의 시스템에서는 2차적 경험보고자가 본래의 위기와 현재의 경험보고하기에 대한 치료자의 경험을 촉진하기 위해 자신의 피해자들에 대한 지식과 심리적 과정에 대한 이해를 함께 활용한다. 심리학적 지식이 많을수록 더욱 인지적이고 세련된 방어를 드러내므로, 지도감독자가 그러하듯 2차적 경험보고자는 민간인 피해자나 경찰, 소방관 혹은 긴급의료원 팀과 같은 응급구호 활동가들과의 작업 시에 비해 치료자와의 경험보고 시 더욱 직접적이고 직면적인 태도를 드러낼 필요가 있다. 이러한 작업의 궁극적인 목표는 떠오른 주제들과 개인적인 쟁점들에 머물면서 지켜봄으로써 사건을 넓게 보도록 만드는 것에 있다.

마지막으로, 2차적 경험보고자는 치료 회기 중에 진행과정 요약하기, 담아 두기, 그리고 무슨 일이 일어났는지를 이해하도록 만들기와 같은 작업을 할 필요가 있다. Talbot 등(1995)은 위기 사건으로부터 얻은 것, 그리고 피해자와의 경험보고 과정에서 학습한 것을 언어화하는 경험이 치료자에게 도움이 된다고 주장한다. 개인적 삶, 그리고 전문가로서의 역할을 지속하기 위해서 심리치료자들은 가치감, 보람, 그리고 자신과 일에 대한 긍정성에 대한 확신감과 더불어 숙달감을 함양할 필요가 있다. 인지적 이해와 적응적 자기통찰은 심리치료자에게 상황에 대한 이해를 제공하고 객관성과 추가 개입의 필요성을 판단하기 위한 이론적 근거를 제공해 준다. 치료자가 효율적인 외상 치료자로 계속적으로 기능하기 위해서는 이것이 필수적이다. 이는 모든 치료 전문가에게도 동일하게 적용될 것이다(Miller, 1993a, 1998h).

과정 경험보고하기

Dyregrov(1997)는 CISD과 같은 형태의 개입 모델을 제안한 바 있으며, 이를 과정 경험보고하기라고 불렀다. 이 모델은 12장에서 설명한 바 있는 Mitchell과 Everly(1996)의 모델과 기본적으로 동일한 구조를 가지고 있지만, 경험보고하기 과정에서 발생하는 집단 역동을 분석하고 다루는 것을 좀 더 강조한다. 과정 경험보고하기의 특징은 다음과 같다.

- 집단의 지지를 강력하게 동원
- 스트레스에 대한 반응을 정상화하기 위해 다른 집단원들을 주로 활용
- 집단을 자원으로 활용하고 상호작용을 최적화하기 위해 한 집단의 인원을 15명으로 제한
- 상호작용을 통한 소통의 모델을 제공함에 있어 집단 리더와 공동리더의 역할 강조

이런 의미에서 과정 경험보고하기는 CISD 모델을 엄격히 따른다기보다는 인지행동주의적 집단치료와 유사하다. 정신건강 관련 자격증이 치료 효과를 담보해 주는 것은 아니지만, Dyregrov(1997)는 집단 경험을 통해 긍정적인 효과를 얻기 위해서는 집단의 리더가 가지고 있는 지식과 훈련 그리고 경험이 매우 중요하다고 지적한다. 그는 효율적인 치료자의 기준으로 도움 관계에서의 진솔함, 무소유적인 따듯함이 주는 안전과 신뢰 분위기, 그리고 환자에 대한 정확하고 공감적이며 시기적절한 이해를 제안한다. 이는 집단치료의 치료자가 갖추어야 할 소양과 비슷하며, 거의 모든 영역에서 일하는 치료자들이 임상적 효율성을 위해 갖추어야 할 자질이기도 하다(Miller, 1993a).

Dyregrov(1997)의 과정 경험보고하기가 집단 역동을 중요시하기는 하지만 다음과 같이 치료 프로그램의 구조를 일부 수정한 것을 제외하면 Mitchell의 모델(Mitchell & Everly, 1996)과 상당히 유사하다.

- 신뢰, 권위, 그리고 집단의 구조 설정 과정에서 소개 단계와 사실 단계가 관계 단계와 병합되었다.
- 이 모델은 사건의 속성과 집단의 구성을 익힌다는 측면에서 경험보고하기를 위한 리더와 공동리더의 사전 준비가 얼마나 중요한지를 강조한다. 이는 임상적 평가 과정에서 행해지는 과거력 수집과 같은 의미를 지닌다.
- 건강한 상호작용 모델을 보여 준다는 견지에서 리더와 공동리더 간의 관계를 강조한다. 참여자들은 다른 사람들의 상호작용 양상을 관찰함으로써 건강하고 성숙한 애도와 고통의 처리 방법을 배운다.
- 목소리, 억양, 시선 접촉, 그리고 비언어적 신호와 같은 미세한 의사소통의 중요성을 강조한다.
- 경찰관, 응급의료진, 간호사, 심리치료자 등 집단의 특성에 따라 임상적 융통성을 발휘하여 개입 전략을 바꿈으로써 대상에 알맞게 어감을 살린 개입이 이루어지도록 한다.
- 이 모델은 물리적 환경 혹은 배경이 집단 과정에 미치는 영향력을 강조한다. 예를 들어, 조용하고 은밀하며 소란스럽거나 냄새나거나 비좁지 않은 편안한 환경을 제공함으로써 참가자에 대한 존중을 표시한다. 그러나 때로

는 주어진 현실적 여건에 맞추어야만 할 때도 있다.

위기 상황하에서 이루어지는 경험보고하기에서는 다양하고 풍부한 임상적 기술이 과소하게 활용되는 것 같다고 느끼는 치료자들이 종종 있으며, 저자 역시 그러한 느낌에 공감한다. 그러나 CISD 모델은 애초에 심리학적으로 훈련된 임상가가 아니라 정신건강 위기 개입과 법적 서비스 및 응급의료 서비스 과정에서 경험된 심리적 외상을 돌보기 위해 제공되는 초기 전략으로서 개발된 것임을 기억할 필요가 있다. 보다 세련된 정신역동적 집단치료 접근을 CISD 모델과 혼합하는 것은 분명 환영할 만하며, 외상화된 심리치료자와 같이 특별한 집단을 위해서는 이러한 시도가 필수적이기까지 하다(Miller, 1998c; Talbot et al., 1995).

그러나 치료자로서 우리는 우리의 환자들을 알아야 하고 우리의 개입을 대상자의 특성에 맞출 책임이 있다. 경우에 따라 인지적 및 정신역동적으로 풍부하고 세련된 임상적 개입이 환자의 정신적 충격 및 외상과 관련한 억압된 느낌들을 표현하고 해결할 수 있도록 하는 데 확실히 효과적이다. 하지만 다른 경우에는 치료자의 지식과 기술들을 표면 아래에 남겨 둔 채 경험보고 과정에서 이것들이 부드럽고 자연스럽게 발산되도록 해야 한다. 임상가의 지식, 재능, 그리고 훈련을 통해 습득한 다양한 능력이 훌륭한 치료적 불꽃놀이를 만들어 내는 경우는 없지만, 치료의 전체 과정을 용이하게 만들어 주기 때문에 통렬할 정도로 효과적일 수 있는 것이다.

범죄 피해자 상담자 및 외상 치료자를 위한 심리치료

아이러니하지만 부정할 수 없는 사실은 많은 치료자가 자기 자신을 위한 치료는 달가워하지 않는다는 점이다. 이런 집단을 위해서는 특별한 치료 모델과 과정을 적용할 필요가 있다.

일반적인 감압 및 자조 기법

모든 치료자가 전문가로서의 삶과 개인적 삶 간에 적절한 균형을 유지해야 할 필요가 있지만, 외상 치료자들에게는 이것이 더욱더 중요하다(Cerney, 1995). 강박적이거나 자기파괴적인 실천주의의 색채를 띠지 않는 한 사회활동으로 시민적 책임감을 발산하는 것은 좌절의 적절한 출구가 될 수 있으며, 효과적으로 불안을 가리고 에너지를 집중하도록 해 준다(Comas-Diaz & Padilla, 1990; Yassen, 1995). 당신의 관점, 믿음 그리고 사상을 대중에게 알리는 것은 외상의 비밀스럽고 조용한 성질에 대한 잠재적 해독약이 될 수 있다. 소소한 실천주의적 활동들 역시 범죄 피해자를 상담하는 상담자들이 공통적으로 호소하는 감정인 '할 수 있는 일이라고는 내가 쭈그러들지 않도록 그저 버티는 것뿐'이라는 느낌으로 대변되는 무력감과의 투쟁에 도움이 될 수 있다. 이런 활동들은 피해자 권리 옹호의 또 다른 형태이며, 이것이 당신의 전문성과 객관성을 부끄럽게 만들지 않음을 주목하라.

자조는 공식적 혹은 비공식적 형태의 지지 집단에 의해서도 이루어진다. 치료자가 일상생활 속에서 스트레스를 줄이기 위해 하는 다양한 활동 역시 동일한 효과를 발휘한다(Saakvitne & Pearlman, 1996).

외상화된 치료자를 위한 치료적 지지

치료자가 정신건강 관련 기관이나 범죄자 수용 시설에서 발생하는 폭력 사건 등에 의해 직접적으로 외상을 입는 경우, 기관의 장은 피해 근로자가 동료들에 의해 낙인찍히고 배척되지 않도록 하기 위해 다음과 같은 절차를 따를 수 있다(Catherall, 1995; 12장을 보시오).

첫째, 관리자는 근로자들이 외상 피해 근로자에게 정서적인 방식으로 반응할 수 있다는 사실을 인식해야 한다. 따라서 근로자들에게 상호 의사소통을 독려하고 외상 후 스트레스와 그로 인해 발생 가능한 다양한 결과를 교육해야 한다.

둘째, 관리자는 외상적 스트레스에 대해 대화할 수 있는 기회를 가질 수 있도록 규칙적으로 집단 활동 시간을 가져야만 한다. 권위적 위치에 있는 누군가가 외상 경험의 정상화에 대한 책임을 지는 것이 가장 효과적이다.

마지막으로, 관리자는 근로자들이 공통적으로 가지고 있는 문제와 그 이면에 자리하는 쟁점들을 다룸으로써 외상 피해 근로자의 반응을 박애주의적인 눈으로 바라볼 수 있도록 적극적으로 독려해야 한다.

Maier와 Van Ryboek(1995)는 공격적이고 폭력적인 환자들에 대한 역전이적 반응을 다루기 위한 기관 수준의 정책과 절차들에 대해 설명한 바 있다. 이들이 제안한 모델에서는 치료진이 임상 실무와 관련된 토론회를 열고, 이 토론회에서 동료나 지도감독자들과 함께 역전이 느낌을 확인하고 공유하는 과정을 밟도록 한다. 역전이가 효과적이고 인본주의적인 치료를 방해한다고 판단되면 치료진은 이와 관련된 쟁점들을 함께 다루게 된다. 개인적 및 인적 자원들을 활용하여 내적 변화들을 탐색하도록 독려하거나 공식적으로 근로자지원 프로그램(EAP)에 의뢰하는 것이 유용할 수 있다. 만일 이런 상태로 시간이 경과하는 경우에는 공포나 분노 감정이 업무 수행에 영향력을 행사하지 못하게 하는 것이 불가능하게 되거나 업무 재배치가 불가피해질 수 있다.

전형적으로 간호나 정신건강 업무 및 교정직 근로자들은 직장 내에서 환자나 재소자들에 의한 폭행으로 인해 강한 정서적 반응을 경험할 수 있다(Lanza, 1995, 1996). 그들은 자신의 경험에 관해 이야기하기를 원하지만, 그와 동시에 그러한 행위가 비전문가적인 것이라고 느낀다. 피해 근로자들은 대부분 오랫동안 소속 기관을 위해 충실하게 근무해 왔음에도 불구하고 병원이나 교정국으로부터 적절한 지지를 받을 수 있으리라는 기대 자체를 하지 않으며, 이것이 분노와 사기 저하를 초래한다.

앞서 언급한 바 있듯이, 이해할 수 없는 비극적인 사건이 발생하였을 때 자기비난은 종종 피해자로 하여금 비극적인 사건에 최소한 약간의 의미라도 부여할 수 있게 해 주고 사건의 성질을 제어 가능한 것으로 느끼게도 한다. 만일 지속적인 성격 특성(특성학적 자기비난)이 아니라 상황적 특성(행동적 자기비난)에 귀인하는 경우라면, 자기비난은 기능적일 수 있다. 그러나 만일 피해자가 자신이 적절한 예방 수칙을 준수하고 모든 안전 규칙을 따랐음에도 불구하고 나쁜 일들이 발생한다고 느끼는 경우에는 행동적 자기비난이 더 이상 도움이 되지 않으며, 오히려 무력감과 실패감을 유발한다. 관리자들과 임상가들은 위협이나 폭행 피해 근로자가 비극적인 두려움과 공상들로부터 꽁무니 빼고 달아나기보다 안전의 현실적 측면을 직시하도록 도와야 한다.

이러한 지지 책략들은 모두 기관에 대한 신뢰와 협력 정도에 따라 성패가 달라질 수 있다. 이러한 전략들이 항상 제공되는 것은 아니며, 항상 충분하게 제공되는 것도 아니다. 보다 복잡한 사례이거나 좀 더 심각한 장애를 유발하는 외상 사건인 경우에는 범죄 피해자를 위한 외상 치료자들과 상담자들을 위한 보다 초점화되고 차별화된 개입이 필요할 수 있다.

외상화된 치료자의 심리치료

놀라울 것도 없이, 치료자 자신을 위한 치료 기법에 대한 자료는 극히 드물다. 치료적 범주 안으로 들어온 외상화된 치료자들은 휘말리거나 압도당한다는 느낌 없이 자신이 치료자로서 수용적이고 비판단적이며 공감받기를 원한다. 외상화된 치료자들이 직면하게 되는 가장 힘든 쟁점 중 하나는 세상 및 세상 사람들에 대한 치료자 자신의 지각에 대한 도전이다(Cerney, 1995; Figley, 1995).

Cerney(1995)는 암시적 심상화 기술을 사용해서 2차 외상이나 대리외상으로 고통받는 치료자들을 치료한 경험이 풍부하다(Grove & Panzer, 1991). '암시적'이라는 이름을 가지고 있지만, 치료 절차에 최면 유도 기법은 포함되지 않는다. 하지만 권위적인 인물의 심상형성 요구 자체가 대상자를 암시적 최면 상태로 유도할 수 있다. 환자들이 악몽이나 플래시백 혹은 그 밖의 침입적 사고나 이미지를 경험할 때 치료자는 그것을 '다시 꿈꾸기'하거나 재경험할 것을 요구한다. 환자가 외상적 사건을 막 재경험하려는 시점에서, 치료자는 사건 시나리오의 처리 방법을 프로그램화하기 위해 그 장면을 얼어붙게 만들라고 암시한다. 그리고 환자에게 성숙하고 안전한 먼 거리에서 그 장면(꿈, 기억, 혹은 플래시백)에 들어가고 싶은지를 질문한다. 혹은 환자 이외에 그 장면으로 들어가기를 희망하는 누군가를 데리고 오도록 함으로써 덜 위협적이고 더욱 힘이 돋는 방법을 이용하기도 한다. 이것은 7장에서 살펴보았던 Matsakis(1994)와 Solomon(1988, 1991)의 전략과 매우 유사하다.

기법과는 별개로, 저자는 외상을 경험한 임상가들과의 작업에서 치료자의 역할 유연성 유지에 상당히 큰 도전을 겪곤 했다. 어느 순간 임상가들은 치료자가 자신의 전쟁 이야기를 공유하는 동료가 되어 주기를 원하며, 그런 다음에는 무기력하고 의존적인 상태가 된다. 또한 치료자가 자신들의 동기를 회복시키고 다시 일할 수 있도록 해 줄 만한 멋진 통찰을 제공할 것이라고 기대하게 된다. 이러한 과정을 복잡하게 만드는 것은 우리 모두가 정신건강 개입 과정에서 직면하곤 하는 사회적 및 경제적 변화와 그와 관련된 기저의 스트레스와 소진감이다.

저자가 워크숍이나 개인치료에서 사용했던 가장 효과적인 접근들은 여러 전문가가 소진 사례 상담에서 사용하는 것과 유사하다. 당신의 재능과 능력을 사용해서 당신만의 새로운 방법을 찾아서 활용하라(Miller, 1998h, 1999h, 2006m). 이 접근은 전용적 기술이라는 개념을 강조하는 재활 분야에서 응용되어 왔다(Miller, 1993e). 만일 치료자들이 교육, 쓰기, 자문 혹은 사회적 활동과 같이 자신에게 꼭 맞는 새로운 방법들을 찾아낼 수 있다면, 그리고 그들이 하나의 전문가적 바구니 속에 자신의 기술 달걀을 모두 집어넣지 않는 법을 배울 수 있다면, 임상 실무의 창조적 다양성이 사기 저하와 소진의 해독제가 될 수 있다. 또한 하나의 가치에 온 열정을 쏟는 것도 회복된 전문가적 및 개인적 성장에 전념하는 과정을 시작하는 데에 효과적일 수 있다. 우리가 우리의 환자에게 말했던 것처럼, 어떤 해결책이 더 적절한가 하는 것은 문제의 성질과 개인의 성격에 따라 다르다. 이것은 우리에게도 똑같이 적용된다.

치료자 Smith는 55세의 기혼 남성 심리학자로, 보건 정책의 변화로 인해 감소하기 시작한 수입을 보충하기 위해 지방의 법원 소속 상담센터에서 일하기 시작했다. 치료자 Jones는 29세의 미혼 여성 임상사회복지사로, Smith와 거의 같은 시기에 같은 센터에서 임상가로 일하기 시작했으며 그전까지는 피학대 여성 및 아동을 위한 쉼터에서 치료자와 사례 관리자로 일했다.

Smith는 약 30년간 개업 임상심리학자로 일해 왔으며, 마땅치 않지만 생계 유지를 위해 어쩔 수 없이 부업 자리를 알아보게 되었다. Jones는 5년차 된 가정폭력 쉼터 업무와 자살 위기개입 영역의 베테랑으로, 긴급 위기 개입으로 지친 자신을 위해 한숨 돌릴 수 있는 이 센터에서 비교적 정상적인 범죄 피해자와 법률상담 사례들을 관리하게 되었다.

어느 날 오후, 전에 센터에서 치료받았던 코카인 및 알코올 의존 여성이 불쑥 Smith와 Jones의 사무실에 나타나서 "그 사람이 여기에 온 것을 알고 있어요. 그 사람이 내게 말했어요."라며 배우자를 찾았다. 배우자를 찾지 못한데다 속임을 당하고 있다고 믿은 그녀는 접견실 책상에 있는 펜을 집어 들고는 "당신에 대한 민원을 제기할 거예요."라며 종이를 요구했다. 이때 Smith가 불쑥 자신의 사무실에서 나오자 그 여성이 그의 옆구리에 펜을 찔러 넣었으며 Smith는 너무 놀라 자기 사무실로 달아났다.

잠시 후, Jones가 구석을 돌아오다가 약물에 취한 여성이 휘두르는 펜을 피해 궁지에 몰린 Smith를 발견했다. 직원들과 환자들이 주변을 둘러싸고 보안요원이 오기를 기다리고 있었다. Jones는 상황을 진정시키고 혼란 상태에 있는 불법 침입자와 대화로 해결하고자 노력했지만 너무도 상황이 긴박하게 돌아갔다. 그러던 중 침입자가 갑자기 Jones의 목 주위를 죽이기라도 할 듯 단단히 움켜쥐었다. 몇 초 동안 Jones는 죽음과 사투를 벌였다. 얼마 뒤 두 명의 보안요원과 두 명의 경찰관이 Jones로부터 격분한 여성을 떼어 놓았고 침입자는 체포되었다. Jones는 목에 상처를 입고 병원에서 밤을 보낸 후 다음 날 귀가했다.

"나는 이런 일에 이제 진절머리가 나요." 신체적 상해는 경미했지만 근로자지원 프로그램의 일부로 실시된 상담 시간 동안 관찰한 바에 따르면 Smith는 분명 외상을 입은 상태였다. 그는 '펜에 찔릴 정도로 충분히 많은 돈을 받지는 않기 때문에' 법원에서 잠재적 폭력 사건을 다루느니 재정적 어려움이 있더라도 개업 임상가로 돌아가기를 택했다. 그는 사건 후 몇 달간 악몽과 불안 및 우울을 경험했고 상담 시간에 집중 곤란을 드러내었으며 과민하고 짜증이 늘어서 친구나 가족들로부터 소외되었고, 결국 1년 뒤에는 개업일마저 그만두어야 했다. 이 모든 과정에서 그는 "그것에 대해 이야기한다고 뭐가 좋아지겠어요?"라면서 자신을 위한 어떠한 치료적 도움도 거부했다.

상담자: 만일 당신의 환자 중 한 명이 당신에게 그렇게 말한다면 당신은 뭐라고 말할래요?

Smith: 아마도 당신처럼 말할 거예요. 당신은 아마도 "그것을 처리하고자 노력해야만 해요, 그것이 곪게 두지 마세요. 당신의 체계 밖으로 그것을 꺼내세요."라거나 이와 비슷한 어떤 말을 하겠죠.

상담자: 이러면 어떨까요. 그것을 당신의 삶과 일 속에 매장시키세요. 만일 그것이 당신을 괴롭힌다면, 그것을 정신적 파편처럼 취급하세요. 마치 그것이 그곳에 있지만 굳이 그것을 파내는 고통스러운 과정이 필요 없는 것처럼. 하지만 만약 그것이 당신을 심각하게 방해해서 일상생활을 엉망으로 만드는 일이 계속된다면 삶의 다른 영역들이 안정되고 난 어느 시점에서든 한 번쯤 '다른 사람들의 의견'을 고려해 보세요.

Smith: 당신이 맞아요. 내가 원하는 것을 먼저 찾아내야 하겠죠. 그런 다음에 그 '응어리'를 생각할 거고요. 하지만 그것을 지금 할 수 있을 거라는 생각은 여전히 들지 않아요.

Jones는 며칠간의 휴가를 보내고 주말에 밝은 색의 경추보호대를 착용하고 업무에 복귀했다. 그녀는 경추보호대를 한 채로 근로자지원 상담 회기에 참여했는데 자신의 상담자가 회사 의료보험 심사 때 만났던 사람이었기 때문에 그가 그리 달갑지는 않았다. 그녀는 약 4주에 걸쳐 상담을 받았으며, 이 시간 동안 외상 사건에도 불구하고 자신의 경력과 생활을 유지하기 위한 다양한 쟁점을 다루었다. 지나치게 일에 열중하는 자신의 성향을 걱정하였기는 하나 치료자로서 그리고 궁극적으로 지도감독자급이 되기 위해 자신의 경력이 단절되는 것은 원치 않았다.

치료자: 당신은 전반적으로 이 사건을 꽤나 잘 다루고 있는 것 같아요.

Jones: '다룬다?' '다룬다'는 것이 무엇을 의미하나요? 나는 지금도 매 순간 그 일이 떠올라 팬티에 오줌을 지릴 정도로 무서워요. 나는 여전히 철갑처럼 내 목을 움켜쥐었던 그 손들을 느낄 수 있어요. 목 졸림이 얼마나 심각한 상처를 남기는지 그 누구도 알 수 없을 거예요. 내 기억으로

그때 나는 거의 졸도할 지경이었어요. 죽었을 수도 있었다고요!

치료자: 그러나 당신은 일터로 돌아왔잖아요.

Jones: 글쎄요, 내 생각에 집에 앉아 있었다면 아마도 반추나 계속하고 있지 않았을까요? 일은 내게 나의 뇌를 사용할 기회를 줘요. 하지만 여전히 벼랑 끝을 걷는 듯한 느낌이긴 해요.

치료자: 당신이 알다시피 그것이 바로 PTSD예요. 증상과 반응들 모두가 교과서에서 당신이 읽어 왔던 것들과 동일할 거예요. 당신은 수개월 이내에 그런 증상들이 회복된다는 것도 교과서에서 봤을 거예요. 만일 일을 하는 것이 당신을 위한 최선책이라면 그렇게 하도록 하세요. 다만 증상이 너무 강렬해서 자신을 불태워 버릴 것 같은 지경이 되면 그냥 두지는 마세요.

Jones: 그럴 일은 없어요(웃음).

Smith는 생애 두 번째로 선택한 일로 인해 외상을 입고 완전히 소진됨으로써 재정 상태가 악화되었고 은퇴로 인해 사기가 완전히 꺾여 버렸다. 반면에 Jones는 새로 일을 시작한 지 몇 주 지나지 않아 죽을 것 같은 강도로 목 졸리는 사건을 경험했음에도 불구하고 이 일을 시작하기 전에 난해한 사례들을 지원했던 경험, 유머나 승화 같은 방어기제를 유용하게 활용하는 능력, 필요할 때 도움을 기꺼이 청하는 성격 특성, 그리고 경력 향상에 대한 강한 포부 덕에 이 외상 사건을 완벽하게 소화해 낼 수 있었다.

결 론

범죄 피해자를 치료하는 외상 상담자와 치료자들은 인간의 어두운 측면을 다루는 임상가로서, 그리고 심리치료 업무 중 가장 어려운 일 중 하나인 조력자로서 자기 자신이 무엇을 원하는지에 대해 인식할 필요가 있다. 지속적인 교육과 훈련, 동료들과의 상호작용과 상호 교류, 학재 간 협력, 주기적으로 유쾌한 활동을 함으로써 환기하기, 사명감과 목적의식 발달, 그리고 필요할 때 기꺼이 자기 자신에게 도움이 되는 자원들과 접촉하는 것 등은 때 이른 심리적 소진에 저항할 수 있도록 해 주며 조력자와 치유가로서 우리가 가지는 자기효능감 증진에도 기여한다.

법원 출석

범죄 피해자, 정신건강 임상가 그리고 사법 체계

범죄 피해자 관련 업무를 맡은 정신건강 임상가들은 얼마 지나지 않아 가해자의 체포와 기소, 재판과 판결, 수년씩 걸리기도 하는 청문회와 가해자의 최종 석방을 포함한 형사사법체계 등에 관여하게 된다. 미제 사건, 용의자의 무죄 석방, 감형 판결 등과 관련해서 피해자들을 도와 일을 처리해야 하는 경우도 있다. 근로자 보상, 상해 보상, 또는 피해자와 관련한 민사 사건에 관여하는 경우도 있다. 이 모든 경우에서 범죄 피해자가 당면한 심리적 시련을 온전히 견뎌 내기 위해서는 상담 및 치료적 지원이 매우 중요하다.

형사사법체계 내에서 범죄 피해자가 겪는 스트레스

형사사법 절차에는 여러 단계가 있으며 이것이 범죄 피해자의 스트레스를 고조시킬 수 있기 때문에 상담자의 도움이 매우 중요하다. 이는 살인 사건 생존자뿐 아니라 직접 피해자들에게도 적용된다.

미제 사건

범죄 통합보고서에 따르면 미국 내에서 발생한 살인 사건의 약 1/3이 미제로 남아 있다(FBI, 1994). 살인 사건은 공소 시효가 없기 때문에 미제로 종결되는 경우는 없지만 최근 언론과 연예계에서 강력 사건에 대한 관심을 촉구하고 있음에도 불구하고 하루, 한 주, 한 달, 1년씩 시간이 지날수록 범인을 검거할 가능성이 줄어든다는 것을 경찰들은 잘 알고 있다(Spungen, 1998). 연쇄 살인, 경찰 살인, 존속 살인과 같은 사건들은 예외적으로 오랫동안 세간의 주목을 끌지만(Miller, 2000i, 2004c, 2006c, 2006m, 2007j; Miller & Schlesinger, 2000), 이런 사건들이 대다수의 피해자와 가족의 특성을 대변하는 것은 아니다.

미제 사건들은 일반적으로 ① 경찰이 용의자 신원을 알 수 있는 단서를 충분히 확보하지 못한 경우, 혹은 ② 용의자의 신원은 확인하였으나 체포할 수 있을 정도로 충분한 증거는 없는 경우(최근에는 이들을 '요주의 인물'이라고 칭함) 중 하나에 해당된다. 피해자나 가족들은 두 번째 경우를 더욱 받아들이기 힘들어하는데, 이는 '용의자가 누구인지 알고 있음에도 불구하고' 구속시키지도, 추가 증거를 확보하지도 못하는 상태를 이해할 수 없기 때문이다(Spungen, 1998).

살인 사건의 경우, 사랑하는 사람을 잃은 가족들은 몇 년이 지났건 간에 언젠가는 범인을 잡을 수 있다는 믿음을 버리지 않는다. 얼마 뒤부터 그들의 세상을 정상으로 되돌려 주는 회복 과정이자 문자적으로나 상징적으로 구원을 의미하는 마술적 사건인 범인 검거 상황이 언젠가 일어날 것이라는 희망이 비현실적으로 고조된다. 많은 피해자와 가족은 그릇된 정보나 자기기만에 빠져 앞으로 펼쳐질 복잡한 기소 과정에 대한 준비를 채 하지 못한 상태에서 범인을 체포하면 자동적으로 정의가 실현될 것이라고 믿게 된다.

절망감이 커질수록 가족들은 사건 소식을 듣기 위해 끊임없이 담당 형사들을 괴롭히게 되는데, 그로 인해 그들이 사건 해결을 위해 의존해야만 하는 형사사법 관계자들을 오히려 화나게 만듦으로써 관계가 소원해지는 결과가 초래될 수 있다. 범인이 검거되지 못하는 한, 피해자나 생존자는 분노를 쏟아낼 확실한 대상이 부재한 상태가 지속된다. 가해자의 신변을 확보하지 못하거나 기소할 수 없는 경우 슬픔과 분노가 해소되지 못함으로써 무력감과 우울증으로 이어질 가능성이 높은 공허 상태에 놓이게 된다(Sprang & McNeil, 1995; Spungen, 1998).

그러나 가족들이 범죄 수사 과정에서 숨죽인 채 구경꾼이 되거나 불쾌감을 주는 잔소리꾼으로 몰릴 필요는 없다. 가족들이 법 집행을 위한 절차에 적절히 협력하여 사건 해결에 적극적인 역할을 담당하다 보면 분노와 좌절감을 풀어 줄 수 있는 생산적인 소통 경로를 만들어 갈 수 있다. 가족들은 경찰을 지원하기 위해 사립탐정을 고용하거나(고용에 앞서 경찰에 먼저 확인을 받아야 함) 경찰 조사에 도움을 줄 수 있도록 범죄 상황과 관련된 특수한 사실과 정보들을 수사관에게 제공할 수 있다. 이런 활동을 하는 가족들의 의도는 관할 지역 내의 미제 사건 중에서도 자신들의 사건이 잘 드러나게 하는 동시에 자신들이 수사 과정에 무단으로 끼어든 귀찮은 존재로 여겨지지 않도록 하기 위함이다(Spungen, 1998).

세간의 이목이 집중되는 다중 혹은 연쇄 살인이나 강간 사건에서, 피해자 혹은 생존자들은 사망자 수가 늘어감에 따라 공포의 크기를 가늠할 수 없는 지경에 이르러 존재감을 잃을 수 있다. 전형적으로 이런 연쇄 범죄 사건들(예: 살인자 잭 리퍼, 열차 살인범, 대학기숙사 강간범)은 과거에도 그리고 현대에도 이름도 얼굴도 모르는 피해자와 피해자의 가족들을 조롱이라도 하듯 가해자에 관한 자극적인 문구들로 미디어를 통해 언급된다(Miller & Schlesinger, 2000; Spungen, 1998).

세간의 이목을 끄는 사례인 경우, 피해자들은 그들의 젊음, 매력, 사회적 지위, 혹은 흥미로운 생활양식 때문에 리플릿이나 신문 혹은 TV 스크린 위로 후드득 떨어져서 충실한 미디어 피해자로 간택된다. 이들의 가족들은 미디어에 의해, 심지어 사법기관에 의해 2류 취급을 받으며, 미디어가 선택한 피해자가 범죄 급증을 알리는 홍보용 포스터에 나오는 아동의 역할을 하는 동안 한편에 제쳐진 채 무시당하고 있다고 느끼게 된다. 가족들은 자신이나 사랑하는 사람이 본의 아니게 선정적인 예능 프로그램의 대상이 되고 집과 직장에서 기자들과 호기심에 찬 사람들에게 둘러싸여 주목거리가 된 것을 받아들여야만 한다는 것에 대한 상당한 모욕감을 경험한다(Spungen, 1998).

양형 협상

형사사법 절차의 구조는 살인 사건 피해자의 유가족이 개입할 여지를 허용하지 않는다. 이 때문에 생존자들은 자신들이 사건의 주변인으로 전락한 것처럼 느끼게 된다. 종종 검찰과 경찰이 범인 검거에 필요한 정보의 강도에 대해 의견 차이를 보이며, 사건의 쟁점 사안에 대한 의견에서도 차이를 드러내곤 한다. 경찰 수사 단계에서는 우선순위가 사건의 종결인 데 반해, 검찰은 유죄판결을 받을 수 있는 증거나 양형 협상에서 유리할 정도로 충분한 증거를 확보했는가다. 이 과정에서 최종 결정권자는 통상 좀 더 보수적인 성향을 지닌 검찰이다. 대부분의 피해자와 가족은 법정에 출석하여 변론하는 경우가 없는데, 이는 사건의 90% 이상이 피고 측 변호사와 검찰 간의 양형 협상으로 진행되기 때문이며 이 거래에서 피해자와 가족들은 거의 혹은 완전히 배제된다(Sprang & McNeil, 1995; Spungen, 1998; Young, 1988).

재판

재판이 열리게 되면, 법원과 재판 관계자들의 비인격적인 태도로 인해 초래된 피해자들의 좌절감과 분노를 다루는 것이 가장 어려운 일이 된다. 일반적으로 피해자와 가족은 정의 실현을 원한다. 그들은 범인이 기소되어 처벌받기를 원한다. 많은 피해자와 가족이 자신이 느끼는 분노, 불안, 우울 등이 현 형사사법체계에 대한 불만족과 직접적인 관련이 있다고 말한다. 형사 재판은 종종 범죄 발생 후 몇 달 혹은 몇 년 후에나 시작되며, 많은 피해자와 가족이 그 지독한 고생에 직면하면 슬픔과 분노가 극에 달하게 된다(Amick-McMullin et al., 1991; Ressler et al., 1988; Sprang & McNeil, 1995).

마침내 재판이 시작되면, 피해자와 유가족들은 마음의 준비가 되지 못한 상태에서 또 다른 종류의 외상적 충격을 경험해야만 한다. 소름끼치는 범죄 현장 사진, 부검 사진, 피묻은 옷과 소지품, 범죄 도구와 무기, 그리고 그 밖의 잔인한 증거물뿐 아니라 증인과 수사관의 상세한 증언을 통해 되살아난 비극이 외상적 충격의 원인이 된다. 모르고 있었거나 받아들이기 힘들었던 범죄 관련 정보들이 재판으로 인해 가족들에게 전달될 수 있다. 가족들은 피고 측 변호인이 피해자를 거짓말쟁이로 만들기 위해 자신이나 살해된 사랑했던 누군가를 더럽히고 조롱하는 말을 듣는다. 법정에서 피해자와 가족들은 철저하게 무관심해 보이거나, 실실 웃거나, 멍하니 있는 등 다양한 반응을 보이는 피고를 직접 대면하게 된다. 피해자나 가족들이 너무 정서적으로 흥분하는 경우 퇴정당할 수 있다(Sprang & McNeil, 1995; Spungen, 1998).

증인 출석 요구서를 받지 않는 경우, 대부분의 가족과 많은 피해자는 피해 결과 진술서를 작성하여 판사, 검사, 또는 사면과 가석방 위원회에 보냄으로써 재판에 참여한다. 생존자는 진술서를 통해 범죄가 자신의 신체적, 정서적, 사회적, 직업적, 경제적 측면에 미친 악영향에 대해 기술할 수 있다. 피해자 측 변호사들은 피해자가 원하는 경우 이 진술서를 활용하라고 조언하지만(Hills & Thomson, 1999; Kilpatrick & Acierno, 2003; Kilpatrick et al., 1987; Sprang & McNeil, 1995; Spungen, 1998), 진술서가 실제 판결에 영향력을 주는지 여부, 제출자들이 얻을 수 있는 심리적 이득, 그리고 이 조치의 적법성 여부에 대한 논란은 아직 계속되고 있다(Chambers, Duff, & Leverick, 2007; Gordon & Brodsky, 2007; Nadler & Rose, 2003).

범죄 피해자의 형사사법 처리 과정 참여: 잠재적 위험성과 이득

앞서 언급했던 잠재적인 스트레스와 문제점들을 감안해서, 피해자는 범죄 발생지에서 신고 여부를 결정하는 그 순간부터 형사사법체계 참여 여부를 이미 결정해야 한다.

형사사법체계에 대한 경험

이 책의 많은 독자는 우리 자신 혹은 사랑하는 사람에게 일어난 심각한 범죄를 신고하지 않는 것을 이해할 수 없겠지만, Herman(2003)은 거의 대부분의 범죄 피해자, 특히 폭력에 노출될 가능성이 가장 높으면서 장기간에 걸친 법적 공방을 치르는 데에 필요한 법적, 재정적 그리고 사회적 자원이 거의 없는 사람들은 사건에 연루되기를 바라지 않음을 지적한다. 그들은 이미 흔들리고 있던 가족 관계, 지역사회 관계, 사생활, 안전, 정신건강 등을 합리적으로 해결하려고 들기보다는 구제받을 수 없는 부당한 범법 행위를 견디는 것이 차라리 더 낫다고 여긴다. 심지어 초기에는 경찰에 신고하지만 수사가 진행되면서 중도에 사건화되지 못하고 탈락하는 사건들도 많다. 범죄 피해자를 위해 일하는 많은 정신건강 임상가의 보고에 따르면, 환자의 외상 증상은 법적 처리 과정이 불리해질 때 악화된다(Campbell & Raja, 1999; Freedy, Resnick, Kilpatrick, Dansky, & Tidwell, 1994).

자기저항의 강도는 피해자가 사건 전부터 형사사법제도와 가진 접촉의 성질과 양에 따라 달라진다. 피해자들의 전반적인 만족도는 자신에게 권한이 부여되었다는 느낌과 관련이 있다. 사법 처리 과정에 참여할 수 있는 기회를 제공받고 이러한 참여를 통해 사건에 영향력을 행사할 수 있으리라 믿는 사람들은 사법제도에 대해 더 만족스럽다고 답변했으며, 정신건강 상태 역시 훨씬 더 양호하였다(Kilpatrick & Otto, 1987; Kilpatrick et al., 1987). 반대로 참여를 원했음에도 불구하고 형사사법체계에의 참여가 거부되었던 피해자들은 가장 불만족한 상태를 보였다.

예를 들어, 중서부의 대도시에 거주하는 강간 피해자 102명을 대상으로 한 연구(Campbell, Wasco, Ahrens, Sefl, & Barnes, 2001) 결과, 많은 피해자가 사건 참여를 검사가 제한할 때 좌절감을 느꼈다고 보고하였다. 사법 체계의 도움을 원했던 피해자 중 절반 이상이 자신의 경험을 해로운 것으로 평정했으며, 특히 불기소 판정을 받은 피해자들이 더욱 그랬다. 반대로 기소된 사건의 피해자들도 자신이 원했던 것임에도 불구하고 유사한 정도로 높은 심리적 고통감을 드러내었다. 이런 결과들은 사법 처리 과정에의 관여, 선택권, 권한이 있다는 느낌 등이 범인의 기소와 관련된 정신건강의 가장 좋은 예측 요인임을 시사한다.

그러므로 많은 환자가 사법 절차에 연루되지 않는 쪽을 선택하는 이유를 이해하는 것은 형사사법 절차 과정에서 피해자를 지원하는 것만큼이나 중요하다. 환자의 결정에 따라 서로 다른 치료 책략을 강구해야 하기 때문이다.

사법 체계 참여의 위험과 이득

Herman(2003)은 피해자가 형사사법제도에 참여함으로써 경험할 수 있는 잠재적 위험과 이득에 대해 설명한 바 있다.

신체적 위험에는 가해자와 가해자 측 관계자들에 의해 자행되는 보복이나 괴롭힘이 포함된다. 자세히 살펴보면 다음과 같다.

- 면식이 있거나, 이웃이 연루된 범죄 사건이거나, 가정폭력 혹은 친족 간 범죄일 경우, 신고 후 협박과 위협 및 괴롭힘이 자주 발생한다. 증인을 협박하는 것이 법적으로 처벌받는 일이기는 하지만, 국가가 이를 효과적으로 제지할 방법이 없는 경우가 적지 않다.
- 기소된 가해자가 사법 체계 자체를 이용해서 피해자를 더욱 괴롭히거나 모욕할 수 있다. 예를 들어, 가해자가 민사 및 형사 사건의 피고인 신분으로 변호인을 통해 민감한 의료 기록이나 개인 기록 제출을 요구하거나 피해자의 친구나 친척들이 증언하도록 만들 수 있다(Murphy, 1999).
- 가정폭력 사례의 경우 가해자가 자녀의 양육권을 신청하거나 제한 없이 자녀를 방문할 권리를 얻어 내려 하며, 가해자가 원하는 대로 되면 피해자는 자신의 집에서 가해자를 자주 만나야만 할 수 있다(Quirion, Lennett, Lund, & Tuck, 1997).

심리적 위기는 범죄 피해자가 정신건강 회복을 위해 필요로 하는 것과 형사사법 과정의 요구 간 불일치에서 기인한다.

- 피해자들은 사회적 인정과 지원을 필요로 하나, 법원은 이들에게 의심과 신뢰성에 대한 공공의 도전을 견디라고 요구한다.
- 피해자들은 안정감과 삶에 대한 통제감을 갖고자 하나, 법원은 이들에게 복잡하고 난해한 법적 규칙과 절차들에 굴복할 것을 요구한다.
- 피해자들은 자기만의 방식으로 자신의 이야기를 할 기회를 원하나, 법원은 이들에게 반대 신문하는 피고인 측에 유리하게 선별된 의제들에 초점을 맞춘 속사포 같은 예-아니요 식 질문에 답변할 것을 요구하며, 이것이 범죄에 대한 피해자의 응집력 있고 의미 있는 진술들을 왜곡한다.
- 피해자들은 외상 사건을 상기시키고 증상을 유발하는 것들로부터 일시적으로 단절될 필요가 있지만, 법원은 피해자에게 자신들의 면전에서 피해 경험

을 반복해서 상세히 진술하라고 요구하며 많은 경우 피해자들은 법정에서 가해자의 면전에 앉게 된다.

형사사법 과정에 참여하는 것이 주는 잠재적 이득의 대부분은 참여를 통해 피해자들이 갖게 되는 자율감 및 통제감과 관련된다(Clute, 1993). 좀 더 자세히 기술하면 다음과 같다.

- 안전감과 보호받고 있다는 생각, 그리고 가해자의 반복 범행을 막아 타인을 보호할 만한 힘을 가지고 있다는 느낌의 강화
- 자신들의 고통에 대한 공공의 인정, 피해 보상, 그리고 (거의 드물지만) 사과를 위한 장(場)과의 접속. 이를 통해 시민 보호 및 시민을 향한 잘못된 행위를 바로잡는 것이 사회단체들이라는 신뢰감을 회복할 수 있다. 설사 가해자에게 무죄가 선고될지라도 피해자가 '묵과하지 않고' 적절한 행동들을 취했다는 사실이 피해자에게 권능감을 부여할 수 있다. 절차적 정의는 소송 당사자들이 사법 과정이 존중할 만하고 공정했다고 지각하고 사법 절차 중에 자신들의 목소리를 낼 수 있어서 사법 체계에 만족할 수 있을 때 실현된다. 이것은 원하던 결과가 충분히 달성되지 않았을 경우에도 마찬가지다(Lind & Tyler, 1988; Winick, 2000).

범죄 피해자의 법심리학적 평가

범죄 피해자가 형사 또는 민사 재판 절차에 참여하기로 선택한 경우 피해자 측에서 감당해야 하는 심리적 고통이 유발될 수 있는데, 의심의 여지없이 상대측에서는 이러한 고통을 대단치 않게 생각한다. 피해자가 PTSD로 인한 증상이나 그 밖의 심리장애를 호소하면 법원이 법의정신과적 혹은 법심리학적 평가를 명령할 수 있다. 범죄 관련 민사소송에서는 피해자 측 변호사가 피해로 인해 발생된 정신장애 유무를 확인하기 위해 피해자가 심리학적 평가를 받도록 조치하기도 한다. 통상 상대방은 피해자가 자신들이 지정한 의사에게도 평가받을 것을 요구

하는데, 이것이 민사 및 형사 사건에서 자주 발생하는 전문가 간 분쟁으로 이어지기도 한다.

만일 당신의 환자가 그런 검사를 받아야 하는 경우라면, 그러한 과정에서 피해자를 완벽히 지지하고 가장 정확하고 합리적인 조언을 제공하기 위해 임상가가 알아 두어야 할 중요한 몇 가지가 있다.

법심리학적 평가의 특성과 목적

범죄 용의자의 증언 능력이나 정신이상 여부 및 감형의 증거를 찾기 위해 종종 심리학적 평가가 실시된다는 것은 대부분의 사람이 다 알고 있다. 일반적이지는 않지만, 피해자들도 다음과 같은 몇몇 이유로 법심리학적 평가를 받는다(Carlson & Dutton, 2003).

- 검사나 피해자 측 변호사가 범죄의 심각성을 강조할 목적으로 심리적 외상, 다른 심리학적 장애 또는 신경심리학적 손상(Knight, 1997; Miller, 1993e) 유무를 평가하기 위해 심리학적 평가를 의뢰한다.
- 피고가 범죄의 영향력을 축소하고 피해자가 꾀병을 부리거나 과장하고 있다고 주장한다. 이런 경우 증거(4장)를 얻기 위해 원고가 주장하는 심리장애의 유무에 대한 심리평가를 의뢰한다.
- 가해자를 상대로 한 민사의 경우(다음을 보시오), 원고는 금전적 손해배상 청구의 근거 자료로 심리학적 손상과 장애 보고서를 제출할 수 있다. 반대로, 피고는 통상 원고가 거의 혹은 전혀 심리적 손상을 입지 않았거나 원고가 하는 이야기가 꾀병이며 지어낸 이야기(4장)라는 사실을 입증하기 위해 심리학적 평가 결과를 이용한다.

법심리학적 평가 대 임상심리학적 평가

성인 환자가 당신을 자발적으로 찾아와 도움을 청하는 경우 신뢰 관계는 당신과 당신 환자 사이의 문제이며, 정신건강 평가의 목적은 환자가 가진 문제에 대해서 당신이 도움을 주기 위해 환자의 장애를 진단하고 효과적으로 치료하는 것에 있다. 검사 내용과 모든 치료 관련 기록은 기밀 자료이며, 환자가 원할 경우 언제든지 자료들을 파기할 수 있다.

법적인 장면에서는 신뢰 관계가 심리학자와 법원 또는 해당 사건에 배정된 변호사 간에 있다. 평가를 맡은 심리학자가 결론의 일부로 치료를 권유할 수 있기는 하지만, 평가의 목적은 환자의 문제를 치료하는 것에 도움을 주는 것에 있지 않고 사건과 관련한 피검자의 정신 상태를 평가하는 것에 있다.

검사 결과들은 전형적으로 사건을 맡은 판사와 변호사에게 제출된다. 민사 사건인 경우에는 환자의 변호사 그리고 형사 사건인 경우에는 검사가 사건에 대한 의견을 확고히 할 목적으로 임상가의 견해를 알고자 할 수 있으며, 이런 경우에는 이 보고서를 공유할 수 있다. 쌍방의 변호사들도 검사 보고서를 복사 및 기록한다.

당신이 해당 환자를 치료하는 심리치료자이거나 과거에 치료했던 치료자인 경우, 임상 기록지의 제출을 요구받을 수 있다. 형사 사건에서는 이런 경우가 거의 없는데, 몇몇 예외적인 상황이 아닌 한 법원이 의사와 환자 간의 비밀 유지를 존중하기 위한 나름의 방법을 가지고 있기 때문이다. 민사소송에서는 이런 경우가 종종 있는데, 원고가 정신적 상처와 관련된 손해배상을 위해 피고를 고소하면 피고는 실제로 이러한 상해가 발생했는지 여부를 확인할 권리를 주장하게 되고, 이렇게 되면 그 상해가 기소된 범행으로 인한 것인지 원래부터 있었던 것인지 아니면 둘 다에 의한 것인지에 대한 확인이 필요해진다. 과거나 현재의 임상가가 증인으로 소환되는 경우는 극히 드물며, 특히 형사소송에서 법원은 일반적으로 다른 방법으로는 충분한 답변을 얻을 수 없어서 임상가에 대한 직접 신문이 불가피한 특정 쟁점에만 증인 신문을 국한시킨다.

평가 과정에서 피해자의 상담가가 하는 역할

Carlson과 Dutton(2003)은 피해자의 증상 및 과거 외상 병력이 잠재적으로 피해자에게 불리하게 사용될 수 있음을 경고한다. 많은 사람이 대인관계, 가족 관계, 일과 관련한 문제 등으로 상담이나 치료를 받지만, 범죄 피해자가 되면 이러한 과거력이 피해자를 정신병 환자로 왜곡해 버릴 수 있다. 반대로, 현대 사회에서는 심리치료를 받는 일이 흔해졌기 때문에 과거 치료력을 법원에 제시하면 판사와 배심원들이 하품을 할 정도로 의미가 바래질 수도 있다. 의뢰인의 이익을 극대화하기 위해 이런 정보를 어떻게 사용할지는 변호사가 결정할 일이다.

따라서 피해자가 심리학적 평가를 받을지 여부를 선택할 수 있도록(그들이 선택권을 가지도록) 허용하고 장차 일어날 일에 대한 걱정을 줄여 주기 위해 평가 과정을 자세하게 설명해 줄 필요가 있다. 피검자에게 아래에 기술한 바와 같이 평가 과정에 대한 실질적인 조언을 제공해야 한다. 물론 피검자의 응답에 대해서는 어떤 식으로든 조언하거나 암시 혹은 코치해서는 안 된다. 평가의 마지막 단계에서, 상담자는 피해자의 강점과 원래의 범죄 경험, 그리고 형사사법 과정 및 심리평가에 의해 유발된 재경험의 성공적인 처리 등에 대해 현실적으로 설명해 주어야 한다(Carlson & Dutton, 2003; Herman, 1992, 2003).

법심리학적 평가: 피검자를 위한 조언

소송 중인 형사 사건의 피고든 원고든 혹은 정신건강 검진을 받으러 온 근로자든, 법심리학적 평가를 받는 사람들(Miller, 2006j, 2006k, 2007d; Stone, 2000)에게 저자는 다음과 같은 지침과 제언을 제공한다.

거의 모든 법심리학적 평가는 임상가(이런 평가는 거의 대부분 심리학자나 정신과 의사가 실시한)가 평가 배경을 알기 위해 사건 기록을 검토하는 것으로 시작된다. 임상가는 피검자와 면대면으로 앉아서 사건의 정황, 피검자의 의학적 과거력과 학업 성취 및 직업력, 피검자가 경험하고 있는 현 증상이나 증후군, 피검자의 지남력, 기억, 추론 능력, 그리고 정서 상태를 평가하기 위한 정신상태검사와 관련된 일련의 질문을 하게 된다.

평가의 성격에 따라 피검자는 평가자가 직접 실시하는 검사를 받으며, 일부는 설문지와 체크리스트로 구성되어 있는 심리검사로 진행될 수 있다. 법원의 자문 의뢰 사항에 따라 표준화된 몇 개 검사를 간단히 받기도 하지만 포괄적인 종합심리검사가 실시되기도 한다. 검사를 마치는 데에는 몇 시간이 걸릴 수도 있고 며칠이 걸릴 수도 있다.

당신의 환자가 법심리학적 평가를 달가워하지는 않겠지만, 환자가 스트레스 없이 평가를 잘 마칠 수 있도록, 그리고 환자의 심리 상태가 평가에 잘 반영될 수 있도록 도와주어야 한다. 다음은 당신의 환자가 법심리학적 평가를 받을 때 당신이 환자에게 해 줄 수 있는 제언들이다.

최악의 상황을 가정하지 말라 심리학자, 특히 법원이 지정한 전문가는 환자의 친구나 적이어서는 안 된다. 이들의 유일한 임무는 객관적으로 피검자의 정신 상태를 평가하고, 평가 결과와 법원에서 보낸 질의 내용 간의 관련성을 검토하는 것이다.

당신의 권리와 의무를 알라 최악의 상황을 가정하지 않는다는 것이 무지하거나 순진하라는 것을 의미하는 것은 아니다. 피검자는 독학이든 법정 대리인의 자문을 얻든 법심리학적 평가와 관련한 자신의 권리와 의무를 알고 있어야 한다. 이러한 제언을 하는 이유가 지나치게 방어적이 되거나 대립하도록 만드는 것이 아니라 평가자의 부당한 처사나 평가 결과의 불법적 사용으로부터 자신을 합리적으로 보호하라는 의도임을 기억해야 한다.

준비하라 피검자는 제시간에 평가실에 도착해야만 한다. 요청받은 기록물이나 자료들을 가지고 가야 한다. 안경을 가지고 간다거나 평가 전에 끼니를 잘 챙겨 먹는 것 같은 기본적인 것들도 필수 준비 항목에 포함된다. 평가자는 피검자가 약속 시간을 준수했으며 평가받을 준비가 잘 되었는지 확인해야만 한다.

질문하기를 꺼리지 말라 만일 평가자에게 요구할 것이 있거나 검사 자체와 관련한 질문 사항이 있다면 심리학자에게 물어야만 한다. 합리적인 평가자라면 사리에 맞는 질문을 허용하지 않을 이유가 없다. 그러나 "검사 결과는 무엇을 의미하나요?"와 같은 질문에는 평가자가 답변할 수 없다는 점을 명심해야 한다. 이는 평가자가 평가 결과를 표준화된 채점표에 기입하여 점수를 산출해 내야만 하기 때문에 즉석에서 결과를 설명할 수 없기 때문이기도 하고, 평가 결과에 대한 권한이 의뢰처인 법원에게 있기 때문이기도 하다. 평가자가 피검자의 질문에 답변해 줄 수 없는 경우에는 피검자에게 그럴 만한 이유를 설명해 주어야 한다. 그렇다고 해서 사리에 맞는 타당한 질문을 두려워해서는 안 된다.

진솔하게 최선을 다하라 법심리학적 평가의 효용성은 수집된 정보의 정확성에 달려 있다. 면담 프로토콜과 심리검사들에는 반응의 비일관성과 조작을 탐지해 내는 기능이 포함되어 있다. 달리 말해, 피검자가 거짓말을 하거나 결과를 날조하는 경우 평가자가 그것을 탐지해 낼 수 있다. 그렇게 되면 다른 영역에서 진솔하게 반응했다고 해도 피검자가 거짓을 말했다고 보고할 수밖에 없게 되고, 결과적으로 피해자가 주장하던 모든 것이 퇴색되고 재판을 망치게 될 수 있다. 환자의 이익을 최대화하기 원하는 임상가라면 환자가 이러한 점을 분명하게 이해하도록 만들어야 한다.

정중한 대접을 받을 것으로 기대하고 그러한 기대에 부응하게 행동하라 평가자는 때로 거친 질문을 해야 하지만, 절대로 이유 없이 피검자의 위신을 떨어뜨리거나 모욕하거나 용의자처럼 취급해서는 안 된다. 사실 피검자를 괴롭혀서 평가자가 얻을 수 있는 이득은 없다. 피검자가 더 편안할수록 검사 과정에서 덜 방어적이 될 것이며 더 잘 기억해 낼수록 그가 제공하는 정보가 더욱 정확할 것이기 때문이다. 같은 맥락에서 피검자는 적절한 경의를 표하며 예의 바르게 행동해야 한다. 화장실을 다녀와야 하거나 간식 혹은 휴식이 필요할 경우에는 자유롭게 요청해야 한다. 평가 과정이 불필요할 정도로 불편해서는 안 된다. 누구나 그런 장소에 있고 싶지는 않겠지만, 평가자와 피검자 모두 그 방에서 어렵지만 중요한 임무를 수행하고 있음을 명심해야 한다.

정신건강 임상가의 법정 증언

많은 정신건강 전문가와 형사사법 전문가가 가장 스트레스 받는다고 보고한 임무가 바로 법정 증언이다. 경찰은 업무의 일부로 정기적으로 법정에서 증언해야만 하며, 법원에서의 심리 업무를 전문으로 하는 정신건강 전문가들 역시 생계를 위해 이 일을 해야만 한다. 당신은 법원 전문 정신건강 임상가가 아니기 때문에 이런 식의 법원 관련 업무를 맡게 될 일이 없을 것이라고 생각할 수 있으나, 이 책을 읽다 보면 알 수 있듯이 당신은 이미 범죄 피해자 관련 업무에 연루되어 있고, 그것에 관심을 가지고 있으며, 이는 적어도 당신이 가끔은 민 · 형사적 절차에 관여하게 될 수 있음을 의미한다.

임상가-증인으로서 당신이 해야 할 일은 당신이 제시하는 사실 정보들이 종합적인 의견을 바탕으로 한 것이며, 이러한 사실 정보들을 전달함으로써 당신의 증언을 명확하고 신빙할 만하며 확실한 것으로 만드는 것이다. 이 절에서는 문헌 조사 결과와 저자 자신, 저자가 아는 정신건강 전문가들의 사법 관련 업무 경험, 그리고 법심리학과 신경심리학 분야에 대한 저자의 전문가 증언 경험 등에 기초하여 몇 가지 구체적 사항들을 제언하고자 한다(Goodman et al., 1992; Miller, 1996b, 1997d, 2006h, 2006i, 2007c; Miller & Dion, 2000; Miller & Magier, 1993; Mogil, 1989). 여기에서 기술한 권고 사항들은 법정 평가자, 법정과 무관하게 일하는 임상가들, 그리고 법정 증언을 해야 하는 범죄 피해자들에게도 동일하게 적용될 수 있다.

증인과 증언의 유형

사실 증인fact witness이란 사건에 대한 정보와 지식을 가지고 있는 사람으로, 개인적으로 직접 보고 들은 것만 증언해야 한다("Jenn이 내게 Gary를 폭행하라고 했습니다." "저는 Gary와 Jenn이 다투는 것으로 보았고, 이내 Jenn이 우는 소리를 들었습니다."). 증인들은 자신의 의견("지난 몇 주 동안 Jenn이 보였던 행동, 그리고 Gary가 성급한 사람이라는 점을 감안할 때 아마 그가 Jenn을 폭행했을 거라는 결론을 내렸습니다.")을 제시해서는 안 된다. 이런 종류의 의견 제시는 검찰이나 피고 혹은 법원이 목격자가 없는 지점을 추론해서 결론 내리기 위해 고용한 전문가 증인expert witness의 영역이다. 전문가들은 판사나 배심원들이 자신들의 전문 영역이 아닌 특수화된 기술적 지식을 잘 이해할 수 있도록 돕기 위해 의견을 제시해야 한다. 일반적으로 이러한 역할은 의학적 검사관, 범죄 연구 전문가, 소총 관련 전문가 혹은 법심리학자와 같이 수사 관련 영역에서 승인을 받아 일하는 전문가들의 몫이다. 일반적으로 법정에서 사실 증인보다 좀 더 많은 재량권을 전문가들에게 인정해 주지만, 법원은 전문가의 증언을 증거로 채택할지 여부를 지속적으로 신중히 검토한다.

임상가 증인clinician witness이 되면, 당신은 사실 증인과 전문가 증인의 경계에 위치하게 된다. 법원은 당신이 환자와의 치료적 관계로 인해 어떤 측면에서는 당신의 환자를 옹호해야 하기 때문에 당신의 평가와 결론이 온전히 객관적이리라 기대하지 않는다. 즉, 당신이 환자가 말하거나 행동한 모든 것에 동의하지는 않더라도 해당 사례에서 당신의 주요 관심 사안은 환자의 정신건강 개선이지 환자의 진단과 장애를 냉정하게 설명하는 것이 아니다. 당신이 전문가로 대접받는 이유는 당신이 받은 훈련과 당신이 가지고 있는 자격증이 당신으로 하여금 배심원들이 가지고 있는 지식과 경험의 평균 범위를 넘어선 합리적인 결론을 도출하도록 한다는 믿음 때문이다.

증언 준비

사실 당신이 법정에 서게 될 것이라는 생각을 했건 안했건 간에 증언 준비는 환자를 치료하는 순간부터 시작된다.

기록을 보관하라 정신건강 임상가, 특히 사법 체계와 접촉하게 될 임상가들은 기록 유지의 중요성을 잘 이해하고 표준 서식으로 읽기 쉽게 잘 정리하도록 노력해야 한다. 당신은 당신이 맡았던 사건이 언젠가 소송으로 이어졌을 때를 대비하여 기록들을 적절히 보존하고 기록지와 보고서를 잘 정리하고, 표준화하며, 읽기 용이한 방식으로 쓰는 것이 얼마나 중요한지 이해해야만 한다. 이는 이 기록들이 어느 날엔가 철저하고 비판적인 시각에서 읽힐 수 있기 때문일 뿐 아니라 언어로 당신의 생각을 써 두는 것이 향후 법정에 가서 당신이 개입했던 사례의 요점들을 명료하고 체계적으로 잘 기억해 낼 수 있는 훌륭한 방법이기 때문이기도 하다. 당신이 혼란스러운 시나리오를 설명해야 할 미래의 어느 시기에 도움이 될 수 있도록 당신 자신의 언어와 삽화로 채워진 표준 서식과 체크리스트를 만들어 두는 것이 좋다.

당신의 사례를 검토하라 가능한 한 자료를 여러 번 검토하라. 아무리 많이 준비해도 과하지 않다. 사건과 관련된 사실들과 의견들을 철저하게 알고 있을수록 법정에서 받는 질문들에 더 쉽게 대답할 수 있는데, 이는 암기해 둔 기억만으로는 다양한 질문에 대답하는 것이 턱없이 어렵기 때문이다. 이런 준비가 충분히 되어 있으면 당신의 지식과 기억 회상은 교묘한 반대신문에 의해 실수를 범하는 일이 거의 없이 유기적이면서도 전체적이고 자동적으로 이루어질 것이다. 당신은 아마도 당신이 증언할 내용들을 조사하여 상대방의 질문을 철저히 방어해 내기 위해 찾아온 검사나 변호사와 한 번 이상 만날 것이다. 이 만남의 목적은 당신이 증언 시 무슨 말을 해야 하는지 일일이 알려 주는 것에 있지 않고, 두 사람이 당신에게 당신의 증언 요지를 명료화하고 당신이 말하고자 하는 것을 보다 명확하고 정확하게 전달할 수 있는 용어에 대해 논의하며 양측에서 어떤 질문을 하게 될지에 대한 감을 잡도록 하는 것에 있다.

증언을 예행연습하라 사례와 관련된 사실과 증언할 내용들을 머릿속으로 생각하는 것이 정신적 예행연습이 될 것이다. 운전 중이나 집에 있을 때 거울을 보고 큰 소리로 연습할 수도 있다. 만일 증언이 익숙하지 않을 경우, 법원을 방문해 보거나 심리 중인 다른 사건의 재판 과정을 방청하는 것이 좋다. 그러나 증언 경험이 아무리 많아도 충분한 준비 없이는 어렵기 때문에 많은 숙련된 전문가들도 자신을 너무 과신한 나머지 미진하게 증언함으로써 교묘한 상대방 변호인에게 빌미를 제공하곤 한다.

증언대에서

법정에서 취해야 할 행동들을 프로그램화할 수는 없다. 증인들은 증언대에서 자신의 고유한 방식대로 증언하면 된다. 그럼에도 불구하고 초보자든 법전문가든 모든 증인이 생산적으로 적용할 수 있는 효과적인 증언의 원리 몇 가지가 있다(Kressel & Kressel, 2002; Mogil, 1989; Posey & Wrightsman, 2005; Spence, 2005; Vinson & Davis, 1993).

태도 당신의 전반적인 태도가 거만하지 않고 확신감에 찬 듯 보여야 한다. 일반 배심원들은 의사나 그 밖의 전문적인 임상가들에게 권위적인 분위기와 경외심을 느낀다. 이 점을 유리하게 활용하라. 항상 침착하고 품위를 유지하라. 반대 신문이 아무리 불쾌하더라도, 그 재판에서 당신만 그런 것이 아니라는 사실을 기억하라. 또한 당신이 형사 사건의 피고에게 유죄판결을 내리기 위해 그곳에서 있는 것이 아니라는 것도 기억하라. 당신의 역할은 범죄 피해자를 평가하고 치료한 사실이 담긴 기록과 증거 내용을 제시하는 것이므로, 법적 절차가 제대로 진행되도록 하면 족하다. 모든 임상 및 법의학적 업무의 수행 시 항상 기억하라. 당신은 전문가다. 그러니 전문가답게 행동하라.

자세 신체 언어가 중요하다. 당신의 어머니가 늘 말하듯이, 똑바로 앉고 몸을 구부정하게 하지 말라. 당신 앞에 마이크가 있다면 말할 때마다 마이크에 대고 말하기 위해 몸을 구부정하게 할 필요 없이 마이크에 충분히 가까이 앉으라. 자료들을 눈앞에 깔끔히 정리해 두면 질문을 받고 바로바로 관련 자료를 찾을 수 있다. 증언 시에는 질문하는 변호사를 바라보고, 질문에 답할 때는 배심원들과 시선을 교환하라. 배심원들은 당신이 교감해야 하는 사람들이며, 그들은 증인이 자신들을 '똑바로 바라볼 때' 증인을 더 신뢰하는 경향이 있다. 지나치게 냉담하거나 치열하게 보이지 말라. '개방적이고' '친절하며' '품위 있는'과 같은 태도와 관련된 단어들을 기억하라.

어조 듣는 사람들이 잘 이해할 수 있도록 가능한 한 분명하게, 천천히 그리고 간결하게 말하라. 문장은 짧고 초점 있게 구성하라. 목소리를 일관되게 유지하고 정상적인 대화조로 말하라. 중얼거리거나 소리치거나 말끝을 흐리지 말되, 로봇처럼 단조로운 톤은 피하라. 배심원에게는 전반적으로 협력자적인 존중감을 전달해야만 한다. 당신은 올바른 판결을 할 수 있다고 확신하고 있는 성숙한 성인들에게 당신이 알고 있는 사실들을 보여 주기 위해 그곳에 있는 것이다.

말의 내용 대답하기 전에 각각의 질문을 주의 깊게 들으라. 당신이 질문을 완전히 이해하지 못한 경우에는 변호사에게 질문을 반복해 달라든지 고쳐서 해 달라고 요청하라. 빨리 대답해야 할 것 같은 분위기에 휩쓸리지 말라. 잠시 생각을 정리할 시간이 필요하다면 그렇게 하라. 답변은 가능한 한 분명하고 간결하게 하라. 질문에 맞게 대답하되 장황하게 설명하거나 시간을 끌지 말라. 만일 잘 모르겠으면 명료하게 "모릅니다."라고 말하라. 까다로운 질문에 대해 허세를 부리지 말라. 상대측 변호사는 당신을 불신하게 만들 목적으로 불일치한 증언을 찾아내려 할 것이다. 방어적인 자세를 보이지 말라. 무엇보다 솔직하라. 법정에 있는 누군가가 당신의 증언에 포함된 약간의 허위라도 감지하는 경우, 당신의 나머지 증언이 모두 믿을 수 없는 것이 될 수 있으며 그것이 전체 사건에 독이 될 수도 있다.

변호사의 속임수와 덫

종종 변호사들은 당신이 자기들이 원하는 대답을 하도록 교묘하게 유도 질문을 한다. 만일 당신이 예-아니요로 간단히 답변할 수 없다면 다음과 같이 이야기하라.

> "제가 '예-아니요'로만 대답해야 한다면, 사실적으로 증언하는 것이 불가능합니다. 여전히 제가 그런 방식으로 답변하기를 원하십니까?"

때로는 변호사가 자발적으로 질문을 고칠 것이다. 만일 변호사가 여전히 예-아니요 식 답변을 하도록 계속 강요한다면, 그 즉시 당신 측 변호사가 이의를 제기하거나 판사가 개입할 것이다. 판사는 반대신문하는 변호사에게 당신이 응답할 여지를 더 많이 주도록 하거나 질문을 고쳐서 하라고 명령하거나 당신에게 요청받은 방식대로 질문에 대답하라고 요구할 수도 있는데, 어느 쪽이든 당신은 순응적으로 최선을 다해 답변하면 된다.

변호사들이 사용하는 또 다른 수법은 당신으로 하여금 '제가 믿기로는' '제가 추정한 바로는' '제가 확신하기로는' '저의 모든 지식과 기억으로는' '제가 아는 한'과 같이 알맹이 없는 모호한 문구로 답변할 수밖에 없도록 교묘하게 질문하는 것이다. 만일 사실을 알고 있다면 가능한 한 분명하게 답변하라. 그렇지 않은 경우라면 불명확하거나 기억이 확실하지 않은 부분은 그렇다고 솔직히 말하되, 확실히 알고 있는 것에 대해서는 단호하게 진술하라.

가급적 질문한 것 이상의 답변을 하지 말라. 예를 들어, 만일 무관하거나 정확하게 기억할 수 없는 것에 대해서 변호사가 정확한 답변을 요구한다면, 추측해서 말하라고 요구받지 않는 한 추측해서 대답하지 말라.

변호사: Castille 박사님, 당신은 Tuller 양이 사건충격척도에서 '중등도에서 중증 사이의 외상후 스트레스 장애'에 해당하는 40점이 나왔다고 진술하셨는데, 이 점수는 중등도에 속하나요 아니면 중증에 속하나요?

임상가: 43점은 '외상후 스트레스 장애(PTSD)' 중증의 기준 점수입니다. Tuller 양은 중등도와 중증의 경계선상에 있었습니다.

변호사: 그러면 그녀의 '외상 후 스트레스'는 심각하지 않은 것이지요?

임상가: 중등도 PTSD의 범위는 26~43입니다. Tuller 양의 점수는 중증 수준에서는 3점 벗어나 있으나, 여전히 중등도 범위 내에 있습니다.

변호사: 그러니까 박사님, 당신 이야기대로 Tuller 양이 받는 스트레스는 중등도 수준이지요?

임상가: 아닙니다. 저는 그녀의 검사 점수가 중증 범주에 근접해 있다고 말씀 드리고 있는 겁니다. 점수 자체는 중증 수준에 이르지 못했지만, Tuller 양이 피해를 입은 후 처음 몇 주 동안 받은 검사를 보면, 전반적으로 심각한 외상후 스트레스 장애(PTSD)로 고통을 받고 있었습니다.

변호사: 예, 하지만 박사님이 증언하신 대로 외상후 스트레스 장애(PTSD) 진단 시 고려하는 사건충격척도의 판단 기준에 따르면 이 환자의 외상 후 스트레스 수준은 중등도 수준이었던 것이지요? 맞지요?

임상가: 예, 하지만…….

변호사: 명확히 해 주어 감사합니다, 박사님.

변호사들이 사용하는 또 다른 계략은 변호사가 당신에게 (대부분의 사람이 분이나 시간 단위로 대략 추정해서 계산하곤 하는) 지나간 시간의 양과 같은 것들을 추정하도록, 즉 당신이 추측하는 사람이라는 인상을 갖게 만들어 놓고는 다른 주제로 넘어가 버리는 것이다. 이렇게 되면 당신의 모든 진술이 마음속으로 '추정'한 것이 되어 버린다. 상대측 변호사들은 이후 최종 변론에서 다음과 같이 주장할 것이다.

> "Castille 박사가 확실하게 진술한 게 하나도 없지 않습니까? 모든 게 추정, 추측, 추론한 것입니다. 배심원 여러분, '아마' '제가 생각하기에는' 등과 같이 모호한 증언들이 한 사람에게 유죄판결을 내리고 자유를 박탈하는 충분한 증거가 된다고 보시나요? 더구나 아무도 알 수 없고, 증명할 수 없고, 확신할 수 없는 심리적인 상해를 이유로요?"

다시 말하지만, 뭔가 부족할 수밖에 없는 자료에 거짓 확신을 주입하지 말고, 모호함이 해당 주제가 지닌 특수성 때문일 뿐 당신 자신의 지각과 해석 때문은 아니라는 점을 강조하라.

변호사: 박사님, Tuller 양에 대한 평가 결과와 치료 경과를 감안해 볼 때, 그녀의 현 불안 증세가 그녀가 당한 폭행과 얼마나 관련이 있는지, 또 임상 기록에 기술한 것처럼 그녀가 애초 치료를 받으러 왔을 당시에 보였던 불안장애가 얼마나 지속적으로 나타났는지 정확히 판단이 가능한지요?

임상가: 정확히요?

변호사: 예, 그녀가 당한 폭행이 현 불안장애를 일으키는 데 10% 영향을 주었을까요? 아니면 20%?

임상가: 몇 퍼센트라고는 말할 수 없습니다.

변호사: 그렇다면 당신은 그녀가 받은 피해가 불안장애에 얼마나 영향을 주었는지는 그저 추측한 것이군요.

임상가: 글쎄요, 당연히 추측은 아니지요. 예를 들어, 처음 왔을 때는 불안장애가 사회생활과 대인관계에 영향을 주었기는 하지만 수업에 출석하고 캠퍼스를 걷고 큰 두려움 없이 기숙사 방에서 혼자 공부도 할 수 있었습니다. 그러나 폭행 사건 이후에는 이런 활동들을 할 때에 과도하게 불안에 떨어야만 했습니다. 그러므로 폭행 전에는 없었던 등교와 같은

중요한 일상생활에의 지장은 분명 폭행으로 인해 생긴 징후라고 할 수 있습니다.

거듭 말하지만, 당신이 질문에 대한 답을 모르겠으면 그냥 모른다고 하라. 배심원들은 당신이 제출한 서류에 맞추어 증언하고자 시도하는 부정직한 모습보다 정직하게 모른다고 하거나 상세 내용 중 일부는 잊었다고 진술하는 것을 훨씬 더 존중하고 인정할 것이다.

앞서 언급한 바와 같이, 법심리학 이외의 분야에서 일하는 임상 치료자들이 법원에 출석하면 자신이 사실 증인과 전문가 증인의 경계에 걸쳐 있다는 것을 깨닫게 된다. 예를 들어, 당신은 당신이 환자와 폭행에 관해 나눈 이야기에 대해 신문받을 수 있는데, 이것은 사실 증인에 대한 질문이지만 나중에는 전문가 증인으로서 의견 진술을 요청받을 수도 있다. 혹은 당신이 진술한 의견에 대해 상대측 변호사가 이의를 제기할 수도 있는데, 그러면 판사는 변호사의 이의 제기를 수용할 것인지 여부를 결정하게 된다.

변호사: Castille 박사님, Tuller 양이 폭행을 당했다는 사실을 언제 처음 알게 되셨나요?

임상가: 언젠가 치료 회기 중에 그녀가 이야기를 꺼냈습니다.

변호사: 설명 좀 해 주세요.

임상가: 제가 그녀를 한 5개월간 치료해 왔는데, 하루는 제게 와서 이야기하기를 그녀에게 계속 데이트를 요구했던 대학 동급생인 Gary가 학교 주변에서 그녀를 따라다니기 시작했다고 합니다. 그녀가 따라다니지 말라고 하자 그가 소리를 지르기 시작했고, 그다음에 정신을 차려 보니 그가 자신을 땅에 쓰러뜨린 뒤 위로 덮치고 있었다고 했습니다.

변호사: 좀 분명히 하고 싶은데요. 박사님은 이 사건에 대한 경찰 기록을 검토해 보지 않으셨고 확실히 사건 현장에 있지도 않으셨으니, 증언이 안 되시겠네요. 그러니 오늘 박사님이 저희에게 말씀하신 것들은 단지 Tuller 양의 진술에만 의존한 것이네요. 그렇지 않나요?

임상가: 예, 그녀가 치료 시간에 이야기한 것입니다.

변호사: 박사님, 정신질환을 가진 환자를 치료해 보시면, 보통 환자들이 생활 속에 일어나는 사건들을 착각하거나 정확하게 기억하지 못하는 일이 많지 않나요?

임상가: 뭐, 일반적으로 매일 반복되는 일상사에 있어서는 그런 일이 종종 일어나는 게 맞지만, 외상적 성격을 띠는 강간 미수 같은 경우는 대부분의 사람이 기억할 수 있습니다.

변호사: 박사님도 그 권위를 인정하여 인용하셨던 미국정신의학회의 『정신장애의 분류 및 진단 편람(DSM-IV-TR)』을 포함해서 트라우마 증후군에 관한 전문적인 문헌들을 보면 사건들로 인해 극도로 정신적인 충격을 받으면 기억력이 왜곡될 수 있다는데 그런 경우는 아닌가요?

임상가: Tuller 양은 그런 경우가 아니라고 생각합니다.

변호사: 박사님은 '외상후 스트레스 장애' 영역의 전문가이신가요?

임상가: 그건 아니지만, Tuller 양을 지난 5개월 동안 치료해 왔으니 Jenn Tuller 양에 대해서는 전문가입니다.

마지막으로, 당신이 잘 준비해서 명료하게 의사소통하고 정직하게 증언한다면 당신은 유능한 정신건강 전문가로서 사법 체계 내에서 당신의 역할을 해냈다는 자긍심을 가지게 될 것이다.

피해자 지원 서비스와 형사사법체계

6장과 7장에서 살펴본 바와 같이, 범죄 피해자의 종합적 상담과 치료의 핵심은 환자가 공동체 내에서 적합한 지원 서비스를 받을 수 있도록 안내해 주는 것이다. 피해자 지원 서비스는 현재 미국의 50개 주 전 지역에 걸쳐 다양한 형태로 제공되고 있으나, 통상 예산 문제로 인해 제공되는 서비스의 범위가 한정적이다. 가장 많은 지원이 이루어지는 피해자들은 성폭력 피해자, 가정폭력 피해자 그리고 아동이다. 국립피해자지원협회(NOVA, www.trynova.org)는 다음의 세 부분으로 구성된 피해자 서비스 표준 모델을 개발하였다(Young, 1988).

① 위기 시 비상 대응 조치
② 외상 후 수일간에 걸친 피해자 안정화
③ 범죄의 여파를 다루기 위한 자원의 동원

지금까지 살펴본 바와 같이, 폭력적인 범죄를 경험하면 거의 항상 형사사법제도와 관련한 우리의 태도와 신념이 자주 그리고 심각하게 도전을 받는다. 이 때문에 범죄 피해자들의 권리를 옹호하기 위한 운동이 지난 수십 년 동안 전개되어 왔다(Freedy et al., 1994).

피해자와 가족들은 형사사법 대리인들과 법적으로 얽히게 되고, 그 과정에서 위협감을 느끼며, 그로 인한 당혹감 때문에 고통스럽고 모욕적이었던 충격적인 범죄 경험이 되살아날 수 있다. 성폭력이나 가정폭력 사건의 경우, 가해자와 피해자가 아는 사이이기 때문에 가해자가 기소되면 피해자는 일반적으로 보복에 대한 두려움을 경험한다. 피해자들은 종종 언론 보도로 인한 사회적 낙인, 자신들에 대한 의심과 불신, 그리고 일시적인 통제력 상실에 대한 두려움을 드러낸다. 설사 피해자가 고소를 결정하더라도, 법적 절차가 몇 달 또는 몇 년 동안 진행되기 때문에 신속한 정의 구현이라는 이상은 곧바로 사라져 버린다.

관련 연구들을 살펴보면, PTSD 증후군이 일반 범죄 피해자들보다 형사사법제도를 거쳐 간 피해자들 사이에서 더 높게 나타난다(Freedy et al., 1994). PTSD 증후군으로 발전할 가능성이 가장 높은 범죄 피해자들은 신체 폭력이나 성폭력, 사랑하는 사람의 살인 사건 피해 등과 같은 강력 범죄 피해를 겪었거나, 범죄 사건 당시에 생명의 위협을 받았거나 중상을 입었던 사람들이다. 그러나 심리상담을 포함해서 피해자에 대한 지원 서비스는 일반적으로 빈약하다. 형사사법 기관들에게는 사건 해결이 가장 중요하다는 입장이 지배적이며, 피해자의 요구를 해결해 주는 것은 종종 군더더기로 인식되는 것 같다(5장과 8장 참조).

그러나 임상적 치료 보고(Freedy et al., 1994)에 따르면, 피해자들과 그 가족에 대한 인간적인 처우가 형사사법체계에 대한 피해자와 수사기관 간의 협력 관계를 강화시켜 줄 수 있으며, 이러한 협력적 분위기가 결과적으로 범죄 신고 건수를 늘려 주고 더욱 신속하고 성공적인 사건 종결과 기소를 가능하게 해 준다.

Freedy 등(1994)은 최근 형사사법체계에 관여한 경험이 있는 가족들의 PTSD

유병률과 서비스 이용 실태를 조사하였다. 참가자의 약 절반은 평생 동안 PTSD 증후군으로 진단되었다. 여성은 살인과 성폭행 같은 강력 범죄 피해자가 가장 많았다. 강력 범죄 피해자들, 즉 신체적 손상을 입은 사람들, 중상을 입은 사람들, 생명의 위협을 받았다고 느끼는 사람들이 그렇지 않은 피해자들보다 PTSD 증후군에 더 오랫동안 시달리는 경향을 보였다. 대다수 사람이 형사사법체계 내에서 상담과 심리치료를 포함한 피해지원 서비스를 제공해야 한다고 믿고 있었지만 실제로 제공되는 대부분의 서비스는 불충분한 상태라고 답변하였다. 조사 결과를 보면, 형사사법체계에 관여한 적이 있는 범죄 피해자가 PTSD 증후군으로 발전될 위험이 더 높았으나, 건강관리 서비스를 받을 기회가 충분치 못하여 정신건강 전문가들이 충분히 개입하지 못하고 있는 형편이었다.

Kilpatrick과 Acierno(2003), Young(1988)은 형사 절차에 적용할 수 있는 피해자 지원 모델을 제안하였다. 앞에서 설명한 바와 같이 대부분의 피해자는 사건 후 가해자를 전혀 만나지 않으며, 일반적으로 보석 절차, 재판 심리, 양형 거래, 재판 절차 또는 선고와 관련한 정보나 참고 사항들을 제공받지 않는다. 대부분의 주에서 피해자들은 증인으로 법정에 출석해서 증언하는 것을 제외하고는 재판 관람도 할 수 없다. 이런 행태들은 기소된 사건이 자신의 사건이라고 여기는 대다수의 피해자를 더욱 의기소침하게 만든다.

몇몇 지역에서는 피해자 권리 선언에 근거하여 검찰이 주도하는 피해자/목격자 프로그램이 운영되고 있다. 이 프로그램에는 범인 체포, 보석 청문회에 대한 피해자 의견 청취, 기소 여부 및 기소한다면 어떤 죄명으로 기소할 것인지, 형사사법 절차, 언어, 기본 취지 등에 관한 실질적 정보 제공이 포함된다. 의료 비용이나 정신건강 치료 비용에 대한 지원도 가능하다. 그러나 이러한 권리들은 범죄 피해자가 되었다고 해서 자동적으로 발효되지 않으므로, 피해자들이 적절한 자원에 접속할 수 있도록 도와줄 필요가 있다.

앞서 논의한 바와 같이, 치료자와 상담자는 범죄 피해자가 형사사법체계(www.ncvc.org 참조)로부터 좌절감과 모욕감을 느끼지 않도록 지원할 준비를 해야 한다. 여기에는 피해자가 가해자와 직면해야 하고 때때로 피고 측 변호인의 통렬한 비판이 이어지는 반대신문을 견뎌 내야 하는 공판 전 준비 절차와 법정 출석도 포함된다. 살인 사건인 경우 가족들은 방청석에 앉아서 죽은 가족이 치욕과 비난

당하는 것을 감수해야만 한다. Young(1988)은 특히 재판 중에 피해자/증인 상담이 필요하며 심지어 상담자가 피해자와 법원에 동행할 것을 권고하기도 하였는데, 저자는 당신이 증인으로 호출될 경우 이해가 상충되는 것을 피하기 위해 변호사의 자문을 먼저 받아 볼 것을 권한다.

선고와 관련하여, 피해자가 개인적으로 피해 충격 진술서를 제출할 뿐 아니라 피해 보상요구서도 제출할 것을 권한다. 인편과 서면 모두 가능하며 서류를 내는 것은 선택 사항이다. 선고가 이루어진 후의 정신건강 서비스는 더욱 중요하다. 피해자와 가족들은 기소 및 유죄판결을 통해 정의가 실현될 것이라고 기대하면서 자신들의 삶을 보류한다. 이런 피해자들은 보통 선고를 기점으로 이상 징후를 드러낸다. 사건이 잘 진행되더라도 우울해지고 메마르고 고립된 느낌을 갖게 된다. 사형이나 장기 징역형이 선고되는 살인죄의 유죄판결에서는 거의 항상 항소를 한다. 근래에는 가해자의 가석방 청문회에서 피해자들이 자신들의 의견을 표명할 기회를 주는 주가 늘어나고 있다.

아래에 설명한 바와 같이, 피해자가 형사 사건이 종결된 이후나 또는 진행 중에 민사소송을 통한 법적 대응을 원할 수 있다(Barton, 1990). 여기에는 범인에 대한 손해배상 소송뿐 아니라 범죄 예방에 실패한 제3자들에 대한 소송 제기도 포함된다. 예를 들면, 조명이 부실하고 보안이 허술한 건물 내에서 발생한 폭력 사건인 경우, 보안 과실(직무 태만)에 대한 소송이 가능하다. 이해가 상충되지 않는 한, 치료자는 환자의 법적 대응에 대해 자유롭게 조언해 줄 수 있어야 한다. 민사소송을 제기하는 경우 피해자에게는 형사재판 중과 동일한 지원이 지속적으로 필요하다(Kilpatrick & Acierno, 2003; Young, 1988).

범죄 피해자의 민사소송

범죄 피해자를 다루는 임상가로서, 당신의 사법 절차 참여는 대부분 형사사법 체계 내에서 이루어질 것이다. 그러나 갈수록 민사소송 제도가 범죄 피해자를 위한 대안적인 구제책으로 활용되고 있는 추세다. O. J. Simpson 사건이 가장 유명한 사례라고 할 수 있다. 일부 연구자(예: Des Rosiers, Feldthusen, & Hankivsky,

1998; Feldhausen et al., 2000)의 주장에 따르면, 많은 범죄 피해자가 민사소송을 하는 주목적은 자신의 이야기를 듣게 만들고 일종의 사과를 받고자 하는 것에 있다. 그러나 이들 대부분은 나중에 몹시 실망한다.

따라서 법 체계와 범죄 피해자 사이에서 적절한 절충점을 찾을 수 있도록 적절히 조언해 주기 위해서는 임상가들이 외상 후 장애 환자들의 진단 및 치료와 관련된 민사소송의 법적 쟁점들에 대해 어느 정도 이해하고 있을 필요가 있다. 같은 맥락에서 변호사들은 소송 중에 고객들이 드러내는 어수선한 심리 상태에 대한 통찰을 가질 필요가 있으며, 이러한 통찰이 생기면 감사할 만한 일들이 많아질 수 있다(Barton, 1990; Koch et al., 2006; Miller, 1993c, 1996b, 1997d, 1998f, 1998g, 1999a, 1999b, 1999j, 2000e, 2001e, 2005e, 2006l; Miller & Magier, 1993; Schouten, 1994; Simon, 1995; Slovenko, 1994; Sparr, 1990; Stone, 1993). 이 절에서는 이에 대해 살펴보고 개인적 상해 소송 체계에 대한 기본 정보들을 검토해 보도록 하겠다.

범죄, 불법행위 그리고 심리학적 손상

이혼 소송을 제외하고, 법원 일정표에 대기 중인 민사 사건의 절반은 개인 상해 사건으로 추산된다(Modlin, 1983; Koch, 2006). 개인적인 상해 범죄의 비용은 직접적인 의료 처치 비용, 소득 상실, 공적 피해자 지원 프로그램 비용 등을 포함해서 매년 1,050억 달러로 추산된다. 통증, 고통, 삶의 질적 손실에 대한 소송 보상금을 추가하면 연간 4,500억 달러까지 높아진다(Solomon & Davidson, 1997).

입증책임

미국의 대부분 지역에서 형사 재판에서 유죄판결을 내리기 위해서는 배심원단이 합리적인 의심을 넘어서는 정도의 확신을 해야 하며, 대부분의 법원에서는 이를 '90% 이상의 확신'으로 해석하고 있다. 민사 사건의 경우에는 법률적 입증책임이 증거의 우세에 의해 결정되는데, 통상 가능성이 보다 많은 또는 50%보다 큰 것으로 해석된다(Barton, 1990; Koch et al., 2006). 작금의 현상을 보면, 많은 피고인이 형사 법정에서는 무죄를 선고받지만 민사소송에서 패소하는 경우가 허

다하다.

불법행위, 과실, 손해

불법행위 관련 법은 불법 침해, 개인정보 침해, 표절, 과실, 거짓 증언, 사기, 비방, 명예 훼손, 무고 등 다양한 행위 또는 무행위를 포함한다(Modlin, 1983). 대부분의 개인 상해 소송은 과실 이론, 즉 제3자에 대한 과실 소송의 가장 흔한 근거인 비의도적 불법행위(예: 건물의 아주 어두운 조명이나 허술한 보안)라는 가정하에 진행된다. 직접적인 범죄 피해 사건의 경우 법 이론은 통상 고의에 의한 정신적 고통의 수반을 가정한다. 소송을 성공적으로 진행하려면, 원고는 입증책임을 고려해서 다음의 사실을 제시하여야 한다.

① 치료의 법적 의무가 있었다는 사실
② 피고가 고의로 위반 또는 과실을 범했다는 사실, 그리고
③ 그것이 사건의 원인이었다는 사실
④ 그리고 큰 손해가 나게 했다는 사실

특히 상해 및 손해에 대해 서면 진술이나 선서 후의 공식 증언, 또는 재판 출석을 통해 진술한 의료 및 심리 전문가의 증언은 때로 원고의 사건을 입증하고 사건을 해결하는 데 도움이 되기도 한다(Barton, 1990; Feigenson, 2000; Miller, 1996b, 1997d, 2007c; Modlin, 1983; Simon, 1995; Taylor, 1997).

인과관계와 책임

원인 규명이 전부냐 전무냐는 식으로 극단적일 필요는 없다. 법은 일련의 사건이라는 개념에 입각하여 복합적인 원인을 다루려고 한다. 만일 지표 사건이 원고가 통제할 수 없는 일련의 사건을 유발하면, 불법행위자는 사건의 부정적 결과에 대해 책임을 지게 된다. 이것이 경우에 따라서는 폭력 범죄로 인해 유발된 장애의 몇 퍼센트 정도가 머리와 몸에 입은 폭행에 의한 것인지, 상해 후에 수반된 두

려움과 고통에 의한 것은 몇 퍼센트인지, 형사사법 기관이나 임상가 및 변호사들의 서툴고 무감각한 사건 처리로 인한 것은 몇 퍼센트인지, 혹은 기왕증에 의한 것은 몇 퍼센트인지를 결정하는 것과 같이 복잡해질 수 있다.

원인에 대한 법의 접근 방식은 대부분의 정신건강 임상가들이 익숙해져 있는 임상적 접근과는 크게 다를 수 있다(Feigenson, 2000; Harsha, 1990). 일반적으로 의사나 정신건강 임상가들은 환자에게 나타난 증상을 살펴서 장애를 일으킨 기본 원인과 복합 원인을 검토하고, 모든 측면에서 환자의 상태를 파악한다. 이와는 대조적으로 판사, 배심원 그리고 변호사들은 하나 이상의 특정 사건이 환자의 상태를 유발하였거나 악화시켰는지 여부를 판단하고, 그중 지표 사건에 의해 촉진되어 가속화되거나 악화된 비율이 얼마인지에 관심을 둔다. 즉, 임상가는 만곡의 관점에서 생각하는 경향이 있지만 법에서는 통상 직선을 원한다.

인과관계의 견지에서, 법은 원고가 주장하는 장애에 대한 법적 정의가 가능하다는 의미를 내포하는 개념인 근인proximate cause에 관심을 둔다. 설사 반응이 지연되어 나타나는 경우라고 해도, 원인과 결과 사이의 시간 관계가 적정한지를 파악하는 것이 중요하다. 따라서 심리 전문가는 사건과 증상 출현 간에 잠복기가 있을 수 있으므로 범죄 피해자의 PTSD 증후군과 그 밖의 증상이 상해 후 수주에서 수개월 뒤에도 나타날 수 있다는 점을 설명할 준비가 되어 있어야 한다(Everstine & Everstine, 1993; Modlin, 1983).

환자가 가진 기질적 소인과 관련하여, 불법행위 관련 법에서는 상해가 장애를 일으키는 온전한 원인이든 아니면 잠재적 취약성을 촉발시켰든 혹은 기왕의 상태를 악화시켰든 상관없이 불법을 자행한 사람이 똑같이 책임을 지도록 규정하고 있다. 기왕증이 악화되어 상해 사건 이전보다 더 심각한 신체적 및 정신적 고통이 유발되는 경우 역시 사건으로 인한 손실로 인정된다. 잘 알려져 있는 '~이 없었다면'이라는 원칙에 입각해서 '상해가 없었다면' 현재와 같은 정도의 장애는 발생하지 않았을 것이라고 보는 것이다.

이를 종종 얇은 두개골이나 깨지기 쉬운 달걀 껍질 원칙이라고도 한다. 불법행위자들은 자신이 피해자를 발견했을 때부터 그는 이미 연약하고 취약하며 민감한 사람이었다고 말한다(Meek, 1990; Modlin, 1983, 1990; Sparr, 1990). 폭행 범죄로 심리적 외상을 입은 피해자들은 이후의 외상적 사건에 더욱 취약해질 수 있으므로(Bursztajn, Scherr, & Brodsky, 1994), 손해배상의 구조와 양을 결정할 때 이를 감안해야 한다.

달리 말하면, 원고가 보이는 불안 증세나 기분장애가 피해를 입기 이전에도 동일한 수준으로 있어 왔다면 피고는 원고의 증상에 대한 책임이 없다. 그러나 원래 괜찮았던 사람이 범죄 피해로 인해 단번에 완전 불구가 되지는 않았더라도 이전의 불안장애가 폭행 후 쉽게 PTSD 증상으로 발달할 수 있으며, 이러한 사실은 외상 후 장애에 대한 피고인의 책임을 무효화(즉, 그 정도로 때려서는 두개골을 부술 수 없기 때문에 비정상적으로 얇은 두개골을 가지고 태어난 사람의 머리를 불법으로 때렸다고 해서 뇌손상의 책임을 질 필요는 없다는 주장)하는 것이 불가능함을 시사한다.

당신이 보기에 피해자가 피고인이 보았던 것과 같은 상태였다고 법정에서 말하라. 만일 그 운명의 일격이 있기 전부터 이미 뇌 손상이 있었다면, 피고에게는 뇌 손상에 대한 책임이 없다. 예상할 수 있는 바와 같이, 이러한 점들은 임상적으로나 법적으로 풀기 어려운 복잡한 쟁점들이다.

(원고 측의) 고의성이나 과실이 인정되어 법원이 피고인에게 손해배상의 책임이 없다고 선고할 때는 종종 다음과 같은 사실들을 인용한다.

- 상해가 범죄 행위와 시간적으로 너무 거리가 멀다(예: 소방관이 6년 전의 9/11 테러로 인해 지금 PTSD가 발생했다고 주장한다).
- 상해의 정도가 피고의 범법 행위에 비해 지나치다(예: 어느 십 대 청소년이 어떤 여성의 차를 상해를 입히지 않고 탈취했는데 그 여성에게 마비가 오더니 다음 해에 몸져누웠다).
- 범법 행위가 상해를 유발했다는 주장이 기이하다(예: 피고가 원고의 얇은 두개골 위로 종이 집게를 떨어뜨렸는데 심한 뇌 손상이 일어났다거나, 한 여자가 자신의 지갑을 날치기 당하고 나서 만발한 조현병이 시작되었다).
- 배상 청구가 피고인에게 부당한 부담을 준다(예: 한 남자가 직장에서 킬킬대며 성희롱 발언을 했는데 그 여성 피해자가 그로 인해 심각한 장애가 생겼다고 주장하면서 자신의 나머지 인생 전부를 보상해 달라고 요구한다).
- 배상 청구가 부당한 주장일 가능성이 있다('판도라의 상자' 식 논쟁, 예: 한 직

원이 다른 직원에게 매번 해롭지 않은 바보 같은 말들을 했는데 터무니없이 성희롱으로 소송이 제기된다).

- 배상 청구가 비합리적이거나 막장으로 치닫는다(미끄러운 비탈길 논쟁, 예: 왜 말을 멈추나-만일 누군가 나쁜 길로 접어드는 것을 다른 누군가가 보았다면 어찌되는가?).

소송 장면에서의 PTSD 진단

원고가 일련의 고통에 시달려 왔다는 것을 보여 줄 수만 있다면, 소송에서 정신의학적 진단이 필수적으로 필요한 것은 아니다. 하지만 소송 시에 의료적 치료비 청구의 타당성을 보여 주기 위해 원고 측 변호사들은 종종 정신적 스트레스를 입증해 보이고자 PTSD 진단을 받고 싶어 한다. 불법행위 관련 소송에서 PTSD 진단은 특정 사건과 관련지어질 수 있다. 즉, 그들의 모든 심리적 고통이 범죄 피해와 같은 지표 사건에 의해 유발되었다는 원고의 주장에 힘을 실어 준다. 이와는 대조적으로 불안장애, 우울증과 같이 흔한 진단은 발병 원인을 특정하기가 쉽지 않은데, 이는 지표 사건 자체가 아니라 사건과 관련한 다양한 요인이 이 장애들을 유발할 수 있기 때문이다.

따라서 변호사는 단순히 정신적 스트레스라고 진단하는 것보다 더 객관적이고 과학적으로 보이게 하는 PTSD 진단이 내려지기를 원한다. 통증이나 고통, 정신적 괴로움과 같은 비객관적이고 비경제적인 손실에 대한 손해배상 소송을 제한하거나 배제하려는 소위 '불법행위 관련 개혁 조치'의 시행이 임박해 있다. PTSD 증후군은 명실상부한 중추신경계 기능 이상에 의한 정신장애로 자리 잡고 있으므로 소송이 가능한 의학적 장애로 가정할 수 있으며 보상 청구가 정당하므로 그러한 위협을 과학적으로 피해 나갈 수 있다(2장 참조).

그러나 이 분야의 여러 권위자들은 법적인 맥락에서만큼은 임상적 근거가 충분히 있는 경우에만 PTSD 진단을 내려야 한다고 충고한다. 그렇지 않으면 PTSD 진단이 남용되고 그 의미가 희석되어 평범해져 버릴 수 있다. 이와 같은 점들을 감안할 때 소송에서 임상가가 해야 할 중요한 역할은 보험회사, 변호사, 판사, 배심원들과의 원활한 의사소통을 통해 원고가 정신적 고통과 장애를 경험하고 있다는 사실을 알려 주고, 증상에 대한 철저한 현상학적 설명이 정확한 진단보다 더 중요하다는 사실을 알리는 것이다. PTSD 외의 다른 진단을 내릴 때는 그 진단에 대해 구체적이고 특정적으로 설명해야만 한다(Simon, 1995; Sparr, 1990).

법적 스트레스 증후군

법 체계와 관련을 맺는 것 자체가 개인에게 악영향을 끼칠 수 있는데, 개인 정보 노출, 권한 박탈, 기존의 협력 관계 파괴, 의심과 적대적 분위기하에서 이루어지는 과거 충격의 재현 등이 그것이다(Huffer, 1995; Winick, 2000). Bursztajn 등(1994)은 이러한 법적 스트레스를 설명하기 위해 의사에게 원인이 있는 혹은 '의학적으로 유발된' 스트레스에 빗댄 의원성 혹은 '사법 처리 과정에서 야기된'이라는 용어를 사용한다. 사실 소송 스트레스는 Bursztajn 등이 변호사들에게 그들의 고객인 원고에게 소송 착수에 따른 심리적 위험에 대한 동의서를 받으라고 권고할 정도로 심각할 수 있다. 그러나 피고인에게는 그러한 선택권 제공이 불필요하다.

유사하게, Vesper와 Cohen(1999)은 소송 자체가 수사적 외상 스트레스 장애forensic traumatic stress disorder: FTSD로 불리는 2차 피해를 유발할 수 있다고 주장한다. 사건을 지속적으로 리허설하는 것과 시련의 신체적 및 심리적 결과들에 대해 빈번하게 논의하는 것은 피해자와 가족들에게 과거에 초점을 맞추도록 하며 플래시백과 악몽 그리고 역기능을 악화시키고 외상이 환자의 정체성의 일부로 자리 잡게 만들며(Berntsen & Rubin, 2007), 회복하고자 하는 노력을 무효화하는 경향이 있다(6장과 7장 참조). 상담자와 치료자는 이러한 FTSD 증후군을 완화시키는 데 중요한 역할을 할 수 있으며, 임상적으로나 법적으로 적절한 선에서 환자의 변호사들과 상호 협력해야 한다.

임상가, 변호사, 환자 그리고 기타 중요한 사람들

임상가와 변호사는 범죄 피해자가 자신들의 돌봄과 안내하에 이익을 얻을 수 있도록 협력해야만 한다. 이것은 공모가 아니라 법적인 정당성과 임상적인 건전성을 추구하기 위한 협력이다(Stolle, Wexler, Winick, & Dauer, 2000). Vesper와 Cohen(1999)에 따르면, 소송이 반드시 파괴적이거나 부정적인 경험이 되는 것은 아니다. 소송은 피해자 개인과 가족이 자신들이 부당하다고 생각하는 것들에 대해 이야기하도록 권한을 부여해 주는 과정이 될 수 있으며, 응당 그렇게 되어야만 한다. 소송 관련 PTSD에 대해 훈련받은 변호사와 PTSD 평가를 전문으로 하는 법심리학자는 진행 중인 소송을 통해 피해자가 공정한 보상을 받을 수 있도록 만드는 한편, 피해자와 가족의 자존심과 존엄성 및 안녕감을 고취시킴으로써 외상으로 인해 초래된 정서적 결과를 극복할 수 있도록 돕는 강력한 팀이 되어야 한다.

소송 과정이 고객에게 미치는 영향력에 대한 느낌은 변호사마다 다르다. 어떤 변호사들은 전문가로서 소송 과정에 대한 고객의 주관적 반응에는 거리를 두고 있어야 할 필요가 있다고 생각한다. 또 다른 변호사들은 소송 진행 여부와 방법을 결정하는 데 있어 소송 과정에 대한 고객의 감정적 반응이 고려되어야 한다고 생각한다. 일부 변호사는 자신들을 고객들의 (소송 진행을 위한) 단순한 도구로 여기기도 한다(Vesper & Cohen, 1999; Winick, 2000).

Everstine(1986)은 피해자와 밀접한 관계를 맺고 있는 많은 사람(일부 심리치료자를 포함해서)이 손해배상을 청구하겠다는 피해자의 생각에 공감하지 않는 경우가 있다고 지적한다. 가장 큰 이유는 가해자가 이미 형사소송 절차를 통해 유죄 판결을 받아 죄 값을 치렀음에도 불구하고 피해자가 비극적인 사건을 통해 현실적인 이익을 얻겠다는 생각을 하는 것이 욕심처럼 보이기 때문이다. 반대로 선의를 가진 친척들과 친구들이 피해자를 옹호한다면서 너무 귀에 거슬리게 거친 행동을 함으로써 부적절하게 상황을 처리할 수 있는데, 이는 변호사와 심리치료자들도 마찬가지다. 이 책에서 강조하듯, 외상 증상을 겪는 범죄 피해자들이 가장 필요로 하는 것은 피해자가 의지하는 사람들이 스스로를 잘 절제하여 피해자의 이익을 정상적으로 잘 대변할 수 있다고 느끼게 해 주는 것이다.

Everstine(1986)은 치료자들이 형사 및 민사 소송 시 환자가 내린 결정을 지지해 주어야 한다고 믿는다. 많은 경우, 범죄자를 정의의 심판대에 세우는 것은 상징적일 뿐 아니라 피해자의 회복에도 상당한 효과가 있다. 그러나 민사소송의 결정을 결코 가볍게 내려서는 안 된다. 형사 절차에서는 허용하지 않는 피해자의 사생활과 직장생활의 여러 측면이 민사소송에서는 적나라하게 파헤쳐진다는 사실을 고려해야 한다. 사실 임상가의 임무에는 변호사와 함께 환자에게 올바른 조언을 해 주는 것뿐 아니라, 환자의 정신이 정신적 외상에 의해 얼마나 심한 해를 입었는지, 그리고 소송이 진행되는 동안 어떤 일이 일어날 수 있는지를 적절한 시기에 변호사에게 교육시키는 일도 포함된다.

이상에서 살펴본 바와 같이, 범죄 피해자의 상담자나 치료자의 중요한 역할 중 하나는 정신적 외상을 입은 피해자가 법적 절차 및 관련 검사 과정들을 정신적으로 잘 준비할 수 있도록 돕는 것이다(Everstine, 1986). 특히 환자가 취약한 상태인 경우에는 치료자가 환자의 변호사를 통해 환자의 상태를 악화시킬 수 있는 증언으로부터 환자를 보호해 줄 것을 법원에 요구할 수 있다. 이 경우 법원은 다음의 명령을 내릴 수 있다. ① 변호사의 질문에 제한을 둔다, ② 증언 중에 치료자가 배석한다, ③ 증언을 녹화한다. 증언 후 환자는 항상 증언 기록지 사본을 요청해서 받아야 하며 증언에 오류나 잘못이 있는지 반드시 확인해야 한다. 모든 경우에서 임상가가 법적 절차에 관여하는 것은 아니지만 환자가 법적 절차 중에 적절히 잘 기능하고 있다고 확신할 수 있도록 해 줄 필요는 있다.

결 론

형사사법 절차나 민사소송 절차를 통해 당신의 환자를 돕는 일은 범죄 피해 후의 포괄적이고 적절한 임상적 및 지지적 치료 과정 중에 자연스럽게 이루어진다. 저자는 당신이 이 책에서 배운 것들을 당신의 임상 실무에 접목시키기를, 그리고 저자가 설명한 여러 개념과 전략을 확장 및 심화시켜서 요즘의 불확실하고 새롭고 완전 개방된 시대에 우리의 도움을 필요로 하는 다양한 범죄 피해자에게 적용해 주기를 바란다.

참고문헌

Abel, E. M. (2001). Comparing the social service utilization, exposure to violence, and trauma symptomatology of domestic violence female "victims" and female "batterers." *Journal of Family Violence, 16,* 401-420.

Abueg, F. R., Drescher, K. D., & Kubany, E. S. (1994). Natural disasters. In F. M. Dattilio & A. Freeman (Eds.), *Cognitive-behavioral strategies in crisis intervention* (pp. 238-257). New York: Guilford.

Ackerly, G. D., Burnell, J., Holder, D. C., & Kurdek, L. A. (1988). Burnout among licensed psychologists. *Professional Psychology: Research & Practice, 19,* 624-631.

Adler, J. (1997, September 22). How kids mourn. *Newsweek,* 58-61.

Ahrens, W., Hart, R., & Maruyama, N. (1997). Pediatric death: Managing the aftermath in the emergency department. *Journal of Emergency Medicine, 15,* 601-603.

Alarcon, R. D. (1999). The cascade model: An alternative to comorbidity in the pathogenesis of posttraumatic stress disorder. *Psychiatry, 62,* 114-124.

Albrecht, S. (1996). *Crisis management for corporate self-defense.* New York: Amacom.

Albrecht, S. (1997). *Fear and violence on the job: Prevention solutions for the dangerous workplace.* Durham, NC: Carolina Academic Press.

Aldarondo, E., & Straus, M. A. (1994). Screening for physical violence in couple therapy: Methodological, practical, and ethical considerations. *Family Process, 33,* 425-439.

Aldwin, C. M. (1994). *Stress, coping, and development.* New York: Guilford.

Allen, D. M., & Farmer, R. G. (1996). Family relationships of adults with borderline personality disorder. *Comprehensive Psychiatry, 37,* 43-51.

Allen, N. E., Bybee, D. I., & Sullivan, C. M. (2004). Battered women's multitude of needs: Evidence supporting the need for comprehensive advocacy. *Violence Against Women, 10,* 1015-1035.

Allen, T. D. (2001). Family-supportive work environments: The role of organizational perceptions. *Journal of Vocational Behavior, 58,* 414-435.

Alvarez, J., & Hunt, M. (2005). Risk and resilience in canine search and rescue handlers after 9/11. *Journal of Traumatic Stress, 18,* 497-505.

American Psychiatric Association. (1994). *Diagnostic and statistical manual of mental disorders* (4th ed.). Washington, DC: American Psychiatric Association.

American Psychiatric Association. (2000). *Diagnostic and statistical manual of mental disorders* (4th ed., text revision). Washington, DC: American Psychiatric Association.

Amick-McMullan, A., Kilpatrick, D. G., & Resnick, H. S. (1991). Homicide as a risk factor for posttraumatic stress disorder among surviving family members. *Behavior Modification, 15,* 545-559.

Antonovsky, A. (1979). *Health, stress, and coping.* San Francisco: Jossey-Bass.

Antonovsky, A. (1987). *Unraveling the mystery of health: How people manage stress and stay well.* San Francisco: Jossey-Bass.

Antonovsky, A. (1990). Personality and health: Testing the sense of coherence model. In H. S. Friedman (Ed.), *Personality and disease* (pp. 155-177). New York: Wiley.

Appel, A. E., & Holden, G. W. (1998). The co-occurrence of spouse and physical child abuse: A review and appraisal. *Journal of Family Psychology, 12,* 578-599.

Arata, C. M. (2002). Child sexual abuse and sexual revictimization. *Clinical Psychology: Science and Practice, 9,* 135-164.

Arias, I., & Pape, K. T. (1999). Psychological abuse: Implications for adjustment and commitment to leave violent partners. *Violence and Victims, 14,* 55-67.

Armour, M. (2003). Meaning making in the aftermath of homicide. *Death Studies, 27,* 519-540.

Asken, M. J. (1993). *PsycheResponse: Psychological skills for optimal performance by emergency responders.* Englewood Cliffs, NJ: Regents/Prentice Hall.

Attig, T. (1996). *How we grieve: Relearning the world.* New York: Oxford University Press.

Bard, M., & Sangrey, D. (1986). *The crime victim's book.* New York: Brunner/Mazel.

Barnes, M. F. (1998). Understanding the secondary traumatic stress of parents. In C. R. Figley (Ed.), *Burnout in families: The systematic costs of caring* (pp. 75-89). Boca Raton, FL: CRC Press.

Barton, W. A. (1990). *Recovering for psychological injuries.* Washington, DC: ATLA Press.

Bartone, P. T., Ursano, R. J., Wright, K. M., & Ingrahan, L. H. (1989). The impact of a military air disaster on the health of assistance workers. *Journal of Nervous and Mental Disease, 177,* 317-328.

Basoglu, M., Livanous, M., Crnobaric, C., Franciskovic, T., Suljic, E., Duric, D., et al. (2005).

Psychiatric and cognitive effects of war in former Yugoslavia: Association of lack of redress for trauma and posttraumatic stress reactions. *Journal of the American Medical Association, 294,* 580-590.

Basoglu, M., Mineka, S., Paker, M., Aker, T., Livanou, M., & Gok, S. (1997). Psychological preparedness for trauma as a protective factor in survivors of torture. *Psychological Medicine, 27,* 1421-1433.

Baum, A. (1987). Toxins, technology, and natural disasters. In G. R. VandenBos & B. K. Bryant (Eds.), *Cataclysms, crises, and catastrophes* (pp. 5-53). Washington, DC: American Psychological Association.

Baum, A., & Fleming, I. (1993). Implications of psychological research on stress and technological accidents. *American Psychologist, 48,* 665-672.

Baum, A., Fleming, R., & Singer, J. E. (1983). Coping with victimization by technical disaster. *Journal of Social Issues, 39,* 117-138.

Beckmann, R. (1990). *Children who grieve: A manual for conductting support groups.* Holmes Beach, FL: Learning Publications.

Behncke, L. (2006). Mental skills training for sport: A brief review. *Athletic Insight: The Online Journal of Sport Psychology.* Retrieved from www.athleticinsight.com

Bender, W. N., & McLaughlin, P. J. (1997). Weapons violence in schools: Strategies for teachers confronting violence and hostage situations. *Intervention in School and Clinic, 32,* 211-216.

Bergen, R. K. (1996). *Wife rape: Understanding the response of survivors and service providers.* Thousand Oaks, CA: Sage.

Bernstein, D., & Borkovec, T. (1973). *Progressive relaxation training: A manual for the helping professions.* Champaign, IL: Research Press.

Bernstein, D., & Rubin, D. C. (2007). When a trauma becomes a key to identity: Enhanced integration of trauma memories predicts posttraumatic stress disorder symptoms. *Applied Cognitive Psychology, 21,* 417-431.

Bidinotto, R. J. (Ed.). (1996). *Criminal justice? The legal system vs. individual responsibility.* New York: Foundation for Economic Education.

Bifulco, A. T., Brown, G. W., & Harris, T. O. (1987). Childhood loss of parent, lack of adequate parental care and adult depression: A replication. *Journal of Affective Disorders, 12,* 115-128.

Bisson, J. I., Shepherd, J. P., & Dhutia, M. (1997). Psychosocial sequelae of facial trauma. *Journal of Trauma, 43,* 496-500.

Bjorkqvist, K. (1994). Sex differences in physical, verbal, and indirect aggression: A review of recent research. *Sex Roles, 30,* 177-188.

Blau, T. H. (1994). *Psychological services for law enforcement.* New York: Wiley.

Blount, E. C. (2003). *Occupational crime: Deterrence, investigation, and reporting in compliance with federal guidelines.* Boca Raton, FL: CRC Press.

Bluestein, J. (2001). *Creating emotionally safe schools: A guide for educators and parents.* Deerfield Beach, FL: Health Communications.

Blythe, B. T. (2002). *Blindsided: A manager's guide to catastrophic incidents in the work-place.* New York: Portfolio.

Bolz, F., Dudonis, K. J., & Schultz, D. P. (1996). *The counter-terrorism handbook: Tactics, procedures, and techniques.* Boca Raton: CRC Press.

Bonanno, G. A. (2005). Resilience in the face of potential trauma. *Current Directions in Psychological Science, 14,* 135-138.

Bongar, B. (2002). *The suicidal patient: Clinical and legal standards of care.* Washington, DC: American Psychological Association.

Bonwick, R. L., & Morris, P. L. P. (1996). Posttraumaitc stress disorder in elderly war veterans. *International Journal of Geriatric Psychiatry, 11,* 1071-1076.

Boss, P. (1999). *Ambiguous loss: Learning to live with unresolved grief.* Cambridge, MA: Harvard University Press.

Boss, P. G. (2002). Ambiguous loss: Working with families of the missing. *Family Process, 41,* 14-17.

Boss, P., Beaulieu, L., Wieling, E., Turner, W., & La Cruz, S. (2003). Healing, loss, ambiguity, and trauma: A community-based intervention with families of union workers missing after the 9/11 attack in New York City. *Journal of Marital and Family Therapy, 29,* 455-467.

Bowman, M. L. (1997). *Individual differences in posttraumatic response: Problems with the stress-adversity connection.* Mahwah, NJ: Erlbaum.

Bowman, M. L. (1999). Individual differences in posttraumatic distress: Problems with the *DSM-IV* model. *Canadian Journal of Psychiatry, 44,* 21-33.

Brand, P. A., & Kidd, A. H. (1986). Frequency of physical aggression in heterosexual and female homosexual dyads. *Psychological Reports, 59,* 1307-1313.

Breitenbecher, K. H. (2001). Sexual revictimization among women: A review of the literature focusing on empirical investigations. *Aggression and Violent Behavior, 6,* 415-432.

Bremmer, J. D. (1999). Does stress damage the brain? *Biological Psychiatry, 45,* 797-805.

Bremmer, J. D. (2006). The relationship between cognitive and brain changes in posttraumatic stress disorder. *Annals of the New York Academy of Sciences, 1071,* 80-86.

Bremmer, J. D., Randall, P., Scott, T. M., Bronen, R. A., Seibyl, J. P., & Southwick, S. M. (1995). MRI-based measurement of hippocampal volume in patients with combat-related posttraumatic stress disorder. *American Journal of Psychiatry, 152,* 973-981.

Bremmer, J. D., Scott, T. M., Delaney, R. C., Southwick, S. M., Mason, J. W., Johnson, D. R., et al. (1993). Deficits in short-term memory in posttraumatic stress disorder. *American Journal of Psychiatry, 150,* 1015-1019.

Breslau, N., & Davis, G. C. (1992). Posttraumatic stress disorder in an urban population of young adults. *Archives of General Psychiatry, 149,* 671-675.

Breslau, N., Davis, G. C., Andreski, P., & Peterson, E. (1991). Traumatic events and posttraumatic stress disorder in an urban population of young adults. *Archives of General Psychiatry, 48,* 216-222.

Breslau, N., Kessler, R. C., Chilcoat, H. D., Schultz, L. R., Davis, G. C., & Andreski, P. (1998). Trauma and posttraumatic stress disorder in the community: The 1996 Detroit Area Survey of Trauma. *Archives of General Psychiatry, 55,* 626-632.

Brewin, C. R., Andrews, B., & Valentine, J. D. (2000). Meta-analysis of risk factors for posttraumatic stress disorder in trauma-exposed adults. *Journal of Consulting and Clinical Psychology, 68,* 748-766.

Brom, D., & Kleber, R. J. (1989). Prevention of posttraumatic stress disorders. *Journal of Traumatic Stress, 2,* 335-351.

Brom, D., Kleber, R. J., & Defares, P. B. (1989). Brief psychotherapy for posttraumatic stress disorder. *Journal of Consulting and Clinical Psychology, 57,* 607-612.

Brooks, G. (1998). *A new psychotherapy for traditional men.* San Francisco: Jossey-Bass.

Brown, C. G. (1993). *First get mad, then get justice.* New York: Birch Lane Press.

Browne, A. (1987). *When battered women kill.* New York: MacMillan.

Browne, A., & Williams, K. R. (1989). Exploring the effect of resource availability and the likelihood of female-perpetrated homicides. *Law and Society Review, 23,* 75-94.

Brownell, P. (1996). Domestic violence in the workplace: An emergent issue. *Crisis Intervention, 3,* 335-351.

Brush, L. (2003). Effects of work on hitting and hurting. *Violence Against Women, 9,* 1213-1230.

Bryant, R. A., Sackville, T., Dang, S. T., Mouldsd, M., & Guthrie, R. (1999). Treating acute stress disorder: An evaluation of cognitive-behavioral therapy and counselling techniques. *American Journal of Psychiatry, 156,* 1780-1786.

Budiansky, S., Gregory, S., Schmidt, K. F., & Bierk, R. (1996, March 4). Local TV: Mayhem central. *U.S. News and World Report,* 63-64.

Burke, A. S. (2007). Domestic violence as a crime of pattern and intent: An alternative reconceptualization. *George Washington Law Review, 75,* 552-612.

Bursztajn, H. J., Scherr, A. E., & Brodsky, A. (1994). The rebirth of forensic psychiatry in light of recent historical trends in criminal responsibility. *Psychiatric Clinics of North America, 17,* 611-635.

Bush, D. E., & O'Shea, P. G. (1996). Workplace violence: Comparative use of prevention practices and policies. In G. R. Vandenbos & E. Q. Bulatao (Eds.), *Violence on the job: Identifying risks and developing solutions* (pp. 283-297). Washington, DC: American Psychological Association.

Calhoun, K. S., & Atkeson, B. M. (1991). *Treatment of rape victims: Facilitating psychosocial adjustment.* New York: Pergamon.

Calhoun, L. G., & Tedeschi, R. G. (1999). *Facilitating posttraumatic growth.* Mahwah, NJ: Erlbaum.

Call, J. A. (2003). Negotiating crises: The evolution of hostage/barricade crisis negotiation. *Journal of Threat Assessment, 2,* 69-94.

Campbell, J. C. (1992). A review of nursing research on battering. In C. Sampselle (Ed.), *Violence against women: Nursing research, education, and practice issues* (pp. 69-89). London: Taylor & Francis.

Campbell, J. C. (1995). *Assessing dangerousness.* Newbury Park, CA: Sage.

Campbell, J. C. (2002). Health consequences of intimate partner violence. *Lancet, 359,* 1331-1336.

Campbell, R., & Raja, S. (1999). The secondary victimization of rape victims: Insights from mental health professionals who treat survivors of violence. *Violence and Victims, 14,* 261-275.

Campbell, R., Wasco, S. M., Ahrens, C. E., Sefl, T., & Barnes, H. E. (2001). Preventing the "second rape": Rape survivors' experiences with community service providers. *Journal of Interpersonal Violence, 16,* 1239-1259.

Caponigro, J. R. (2000). *The crisis counselor: A step-by-step guide to managing a business crisis.* Chicago: Contemporary Books.

Caraulia, A. P., & Steiger, L. K. (1997). *Nonviolent crisis intervention: Learning to defuse explosive behavior.* Brookfield, WI: CPI Publishing.

Carlson, E. B., & Dutton, M. A. (2003). Assessing experiences and responses of crime victims.

Journal of Traumatic Stress, 16, 133-148.

Carson, L., & MacLeod, M. D. (1997). Explanations about crime and psychological distress in ethnic minority and white victims of crime: A qualitative explanation. *Journal of Community and Applied Social Psychology, 7,* 361-375.

Cascardi, M., O'Leary, K. D., & Schlee, K. A. (1999). Co-occurrence and correlates of posttraumatic stress disorder and major depression in physically abused women. *Journal of Family Violence, 14,* 227-249.

Casey, E. A., & Nurius, P. S. (2005). Trauma exposure and sexual revictimization risk comparisons across single, multiple incident, and multiple perpetrator victimizations. *Violence Against Women, 11,* 505-530.

Catherall, D. R. (1995). Preventing institutional secondary traumatic stress disorder. In C. R. Figley (Ed.), *Compassion fatigue: Coping with secondary traumatic stress disorder in those who treat the traumatized* (pp. 232-247). New York: Brunner/Mazel.

Cavanaugh, K., & Dobash, R. P. (2007). The murder of children by fathers in the context of child abuse. *Child Abuse and Neglect, 31,* 747-755.

Centonze, D., Siracusano, A., Calabresi, P., & Bernardi, G. (2005). Removing pathogenic memories: A neurobiology of psychotherapy. *Molecular Neurobiology, 32,* 123-132.

Cerney, M. S. (1995). Treating the "heroic treaters." An overview. In C. R. Figley (Ed.), *Compassion fatigue: Coping with secondary traumatic stress disorder in those who treat the traumatized* (pp. 131-149). New York: Brunner/Mazel.

Chambers, J., Duff, P., & Leverick, F. (2007). Victim impact statements: Can work, do work (for those who bother to make them). *Criminal Law Review,* 360-379.

Charney, D. S., Deutsch, A. Y., Krystal, J. H., Southwick, S. M., & Davis, M. (1993). Psychobiologic mechanisms of posttraumatic stress disorder. *Archives of General Psychiatry, 50,* 294-305.

Clark, D. W. (2007, August). Crisis response tools for law enforcement. *The Police Chief,* 94-101.

Clark, S. (1988, March). The violated victim: Prehospital psychological care for the crime victim. *Journal of Emergency Medical Services,* 48-51.

Classen, C. C., Koopman, C., Hales, R., & Spiegel, D. (1998). Acute stress reactions as a predictor of posttraumatic stress symptoms following office building shootings. *American Journal of Psychiatry, 155,* 620-624.

Classen, C. C., Palesh, O. G., & Aggarwal, R. (2005). Sexual revictimization: A review of the empirical literature. *Trauma, Violence, and Abuse, 6,* 103-129.

Clements, C., & Ogle, R. L. (2007). A comparison study of coping, family problem-solving, and emotional status in victims of domestic violence. *Journal of Psychological Trauma, 6,* 29-37.

Clute, S. (1993). Adult survivor litigation as an integral part of the therapeutic process. *Journal of Child Sexual Abuse, 2,* 121-127.

Cohen, R., Culp, C., & Genser, S. (1987). *Human problems in major disasters: A training curriculum for emergency medical personnel.* Washington, DC: U.S. Government Printing Office.

Coker, A. L., Davis, K. E., Arias, I., Desai, S., Sanderson, M., Brandt, H. M., et al. (2002). Physical and mental health effects of intimate partner violence for men and women. *American Journal of Preventative Medicine, 23,* 260-268.

Collins, S. (1989). Sudden death counseling protocol. *Dimensions of Critical Care Nursing, 8,* 375-382.

Coloroso, B. (2003). *The bully, the bullied, and the bystander: From preschool to high school? How parents and teachers can help break the cycle of violence.* New York: HarperResource.

Comas-Diaz, L., & Padilla, A. (1990). Countertransference in working with victims of political repression. *American Journal of Orthopsychiatry, 60,* 125-134.

Cooper, C. (1999). *Mediation and arbitration by patrol police officers.* New York: University Press of America.

Cooper, N. A., & Clum, G. A. (1989). Imaginal flooding as a supplementary treatment for PTSD in combat veterans: A controlled study. *Behavior Therapy, 20,* 381-391.

Costa, P. T., & McCrae, R. R. (1988). From catalog to classification: Murray's needs and the five-factor model. *Journal of Personality and Social Psychology, 55,* 258-265.

Cowie, H., & Olafsson, R. (2000). The role of peer support in helping victims of bullying in a school with high levels of aggression. *School Psychology International, 21,* 79-95.

Cozolino, L. (2000). *The neuroscience of psychotherapy: Building and rebuilding the human brain.* New York: Norton.

Crawley, J. (1992). *Constructive conflict management: Managing to make a difference.* London: Nicholas Brealey.

Crick, N. R., Wellman, N. E. Casas, J. f., O'Brien, K. M., Nelson, D. A., Grotpeter, J. K., et al. (1999). Childhood aggression and gender: A new look at an old problem. In D. Bernstein (Ed.), *Nebraska symposium on motivation, 45.* Lincoln: University of Nebraska Press.

Crofford, L. J. (2007). Violence, stress, and somatic syndromes. *Trauma, Violence, and Abuse, 8,* 299-313.

Dangler, L. A., O'Donnell, J., Gingrich, C., & Bope, E. T. (1996). What do family members expect from the family physician of a deceased loved one? *Family Medicine, 28,* 692-693.

Davis, C. G., Nolen-Hoeksema, S., & Larson, J. (1998). Making sense of loss and benefiting from the experience: Two construals of meaning. *Journal of Personality and Social Psychology, 59,* 561-574.

Davis, G. C., & Breslau, N. (1994). Post-traumatic stress disorder in victims of civilian and criminal violence. *Psychiatric Clinics of North America, 17,* 289-299.

Deitz, J. (1992). Self-psychological approach to posttraumatic stress disorder: Neurobiological aspects of transmuting internalization. *Journal of the American Academy of Psychoanalysis, 20,* 277-293.

Delosi, C., & Margolin, G. (2004). The role of family-of-origin violence in men's marital violence perpetration. *Clinical Psychology Review, 24,* 99-122.

Denenberg, R. V., & Braverman, M. (1999). *The violence-prone workplace: A new approach to dealing with hostile, threatening, and uncivil behavior.* Ithaca, NY: Cornell University Press.

Desai, S., Arias, I., Thompson, M. P., & Basile, K. C. (2002). Childhood victimization and subsequent adult revictimization assessed in a nationally representative sample of women and men. *Violence and Victims, 17,* 639-653.

Des Rosiers, N., Feldthusen, B., & Hankivsky, O. (1998). Legal compensation for sexual violence: Therapeutic consequences and consequences for the judicial system. *Psychology, Public Policy, and Law, 4,* 433-451.

Deutsch, C. J. (1984). Self-reported sources of stress among psychotherapists. *Professional Psychology: Research and Practice, 15,* 833-845.

Dezenhall, E., & Weber, J. (2007). *Damage control: Why everything you know about crisis management is wrong.* New York: Portfolio.

Dias, L., Chabner, B. A., Lynch, T. J., & Penson, R. T. (2003). Breaking bad news: A patient's perspective. *The Oncologist, 8,* 587-596.

Dienstbier, R. A. (1989). Arousal and physiological toughness: Implications for mental and physical health. *Psychological Review, 96,* 84-100.

Dienstbier, R. A. (1991). Behavioral correlates of sympathoadrenal reactivity: The toughness model. *Medical Science of Sports and Exercise, 23,* 846-852.

Difede, J., Apfeldorf, W. J., Cloitre, M., Spielman, L. A., & Perry, S. W. (1997). Acute psychiatric responses to the explosion at the World Trade Center: A case series. *Journal of Nervous and Mental Disease, 186,* 519-522.

DiGiuseppe, R. (1991). A rational-emotive model of assessment. In M. E. Bernard (Ed.), *Doing rational-emotive therapy effectively* (pp. 79-88). New York: Plenum.

Doka, K. (2002). *Disenfranchised grief.* Champaign, IL: Research Press.

Doss, W. (2006, March). Exercising emotional control. *Police,* 68-73.

Doss, W. (2007). *Condition to win: Dynamic techniques for performance oriented mental conditioning.* Flushing, NY: Looseleaf Law Press.

Dowden, J. S., & Keltner, N. L. (2007). Biological perspectives: Psychobiological substrates of posttraumatic stress. *Perspectives in Psychiatric Care, 43,* 147-150.

Dubin, W. R. (1995). Assaults with weapons. In B. S. Eichelman & A. C. Hartwig (Eds.), *Patient violence and the clinician* (pp. 139-154). Washington, DC: American Psychiatric Press.

Duhart, D. (2001). *Violence in the workplace, 1993-99.* Washington, DC: U.S. Department of Justice.

Dunning, C. (1999). Postintervention strategies to reduce police trauma: A paradigm shift. In J. M. Violanti & D. Paton (Eds.), *Police trauma: Psychological aftermath of civilian combat* (pp. 269-289). Springfield, IL: Charles C Thomas.

Durham, T. W., McCammon, S. L., & Allison, E. J. (1985). The psychological impact of disaster on rescue personnel. *Annals of Emergency Medicine, 14,* 664-668.

Dutton, D. G. (1995). Trauma symptoms and PTSD-like profiles in perpetrators of intimate abuse. *Journal of Traumatic Stress, 8,* 299-316.

Dyregrov, A. (1989). Caring the helpers in disaster situations: Psychological debriefing. *Disaster Management, 2,* 25-30.

Dyregrov, A. (1997). The process in psychological debriefing. *Journal of Traumatic Stress, 10,* 589-605.

Eberwein, K. E. (2006). A mental health clinician's guide to death notification. *International Journal of Emergency Mental Health, 8,* 117-126.

Eby, K., Campbell, J., Sullivan, C., & Davidson, W. (1995). Health effects of experiences of sexual violence for women with abusive partners. *Health Care for Women International, 16,* 563-576.

Echeburua, E., de Corral, P., Zubizarreta, I., & Sarasua, B. (1997). Psychological treatment of posttraumatic stress disorder in victims of sexual aggression. *Behavior Modification, 21,* 433-456.

Ehlers, A., & Clark, D. M. (2000). A cognitive model of posttraumatic stress disorder. *Behaviour Research and Therapy, 38,* 319-345.

Elliott, D. M., & Guy, J. D. (1993). Mental health professionals vs. non-mental health professionals: Childhood trauma and adult functioning. *Professional Psychology: Research and Practice, 24,* 83-90.

Elliott, D. M., Mok, D. S., & Briere, J. (2004). Adult sexual assault: Prevalence, symptomatology, and sex differences in the general population. *Journal of Traumatic Stress, 17,* 203-211.

Elzinga, B., & Bremmer, J. (2002). Are the neural substrates of memory the final pathway in posttraumatic stress disorder? *Journal of Affective Disorders, 70,* 1-17.

Ender, M. G., & Hermsen, J. M. (1996). Working with the bereaved: U.S. Army experiences with nontraditional families. *Death Studies, 20,* 557-575.

Etkin, A., Pittenger, C., Polan, H., & Kandel, E. (2005). Toward a neurobiology of psychotherapy: Basic science and clinical applications. *Journal of Neuropsychiatry and Clinical Neuroscience, 17,* 145-158.

Everly, G. S. (1994). Short-term psychotherapy of acute adult onset post-traumatic stress. *Stress Medicine, 10,* 191-196.

Everly, G. S. (1995). The neurocognitive theory of post-traumatic stress: A strategic metatherapeutic approach. In G. S. Everly & J. M. Lating (Eds.), *Psychotraumatology: Key papers and core concepts in post-traumatic stress* (pp. 159-169). New York: Plenum.

Everly, G. S., Flannery, R. B., & Mitchell, J. T. (1999). Critical incident stress management (CISM): A review of the literature. *Aggression and Violent Behavior, 5,* 23-40.

Everstine, D. S. (1986). Psychological trauma in personal injury cases. In L. Everstine & D. S. Everstine (Eds.), *Psychotherapy and the law* (pp. 27-45). New York: Grune & Stratton.

Everstine, D. S., & Everstine, L. (1993). *The trauma response: Treatment for emotional injury.* New York: Norton.

Eysenck, H. J. (1990). Genetic and environmental contributions to individual differences: The three major dimensions of personality. *Journal of Personality, 58,* 245-261.

Falsetti, S. A., & Resnick, H. S. (1995). Helping the victims of violent crime. In J. R. Freedy & S. E. Hobfoll (Eds.), *Traumatic stress: From theory to practice* (pp. 263-285). New York: Plenum.

Falsetti, S. A., & Resnick, H. S., & Dansky, B. S., Lydiard, R. B., & Kilpatrick, D. G. (1995). The relationship of stress to panic disorder: Cause or effect. In C. M. Mazure (Ed.), *Does stress cause psychiatric illness?* (pp. 111-147). Washington, DC: American Psychiatric press.

Farr, K. A. (2002). Battered women who were "being killed and survived it": Straight talk from survivors. *Violence and Victims, 17,* 267-281.

Federal Bureau of Investigation. (1994). *Crime in the United States, 1993: Uniform crime reports.* Washington, DC: U.S. Government Printing Office.

Feigenson, N. (2000). *Legal blame: How Jurors think and talk about accidents.* Washington, DC:

American Psychological Association.

Feldthausen, B., Hankivsky, O., & Greaves, L. (2000). Therapeutic consequences of civil actions for damages and compensation claims by victims of sexual abuse. *Canadian Journal of Women and the Law, 12,* 66-116.

Fergusson, D. M., & Horwood, L. J. (1987). Vulnerability to life events exposure. *Psychological Medicine, 17,* 739-749.

Figley, C. R. (1995). Compassion fatigue as secondary traumatic stress disorder: An overview. In C. R. Figley (Ed.), *Compassion fatigue: Coping with secondary traumatic stress disorder in those who treat the traumatized* (pp. 1-20). New York: Brunner/Mazel.

Finkelhor, D., & Yllo, K. (1985). *License to rape: Sexual abuse of wives.* New York: Free Press.

Flannery, R. B. (1995). *Violence in the workplace.* New York: Crossroad.

Flannery, R. B., Fulton, P., Tausch, J., & DeLoffi, A. (1991). A program to help staff cope with psychological sequelae of assaults by patients. *Hospital and Community Psychiatry, 42,* 935-942.

Flannery, R. B., Hanson, M. A., Penk, W. E., Goldfinger, S., Pastva, G. J., & Navon, M. A. (1998). Replicated declines in assault rates after implementation of the Assaulted Staff Action Program. *Psychiatric Services, 49,* 241-243.

Flannery, R. B., Penk, W. E., Hanson, M. A., & Flannery, G. J. (1996). The Assaulted Staff Action Program: Guidelines for fielding a team. In G. R. VandenBos & E. Q. Bulatao (Eds.), *Violence on the job: Identifying risks and developing solutions* (pp. 327-341). Washington, DC: American Psychological Association.

Flin, R. (1996). *Sitting in the hot seat: Leasers and teams for effective critical incident management.* New York: Wiley.

Foa, E. B., Hearst-Ikeda, D., & Perry, K. J. (1995). Evaluation of a brief cognitive-behavioral program for the prevention of chronic PTSD in recent assault victims. *Journal of Consulting and Clinical Psychology, 63,* 948-955.

Foa, E. B., & Kozak, M. J. (1986). Emotional processing of fear: Exposure to corrective information. *Psychological Bulletin, 99,* 20-35.

Foa, E. B., & Riggs, D. S. (1993). Posttraumatic stress disorder and rape. In J. Oldham, M. B. Riba, & A. Tasman (Eds.), *American Psychiatric Press review of psychiatry* (Vol. 12, pp. 273-303). Washington, DC: American Psychiatric Press.

Foa, E. B., Rothbaum, B. O., Riggs, D. S., & Murdock, T. B. (1991). Treatment of post-traumatic stress disorder in rape victims: A comparison between cognitive behavioral procedures and counseling. *Journal of Consulting and Clinical Psychology, 59,* 715-723.

Follette, V. M., Polusny, M. M., & Milbeck, K. (1994). Mental health and law enforcement professionals: Trauma history, psychological symptoms, and impact of providing services to child sexual abuse survivors. *Professional Psychology: Research and Practice, 25,* 275-282.

Follingstad, D. R., Wright, S., Lloyd, S., & Sebastian, J. A. (1991). Sex differences in motivations and effects in dating violence. *Family Relations, 40,* 51-57.

Ford, C. V. (1997-1978). A type of disability neurosis: The Humpty-Dumpty syndrome. *International Journal of Psychiatry in Medicine, 8,* 285-294.

Frank, E., & Stewart, B. D. (1984). Depressive symptoms in rape victims: A revisit. *Journal of Affective Disorders, 7,* 77-85.

Frederick, C. J. (1986). Post-traumatic stress responses to victims of violent crime: Information for law enforcement officials. In J. T. Reese & H. A. Goldstein (Eds.), *Psychological services for law enforcement* (pp. 341-350). Washington, DC: U.S. Government Printing Office.

Frederick, C. J. (1994). The psychology of terrorism and torture in war and peace: Diagnosis and treatment of victims. In R. P. Liberman & J. Yager (Eds.), *Stress in psychiatric disorders* (pp. 140-158). New York: Springer Publishing.

Freedy, J. R., Resnick, H. S., Kilpatrick, D. G., Dansky, B. S., & Tidwell, R. P. (1994). The psychological adjustment of recent crime victims in the criminal justice system. *Journal of Interpersonal Violence, 9,* 450-468.

Freidman, L. N., Tucker, S. B., Neville, P. R., & Imperial, M. (1996). The impact of domestic violence on the workplace. In G. R. Vandenbos & E. Q. Bulatao (Eds.), *Violence on the job: Identifying risks and developing solutions* (pp. 153-161). Washington, DC: American Psychological Association.

Freud, S. (1920). Beyond the pleasure principle. In J. Strachey (Ed. & Trans.), *The standard edition of the complete psychological works of Sigmund Freud* (Vol. 18, pp. 7-64). New York: Norton.

Frewen, P., & Lanius, R. (2006). Toward a psychobiology of posttraumatic self-dysregulation: Reexperiencing, hyperarousal, dissociation, and emotional numbing. *Annals of the New York Academy of Sciences, 1071,* 110-124.

Fry, W. F., & Salameh, W. A. (Eds.) (1987). *Handbook of humor and psychotherapy.* Sarasota, FL: Professional Resource Exchange.

Fukunishi, I. (1999). Relationship of cosmetic disfigurement to the severity of posttraumatic stress disorder in burn injury of digital amputation. *Psychotherapy and Psychosomatics, 68,* 82-86.

Fullerton, C. S., McCarroll, J. E., Ursano, R. J., & Wright, K. M. (1992). Psychological responses of rescue workers: Firefighters and trauma. *American Journal of Orthopsychiatry, 62,* 371-378.

Gallo, G. (2005, February). A family affair: Domestic violence in police families. *Police,* 36-40.

Garbarino, J. (1997). *Raising children in a socially toxic environment.* San Francisco: Jossey-Bass.

Gard, B. A., & Ruzek, J. I. (2006). Community mental health response to crisis. *Journal of Clinical Psychology: In Session, 62,* 1029-1041.

Garmezy, N. (1993). Children in poverty: Resilience despite risk. *Psychiatry, 56,* 127-136.

Garmezy, N., Masten, A. S., & Tellegen, A. (1984). The study of stress and competence in children: A building block for developmental psychopathology. *Child Development, 55,* 97-111.

Garner, G. W. (2005, January). Surviving domestic violence calls. *Police,* 44-46.

George, L. K., Winfield, I., & Blazer, D. G. (1992). Sociocultural factors in sexual assault: Comparison of two representative samples of women. *Journal of Social Issues, 48,* 105-125.

Getzel, G. S., & Masters, R. (1984). Serving families who survive homicide victims. *Social Casework, 65,* 138-144.

Gilligan, J. (1997). *Violence: Reflections on a national epidemic.* New York: Vintage.

Gilliland, B. E., & James, R. K. (1993). *Crisis intervention strategies* (2nd ed.). Pacific Grove, CA: Brooks/Cole.

Gleason, W. J. (1993). Mental disorders in battered women: An empirical study. *Violence and Victims, 8,* 53-68.

Golding, J. M. (1994). Sexual assault history and physical health in randomly selected Los Angeles women. *Health Psychology, 13,* 130-138.

Golding, J. M. (1999). Intimate partner violence as a risk factor for mental disorders: A meat-analysis. *Journal of Family Violence, 14,* 99-132.

Golding, J. M., Siegel, J. M., Sorenson, S. B., Burnam, M. A., & Stein, J. A. (1989). Social support sources following sexual assault. *Journal of Community Psychology, 17,* 92-107.

Goldstein, A. P. (1977). *Police crisis intervention.* Kalamazoo, MI: Behaviordelia.

Goodman, G. S., Taub, E., Jones, D., England, P., Port, L., & Ruby, L. (1992). Testifying in criminal court. *Monographs for the Society for Research in Child Development, 57*(5).

Gordon, T. M., & Brodsky, S. L. (2007). The influence of victim impact statements on sentencing in capital cases. *Journal of Forensic Psychology Practice, 7,* 45-52.

Gore-Felton, C., Gill, M., Koopman, C., & Spiegel, D. (1999). A review of acute stress reactions among victims of violence: Implications for early intervention. *Aggression and Violent Behavior,*

4, 293-306.

Green, B. L. (1991). Evaluating the effects of disasters. *Psychological Assessment, 3,* 538-546.

Green, M. A., & Berlin, M. A. (1987). Five psychosocial variables related to the existence of post-traumatic stress disorder symptoms. *Journal of Clinical Psychology, 43,* 643-649.

Grote, D. (1995). *Discipline without punishment: The proven strategy that turns problem employees into superior performers.* New York: Amacom.

Grove, D. J., & Panzer, B. I. (1991). *Resolving traumatic memories: Metaphors and symbols in psychotherapy.* New York: Irvington.

Hagh-Shenas, H., Goodarzi, M. A., Dehbozorgi, G., & Farashbandi, H. (2005). Psychological consequences of the Bam earthquake on professional and nonprofessional helpers. *Journal of Traumatic Stress, 18,* 477-483.

Hamberger, L. K., & Holtzworth-Munroe, A. (1994). Partner violence. In F. M. Dattilio & A. Freeman (Eds.), *Cognitive-behavioral strategies in crisis intervention* (pp. 302-324). New York: Guilford.

Hamblen, J. L., Gibson, L. E., Mueser, K. T., & Norris, F. H. (2006). Cognitive behavioral therapy for prolonged disaster distress. *Journal of Clinical Psychology: In Session, 62,* 1043-1052.

Hanneke, C. R., & Shields, N. A. (1985). Marital rape: Implications for the helping professions. *Social Casework, 66,* 451-458.

Hanscom, K. L. (2001). Treating survivors of war trauma and torture. *American Psychologist, 56,* 1032-1039.

Hardy, L., Jones, G., & Gould, D. (1996). *Understanding psychological preparation for sport: Theory and practice of elite performers.* New York: Wiley.

Harris, C. (1991). A family crisis-intervention model of treatment of post-traumatic stress reaction. *Journal of Traumatic Stress, 4,* 195-207.

Harsha, W. (1990). Understanding and treating low back pain. In R. S. Weiner (Ed.), *Innovations in pain management: A practical guide for clinicians* (pp 9.1-9.17). Orlando: PMD Press.

Harvey, A. G., & Bryant, R. A. (1998). Predictors of acute stress following mild traumatic brain injury. *Brain Injury, 12,* 147-154.

Hassouneh-Phillips, D., & Curry, M. A. (2002). Abuse of women with disabilities: State of the science. *Rehabilitation Counseling Bulletin, 45,* 96-104.

Hatton, R. (2003). Homicide bereavement counseling: A survey of providers. *Death Studies, 27,* 427-448.

Hawker, D. S. J., & Boulton, M. J. (2000). Twenty years' research on peer victimization and psychosocial maladjustment: A meta-analytic review of cross-sectional studies. *Journal of Child Psychology and Psychiatry, 41,* 441-455.

Hays, K. F., & Brown, C. H. (2004). *You're on! Consulting for peak performance.* Washington, DC: American Psychological Association.

Helzer, J. E., Robins, L. N., & McEnvoi, L. (1987). Post-traumatic stress disorder in the general population. *New England Journal of Medicine, 317,* 1630-1634.

Hendler, N. (1982). The anatomy and psychopharmacology of chronic pain. *Journal of Clinical Psychiatry, 43,* 15-20.

Henry, V. E. (2004). *Death work: Police, trauma, and the psychology of survival.* New York: Oxford University Press.

Herman, J. L. (1992). *Trauma and recovery.* New York: Basic Books.

Herman, J. L. (2003). The mental health of crime victims: Impact of legal intervention. *Journal of Traumatic Stress, 16,* 159-166.

Herman, S. (2002, May). Law enforcement and victim services: Rebuilding lives together. *The Police Chief,* 34-37.

Hills, A. (2002). Responding to catastrophic terrorism. *Studies in Conflict & Terrorism, 25,* 245-261.

Hills, A., & Thomson, D. (1999). Should victim impact influence sentences? Understanding the community's justice reasoning. *Behavioral Sciences and the Law, 17,* 661-671.

Hirschel, D., & Buzawa, E. (2002). Understanding the context of dual arrest with directions for future research. *Violence Against Women, 8,* 1449-1473.

Hoagwood, K. E., Vogel, J. M., Levitt, J. M., D'Amico, P. J., Paisner, W. I., & Kaplan, S. J. (2007). Implementing an evidence-based trauma treatment in a state system after September 11: The CATS project. *Journal of the American Academy of Child and Adolescent Psychiatry, 46,* 1-7.

Hobfoll, S. E. (1989). Conservation of resources: A new attempt at conceptualizing stress. *American Psychologist, 44,* 513-524.

Hobfoll, S. E., Galai-Gat, T., Johnson, D. M., & Watson, P. J. (2007). Terrorism. In F. M. Dattilio & A. Freeman (Eds.), *Cognitive-behavioral strategies in crisis intervention* (3rd ed., pp. 428-455). New York: Guilford Press.

Hobfoll, S. E., Hall, B. J., Canetti-Nisim, D., Galea, S., Johnson, R. J., & Palmieri, P. A. (2007). Refining our understanding of traumatic growth in the face of terrorism: Moving from meaning cognitions to doing what is meaningful. *Applied Psychology: An International Review, 56,* 345-366.

Hoffman, S., & Baron, S. A. (2001). Stalkers, stalking, and violence in the workplace. In J. A. Davis

(Ed.), *Stalking crimes and victim protection: Prevention, intervention, threat assessment, and case management* (pp. 139-159). Boca Raton, FL: CRC Press.

Hoge, E. A., Austin, E. D., & Pollack, M. H. (2007). Resilience: Research evidence and conceptual considerations for posttraumatic stress disorder. *Depression and Anxiety, 24,* 139-152.

Holt, M. K., Finkelhor, D., & Kantor, G. K. (2007). Multiple victimization experiences of urban elementary school students: Associations with psychosocial functioning and academic performance. *Child Abuse & Neglect, 31,* 503-515.

Horowitz, M. J. (1986). *Stress response syndromes* (2nd ed.). New York: Jason Aronson.

Horowitz, M. J., Siegel, B., Holsen, A., Bonnano, G. A., Milbrath, C., & Stinson, C. H. (1997). Diagnostic criteria for complicated grief disorder. *American Journal of Psychiatry, 154,* 904-910.

Hough, M. (1985). The impact of victimization: Findings from the British Crime Survey. *Victimology, 10,* 498-511.

Hough, R. L., Vega, W., Valle, R., Kolody, B. R., del Castillo, R. G., & Tarke, H. (1990). Mental health consequences of the San Ysidro MacDonald's massacre: A community study. *Journal of Traumatic Stress, 3,* 71-92.

House, A. E. (1999). DSM-IV *diagnosis in the schools.* New York: Guilford Press.

Hoven, C. W., Duarte, C. S., & Mandell, D. J. (2003). Children's mental health after disasters: The impact of the World Trade Center attack. *Current Psychiatry Reports, 5,* 101-117.

Huffer, K. (1995). *Overcoming the devastation of legal abuse syndrome: Beyond rage.* Spirit Lake, ID: Fulkort Press.

Hughes, F. M., Stuart, G. L., Gordon, K. C., & Moore, T. M. (2007). Predicting the use of aggressive conflict tactics in a sample of women arrested for domestic violence. *Journal of Social and Personal Relationships, 24,* 155-1763.

Huppert, J. D., & Baker-Morrisette, S. L. (2003). Beyond the manual: The insider's guide to panic control treatment. *Cognitive and Behavioral Practice, 10,* 2-13.

Hymer, S. (1984). The self in victimization: Conflict and developmental perspectives. *Victimology: An International Journal, 9,* 142-150.

Jacobson, E. (1938). *Progressive relaxation.* Chicago: University of Chicago Press.

James, B. (1989). *Treating traumatized children: New insights and creative interventions.* New York: Free Press.

Janik, J. (1991). What value are cognitive defenses in critical incident stress? In J. Reese, J. Horn, & C. Dunning (Eds.), *Critical incidents in policing* (pp. 149-158). Washington, DC: U.S. Government

Printing Office.

Janoff-Bulman, R. (1979). Characterological versus behavioral self-blame: Inquiries into depression and rape. *Journal of Personality and Social Psychology, 37,* 1798-1809.

Janoff-Bulman, R. (1992). *Shattered assumptions: Towards a new psychology of trauma.* New York: Free Press.

Javitt, D. (2004). Glutamate as a therapeutic target in psychiatric disorders. *Molecular Psychiatry, 9,* 984-9974.

Jaycox, L. H., Marshall, G. N., & Schell, T. (2004). Use of mental health services by men injured through community violence. *Psychiatric Services, 55,* 415-420.

Jenkins, M. A., Langlais, P. J., Delis, D., & Cohen, R. A. (2000). Attention dysfunction associated with posttraumatic stress disorder among rape survivors. *The Clinical Neuropsychologist, 14,* 7-12.

Johnson, K. (1989). *Trauma in the lives of children: Crisis and stress management techniques for counselors and other professionals.* Alameda: Hunter House.

Johnson, K. (2000). Crisis response to schools. *International Journal of Emergency Mental Health, 2,* 173-180.

Johnson, M. P. (1995). Patriarchal terrorism and common couple violence: Two forms of violence against women. *Journal of Marriage and the Family, 57,* 283-294.

Johnson, P. R., & Indvik, J. (2000). Rebels, criticizers, backstabbers, and busybodies: Anger and aggression at work. *Public Personnel Management, 29,* 165-173.

Johnson, S. D., North, C. S., & Smith, E. M. (2002). Psychiatric disorders among victims of a courthouse shooting spree: A three-year follow-up study. *Community Mental Health Journal, 38,* 181-194.

Jones, C. A. (2002). Victim perspective of bank robbery: Trauma and recovery. *Traumatology, 8,* 191-204.

Jones, S. J., & Beck, E. (2007). Disenfranchised grief and nonfinite loss as experienced by the families of death row inmates. *Omega: Journal of Death and Dying, 54,* 281-299.

Joyce, T. (2006, March). Victimology awareness. *Law and Order,* 48-54.

Kabat-Zinn, J. (1994). *Wherever you go, there you are: Mindfulness meditation in everyday life.* New York: Hyperion.

Kabat-Zinn, J. (2003). Mindfulness-based interventions in context: Past, present, and future. *Clinical Psychology: Science and Practice, 10,* 144-156.

Kalb, R. (2002, August 19). How are we doing? *Newsweek,* 53.

Kaltiala-Heino, R., Rimpelae, M., & Rantanen, P. (2001). Bullying at school: An indicator for adolescents at risk for mental disorders. *Journal of Adolescence, 23,* 661-674.

Keane, T. M., Fairbank, J. A., Caddell, J. M., & Zimmerling, R. T. (1989). Implosive (flooding) therapy reduces symptoms of PTSD in Vietnam combat veterans: A controlled study. *Behavior Therapy, 20,* 245-260.

Keller, B. (2002, May 26). Nuclear nightmare. *New York Times Magazine,* 22-29, 51, 54-55, 57.

Kellerman, A. (1992). Gun ownership as a risk factor for homicide in the home. *New England Journal of Medicine, 329,* 1084-1091.

Kendler, K. S., & Eaves, L. J. (1986). Models for the joint effect of genotype and environment on liability to psychiatric illness. *American Journal of Psychiatry, 143,* 279-289.

Kendler, K. S., Neale, M., Kessler, R., Heath, A., & Eaves, L. (1993). A twin study of recent life events and difficulties. *Archives of General Psychiatry, 50,* 789-796.

Kennair, N., & Mellor, D. (2007). Parent abuse: A review. *Child Psychiatry and Human Development, 38,* 203-219.

Kennedy, D. B., & Homant, R. J. (1984). Battered women's evaluation of police response. *Victimology: An International Journal, 9,* 174-179.

Kennedy, D. B., & Homant, R. J. (1997). Problems with the use of criminal profiling in premises security litigation. *Trial Diplomacy Journal, 20,* 223-229.

Kenney, J. S. (2003). Gender roles and grief cycles: Observations on models of grief and coping in homicide cases. *International Review of Victimology, 10,* 19-47.

Kessler, R. C., Sonnega, A., Bromet, E., Hughes, M., Nelson, C. B., & Breslau, N. (1999). Epidemiological risk factors for trauma and PTSD. In R. Yehuda (Ed.), *Risk factors for posttraumatic stress disorder* (pp. 23-59). Washington, DC: American Psychiatric Press.

Kilpatrick, D. G., & Acierno, R. (2003). Mental health needs of crime victims: Epidemiology and outcomes. *Journal of Traumatic Stress, 16,* 119-132.

Kilpatrick, D. G., & Otto, R. K. (1987). Constitutionally guaranteed participation in criminal proceedings for victims: Potential effects on psychological functioning. *Wayne Law Review, 34,* 7-28.

Kilpatrick, D. G., & Resnick, H. S. (1993). Posttraumatic stress disorder associated with exposure to criminal victimization in clinical and community populations. In J. R. T. Davidson & E. B. Foa (Eds.), *Posttraumatic stress disorders: DSM-IV and beyond* (pp. 113-143). Washington, DC: American Psychiatric Press.

Kilpatrick, D. G., Saunders, B. E., Veronen, L. G., Best, C. L., & Von, J. M. (1987). Criminal victimization: Lifetime prevalence, reporting to police, and psychological impact. *Crime and Delinquency, 33,* 7-28.

Kilpatrick, D. G., Veronen, L. J., & Resnick, P. A. (1982). Psychological sequelae to rape: Assessment and treatment strategies. In D. M. Doleys, R. L. Meredith, & A. R. Ciminero (Eds.), *Behavioral medicine: Assessment and treatment strategies* (pp. 473-498). New York: Plenum.

Kimmel, M. (1996). *Manhood in America.* New York: Free Press.

King, L. A., Kind, G. W., Fairbank, J. A., Keane, T. M., & Adams, G. A. (1998). Resilience-recovery factors in post-traumatic stress disorder among female and male Vietnam veterans: Hardiness, postwar social support, and additional stressful life events. *Journal of Personality and Social Psychology, 74,* 420-434.

Kinney, J. A. (1995). *Violence at work: How to make your company safer for employees and customers.* Englewood Cliffs, NJ: Prentice-Hall.

Kinney, J. A. (1996). The dynamics of threat management. In G. R. Vandenbos & E. Q. Bulatao (Eds.), *Violence on the job: Identifying risks and developing solutions* (pp. 299-313). Washington, DC: American Psychological Association.

Kinston, W., & Rosser, R. (1974). Disaster: Effects on mental and physical state. *Journal of Psychosomatic Research, 18,* 437-456.

Kirwin, B. R. (1997). *The mad, the bad, and the innocent: The criminal mind on trial? Tales of a forensic psychologist.* Boston: Little Brown.

Kleepsies, P. M. (Ed.) (1998). *Emergencies in mental health practice: Evaluation and management.* New York: Guilford.

Klein, G. A. (1996). The effect of acute stressors on decision making. In J. Driskell & E. Salas (Eds.), *Stress and human performance* (pp. 49-88). Hillsdale, NJ: Erlbaum.

Knight, J. A. (1997). Neuropsychological assessment in posttraumatic stress disorder. In J. Wilson & T. M. Keane (Eds.), *Assessing psychological trauma and PTSD* (pp. 448-492). New York: Guilford Press.

Kobasa, S. C. (1979a). Personality and resistance to illness. *American Journal of Community Psychology, 7,* 413-423.

Kobasa, S. C. (1979b). Stressful life events, personality, and health: An inquiry into hardiness. *Journal of Personality and Social Psychology, 37,* 1-11.

Kobasa, S. C., Maddi, S. R., & Kahn, S. (1982). Hardiness and health: A prospective study. *Journal of*

Personality and Social Psychology, 42, 168-177.

Koch, W. J., Douglas, K. S., Nichols, T. L., & O'Neill, M. L. (2006). *Psychological injuries: Forensic assessment, treatment, and the law.* New York: Oxford University Press.

Kolb, L. C. (1987). A neuropsychological hypothesis explaining posttraumatic stress disorders. *American Journal of Psychiatry, 144,* 989-995.

Koopman, C., Zarcone, J., Mann, M., Freinkel, A., & Spiegel, D. (1998). Acute stress reactions of psychiatry staff to a threatening patient. *Journal of Anxiety, Stress and Coping, 11,* 27-45.

Kratcoski, P. C., Edelbacher, M., & Das, D. K. (2001). Terrorist victimization: Prevention, control, and recovery. *International Review of Victimology, 8,* 257-268.

Kressel, N. J., & Kressel, D. F. (2002). *Stack and sway: The new science of jury consulting.* Cambridge: Westview.

Kruger, K. J., & Valltos, N. G. (2002, July). Dealing with domestic violence in law enforcement relationships. *FBI Law Enforcement Bulletin,* 1-7.

Kushner, M. G., Riggs, D. S., Foa, E. B., & Miller, S. M. (1993). Perceived controllability and the development of posttraumatic stress disorder (PTSD) in crime victims. *Behavior Research and Therapy, 31,* 105-110.

Kuzma, L. (2000). Trends: Terrorism in the United States. *Public Opinion Quarterly, 64,* 90-105.

Labig, C. E. (1995). *Preventing violence in the workplace.* New York: Amacom.

Lanceley, F. J. (1999). *On-scene guide for crisis negotiators.* Boca Raton, FL: CRC Press.

Lane, J. F. (1980). Improving athletic performance through visuo-motor behavior rehearsal. In R. M. Suinn (Ed.), *Psychology in sport: Methods and applications.* Minneapolis: Burgess.

Landau, J., & Saul, J. (2004). Family and community resilience in response to major disaster. In F. Walsh & M. Goldrick (Eds.), *Living beyond loss: Death in the family* (2nd ed., pp. 285-309). New York: Norton.

Lanza, M. L. (1995). Nursing staff as victims of patient assault. In C. R. Figley (Ed.), *Compassion fatigue: Coping with secondary traumatic stress disorder in those who treat the traumatized* (pp. 131-149). New York: Brunner/Mazel.

Lanza, M. L. (1996). Violence against nurses in hospitals. In G. R. VandenBos & E. Q. Bulatao (Eds.), *Violence on the job: Identifying risks and developing solutions* (pp. 189-198). Washington, DC: American Psychological Association.

Lazarus, A. A., & Mayne, T. J. (1990). Relaxation: Some limitations, side effects, and proposed solutions. *Psychotherapy, 27,* 261-266.

LeBlanc, M. M., & Barling, J. (2005). Understanding the many faces of workplace violence. In S. Fox & P. E. Spector (Eds.), *Counterproductive work behavior: Investigations of actors and targets* (pp. 41-63). Washington, DC: American Psychological Association.

LeDoux, J. E. (1996). *The emotional brain: The mysterious underpinnings of emotional life.* New York: Simon & Schuster.

Leone, J., Johnson, M., Cohan, C., & Lloyd, S. (2004). Consequences of male partner violence on low-income minority women. *Journal of Marriage and Family, 66,* 472-490.

Lesserman, J., & Drossman, D. A. (2007). Relationship of abuse history to functional gastrointestinal disorders and symptoms: Some possible mediating mechanisms. *Trauma, Violence, and Abuse, 8,* 331-343.

Letellier, P. (1994). Gay and bisexual male domestic violence victimization: Challenges to feminist theory and response to violence. *Violence and Victims, 9,* 95-106.

Levendosky, A. A., Bogat, G. A., Theran, S. A., Trotter, J. S., von Eye, A., & Davidson, W. S. (2004). The social networks of women experiencing domestic violence. *American Journal of Community Psychology, 34,* 95-109.

Levine, E., Degutis, L., Pruzinsky, T., Shin, J., & Persing, J. A. (2005). Quality of life and facial trauma: Psychological and body image effects. *Annals of Plastic Surgery, 54,* 502-510.

Lind, A., & Tyler, T. (1988). *The social psychology of procedural justice.* New York: Plenum.

Lindemann, E. (1944). Symptomatology and management of acute grief. *American Journal of Psychiatry, 101,* 141-148.

Lindy, J. D., Grace, M. C., & Green, B. L. (1981). Survivors: Outreach to a reluctant population. *American Journal of Orthopsychiatry, 51,* 468-478.

Linehan, M. (1993). *Cognitive behavioral treatment of borderline personality disorder.* New York: Guilford Press.

Lipman, F. D. (1962). Malingering in personal injury cases. *Temple Law Quarterly, 35,* 141-162.

Lipton, M. I., & Schaffer, W. R. (1986). Posttraumatic stress disorder in the older veteran. *Military Medicine, 151,* 522-524.

Litz, B. T. (2004). *Early intervention for trauma and traumatic loss.* New York: Guilford Press.

Litz, B. T., Gray, M. J., Bryant, R. A., & Adler, A. B. (2002). Early intervention for trauma: Current status and future directions. *Clinical Psychology: Science and Practice, 9,* 112-134.

Lloyd, S. (1997). The effects of domestic violence on women's employment. *Law and Policy, 19,* 139-167.

Loboprabhu, S., Molinari, V., Pate, J., & Lomax, J. (2007). The after-death call to family members: A clinical perspective. *Aging & Mental Health, 11,* 192-196.

Logan, T. K., Shannon, L., Cole, J., & Swanberg, J. (2007). Partner stalking and implications for women's employment. *Journal of Interpersonal Violence, 22,* 268-291.

Logan, T. K., Walker, R., Cole, J., & Leukefeld, C. (2002). Victimization and substance use among women: Contributing factors interventions, and implications. *Review of General Psychology, 6,* 325-397.

Logan, T. K., Walker, R., Jordan, C., & Campbell, J. (2004). An integrative review of separation in the context of victimization. *Trauma, Violence, and Abuse, 5,* 143-193.

Los Angeles Board of Police Commissioners. (1997). *Domestic violence in the Los Angeles Police Department: How well does the Los Angeles Police Department police its own? Report on the Domestic Violence Task Force.* Office of Inspector General, Los Angeles, CA.

Lott, L. D. (1999). Deadly secrets: Violence in the police family. In L. Territo & J. D. Sewell (Eds.), *Stress management in law enforcement* (pp. 149-155). Durham, NC: Carolina Academic Press.

Lubit, R. H. (2004). *Coping with toxic managers, subordinates . . . and other difficult people.* New York: Prentice Hall.

Lundy, S. E., & Leventhal, B. (Eds.) (1999). *Same-sex domestic violence: Strategies for change.* Thousand Oaks, CA: Sage.

Luthar, S. S. (1991). Vulnerability and resilience: A study of high-risk adolescents. *child Development, 62,* 600-616.

Lynch, S., & Graham-Bermann, S. (2004). Exploring the relationship between positive work experiences and women's sense of self in the context of partner abuse. *Psychology of Women Quarterly, 28,* 159-167.

Lyons, M. J., Goldberg, J., Eisen, S. A., True, W., Tsuang, M. T., & Meyer, J. M. (1993). Do genes influence exposure to trauma? A twin study of combat. *American Journal of Medical Genetics, 48,* 22-27.

Mack, D. A., Shannon, C., Quick, J. D., & Quick, J. C. (1998). Stress and the preventive management of workplace violence. In R. W. Griffith, A. O'Leary-Kelly. & J. M. Collins (Eds.), *Dysfunctional behavior in organizations: Violent and deviant behavior* (pp. 119-141). Stanford, JAI Press.

MacLeod, M. D. (1999). Why did it happen to me? social cognition processes in adjustment and recovery from criminal victimization and illness. *Current Psychology, 18,* 18-31.

Macy, R. J. (2007). A coping theory framework toward preventing sexual revictimization. *Aggression and Violent Behavior, 12,* 177-192.

Maddi, S. R., & Khoshaba, D. M. (1994). Hardiness and mental health. *Journal of Personality Assessment, 63,* 265-274.

Maier, G. J., & Van Ryboek, G. J. (1995). Managing countertransference reactions to aggressive patients. In B. S. Eichelman & A. C. Hartwig (Eds.), *Patient violence and the clinician* (pp. 73-104). Washington, DC: American Psychiatric Press.

Maker, A. H., Kemmelmeier, M., & Peterson, C. (2001). Child sexual abuse, peer sexual abuse, and sexual assault in adulthood: A multi-risk model of revictimization. *Journal of Traumatic Stress, 14,* 351-368.

Mandel, H. P. (1997). *Conduct disorder and underachievement: Risk factors, assessment, treatment, and prevention.* New York: Wiley.

Mantell, M., & Albrecht, S. (1994). *Ticking bombs: Defusing violence in the workplace.* New York: Irwin.

Manton, M., & Talbot, A. (1990). Crisis intervention after an armed hold-up: Guidelines for counselors. *Journal of Traumatic Stress, 3,* 507-522.

Marra, T. (2005). *Dialectical behavior therapy in private practice: A practical and comprehensive guide.* Oakland, CA: New Harbinger.

Marshall, L. L. (1996). Psychological abuse of women: Six distinct clusters. *Journal of Family Violence, 11,* 379-409.

Martin, E. K. (2007). A review of marital rape. *Aggression and Violent Behavior, 12,* 329-347.

Martin, M. E. (1997). Double your trouble: Dual arrest in family violence. *Journal of Family Violence, 12,* 139-157.

Martinko, M. J., Douglas, S. C., Harvey, P., & Joseph, C. (2005). Managing organizational aggression. In R. E. Kidwell & C. L. Martin (Eds.), *Managing organizational deviance* (pp. 237-259). Thousand Oaks, CA: Sage.

Masters, R., Friedman, L. N., & Getzel, G. (1988). Helping families of homicide victims: A multidimensional approach. *Journal of Traumatic Stress, 1,* 109-125.

Matsakis, A. (1994). *Post-traumatic stress disorder: A complete treatment guide.* Oakland, CA: New Harbinger.

Mbilinyi, L. F., Edleson, J. L., Hagemeister, A. K., & Beeman, S. K. (2007). What happens to children when their mothers are battered? Results from a four city anonymous telephone survey. *Journal of Family Violence, 22,* 309-317.

McCabe, M. P., & Di Battista, J. (2004). Role of health, relationships, work and coping on adjustment among people with multiple sclerosis: A longitudinal investigation. *Psychology, Health, and Medicine, 9,* 431-439.

McCann, I. L., & Pearlman, L. A. (1990). *Psychological trauma and the adult survivor: Theory, therapy, and transformation.* New York: Brunner/Mazel.

McCarroll, J. E., Ursano, R. J., & Fullerton, C. S. (1993). Traumatic responses to the recovery of war dead in Operation Desert Storm. *American Journal of Psychiatry, 150,* 1875-1877.

McCarroll, J. E., Ursano, R. J., & Fullerton, C. S. (1995). Symptoms of PTSD following recovery of war dead: 13-15 month follow-up. *American Journal of Psychiatry, 152,* 939-941.

McCrae, R. R., & Costa, P. T. (1990). *Personality in adulthood.* New York: Guilford.

McFarlane, A. C. (1988a). The phenomenology of posttraumatic stress disorders following a natural disaster. *Journal of Nervous and Mental Disease, 176,* 22-29.

McFarlane, A. C. (1988b). The longitudinal course of posttraumatic morbidity: The range of outcomes and their predictors. *Journal of Nervous and Mental Disease, 176,* 30-39.

McFarlane, A. C. (1997). The prevalence and longitudinal course of PTSD: Implications for the neurobiological models of PTSD. *Annals of the New York Academy of Sciences, 821,* 10-23.

McFarlane, A. C., Atchison, M., Rafalowicz, E., & Papay, P. (1994). Physical symptoms in post-traumatic stress disorder. *Journal of Psychosomatic Research, 38,* 715-726.

McFarlane, J., Campbell, J., & Watson, K. (2002). Intimate partner stalking and femicide: Urgent implications for women's safety. *Behavioral Sciences and the Law, 20,* 51-68.

McFarlane, J., Campbell, J., Wilt, S., Sachs, C., Ulrich, Y., & Xu, X. (1999). Stalking and intimate partner femicide. *Homicide Studies, 2,* 442-446.

McFarlane, J., Malecha, A., Watson, K., Gist, J., Batten, E., & Hall, I. (2005). Intimate partner sexual assault against women: Frequency, health consequences, and treatment outcomes. *Obstetrics & Gynecology, 105,* 99-108.

McGinn, L. K., & Spindel, C. B. (2007). Disaster trauma. In F. M. Dattilio & A. Freeman (Eds.), *Cognitive-behavioral strategies in crisis intervention* (3rd ed., pp. 399-427). New York: Guilford Press.

McMains, M. J. (2002). Active listening: The aspirin of negotiations. *Journal of Police Crisis Negotiations, 2,* 69-74.

McMains, M. J., & Mullins, W. C. (1996). *Crisis negotiations: Managing critical incidents and hostage situations in law enforcement and corrections.* Cincinnati, OH: Anderson.

McNally, R. J. (2007). Mechanisms of exposure therapy: How neuroscience can improve psychological treatments for anxiety disorders. *Clinical Psychology Review, 27,* 750-759.

Meek, C. L. (1990). Evaluation and assessment of post-traumatic and other stress-related disorders. In C. L. Meek (Ed.), *Post-traumatic stress disorder: Assessment, differential diagnosis, and forensic evaluation* (pp. 9-61). Sarasota, FL: Professional Resource Exchange.

Meichenbaum, D. H. (1985). *Stress inoculation training.* Elmsford, NY: Pergamon.

Meloy, J. R. (1997). The clinical risk management of stalking: "Someone is watching over me." *American Journal of Psychotherapy, 51,* 174-184.

Mercy, J. A., & Salzman, L. E. (1989). Fatal violence among spouses in the United States. *American Journal of Public Health, 79,* 595-599.

Merskey, H. (1992). Psychiatric aspects of the neurology of trauma. *Neurologic Clinics, 10,* 895-905.

Messman, T. L., & Long, P. J. (1996). Child sexual abuse and its relationship to revictimization in adult women: A review. *Clinical Psychology Review, 16,* 397-420.

Meyer, C. B., & Taylor, S. E. (1986). Adjustment to rape. *Journal of Personality and Social Psychology, 50,* 1226-1234.

Miller, A. K., Markman, K. D., & Handley, I. M. (2007). Self-blame among sexual assault victims prospectively predicts victimization: A perceived sociolegal context model of risk. *Basic and Applied Social Psychology, 29,* 129-136.

Miller, L. (1984). Neuropsychological concepts of somatoform disorders. *International Journal of Psychiatry in Medicine, 14,* 31-46.

Miller, L. (1985). Neuropsychological assessment of substance abusers: Review and recommendations. *Journal of Substance Abuse Treatment, 2,* 5-17.

Miller, L. (1987). Neuropsychology of the aggressive psychopath: An integrative review. *Aggressive Behavior, 13,* 119-140.

Miller, L. (1988). Neuropsychological perspectives on delinquency. *Behavioral Sciences and the Law, 6,* 409-428.

Miller, L. (1989a, November). What biofeedback does and doesn't do. *Psychology Today,* 22-23.

Miller, L. (1989b, December). To beat stress, don't relax: Get tough! *Psychology Today,* 62-63.

Miller, L. (1990). *Inner natures: Brain, self, and personality.* New York: St. Martin's Press.

Miller, L. (1991a). Psychotherapy of the brain-injured patient: Principles and practices. *Journal of Cognitive Rehabilitation, 9*(2), 24-30.

Miller, L. (1991b). *Freud's brain: Neuropsychodynamic foundations of psychoanalysis.* New York:

Guilford.

Miller, L. (1993a). Who are the best psychotherapists? Qualities of the effective practitioner. *Psychotherapy in Private Practice, 12*(1), 1-18.

Miller, L. (1993b). Psychotherapeutic approaches to chronic pain. *Psychotherapy, 30,* 115-124.

Miller, L. (1993c). Toxic torts: Clinical, neuropsychological, and forensic aspects of chemical and electrical injuries. *Journal of Cognitive Rehabilitation, 11*(1), 6-20.

Miller, L. (1993d). The "trauma" of head trauma: Clinical, neuropsychological, and forensic aspects of posttraumatic stress syndromes in brain injury. *Journal of Cognitive Rehabilitation, 11*(4), 18-29.

Miller, L. (1993e). *Psychotherapy of the brain-injured patient: Reclaiming the shattered self.* New York: Norton.

Miller, L. (1994a). Biofeedback and behavioral medicine: Treating the symptom, the syndrome, or the person? *Psychotherapy, 31,* 161-169.

Miller, L. (1994b). Civilian posttraumatic stress disorder: Clinical syndromes and psychotherapeutic strategies. *Psychotherapy, 31,* 655-664.

Miller, L. (1994c). Traumatic brain injury and aggression. In M. Hillbrand & N. J. Pallone (Eds.), *The psychobiology of aggression: Engines, measurement, control* (pp. 91-103). New York: Haworth.

Miller, L. (1995a, May 18). *Reaching the breaking point: Are we becoming a more violent society?* [Television Broadcast]. West Palm Beach, FL: CBS Action News.

Miller, L. (1995b). Tough guys: Psychotherapeutic strategies with law enforcement and emergency services personnel. *Psychotherapy, 32,* 592-600.

Miller, L. (1995c). Toxic trauma and chemical sensitivity: Clinical syndromes and psychotherapeutic strategies. *Psychotherapy, 32,* 648-656.

Miller, L. (1995d, October 3). *Intervention strategies with victims of domestic violence.* Program presented at the Palm Beach County Victim Services Domestic Violence Seminary, West Palm Beach, FL.

Miller, L. (1996a, January 25). *Evaluation and treatment of posttraumatic stress disorder in victims of violent crime.* Program presented to Palm Beach County Victim Services, West Palm Beach, FL.

Miller, L. (1996b). Making the best use of your neuropsychology expert: What every neurolawyer should know. *Neurolaw Letter, 6,* 93-99.

Miller, L. (1997a). Workplace violence in the rehabilitation setting: How to prepare, respond, and survive. *Florida State Association of Rehabilitation Nurses Newsletter, 7,* 4-8.

Miller, L. (1997b, October 17). *Workplace violence and domestic violence: Prevention, response, and recovery.* Program presented at the Domestic Violence Awareness Month Seminar, Palm Beach County Victim Services, West Palm Beach, FL.

Miller, L. (1997c, November 20). *Workplace violence in the healthcare setting: Prevention, response, and recovery.* Inservice training program presented to the South Florida Pain and Rehabilitation Center, Lantana, FL.

Miller, L. (1997d). The neuropsychology expert witness: An attorney's guide to productive case collaboration. *Journal of Cognitive Rehabilitation, 15*(5), 12-17.

Miller, L. (1998a). Motor vehicle accidents: Clinical, neuropsychological, and forensic aspects. *Journal of Cognitive Rehabilitation, 16*(4), 10-23.

Miller, L. (1998b). Ego autonomy and the healthy personality: Psychodynamics, cognitive style, and clinical applications. *Psychoanalytic Review, 85,* 423-448.

Miller, L. (1998c). Our own medicine: Traumatized psychotherapists and the stresses of doing therapy. *Psychotherapy, 35,* 137-146.

Miller, L. (1998d). Brain injury and violent crime: Clinical, neuropsychological, and forensic considerations. *Journal of Cognitive Rehabilitation, 16*(6), 2-17.

Miller, L. (1998e). Psychotherapy of crime victims: Treating the aftermath of interpersonal violence. *Psychotherapy, 35,* 336-345.

Miller, L. (1998f). Not just malingering: Recognizing psychological syndromes in personal injury litigation. *Neurolaw Letter, 8,* 25-30.

Miller, L. (1998g). Malingering in brain injury and toxic tort cases. In E. Pierson (Ed.), *1998 Wiley expert witness update: New developments in personal injury litigation* (pp. 225-289). New York: Wiley.

Miller, L. (1998h). *Shocks to the system: Psychotherapy of traumatic disability syndromes.* New York: Norton.

Miller, L. (1999a). "Mental stress claims" and personal injury: Clinical, neuropsychological, and forensic issues. *Neuroloaw Letter, 8,* 39-45.

Miller, L. (1999b, February 27). *Posttraumatic stress disorder after workplace violence: Making the case for psychological injury.* Program presented at the American Trial Lawyers Association Conference on Premises Liability, Inadequate Security, and Violent Crimes, Phoenix, AZ.

Miller, L. (1999c). Workplace violence: Prevention, response, and recovery. *Psychotherapy, 36,* 160-169.

Miller, L. (1999d). Treating posttraumatic stress disorder in children and families: Basic principles and clinical applications. *American Journal of Family Therapy, 27,* 21-34.

Miller, L. (1999e). Posttraumatic stress disorder in child victims of violent crime: Making the case for psychological injury. *Victim Advocate, 1*(1), 6-10.

Miller, L. (1999f). Posttraumatic stress disorder in elderly victims of violent crime: Making the case for psychological injury. *Victim Advocate, 1*(2), 7-10.

Miller, L. (1999g). Critical incident stress debriefing: Clinical applications and new directions. *International Journal of Emergency Mental Health, 1,* 253-265.

Miller, L. (1999h, October 18-19). *Beating burnout: Understanding and coping with vicarious traumatization and compassion fatigue for mental health clinicians and social service providers.* Seminar presented to AMCAL Family Services, Montreal, Canada.

Miller, L. (1999i, December 3). *Crime trauma: Victims and helpers.* Program presented at the South Florida Society for Trauma-Based Disorders Continuing Education Seminar, Hollywood, FL.

Miller, L. (1999j). Psychological syndromes in personal injury litigation. In E. Pierson (Ed.), *1999 Wiley expert witness update: New developments in personal injury litigation* (pp. 263-308). New York: Aspen.

Miller, L. (1999k). Tough guys: Psychotherapeutic strategies with law enforcement and emergency services personnel. In L. Territo & J. D. Sewell (Eds.), *Stress management in law enforcement* (pp. 317-332). Durham, NC: Carolina Academic Press.

Miller, L. (2000a). Law enforcement traumatic stress: Clinical syndromes and intervention strategies. *Trauma Response, 6*(1), 15-20.

Miller, L. (2000b, January 10). *Crime scene trauma: Effective modalities for victims and helpers.* Workshop presented to the Palm Beach County Victims Services, West Palm Beach, FL.

Miller, L. (2000c, February 3). *Crisis management of violent episodes in the health care setting.* Inservice training program presented to the Heartland Rehabilitation Center, Lantana, FL.

Miller, L. (2000d, May 17). *Workplace violence in the clinical healthcare setting: Prevention, response, and recovery.* Program presented to Intracorp, Coral Springs, FL.

Miller, L. (2000e, May 19). *Brain cases: Forensic neuropsychology in personal injury litigation.* Continuing Legal Education Seminar presented at Heartland Rehabilitation Centers, Lantana, FL.

Miller, L. (2000f, June 17). *Workplace violence in the clinical healthcare setting: Prevention, response, and recovery.* Program presented to the Gold Coast Network, West Palm Beach, FL.

Miller, L. (2000g, August 8). *Preventing and responding to school violence.* Roundtable panel discussion at the Barry Grunow Memorial Summit on Youth and School Violence, Center for

Family Services, West Palm Beach, FL.

Miller, L. (2000h, December 1). *Crime victimization and workplace violence: A critical incident stress management approach.* Program presented to the Center for Family Service, West Palm Beach, FL.

Miller, L. (2000i). The predator's brain: Neuropsychodynamics of serial killers. In L. B. Schlesinger (Ed.), *Serial offenders: Current thoughts, recent findings, unusual syndromes* (pp. 135-166). Boca Raton, FL: CRC Press.

Miller, L. (2000j). Traumatized psychotherapists. In F. M. Dattilio & A. Freeman (Eds.), *Cognitive-behavioral strategies in crisis intervention* (2nd ed., pp. 429-445). New York: Guilford.

Miller, L. (2001a). Workplace violence and psychological trauma: Clinical disability, legal liability, and corporate policy. Part I. *Neurolaw Letter, 11,* 1-5.

Miller, L. (2001b). Workplace violence and psychological trauma: Clinical disability, legal liability, and corporate policy. Part II. *Neurolaw Letter, 11,* 7-13.

Miller, L. (2001c, April 18). *Workplace violence and domestic violence: Strategies for prevention, response, and recovery.* Training program presented to the Parkland Public Safety Department, Parkland, FL.

Miller, L. (2001d, September 15). *Psychology in the criminal justice system: Expanding roles for mental health services.* Program presented at the Florida Psychological Association Continuing Education Seminar, West Palm Beach, FL.

Miller, L. (2001e). Crime victim trauma and psychological injury: Clinical and forensic guidelines. In E. Pierson (Ed.), *2001 Wiley expert witness update: New developments in personal injury litigation* (pp. 171-205). New York: Aspen.

Miller, L. (2002a, March). How safe is your job? The threat of workplace violence. *USA Today Magazine,* 52-54.

Miller, L. (2002b). Posttraumatic stress disorder in school violence: Risk management lessons from the workplace. *Neurolaw Letter, 11,* 33, 36-40.

Miller, L. (2002c, September 20). *Terrorism: Psychological response syndromes and treatment strategies.* Seminar presented to the South Florida Society for Trauma-Based Disorder, Ft. Lauderdale, FL.

Miller, L. (2002d, December 19). *Crisis management in the healthcare setting: What frontline clinicians need to know.* Inservice program presented to the Heartland Rehabilitation Services, Boca Raton, FL.

Miller, L. (2002e). What is the true spectrum of functional disorders in rehabilitation? In N. D. Zasler & M. F. Martelli (Eds.), *Functional disorders* (pp. 1-20). Philadelphia: Hanley & Belfus.

Miller, L. (2003a). Personalities at work: Understanding and managing human nature on the job. *Public Personnel Management, 32,* 419-433.

Miller, L. (2003b, May). Police personalities: Understanding and managing the problem officer. *The Police Chief,* 53-60.

Miller, L. (2003c, May 8). *"School shock": Preventing and responding to school violence.* Continuing education seminar, Boynton Beach, FL.

Miller, L. (2003d). Psychological interventions for terroristic trauma: Symptoms, syndromes, and treatment strategies. *Psychotherapy, 39,* 283-296.

Miller, L. (2003e). Family therapy of terroristic trauma: Psychological syndromes and treatment strategies. *American Journal of Family Therapy, 31,* 257-280.

Miller, L. (2003f). Law enforcement responses to violence against youth: Psychological dynamics and intervention strategies. In R. S. Moser & C. E. Franz (Ed.), *Shocking violence II: Violent disaster, war, and terrorism affecting our youth* (pp. 165-195). New York: Charles C. Thomas.

Miller, L. (2004a). Psychotherapeutic interventions for survivors of terrorism. *American Journal of Psychotherapy, 58,* 1-16.

Miller, L. (2004b, May 5). *Personalities at work: People-knowledge for effective business management.* Program presented at the 23rd Annual Broward Aging Network Conference, Coconut Creek, FL.

Miller, L. (2004c, June 9). *Serial killers: Who they are and what you can do to protect yourself.* [Television Broadcast]. West Palm Beach, FL: Interview on NBC Channel 5 News.

Miller, L. (2004d, August 19). *Building the bully-proof child: Recommendations for student, teachers, and parents.* Program presented to the Anti-Defamation League, West Palm Beach, FL.

Miller, L. (2004e, October 21). *Bully-proofing your child and school: Practical strategies for parents and educators.* Program presented at the Educator Appreciation Day Event of the Palm Beach County School Systems, Boynton Beach, FL.

Miller, L. (2004f). Good cop? bad cop: Problem officers, law enforcement culture, and strategies for success. *Journal of Police and Criminal Psychology, 19,* 30-48.

Miller, L. (2005a). Psychotherapy for terrorism survivors: New directions in evaluation and treatment. *Directions in Clinical and Counseling Psychology, 17,* 59-74.

Miller, L. (2005b). Psychotherapy for terrorism survivors: New directions in evaluation and treatment. *Directions in Psychiatric Nursing, 11,* 123-138.

Miller, L. (2005c). Hostage negotiation: Psychology principles and practices. *International Journal of Emergency Mental Health, 7,* 277-298.

Miller, L. (2005d, April). Critical incident stress: Myths and realities. *Law and Order, 31.*

Miller, L. (2005e). *Workplace violence and psychological trauma: Clinical disability, legal liability, and corporate policy.* Retrieved from www.policeone.com/writers/columnists/LaurenceMiller/articles/508968/

Miller, L. (2006a). *Stress management: The good, the bad, and the healthy.* Retrieved from www.policeone.com/writers/columnists/LaurenceMiller/articles/508968/

Miller, L. (2006b, May 9). *Personalities on the job: How to survive and thrive with your colorful coworkers.* Program presented to the Area Conference on Aging, Broward County, FL.

Miller, L. (2006c, August 17). *Child killers: The JonBenet Ramsey case.* West Palm Beach, FL: Interview on NBC Channel 5 News.

Miller, L. (2006d). The terrorist mind: I. A psychological and political analysis. *International Journal of Offender Rehabilitation and Comparative Criminology, 50,* 121-138.

Miller, L. (2006e). The terrorist mind: II. Typologies, psychopathologies, and practical guidelines for investigation. *International Journal of Offender Rehabilitation and Comparative Criminology, 50,* 255-268.

Miller, L. (2006f). Critical incident stress debriefing for law enforcement: Practical models and special applications. *International Journal of Emergency Mental Health, 8,* 189-201.

Miller, L. (2006g, October). Psychological principles and practices for superior law enforcement leadership. *The Police Chief,* 160-168.

Miller, L. (2006h, October). On the spot: Testifying in court for law enforcement officers. *FBI Law Enforcement Bulletin,* 1-6.

Miller, L. (2006i). *May it please the court: Testifying tips for officers.* Retrieved from www.policeone.com/writers/columnists/LaurenceMiller/articles/1188765/

Miller, L. (2006j). *The forensic psychological examination: What every client should expect.* Retrieved from www.doereport.com/forensic_psych_exam.php

Miller, L. (2006k). *The psychological fitness-for-duty evaluation: What every police officer should know.* Retrieved from www.edpdlaw.com/FFDMiller.pdf

Miller, L. (2006l). *Posttraumatic stress disorder: Making the case for psychological injury.* Retrieved from www.doereport.com/posttraumatic_stress.php

Miller, L. (2006m). *Practical police psychology: Stress management and crisis intervention for law enforcement*. Springfield, IL: Charels C Thomas.

Miller, L. (2007a). Police families: Stresses, syndromes, and solutions. *American Journal of Family Therapy, 35*, 21-40.

Miller, L. (2007b). Negotiating with mentally disordered hostage takers: Guiding principles and practical strategies. *Journal of Police Crisis Negotiations, 7*, 63-83.

Miller, L. (2007c). *May it please the court: Testifying tips for expert witness*. Retrieved from www.doereport.com/article_testifying_tips.php

Miller, L. (2007d, August). The psychological fitness-for-duty evaluation. *FBI Law Enforcement Bulletin*, 10-16.

Miller, L. (2007e). *School violence: Effective response protocols for maximum safety and minimum liability*. Retrieved from www.doereport.com/article_school_violence.php

Miller, L. (2007f). *School violence: The psychology of youthful murder and what to do about it*. Retrieved from www.policeone.com/writers/columnists/LaurenceMiller/articles/1238618/

Miller, L. (2007g). *Domestic violence in police families: Causes, effects, and intervention strategies*. Retrieved from www.policeone.com/writers/columnists/LaurenceMiller/articles/1350610/

Miller, L. (2007h). *Hostage negotiations: Psychological strategies for resolving crises safely*. Retrieved from www.policeone.com/writers/columnists/LaurenceMiller/articles/1247470/

Miller, L. (2007i). *The worst possible news: Death notification and body identification for law enforcement officers*. Retrieved from www.policeone.com/writers/columnists/LaurenceMiller/articles/1267704/

Miller, L. (2007j, August 29). *Parent-child murder-suicide: What makes them do it?* West Palm Beach, FL: Interview on NBC Channel 5 News.

Miller, L. (2007k). Crisis intervention strategies for treating law enforcement and mental health professionals. In F. M. Dattilio & A. Freeman (Eds.), *Cognitive-behavioral strategies in crisis intervention* (3rd ed., pp. 93-121). New York: Guilford.

Miller, L. (2007l). Traumatic stress disorders. In F. M. Dattilio & A. Freeman (Eds.), *Cognitive-behavioral strategies in crisis intervention* (3rd ed., pp. 494-527). New York: Guilford.

Miller, L. (2007m). *METTLE: Mental toughness training for law enforcement*. Flushing, NY: Looseleaf Law Publications.

Miller, L. (2008). *From difficult to disturbed: Understanding and managing dysfunctional employees*. New York: Amacom.

Miller, L. (in press-a). Stress, traumatic stress, and posttraumatic stress syndromes. In L. Territo & J.

D. Sewell (Eds.), *Stress management in law enforcement* (2nd ed.). Durham, NC: Carolina Academic Press.

Miller, L. (in press-b). The practice of crisis intervention. In J. Krzyzowski (Ed.), *Emergency psychiatry: Concepts and principles.* Warsaw: Medyk.

Miller, L. (in press-c). Role of the mental health consultant in police negotiation teams. In J. Krzyzowski (Ed.), *Emergency psychiatry: Concepts and principles.* Warsaw: Medyk.

Miller, L. (in press-d). *Criminal psychology: Nature, nurture, culture.* Boston: AB Longman/Pearson.

Miller, L., Agresti, M., & D'Eusanio, S. (1999, September 30). *Posttraumatic stress disorder in victims of violent crime.* WINQ Live Community Update, Lake Park, FL.

Miller, L., & Dion, J. R. (2000). Expert spotlight: Interview with Dr. Laurence Miller. *Victim Advocate, 1*(3), 10-11.

Miller, L., & Magier, M. (1993, June 1). *Brain cases: Forensic neuropsychology in personal injury litigation.* Neruopsychology Training Institute Continuing Legal Education Seminar, Boca Raton, FL.

Miller, L., Pirtle, C., & Bartlett, R. (1997, April 2). *Psychological responses to disasters: FEMA disaster management training course.* West Palm Beach, FL.

Miller, L., & Schlesinger, L. B. (2000). Survivors, families, and co-victims of serial offenders. In L. B. Schlesinger (Ed.), *Serial offenders: Current thought, recent findings, unusual syndromes* (pp. 309-334). Boca Raton, FL: CRC Press.

Millon, T., & Davis, R. (2000). *Personality disorders in modern life.* New York: Wiley.

Mitchell, J. T., & Everly, G. S. (1996). *Critical incident stress debriefing: Operations manual* (rev. ed.). Ellicott City, MD: Chevron.

Mitroff, I. I. (2001). *Managing crises before they happen: What every executive manager needs to know about crisis management.* New York: Amacom.

Modlin, H. C. (1983). Traumatic neurosis and other injuries. *Psychiatric Clinics of North America, 6,* 661-682.

Modlin, H. C. (1990). Post-traumatic stress disorder: Differential diagnosis. In C. L. Meek (Ed.), *Post-traumatic stress disorder: Assessment, differential diagnosis, and forensic evaluation* (pp. 63-89). Sarasota, FL: Professional Resource Exchange.

Mogil, M. (1989, May). Maximizing your courtroom testimony. *FBI Law Enforcement Bulletin,* 7-9.

Mollica, R. (2004). Surviving torture. *New England Journal of Medicine, 35,* 5-7.

Moon, E. (1999, February). How to handle the high cost of caring. *Professional Counselor,* 18-22.

Mueller, J. (2005). Six rather unusual propositions about terrorism. *Terrorism and Political Violence, 17,* 487-505.

Munroe, J. F., Shay, J., Fisher, L., Makay, C., Rapperport, K., & Zimering, R. (1995). Preventing compassion fatigue: A team treatment model. In C. R. Figley (Ed.), *Compassion fatigue: Coping with secondary traumatic stress disorder in those who treat the traumatized* (pp. 209-231). New York: Brunner/Mazel.

Muran, E., & DiGiuseppe, R. (2000). Rape trauma. In F. M. Dattilio & A. Freeman (Eds.), *Cognitive-behavioral strategies in crisis intervention* (2nd ed., pp. 150-165). New York: Guilford.

Murphy, S. A. (1999). PTSD among bereaved parents following the violent deaths of their 12-to-28-year-old children: A longitudinal prospective analysis. *Journal of Traumatic Stress, 12,* 273-291.

Murphy, S. A., Johnson, C., & Lohan, J. (2002). The aftermath of the violent death of a child: An integrationof the assessments of parents' mental distress and PTSD during the first five years of bereavement. *Journal of Loss and Trauma, 7,* 203-222.

Mynard, H., Joseph, S., & Alexander, J. (2000). Peer-victimisation and posttraumatic stress in adolescents. *Personality and Individual Differences, 29,* 815-821.

Nadler, J., & Rose, M. R. (2003). Victim impact testimony and the psychology of punishment. *Cornell Law Review, 88,* 419-456.

Namie, G., & Namie, R. (2000). *The bully at work: What you can do to stop the hurt and reclaim your dignity on the job.* Naperville, IL: Sourcebooks.

Nansel, T. R., Overpeck, M. D., Haynie, D. L., Ruan, W. J., & Scheidt, P. C. (2003). Relationships between bullying and violence among U.S. youth. *Archives of Pediatrics and Adolescent Medicine, 157,* 348-353.

Nansel, T. R., Overpeck, M. D., Pilla, R. S., Ruan, W. J., Simons-Morton, B., & Scheidt, P. (2001). Bullying behaviors among U.S. youth. *Journal of the American Medical Association, 285,* 2094-2100.

Nardi, T. J., & Keefe-Cooperman, K. (2006). Communicating bad news: A model for emergency mental health helpers. *International Journal of Emergency Mental Health, 8,* 203-207.

Neidig, P. H., Russell, H. E., & Senig, A. F. (1992). Interpersonal aggression in law enforcement families: A preliminary investigation. *Police Studies, 15,* 30-38.

Neimeyer, R. A. (2000). Searching for the meaning of meaning: Grief therapy and the process of reconstruction. *Death Studies, 24,* 541-550.

Neimeyer, R. A. (2001). Reauthoring life narratives: Grief therapy as meaning reconstruction. *Israel*

Journal of Psychiatry and Related Sciences, 38, 171-183.

Neimeyer, R. A., & Jordan, J. R. (2002). Disenfranchisement as empathic failure. In K. Doka (Ed.), *Disenfranchised grief: New directions, challenges, and strategies for practice* (pp. 95-117). San Francisco: Jossey-Bass.

Neimeyer, R. A., Prigerson, H. G., & Davies, B. (2002). Mourning and meaning. *American Behavioral Scientist, 46,* 235-251.

Neuman, J. H., & Baron, R. A. (1998). Workplace violence and workplace aggression: Evidence concerning specific forms, potential causes, and preferred targets. *Journal of Management, 24,* 391-419.

Neuman, J. H., & Baron, R. A. (2005). Aggression in the workplace: A social-psychological perspective. In S. Fox & P. E. Spector (Eds.), *Counterproductive work behavior: Investigations of actors and targets* (pp. 13-40). Washington, DC: American Psychological Association.

Nicastro, A., Cousins, A., & Spitzberg, B. (2000). The tactical face of stalking. *Journal of Criminal Justice, 28,* 69-82.

Nichols, B. L., & Czirr, D. K. (1986). Posttraumatic stress disorder: Hidden syndrome in elders. *Clinical Gerontologist, 5,* 417-433.

Nicoletti, J., & Spooner, K. (1996). Violence in the workplace: Response and intervention strategies. In G. R. Vandenbos & E. Q. Bulatao (Eds.), *Violence on the job: Identifying risks and developing solutions* (pp. 267-282). Washington, DC: American Psychological Association.

Nies, K. J., & Sweet, J. J. (1994). Neuropsychological assessment and malingering: A critical review of past and present strategies. *Archives of Clinical Neuropsychology, 9,* 501-552.

Noesner, G. W. (1999, January). Negotiation concepts for commanders. *FBI Law Enforcement Bulletin,* 6-14.

Noesner, G. W., & Webster, M. (1997, August). Crisis intervention: Using active listening skills in negotiations. *FBI Law Enforcement Bulletin,* 13-19.

Norris, F. H. (1992). Epidemiology of trauma: Frequency and impact of different potentially traumatic events on different demographic groups. *Journal of Consulting and Clinical Psychology, 60,* 409-418.

Norris, F. H., Friedman, M. J., Watson, P. J., Byrne, C. M., Diaz, E., & Kaniasty, K. (2002a). 60,000 disaster victims speak: Part I. A review of the empirical literature, 1981-2001. *Psychiatry: Interpersonal and Biological Processes, 65,* 207-239.

Norris, F. H., Friedman, M. J., Watson, P. J., Byrne, C. M., Diaz, E., & Kaniasty, K. (2002b). 60,000 disaster victims speak: Part II. Summary and implications of the disaster mental health research. *Psychiatry: Interpersonal and Biological Processes, 65,* 240-260.

North, C. S., Nixon, S., Shariat, S., Mallonee, S., McMillan, J., Spitznagel, E. L., et al. (1999). Psychiatric disorders among survivors of the Oklahoma City bombing. *Journal of the American Medical Association, 282,* 755-762.

North, C. S., Smith, E. M., McCool, R. E., & Shea, J. M. (1989). Short-term psychopathology in eyewitnesses to mass murder. *Hospital and Community Psychiatry, 40,* 1293-1295.

North, C. S., Smith, E. M., & Spitznagel, E. L. (1994). Posttraumatic stress disorder in survivors of a mass shooting. *American Journal of Psychiatry, 151,* 82-88.

North, C. S., Smith, E. M., & Spitznagel, E. L. (1997). One-year follow-up of survivors of a mass shooting. *American Journal of Psychiatry, 154,* 1696-1702.

Norwood, A. E., Ursano, R. J., & Fullerton, C. S. (2000). Disaster psychiatry: Principles and practice. *Psychiatric Quarterly, 71,* 207-226.

Nurius, P. S., Norris, J., Young, D. S., Graham, T. L., & Gaylord, J. (2000). Interpreting and defensively responding to threat: Examining appraisals and coping with acquaintance sexual aggression. *Violence and Victims, 15,* 187-208.

Nutt, D., & Malizia, A. (2004). Structural and functional brain changes in posttraumatic stress disorder. *Journal of Clinical Psychiatry, 65,* 11-17.

Olson, D. T. (1998, February). Improving deadly force decision making. *FBI Law Enforcement Bulletin,* 1-9.

Olweus, D. (1993). *Bullying at school: What we know and what we can do.* Cambridge: Blackwell.

Olweus, D. (1994). Annotation: Bullying at school: Basic facts and effects of a school based intervention program. *Journal of Child Psychology and Psychiatry, 35,* 1171-1190.

Orr, S. P., Claiborn, J. M., Altmann, B., Forgue, D. F., deJong, J. B., & Pitman, R. K. (1990). Psychometric profile of posttraumatic stress disorder, anxious, and healthy Vietnam veterans: Correlations with psychophysiologic responses. *Journal of Consulting and Clinical Psychology, 58,* 329-335.

Pam, E. (2001). Police homicide-suicide in relation to domestic violence. In D. C. Sheehan & J. I. Warren (Eds.), *Suicide and law enforcement.* Washington, DC: U.S. Government Printing Office.

Paris, J. (2000). Predispositions, personality traits, and posttraumatic stress disorder. *Harvard Review of Psychiatry, 8,* 175-183.

Park, C. L., & Folkman, S. (1997). Meaning in the context of stress and coping. *Review of General Psychology, 1,* 115-144.

Parker, R. S. (1990). *Traumatic brain injury and neuropsychological impairment: Sensorimotor, cognitive, emotional, and adaptive problems in children and adults.* New York: Springer-Verlag.

Parker, R. S. (2001). *Concussive brain trauma: Neurobehavioral impairment and maladaptation.* Boca Raton, FL: CRC Press.

Parker, C. M. (1975). Determinants of outcome following bereavements. *Omega, 6,* 303-323.

Parker, C. M., & Brown, R. (1972). Health after bereavement: A controlled study of young Boston widows and widowers. *Psychosomatic Medicine, 34,* 449-461.

Parrish, G. A., Holdren, K. S., Skiendzielewski, J. J., & Lumpkin, O. A. (1987). Emergency department experience with sudden death: A survey of survivors. *Annals of Emergency Medicine, 16,* 792-796.

Pavlov, I. P. (1927). *Conditioned reflexes: An investigation of the physiological activity of the cerebral cortex.* New York: Oxford University Press.

Peak, K. J. (2003). *Policing America: Methods, issues, challenges* (4th ed.). Upper Saddle River, NJ: Prentice-Hall.

Pearlman, L. A., & MacIan, P. S. (1995). Vicarious traumatization: An empirical study of the effects of trauma work on trauma therapists. *Professional Psychology: Research and Practice, 26,* 558-565.

Petty, R. A., & Kosch, L. M. (2001). Workplace violence and unwanted pursuit: From an employer's perspective. In J. A. Davis (Ed.), *Stalking crimes and victim protection: Prevention, intervention, threat assessment, and case management* (pp. 459-485). Boca Raton: CRC Press.

Phillips, D. A. (2007). Punking and bullying: Strategies in middle school, high school, and beyond. *Journal of Interpersonal Violence, 22,* 158-178.

Pierce, C. A., & Aguinis, H. (1997). The incubator: Bridging the gap between romantic relationships and sexual harassment in organizations. *Journal of Organizational Behavior, 18,* 197-200.

Pitcher, G. D., & Poland, S. (1992). *Crisis intervention in the schools.* New York: Guilford.

Pitman, R. K., Altman, B., Greenwald, E., & Longpre, R. E., Macklin, M. L., Poire, R. E., & Steketee, G. S. (1991). Psychiatric complications during flooding therapy for posttraumatic stress disorder. *Journal of Clinical Psychiatry, 52,* 17-20.

Poltorak, D. Y., & Glazer, J. P. (2006). The development of children's understanding of death: Cognitive and psychodynamic considerations. *Child and Adolescent Psychiatric Clinics of North America, 15,* 567-573.

Popiel, D. A., & Susskind, E. C. (1985). The impact of rape: Social support as a moderator of stress. *American Journal of Community Psychology, 13,* 645-666.

Posey, A. J., & Wrightsman, L. S. (2005). *Trial consulting.* New York: Oxford University Press.

Potter-Efron, R. T. (1998). *Work rage: Preventing anger and resolving conflict on the job.* New York: Barnes & Noble.

Potts, M. K. (1994). Long-term effects of trauma: Posttraumatic stress among civilian internees of the Japanese during World War II. *Journal of Clinical Psychiatry, 50,* 681-698.

Prigerson, H. G. Bierhals, A. J., Stanislav, V. K., Raynolds, C. F., Shear, M. K., Day, N., et al. (1997). Traumatic grief as a risk factor for mental and physical morbidity. *American Journal of Psychiatry, 154,* 616-623.

Ptacek, J. T., & Eberhardt, T. L. (1996). Breaking bad news: A review of the literature. *Journal of the American Medical Association, 276,* 496-502.

Pynoos, R. S., Frederick, C., Nader, K., Arroyo, W., Steinberg, A., Eth, S., et al. (1987). Life threat and posttraumatic stress in school-age children. *Archives of General Psychiatry, 44,* 1057-1063.

Quinn, K. M. (1995). Guidelines for the psychiatric examination of posttraumatic stress disorder in children and adolescents. In R. I. Simon (Ed.), *Posttraumatic stress disorder in litigation: Guidelines for forensic assessment* (pp. 85-98). Washington, DC: American Psychiatric Press.

Quirion, P., Lennett, J., Lund, K., & Tuck, C. (1997). Protecting children exposed to domestic violence in contested custody and visitation litigation. *Boston Public Interest Law Journal, 6,* 501.

Raine, A. (1993). *The psychopathology of crime: Criminal behavior as a clinical disorder.* New York: Academic Press.

Randel, J., & Wells, K. (2003). Corporate approaches to reducing intimate partner violence through workplace initiatives. *Occupational and Environmental Medicine, 3,* 821-841.

Rando, T. A. (1993). *Treatment of complicated mourning.* Champaign, IL: Research Press.

Raphael, B. (1983). *The anatomy of bereavement.* New York: Basic Books.

Raphael, B. (1986). *When disaster strikes: How individuals and communities cope with catastrophe.* New York: Basic Books.

Regehr, C., & Bober, T. (2004). *In the line of fire: Trauma in the emergency services.* New York: Oxford University Press.

Regehr, C., & Gutheil, T. (2002). Apology, justice, and trauma recovery. *Journal of the American Academy of Psychiatry and the Law, 30,* 425-430.

Resick, P. A. (1993). The psychological impact of rape. *Journal of Interpersonal Violence, 8,* 223-255.

Resick, P. A., & Schnicke, M. K. (1992). Cognitive processing therapy for sexual assault victims. *Journal of Consulting and Clinical Psychology, 60,* 748-756.

Resnick, H. S., Acierno, R., & Kilpatrick, D. G. (1997). Health impact of interpersonal violence 2: Medical and mental health outcomes. *Behavioral Medicine, 23,* 65-78.

Resnick, H. S., Kilpatrick, D. G., Dansky, B. S., Saunders, B. E., & Best, C. L. (1993). Prevalence of civilian trauma and posttraumatic stress disorder in a representative national sample of women. *Journal of Consulting and Clinical Psychology, 61,* 984-991.

Resnick, H. S., Kilpatrick, D. G., Walsh, C., & Veronen, L. J. (1991). Marital rape. In R. T. Ammerman & M. Hersen (Eds.), *Case studies in family violence.* New York: Plenum.

Resnick, P. J. (1988). Malingering of post-traumatic disorder. In R. Rogers (Ed.), *Clinical assessment of malingering and deception.* New York: Guilford.

Ressler, R. K., Burgess, A. W., & Douglas, J. E. (1988). *Sexual homicide: Patterns and motives.* New York: Free Press.

Rigby, K. (2003). Consequences of bullying in school. *Canadian Journal of Psychiatry, 48,* 583-590.

Riger, S., Ahrens, C., & Bickenstaff, A. (2000). Measuring interference with employment and education reported by women of abusive partners: Preliminary data. *Violence and Victims, 15,* 161-172.

Riger, S., Raja, S., & Camacho, J. (2002). The radiating impact of intimate partner violence. *Journal of Interpersonal Violence, 17,* 184-205.

Ritter, R. (1994). Critical incident stress debriefing teams and schools. In R. G. Stevenson (Ed.), *What will we do? Preparing a school community to cope with crises* (pp. 169-174). Amityville, NY: Baywood.

Robinette, H. M. (1987). *Burnout in blue: Managing the police marginal performer.* New York: Praeger.

Robinson, S., Rappaport-Bar-Server, M., & Rappaport, J. (1994). The present state of people who survived the Holocaust as children. *Acta Psychiatrica Scandinavica, 89,* 242-245.

Roccia, F., Dell'Acqua, A., Angelini, G., & Berrone, S. (2005). Maxillofacial trauma and psychiatric sequelae: Post-traumaitc stress disorder. *Journal of Craniofacial Surgery, 16,* 355-360.

Rodgers, B. A. (2006). *Psychological aspects of police work: An officer's guide to street psychology.* Springfield, IL: Charles C Thomas.

Rodolfa, E. R., Kraft, W. W., & Reiley, R. R. (1988). Stressors of professionals and trainees at APA-approved counseling and VA medical center internship sites. *Professional Psychology: Research and Practice, 19,* 43-49.

Rogan, R. G., Donohoe, W. A., & Lyles, J. (1990). Gaining and exercising control in hostage taking negotiations using empathic perspective-taking. *International Journal of Group Tension, 20,* 77-90.

Rogan, R. G., & Hammer, M. R. (1995). Assessing message affect in crisis negotiations: An exploratory study. *Human Communication Research, 21,* 553-574.

Romano, J. A., & King, J. M. (2002). Chemical warfare and chemical terrorism: Psychological and performance outcomes. *Military Psychology, 14,* 85-92.

Ronen, T. (2002). Difficulties in assessing traumatic reactions in children. *Journal of Loss and Trauma, 7,* 87-106.

Rosenberg, T. (1997, December 28). To hell and back. *New York Times Magazine,* 32-36.

Ross, D. M. (1996). *Childhood bullying and teasing: What school personnel, other professionals, and parents can do.* Alexandria, VA: American Counseling Association.

Roth, S., & Cohen, L. J. (1986). Approach, avoidance, and coping with stress. *American Psychologist, 41,* 813-819.

Rothbaum, B. O., Foa, E. B., Riggs, D. S., Murdock, T., & Walsh, W. (1992). A prospective examination of posttraumatic stress disorder in rape victims. *Journal of Traumatic Stress, 5,* 455-475.

Rothman, E. F., Hathaway, J., Stidsen, A., & de Vries, H. F. (2007). How employment helps female victims of intimate partner violence: A qualitative study. *Journal of Occupational Health Psychology, 12,* 136-143.

Rubenstein, J. L., Heeren, T., Houseman, D., Rubin, C., & Stechler, G. (1989). Suicidal behavior in "normal" adolescents: Risk and protective factors. *American Journal of Orthopsychiatry, 59,* 59-71.

Rudofossi, D. (2007). *Working with traumatized police officer-patients; A clinician's guide to complex PTSD syndromes in public safety professionals.* Amityville, NY: Baywood.

Russell, H. E., & Beigel, A. (1990). *Understanding human behavior for effective police work* (3rd ed.). New York: Basic Books.

Rutter, M. (1985). Resilience in the face of adversity: Protective factors and resistance to psychiatric disorder. *British Journal of Psychiatry, 147,* 598-611.

Rutter, M. (1987). Psychosocial resilience and protective mechanisms. *American Journal of Orthopsychiatry, 57,* 316-331.

Rutter, M., Tizard, J., Yule, W., Graham, P., & Whitmore, K. (1976). Research report: Isle of Wight studies, 1964-1974. *Psychological Medicine, 6,* 313-332.

Rynearson, E. K. (1984). Bereavement after homicide: A descriptive study. *American Journal of Psychiatry, 141,* 1452-1454.

Rynearson, E. K. (1988). The homicide of a child. In F. M. Ochberg (Ed.), *Post-traumatic therapy and victims of violence* (pp. 213-224). New York: Brunner/Mazel.

Rynearson, E. K. (1994). Psychotherapy of bereavement after homicide. *Journal of Psychotherapy Practice and Research, 3,* 341-347.

Rynearson, E. K. (1996). Psychotherapy of bereavement after homicide: Be offensive. *In Session: Psychotherapy in Practice, 2,* 47-57.

Rynearson, E. K. (2001). *Retelling violent death.* Philadelphia: Brunner-Routledge.

Rynearson, E. K., & McCreery, J. M. (1993). Bereavement after homicide: A synergism of trauma and loss. *American Journal of Psychiatry, 150,* 258-261.

Saakvitne, K. W., & Pearlman, L. A. (1996). *Transforming the pain: A workbook on vicarious traumatization.* New York: Norton.

Sanders, A., Hoyle, C., Morgan, R., & Cape, E. (2001). Victim impact statements: Don't work, can't work. *Criminal Law Review,* 447-465.

Sanders, D. L. (1997, June). Responding to domestic violence. *The Police Chief,* 6.

Sapolsky, R. M. (1996). Why stress is bad for your brain. *Science, 273,* 749-750.

Sapolsky, R. M., Krey, L. C., & McEwen, B. S. (1984). Glucocorticoid-sensitive hippocampal neurons are involved in terminating the adrenocortical stress response. *Proceedings of the National Academy of Sciences, 81,* 6174-6177.

Sapolsky, R. M., Uno, H., Rebert, C. S., & Finch, C. E. (1990). Hippocampal damage associated with prolonged glucocorticoid exposure. *Journal of Neuroscience, 10,* 2897-2902.

Saunders, B. E., Kilpatrick, D. G., Resnick, H. S., & Tidwell, R. P. (1989). Brief screening for lifetime history of criminal victimization at mental health intake: A preliminary study. *Journal of Interpersonal Violence, 4,* 267-277.

Scarpa, A. (2001). Community violence exposure in a young adult sample: Lifetime prevalence and socioemotional effects. *Journal of Interpersonal Violence, 16,* 36-53.

Scarpa, A., Fikretoglu, D., Bowser, F., Hurley, J. D., Pappert, C. A., Romero, N., et al. (2002). Community violence exposure in university students: A replication and extension. *Journal of Interpersonal Violence, 17,* 253-272.

Scarpa, A., & Haden, S. C. (2006). Community violence victimization and aggressive behavior: The moderating effects of coping and social support. *Aggressive Behavior, 32,* 502-515.

Schafer, J., Caetano, R., & Clark, C. L. (1998). Rates of intimate partner violence in the United States. *American Journal of Public Health, 88,* 1702-1704.

Schaner, D. J. (1996). Have gun, will carry: Concealed handgun laws, workplace violence, and employer liability. *Employee Relations Law Journal, 22,* 83-100.

Schechter, D. S., & Davis, B. E. (2007). Parenting in times of crisis. *Psychiatric Annals, 36,* 216-222.

Schlosser, E. (1997, September). A grief like no other. *Atlantic Monthly,* 37-76.

Schmalleger, F. (2007). *Criminal justic today* (9th ed.). Upper Saddle River, NJ: Prentice Hall.

Schmid, A. P. (2000, April 12). *Magnitudes of terrorist victimization: Past, present and future.* Paper presented at the Ancillary Meeting on Terrorist Victimization Prevention, Control and Recovery, Tenth United Nations Congress on the Prevention of Crime and the Treatment of Offenders, Vienna, Austria.

Schneid, T. D. (1999). *Occupational health guide to violence in the workplace.* Boca Raton, FL: CRC Press.

Schouten, R. (1994). Distorting posttraumatic stress disorder for court. *Harvard Review of Psychiatry, 2,* 171-173.

Schouten, R. (1996). Sexual harassment and the role of psychiatry. *Harvard Review of Psychiatry, 3,* 296-298.

Schouten, R. (2006). Workplace violence: A overview of practicing clinicians. *Psychiatric Annals, 36,* 791-797.

Schretlen, D. J. (1988). The use of psychological tests to identify malingered symptoms of mental disorder. *Clinical Psychology Review, 8,* 451-476.

Schwartz, E. D., & Kowalski, J. M. (1991). Posttraumatic stress disorder after a school shooting: Effects of symptom threshold selection and diagnosis by DSM-III, DSM-III-R, or proposed DSM-IV. *American Journal of Psychiatry, 148,* 592-597.

Sewell, J. D. (1993). Traumatic stress in multiple murder investigations. *Journal of Traumatic Stress, 6,* 103-118.

Sewell, J. D. (1994). The stress of homicide investigations. *Death Studies, 18,* 565-582.

Shackleford, T. K., Buss, D. M., & Peters, J. (2000). Wife killing: Risk to women as a function of age. *Violence and Victims, 15,* 273-282.

Shafii, M., & Shafii, S. L. (Eds.) (2001). *School violence: Assessment, management, prevention.* Washington, DC: American Psychiatric Publishing.

Shalev, A. Y., Galai, T., & Eth, S. (1993). Levels of trauma: A multidimensional approach to the treatment of PTSD. *Psychiatry, 56,* 166-167.

Shapiro, R. M., Jankowski, M. A., & Dale, J. (2005). *Bullies, tyrants, and impossible people: How to beat them without joining them.* New York: Crown.

Sheehan, P. L. (1991). Critical incident trauma and intimacy. In J. T. Reese, J. M. Horn, & C. Dunning (Eds.), *Critical incidents in policing* (pp. 331-334). Washington, DC: Federal Bureau of Investigation.

Sheridan, D. J., & Nash, K. R. (2007). Acute injury patterns of intimate partner violence victims. *Trauma, Violence, and Abuse, 8,* 281-289.

Shorto, R. (2002, August 25). A life of crime. *New York Time Magazine,* 28-31.

Siegel, L. J. (2003). *Criminology* (8th ed.). Belmont, CA: Wadsworth/Thompson Learning.

Silbert, M. (1976). *Crisis identification and management: A training manual.* Oakland: California Planners.

Silva, M. N. (1991). The delivery of mental health services to law enforcement officers. In J. T. Reese, J. M. Horn, & C. Dunning (Eds.), *Critical incidents in policing* (Rev. ed., pp. 335-341). Washington, DC: U.S. Government Printing Office.

Silver, R., & Wortman, C. (1980). Coping with undesirable life events. In J. Garber & M. Seligman (Eds.), *Human helplessness* (pp. 279-340). New York: Academic Press.

Simmons, C. A., & Lehman, P. (2007). Exploring the link between pet abuse and controlling behavior in violent relationships. *Journal of Interpersonal Violence, 22,* 1211-1222.

Simon, R. I. (1995). Toward the development of guidelines in the forensic evaluation of posttraumatic stress disorder claims. In R. I. Simon (Ed.), *Posttramatice stress disorder in litigation: Guidelines for forensic assessment* (pp. 31-84). Washington, DC: American Psychiatric Press.

Simon, R. I. (1996). *Bad men do what good men dream: A forensic psychiatrist illuminates the dark side of human behavior.* Washington, DC: American Psychiatric Press.

Slaikeu, K. A. (1996). *When push comes to shove: A practical guide to mediating disputes.* San Francisco: Jossey-Bass.

Slatkin, A. A. (1996, May). Enhancing negotiator training: Therapeutic communication. *FBI Law Enforcement Bulletin,* 1-6.

Slatkin, A. A. (2005). *Communication in crisis and hostage negotiations.* Springfield, IL: Charles C Thomas.

Slovenko, R. (1994). Legal aspects of posttraumatic stress disorder. *Psychiatric Clinics of North America, 17,* 439-446.

Smith, E. M., North, C. S., McCool, R. E., & Shea, J. M. (1990). Acute postdisaster psychiatric disorders: Identification of persons at risk. *American Journal of Psychiatry, 147,* 202-206.

Solomon, M. J., & Thompson, J. (1995). Anger and blame in three technological disasters. *Stress Medicine, 11,* 199-206.

Solomon, R. M. (1988). Mental conditioning: The utilization of fear. In J. T. Reese & J. M. Horn (Eds.), *Police psychology: Operational assistance* (pp. 391-407). Washington, DC: U.S. Government Printing Office.

Solomon, R. M. (1991). The dynamics of fear in critical incidents: Implications for training and treatment. In J. T. Reese, J. M. Horn, & C. Dunning (Eds.), *Critical incidents in policing* (pp. 347-358). Washington, DC: Federal Bureau of Investigation.

Solomon, S. D., & Davidson, J. R. T. (1997). Trauma: Prevalence, impairment, service use, and cost. *Journal of Clinical Psychiatry, 58,* 5-11.

Solomon, Z., Mikulincer, M., & Waysman, M. (1991). Delayed and immediate onset posttraumatic stress disorder: The role of life events and social resources. *Journal of Community Psychology, 19,* 231-236.

Southwestern Law Enforcement Institute. (1995). *Domestic assault among police: A survey of internal affairs policies.* Richardson, TX: Southwestern Law Enforcement Institute.

Sparr, L. F. (1990). Legal aspects of posttraumatic stress disorder: Uses and abuses. In M. E. Wolf & A. D. Mosnaim (Eds.), *Posttraumatic stress disorder: Etiology, phenomenology, and treatment* (pp. 239-264). Washington, DC: APA Press.

Spence, G. (2005). *Win your case: How to present, persuade, prevail-every place, every time.* New York: St. Martin's Press.

Sperry, L. (1995). *Handbook of the diagnosis and treatment of the DSM-IV personality disorders.* New York: Brunner/Mazel.

Sperry, L. (1999). *Cognitive behavior therapy of DSM-IV personality disorders: Highly effective interventions for the most common personality disorders.* New York: Brunner/Mazel.

Sprang, G., & McNeil, J. (1995). *The many faces of bereavement: The nature and treatment of natural, traumatic, and stigmatized grief.* New York: Brunner/Mazel.

Sprang, M. V., McNeil, J. S., & Wright, R. (1989). Psychological changes after the murder of a significant other. *Social Casework, 70,* 159-164.

Spungen, D. (1998). *Homicide: The hidden victims. A guide for professionals.* Thousand Oaks, CA: Sage.

Stark, E., & Flitcraft, A. (1996). *Women at risk: Domestic violence and women's health.* Thousand Oaks, CA: Sage.

Stebnicki, M. A. (2001). The psychosocial impact on survivors of extraordinary, stressful, and traumatic events: Principles and practices in critical incdient response for rehabilitation counselors. *Directions in Rehabilitation Counseling, 12,* 57-72.

Stein, B. d., Jaycox, L. H., Kataoka, S. H., Wong, M., Tu, W., Elliott, M. N., et al. (2003). A mental health intervention for schoolchildren exposed to violence: A randomized controlled trial. *Journal of the American Medical Association, 290,* 603-611.

Stein, M. B., Walker, J. R., Hazen, A. L., & Forde, D. R. (1997). Full and partial posttraumatic stress disorder: Findings from a community survey. *American Journal of Psychiatry, 154,* 1114-1119.

Steinmetz, S. K., & Lucca, J. S. (1988). Husband battering. In V. B. Van Hasselt, R. L. Morrison, A. S. Bellack & M. Hersen (Eds.), *Handbook of family violence* (pp. 233-245). New York: Plenum.

Stewart, A. E. (1999). Complicated bereavement and posttraumatic stress disorder following fatal car crashes: Recommendations for death notification practice. *Death Studies, 23,* 289-321.

Stewart, J. S., Hardin, S. B., Weinrich, S., McGeorge, S., Lopez, J., & Pesut, D. (1992). Group protocol to mitigate disaster stress and enhance social support in adolescents exposed to Hurricane Hugo. *Issues in Mental Health Nursing, 13,* 105-109.

Stokes, J. W., & Bandaret, L. E. (1997). Psychological aspects of chemical defense and warfare. *Military Psychology, 9,* 395-415.

Stolle, D. P., Wexler, D. B., Winick, B. J., & Dauer, E. A. (2000). Integrating preventive law and therapeutic jurisprudence: A law and psychology based approach to lawyering. In D. P. Stolle, D. B. Wexler, & B. J. Winick (Eds.), *Practicing therapeutic jurisprudence: Law as a helping profession* (pp. 5-44). Durham, NC: Carolina Academic Press.

Stone, A. A. (1993). Post-traumatic stress disorder and the law: Critical review of the new frontier. *Bulletin of the American Academy of Psychiatry and Law, 21,* 23-36.

Stone, A. V. (2000). *Fitness for duty: Principles, methods, and legal issues.* Boca Raton, FL: CRC Press.

Strauss, I., & Savitsky, N. (1934). Head injury: Neurologic and psychiatric aspects. *Archives of Neurology and Psychiatry, 31,* 893-955.

Strentz, T. (1987). A hostage psychological survival guide. *FBI Law Enforcement Bulletin, 56,* 1-8.

Stroebe, M. (1992-1993). Coping with bereavement: A review of the grief work hypothesis. *Omega: Journal of Death and Dying, 26,* 19-42.

Strube, M., & Barbour, L. (1984). Factors related to the decision to leave an abusive relationship.

Journal of Marriage and the Family, 46, 837-844.

Stuart, G. L., Moore, T. M., Ramsey, S. E., & Kahler, C. W. (2004). Hazardous drinking and relationship violence perpetration and victimization in women arrested for domestic violence. *Journal of Studies on Alcohol, 65,* 46-53.

Stuhlmiller, C., & Dunning, C. (2000). Challenging the mainstream: From pathogenic to salutogenic models of posttrauma intervention. In J. Violanti, D. Paton, & C. Dunning (Eds.), *Posttraumatic stress intervention: Challenges, issues, and perspectives* (pp. 10-42). Springfield, IL: Charles C Thomas.

Suinn, R. (1972). Removing emotional obstacles to learning and performance by visuo-motor behavior rehearsal. *Behavioral Therapy, 31,* 308-310.

Suinn, R. (1984). Visual motor behavior rehearsal: The basic technique. *Scandinavian Journal of Behavior Therapy, 13,* 131-142.

Suinn, R. (1985). Imagery rehearsal applications to performance enhancement. *The Behavior Therapist, 8,* 155-159.

Sullivan, C., Basta, J., Tan, C., & Davidson, W. (1992). After the crisis: A needs assessment of women leaving a domestic violence shelter. *Violence and Victims, 7,* 267-274.

Sullivan, C., Campbell, R., Angelique, H., Eby, K., & Davidson, W. (1994). An advocacy intervention program for women with abusive partners: Six month follow-up. *American Journal of Community Psychology, 11,* 101-122.

Sullivan, P. M., & Knutson, J. F. (2003). Maltreatment and disabilities: A population-based epidemiological study. *Journal of Early Intervention, 1,* 21-33.

Swanberg, J., & Logan, T. (2005). Domestic violence and employment: A qualitative study of rural and urban women. *Journal of Occupational Health Psychology, 10,* 3-17.

Swanberg, J., Logan, T. K., & Macke, C. (2005). Partner violence, employment, and the workplace: Consequences and future directions. *Trauma, Violence, and Abuse, 6,* 286-312.

Swanberg, J., Logan, T. K., & Macke, C. (2006). The consequences of partner violence on employment in the workplace. In K. Kelloway, J. Barling, & J. Hurrell (Eds.), *Handbook of workplace violence* (pp. 351-379). Thousand Oaks, CA: Sage.

Swanberg, J., Macke, C., & Logan, T. K. (2006). Intimate partner violence, women, and work: A descriptive look at work interference tactics, coping with violence on the job, and informal workplace support. *Violence and Victims, 21,* 561-578.

Swanberg, J., Macke, C., & Logan, T. K. (2007). Working women making it work: Intimate partner violence, employment, and workplace support. *Journal of Interpersonal Violence, 22,* 292-311.

Swisher, L. A., Nieman, L. Z., Nilsen, G. J., & Spivey, W. H. (1993). Death notification in the emergency department: A survey of residents and attending physicians. *Annals of Emergency Medicine, 22,* 102-106.

Talbot, A., Dutton, M., & Dunn, P. (1995). Debriefing the debriefers: An intervention strategy to assist psychologists after a crisis. In G. S. Everly & J. M. Lating (Eds.), *Psychotraumatology: Key papers and core concepts in posttraumatic stress* (pp. 281-298). New York: Plenum.

Taylor, J. S. (1997). *Neurolaw: Brain and spinal cord.* Washington, DC: ATLA Press.

Taylor, S. (2006). *Clinician's guide to PTSD: A cognitive-behavioral approach.* New York: Guilford.

Taylor, S., Wood, J. V., & Lechtman, R. R. (1983). It could be worse: Selective evaluation as a response to victimization. *Journal of Social Issues, 39,* 19-40.

Tedeschi, R. G., & Calhoun, L. G. (1995). *Trauma and transformation: Growing in the aftermath of suffering.* Thousand Oaks, CA: Sage.

Tedeschi, R. G., & Calhoun, L. G. (2004). Posttraumatic growth: Conceptual foundations and empirical evidence. *Psychological Inquiry, 15,* 1-18.

Tedeschi, R. G., & Kilmer, R. P. (2005). Assessing strengths, resilience, and growth to guide clinical interventions. *Professional Psychology: Research and Practice, 36,* 230-237.

Temple, S. (1997). Treating inner-city families of homicide victims: A contextually oriented approach. *Family Process, 36,* 133-149.

Thapar, A., & McGuffin, P. (1996). Genetic influences on life events in childhood. *Psychological Medicine, 26,* 813-830.

Thibault, G. E. (1992). Clinical problem solving: Failure to resolve a diagnostic inconsistency. *New England Journal of Medicine, 327,* 26-39.

Thompson, J. (1992). Stress theory and therapeutic practice. *Stress Medicine, 8,* 147-150.

Thompson, M. P., & Vardaman, P. J. (1997). The role of religion in coping with the loss of a family member to homicide. *Journal for the Scientific Study of Religion, 36,* 44-51.

Tjaden, P., & Thoennes, N. (2000). Prevalence and consequences of male-to-female and female-to-male intimate partner violence as measured by the National Violence Against Women Survey. *Violence Against Women, 6,* 142-161.

Tolman, R. M., & Raphael, J. (2000). A review of research on welfare and domestic violence. *Journal of Social Issues, 56,* 655-682.

Tolman, R. M., & Rosen, D. (2001). Domestic violence in the lives of women receiving welfare:

Mental health, substance dependence, and economic well-bing. *Violence Against Women, 7,* 141-158.

Trappler, B., & Friedman, S. (1996). Posttraumatic stress disorder in survivors of the Brooklyn Bridge shooting. *American Journal of Psychiatry, 153,* 705-707.

Travin, S., & Potter, B. (1984). Malingering and malingering-like behavior: Some clinical and conceptual issues. *Psychiatric Quarterly, 56,* 189-197.

Uhde, T. W., Boulenger, J. P., Roy-Byrne, P. P., Geraci, M. P., Vittone, B. J., & Post, R. M. (1985). Longitudinal course of panic disorder: Clinical and biological considerations. *Progress in Neuropharmacology and Biological Psychiatry, 9,* 39-51.

Ullman, S. E. (2007). Mental health services seeking in sexual assault victims. *Women & Therapy, 30,* 61-84.

Underwood, A., & Liu, M. (1996, August 12). "Why are you doing this?" *Newsweek,* 46-47.

Ursano, R. J., Fullerton, C. S., Bhartiya, V., & Kao, T. C. (1995). Longitudinal assessment of posttraumatic stress disorder and depression after exposure to traumatic death. *Journal of Nervous and Mental Disease, 183,* 36-42.

Ursano, R. J., Fullerton, C. S., & Norwood, A. e. (1995). Psychiatric dimensions of disaster: Patient care, community consultation, and preventive medicine. *Harvard Review of Psychiatry, 3,* 196-209.

Ursano, R. J., Kao, T. C., & Fullerton, C. S. (1992). Posttraumatic stress disorder and meaning: Structuring human chaos. *Journal of Nervous and Mental Disease, 180,* 756-759.

Ursano, R. J., & McCarroll, J. E. (1990). The nature of the traumatic stressor: Handling dead bodies. *Journal of Nervous and Mental Disease, 178,* 396-398.

van der Kolk, B. A. (1994). The body keeps the score: Memory and the evolving psychobiology of posttraumatic stress. *Harvard Review of Psychiatry, 1,* 253-265.

van der Kolk, B. A. (2003). Posttraumatic stress disorder and the nature of trauma. In M. Solomon & D. Siegel (Eds.), *Healing trauma* (pp. 168-195). New York: Norton.

Van Raalte, J. R., & Brewer, B. W. (2002). *Exploring sport and exercise psychology* (2nd ed.). Washington, DC: American Psychological Association.

Vega, G., & Comer, D. R. (2005). Bullying and harassment in the workplace. In R. E. Kidwell & C. L. Martin (Eds.), *Managing organizational deviance* (pp. 183-209). Thousand Oaks, CA: Sage.

Vernberg, E. M., & Vogel, J. M. (1993). Interventions with children after disasters. *Journal of Clinical Child Psychology, 22,* 485-498.

Vesper, J. H., & Cohen, L. J. (1999). Litigating posttraumatic stress disorder: Effects on the family. *Behavioral Sciences and the Law, 17,* 235-251.

Vinson, D. E., & Davis, D. S. (1993). *Jury persuasion: Psychological strategies and trial techniques.* Little Falls, NJ: Glasser Legalworks.

Violanti, J. M. (1999). Death on duty: Police survivor trauma. In J. M. Violanti & D. Paton (Eds.), *Police trauma: Psychological aftermath of civilian combat* (pp. 139-158). Springfiled, IL: Charles C. Thomas.

Violanti, J. M. (2000). Scripting trauma: The impact of pathogenic intervention. In J. Violanti, D. Paton, & C. Dunning (Eds.), *Posttraumatic stress intervention: Challenges, issues, and perspectives* (pp. 153-165). Springfield, IL: Charles C. Thomas.

Violanti, J. M. (2007). Homicide-suicide in police families: Aggression full circle. *International Journal of Emergency Mental Health, 9,* 97-104.

Vitanza, S., Vogel, L. C. M., & Marshall, L. L. (1995). Distress and symptoms of posttraumatic stress disorder in abused women. *Violence and Victims, 10,* 23-34.

Von Bloch, L. (1996). Breaking the bad news when sudden death occurs. *Social Work in Health Care, 24,* 91-97.

Walker, L. A. E. (1994). *Abused women and survivor therapy: A practical guide for the psychotherapist.* Washington, DC: American Psychological Association.

Walsh, F. (2002). Bouncing forward: Resilience in the aftermath of September 11. *Family Process, 41,* 34-36.

Walsh, F. (2007). Traumatic loss and major disasters: Strengthening family and community resilience. *Family Process, 46,* 207-227.

Weaver, T. L., & Clum, G. A. (1993). Early family environments and traumatic experiences associated with borderline personality disorder. *Journal of Consulting and Clinical Psychology, 61,* 1068-1075.

Weinberg, R. B. (1990). Serving large numbers of adolescent victim-survivors: Group interventions following trauma at school. *Professional Psychology: Research and Practice, 21,* 271-278.

Weiner, H. (1992). *Perturbing the organism: The biology of stressful experience.* Chicago: University of Chicago Press.

Weiss, S. J. (2007). Neurobiological alterations associated with traumatic stress. *Perspectives in Psychiatric Care, 43,* 114-122.

Wells, P. J. (1993). Preparing for sudden death: Social work in the emergency room. *Social Work,*

38, 339-342.

Werman, D. S. (1984). *The practice of supportive psychotherapy.* New York: Brunner/Mazel.

Werner, E. E. (1989). High-risk children in young adulthood: A longitudinal study from birth to 32 years. *American Journal of Orthopsychiatry, 59,* 72-81.

Werner, E. E., & Smith, R. S. (1982). *Vulnerable but invincible: A study of resilient children.* New York: McGraw-Hill.

Wester, S. R., & Lyubelsky, J. (2005). Supporting the thin blue line: Gender-sensitive therapy with male police officers. *Professional Psychology: Research and Practice, 36,* 51-58.

Westwell, C. A. (1998). Cognitive processing therapy in the treatment of marital rape. *Psychotherapy in Private Practice, 17,* 187-192.

Wettersten, K., Rudolf, S., Faul, K., Gallagher, K., Transgrud, H., & Adams, K. (2004). Freedom through self-sufficiency: A qualitative examination of the impact of domestic violence on the working lives of women in shelter. *Journal of Counseling Psychology, 5,* 447-462.

Wilson, M., Baglioni, A., & Downing, D. (1989). Analyzing factors influencing read-mission to a battered women's shelter. *Journal of Family Violence, 4,* 275-284.

Wilson, M., & Daly, M. (1993). Spousal homicide risk and estrangement. *Violence and Victims, 8,* 3-16.

Winick, B. J. (2000). Therapeutic jurisprudence and the role of counsel in litigation. In D. P. Stolle, D. B. Wexler, & B. J. Winick (Eds.), *Practicing therapeutic jurisprudence: Law as a helping profession* (pp. 309-324). Durham, NC: Carolina Academic Press.

Wohlfarth, T., Winkel, F. W., & van den Brink, W. (2002). Identifying crime victims who are at high risk for post traumatic stress disorder: Developing a practical referral instrument. *Acta psychiatrica Scandinavica, 105,* 451-460.

Wolfe, J., & Charney, D. (1991). Use of neuropsychological assessment in posttraumatic stress disorder. *Psychological Assessment, 3,* 573-580.

Wong, E. C., Marshall, G. N., Shetty, V., Zhou, A., Belzberg, H., & Yamashita, D. D. R. (2007). Survivors of violence-related facial injury: Psychiatric needs and barriers to mental health care. *General Hospital Psychiatry, 29,* 117-122.

Worden, J. W. (1991). *Grief counseling and grief therapy.* New York: Springer Publishing.

Wright, J., Burgess, A., Laszlo, A., McCrary, G., & Douglas, J. (1996). A typology of interpersonal stalking. *Journal of Interpersonal Violence, 11,* 487-502.

Yalom, I. D. (1980). *Existential psychotherapy.* New York: Basic Books.

Yandrick, R. M. (1996). *Behavioral risk management: How to avoid preventable losses from mental health problems in the workplace.* San Francisco: Jossey-Bass.

Yassen, J. (1995). Preventing secondary traumatic stress disorder. In C. R. Figley (Ed.), *Compassion fatigue: Coping with secondary traumatic stress disorder in those who treat the traumatized* (pp. 178-208). New York: Brunner/Mazel.

Yehuda, R. (1998). Psychoneuroendocrinology of post-traumatic stress disorder. *Psychiatric Clinics of North America, 21,* 359-379.

Yehuda, R. (1999). Biological factors associated with susceptibility to posttraumatic stress disorder. *Canadian Journal of Psychiatry, 44,* 34-39.

Yehuda, R. (2002). Clinical relevance of biological findings in PTSD. *Psychiatric Quarterly, 73,* 123-133.

Young, M. A. (1988). Support services for victims. In F. M. Ochberg (Ed.), *Posttraumatic therapy and victims of violence* (pp. 330-351). New York: Brunner/Mazel.

Young, M. A. (1994). *Responding to communities in crisis: The training manual of the crisis response team.* Washington, DC: National Organization for Victim Assistance.

Zimrin, H. (1986). A profile of survival. *Child Abuse and Neglect, 10,* 339-349.

찾아보기

저자 소개

Laurence Miller 박사는 미국 플로리다 주의 Boca Raton에서 일하는 임상심리학자 겸 수사심리학자다. Miller 박사는 웨스트 팜비치 경찰서의 경찰심리학자이자 플로리다 고속도로 순찰대의 정신건강 자문위원이고, 팜비치 지방법원에서 수사심리학자로 활동하고 있으며, 팜비치 지역 피해자 민원실의 자문위원이기도 하다. 그는 민사 및 형사 사건에서 법정 전문가 증인으로 활동 중이며 지방 및 중앙의 형사사법 기관, 정부 기관 그리고 민간 기업의 자문심리학자다.

Miller 박사는 국제 중대사건 스트레스 재단(International Critical Incident Stress Foundation: ICISF)의 공인 훈련가이자 국제경찰참모협회(International Association of Chiefs of Police: IACP)의 특별 심리 지원분과(Special Psychology Services Section), 국제 법률 교육가 및 훈련가 연합회(International Law Enforcement Educators and Trainers Association: ILEETA), 경찰 및 범죄심리학회(Society for Police and Criminal Psychology: SPCP), 경찰심리학자협회(Consortium of Police Psychologist: COPPS), 외상적 스트레스 미국 전문가 학교(American Academy of Experts in Traumatic Stress: AAETS), 그리고 국립범죄피해자센터(National Center for Victims of Crime: NCVC)의 회원이다.

Miller 박사는 경찰학교와 팜비치 커뮤니티 칼리지의 형사사법 연구소의 강사이며, 플로리다 애틀랜틱 대학교의 심리학 외래 교수로 일하고 있다. 그는 전국을 돌며 지속적으로 교육 프로그램과 훈련 세미나를 진행하고 있다. 라디오와 TV에 정기적으로 출연하고 있으며, 뇌, 행동, 건강, 법 집행, 형사사법, 법정심리학, 사업심리학, 심리치료 등과 관련된 200편 이상의 논문을 발표하였다. 여섯 권의 책을 저술하기도 하였으며, 최근 저서에는 *Practical Police Psychology, Stress Management and Crisis Intervention for Law Enforcement and From Difficult to Disturbed, Understanding and Managing Dysfunctional Employees*가 있다.

Miller 박사의 연락처는 docmilphd@aol.com이다.

역자 소개

김태경(Kim Taekyoung)

충북대학교 심리학과 임상심리학(학사 및 석사)

가톨릭대학교 심리학과 임상심리학(박사)

전) 여성가족부위탁, 서울해바라기아동센터(아동성폭력피해자 지원기관) 임상심리전문가
  메리놀병원 신경정신과 임상심리실 실장

현) 백석대학교 보건복지대학원 특수심리치료전공 조교수
  법무부위탁, 서울스마일센터(5대 강력범죄 피해자 심리지원 전문기관) 센터장
  대검찰청 위촉 과학수사자문위원, 전문수사자문위원
  법원행정처 등록 전문심리위원
  법무부 위촉 범죄피해자보호 실무위원회 위원

〈자격사항〉

임상심리전문가

정신보건임상심리사 1급

범죄심리전문가

진술조력인

〈주요 활동 영역〉

외상 사건 피해자(범죄피해자, 재난피해자 등) 심리치료 및 상담, 진술분석, 아동 · 장애인 진술조력, 범죄피해 관련 연구와 관계자 교육 및 자문 제공

〈저 · 역서 및 논문〉

『진술조사의 맥락에서 본 기억과 피암시성』(공역, 시그마프레스, 2009)

『아동 진술조사 지침서』(공저, 두감람나무, 2010)

「사건 면담 및 진술 분석의 맥락에서 본 아동과 장애인의 진술 특성」(2014)

「성폭력 피해 아동의 진술양상」(2010)

「성폭력 피해 가능성 평가 기준 개발 및 타당화」(2010)

「성폭력 피해 정신적 장애인을 위한 집단치료 프로그램 개발」(2010)

「살인사건 유가족의 경험에 대한 현상학적 연구」(2012)

「범죄피해자 지원 실무자의 대리외상에 대한 연구」(2012)

「진술조력인 역할모델 정립」(2013) 외 다수

범죄 피해자 상담

정신건강 전문가를 위한 실무 전략

Counseling Crime Victims

Practical Strategies for Mental Health Professionals

2015년 5월 29일 1판 1쇄 발행
2023년 3월 20일 1판 5쇄 발행

지은이 • Laurence Miller
옮긴이 • 김 태 경
펴낸이 • 김 진 환
펴낸곳 • (주) 학지사

04031 서울특별시 마포구 양화로 15길 20 마인드월드빌딩 5층

대표전화 • 02) 330-5114 팩스 • 02) 324-2345

등록번호 • 제313-2006-000265호

홈페이지 • http://www.hakjisa.co.kr
페이스북 • https://www.facebook.com/hakjisabook

ISBN 978-89-997-0684-4 93180

정가 **20,000**원